Serbien bei Regionen 32

Belgrad 34

Altstadt 37
Zentrum 57
Zemun 72
Um das Zentrum 80
Ankunft 88
Herumkommen 90
Touristeninformation 90
Aktivitäten 91
Shopping 93
Unterhaltung 94

Vojvodina 102

Reiseziele 106
Restaurants und Hotels 172

Westserbien 184

Reiseziele 188
Restaurants und Hotels 216

Šumadija und Moravatal 222

Reiseziele 226
Restaurants und Hotels 254

Ostserbien 258

Reiseziele 262
Restaurants und Hotels 286

Raška und Ibartal 292

Reiseziele 296
Restaurants und Hotels 316

Südserbien 320

Reiseziele 324
Restaurants und Hotels 348

Kosovo und Metochien 352

Praktische Hilfe 368

Visumsandorderungen 370
Zollformalitäten 370
Reiseinformationen 370
Geld und Banwesen 373
Kommunikation 374
Gesundheit 375
Sicherheit 375
Essen und Trinken 376
Sitten und Brauchen 380
Ortsverzeichnis 382

ECKDATEN

Serbien auf der Hand
Die wichtigsten Sehenswürdigkeiten
Die Geschichte der Serben
Landschaft und Tierwelt
Reisetagebücher

SERBIEN AUF DER HAND

Bis vor einem Jahrzehnt war Serbien ein unentdecktes, „unbekanntes“ Land im Herzen Europas. Mit dem Verblassen der Erinnerungen an die düsteren 1990er Jahre und der Wiederherstellung der alten Verbindungen haben mehr und mehr Touristen diese Balkanregion entdeckt. Die konstante Vergrößerung ihrer Zahl, die neuen Billigflüge nach Belgrad – das Europas Hauptstadt für das Nachtleben genannt wird – eine zunehmende Zahl an Sommermusikfestivals oder die florierende Entwicklung von Jugendherbergen und Dorftourismus sind wahrscheinlich der beste Beweis für die Eindrücke der Besucher. Dass Serbien kein herkömmliches Touristenziel ist und es wohl auch nie werden wird, sollte kein Grund sein, die zahllosen Attraktionen des Landes unbeachtet zu lassen. Die gut erhaltene Flora und speziell die Fauna, faszinierend vielfältige Landschaften, die lange Liste der von der UNESCO geschützten Kulturdenkmäler, eine großartige Küche, die die Verschmelzung von Ost und West reflektiert und – nicht zuletzt – die sprichwörtliche Freundlichkeit und Gastfreundlichkeit machen Serbien zu einer erstklassigen Wahl für alle, die ein Urlaubziel ohne großen Schnickschnack suchen.

Willkommen!

Wenn nichts anderes, so sollte man Serbien besuchen, um seine Vorurteile zu überwinden. In vielen Aspekten ist Serbien unterentwickelt und sogar archaisch, wobei es heute größtenteils ein modernes europäisches Land ist, das offen für unterschiedliche Einflüsse aus allen Teilen der Welt ist. Schließlich sind die gemischten Einflüsse das, was Serbien ausmacht. Es gab so viele, dass nicht einmal die Serben selbst sie alle kennen, nur dass ihre Identität aus vielen verschiedenen kulturellen Schichten besteht, die zu einer charakteristischen ethnischen, linguistischen und kulturellen Verschmelzung geführt hat, die man selten findet. Wie schon St Sava, der berühmteste serbische Heilige, vor achthundert Jahren feststellte: Serbien wird immer als der Osten des Westens gesehen werden, und als der Westen des Ostens. Das ist noch heute zutreffend, und sowohl auf die benachbarten, wie auf die weiter entfernten Länder anwendbar.

Lage & Regionen Serbiens

Einer der Schlüssel, um das serbische Temperament zu verstehen, ist die Lage des Landes und seine geographischen Merkmale, die mehrere charakteristische Regionen hervorgebracht hat.

Serbien befindet sich auf dem Zentralbalkan, und hier kreuzen sich einige bedeutende europäische Routen. Die Pannonische Tiefebene war der endgültige Bestimmungsort für alle Nomaden, die aus den asiatischen Steppen gekommen waren. Die Donau, der zweitlängste und wichtigste europäische Fluss entspringt in Süddeutschland und fließt Richtung Osten ins Schwarze Meer, an der äußersten Grenze von Europa. Dieser Fluss war in antiken Zeiten das Äquivalent zu einer Autobahn und von der Zeit der alten griechischen Entdecker bis zu den deutschen Siedlern im 18. Jahrhundert brachte er diverse Einflüsse. Das Flusstal der Morava, eines Nebenflusses der Donau, ist der bequemste Weg durch die Berge der Halbinsel. Entlang dieser Route, die dem Flusstal der Nišava

Kornfelder, Wälder und Hügel sind die üblichen Bestandteile der zentralserbischen Landschaft

Mauern der Golubac-Festung an der Donau

folgte, und weiter durch Bulgarien führte die römische *Via militaris*, die den Mittleren Osten und Konstantinopel mit Zentraleuropa verband. Im Gegensatz zu diesen Gegenden, die empfänglich für verschiedene ausländische Einflüsse sind, waren manche Gebiete Serbiens in dichten Wald gehüllt und in Bergmassiven versteckt und daher isoliert von vielen historischen Ereignissen, wie auch von dem Segen und dem Fluch der zivilisierten Welt.

Belgrad, die Hauptstadt Serbiens, liegt am Zusammenfluss von Donau und Save und überblickt die Pannonische Tiefebene. Seine Position an einem solch wichtigen Platz war der Garant für eine turbulente Geschichte – Belgrad wurde wiederholt zerstört, nur um an demselben Standort wiederaufzustehen. Heute ist es eine Metropole voller Leben, sei es was das Verkehrschaos, das vibrierende Nachtleben oder kulturelle Veranstaltungen angeht.

Der Norden Serbiens ist die autonome Provinz Vojvodina, eine fruchtbare Ebene mit nur zwei Erhöhungen, aber auf der anderen Seite mit vielen Sümpfen und einigen Sandgruben, die erst vor einem Jahrhundert gezähmt wurde. Die Vojvodina hat ihre Identität während der Regierung durch die Habsburger (1699-1918) erhalten, als mehrere zentraleuropäische Nationen hier angesiedelt wurden und hier zusammen lebten. Die zahlreichsten und die ältesten der Einwohner sind die Serben, doch die Ungarn hinterließen einen tiefen Eindruck, besonders war Ortsnamen angeht – ein Relikt aus dem Mittelalter, als sie in weit größerer Zahl hier lebten. In der Banatregion leben viele Rumänen, die als Viehzüchter von den Karpaten hierher gekommen sind; auch hartarbeitende Slowaken leben hier und Menschen vieler anderer Nationalitäten, wie Ukrainer, Bunjevci, Kroaten, Tschechen, Deutsche usw. Die Hauptstadt der Provinz ist Novi Sad, eine bezaubernde Stadt, die dem Begriff „Entspannen" eine neue Bedeutung verleiht.

Südlich von Belgrad liegt Zentralserbien. Sein Norden ist noch immer größtenteils eben, doch das Land wird gebirgiger, je weiter man Richtung Süden vordringt. In den ruhigen Ecken der serbischen Berge befindet sich das größte kulturelle Erbe des Landes: Die alten Klöster mit ihrer einzigartigen Architektur und den außergewöhnlichen Fresken. Frische Luft und sauberes Wasser sind die beste Garantie dafür, dass einheimische, traditionelle Produkte einen exquisiten Geschmack haben. Schaf- und Kuhherden grasen auf den Weiden neben den üppigen Obstplantagen und liefern die Grundzutaten für Qualitätsprodukte wie Käse, Milch, *Kajmak*-Rahm, Obstschnaps - *Rakija*. Die Hinterlassenschaften der osmanischen Türken sind am besten in der Raška-Region erhalten, die von vielen Muslimen bewohnt wird und im Kosovo, wo ethnische Albaner die anderen Nationalitäten zahlenmäßig weit übertroffen haben.

Geographie und Klima

Zwei Drittel von Serbien bestehen aus Bergland, der Rest des Territoriums ist aus Ebenen zusammengesetzt. Alle balkanischen Bergkämme treffen sich auf serbischem Gebiet südlich der Flüsse Save und Donau. Die Dinarischen Alpen und der Bergkamm von Šara-Pind enden im westlichen Teil des Landes, wohingegen Teile der Karpaten, des Balkan- und des Rhodopengebirges erstrecken sich nach Osten hin. Fünfzehn Berge in Serbien sind höher als 2.000 m und der höchste Gipfel ist

Serbien auf einen Blick

Vollständiger Name: Republik Serbien (*Republika Srbija*)
Einwohnerzahl: 7.120.666 (einschließlich Kosovo)
Gebiet: 88.361 km²
Hauptstadt: Belgrad/Beograd, 1.639.121 Einwohner
Ethnische Gruppen: Serben, Albaner, Ungarn, Bosniaken, Roma, Slowaken u.a.
Sprache: Serbisch, Albanisch im Kosovo
Religion: Orthodoxe Christen, Moslems, Katholiken, Protestanten
BIP: $ 46.444 Milliarden
BIP pro Kopf: $ 6.267
Inflationsrate: 7%
Arbeitslosenquote: 20,54%

Feuchtgebiete wie Obedska Bara findet man häufig in der Vojvodina

Djeravica im Prokletije-Gebirge (2.656 m). Nordserbien auf der anderen Seite ist völlig flach. Die ganze Vojvodina ist eigentlich ein Teil der Pannonischen Tiefebene und an ihren Rändern liegen die Ebenen Mačva, das Moravatal, Stig und die Negotinska Krajina. Im Süden sind die größten Ebenen Metochien und Kosovo; andere Ebenen sind eigentlich breitere Flusstäler, wie das der Westmorava, Nišava, Toplica usw.

Mit Ausnahme des Flussbettes des Beli Drim, der zur adriatischen Wasserscheide gehört, und den Flüssen Lepenac und Pčinja, die zur Ägäis gehören, sind alle anderen Flüsse in Serbien ein Teil der Wasserscheide des Schwarzen Meers. Nur die Donau, die Save und die Tisa sind über ihren gesamten Lauf innerhalb Serbiens schiffbar. Der längste Fluss ist die Donau, deren Länge innerhalb Serbiens 588 km beträgt.

Es gibt drei Klimazonen in Serbien. Auf der Pannonischen Tiefebene und den nördlichen Teilen Zentralserbiens herrscht kontinentales Klima, dessen Charakteristiken warme Sommer (mit bis zu +40°C) und kalte Winter (bis zu –20 °C) sind. Die zentralen und südlichen Gebiete sind geprägt durch ein moderates kontinentales Klima ohne Extreme. Die Regionen um die hohen Berggipfel (große Teile der Raška-Region, des Šar-Gebirges und des Gebirges Stara Planina) haben ein Gebirgsklima, mit angenehmen Sommern, aber sehr kalten Wintern mit viel Schnee.

Wegen dieser klimatischen Charakteristiken sind die Frühlingsmonate April und Mai die beste Zeit des Jahres für einen Besuch in Serbien, wie auch der Frühherbst, von Anfang September bis Mitte Oktober.

Politik und Wirtschaft

Die Republik Serbien ist eine parlamentarische Demokratie. Sie hat zwei autonome Provinzen – die Vojvodina im Norden und Kosovo und Metochien im Süden. Die Vojvodina hat ihre eigene Regierung, ihr eigenes Parlament und ihren eigenen Etat für lokale Fragen. Mit Kosovo und Metochien liegt der Fall anders: 2008 erklärte die ethnisch-albanisch dominierte Provinz ihre Unabhängigkeit von Serbien; einige Länder haben diese anerkannt, einschließlich der meisten EU-Länder, doch – natürlich – nicht Serbien. Ob die serbischen Politiker das schmerzliche Dilemma, das dem Land auferlegt wurde, zwischen der EU-Integration und dem Kosovo zu entscheiden, lösen können, bleibt abzuwarten. Durch die Bürgerkriege in den 1990ern mussten sehr viele Menschen aus Kroatien, Bosnien und Herzegowina, und Kosovo und Metochien nach Serbien fliehen, hier lebt noch heute die größte Anzahl an Flüchtlingen in Europa.

Diese schwierige Situation ist, größtenteils, das Resultat des Regimes (1989-2000) von Slobodan Milošević, das auch Spuren in der derzeitigen politischen Situation hinterlassen hat. Die beiden größte politischen Parteien sind DS (Mitte) und SNS (Mitte rechts), gefolgt von einer Vielzahl an kleineres Parteien, die sich bei Wahlen Mühe haben, die 5%-Hürde zu nehmen (reguläre Wahlen finden alle vier Jahre statt, aber das ist selten der Fall). Die Präsidentschaftswahlen sind direkt, und obwohl der Posten limitierte Privilegien hat, bietet er eine gute Plattform, um Ideen zu vermitteln. Die Unterschiede zwischen den politischen Programmen der Parteien sind gering und in der Praxis – da die Macht auf allen Niveaus nach langen Verhandlungen mit den potentiellen politischen Partnern formiert wird – fast nicht zu bemerken.

Das bedeutet aber nicht, dass sich nichts verändert, im Gegenteil: Jede Veränderung bei Wahlen bedeutet auch, dass eine große

Im Inneren des Serbischen Parlaments

Kneza-Mihaila-Straße, die zentrale Einkaufsmeile Belgrads

Zahl an Regierungsmitarbeitern, besonders die hochrangigen, ausgetauscht werden. Solche Praktiken bieten einen fruchtbaren Boden für Korruption, Vetternwirtschaft und Selbstzensur. Mit wenigen Ausnahmen lautet die allgemeine Regel hier, dass wenn man etwas schnell erledigt haben möchte, man gute Beziehungen benötigt. Der Grund für diese Situation ist die allgemeine Desillusionierung die serbische Politik betreffend und das Mistrauen in Institutionen. Das kann man am besten an der Wahlbeteiligung ablesen, die häufig unter 50 % liegt. Ineffizienz und Korruption sind auch schuld am schlechten Zustand der Wirtschaft. Die Einführung des Modells der schnellen Privatisierung und des liberalen Kapitalismus ohne einen Mechanismus, der diese Prozesse überwacht, hat oft zu katastrophalen Ergebnissen geführt, und obwohl die Löhne und das Bruttosozialprodukt langsam ansteigen, steigt auch die Arbeitslosigkeitsrate. Einen großen Wirtschaftsaufschwung gab es durch Anleihen europäischer und internationaler Institutionen und obwohl Serbien nicht so verschuldet ist wie seine Nachbarn, wird der Staatshaushalt zusätzlich belastet werden, wenn die Rückzahlungen fällig werden.

Wo das gesagt wäre, müssen wir auch bemerken, dass Serbien seit dem Jahr 2000, dem Punkt Null seiner heutigen demokratischen Ordnung, große Fortschritte gemacht hat. Das meiste läuft nun viel glatter, die politische Leidenschaft hat sich heruntergekühlt, die Entsche-idungsfindungen sind transparenter, Kriminelle kommen ins Gefängnis und die Menschen leben besser. Doch die Verbesserungen treten viel langsamer ein als sie sollten oder könnten, und es gibt zu viele verpasste Möglichkeiten.

Alltagsleben

Trotz der Tatsache, dass das Leben für einen Großteil der Serben nicht leicht war, oder vielleicht gerade deshalb, machen sie gerne Witze darüber, ohne bitter zu sein. Es ist nicht überraschend, dass die Basis eines guten Witzes schwarzer Humor und Selbstkritik sind, und dass der Sarkasmus manchmal keine Grenzen kennt. Allgemein sind die Leute in Serbien offen und entspannt und man kann leicht Freundschaften schließen. Die Serben sind auch fröhlich und laut, denken oft nicht an die Konsequenzen und sind bereit, für den Moment zu leben. Andere wichtige Charaktereigenschaften sind Sturheit und Gastfreundlichkeit, besonders in den abgelegeneren Teilen des Landes, wo man sehr entschieden nein zu einem weiteren Glas Schnaps, Saft oder Kaffee sagen muss. Seien Sie nicht überrascht, wenn ihr Gastgeber Sie nicht für ihre Getränke zahlen lässt oder Sie nur ein paar Stunden nachdem Sie sich kennen gelernt haben zu einem Familienessen einlädt.

Da es zwischen den Serben nie große soziale Unterschiede gab, wurde die soziale Etikette niemals vollständig entwickelt. Obwohl wenige viel Wert auf Formalitäten, langes Vorstellen und Manieren legen, sollte man Interesse an der einheimischen Kultur, allgemeinen Ansichten und Politik zeigen.

Ende des 18. Jahrhunderts bemerkte ein deutscher Reisender auf seinem Weg durch Novi Sad, dass die Mitglieder aller sozialen Gruppen besser angezogen waren, als sie es sich vermutlich leisten konnten. Dies hat sich bis heute nicht geändert. Obwohl zu elegante Kleidung nicht gemocht wird, werden Schlampigkeit und Nachlässigkeit als noch schlimmer angesehen. Man sollte bei fast

Mönch mit klepetalo ***vor dem Kloster Sopoćani***

Kolo - *der serbische Nationaltanz*

jeder Gelegenheit angemessen gekleidet sein, und zum Ausgehen machen sich viele fein, als wäre es ihr Hochzeitstag!

Religion und Bräuche

Etwa zwei Drittel der Bevölkerung Serbiens sind orthodoxe Christen. Außer der der Serben ist dies auch die Religion der Rumänen und Bulgaren. Jede dieser drei Nationen hat ihre eigene nationale orthodoxe Kirche. Die ethnische und religiöse Komposition der Vojvodina ist sehr komplex, da dort mehr Kirchen unterschiedlicher Konfessionen zu sein scheinen, als es ethnische Gruppen gibt. Nach den orthodoxen Christen bilden die Katholiken die zweitgrößte religiöse Gruppe in dieser Provinz, denen die Ungarn, Bunjevci und Kroaten angehören, doch es gibt auch griechisch-katholische Ukrainer, lutheranische Slowaken und calvinistische Ungarn. Nicht zu vergessen die Vielzahl an anderen kleinen Religionsgemeinschaften mit Mitgliedern fast überall in der Vojvodina. Moslems stellen die Mehrheit im Südwesten Serbiens, in der Region Novi Pazar und Kosovo und Metochien, wie auch in dem Gebiet um die Städte Preševo und Bujanovac. Nirgendwo in Serbien werden religiöse Gesetze und Praktiken strikt beobachtet, es scheint jedoch so, als seien die gelegentlichen Ausbrüche extremen religiösen (und quasi-religiöser, aber eigentlich nationalistischen) Verhaltens deshalb umso stürmischer. Trotz der Tatsache, dass Alkohol überall erhältlich ist, sogar in den meisten muslimischen serbischen Städten, ist sein Konsum auf der Straße nicht geschätzt. Die orthodoxe Kirche hält viele Fastenzeiten ab, doch nur ein geringer Prozentsatz der orthodoxen Christen hält sich an diese Regeln, und diejenigen, die es tun, drängen sie sich den anderen nicht auf.

Die serbisch-orthodoxe Kirche hält sich noch immer an den alten Julianischen Kalender, der dreizehn Tage hinter dem Gregorianischen Kalender zurückliegt. Deshalb feiern die Serben Weihnachten am 7. Januar. Zusätzlich – einfach nur als Ausrede, um noch einmal feiern zu können – organisieren die Serben das sogenannte „Serbische Neue Jahr" am 13. Januar. Obwohl die meisten Tage in diesen beiden Wochen offiziell Arbeitstage sind, sehen sie viele als Winterurlaub. Der ernsthafteste Feiertag in jeder Familie ist der Schutzpatronentag, *Slava* genannt. Das ist ein speziell serbischer Brauch, der dem Gedenken an die Schutzheiligen jeder Familie gewidmet ist. An diesem Tag kommen Freunde und Verwandten der Familie zum Festessen; die Feier dauert manchmal zwei oder sogar drei Tage.

Sprache und Kultur

Serbisch gehört zu den südslawischen Sprachen, dieselbe Sprache – nur unter anderen Namen – wird auch in Montenegro, Bosnien-Herzegowina und Kroatien gesprochen. Sie ist nah verwandt mit dem Mazedonischen, Bulgarischen, wie auch dem Slowenischen. Mit dem Christentum erhielten die Serben auch das „Altkirchenslawische" als ihre geschriebene Sprache von den Heiligen Kyrill und Method, die die Heilige Schrift ins Slawische übersetzten und die ersten slawischen Alphabete – das glagolitische und das kyrillische – erstellten, die der slawischen Phonetik entsprachen. Die ersten literarischen Werke in serbischer Sprache stammen aus dem Mittelalter; die bekanntesten sind das „Marienevangelium"(10. Jahrhundert), die Temnić-Inschrift (11. Jahrhundert) und das «Miroslavevangelium» (12. Jahrhundert), bekannt für seine Erleuchtung. Zu dieser Zeit wurde in der serbischen Variante des Altkirchenslawischen und nur von gebildeten Männern geschrieben. Mit der Zeit entfernte sich die gesprochene Sprache der einfachen Menschen immer weiter von der geschriebene Sprache. Die Sprache der einfachen Menschen

Miroslav-Evangelium (12. Jhd.), zum UNESCO-Weltkulturerbe erklärt

gewann erst im 19 Jahrhundert die Oberhand, vor allem dank der Bemühungen von Vuk Karadžić (*siehe S. 52*). Durch das Sammeln und Veröffentlichen der serbischen mündlichen Tradition von Geschichten, Liedern und Poesie zeigte Karadžić der Welt und den Serben selbst, dass die volkstümliche Sprache eine einzigartige Schönheit und Ausdrucksmittel besaß, und außerdem funktional war. Vuk erstellte auch die erste serbische Grammatik und reformierte das kyrillische Alphabet, indem er es auf 30 Buchstaben reduzierte, die sich an das Motto «ein Buchstabe für einen Laut» hielten. Bis 1918 war das l ateinische Alphabet in Serbien unbekannt, doch von dort an verwendete man es parallel zum kyrillischen. Heute werden beide Alphabete gleich genutzt und es gibt kein Gesetz, das reguliert, wann das eine und wann das andere benutzt werden muss. Moderne und kommerzielle Dinge werden meist in lateinischer, kultiviertere und traditionellere in kyrillischer Schrift geschrieben.

Die serbische Kultur war immer zwischen West und Ost hin und her gerissen. Es ist war schon früh zu erkennen, z.B. in der Architektur der Raška-Schule (12.-14. Jahrhundert) mit ihrem romanischen äußeren Verzierungen, doch mit byzantinischer Struktur und byzantinischen Fresken. Nachdem der Staat im 15. Jahrhundert seine Unabhängigkeit verloren hatte, waren die Serben zwischen drei verschiedene Staaten aufgeteilt: Dem islamischen Osmanenreich, dem römisch-katholischen Habsburger Reich und den Venezianern. Die serbisch-orthodoxe Kirche bewahrte nicht nur die Religion, sondern auch die Staatstraditionen aus der Zeit der Unabhängigkeit. Zusätzlich glorifizierten Heldenepen das verlorene serbische Reich. Die türkischen Einflüsse waren vorherrschend, sodass man sie noch heute in der Sprache, der Küche, der Musik usw. bemerken kann. Ab dem Ende des 17. Jahrhunderts verlagerte sich das Zentrum der serbischen Belesenheit und Kultur nach Norden, in die Gebiete unter Habsburger Herrschaft. Trotz der widerwilligen Annahme von Neuheiten aus Angst vor der Konversion zum Katholizismus, gewannen die barocken und die Rokoko-Einflüsse langsam, aber sicher an Boden. Verbindungen mit Russland waren bereits gegen Ende des Mittelalters hergestellt worden, und die russischen Zaren spendeten oft für serbische Kirchen und Klöster, wodurch sie den russischen Einfluss erweiterten. Dies erreichte seinen Höhepunkt während des 18. Jahrhunderts, als die geschriebene Sprache wie das Russische geformt war.

Das unabhängige Serbien des 19. Jahrhunderts stand lange Zeit unter dem kulturellen Einfluss der gebildeten serbischen Elite aus den Habsburger Gebieten. Gegen Ende des Jahrhunderts jedoch fand Serbien seinen eigenen unabhängigen Weg, wobei es auf die modernen Ideale von Frankreich und Großbritannien schaute. Ab dem Beginn des 20. Jahrhunderts folgte Serbien den europäischen Modellen der Kultur und Kunst, wobei seine kulturelle Elite den zeitgenössischen Kunstbewegungen, wie dem Impressionismus, dem Expressionismus, dem Surrealismus, dem Postmodernismus usw. folgte. Nach einer kurzen Zeit (1944-1948), während der das sowjetische Kulturmodell imitiert wurde, stimmten die jugoslawischen Kommunisten für ihren „eigenen Weg des Sozialismus“. Die Überwachung des kulturellen Lebens war noch immer rigide, doch alles, was nicht gegen den Staat und die Kommunistische Partei gerichtet war, wurde toleriert, sodass kulturelle Zirkel, anders als in anderen benachbarten Ländern, den modernen Trends des Jazz und Rock, der Pop-Art und Kunstperformances folgen konnten. Nach Titos Tod 1980 (*siehe S. 84*) schwemmten die westlichen Einflüsse die sozialistischen Ästhetik in einer außerordentlich kreativen Welle davon, die wahrscheinlich am besten reflektiert wird durch die Rock- und Pophits, die noch immer in den ex-jugoslawischen Radiostationen rauf und runter laufen. Während der Milošević-Ära in den 1990ern wurden viele Kunstwerke einfach politisiert, entweder für oder gegen das Regime, den Krieg legitimisierend oder ihn verdammend. Obwohl es von dieser Last befreit ist, kämpft das Land noch immer mit den Folgen der schweren Schläge des Bürgerkrieges in Jugoslawien. Neue Themen die Transition und der Konsumkapitalismus – der fast überall auf der Welt herrscht – Unsicherheit, soziale Schichtenbildung, der Verfall der traditionellen Werte der Familie und der Einfluss der neuen Medien.

Nadežda Petrović's impressionistisches Gemälde "Pfingstrosen des Kosovo" (1913, Nationalmuseum Belgrad)

DIE WICHTIGSTEN SEHENSWÜRDIGKEITEN

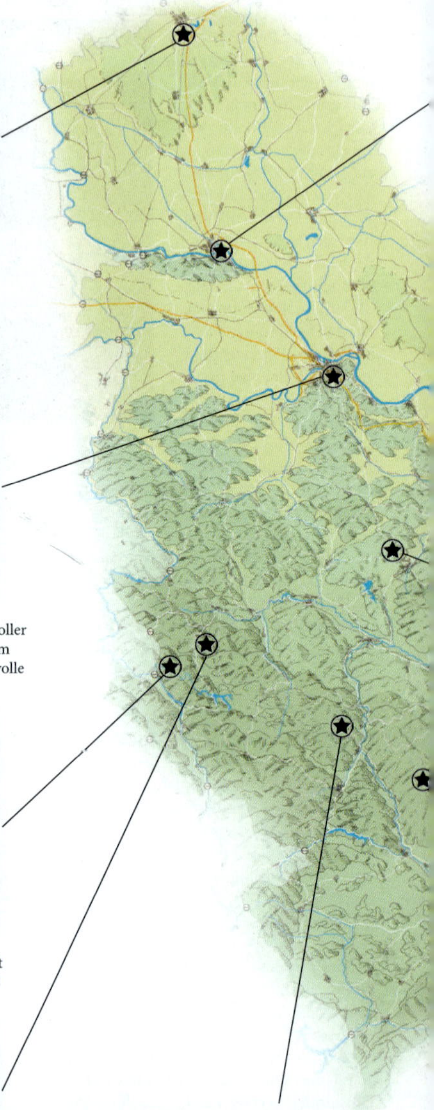

Subotica (S. 106)

Dank seiner Lage, der eigentümlichen ethnischen Mischung und der erstaunlichen Art-Nouveau-Architektur gilt Subotica als Serbiens Tor nach Europa und als eine Stadt, die das Beste beider Welten in sich vereint.

Belgrad (S. 35)

Die Hauptstadt Serbiens ist eine geschäftige Metropole voller Leben, am besten bekannt für ihre einzigartige Lage am Zusammenfluss der Save und der Donau, die eindrucksvolle Festung und das faszinierende Nachtleben.

Mokra Gora (S. 200)

In diesem Bergdorf befindet sich die hölzerne Filmstadt des Regisseurs Emir Kusturica und der Ausgangspunkt für eine Schmalspureisenbahn mit ihren verrückten Windungen.

Zlatibor (S. 204)

Der Komfort eines Bergferienorts verschmilzt hier mit den faszinierenden Weiten, attraktiven Höhlen, Wasserfällen und alten Dörfern mit Holzhäusern und –kirchen.

Studenica (S. 298)

Dieses Kloster aus dem 12. Jahrhundert, das seit Jahrhunderten als die Wiege der serbischen Kunst und Architektur angesehen wird, steht auf der UNESCO-Liste des Weltkulturerbes.

Novi Sad (S. 130)
Die elegante Hauptstadt von Serbiens nördlicher Provinz wird Sie mit ihrer massiven Festung, den Museen, Festivals und vor allem mit ihrer einzigartigen, entspannten Atmosphäre und den hübschen, freundlichen Menschen verzaubern.

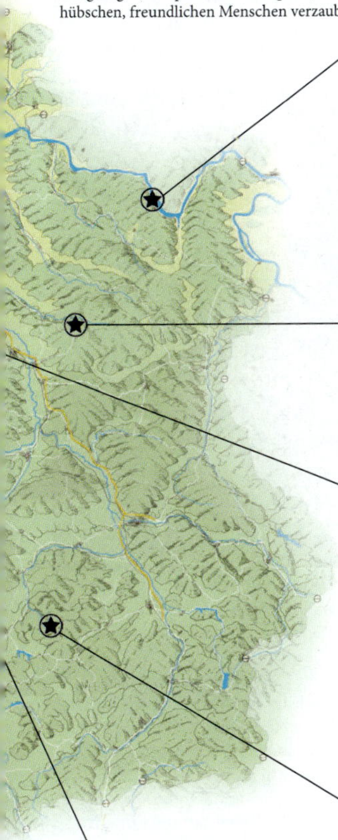

Die Schlucht Eisernes Tor (S. 267)
Die prachtvolle Donau ist hier in eine hundert Meter breite Schlucht gezwängt, und fließt vorbei an wilden Bergen, die jahrtausendelang spektakuläre archäologische Funde verbargen.

Manasija (S. 242)
Mächtige Befestigungsmauern schützen dieses imposante Meisterwerk kirchlicher Architektur und seine lebendigen Fresken aus dem 15. Jahrhundert, die eine neue Kunstära in Südosteuropa einläuteten.

Topola (S. 231)
Diese Stadt mit der wunderlichen Lage, Karadjordjes Fort und dem Mausoleum der Karadjordjević-Dynastie ist nicht vom Kampf um die serbische Unabhängigkeit zu trennen.

Djavolja Varoš (S. 342)
Eins der merkwürdigsten Kunstwerke der Natur, Hunderte von großen Erdsäulen, die sich konstant verändern, während sich unheimliche Geschichten um sie ranken.

Kopaonik (S. 301)
Dieses schöne Gebirge wurde zu einem attraktiven Touristenresort gemacht, es ist der unbestrittene Hauptwintersportort.

DIE GESCHICHTE DER SERBEN

Die slawischen Stämme fielen im 4. und 5. Jahrhundert u.Z. von ihrer Heimat nördlich der Karpaten aus ins Donaubecken ein. Ihr Vordringen wurde kurz an den Grenzen des Byzantinischen Reiches gestoppt, setzte sich aber fort, als Konstantinopel darauf nicht vorbereitet war. Zusammen mit den asiatischen Awaren drangen die Slawen um das Jahr 600 ins Innere der Balkanhalbinsel vor. Die einheimische romanisierte Bevölkerung floh Richtung Küste oder in die isolierten Berge, wurde jedoch im Verlauf der folgenden Jahrhunderte doch noch slawisiert.

Die Serben, einer der slawischen Stämme, kamen mit der zweiten Welle (irgendwann zwischen 626 und 641) aus der Region der heutigen Tschechischen Republik und Ostdeutschland. Zusammen mit den Kroaten übernahmen diese Kämpferstämme die Oberhand über die unorganisierten Balkanslawen. Die ersten serbischen Staaten befanden sich im bergischen adriatischen Hinterland, im heutigen Bosnien-Herzegowina und Montenegro, weit entfernt von den Hauptstraßen und auf halben Weg zwischen Rom und Konstantinopel.

Das Mittelalter

In der zweiten Hälfte des 9. Jahrhunderts nahmen die Serben das Christentum auf der Basis der slawischen Liturgie an, die von den Mönchen Kyrill und Method, oft „Slawenapostel" genannt, geschaffen wurde. Doch während sich in den folgenden Jahrhunderten die Unterschiede zwischen der West-und der Ostkirche vergrößerten, blieben die Serben für beide Einflüsse offen, gefangen zwischen dem byzantinischen Wunsch, sie zu unterwerfen, und der Unbeliebtheit der römischen lateinischen Liturgie. Schließlich obsiegte der orthodoxe Brauch, aber die Beziehungen mit dem Westen blieben stark, sowohl die Staatsgeschäfte, als auch die Kunst betreffend.

Im 9. und 10. Jahrhundert kämpften die serbischen Staaten gegen ihre mächtigeren Nachbarn, Byzanz und Bulgarien, um ihre Freiheit. 1077 wurde der Herzog Mihailo von Duklja zum König gekrönt und vom Papst anerkannt, was zum ersten Mal die internationale Anerkennung der Souveränität eines serbischen Staates sicherte. Duklja ging jedoch nach einer Reihe von schwachen Herrschern, die bloße Spielfiguren der Byzantiner oder anderer benachbarter Serbenstaaten waren, schnell unter.

Stefan Nemanja (1168-1199) nutzte die Schwäche des Byzantinischen Reiches und vereinte alle serbischen Länder, außer Bosnien, erweiterte die Grenzen Richtung Osten zum Moravatal und Prizren und legte den Grundstein für eine dauerhaftere politische Struktur. Sein ältester Sohn Stefan wurde **1217** vom Papst gekrönt und bekannt als der „Erstgekrönte", während sein jüngerer Bruder Sava (später St. Sava) Mönch wurde und **1219** die Unabhängigkeit der serbischen Kirche von Konstantinopel sicherte. Diese politischen Bande, die neu gegründeten Institutionen und die Ideologie, die Gründung einer unabhängigen Kirche, zusammen mit dem Bau vieler Klöster sicherten für 200 Jahre (1168-1371) die Macht der Nemanjić-

Der Heilige Sava, Fresko im Kloster Mileševa

Dynastie. Diese Epoche gilt als Grundstein der serbischen Geschichte.

Die drei Söhne Stefans des Erstgekrönten, Radoslav, Vladislav und Uroš nahmen keinen großen Anteil an der Balkanpolitik, aber sie hielten die Unabhängigkeit Serbiens aufrecht, vergrößerten seinen Reichtum, indem sie ausländische Händler und Bergleute ins Land holten, und interne Kolonisierung förderten. Urošs Söhne, Dragutin und Milutin, setzten die territoriale Expansion Serbiens fort. Milutin (1286-1321) eroberte weite Teile des Byzantiniums im heutigen Mazedonien und Albanien und sicherte sie durch Ehen mit byzantinischen Prinzessinnen. Sein Sohn, Stefan «Dečanski» (1321-1331) wehrte einen bulgarischen Angriff ab und zwang Byzanz zu weiteren Gebietsabtritten, die Serbien den Status als mächtigster Balkanstaat sicherten. Serbiens Blütezeit war unter König Dušan, der den Bürgerkrieg im Byzantinischen Reich nutzte, um sich in mehreren Siegeswellen weiter Richtung Süden vorzuschieben. 1345 wurde Dušan zum Kaiser gekrönt und das serbische Erzbistum erhielt den Status eines Patriarchats, der Schritt, der die Beziehungen zur Mutterkirche in Konstantinopel ruinierte. Serbien erstreckte sich von der Adria bis zum Fluss Mesta (heute Bulgarien) und von Belgrad im Norden bis zum Golf von Korinth im Süden.

In der Zwischenzeit entwickelte Bosnien seine eigene Identität. Zwischen Serbien und Ungarn eingezwängt hatte es seine eigene Version des orthodoxen Christentums, die konstant von den katholischen ungarischen Königen verfolgt wurde. Es existierte als kleines Territorium am Fluss Bosna entlang unter der Herrschaft des bosnischen Bans. Eine unabhängigere Außenpolitik und Expansion gab es unter Stjepan II. (1314-1353), der von seinem Neffen Tvrtko beerbt wurde.

Nach Dušans überraschendem Tod 1355, war sein Sohn, Kaiser Uroš («Der Schwache» genannt) nicht in der Lage, die Adligen, die in der schnellen Periode der Eroberung stärker geworden waren, weiter zu kontrollieren. Ihre Gier und Uneinigkeit machten den mächtigen Staat schnell zu einer feudalen Anarchie, in der der Kaiser nur mehr eine Spielfigur war. Der mächtigste Adlige in der Region von Mazedonien, Vukašin Mrnjavčević, versuchte, sich selbst zum Nachfolger des kinderlosen Uroš zu machen, gewann aber nur einige wenige Verbündete, während die anderen Barone sich seinen Bestrebungen widersetzten. Die Uneinigkeiten und Dilemmas der Adligen wurden von der wachsenden Bedrohung durch die osmanischen Türken abgekürzt. **1371** starben Vukašin und sein Bruder in einer Schlacht am Fluss Maritsa und ihr Land wurde zum Lehen des osmanischen Sultans. Kurz daruf starb Uroš ohne Erben.

Im Norden brachten Vukašins und Urošs Tod eine Neuverteilung der Macht. Der bosnische Ban **Tvrtko** eroberte die westserbischen Gebiete und krönte sich 1377 am Grab des Heiligen Sava im Kloster

Stammbaum der Nemanjićs im Kloster Dečani (Nationalmuseum Belgrad)

Mileševa (*siehe S. 312*) selbst zum König der Serben. Ein anderer Adliger, der von den Veränderungen profitierte, war **Fürst Lazar**, der das Tal der drei Moravas und die Stadt Novo Brdo, die größte Silbermine auf dem Balkan, beherrschte. Lazar versuchte den serbischen Staat wieder zusammenzusetzen: Er verheiratete seine Töchter mit anderen prominenten Adligen und stellte die guten Beziehungen mit der Kirche in Konstantinopel wieder her, und gewann so für sich selbst den Status des «Ersten unter Gleichen». 1389 vereinte er seine Mächte mit König Tvrtko und Vuk Branković (einem Adligen, der das Territorium des Kosovos kontrollierte) in dem Versuch, den osmanischen Vorstoß aufzuhalten. Die blutige Schlacht auf dem

Paja Jovanović, "Krönung des Kaisers Dušan" (Nationalmuseum Belgrad)

Kosovo Polje («Amselfeld») in der Nähe des heutigen Priština, endete mit dem Tod des osmanischen Sultans Murat I. und Lazars. Mit einer verringerten Armee und einem minderjährigen Sohn, akzeptierte Lazars Witwe Milica den Vasallenstatus unter den Türken. In Bosnien verschlechterte sich die Staatssituation nach dem Tod von König Tvrtko 1391 erneut.

Lazars Sohn Stefan diente dem Sultan Bajezid treu und vereinte mit dessen Erlaubnis den größten Teil Serbiens wieder. Nach Bajezids Tod **1402** zerfiel das Osmanische Reich und Stefan setzte seinen unabhängigen Kurs fort und erhielt vom byzantinischen Kaiser, der in Konstantinopel in die Ecke getrieben war, den Titel des Despoten. Seine guten Verbindungen zu Ungarn, die einem Vasallenstatus ähnelten, blüten 1403 auf, als man ihm Belgrad übergab, das er zu seiner prächtigen Hauptstadt machte. Die Befreiung aus dem osmanischen Griff und der relative Friede, der zwei Jahrzehnte andauerte, machte den neuen Aufschwung von urbanen Zentren und eine Renaissance von Handel und Bergbau möglich. Dem folgte ein neuer prachtvoller Stil in der Architektur und der Freskenmalerei, wie auch der in literarischen Aktivität, angeführt von Gedichten des Despoten Stefan persönlich. Stefan starb 1427 und wurde von Djuradj Branković, seinem älteren Cousin beerbt. Djuradjs Herrschaft war unruhig: Die Osmanen wurden wieder stärker und attakierten mit voller Kraft. 1455 fiel Novo Brdo zusammen mit der Südhäfte von Serbien. Die letzte Festung von Djuradjs Söhnen, Smederevo an der Donau (*siehe S. 226*), hielt bis **1459** stand. Bosnien, von den Adligen auseinandergerissen, fiel 1463; die Herzegowina, unter der Kosača-Familie, folgte **1482** und **1499** schließlich erlag das Montenegro der Crnojević.

Aleksandar Dobrić, "Miloš Obilić in der Schlacht auf dem Amselfeld" (Nationalmuseum Belgrad)

Despot Stefan Lazarević, Gemälde im Kloster Manasija

Unter fremder Herrschaft

Zu Beginn des 16. Jahrhunderts waren die großen Völkerwanderungen, die die ethnische Karte des Balkans neu anordnen sollten, längst im Gange und Serben flohen massenhaft Richtung Norden und Westen. Die ungarischen Könige benutzten serbische Soldaten, um ihre entvölkerten Südgrenzen zu schützen und ernannten weiterhin serbische Despoten. Der Fall Belgrads an Suleiman den Prächtigen im Jahr 1521 und der Zerstörung des ungarischen Staates in der Schlacht von Mohacz 1526 machten aller Hoffnung, dass die Osmanen besiegt und Serbien zurückerobert würde, zunichte. Im Schatten dieser Ereignisse wurde Pavle Bakić, der letzte serbische Despot in Ungran, 1537 getötet. Nach der Eroberung Zentralungarns durch die Osmanen lebten nun fast alle Serben unter der Oberhoheit des Sultans. Eine gewisse lokale Autonomie blieb jedoch erhalten und viele Serben schlossen sich den osmanischen Hilfsstreitkräften an.

1557 erreichten die guten Beziehungen zwischen den Serben und den Osmanen ihren Höhepunkt, als der Großvisier, Mehmed-Pascha Sokolović (auf Türkisch *Soccoly*), der von serbischer Herkunft war, das serbische Patriarchat mit dem Sitz in Peć *(siehe S. 357)* wiederherstellte. Das Patriarchat umfasste alle Serben des Reiches, von Buda bis Skopje und von Zadar bis Sofija. Die serbische Kirche wurde zum Bewahrer der staatlichen Traditionen. Mit ihrer neu erlangten Macht machte sich die Kirche diskret daran, ihre Klöster wiederaufzubauen und es folgte eine künstlerische Wiederbelebung.

Die guten Beziehungen hielten nicht lange. **1594** rebellierten die Serben im Banat und später auch in der Herzegowina, als Antwort auf den Ruf Habsburgs während ihres Krieges mit den Osmanen. Die türkische Antwort war, die Reliquien des Heiligen Sava, des größten serbischen Heiligen, zu verbrennen. Wegen des wachsenden beiderseitigen Misstrauens, einer

"Die Verbrennung der Reliquien des Hl.Sava" von Stevan Aleksić (Nationalmuseum Belgrad)

Nachwirkung der Rebellionen, erhielten Serben nicht mehr den Status der *Sipahi* (Adligen).

In der Zwischenzeit kämpfte das Habsburger Reich um sein Überleben. Wegen Mangels an Mitteln, um eine reguläre Armee im zerstörten und entvölkerten Kroatien und Slawonien zu finanzieren, war jeder willkommen, der gegen die Türken kämpfen wollte, und man gab den Neuankömmlingen privilegierte Rechte als Freie, mit der Verpflichtung die Grenze zu schützen. Bald formierte sich eine Reihe von Siedlungen, die zumeist von orthodoxen Serben bevölkert waren, auf der Habsburger Seite der Grenze, die schrittweise zur Militärgrenze (*Vojna krajina*) ausgebildet wurde. Die freien Siedlungen gefährdeten die Interessen des grundbesitzenden Adels, während die östliche Orthodoxie die katholischen Prälate wütend machte. In den folgenden Jahrhunderten mussten die Serben in Kroatien und Slawonien wiederholt Versuche, ihnen ihre Rechte und ihre Religion zu nehmen, abwehren. Der einzige Weg zu protestieren war, dem Habsburger Kaiser gegenüber loyal zu sein und auf seinen Schutz zu hoffen, sowohl was das Gesetz, als auch die Praxis betraf.

Der erste serbische Land, das seine Freiheit zurückerlangte, war **Montenegro**. Die einheimischen Clans, deren Rücken durch die Venezianische Republik gestärkt wurde, vereinigten sich unter der Führung der Metropoliten aus der Petrović-Njegoš-Familie und entschieden, am Ende des 17. Jahrhunderts, dass sie nicht länger Steuern an die Osmanen zahlen würden. Dieser Trotz einer kleinen und öden Bergregion führte zu mehreren Angriffen, aber keiner davon brachte sie wieder zur völligen Unterwerfung und stoppte die montenegrinischen Plünderungen der benachbarten osmanischen Gemeinden.

1683 erlitten die Osmanen eine vernichtende Niederlage vor den Toren von Wien. Das Blatt wendete sich und 1689 befreite die Habsburger Armee mit der Hilfe der einheimischen christlichen Bevölkerung, die zu den Waffen gegriffen hatten, Serbien und gelangte bis nach Niš, Prizren und Skopje. Die Osmanen gruppierten sich neu, und drängten die Habsburger zurück, und mit ihnen die Massen von Flüchtlingen, die aus Angst vor Vergeltung flohen. Die Menschenflut, angeführt von Patriarch Arsenije III., ersuchte den Habsburger Kaiser um religiöse und persönliche Freiheit, wie auch Autonomie unter des Kirchenprälaten. Leopold, der dringend Soldaten benötigte, gewährte ihnen das Ersuchte und die Flüchtlinge ließen sich in Ungarn nieder. Das *Privilegium*, das der Kaiser zugesagt hatte, jedoch nicht beabsichtigte in die Tat umzusetzen, führte zu einem langen Kampf dagegen, zu Bauern zurückgestuft zu werden und die Orthodoxie aufgeben zu müssen. Trotzdem gelang es den Serben im Habsburger Reich, eine neue Elite zu entwickeln, bestehend aus kirchlichen Würdenträgern, Offizieren, Neuadligen und Händlern, den Schichten, die nun den Weg der Kunst, der Kultur und der Bildung vorgaben.

Im Verlauf des 18. Jahrhunderts nahm Österreich Serbien zweimal ein und verlor es wieder (1717-1739 und 1789-1791).

Bewahrer der Tradition unter türkischer Herrschaft - "Blinder guslar*" von Rista Vukanović (Nationalmuseum Belgrad)*

Diese Niederlagen brachen das Vertrauen der Serben in Habsburg. Als Grenzregion des Osmanenreiches, besaß Serbien schon weitgehende Autonomie, die die Bevölkerung ruhig halten sollte. Die Grenzprovinz entickelte sich schnell zu einem Handelsgebiet. Die Kontrolle des Sultans über seine Vertreter ließ jedoch schnell nach. Als die rebellischen janitscharischen Truppen den einheimischen osmanischen Verwalter in Belgrad töteten und die Kontrolle über die Stadt übernahmen, unregelmäßige Steuern verlangten und sich Land aneigneten, griffen die Serben zu den Waffen.

Uroš Knežević, "Fürst Miloš" (Nationalmuseum Belgrad)

Befreiung und moderne Staaten

Der Meuterei, die **1804** begann, wurde schnell zu einer allgemeinen serbischen Rebellion, und nachdem 1805 Gespräche mit dem Sultan erfolglos blieben, wuchs sie zu einem Aufstand gegen alle osmanischen Obrigkeiten heran. Angeführt von Djordje Petrović – Karadjordje («Schwarzer Djordje») - organisierten sich die serbischen Bauern, überwanden zahlreiche osmanische Offensiven und befreiten das Gebiet von der Drina und Novi Pazar bis nach Leskovac und Vidin. Es war nicht nur eine nationale, sondern auch eine soziale Bewegung, in den Worten des bedeutenden Historikers Leopold Ranke – die «Serbische Revolution». Gefangen in den diplomatischen Manövern zwischen Napoleon, Österreich, Russland und den Osmanen konnten die Serben weder Anerkennung, noch Schutz finden und lenkten nach fast zehnjährigem Widerstand im Jahr **1813** ein.

Die brutale türkische Repression konnte nicht die süße Erinnerung an ein Jahrzehnt der Selbstregierung und Freiheit von Feudalherrn auslöschen. Ein weiterer Aufstand folgte 1814 und noch ein weiterer **1815**. Der Anführer des letzten, Miloš Obrenović, ein vorsichtiger und cleverer Mann, nutzte seine früheren Siege, um Gespräche mit dem Sultan zu beginnen und einigte sich mit ihm auf gemäßigte Autonomie. Im Verlauf der folgenden Jahre bat und drohte, bestach und erpresste er, alles in der besten orientalischen Art. Er sicherte 1817 eine Quasi-Autonomie und ermordete Karadjordje, der einen neuen Aufstand plante. Schließlich, **1830** und 1833, erhielt Miloš Freibriefe aus Istanbal, die Serbien den Status als selbstverwaltetes Fürstentum mit den Obrenovićs als Erbfürsten sicherten. Serbien bezahlte auch weiterhin Tribut an den Sultan, doch die effektive osmanische Herrschaft war nun beschränkt auf die inneren Mauern von nur sechs Festungen.

Milošs autokratische Herrschaft führte zu Wiederständen, die **1835** in der ersten serbischen Verfassung resultierten, die in der reaktionären Atmosphäre Europas nicht lange bestehen blieb. Im selben Jahr wurde den Bauern Land zugestanden. Miloš dankte schließlich 1840 ab, doch sein Sohn Mihailo litt unter dem schlechten Ruf seines Vaters, wurde gestürzt und mit Aleksandar, dem Sohn Karadjordjes, ersetzt. Die wahre Macht lag jedoch bei den sogenannten Konstitutionalisten *(Ustavobranitelji)*, die gebildete Elite mit ihrem bemerkenswerten Modernisierungseifer. 1858 kehrte Miloš kurz an die Macht zurück und wurde wieder von Mihailo beerbt. Die zweite Regierungszeit (1860-1868) dieses europäisch erzogenen Herrschers war von aufgeklärtem Absolutismus gekennzeichnet, ist jedoch am besten dafür in Erinnerung geblieben, dass er die Türken zwang, die sechs Festungen in Serbien zu verlassen (**1867**).

Die Revolution von 1848 führte zu blutigen Zusammenstößen in Südungarn, in denen die Serben und Kroaten auf der einen und die Ungarn auf der anderen Seite kämpften. Die serbische Loyalität dem Kaiser gegenüber wurde mit dem lange begehrten Territorium der Srpska Vojvodina (Serbisches Herzogtum) belohnt. Es war jedoch bald klar, dass Absolutismus und deutsche Bürokratie diesen rein administrativen Landstrich, der nur bis 1869 bestehen blieb, beherrschten.

In der Zwischenzeit, ab dem späten 18. Jahrhundert war Montenegro alles andere als ein international anerkannter Staat. Wegen seiner regelmäßigen Kriege mit den Osmanen bekam es einen Ruf als furchterregender Gegner und verdiente sich den Respekt der benachbarten Serbenclans. Die Herzegowina griff erneut zu den Waffen. Eine Krise, die die Rebellen 1875 provoziert hatten, trieb Serbien und Montenegro 1876 in einen Krieg gegen die Osmanen, in den die Russen 1877 eingriffen und der schließlich **1878** zum Berliner Kongress führte. Beide serbische Staaten gewannen an Territorium, aber noch wichtiger war, dass sie nun endlich international als souveräne Staaten anerkannt wurden.

Uroš Predić, "Flüchtlinge aus der Herzegowina" (Nationalmuseum Belgrad)

Stratege der Serbischen siege - "Živojin Mišić" von Uroš Predić (Narionalmuseum, Belgrad)

Während Fürst Milan rücksichtslos in Serbien regierte (1868-1892), gelang es ihm 1882, es zu einem Königtum zu machen. Nach langem Ringen willigte Milan schließlich 1888 ein, sich der parlamentarischen Kontrolle zu unterstellen, unter der Bedingung, eine neue liberale Verfassung zu verabschieden, aber er hielt nicht lange durch. Sein Sohn Aleksandar rief ständig Krisen im Parlament hervor, die ihn in Kombination mit persönlichen Skandalen (er heiratete eine Witwe, die ihm keine Kinder gebären konnte) ohne Freunde und verletzlich dastehen ließen, und 1903 wurde er von einer Gruppe verschwörerischer Offiziere ermordet.

Petar Karadjordjević, der Enkelsohn Karadjordjes, kam auf den Thron. Da er gewillt war, sich den Stimmen der parlamentarischen Mehrheit unterzuordnen, begann mit ihm eine Ära der modernen Demokratie in Serbien. Er konnte jedoch die Offiziere, die ihn an die Macht gebracht hatten, nicht vollständig kontrollieren. Der Wechsel der Dynastien bedeutete auch den endgültigen Bruch mit der unbeliebten Bevormundung durch Österreich-Ungarn. Zum ersten Zusammenstoß kam es in der Wirtschaft: Seit einigen Jahren war schon ein Steuerkrieg im Gange, aus dem Serbien schließlich siegreich hervorging, und es gelang ihm, sich aus der wirtschaftlichen Abhängigkeit von dem nörlichen Nachbarn zu befreien. Österreich-Ungarn wurde unsicher, was seine Macht und Position anging und begann Serbien als seinen gefährlichsten Feind zu betrachten. Die beiden serbischen Staaten übten eine große Anziehungskraft auf die Serben und andere südslawische Völker im Kaiserreich aus; aber mehr noch blockierten sie die einzig mögliche Route zur territorialen Erweiterung.

1908 annektierte Österreich-Ungarn Bosnien und Herzegowina und begann eine Serie von sinnlosen Prozessen gegen prominente Serben in Kroatien und Bosnien, die der Staatlichkeit und der Gerechtigkeit schadeten.

Inzwischen vereinten Serbien und Montenegro ihre Kräfte mit Bulgarien und Griechenland in einer Balkanallianz und überraschten die europäischen Großmächte, indem sie allein, in einem gemeinsamen Unternehmen gegen die Osmanen vorgingen (**1912**, Erster Balkankrieg). Die serbische Armee richtete eine beiderseitige Grenze mit Montenegro ein und nahm den Kosovo, Mazedonien und Nordalbanien ein. Als Österreich-Ungarn sich für ein unabhängiges Albanien einsetzte, wollte Serbien die Territorien, die es in Mazedonien befreit hatte, als Kompensation dafür behalten, was es in Albanien nicht bekam. Dieser Idee widersetzten sich die Bulgaren, die ihren früheren Verbündeten unbedacht den Krieg erklärten, jedoch 1913 unterlagen (Zweiter Balkankrieg).

Nach diesen beiden blutigen Kriegen hofften sowohl Serbien, als auch Montenegro auf eine Ruhepause. Doch **1914** am Vidovdan, dem höchsten serbischen Feiertag. besuchte der habsburgische Thronfolger Sarajevo. Von einer Gruppe radikaler bosnischer Studenten wurde das als Herausforderung betrachtet und am 28.Juni erschoss ein junger serbischer Student namens Gavrilo Princip der Erzherzog und seine Frau Sophie. Österreich-Ungarn nutzte die Gelegenheit, um gegen Serbien vorzugehen und stellte unmögliche Forderungen; es sah jedoch nicht vorher, dass Serbiens Verbündeter Russland und auch Frankreich und Großbritannien, in früher eingegangenen

Belgrad 1914, erste Verteidigungslinie

Verpflichtungen erfüllen würden. Diese Fehleinschätzung Österreich-Ungarns führte zum ersten globalen Konflikt.

1914 und 1915 gelang es Serbien gemeinsam mit Montenegro drei Großoffensiven der überlegenen Habsburger Armeen zurückzuweisen, fiel aber 1915 in einem gemeinschaftlichen Angriff der austro-ungarischen, deutschen und bulgarischen Kräfte zurück. Geschützt von seinen montenegrinischen Verbündeten, gelang es der serbischen Armee, sich zusammen mit König Peter und der Regierung über die schneebedeckten Berge Albaniens zurückzuziehen und sich den französischen und britischen Truppen anzuschließen, die die Saloniki-Front in Nordgriechenland bildeten. Montenegro war ebenfalls besetzt, doch König Nikola führte Verhandlungen mit Österreich-Ungarn und floh dann nach Italien, was man später gegen ihn verwendete.

Im November 1918 begann der letzte Schlag der Alliierten; hochmotiviert zogen die serbischen Truppen voraus. Nach drei Wochen standen sie vor Sofia und Bulgarien war aus dem Krieg eliminiert. Bald erreichten sie Belgrad und stießen nach Österreich-Ungarn vor. Das unterlegene Kaiserreich zerfiel und nachdem Montenegro und die Vojvodina ihre Vereinigung mit Serbien erklärt hatten, entschieden sich die Vertreter der Serben,

Aleksandar Karadjordjević, König von Jugoslawien (1921-34)

Kroaten und Slowenen am **1. Dezember 1918** für eine Vereinigung unter der Karadjordjević-Dynastie. Serbische Truppen sicherten die Grenzen des neu gegründeten Staates und blieben bis 1920 kampfbereit. Acht Jahre Krieg hatten Serbien stark angeschlagen: Fast ein Drittel der Bevölkung war gestorben, einschließlich 50 % der militärtauglichen Männer.

Das erste Jugoslawien und sein Fall

Die vielen Differenzen im Königreich der Serben, Kroaten und Slowenen ergaben sich aus vier verschiedenen Staatssystemen (dem österreich-ungarischen, dem serbischen, dem montenegrinischen und dem osmanischen), plus den geographischen und ethnischen Unterschieden. Man hielt sie alle für kontrollierbar, mit ein bisschen gutem Willen. Aber dieser verschwand schnell, als die internen Uneinigkeiten wuchsen. Das erste Problem war das mit Kroatien: Eine serbische Mehrheit im neuen Staat und eine Armee, die noch immer eher serbisch dominiert als jugoslawisch war, ließ wenig Platz für ein Kroatien, das wirtschaftlich weiter entwickelt war. Es hoffte, eine Machtteilung in einem losen föderativen System zu erreichen, doch die Verfassung von 1921 definierte das Königreich als fast unitarischen Staat – was man als einzige Garantie dafür gesehen hatte, dass ein von so vielen Unterschieden geprägtes Land bestehen könnte. Ein Jahrzehnt angespannten parlamentarischen Lebens erreichte seinen Höhepunkt, als 1928 ein serbischer Abgeordneter Stjepan Radić, den Chef der stärksten kroatischen Partei erschoss. 1929 verbot König Aleksandar, der Sohn von König Petar, in einem Versuch, den Staat vor dem Zerfall zu bewahren, wobei er auch kein großer Verfechter der Demokratie war, das Parlament. Er nahm das jugoslawische Konzept auf und erkannte keine Nationen innerhalb des Königreichs an. Die Diktatur, die mit den schweren Zeiten der Weltwirtschaftskrise zusammenfiel, nahm 1934 ein Ende, als er von einem bulgarischen Terroristen getötet wurde. Eine Rückkehr zur parlamentarischen Herrschaft konnte jedoch wenig gegen die internen Schwierigkeiten ausrichten. Als Kroatien 1939 schließlich seine Autonomie innerhalb des Staates erhielt, war es schon zu spät – die nationalen Spannungen waren zu stark und der Glaube an Jugoslawien zu schwach.

Eine Zeitlang sah es so aus, als könne sich Jugoslawien aus dem Weltkrieg heraushalten: Man schloss **1941** ein vorteilhaftes Abkommen mit Nazi-Deutschland. Aber nur zwei Tage später, am 27. März 1941, wurde das Wohlwollen von einem militärischen Coup, den der britische Geheimdienst angestachelt hatte, gebrochen und es gab Anti-Achsenmächte-Demonstrationen in mehreren größeren serbischen Städten. Der wütende Hitler ordnete sofort Angriffe als Antwort auf diese Beleidigung an, und am 6. April 1941 wurde Belgrad ohne vorherige Kriegserklärung bombardiert. Außer Stande Krieg zu führen, wurde eine multinationale jugoslawische Armee an einigen Orten als Verteidigung aufgestellt, und der Krieg war nach zwei Wochen beendet. Der junge König Petar II. und seine Regierung flohen nach England. Teile von Serbien wurden von Ungarn, Deutschland, Bulgarien und Albanien (von Italien kontrolliert) annektiert, während Bosnien-Herzegowina zusammen mit dem Srem an Kroatien gingen, das von den faschistischen Ustašas angeführt wurde, die die Serben fanatisch hassten.

Die Armee war besiegt, aber der Geist des bewaffneten Widerstandes lebte weiter. Im Mai erklärte Oberst Dragoljub Mihailović, ermutigt durch die in London befindliche Regierung, die Weiterführung des Krieges und begann, die Deutschen anzugreifen. Nach dem deutschen Angriff auf die UdSSR griffen auch die kommunistischen Partisanen (*partizani*) im Juli zu den Waffen. Eine kurzzeitige Zusammenarbeit der beiden Gruppierungen resultierte in der Befreiung eines großen Territoriums in Westserbien mit dem Zentrum Užice (*siehe S.*). Die deutsche Reaktion waren Repressalien gegen die Zivilbevölkerung, wobei sie eine berüchtigte Regel befolgten: Einhundert Zivilisten für jeden toten deutschen Soldaten. Als sie sahen,

Belgrad nach der Bombardierung 1944

dass der Preis für das serbische Volk zu hoch war, entschieden sich Mihailović und seine Četnici, sich auf unauffälligeren Wiederstand zu beschränken und warteten auf die Ankunft der Alliierten. Im Unterschied dazu kämpften die Kommunisten, angeführt von Josip Broz «Tito» (*siehe S.*), nicht nur für Freiheit, sondern auch für Macht und entschieden sich daher dafür, weiterzukämpfen. Nachdem sie 1942 in Serbien besiegt wurden, verlegten sie ihre Hauptkräfte nach Bosnien und Kroatien. Hier trieb das schreckliche Schlachten von zehntausenden von Serben viele Menschen in die Berge. Die Partisanen boten ihnen die Möglichkeit, gegen die Henker zu kämpfen und somit bestand das Herz ihrer Armee aus Serben, entweder aus dem eigentlichen Serbien oder aus den westlichen Teilen des Landes. Die anderen jugoslawi-schen Nationen schlossen sich dem Widerstand bis Mitte 1943 nicht in großen Zahlen an. Titos Kräfte setzten ihren bitteren und ungleichen Guerilla-Krieg gegen die Deutschen und ihre Achsenmächte-Partner fort und erregten so die Aufmerksamkeit der Alliierten, die ihre Unterstützung von Mihailovićs Royalisten zu den effizienteren Partisanen verschoben. **1944** übernahm Tito mit Hilfe der Roten Armee die Kontrolle über den östlichen Teil Jugoslawiens, einschließlich Belgrad. Der Klassenkampf, maskiert mit Vorwürfen der Kollaboration, führte zu Massenexekutionen der serbischen Elite. Ähnliche Repressalien gegen die Bourgeoisie, Kollaborateure (echte und solche, von denen es nie bewiesen wurde) wurden überall in Jugoslawien ausgeübt, während die deutsche Minderheit systematisch verfolgt wurde. Der Krieg, der noch immer tobte, als die Partisanen Kroatien und Slowenien ohne Hilfe befreiten, kostete fast eine Million Serben das Leben und verursachte enormen materiellen Schaden. Im Jahr 1945 begann eine Übergangsphase, in der die Kommunisten schrittweise alle anderen politischen Kräfte verdrängten und schließlich die Bundesrepublik Jugoslawien ausriefen, die sich eng am Beispiel von Stalins UdSSR orientierte.

Das zweite Jugoslawien

Jugoslawien war als kommunistische Speerspitze Richtung Westen gedacht, aber es wurde schnell klar, dass Tito nicht bereit war, all seine Erfolge Stalin zu überlassen und sein Land auf den Status eines sowjetischen Satelliten zu reduzieren. **1948** entschied Stalin, dass er genug von Tito habe und begann eine Propagandakampagne gegen ihn. Stalin unterschätze jedoch die Kraft, mit der Tito die Macht im Griff hatte. Die Mehrheit der jugoslawischen Kommunisten waren für Tito und die Stalinisten wurden grausam eliminiert. Der Schatten des Krieges hing über dem abtrünnigen Jugoslawien, aber das verlorene Schaf wurde vom Westen aufgenommen. Somit war das Hauptprinzip von Titos Politik geboren: Jugoslawien blieb kommunistisch auf seine eigene unabhängige Weise, während es von westlicher Hilfe über Wasser gehalten wurde, und so wurde es zum Vorbild für andere Länder jenseits des Eisernen Vorhangs. In den folgen zwei Jahrzehnten wurde das Land wiederaufgebaut und der Lebensstandard stieg weit über den der restlichen osteuropäischen Länder. Die politische Freiheit war ebenfalls größer, doch die Kommunistische Partei behielt die exklusive Macht und lehnte jeden Vorschlag, sie zu teilen, ab.

Der neue Weg der jugoslawischen Kommunisten hieß „Selbstverwaltung" (*samoupravljanje*), was theoretisch bedeutete, dass die Arbeiter die Kontrolle über ihre Fabriken und die Produktion hatten. Eigentlich, da alles von der allmächtigen Partei kontrolliert wurde, war die Selbstverwaltung symbolisch und die Wirtschaft wurde von durch die Partei ausgewählten Offiziellen geregelt. Die nationale Frage wurde als durch den Föderalismus erledigt erachtet und alle Streitigkeiten unterdrückt. Ein anderes Experiment war die unabhängige Auslandspolitik, die auf der Zusammenarbeit mit Dritte-Welt-Ländern und der Kritik an beiden Blocks des Kalten Krieges basierte.

Mitte der 60er Jahre war das Goldene Zeitalter vorbei und die verbliebenen

Banknote, nach dem 2. Weltkrieg

Josip Broz "Tito", Präsident auf Lebenszeit im sozialistischen Jugoslawien

wirtschaftlichen Probleme schürten die soziale und ethnische Unruhe. 1968 revoltierten die Belgrader Studenten gegen die wachsenden Ungleichheiten in der sozialistischen Gesellschaft, während die ethnischen Albaner im Kosovo randalierten und eine eigenständige Republik forderten. 1971 versuchte Kroatien einen unabhängigen Kurs einzuschlagen, wurde aber gestoppt, als Tito drohte, die Armee einzusetzen. Tito bewies, dass er noch immer die Kontrolle hatte, aber die Vielzahl an Herausforderungen war zu viel für einen schon alten Mann. Die neue Verfassung von 1974 versuchte die Probleme auf offensichtlich bürokratischem Weg zu lösen und es wurde eins der kompliziertesten Staatssysteme überhaupt geschaffen. Die sechs Republiken wurden zu beinahe unabhängigen Staaten und die Einheit der Länder hing von der Kommunistischen Partei, der Armee und vor allem Titos Führung ab. Die einzige Republik, die beschränkte Macht ausübte, war Serbien: Nur Serbien hatte zwei autonome Provinzen, die Vojvodina und den Kosovo, die die neue Verfassung mit allem außer dem Namen zum Rang einer Republik erhob. Des Weitern hatten die Provinzen ein Vetorecht gegenüber Serbien, was umgekehrt nicht der Fall war. Stimmen, die sich gegen eine solche Ungerechtigkeit erhoben, wurden als nationalistisch und reaktionär bezeichnet.

1980 starb Tito und sein Platz wurde von eiWismus nicht mehr. Nicht in der Lage, sich zu reorganisieren und seine eigenen Probleme zu lösen, war Jugoslawien dazu verdammt, zu Grunde zu gehen.

Mehrere Probleme tauchten gleichzeitig auf: Schon 1981 wurde bei einem bewaffneten Aufstand im Kosovo versucht, den Status einer Republik oder volle Unabhängigkeit zu erreichen. Die unterprivilegierten Serben der Provinz brauchten dringend Hilfe und die kam in der Person von **Slobodan Milošević**. Als Kommunist der jüngeren Generation, der im Aufstieg begriffen war, sah er schnell, dass er Serbiens Problem mit seinen Provinzen für sich nutzen konnte. Indem er die Bürpkratie abbaute und direkt zu den Menschen sprach, in einer Weise, die sie verstehen konnten, schien er ein Führer zu sein, der in der Lage war, Serbiens Würde wieder zu behaupten. Schnell hatte er viele bekannte Anhänger und 1987 übernahm er die volle Kontrolle über die Kommunistische Partei Serbiens. In den nächsten zwei Jahren nutzte er den Populismus und serbisch-nationalistische Rhetorik zusammen mit dem Ruf nach Gesetzlichkeit und Macht, die das kommunistische Staatssystem investiert hatte, die Führungen der autonomen Provinzen zu stürzen. Während dies in der Vojvodina, wo die Serben die Mehrheit stellten, ohne große Schwierigkeiten gelang, protestierte die ethnische albanische Mehrheit und boykottierte schließlich alle staatlichen Institutionen. 1989 schloss sich die neue Führung Montenegros Milošević an und er kontrollierte nun 4 der 8 Stimmen in der kollektiven Präsidentschaft. Die Möglichkeit eines neuen autortären Führers, der ganz Jugoslawien regierte, ängstigte Slowenien und Kroatien und ihre alten Ideen von Unabhängigkeit erwachten von Neuem. Die Kommunistische Partei Jugoslawiens zerfiel auf nationaler Ebene im Jahr 1989 und ein Boykott der jugoslawischen nationalen Armee durch Kroaten, Slowenen und Albaner machten sie zu einem serbisch dominierten Relikt aus der Vergangenheit. Wähnred der slowenische Nationalismus ein wirtschaftliches Gesicht annahm, ließen sich in Kroatien Stimmen hören, die sehr nach denen der faschistischen Ustašas im Zweiten Weltkrieg klangen. Milošević nahm nun die Rolle des Beschützers der Serben in Kroatien und Bosnien-Herzegowina an, und ermutigte sie, gegen die verfassungswidrige Unabhängigkeitserklärung zu rebellieren. Keine der Seiten wollte einlenken oder ihre Stimme senken und Zusammenstöße waren unausweichlich. Zudem waren Versuche der internationalen Gemeinschaft die Situation zu verbssern konfus, schlecht koordiniert und unaufrichtig, und verschärften den Konflikt noch weiter.

Die blutigen 1990er

Nach einem Versuch, Slowenien von der Abspaltung abzuhalten, der zu einem zehntägigen Krieg im Juli **1991** führte, zog sich die jugoslawische Armee zurück. In Kroatien hatten die Kämpfe zwischen Kroaten und einheimischen ethnischen Serben schon begonnen. Die Armee versuchte die beiden Seiten zu trennen, aber es war klar, dass sie die Serben den feindlichen Kroaten vorzogen. Im Spätherbst war die Krise zu einem blutigen Konflikt ausgewachsen, mit Gräueltaten auf beiden Seiten. 1992 weiteten sich die Kämpfe nach Bosnien aus, die Armee verließ den neuen unabhängigen Staat, überließ aber ihre Waffen den einheimischen Serben, die damit bald zwei Drittel des bosnischen Territoriums kontrollierten. In der Zwischenzeit verließ Mazedonien die Föderation friedlich und Serbien und Montenegro bildeten ab 1992 eine neue, dritte, Inkarnation Jugoslawiens. Wegen der direkten und indirekten Hilfe, die es den Serben in den ehemalige Republiken zukommen ließ, wurde das neue Jugoslawien mit internationalen Sanktionen belegt. Internationale Isolation und der totale Zusammenbruch des sozialen und administrativen Systems ließen Raum für Miloševićs Sozialistische Partei, sich mit allen möglichen Arten von Kriminellen zusammen zu tun, die ihnen helfen konnten, die Macht zu behaupten. Das pyramidische Banksystem und die galoppierende Inflation im Jahr 1993 brachten die einfachen Bürger um ihre Ersparnisse und ihr Einkommen und trieben sie in die Armut, währned eine kleine Minderheit nah am Zentrum der Macht Reichtum anhäufte. Obwohl Milošević nicht mehr die Unterstützung von einst genoss, gelang es ihm, an der Macht zu bleiben, indem er die staatlichen Fabriken, die Polizei und die Medien kontrollierte, kombiniert mit selektiver Gewalt und Wahlbetrug. Zusätzlich gab ihm der Boykott der Kosovoalbaner die Möglichkeit, alle ihre Sitze im Parlament einzunehmen, womit er eine Klare Mehrheit besaß.

Nach dem Einschreiten der NATO gegen die bosnischen Serben und dem Zusammenfall des serbischen Staates in Kroatien, der 300.000 serbische Flüchtlinge nach Serbien trieb, erklärte sich Milošević zu Gesprächen bereit und Ende 1995 wurde der Friedensvertrag von Dayton unterzeichnet. Dies brachte die Kosovoalbaner dazu, zu handeln, und 1997 trat die kosovarische Befreiungsarmee auf den Plan und griff Polizei-und Armeekräfte, sowohl Serben, als auch der Föderation treue Albaner an. Milošević antwortete wieder einmal auf scharfe Weise und die Kämpfe eskalierten, und führten zu einer erneuten NATO-Intervention, diesmal gegen Serbien und Montenegro. Die Bombardierung im Frühling 1999 endete mit dem Rückzug der serbischen Armee und Polizei aus der Provinz; zusammen mit ihnen gingen auch 200.000 Serben und andere Nicht-Albaner. Die besiegte Nation sah dies als Verrat und als es der serbischen Opposition im Jahr **2000** endlich gelang, sich zusammen zu schließen, wurde das Regime durch Massendemonstrationen, die am **5. Oktober** fanden ihren Höhepunkt fanden, gestürzt.

Neuere Entwicklungen

Die unblutige und überraschend friedlich Übergabe der Macht an die Oppositionskräfte war nur durch die Zustimmung vieler Gefolgsleute Miloševićs möglich, einschließlich der Leute aus der Staatssicherheit und Spezialeinheiten. Als Gegenleistung musste die Regierung des ersten demoskratischen Premierministers **Zoran Djindjić** schmerzliche Kompromisse eingehen und gegen die stille Opposition zum reformistischen Kurs, den sie gesetzt hatte, kämpfen. Der Konflikt zwischen beiden kam am 16. März 2003 zu seinem Höhepunkt, als Djindjić ermordet wurde. Die Täter, eine Zusammensetzung aus Männern einer Spezialeinheit, Kriminellen und einigen Beamten der Staatssicherheit, wurden schnell gefasst und verurteilt, doch das ganze Ereignis hinterließ einen bitteren Geschmack und viele unangenehme Fragen bleiben bis heute unbeantwortet.

2004 wurde aus der Bundesrepublik Jugoslawien der Staat Serbien und Montenegro., der als lose Konföderation zweier Staaten funktionierte. **2006** entschied sich Montenegro, aus dieser Union auszuscheiden und die beiden Staaten wurden wieder souveräne Nationen. Viel problematischer und schmerzhafter ist der Status des Kosovos: Die Provinz, die von der EU und Amerika unterstützt wird, erklärte 2008 eine unilaterale Unabhängigkeit. Serbien erkennt diese nicht an, steht aber unter konstantem Druck, dies zu tun, falls es Mitglied der EU werden möchte.

Ab dem Jahr 2000 durchlief Serbien eine Periode von schnellem Wandel und der Annahme von EU-Standards. Doch ein großer Teil der Privatisierungsprozesse endete als äußerster Fehlschlag, undurchsichtige Geschäftsbewegungen vergrößerten denReichtum in den Händen einiger weniger Tycoone, während langsame Reformen in vielen Sektoren die Wirtschaft des Landes nach Luft schnappen lassen. Die staatliche Administration bleibt zu sperrig, ineffizient und besorgniserregend korrupt. Das Schlimmste sind sie politischen Parteien, die zu sich selbst reproduzierenden Oligarchien geworden sind, die nur an ihrem eigenen (materiellen) Vorteil interessiert sind. Obwohl die Statistik einen langsamen Anstieg und eine Verbesserung in vielen Lebensbereichen zeigen, spürt der Durchschnittsbürger so gut wie keine Vergünstigung.

Kirche des Hl. Sava, Symbol der religiösen Erneuerung in Serbien seit Ende der 1980er Jahre

LANDSCHAFT UND TIERWELT

Serbien hat eine sehr vielfältige Landschaft, was wiederum in einem üppigen Naturraum resultiert. Das Wesentliche seiner Geographie ist, dass sich Gebirgskämme südlich der Flüsse Save und Donau erheben (d.h. südlich von Belgrad), während sich im Norden die ausgedehnte Pannonische Tiefebene erstreckt.

Das gigantische Šar-Gebirge bildet die Grenze zwischen Serbien und Mazedonien

Berge

Ein großer Teil der serbischen Landschaft erscheint wie eine endlose Kette von Hügeln und Bergen, die sich in alle Richtungen erstrecken. Üppige Wälder, klare Bergseen („Bergaugen" genannt) und saubere Flüsse, Bergsümpfe, natürliche und halbnatürliche Bergwiesen sind typisch für die Berglandschaften eines großen Teils von Serbien. Viehzucht, zumeist Schafe, weniger Rinder und auch nur wenige Ziegen, ist die Hauptaktivität eines Großteils der Bergbevölkerung, besonders in höheren Lagen. Davon abgesehen werden hier üblicherweise Kartoffeln, Buchweizen, Roggen und Äpfel angebaut. In niedrigeren Lagen baut man auch Mais, Kohl und eine Vielzahl an Früchten, besonders Pflaumen, Himbeeren und Weintrauben an.

Das Moravatal teilt Serbiens Berge in zwei Gebirgsregionen – die westliche und die östliche. Die westserbischen Gebirge, fast alle gehören zu den Dinarischen Alpen, sind in der Regel höher und haben ein dumpferes und kühleres Klima. Manche dieser Berge sind mehr als acht Monate im Jahr mit Schnee bedeckt. Nadelwälder bestehend aus Fichten und Pinien und Wälder mit breitblättrigen Buchen sind die am häufigsten vorkommenden Vegetationstypen. Die bedeutendsten dieser Gebirge sind Tara, das zu einem Naturpark gemacht wurde (S. 198), Kopaonik, bekannt für seinen Wintertourismus (S. 301), das massive Šar-Planina-Gebirge (S. 366), das noch immer fast unberührte Zlatar-Gebirge (S. 310), das kommerzialisierte Zlatibor (S. 204), das schöne Golija (S. 215) und das rauhe Prokletije-Gebirge.

Die ostserbischen Gebirge sind viel wärmer, sonniger und trockener, Klima und Vegetation sind daher eher mediteran. Die Vegetation ist im allgemeinen von trockenen Eichenwäldern in den niederen Lagen und Buchenwäldern in den höheren Lagen gekennzeichnet. Die bedeutendsten Gebirge in Ostserbien sind: Stara Planina, das einen großen Teil der Grenze zu Bulgarien

Die Frühlingsfarben der Felder in der Vojvodina

Gezähmte Sanddünen in der Deliblatska Peščara

ausmacht (S. 285), das beeindruckende Gebirge Stara Planina in der Nähe von Niš (S. 335) und die Homoljske Planina.

Ebenen

Agrarland, Steppe und steppenartiges Grasland, Überschwemmungsebenen, Sümpfe, Kanäle, tote Flussseitenarme und Seen eingerahmt von Schilf und Weiden sind typisch für Serbiens Ebenen. Die größte Ebene darunter ist die Pannonische Tiefebene, die fast ausschließlich in der Vojvodina, nördlich von Save und Donau, liegt. Diese Gegend ist fast vollständig zu Agrarland mit meist intensiver Landwirtschaft gemacht worden. Die Hauptkulturpflanzen sind: Getreide, Mais, Zuckerrüben und Sojabohnen. Es gibt zwei isolierte Gebirge, die vor langer Zeit Inseln im Pannonischen Meer waren – Fruška Gora und Vršačke Planine – die mit dichtem Wald und Weinbergen bedeckt sind. Auf den Ebenen herrscht kontinentales Klima: Die Sommer sind sehr heiß und trocken und die Winter kalt und windig. Ursprünglich bestand die Vegetation hier aus bewaldeter Steppe, doch von dieser Art von Landschaft ist hier sehr wenig geblieben. Die Sandebene Deliblatska Peščara (zwischen Pančevo und Vršac), ein Schutzgebiet, ist ein solcher Ort. Es ist ein komplexes Mosaik aus Wald und Steppenfeldern, die ständig gegen die sich verschiebenden Sanddünen ankämpfen.

Nationalparks

Es gibt fünf Nationalparks in Serbien: Das Fruška-Gora-Gebirge, Djerdap – die Schlucht Eisernes Tor (S. 267), das Tara-Gebirge (S. 198), das Šar-Planina-Gebirge (S. 366) und das Kopaonik-Gebirge (S. 301). Es gibt 31 speziell geschütze Gebiete – von denen manche besser geführt werden als die Nationalparks, während weitere 32 in den nächsten Jahren zu speziellen Schutzgebieten werden sollen.

Alle serbischen Nationalparks sind leicht zu erreichen und bei Touristen sehr beliebt. Es herrscht dort ein relativ freies organisatorisches Regime, dass den Menschen erlaubt, innerhalb eines Nationalparks zu leben und ihre traditionelle Art, mit der Natur zu leben, beizubehalten. Besucher können zwischen einem Hotel oder einer traditionellen privaten Unterkunft in einem der vielen malerischen Dörfer im oder am Rand es Nationalparks wählen.

Wälder

Bis zum Ende des 17. Jahrhunderts war Serbien ein Land von unberührter Natur. Mehr als 90 % Serbiens war von üppigem natürlichem Eichen- und Buchenwald bedeckt. Die Bevölkerung war ziemlich spärlich, besonders im Tiefland, das nach den wiederkehrenden Kriegen fast völlig verlassen und Mutter Erde überlassen war. Die zentralserbische Provinz – Šumadija – ist heute gezähmt und bevölkert, erhielt jedoch den Namen von den tiefen Wäldern

Die uralten Wälder des Stara-Planina-Gebirges

(*šuma*), die sie bis zum 19. Jahrhundert bedeckten. Die meisten dieser Wälder wurden im Verlauf der vergangenen zwei Jahrhunderte in Agrarland umgewandelt. Heute bedecken die Wälder nur noch 27% Serbiens und das meiste davon

Damhirsch

sind Berge. Die häufigsten Baumarten sind Buche, zehn Eichensorten (die verbreitetsten sind die Ungarische und die Türkische Eiche), Pappeln, Fichten, Waldkiefern und Rot-und Schwarzfören. Eichenwälder sind typisch für das Flachland und die Hügel überall in Serbien, während Buchen typisch für die Bergregionen sind. Nadelwälder sind üblich in höheren Lagen, zumeist in Westserbien. In vielen der serbischen Nationalparks wachsen seltene endemische Baumarten, wie beispielsweise: Der Südliche Zürgelbaum (Nationalpark Eiserners Tor), wilder Walnussbestand (Eiserners Tor), die serbische Fichte (Tara), die Bosnische und die Mazedonische Pinie (Šar-Planina), die Mazedonische Eiche (Šar-Planina) und der Türkische Haselnusssstrauch (Eisernes Tor)

Tierwelt

Die serbischen Wälder sind ein guter Lebensraum für Wildtiere. Viele der Tiere, die hier häufig vorkommen, sind im Rest von Europa selten geworden, gefährdet oder sogar schon ausgestorben. Wölfe gibt es in Serbien in großer Zahl, während sie in den meisten anderen europäischen Ländern ausgestorben sind. Der Braunbär kommt in fast allen serbischen Nationalparks vor, wobei die größte Bärenpopulation im Nationalpark Tara zu finden ist. Die Luchspopulation ist auf einige wenige Gebiete mit speziellem Schutz eingeschränkt (die meisten Luchse gibt es im Nationalpark Eisernes Tor). Wildpferde gibt es im Gebirge Suva Planina. Schakale kommen am häufigsten in Ostserbien vor. Wildschweine, Rehwild und Kaninchen findet man in allen Teilen Serbiens. Rotwild ist typisch für Wälder mit Englischen Tieflandeichen in der Vojvodina und ist leicht im oberen Donaufeuchtschutzgebiet (siehe S. 118) zu finden.

Seen und Feuchtgebiete

Es gibt nicht viele Seen in Serbien, da hier trockenes und heißes Klima herrscht. Die größten Seen sind künstlich, durch Dämme entstanden, die zum Erzeugen von Wasserenergie angelegt wurden. Der größte ist der See des Eisernen Tores, eigentlich die überflutete Donau. Einer der interessantesten Stauseen ist der Vlasinsko-See, in der Nähe der Stadt Surdulica (siehe S. 344) liegt und durch das Absenken eines kleinen Bergflusses entstanden ist und den früheren Sumpf Vlasinsko Blato überschwemmte. Er ist bekannt für seine schwimmende Torfinsel mit ihrer einzigartigen Flora.

Malerischer Kanal, Carska Bara

Die meisten serbischen Seen befindet sich in den Ebenen der Vojvodina. Die bemerkenswertesten Seen findet man im Sumpfgebiet Obedska Bara am Fluss Save (S. 162) und im Sumpf Carska Bara zwischen den Flüssen Begej und Tamiš (S. 128). Der Sumpf Zasavica in der Nähe von Šabac (S. 161) ist eigentlich ein sehr langsam fließender Fluss, den die meisten für einen verlängerten Sumpf halten. Er gibt dort größe Vogel- und Fischbestände und es ist einer der wenigen Lebensräume in Europa, wo man

Tičar-See in den Wäldern des Golija-Gebirges

noch immer den vom Aussterben bedrohten Europäischen Hundsfisch finden kann. Der See Ludaško Jezero (S. 113), in der Nähe von Subotica ist ein wichtiger Nistplatz. Mehr als 200 Vogelarten leben und nisten an jedem dieser Gewässer und alle haben den Status eines Naturschutzgebietes. Vögelbeobachten, Bootsausflüge und Angeln gehören zu dem Angebot der Verwaltungsdienste dieser Gegenden.

Südmorava, einer der drei Morava-Flüsse des Landes

Flüsse

Der längste Fluss, der sich vollständig in Serbien befindet, ist die Morava. Das Moravatal ist die am stärksten besiedelte Gegend Serbiens und eignet sich wegen seines fruchtbaren Bodens hervorragend für die Landwirtschaft. Andere große Flüsse, die durch Serbien fließen, sind Donau, Save, Tisa, Tamiš, Drina, West- und Südmorava, Beli Drim und Ibar. Die Donau, der zweitlängste Fluss Europas, ist ein wichtiger Wasserweg, der Serbien mit den anderen europäischen Ländern und dem Schwarzen Meer verbindet. In serbischen Gewässern sind 94 Fischarten zu finden, von denen 79 einheimische Spezies nur in der Donau und ihrer Wasserscheide leben, was es zu der fischartenreichsten Gegend in Europa macht. Viele der serbischen Fischarten sind im Rest Europas selten, endemisch oder gefährdet. Das Wasser in Serbien ist in hohem Maße verschmutzt, doch die meisten Bergflüsse sind noch immer tadellos sauber. Einschließlich der Flüsse Drina, Uvac, Mileševka, Pek und einiger der Tieflandströme, wie Tisa, Bosut und Studva. Tisa, ein einzigartiger Lebensraum unter Serbiens großen Flüssen, wurde 2002 von einer rumänischen Minengesellschaft stark verschmutzt, doch der Fluss gewann schnell den großen Bestand an Ottern, Wasservögeln und vielen gefährdeten Fischarten zurück. Die Schluchten von Drina, Uvac (S. 309) und Mileševka (S. 314) sind als Lebensräume der Serbischen Fichte, des Weißkopfseeadlers und anderer bedrohten Arten und die Wälder in den Flussniederungen um den Bosut wegen ihres üppigen Wildlebens geschützt.

Schlucht des Svrljiški Timok

Höhlen und Schluchten

Die felsige Kalksteinlandschaft Serbiens ist sehr reich an Karstelementen, besonders Höhlen und Schluchten. Einige dieser Höhlen, wie Resavska, Rajkova, Ceremošnja und Zlotska sind zu Touristenattraktionen geworden. Die atemberaubendsten Karstformen, einschließlich einer Vielzahl von «Steintoren» findet man im Nordosten Serbiens, wie z.B. die in der Vratna-Schlucht (S. 277) und Canyons sind sind typisch für alle Bergflüsse: Drina, Ibar, Uvac und Mileševka, Westmorava (Ovčarsko-Kablarska-Schlucht), doch die bekannteste ist die Schlucht Eisernes Tor. Während der Eiszeit wurden sie Refugien für viele wärmeliebende Pflanzenarten, die heute typisch für Canyons sind: Butternuss, Esskastanie, Flaumeiche...

REISETAGEBÜCHER

Die Donau entlang

Man kann den Blick von einem Kreuzfahrtschiff genießen, auf einem Boot flussabwärts segeln, auf einer Schotterstraße Fahrrad fahren oder von einer zur anderen Stadt per Anhalter fahren. Tausende Touristen reisen jedes Jahr die Donau hinunter, begierig, mehr über den Fluss zu erfahren, der sich durch einen großen Teil Zentral- und Osteuropas zieht.

● Wenn Sie von Ungarn oder Kroatien aus einreisen, lassen Sie sich nicht die historische Stadt Sombor (S. 114) mit ihren Palästen und von Bäumen gesäumten Straßen entgehen. Von hier aus nähern Sie sich langsam dem Fluss und akklimatisieren sich in einem der Čardas und begeben Sie sich dann tief in den Sumpf des Naturparks Gornje Podundavlje (S.118). Besuchen Sie Bač (S. 122) mit den Ruinen der massiven mittelalterlichen Festung und bewundern Sie die ungewöhnlichen Fresken des Klosters Bodjani (S. 124).

● Das dynamische und freundliche Novi Sad (S. 130) hat ebenso viel im Bezug auf Spaß zu bieten, wie auf dem Gebiet der Kunst und Kultur. Weiter Richtung Süden dürfen Sie nicht vergessen, in Sremski Karlovci (S. 147), einer kleinen geschichtsträchtigen und für Weinbau bekannten Stadt, Halt zu machen.

● Die geschäftige serbische Hauptstadt Belgrad (S. 35) macht das Beste aus den beiden Flüssen, an denen es liegt – der Save und der Donau – mit seinen zahllosen Bars, Restaurants und Clubs auf dem Wasser. Fahren Sie mit dem Fahrrad an ihren Ufern entlang (S. 91), besuchen Sie das malerische Zemun-Viertel (S. 73), entspannen Sie sich am Strand der Ada Ciganlija (S. 82) und machen Sie sich am Abend zu einem der Orte auf, an denen das Nachtleben stattfindet. Für einen anderen Blickwinkel machen Sie **Sightseeing vom Fluss aus** (*S. 91*) und nehmen Sie an Bootsausflügen zu Orten entlang der Donau teil.

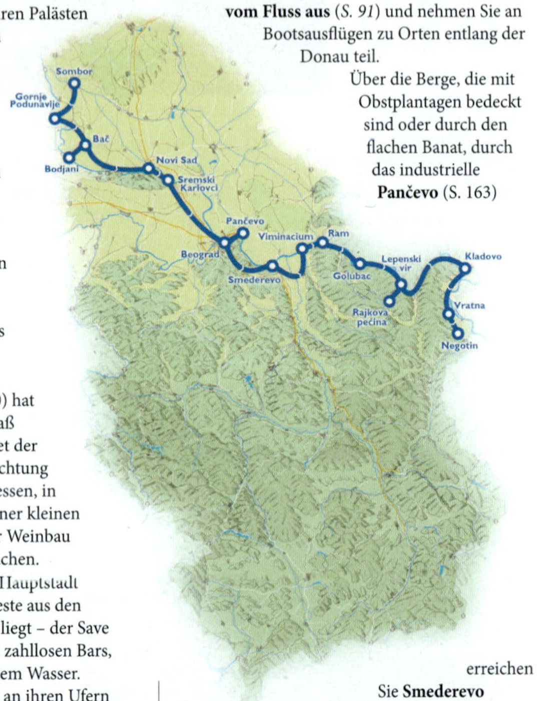

Über die Berge, die mit Obstplantagen bedeckt sind oder durch den flachen Banat, durch das industrielle **Pančevo** (S. 163) erreichen Sie **Smederevo** (S. 226), dessen riesige Festung an der Donau Zeuge vieler historischer Ereignisse war. Von hier aus ist es nicht weit zu der Ausgrabungsstätte der römischen Stadt **Viminacium** (S. 263) und **Ram** (S. 264) einer anderen Festungsruine an einem strategisch günstigen und wunderschönen Standpunkt.

● **Golubovac** (S. 265) und seine bildschöne Festung bewachen den Eingang zur **Schlucht Eisernes Tor** (S. 267), dem spektakulärsten Teil auf dem langen Weg der Donau. Machen Sie halt und erfahren Sie etwas über das 9.000 Jahre alte **Lepenski Vir** (S. 269) und seine Kultur oder machen Sie einen Umweg tief hinein in die bewaldeten Berge, und besuchen Sie die **Höhle Rajkova Pećina** (S. 270), bevor Sie die Weite von **Kladovo** (S. 271) erreichen mit den Stränden und dem Ausblick auf das riesige Wasserkraftwerk Djerdap, das seine Existenz definiert.

● Weiter nach Süden sehen Sie sich die spektakulären Tore von **Vratna** (S. 277) an, bevor Sie das ruhige **Negotin** erreichen (S. 275), wo Sie sich bei einem Glas des berühmten Rotweins entspannen können.

Die Donau an ihrer breitesten Stelle bei der Golubac-Festung

Die Klostertour

Wenn es etwas in Serbien gibt, das weltberühmt ist, dann sind es seine mittelalterlichen Klöster, die Orte, an denen das Aufeinandertreffen von West und Ost in Stein gehauen und auf Wände gemalt wurde. Wenn Sie kein Unwissender sein möchten, können Sie mit ein bisschen Geduld ein großes Abenteuer erleben und auch etwas über Geschichte, Kultur und Religion lernen.

- Zum Aufwärmen besuchen Sie das **Museum der serbisch-orthodoxen Kirche** (S. 42) in Belgrad, in dem die interessantesten Gegenstände aus den 800 Jahren seit bestehen dieser Institution aufbewahrt werden.
- Machen Sie eine Tour nach **Sremski Karlovci** (S. 147), den Sitz des serbischen Patriarchen im 18. und 19. Jahrhundert, ein idealer Ausgangspunkt für einen Besuch in den Klöstern des Fruška-Gora-Gebirges, wie z. B. **Krušedol** (S. 152) oder **Hopovo** (S. 154), wo das Byzantium mit dem Barock bekannt gemacht wurde.
- Nehmen Sie die Autobahn Richtung Süden durch das Tal des Flusses Morava, um die Klöster aus dem 14. und 15. Jahrhundert zu sehen, die der Architekturschule mit demselben Namen entstammen. Ihr erster Halt sollte **Manasija** sein (S. 242), dessen Fresken mit den erstaunlich hellen Farben hinter hohen Mauern versteckt sind. Nehmen Sie einen Umweg zu den Tiefen der **Höhle Resavska Pećina** (S. 244), bevor Sie das Kloster **Ravanica** (S. 245), die letzte Ruhestätte der Reliquien von Fürst Lazar, dessen Lazarica-Kirche im nahe gelegenen **Kruševac** (S. 250) den neuen Architekturstil aufweist, besuchen. Von Kruševac aus nehmen Sie die einsamen Dorfstraßen bis zum bemerkenswerten **Kalenić** (S. 246), das verlassen in der Hügellandschaft der Šumadija liegt und gleiten dann zurück in die Zivilisation, vorbei am Kloster **Ljubostinja** (S. 247).
- In den Ausläufern von Kraljevo finden Sie die ersten Beispiele für die Raška-Schule der Architektur – das blutrote Kloster **Žiča** (S. 296). Fahren Sie durch die wild aussehende Schlucht des Flusses Ibar, die von der Festung **Maglić** (S. 298) bewacht wird, bevor Sie das wichtigste Kloster – **Studenica** (S. 298) – finden, das eine großartige Kombination aus Standort, Architektur, Fresken und Schätzen ist. Wer das Abenteuer liebt, sollte die **Einsiedelei des Heiligen Sava** (S. 300) besuchen, die sich hoch auf den Felsen des Cemerno befindet. Weiter den Ibar entlang erwartet Sie Gradac (S. 303) mit seiner Mischung aus gotischen Details.
- Das überwiegend muslimische **Novi Pazar** (S. 304) steht in starkem Kontrast zu den wertvollen mittelalterlichen Kirchendenkmälern um es herum, wie der antiken, beindruckenden **St.-Peter-Kirche** (S. 305), oder dem wiederaufgebauten Kloster **Djurdjevi Stupovi** (S. 306). Vorbei an den Ruinen des alten Ras erreichen Sie das Kloster Sopoćani mit seinen berühmten Fresken. Ein eintägiger Abstecher führt Sie durch das zerklüftete Hochland von **Sjenica** (S. 309) nach Prijepolje und **Mileševa** (S. 312), das das ikonische Fresko «Weißer Engel» besitzt. Ein anderer Ausflug von Novi Sad aus geht zum Kloster Crna Reka , das in einer Höhle tief in den Wäldern der Mokra Gora versteckt liegt.
- Von Novi Pazar aus fahren Sie Richtung Kosovo, wo Ihr erster Halt das **Patriarchat Peć** (S. 357), die Krönungsstätte der serbischen Patriarchen mit den drei kleinen, zusammenstehenden Kirchen, sein sollte. Nicht weit davon Richtung Süden befindet sich die Perle der mittelalterlichem Kunst, das prachtvolle Kloster **Visoki Dečani** (S. 360) mit seinem leuchtenden Exterieur und hunderten von Fresken im Inneren. Fahren Sie durch Velika Hoča und probieren Sie den Wein von den jahrhundertealten Weinbergen und Sie erreichen das faszinierene **Prizren** (S. 362), das mit seinen vielen Kirchen und Moscheen eine antike Atmosphäre hat.
- Quer durch den Kosovo kommen Sie nach Priština, in dessen Umgebung sich die serbische Enklave **Gračanica** (S. 356) befindet, mit dem gleichnamigen Kloster, einer anthologischen Strukur, von Byzanz inspiriert.

Ein Trip ins Grüne

Diese Reiseroute, nicht lang, aber wunderschön, nimmt sie mit auf eine Achterbahnfahrt der Erfahrungen, von Orten mit ausgezeichnetem Touristenangebot zu isolierten Gegenden, in die Ausländer selten vordringen. Was alle diese Sehenswürdigkeiten verbindet, ist ihre fantastische Natur – eine Dosis Berge, Wald, Hochland, Wasserfälle und Wildnis, die eine Weile vorhält.

- Beginnen Sie in **Valjevo** (S. 190), wo die bewaldeten Hügel bis ins Stadtzentrum vordringen und durch das der makellos saubere Gradac fließt.
- Fahren Sie durch das Povlen-Gebirge und besuchen Sie dort das isolierte **Kloster Pustinja** (S. 193) und setzen Sie dann Ihren Weg nach **Bajina Bašta** (S. 197) fort, ein Städtchen an der Drina, das von Bergen umrahmt ist, atmen Sie tief ein und fahren weiter zum **Tara-Nationalpark** (S. 198), zum Wandern, Fahrrad fahren und um unglaubliche Ausblicke zu genießen.
- Genießen Sie die bildschöne «hölzerne Stadt», die der Regisseur Emir Kusturica über dem Dorf **Mokra Gora** (S. 200) gebaut hat, und steigen dann in die Schmalspureisenbahn, die Sie auf eine umwerfende Fahrt in die benachbarten Berge oder über die bosnische Grenze nach **Višegrad** mit seiner berühmten osmanischen Brücke, die Ivo Andrić zu seinem mit dem Nobelpreis ausgezeichnten Roman inspiriert hat, führt.
- Weiter geht es nach **Zlatibor** (S. 204), einem Resort im gleichnamigen Gebirge, erholen Sie sich eine Weile und genießen die touristischen Exzesse seines Zentrums, und dann mieten Sie ein Fahrrad und besuchen einige der Sehenswürdigkeiten, die im Hochland verteilt sind – die Gostilje-Wasserfälle, die Stopica-Höhle, die Holzkirche Dobroselica oder das ethnographische Freiluftmuseum in Sirogojno.
- Nachdem Sie das **Kloster Mileševa** (S. 312) besucht haben, fahren Sie zurück nach **Prijepolje** (S. 310) und machen eine adrenalingeladene Raftingtour den Fluss Lim hinunter, besuchen die riesige «Heilige Pinie» der **Kamena Gora** oder die Wasserfälle von **Sopotnica**. Streifen Sie durch die wunderschönen Berge von Jadovnik und Zlatar und fahren dann Richtung **Sjenica** (S. 309) und genießen die riesigen Ausmaße des Hochlandes. Halten Sie sich eine halben Tag frei, um die Hügel über den Biegungen des **Flusses Uvac** zu besuchen, ein Muss für alle Liebhaber von schönen, abgeschiedenen Orten.
- Folgen Sie derselben Straße weiter bergauf Richtung **Golija** (S. 215), einem der schönsten Gebirge Serbiens und genießen die Gastfreundlichkeit der Haushalte, die für Touristen offenstehen.

Zaovinsko-See im Tara-Gebirge

Schnelldurchlauf

Wenn Ihr letztes Reiseziel außerhalb von Serbien liegt, ist das keine Ausrede dafür, die wichtigsten Sehenswürdigkeiten auf Ihrer Route nicht zu sehen. Die meisten unabhängigen Touristen sind auf dem Weg nach oder von Istanbul, Budapest oder Zagreb, und sie nehmen die meist befahrene Reiseroute.

Die Belgrader Festung und den Kalemegdan-Park sollten Sie nicht auslassen

- Ganz im Norden von Serbien liegt **Subotica** (S. 106), dessen fantastisches Rathaus eines der vielen Art-Nouveau-Denkmäler ist, die man einfach gesehen haben muss. Nehmen Sie einen Stadtbus und besuchen Sie den entspannten Ferienort **Palić** (S. 112), von wo es nur ein Katzensprung bis zum **Naturpark Ludaško Jezero** (S. 113) ist.
- **Novi Sad** (S. 130), die Provinzhauptstadt der Vojvodina, hat ein attraktives Zentrum, eine beeindruckende Festung, von der aus man die Stadt überblicken kann, viele Museen und Galerien und eine einnehmende Café-Szene.

- Obwohl es nicht gerade ein klassisches Touristenziel ist, scheint jeder **Belgrad** (S. 35) zu lieben, sei es wegen seiner Festung oberhalb des Zusammenflusses von Save und Donau, seiner faszinierenden Geschichte, der coolen Bars oder des bunten Nachtlebens in den schwimmenden Clubs.
- Machen Sie einen kurzen Abstecher nach **Smederevo** (S. 226) und bewundern Sie die größte mittelalterliche Festung an der Donau oder das winzige **Topola** (S. 231) im Herzen Zentralserbiens, über das die prachtvolle Mausoleumskirche der Karadjordjević-Dynastie wacht. Von beiden Orten aus ist es nicht weit zu einem der spektakulärsten der berühmten serbischen Klöster – **Manasija** (S. 242).
- Die wichtigste Stadt in Südserbien - **Niš** (S. 324) – ist stolz auf ihre Festung, das Erbe Konstantins des Großen, den grausigen Schädelturm, exzellente Kafanas mit Grillfleisch, nach dem man sich die Finger leckt und – nicht zuletzt – ihre Freundlichkeit.
- Die Straße, die nach Sofia führt, geht durch die Sićevo-Schlucht, bevor sie die Stadt **Pirot** (S. 337) erreicht., wo Modernes und Traditionelles an jeder Ecke aufeinandertreffen. Von hieraus können Sie eine Tagestour zum **Kloster Poganovo** (S. 340) und der Schlucht des Flusses Temska machen oder nach Norden ins **Gebirge Stara Planina** und die weit verstreuten Wasserfälle und Klammen erkunden (S. 285).
- Wenn Sie nach Süden, Richtung Mazedonien und Griechenland fahren, machen Sie einen Zwischenstopp in **Vranje** (S. 345) und sehen Sie sich seine Monumente aus der Osmanenzeit und das Zigeunerviertel im Stadtzentrum an.

SERBIEN IN REGIONEN

BELGRAD
VOJVODINA
WESTSERBIEN
ŠUMADIJA UND MORAVATAL
OSTSERBIEN
RAŠKA UND IBARTAL
SUDSERBIEN
KOSOVO UND METOHIEN

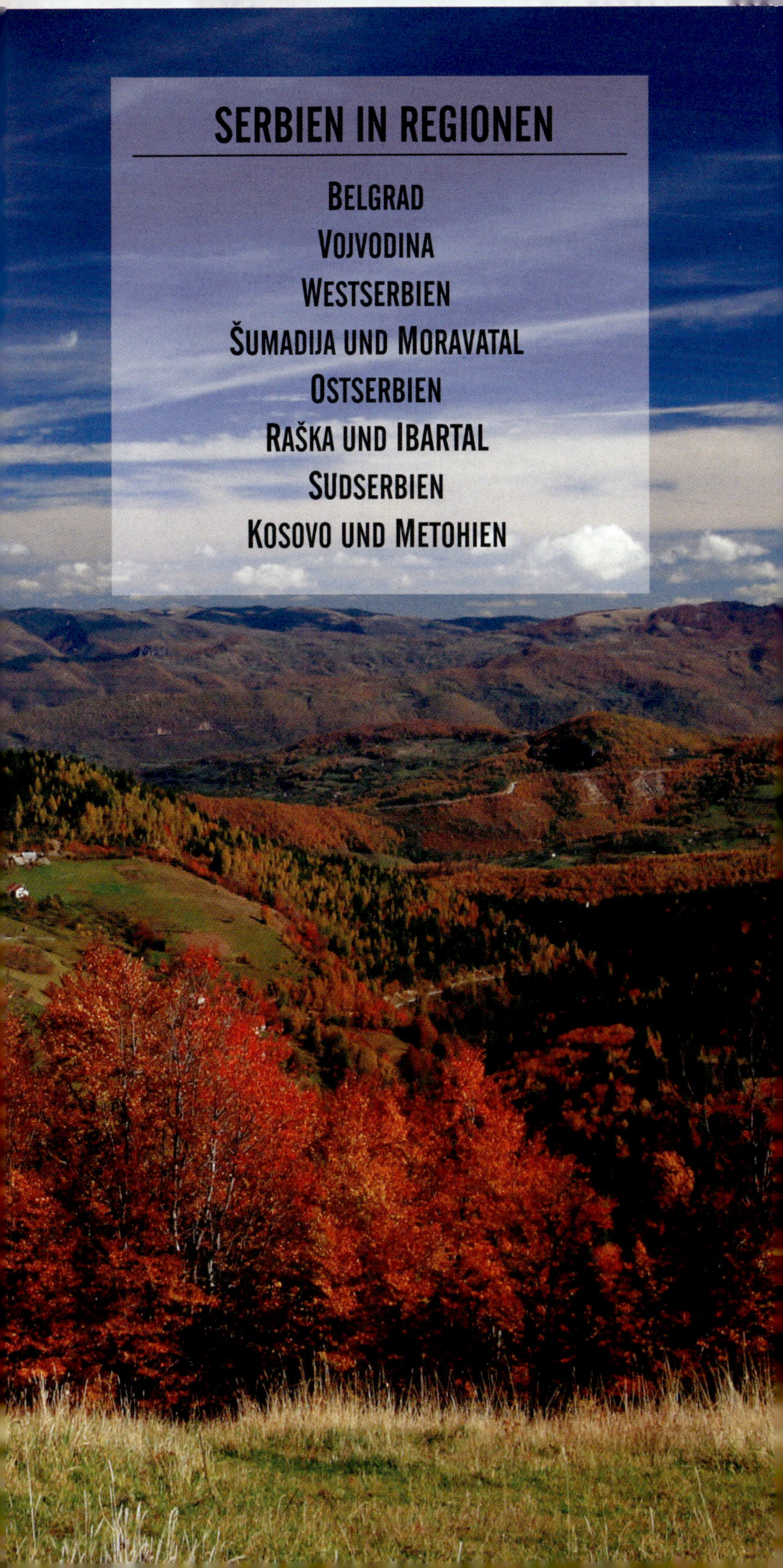

BELGRAD

Die Hauptstadt Serbiens ist eine geschäftige Metropole mit 1,8 Millionen Einwohnern und sie ist bekannt für ihre entspannte und freundliche Atmosphäre, schöne und makellos gepflegte Frauen (und Männern, die sich dem anpassen) und einem prickelnden Nachleben. Etwas das Sie sicher bemerken werden, ist seine außergewöhnliche geographische Lage: Die Stadt liegt am Zusammenfluss der Save und der mächtigen Donau, erstreckt sich über die letzten Hügel des Balkans und ergießt sich im Norden in die Pannonische Tiefebene. Dank seiner Position war Belgrad schon im Altertum ein Knotenpunkt zwischen Orient und Okzident, dem Norden und dem Süden. Das Erbe dieser Verbindung zwischen zwei verschiedenen Kulturen hat ihm eine Mischung aus Aromen, Zeichen und Stilen beschert, die zu etwas derart Unverwechselbarem verschmolzen sind, einheimische Art kennen, finden Sie ein paar Freunde und hören Sie ihren Geschichten zu und Sie werden positiv überrascht sein.

Seit dem Sturz des Milošević-Regimes, das Serbien auf Konfrontationskurs gegen den Rest der Welt brachte, die Vielfalt, das kontrollierte Chaos und die Exzesse in Belgrads Nachtleben haben ihm einen Ruf als eine der Partyhauptstädte in Europa verschafft. Die Vielfalt an Clubs und Stilen, Partygängern und ihrer *Splavovi* – Clubs und Bars auf Hausbooten – unterscheiden es von anderen Orten, die Sie besucht haben. Seit kurzem hat Belgrad sich eine eher kapitalistische Maske angelegt und versucht ordnungsgemäßes Verhalten durchzusetzen, doch die Einheimischen bleiben bei ihrer entspannten Art, die die Straßencafés an sonnigen Vormittagen füllt und die Leute bis spät abends auf den Straßen hält.

Sonnenbadende auf den Mauern der uralten Festung

das jeder wiederkehrende Besucher leicht als typisch für Belgrad erkennen kann.

Belgrad ist nicht außergewöhnlich schön oder spektakulär: Seine beschwerliche und von Gewalt geprägte Geschichte ließ nicht viel von der Architektur unverändert, seine Skyline scheint sich permanent zu verändern (oft zum Schlechten) und es ist sicherlich eher grau als weiß, außer an den wenigen Schneetagen. Doch Belgrad ist – wie sie schnell erkennen werden- eine Stadt mit einem sehr starken Charakter. Es sieht grimmig aus, ist aber unter der Oberfläche ganz sanft und ein Ort, der viel zu geben hat, vorausgesetzt, sie sind bereit zu nehmen. Wenn Sie nur wenig Zeit haben, nicht an Details interessiert sind oder nur auf einen kurzen Spaßtrip gekommen sind, werden Sie seine wahre Schönheit, die man nicht in eine Schublade stecken kann, nicht entdecken können. Bleiben Sie einen Tag länger, verlassen Sie den vorgegebenen Weg, lernen Sie die

Die Flüsse, Save und Donau, sind etwas, das die Einwohner von Belgrad oft als selbstverständlich ansehen, und dabei übersehen sie ihre Schönheit. Doch von der Festung oberhalb des Zusammenflusses kann man besten das Wesen der Flüsse erfassen, wenn man seinen Blick über die vielen Restaurants, Clubs und Privathäuser streifen lässt, die sich entlang des Ufers erstrecken. Die Flüsse und die Leute, die sich auf ihnen befinden, haben ein Tempo, das sich sehr von dem des Stadtzentrums unterscheidet und scheinen oft eine Welt für sich zu sein.

Sie werden ein kontinentales Klima vorfinden, das durch kalte Winter und sehr heiße Sommer gekennzeichnet ist, und bei dem Frühling und Herbst kaum erkennbar sind. Die beste Zeit für einen Besuch sind April und Mai, wenn die ganze Stadt das Ende des Winters zu feiern scheint, oder September – wenn hier etwas angenehmeres Sommerwetter herrscht.

Das Viktor-Monument überragt die modernen Blocks von Neu-Belgrad

ALTSTADT

Bis zum Ende des 17. Jahrhunderts war der Stadtkern dort, wo sich heute die Festung und der Kalemegdan-Park befinden. Die wunderbare Aussicht in alle Richtungen, mächtige mittelalterliche und barocke Befestigungen und ein schön angelegter Park mit vielen alten Monumenten sind Sehenswürdigkeiten, die man nicht missen sollte. Die Altstadt ist das Herz der Stadt, die frühere „Stadt im Burggraben", von wo aus Belgrad im 19. Jahrhundert zu wachsen begann. Nach dem Abzug der Türken 1867 wurde der größte Teil dieses Gebiets umgebaut und von dem modernen, rechteckigen Straßenplan beeinflusst, den man noch im Stadtviertel Dorćol sehen kann. Er verschob sich Richtung Donau, randvoll mit trendigen Cafés und ihren vollbesetzten Terrassen. Es gibt hier viele wichtige Institutionen, die in schönen Palästen angesiedelt sind, wie die Nationalbank, die serbische Akademie der Künste und Wissenschaften, Universitätsgebäude und das Nationalmuseum. Die Haupteinkaufsstraße, die Kneza-Mihaila-Straße, führt mitten durch die Altstadt und ist der kürzeste Weg vom Kalemegdan-Park bis zum Platz der Republik und den Terazije.

1. Trg Republike
2. Knez-Mihaila-Straße
3. Obilićev Venac
4. Topličin Venac
5. Kosančićev Venac
6. Der Palast der Fürstin Ljubica
7. Die orthodoxe Kathedrale
8. Der Patriarchenpalast und das Museum der serbisch-orthodoxen Kirche
9. Die Kralja-Petra-Sraße
10. Die französische Botschaft
11. Kalemegdan-Park
12. Victor
13. Die Oberstadt
14. Die Unterstadt
15. Die Galerie des Naturkundemuseums
16. Das Militärmuseum
17. Der Kunstpavillon „Cvijeta Zuzorić"
18. Der Zoo
19. Das östliche Vorwerk
20. Die Ružica-Kirche und St.-Petka-Kapelle
21. Das pädagogische Museum
22. Freskengalerie
23. Bajrakli-Moschee
24. Das Vuk-und-Dositej Museum
25. Studentski Trg
26. Das ethnographische Museum
27. Die Kirche St. Alexander Nevsky
28. Skadarlija
29. Museum für Wissenschaft und Technologie

ck von der Save aus, gleich unterhalb der orthodoxen Kathedrale

1. Trg Republike

Belgrads zentraler Platz entstand auf dem freien Feld vor dem Stambol (Istanbul)-Tor, das der Haupteingang in die von der Stadtmauer umgebenen Stadt war. An diesem riesigen Tor stellten die Türken die Köpfe oder die gepfählten Körper von Rebellen aus und wurde zum Symbol der türkischen Unterdrückung, weshalb es sofort nach ihrem Abzug 1867 niedergerissen wurde. Heute ist der Platz der Mittelpunkt von Belgrads Sozialleben, ein beliebter Treffpunkt und ein Ort, an dem alle möglichen Veranstaltungen, Feierlichkeiten und Proteste stattfinden. Die Republik,

Fürst-Mihailo-Monument mit "Reunione"-Palast im Hintergrund

auf die sich der Name bezieht, erinnert an die Abschaffung der Monarchie durch die Kommunisten und die Ausrufung der Bundesrepublik Jugoslawien 1945. Die meisten Einheimischen nennen ihn jedoch meist nur „Trg", „Platz".

Das Denkmal für Fürst Mihailo Obrenović ist das zentraleMerkmal des Platzes. Diese exzellente Neorenaissance-Arbeit des Florentiner Bildhauers Enrico Pazz wurde 1882 enthüllt. Mihailo Obrenović (Regierungszeit 1839-1842 und nochmal 1860-1869) war

Nationaltheater am Abend

der erste serbische Herrscher des 19. Jahrhunderts, der eine europäische Erziehung genossen und westliche Verhaltensformen angenommen hatte. Während seiner Regierungszeit wurden die Türken schließlich gezwungen, auch ihre letzten sechs Festungen in Serbien zu verlassen. Deren Namen kann man an den Seiten des Sockels sehen, während sich an der Vorderseite das serbische Wappen aus der Zeit, als es ein Fürstentum war, befindet.

Hinter dem Monument befindet sich das **Nationalmuseum**. Das Bauwerk wurde 1903 von dem renomierten Architektenduo Stefanović/Nestorović für die Administration der Fonds der Nationalbank gebaut. Das Museum (1844 gegründet) zog hier nach dem Zweiten Weltkrieg ein. Zur Zeit wird das baufällige Gebäude großen Rekonstruktionsarbeiten unterzogen, weshalb das Museum nur temporäre Ausstellungen organisiert. Der Haupteingang des Museums liegt an der Seite von der Vasina-Straße aus; sehen Sie sich die monumentale Treppe, die mit weißen Marmorcaryatiden des Bildhauers Ivan Meštrović verziert sind, an.

Rechts des Denkmals befindet sich das **Nationaltheater**. Mit dem Bau wurde 1867 begonnen, gleich nach dem Abzug der Türken, unter der Schirmherrschaft von Fürst Mihailo, der ein großer Theaterliebhaber war. Die Steine des niedergerissenen Istanbul-Tores wurden für das Fundament des Gebäudes, das Aleksandar Bugarski entworfen hat, verwendet. Leider verhinderte das Attentat auf Fürst Mihailo, bei dem er ums Leben kam, dass er das Theater nach seiner Fertigstellung 1869 noch sehen konnte. Nach der Zerstörung durch Granatenbeschuss im Ersten Weltkrieg, wurde die Theaterfassade 1922 saniert und erhielt ihr heutiges Erscheinungsbild.

2. Kneza-Mihaila-Straße

Nachdem die Türken in den 1860ern die Stadt verlassen hatten, erwarb die serbische Regierung ihre Besitztümer, und schnell wurden aus den gewundenen Gassen eine gerade, breite, europäisch aussehende Straße, der erste derartige Bemühung in der Stadt, die eifrig versuchte, ihr orientalisches Erbe loszuwerden. Die Straße wurde nach Fürst Mihailo benannt, dem Herrscher, dessen diplomatische Bemühungen zur Vertreibung der Türken geführt hatten. Da Belgrad berüchtigt dafür ist, ständig die Straßennamen zu ändern, ist die Knez-Mihaila-Straße auch deshalb bemerkenswert, weil sie ihren Namen nie änderte. Die Straße war seit ihrer Entstehung immer die Haupteinkaufstraße, und 1987 wurde die Kneza Mihaila in eine Fußgängerzone verwandelt und schnell zur beliebtesten Promenade bei den Belgradern.

An der Ecke zum Obilićev Venac steht das elegante, mit vielen Ornamenten verzierte Gebäude des Cafés «**Ruski Car**», aus dem Jahr 1926. Die Nr. 18 auf der rechten Seite ist das **Mesarović-Gebäude**, das modische Haus eines reichen Kaufmanns, das 1884 von dem Hofarchitekten Aleksandar Bugarski entworfen wurde. Gegenüber steht ein Gebäude, das von Vladislav Vladisavljević 1940/41 errichtet wurde und erfolgreich moderne mit traditionellen Details kombiniert. An der rechten Ecke zu Zmaj-Jovina-Straße befindet sich das Gebäude der **Prometna Banka**, eine Arbeit von Danilo Vladisavljević aus dem Jahr 1912 mit Art-Nouveau-Verzierungen.

Die Nr. 33 gehörte dem reichsten serbischen Kaufmann dieser Zeit, Nikola Spasić. Da er keinen Erben hatte, nutzte Spasić seinen Reichtum, um eine Wohltätigkeitsstiftung zu gründen, die armen Studenten half. Der Wiener Architekt Konstantin Jovanović entwarf das Haus 1889, in dem von ihm bevorzugten Neorenaissance-Stil, den er sein ganzes Leben lang pflegte. Es gilt als ein seiner erfolgreichsten Werke und als das beste in diesem Stil in Belgrad.

Die Stelle, an der sich die Straße erweitert wird von dem **SANU-Palast** *(die Serbische Akademie für Kunst und Wissenschaft)*, mit seiner beeindruckenden Frontseite, den von der Art-Nouveau inspirierten Verzierungen und einigen hübschen Statuen auf dem Dach, dominiert. Mit dem Bau wurde 1912 begonnen, beendet wurde er aber erst 1924, wegen der drei Kriege, die Serbien in der Zwischenzeit führte. 1929 begann Radio Belgrad vom Dachgeschoss des Gebäudes zu senden. Nach der Besatzung durch die Nazis wurde es ihre Hauptradiostation für Südosteuropa und den Mittelmeerraum und von hier aus wurde im Herbst 1941 jeden Abend das Lied Lili Marleen gespielt, und wurde schnell zur beliebtesten Melodie auf beiden sich bekriegenden Seiten.

In der Kneza-Mihaila-Straße ist immer viel los

Der SANU-Palast beherbergt zwei Galerien: Die größere an seiner rechten Ecke organisiert temporäre Ausstelungen auf den Gebieten der Kunst und der Geschichte, die kleine Galerie in der Djure-Jakšića-Straße gehört zum Museum für Wissenschaft und Technologie.

Der SANU-Palast

An der Ecke zur schmalen 1300-Kaplara-Straße befindet sich das Gebäude der **Ersten Kroatischen Sparkasse** (D. Sunko, 1922), die größte Finanzinstitution Jugoslawiens zwischen den Kriegen. Heute befindet sich in demm Museum das **Zepter-Museum** *(Tel.: 011 328 33 39; Di, Mi, Fr, So 10-20 Uhr, Do u.Sa 12.22 Uhr; Eintritt: Erwachsene 200 Dinar, Studenten 100 Dinar)*, das 2010 als eins der ersten privaten Museen in Serbien eröffnet wurde. Die Sammlung des Museums gehört Madlena und Filip Janković, die das sehr erfolgreiche, internationale Zepter Unternehmen führen. In dem opulenten Interieur des Museums werden Gemälde und Skulpturen der bedeutendsten serbischen Künstler von den 1950ern bis heute ausgestellt.

Die **Nummern 46, 18, und 50** wurden alle zwischen 1869 und 1870 gebaut, sofort nachdem die Straße angelegt worden war. Gegenüber steht ein massives Gebäude aus Stein, das die **Nikola-Spasić-Stiftung** in Auftrag gab. Es wurde 1930 von Josif Najman entworfen, der in Paris studiert hatte, und ist im zu dieser Zeit sehr populären Stil der französischen Neorenaissance gehalten.

Hinter der Kreuzung mit der Kralja-Petra-Straße steht das kleine Gebäude des Cafés «**Grčka kraljica**» („Griechische Königin") aus dem Jahr 1835, es ist das älteste in der Straße. Sein ungewöhnliches Arrangement verdankt es der Tatsache, dass es gebaut wurde, bevor es Bauvorschriften gab. Gegenüber davon befindet sich der Eingang zum Nachtclub „Akademija", der in den 1980ern als einer der besten Undergroundclubs in Europa bekannt war. Leider wurde er 2011 geschlossen.

Das letzte Bauwerk der Straße vor dem Kalemegdan-Park ist die **Stadtbibliothek**. Sie wurde 1869 für das Hotel „Srpka kruna" („Serbische Krone") gebaut und war damals das modernste und bestausgestattete Hotel der Stadt. In ihrem Keller befinden sich die Überreste des Südtors des römischen *Castrum* (Lager), das sich dort befand, wo heute der Kalemegdan-Park ist.

3. Obilićev Venac

Diese Straße, eigentlich ein Venac («Kranz», bzw. eine Sichel) folgt zusammen mit dem Toploćin Venac und dem Kosančićev Venac der Linie der Stadtbefestigungen aus dem 18 Jahrhundert. Er beginnt bei der Kneza-Mihaila-Straße, nimmt eine rechtwinklige Biegung (die frühere St.-Karls-Bastion) und verläuft in einer sanften Kurve weiter nach Norden. Da ein großer Teil des Obilićev Venac für den Verkehr gesperrt ist, hat der Halbmond im vergangenen Jahrzehnt eine Vielzahl von Cafés angezogen, die bei schönem Wetter besonders beliebt sind, wenn sie ihre Terrassen öffnen.

An der Ecke mit der Freitreppe, die zur Maršala-Birjuzova-Straße hinabführt, steht das Haus von Steva Jovanović Resavac, das 1919 im Art-Nouveau-Stil nach den Plänen des Architekten Branko Tanazević gebaut wurde. Die Treppe führt zum Hof der einzigen erhaltenen Synagoge in Belgrad.

4. Topličin Venac

Der Park in Topličin Venac entstand im 19. Jahrhundert an der Stelle, wo früher die Bastion des Hl. Franz gestanden hatte, die während der Herrschaft der Habsburger von 1717-1739 erbaut wurde. Im Ersten Weltkrieg wurde der Park zu einem Ad-hoc-Friedhof für österreich-ungarische Soldaten, die in Straßenkämpfen bei der

Der heroische Ruf von Vojvoda Vuk, Topličin Venac

Eroberung Belgrads 1915 ums Leben kamen.

Das **Denkmal** in der Mitte des Parks erinnert an Oberstleutnant Vojin Popović, besser bekannt unter seinem Guerilla-Spitznamen Vojvoda Vuk. Zunächst kämpfte er mit einer Gruppe von Freiwilligen, bekannt als Četniks (von četa, «Schwadron»), auf der serbischen Seite in der damals osmanischen Provinz Mazedonien. In Schlachten abgehärtet kämpften er und seine Männer später in beiden Balkankriegen und im Ersten Weltkrieg als Spezialeinheit. Er starb 1916 im Kampf um den Berg Kajmakčalan in der allierten Saloniki-Front in Griechenland. Sein Denkmal, die Arbeit des Bildhauers Djordje Jovanović, stammt aus dem Jahr 1936 und wurde dank der Spenden seiner Mitkämpfer erreichtet.

Das große Gebäude mit den üppig verzierten eklektischen Fassade, das westlich des Parks steht, ist das **Palasthotel** aus dem Jahr 1923, einst Belgrads bestes Hotel.

Hinter dem Monument für Vojvoda Vuka steht der **Čelebonović-Palast** (1927), der für den Anwalt und Präsidenten des jüdischen Konzils Jakov Čelebonović gebaut wurde, dessen Sohn Marko (1902-86) ein berühmter Maler war. Heute befindet sich in diesem kleinen Palast das **Museum für angewandte Kunst** *(Tel.: 011 26 26 841, Di-Sa 11-19 Uhr; Eintritt 100 din, freier Eintritt für Kinder unter 12 Jahren und Kunststudenten)*, dessen derzeitige permante Ausstellung (sie wechseln alle paar Jahre, wegen der großen Zahl an Ausstellungsgegenständen) konzentriert sich auf hölzerne Objekte, mit vielen exquisiten Schränken, Tabernakel, Stühlen, und Ähnlichem aus dem 15. bis zum frühen 20. Jahrhundert.

5. Kosančićev Venac

Dieser ruhige Stadtteil ist einer der wenigen Erinnerungen daran, wie die Stadt im 19. Jahrhundert ausgesehen hat. Die gewundene Pflasterstraße folgte der Linie der Stadtmauern aus der Barockzeit. An der Biegung, wo einst die Bastion stand, befindet sich ein kleines verfallenes Haus mit der **Büste von Ivan Kosaničić**, einem Helden aus epischen Liedern und Waffenbruder von Miloš Obilić, dem Ritter, der den türkischen Sultan Murad in der Kosovoschlacht (1389) tötete und den Mittelpunkt der serbischen Heldendichtung bildet.

Die leere Fläche gegenüber war einst der Standort der Nationalbibliothek, die bei dem deutschen Bombenangriff am 6.April 1941, der den Beginn des Nazi-Angriffs auf das Königreich Jugoslawien markierte, getroffen

Art-Nouveau-Detail am Mika-Alas-Haus

wurde. In dieser kulturellen Katastrophe wurden unzählige gedruckte Bücher und tausende serbische Manuskripte zerstört.

Weiter die Straße hinunter bei der **Nr. 22** steht das Haus des berühmten Mathematikers und Universitätsprofessors Mihailo Petrović, der sich, wegen seiner Angelleidenschaft, Mika Alas («Mika der Fischer») nennen ließ. Unter anderm war er auch ein Violinvirtuose, Schriftsteller und der erste Serbe, der den Nordpol erreichte. Sein bescheidenes Haus (Petar Bajalović, 1910) mit einem grandiosen Blick auf die Save, ist eine Mischung aus Art-Nouveau und mittelalterlich-serbischem Stil. Die Wasserlilien auf der Fassade und der Fisch, der auf die Tür geschnitzt ist, erinnern an den ursprünglichen Besitzer des Hauses.

6. Der Palast der Fürstin Ljubica

Konak knjeginje Ljubica

Dieser kleine Palast wurde 1831 von Fürst Miloš als sein neues Heim in der Stadt gebaut. Doch da er die Türken in der nahe gelegenen Festung fürchtete, änderte er schnell seine Meinung und entschied in seinem Besitz in Topčider, einige Kilometer südlich von Belgrad (siehe S.), zu residieren und von dort aus zu regieren. Er überließ den Palast seiner Frau Ljubica und den Kindern. Milošs erstgeborener Sohn Milan, der nur für drei Wochen regierte, starb hier 1839. Er wurde von seinem minderjährigen Bruder Mihailo beerbt, der seinen Hof in diesem Palast einrichtete.

Das Gebäude ist das Werk von Hajji Nikola Živković, dem ersten Architekten des freien Serbiens. Obwohl es in der Essenz noch immer ein Bau im orientalischen Stil ist, zeigen seine dekorativen Elemente, dass die letzten Schritte in Richtung der Akzeptanz der europäischen Architektur genommen waren – dies war der letzte Palast mit orientalischen Elementen. Von seinen vielen hübschen Details ist der kleine Ausguck auf dem Dach, den die Wachleute benutzten, besonders erwähnenswert. Der Grundriss der Räume hält an der alten Mode fest, mit dem *Osmanluk*, einem großen, zentralen Raum, in dem Gäste empfangen wurden. Der Palast verfügt auch über einen privaten Hammam (ein türkisches Bad), im hinteren Teil.

Heute wird der Palast vom Belgrader Museum **«Das Interieur von Belgrader Häusern im 19. Jahrhundert»** genutzt (*Tel.: 011 26 38 264, Di, Mi, Fr und Sa 10-17 Uhr, Do 12-10 Uhr, So 10-14 Uhr, Eintritt: 100 Dinar*). Die Räume sind so eingerichtet, dass sie das Aussehen von Häusern in verschiedenen Stilrichtungen von komplett orientalisch, wie es Fürst Miloš bevorzugte, bis zum Biedermeier und Napoleon III. Der Keller, den Miloš einst als Schatzkammer nutzte, beherbergt nun temporäre Ausstellungen.

Ansicht der Belgrader orthodoxen Kathedrale

7. Die orthodoxe Kathedrale

Saborna crkva

Die Kreuzung der Kralja-Petra-Straße mit der Kneza-Sime-Markovića-Straße war zu osmanischen Zeiten das Zentrum des serbischen Teils der Stadt, der sich an einem Hang mit Blick auf die Save befindet. Die alte Holzkirche, die dem heiligen Michael geweiht ist, stammt aus dem 18. Jahrhundert und war schon verfallen, als Fürst Miloš sich entschloss, einen neuen grandiosen Bau als Symbol der neuerlangten Religionsfreiheit errichten zu lassen. Sie wurde nach dem Vorbild serbischer Kirchen im Habsburger Reich gebaut und 1841 fertiggestellt. Die Kathdrale ist im klassizistischen Stil gehalten, abgesehen von der opulenten barocken Turmspitze.

Links und rechts des Eingangs befinden sich die Gräber von Vuk Stefanović Karadžić (1789-1864), dem Reformator des serbischen Alphabets und Sammler von Volksliedern und Geschichten, und Dositej Obradović (1739-1811), einem Vertreter der Aufklärung und der rationalistischen Philosophie.

Das Highlight des unprätentiösen Interieurs

Der orientalisch angehauchte Palast der Fürstin Ljubica

Das Innere der orthodoxen Kathedrale

ist die beeindruckende vergoldete Ikonostase. Ihre Ikonen wurden von Dimitrije Avramović gefertigt und stellen eins der ersten Exemplare romantizistischer Malerei in Serbien dar. Die Wandgemälde wurden von demselben Künstler geschaffen. Vor der Ikonostase befinden sich die Reliquien des serbischen Despoten, dem heiligen Stevan Štiljanović (†1540). Sie wurden 1941 aus dem Kloster Šišatovac, das wie andere serbische Klöster in der Fruška Gora der Gefahr der Zerstörung durch kroatische Faschisten ausgesetzt war, hierhergebracht.

Rechts des Eingangs befinden sich die Gräber von Fürst Miloš und seinem Sohn Mihailo (mit einer Statue des Hl. Michael, der darüber wacht) und links, gegenüber von ihnen, ist das Grab des Patriarchen Gavrilo Dožić (1881-1950), dem einzigen christlichen Kirchenführer, der in einem Konzentrationslager inhaftiert war.

8. Der Patriarchenpalast und das Museum der serbisch-orthodoxen Kirche

An der Stelle, wo früher der alte Hof des Metropoliten stand, steht heute der Patriarchenpalast (besser bekannt als Patrijaršija – «Patriarchie»), der 1934/35 nach den Entwürfen von Viktor Lukomsky, einem von vielen russischen Flüchtlingen, die vor dem Bolschewikenterror geflohen waren und in Belgrad Zuflucht gefunden hatten, errichtet. Lukomsky kombinierte Elemente des serbisch-byzantinischen Stiles mit akademischen und modernistischen Merkmalen zu einem monumentalen, aber schwer definierbar aussehenden Gebäude. Der wuchtige Haupteingang von der Kneza-Sime-Markovića-Straße aus ist mit dem Wappen der metropolitischen Diözese Belgrad-Karlovci verziert. Darüber befindet sich die Apsis der Kapelle, die den Heiligen Simeon Mirotočivi und Johannes dem Täufer, letzterer ist in einem Mosaik dargestellt, geweiht ist. Das Bauwerk ist unter anderem die offzielle Residenz des serbischen Patriarchen.

Der Eingang zum Museum der serbisch-orthodoxen Kirche ist um die Ecke *(Muzej Srpske pravoslavne crkve; Kralja Ptera 5, Tel.: 011 30 25 136; Mo-Fr 8-16 Uhr, Sa 9-12 Uhr, So 11-13 Uhr; an allen orthodoxen kirchlichen Feiertagen geschlossen; Eintritt: 50 Dinar, Kinder/Studenten 20 Dinar)*. Nachdem Sie eine Eintrittskarte gekauft haben, steigen Sie in den ersten Stock und halten sich dann links, bis Sie das Museum erreichen. Obwohl es nur über fünf Räume verfügt, besitzt das Museum eine umfangreiche Sammlung von wichtigen Dokumenten und wertollen Artefakten.

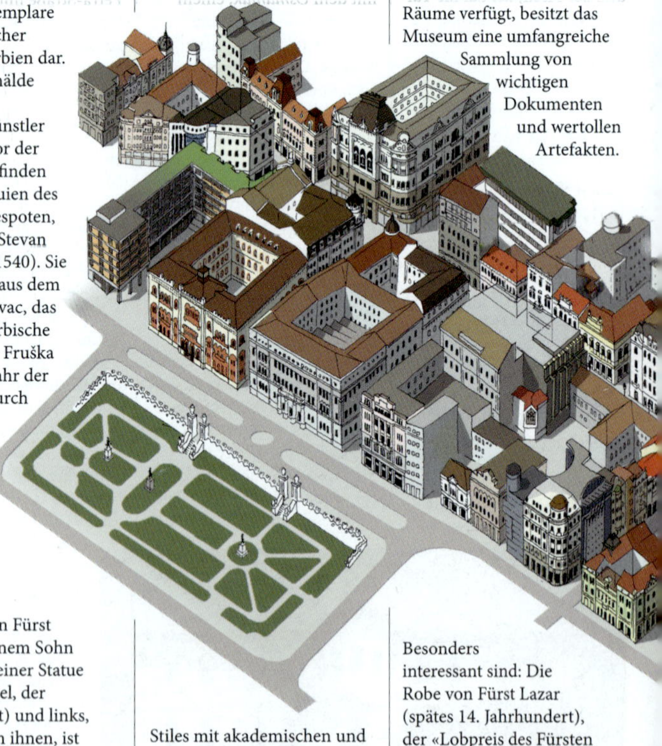

Besonders interessant sind: Die Robe von Fürst Lazar (spätes 14. Jahrhundert), der «Lobpreis des Fürsten Lazar» 1402 von Schwester Jefimija gestickt *(siehe S. 247)*, das Ciborium des Klosters Ravanica (1705), die Zepter der Bischöfe des 18. Jahrhunderts, die Freibriefe der Habsburger Kaiser bezüglich der serbischen Privilegien, das Leichentuch des Königs Milutin (Ende 13. Jahrhundert) und ungewöhnliche Weihegeschenke aus dem 19. Jahrhundert. Die Informationen, die den Austellungsstücken beigefügt sind, sind nur in serbischer Sprache.

Das alte Café "?" in der Kralja-Petra-Straße

9. Die Kralja-Petra-Sraße

Die Straße, die den Namen von König Petar I. (Regierungszeit: 1903-1921) trägt, ist eine der ältesten Verkehrsstraßen der Stadt. Sie war früher die kürzeste Verbindung zwischen der Donau und der Save, die die Erhöhung, auf der die Innenstadt heute liegt, hinauf und wieder hinunter führte. Bis zu den 1870ern, als die Kneza-Mihaila-Straße angelegt wurde, war sie die Haupthandelsstraße von Belgrad. .

Das **Café „?“** (kafana „Znak pitanja“),

gegenüber der orthodoxen Kathedrale befindet sich in einem Haus, das typisch für Belgrad (oder irgendeine andere Balkanstadt diesbezüglich) am Beginn des 19. Jahrhunderts ist. Es wurde 1823 von griechischen Baumeistern für Naum Ičko, einen Kaufmann und Handelsvertreter des Fürstentums Serbien in Istanbul, gebaut. Das Haus wurde später von Ećim Toma erworben, dem Leibarzt von Fürst Miloš, der hier ein Café eröffnete, um das Beste aus der guten Lage des Gebäudes zu machen. Das Haus und das Café wechselten mehrere Male den Besitzer und 1892 entschied der neue Besitzer, das Café «Bei der Kathedrale» zu nennen. Die Kirchenobrigkeit sah dies als ein Beleidigung an und drohte, es zu schließen, wenn er nicht den Namen wechselte. Diese Aufgabe stellte sich als schwieriger heraus als gedacht, da alle guten Namen schon vergeben waren und daher hängte der Besitzer, während er noch überlegte, ein Schild mit einem «?» nach draußen, was die Leute fälschlicherweise für den neuen Namen hielten. Und so blieb es bis heute bei diesem merkwürdigen, aber einprägsamen Namen. Die kleinen hölzernen Tische und Stühle geben ihm eine pittoreske Erscheinung.

An der Ecke mit der Gračanička Sraße befindet sich die **«Kralj-Petar I.»-Grundschule**, die älteste Schule der Stadt. Sie setzt die Tradition der alten serbischen Schule vom Beginn des 18. Jahrhunderts fort, die neben der Kirche steht. Das heutige Gebäude wurde 1906 von Jelisaveta Načić, der ersten Architektin in Serbien, errichtet. Das erste Basketballspiel in Belgrad, heute einer der beliebtesten Sportarten im Land, fand 1923 auf dem Hof dieser Schule statt.

An der anderen Ecke dieser Kreuzung steht das

Neorenaissance-Gebäude der **Nationalbank** *(Narodna banka)*, das 1889 gebaut und 1922 nach den Plänen von Konstantin Jovanović erweitert wurde. Der Teil, der für Touristen geöffnet ist, zeigt eine Numismatikausstellung *(Eingang von der Kralja-Petra-Straße 12 aus, werktags 10-16 Uhr, Eintritt frei)*, die die Entwicklung von Metall- und Papiergeld von der Antike bis zur heutigen Tag aufzeigt, mit dem Schwerpunkt auf mittelalterlichem serbischem Münzgeld, modernen Banknoten und deren Produktion. Die Austellung befindet sich in der attraktiv verzierten Schalterhalle der Bank.

Zwei Häuser weiter, bei der **Nr. 16**, steht eins der schönsten Exemplare der Art-Nouveau-Architektur in Belgrad. Das Gebäude wurde 1907 für ein modernes Kaufhaus gebaut und folgt den Bauinnovationen der Zeit: Große Fenster, Betonmauern, Stahl zur Verzierung der Fassade und der ununterbrochene Innenraum, der sich über alle drei Stockwerke um die Zentraltreppe herum erstreckt; alles ist noch heute an seinem Platz.

Unterhalb der Kreuzung mit der Kneza-Mihaila-Straße, die **Nummern 39 und 41**, sind exzellente Art-Nouveau-Gebäude aus dem Jahr 1907. Das erste ist das einzige erhaltene Bauwerk des prominenten Architekten Stojan Titelbah, dessen andere Bauten alle zerstört oder umgebaut wurden. Das andere, allgemein als das «Haus mit den grünen Fließen « *(Kuća sa zelenim pločicama)* bekannt, ist das hübscheste Werk des erfolgreichen Architektenduos Andra Stevanović/Nikola Nestorović, die der Stadt mehrere Wahrzeichen lieferten.

Gegenüber steht der Stolz der modernen Belgrader Architektur – der **«Zepter»-Palast»**. Dieses Bauwerk von Branislav Mitrović und Vasilije Milunović aus dem Jahr 1997 zeichnet sich durch die mutige Komposition sowohl der Fassade, als auch des Interieurs aus.

Hauptfassade des "Hauses mit den grünen Fließen"

10. Die französische Botschaft

Auf dem Höhepunkt der französisch-jugoslawischen Allianz und Freundschaft in den 1930ern wurde, parallel mit der Enthüllung des nahe gelegenen Denkmals der Dankbarkeit gegenüber Frankreich *(siehe unten)*, das neue Gebäude für die französische Botschaft fertiggestellt, und das an einem prestigeträchtigen Ort in der Pariska („Paris") Straße, den Namen hatte sie einige Jahre zuvor erhalten. Der bemerkenswerte weiße Bau mit seinem großen Innenhof, der einem Palast würdig wäre, wurde nach den Entwürfen des französischen Architekten Espere und des serbischen Architekten Najman errichtet, und gilt als schönstes Exemplar der Art Deco in Belgrad. Die Statue auf der Spitze des Gebäudes mit den drei Frauen, die sich an den Händen halten, repräsentiert *liberté, fraternité* und *egalité*. Über den Fenstern im ersten Stock der Seitenflügel befinden sich hohe Reliefs, die Jeanne d´Arc und Ludwigs XIV. darstellen.

11. Kalemegdan-Park

Der Name dieses hübschen Parks kommt von den türkischen Wörtern *kale* – „Festung" und *meydan* – „Feld". Man könnte es daher mit „Feld vor der Festung" übersetzen, was genau das ist, was es war: Ein karges Feld, das die Festung von der Stadt trennte, was ein verdecktes Nähern durch potentielle Feinde verhinderte. Nachdem die Türken Belgrad 1867 verlassen hatte, verwandelte man es nach und nach in einen Stadtpark. An seinen Wegen erinnern einige Büsten aus dem späten 19. und dem 20. Jahrhundert an Schriftsteller, Komponisten und andere öffentliche Personen.

Das bekannteste Denkmal hier ist jedoch

Gebäude der französischen Botschaft im Art-Deko-Stil

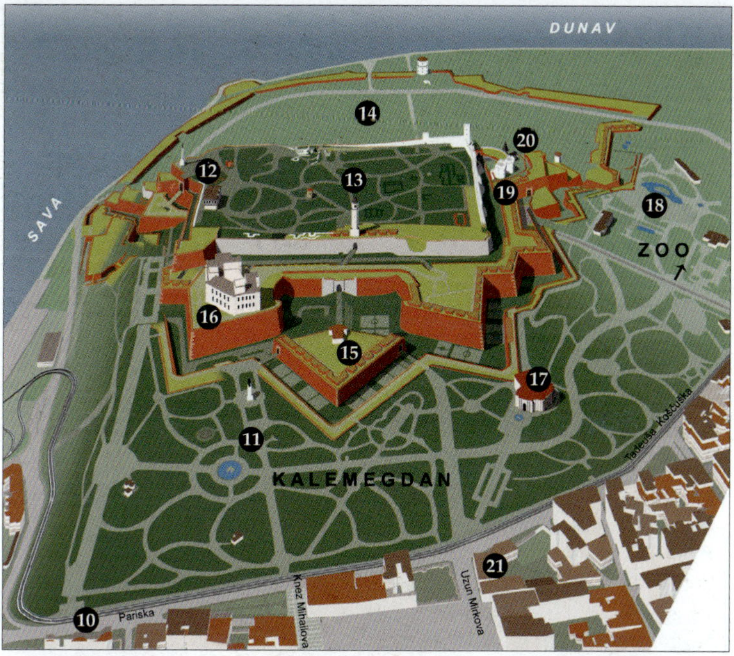

das **Monument der Dankbarkeit gegenüber Frankreich** dem Zugang aus der Knez-Mihaila-Straße zugewandt. Es wurde 1930 enthüllt und erinnert an die starke jugoslawisch-französische Allianz zwischen den beiden Weltkriegen. Bezahlt wurde es von serbischen Francophilen, vor allem Studenten, die während Serbien im Ersten Weltkrieg besetzt war, in Frankreich ihre Ausbildung abschlossen. Das Denkmal wurde von dem prominentesten jugoslawischen Bildhauer dieser Zeit gefertigt, Ivan Meštrović. Frankreich ist allergorisch dargestellt, mit gezogenem Schwert zu Hilfe eilend, während die beiden Seitenreliefs die militärische und schulische Hilfestellung repräsentieren, die Serbien während des Krieges zukam.

Links des Monuments befindet sich ein Springbrunnen mit dem Namen **«Der Fischer»** (auch bekannt als «Der Kampf»), eine Arbeit von Simeon Roksandić aus dem Jahr 1906.

Dahinter befindet sich die Hauptparkpromenade, die parallel zum Fluss Save verläuft und einen herrlichen Panoramablick über Neu-Belgrad und den Stadtteil Sava bietet. Diese außergewöhnliche Position wurde in der Geschichte viel gepriesen, nicht zuletzt von den Türken, die von *Fikir-bayir* sprachen, «Hügel der Besinnlichkeit».

Die Promenade endet mit einer eleganten, aber baufälligen Freitreppe aus dem Jahr 1928 die hinunter in den früheren Wassergraben vor den Festungsmauern führt. Hinter der ersten Bastion steht die sogenannte **Grabstätte der Nationalhelden** mit Büsten von vier prominenten Kommunisten, die mit diesem höchsten Staatstitel geehrt wurden.

Um hinter die Mauern zu gelangen werden Sie das **Königstor** *(Kralj kapija)* passieren müssen. Sein bescheidenes barockes Äußeres stammt aus dem Jahr 1725, der Zeit der zweiten Habsburger Herrschaft über Belgrad. Sein Interieur, von den Osmanen einige Jahrzehnte früher erbaut, ist durch Kielbögen charakterisiert, üblich bei orientalischen Gebäuden.

Später Nachmittag auf der Kalemegdan-Promenade

Gewitter über dem Viktor-Monument

12. Viktor

Das „Viktor"-Monument („Pobednik") befindet sich an der auffallendsten Position in der Festung, am äußeren Rand der Oberstadt. Das weite Plateau darum herum bietet einen fantastischen Ausblick auf den Zusammenfluss der Save und der Donau. Dieser strategische Standort ist der Stadtkern von Belgrad und hier befanden sich die ersten Siedlungen und später die ersten Befestigungen. Das Herz der mächtigen Festung, die zu Beginn des 14. Jahrhunderts von dem Despoten Stefan Lazarević (siehe Modell auf der Ostseite des Plateaus) gebaut wurde, stand hier bis 1683, als, während der Belagerung durch die Habsburger, ein Schießpulverdepot in einem der Türme getroffen wurde und die Explosion einen großen Teil der mittelalterlichen Festung zerstörte.

Das Monument wurde von Ivan Meštrović in Erinnerung an die serbischen Siege in den Balkankriegen (1912-1913) entworfen, konnte aber wegen des Ausbruchs des Ersten Weltkriegs nicht aufgestellt werden. Als es schließlich am Ende des Krieges seinen Platz bekam, brachte es auch den Sieg über Österreich-Ungarn zum Ausdruck, das sich bis auf die andere Seite der zwei Flüsse erstreckte. Ursprünglich war das Monument für die Terazije vorgesehen, wurde aber wegen der problematischen Nacktheit, die die prüden Bürger entsetzte, 1928 hier gebracht. Durch die perfekt gewählte Position, die die Mauern und die Bastion darum herum hervorheben, wurde die Statue schnell zum bekanntesten Wahrzeichen von Belgrad und das ist es heute noch immer.

13. Die Oberstadt

Die Oberstadt, die nur aus einigen wenigen Gebäuden besteht, ist von rechteckigen Doppelmauern umgeben (dieser Teil der Festung war am ehesten feindlichen Angriffen ausgesetzt) und wurde von Despot Stefan zu Beginn des 15. Jahrhunderts errichtet. Im Mittelalter gab es hier ein Krankenhaus und einen Adelspalast, später, im 18. und 19. Jahrhundert standen hier die Gebäude der Festungskommandanten.

Es gibt vier Tore, durch die man in die Oberstadt gelangen kann, eins auf jeder Seite. Der einzige Eingang zum mit von der Mauer umgebenen Bereich der Oberstadt von der Stadt aus ist durch das **Uhrentor** *(Sahat kapija)*, das vom Ende des 17. Jahrhunderts stammt, als die Türken begannen, die Festung zur Verteidigung gegen Feuerwaffen zu verbessern. Bemerkenswert ist die Verzierung dieser Mauern mit Kanonenkugel. Über dem Tor steht der **Uhrenturm** *(Sahat kula)*, ein Bau der Habsburger Steinmetze aus dem 18. Jahrhundert.

Richtung Nordwestern führt das **Defterdar-Tor** zur Unterstadt. Gleich daneben befindet sich der **Mehmed-Pascha-Trinkbrunnen**, der 1576/77 gebaut wurde, ein schönes Relikt aus der Osmanenzeit.

In der Mitte dieses Plateaus steht das **Grabmal des Damad Ali-Pascha**, ein typisches Grabmal für einen osmanischen Würdenträger im 18. Jahrhundert. Ursprünglich war es die Grabstätte von Izet Mehmed Pascha, dem Kommandanten der Belgrader Festung, wurde aber später dem Gedenken an Ali-Pascha, den „Eroberer von Morea (Peloponnes)" und Großvisier des Osmanenreiches, der 1716 während der Schlacht von Petrovaradin (siehe S. 141), als seine Armee von Prinz Eugen von Savoyen geschlagen wurde, tödlich verwundet wurde. Später wurden noch zwei weitere osmanische Kommandanten der Festung hier beigesetzt.

14. Die Unterstadt

Die Unterstadt ist ebenfalls ein Resultat von Despot Stefans Bauaktivität, die Belgrad zu seiner Hauptstadt und der stärksten Festung an der Donau machte. Während des Mittelalters besaßen Kaufleute, Handwerker und andere einfache Leute die Häuser in der Unterstadt und machten sie zum Geschäftszentrum der Stadt. Bischöfliche und einige andere serbisch-orthodoxe Kirchen, wie auch eine ebenso große Zahl an katholischen Kirchen, waren hier ansässig. Zur Zeit der Osmanenherrschaft wurden sie zu Moscheen umgewandelt und das Gebiet verlor seine Bedeutung, behielt aber seine Physiognomie. All das verschwand jedoch während der barocken Rekonstruktion der Stadt, als alle Gebäude abgerissen wurden, um Platz für Kasernen und militärische Trainingslager zu schaffen. Diese verschwanden dann schließlich auch 1914/15 unter österreich-ungarischem Artilleriefeuer, als die Unterstadt zur Frontlinie der Stadtverteidigung wurde. Heute ist sie ein offener Platz, auf dem regelmäßig Sportwettbewerbe, Konzerte und andere Veranstaltungen stattfinden.

Am Fuß des Hügels steht das unprätentiöse Gebäude des **Türkischen Bads** von der Mitte des 19. Jahrhunderts, hervorgehoben durch seine niedrige Kuppel. Heute werden die Bäder als **Planetarium** genutzt, in dem man vom 1. März bis zu 31. Oktober jeden Samstag um 19 Uhr eine einstündige Projektion über den Himmel und das Universum sehen kann *(Tel.: 011 30 32 133; Eintritt: 150 Dinar).*

An der Ostseite der mittelalterlichen Unterstadt steht Belgrads schönstes barockes Monument – das **Tor Karls VI.**, die Arbeit des renommierten deutschen Architekten Balthasar Neumann aus den 1720ern, während Habsburger Regierung Karls VI. Das Tor wurde als Triumphbogen entworfen und hatte keine militärische Bedeutung. Weiter nach Osten steht das Innere Vidin-Tor, das zur Cara-Dušana-Straße, die der erste Abschnitt auf dem Weg zu der Stadt Vidin (heute Bulgarien) war.

Links von dem Tor Karls VI. steht der robuste **Nebojša-Turm** *(Kula Nebojša)*, der einzige verbliebene Turm der Unterstadt. Er wurde im 15. Jahrhundert gebaut, um den Hafen zu schützen, der einst davor lag. Als er seine militärische Bedeutung verlor, benutzten ihn die Osmanen als Kerker. Da sein berühmtester Häftling Rigas Feraios, ein griechischer Patriot war, der hier 1798 exekutiert wurde, stiftete die griechische Regierung 2010 Geld, mit dem man den Turm in ein **Museum** verwandelte, das sich mit dem Belgrad des 19. Jahrhunderts, Feraios und der Einkerkerung im Allgemeinen befasst *(Tel.: 011 26 20 685; 1. Juni-30. Sept 10-20 Uhr, 1.Okt-30.Mai 10-18 Uhr; Eintritt: Erwachsene 300 Dinar, Studenten 150 Dinar).* Das Fehlen originaler historischer Ausstellungsstücke wird durch interaktive Geräte und künstlerische Installationen wettgemacht; die Beschriftungen sind in serbischer, englisch und – angemessener Weise – griechischer Sprache.

Hinter dem Turm und den Mauern der Unterstadt befindet sich das Flussufer, das die Festung umgibt und an dem aneinandergereiht Schiffe und Schuten liegen, in denen es Restaurants und Cafés gibt. Wenn man sich rechts hält, erreicht man das Gale-Muškatirović-Sportzentrum, ein futuristisch designtes Bauwerk (Ivan Antić, 1971-74), das an einen Mast und gehisste Segel erinnert. Gleich daneben befinden sich die «Novak»-Tennisplätze, die Novak

iBikeBelgrade (www.ibikebelgrade.com)

Der Nebojša-Turm steht noch immer in der Unterstadt der Festung

Djoković für das erste Serbia-Open-Tournier , das 2009 hier stattfand, bauen ließ. Den Weg entlang können Sie fantastische Ausblicke über die weitläufige Donau und Belgrads wilde und gezähmte Ufer genießen.

Ein Spaziergang links des Nebojša-Turm ist ebenso angenehm und führt zum Touristenhafen von Belgrad und der Brücke Brankov Most. Neben dem Hafen befindet sich einer der luxuriösesten Orte in Belgrad, wo Sie schöne Restaurants und Cafés mit Blick auf die Save finden werden.

Das innere Istanbul-Tor mit dem Uhrenturm dahinter

15. Die Galerie des Naturkunde-museums

Galerija Prirodnjačkog muzeja

Das Naturkundemuseum besitzt eine reichhaltige Sammlung an Mineralien, Fossilien, Flora und ausgestopften Tieren, aber es hat keine permanente Ausstellung, weil das Gebäude nicht groß genug ist. Nichtsdestotrotz macht seine Galerie *(Tel.: 011 32 84 317; geöffnet von 15.April bis 31. Okt, Di-So 10-21 Uhr, 1.Nov. bis 14.April Di-So 10-17 Uhr; Eintritt: 100 Dinar, Kinder bis 7 Jahre 50 Dinar)* das Beste aus seiner Lage und organisiert viele attraktive Ausstellungen über die Natur, die sowohl bei Kindern, als auch bei Eltern beliebt sind. Die Galerie befindet sich in einem Haus, das von türkischen Gardisten bewohnt wurde, die die beiden Tore links und rechts davon bewachten. Interessant ist, dass das Haus, obwohl es von den Türken gebaut wurde, die Kennzeichen des klassizistischen Stils trägt.

Gegenüber der Galerie steht das **Innere Istanbul-Tor**, das sein heutiges Aussehen in den Jahren 1740-60 erhielt. Als beeindruckendstes Tor der Festung repräsentiert es symbolisch Belgrad in seinem Stadtwappen, das Sie auf der Flagge, die über ihm weht, sehen können. Im Inneren, in den Raumen, die die Wachen einst nutzten, befindet sich die Werkstatt für altes Handwerk (nur für Führungen geöffnet) und der offizielle **Souvenirladen** der Festung, wo Sie eine Audioführung durch die Festung und den Kalemegdanpark mieten können *(300 Dinar; erhältlich auf Englisch, Deutsch, Spanisch, Russisch und Serbisch)*.

Die kleine Galerie des Naturkundemuseums

16. Das Militärmuseum

Vojni muzej

Dieses imposante Museum wurde 1924 für das militärisch-geographische Institut gebaut und passt mit seiner Ähnlichkeit zu der

Rüstung der osmanischen Kavalleristen, Militärmuseum

mittelalterlichen Festung gut in seine Umgebung. Um das Gebäude herum stehen Kanonen, Panzer und andere Kriegsmaschinerie aus verschiedenen Kriegen des 19. und 20. Jahrhunderts. Das Museum *(Tel.: 011 33 43 441; Di-So 10-17 Uhr; Eintritt 150 Dinar, Kinder 70 Dinar)* zeigt noch immer die alte Ausstellung aus dem Jahr 1961. Sie präsentiert die militärische Entwicklung aller jugoslawischen Völker, mit Betonung auf die kommunistische Partisanenbewegung im Zweiten Weltkrieg. Im letzten Abschnitt gibt es eine kleine

Sammlung von Artefakten aus den Konflikten im ehemaligen Jugoslawien, einschließlich einiger Teile einer F-117, die während der NATO-Bombardierung 1999 abgeschossen wurde.

Im Durchgang zwischen den beiden Mauern, befindet sich eine interessante Auswahl an Panzern, Geschützen und ähnlicher Artillerie aus dem Ersten und Zweiten Weltkrieg.

17. Der Kunstpavillon „Cvijeta Zuzorić«

Der Kunstpavillon wurde 1928 auf die Initiative des Dramatikers Branislav Nušić hin eröffnet, finanziert durch Spenden von Damen der Belgrader Elite. Hier gab es die erste permanente Galerie in der Stadt und spielt seither eine wichtige Rolle dabei, Autoren und Ausstellungen der Öffentlichkeit vorzustellen. Benannt ist er nach einer Dame aus dem 16. Jahrhundert, die aus Dubrovnik (heute Kroatien) stammte und deren Gedichte und Schönheit von Poeten auf beiden Seiten der Adria gepriesen wurden. Vor dem Pavillon steht die **Skulptur «Erwachen»** (Dragoslav Arambašić, 1920).

18. Der Zoo

Zoološki vrt

Der Belgrader Zoo *(Tel.: 011 26 245 26, täglich 8 Uhr bis Sonnenuntergang, Eintritt: Erwachsene 400 Dinar, Kinder 300 Dinar)* wurde 1936 gegründet, und obwohl er sich deutlich vergrößert hat, befindet er sich noch immer an demselben Standort unterhalb der Festungsmauern. Der Zoo wurde während der Bombenangriffe 1941 stark beschädigt und die Tiere, die überlebten streiften frei durch Straßen Belgrads. Während der internationalen Sanktionen 1993/94 waren die Tiere wegen Futtermangels stark unterernährt.

Nach vielen schwierigen Zeiten bemühte sich der Zoo, die Zahl der Tiere zu erhöhen und ein breites Spektrum an Tierarten zu bieten. Obwohl er auf ein relativ kleines Gebiet von nur 6 Morgen beschränkt ist, beherbergt er mehr als 2.000 Tiere von 211 verschiedenen Tierarten. Die berühmtesten davon sind der weiße Tiger und ein weißes Löwenpaar. Der Alligator Muja kam 1937 in den Zoo und es heißt, er sei der älteste seiner Art auf der Welt.

Die Begrünung im Zoo ist schön gepflegt und es gibt hier eine Galerie mit hölzernen Skulpturen, einen Springbrunnen und sogar Denkmäler der berühmtesten tierischen Bewohner!

Skulptur "Erwachen" vor dem Cvijeta-Zuzorić-Kunstpavillon

Dizdar-Turm im östlichen Vorwerk

19. Das östliche Vorwerk

Dies ist der neueste Teil der mittelalterlichen Belgrader Festung und auch der besterhaltene. Es wurde im späten 15. Jahrhundert und besteht aus mehreren guterhaltenen Türmen und Toren. Vorwerke sind Mauern, die entweder an verletzlichen Stellen der Festung errichtet werden, oder um zusätzlichen Schutz für den Festungseingang vor plötzlichen Angriffen zu bieten. Später, im 18. Jahrhundert, wurden die neuen Mauern nur an das Vorwerk gelehnt.

Wenn Sie sich dem Vorwerk aus Richtung Zoo nähern, werden Sie zuerst durch das kleine barocke **Leopoldtor** kommen, benannt nach dem Kaiser Leopold I. (1657-1705), während dessen kurzer Regierung über die Stadt (1688-1690) das Tor konstruiert wurde. Gleich dahinter steht das mittelalterliche **Zindan-Tor**, das von zwei Schutztürmen flankiert ist. Der Name bedeutet „Kerker" auf Türkisch, was genau das ist, wofür es genutzt wurde, als es seinen ursprünglichen Verteidigungszweck verloren hatte. Die oben flachen Türme bieten einen schönen Ausblick über die Donau. Hinter dem Zindan-Tor befindet sich das **Despotentor**, das zu Beginn des 15. Jahrhunderts gebaut wurde. Gleich daneben ist steht der hohe **Dizdar-Turm**, in dem sich heute der **Astronomieverein „Rudjer Bošković»** befindet. Jeden Freitag und Samstag, wenn das Wetter es erlaubt, kann man mit seinen beiden Teleskopen in den Himmel schauen *(Tel.: 011 30 32 133, Eintritt: 30 Dinar)*.

Rechts des Zindan-Tores steht der sechseckige Jakšić-Turm. Dieser gut erhaltene, vier Stockwerke hohe Bau steht gleich an der Ecke des Vorwerks. Benannt ist er nach den Jakšić-Brüdern, serbischen Feudalherrn im mittelalterlichen Ungarn und bekannte Helden der serbischen epischen Dichtung.

20. Die Ružica-Kirche und St.-Petka-Kapelle

Diese beiden malerischen Kirchen befinden sich an einem wunderschönen Standort, gleich bei den Festungsmauern. Die Kirche mit dem Turm ist die Ružica-Kirche, benannt nach einer mittelalterlichen Belgrader Kirche, die es nicht mehr gibt. Das heutige Bauwerk diente ursprünglich den Türken als Schießpulverdepot. Nach dem Abzug der Türken 1867 wurde es entsprechend der Bedürfnisse der serbischen Garnision adaptiert. Im Ersten Weltkrieg wurde es schwer beschädigt und 1924

Kuppel der St.-Petka-Kapelle

wiederaufgebaut, um sich besser in die mittelalterliche Umgebung einzufügen. Gleich neben dem Eingang befinden sich zwei Figuren von serbischen Soldaten, einem aus dem Mittelalter und einem aus dem Ersten Weltkrieg. Da es sich um eine Militärkirche handelt, ist ihr Kronleuchter aus Säbeln und Granaten gefertigt. Die Fresken, die von Andrej Bicenko angefertigt wurden, portraitieren sowohl biblische Charaktere, als auch Zeitgenossen, zum Beispiel Zar Nikolaus II. von Russland und König Peter I. von Serbien. Die Ikonostase wurde von Rafailo Momčilović entworfen, einem Maler und Mönch, der 1941 von kroatischen Faschisten ermordet wurde.

Ein Stück weiter den Hügel hinunter steht die **St.-Petka-Kapelle** (auf Serbisch ist *Sveta Petka* ein beliebter Name für die heilige Mutter Paraskeva). Sie wurde 1938 über einer Quelle gebaut, die man seit dem Mittelalter für wundertätig hielt, besonders soll sie unfruchtbare Frauen heilen, die sich hier am St.-Petka-Feiertag (27. Oktober) in großer Zahl einfinden. Die Reliquien dieser Heiligen wurden 1403 nach Belgrad gebracht, als die Stadt als neue Hauptstadt von Serbien ausgerufen wurde. Als die Osmanen 1521 alle Einwohner von Belgrad versklavten, nahmen die Leute die Reliquien mit sich nach Konstantinopel. Heute sind sie in Jassy in Rumänien.

21. Das pädagogische Museum

Das Museum befindet sich in einem Haus, das 1838 von Cvetko Rajivić, dem Bürgermeister von Belgrad, erbaut wurde. Als es fertiggestellt war, war dieses klassizistische Gebäude mit den starken dorischen Säulen an der Frontseite, eins der ersten Bauwerke, das den damaligen europäischen Architekturstilen vollständig folgte, ohne Zugabe orientalischer Merkmalen. Einige Jahre später wurde das Haus der Sitz des britischen Konsuls J.L. Hodges, der hier die ersten diplomatischen

Die malerische Ružica-Kirche

Bälle und Banketts veranstaltete.

Das pädagogischen Museum *(Tel.: 011 26 25 621; Di-Sa 11-18 Uhr, So 11-16 Uhr, Eintritt: Erwachsene 100 Dinar, Studenten 50 Dinar)* zeigt die Entwicklung der Schulbildung von den ersten Klosterschulen bis zum heutigen Tag, wobei die meisten ausgestellten Gegenstände aus dem 19. Jahrhundert stammen.

Kopie des Freskos im Visoki-Dečani-Kloster, Freskengalerie

Besonders interessant sind die alten Schulbücher und das Klassenzimmer, eingerichtet wie in der Mitte des 19. Jahrhunderts.

22. Die Freskengalerie

Von 1904 bis zur Zerstörung durch die Nazis 1944 war dies der Standort der neuen Sephardim-Synagoge. Das heutige Gebäude wurde nach dem Krieg in einer sogenannten „freiwilligen Jugendaktion" als Gemeindezentrum errichtet. Seit 1953 sind hier die Freskenmalereien mittelalterlicher serbischer Klöster untergebracht, die einige Jahre zuvor für eine Ausstellung in Paris kopiert worden waren, wo sie auf großes Lob stießen. Seitdem widmet sich die Galerie *(Tel.: 011 26 21 491; Di, Mi, Fr u.Sa 10-17 Uhr, Do 12-20 Uhr, So 10-14 Uhr, Eintritt: 100 Dinar)* dem Kopieren und Bewahren mittelalterlicher Fresken.

Ausgestellt werden die Kopien einiger weltberühmter Fresken, viele davon gehören zum UNESCO Kulturerbe. Sie bieten einen Einblick in das religiöse Leben, mittelalterliche ideologische Konzeptionen, die in interessanten ikonographischen Programmen reflektiert sind, wie auch die meisterlichen Fähigkeiten anonymer Maler. Obwohl der Besuch in der Galerie nicht das Gefühl, in einem richtigen Kloster zu sein, ersetzen kann, hat es auch seine Vorteile, denn viele der Gemälde stammen von weit entfernt gelegenen Kirchen oder sind in finsteren Ecken platziert. Die Freskengalerie ist ein perfekter Ausgangspunkt, mehr über die orthodoxe Religion und ihre Kunst zu lernen.

23. Bajrakli-Moschee

Dies ist die einzige in Belgrad verbliebene Moschee aus der Osmanenzeit. Die Bajrakli Džamija wurde zwischen1660 und 1688 gebaut und gilt als ältestes religiöses Gebäude der Stadt. Sie ist ein bescheidenes, aber klassisches Beispiel für osmanische Provinzmoscheen auf dem Balkan. Der Name der Moschee kommt von ihrem spezifischen Zweck: Weil die Moschee an einem auffälligen Ort inmitten des türkischen Viertels stand, wo sie von allen anderen Moscheen aus gesehen werden konnte, war sie diejenige, die die exakte Zeit festlegte, wann zum täglichen Gebet gerufen wurde. Wenn der *Muvekit*, ein Spezialist, der den richtigen Moment errechnete, wann zum Gebet gerufen werden sollte, schätzte, das die Zeit gekommen war, wurde die Flagge (auf Türkisch *bayrak)* auf dem Minarett gehisst.

Die Bajrakli-Moschee hatte eine beschwerliche Geschichte: Während der zweiten Habsburger Regierung wurde ihr Minarett niedergerissen und die Moschee wurde zu einer Jesuitenkirche. Als die Türken Belgrad in den 1860ern verließen, wurde die Moschee, wie auch alle anderen geschlossen, da es keine Moslems mehr in der Stadt gab. Die Bajrakli-Moschee war jedoch die einzige, die 1893 wiedereröffnet wurde und deshalb erhalten blieb. Seit dem Ausbruch des Bürgerkriegs in Jugoslawien wurde sie mehrere Male von Extremisten angegriffen, wurde aber zum Glück nie schwer beschädigt.

Die Bajrakli-Moschee im Stadtteil Dorćol

24. Das Vuk-und-Dositej-Museum

Obwohl Vuk Stefanović-Karadžić und Dositej Obradović zu unterschiedlichen Generationen gehörten, hatten beide dasselbe Ziel: Die Serben durch Bildung und Aufklärung näher an Europa zu bringen. Dositej begann, indem er gegen das Monopol der Kirche über die Bildung kämpfte und für die Philosophie des Rationalismus eintrat. Vuk widmete sein Leben der Offenbarung der Welt, und gezielt für die serbische Elite, der Schönheit der Sprache der einfachen Bauern, die dank seiner Bemühungen literarischer Standard der serbischen Sprache wurde. Das Museumsgebäude stammt aus der Mitte des 18. Jahrhunderts. Es wurde für einen reichen Belgrader Türken im sogenannten «Türkischen Barockstil» gebaut, der sich entwickelte, als mehr und mehr zeitgenössische europäische Einflüsse in das schwächer werdende Imperium eindrangen. Während des Ersten Serbischen Aufstandes (1804-1813) befand sich hier die Große Schule, die höchste Bildungsinstitution in Serbien. Ihr Gründer und wichtigster Lehrer war Dositej Obradović und einer seiner Schüler Vuk Karadžić.

Das Museum wurde Ende 2011 wegen längst überfälliger Rekonstruktionsarbeiten geschlossen.

25. Studentski Trg

Dieser große offene Fläche im Zentrum blieb lange leer, weil die Türken sie als zentralen Friedhof genutzt hatten. Später als der Friedhof verfiel, übernahm man den Grund nach und nach und nutzte ihn als Marktplatz. Nach dem Abzug der Osmanen aus Serbien machte man die nördliche Hälfte des Platzes zu einem Park, der schließlich 1927 den Markt von diesem prestigeträchtigen Ort verdrängte. Im Park stehen Denkmäler für (von N nach S) den Botaniker Josif Pančić (1814-1888) aus dem Jahr 1897, für den Geographen, Ethnographen und Anthropologen Jovan Cvijić (1865-1927), 1995 aufgestellt, und für den aufgeklärten Erzieher Dositej Obradović (1739-1811), im Jahr 1914 errichtet.

Denkmal für Dositej Obradović

An der unteren Seite des Platzes, an der Ecke zur Višnjićeva-Straße, steht das **Grabmahl von Scheich Mustafa.** Dieser hexagonale Bau stammt aus dem Jahr 1783, und stand einst auf dem Boden der Derwischloge, deren Führer Scheich Mustafa war, der vom anderen Ende des Reiches, aus Bagdad hierher gekommen war.

Das dominanteste Bauwerk an der oberen Seite ist das rot-weiße **Bauwerk des Kapitäns Miša** *(Kapetan Mišino zdanje).* Miša Anastasijević war ein Kaufmann, der durch Handel auf der Donau zu seinem enormen Reichtum kam (daher «Kapitän). 1857 wurde es offensichtlich, dass die Regierungszeit von Fürst Aleksandar nicht mehr lange andauern würde, weshalb sich Miša entschloss, einen Palast für den Neffen des Fürsten und seinen Schwiegersohn, Djordje Karadjordjević, zu bauen, den er zum nächsten Herrscher von Serbien zu machen gedachte. Sein Plan scheiterete allerdings und der Palast (1863 fertiggestellt) – zu dieser zeit das größte Gebäude in Serbien – hatte keinen Nutzen. Da seine Tochter sich weigerte, darin

Vuk Stefanović Karadžić

(1787,Tršić, Westserbien – 1864, Wien) ist einer der interessantesten Figuren der modernen serbischen Geschichte und Kultur, so bekannt, dass jeder ihn nur bei seinem Vornamen nennt – Vuk (wörtlich „Wolf"). Er wurde in einer einfachen Bauernfamilie geboren, in einer Gegend, in der nur ein oder zwei Priester lesen konnten, ein normaler Zustand in Serbien während der Osmanenherrschaft. Seine Neugier und die Hilfe seines wohlhabenden Onkels ermöglichten es ihm, die örtliche Klosterschule zu besuchen. Während des Ersten Serbischen Aufstands arbeitete Vuk als Schreiber bei der serbischen Administration, aber nachdem die Türken Serbien 1813 zurückerobert hatten, floh er ins Habsburgerreich. Begierig darauf, weiter zu lernen zog er nach Wien, das zu dieser Zeit ein wichtiges kulturelles Zentrum der Südslawen war. Hier begann er sein Hauptwerk als Reformer der serbischen Sprache und des kyrillischen Alphabets, und als Sammler mündlich überlieferter Volkstradition, wie Heldenepen, Märchen und Sprichwörter. Karadžić wollte die Volkssprache anstelle des höchst künstlichen Kirchenslawisch einführen und es sollte auf einer einfachen Regel beruhen – „Schreib wie du sprichst, lies wie es geschrieben steht". Als ruheloser Linguist reiste Vuk quer durch Europa, wie auch durch die serbischsprachigen Gebiete des Balkans. Die Sammlungen von serbischen Epen erstaunten mit ihrer Schönheit Walter Scott, Johann Wolfgang von Goethe und Jacob Grimm. Er veröffentlichte die erste Grammatik der modernen serbischen Sprache (1814), das erste Wörterbuch (1818) und 1847 übersetzte er das Neue Testament in zeitgenössisches Serbisch. Er wird auch als Historiker gepriesen, da er Erinnerungen von Teilnehmern und Zeitgenossen der Serbischen Aufstände aufzeichnete. Schließlich wurde seine reformatorische Arbeit 1850 auch von der kroatischen kulturellen Elite angenommen, indem man für das Kroatische dieselben Prinzipien festlegte. Vuks Reform der serbischen Sprache wurde in Serbien offiziell erst nach seinem Tod 1868 akzeptiert. Heute gilt Vuk Stefanović Karadžić als der Vater der modernen nationalen und kulturellen serbischen Identität.

Bauwerk des Kapitäns Miša, heute das Rektorat der Belgrader Universität

zu wohnen, schenkte er es dem Staat. Während des nächsten halben Jahrhunderts beherbergte es fast alle wichtigen Institutionen für Kultur und Bildung, wie die Universität, das Nationalmuseum, die Nationalgalerie, das erste Gymnasium, das Bildungsministerium – viele davon gleichzeitig. Nach und nach zogen sie alle aus und es fiel an die Belgrader Universität, deren Rektor seinen Sitz hier hat, zur alleinigen Nutzung. 1968 war dieses Gebäude das Zentrum der Studentenproteste gegen die Korruption der kommunistischen Gesellschaft, als die Universität in «Rote Universität `Karl Marx´» umbenannt wurde und das Gebäude mit Bildern von Marx, Che Guevara und Tito behängt wurde.

Der architektonische Stil des Palastes ist eine romantizistische Mischung von Einflüssen, hauptsächlich Renaissance und venetianischer Gotik. Auf dem Gebäude befindet sich ein gläserner Ausguck, den einst die Feuerwehrleute nutzten, um frühzeitig Rauch und Flammen sichten zu können. In der Säulenhalle am Eingang befinden sich vier Tafeln mit den Namen der Studenten der Belgrader Universität, die im Ersten Weltkrieg gefallen sind.

Das zweite Gebäude auf der rechten Seite ist das der **Kolarac-Stiftung**, üblicherweise nur «Kolarac» genannt. Es hat eine Galerie, einen Hörsaal und einen exzellenten Konzertsaal. Letzterer verdankt seine bemerkenswerte Akustik dem musikalisch geschulten Architekten Petar Bajalović, der das Gebäude 1932 baute.

Mit dem Kapitän-Miša-Gebäude ist der neue Bau der **Philosophischen Fakultät** verbunden (Svetislav Ličina, 1974). Im viereckigen Innenhof zwischen den beiden Gebäuden – bekannt als «Plateau» *(Plato)* – steht ein Denkmal für Petar II. Petrović Njegoš (1813-1851), Fürstbischof von Montenegro und einer der größten serbischen Dichter. Auf dem *Plato* begannen viele Studentenproteste. Die bekanntesten sind die, die vier Monate im Winter 1996/97 dauerten und sich gegen den Wahlbetrug des Milošević-Regimes bei den Kommunalwahlen richtete.

26. Das ethnographische Museum

Das Museum *(Tel.: 011 32 81 888; Di-Sa 10-17 Uhr, So 9-14 Uhr; Eintritt: 150 Dinar, für Kinder bis 7 Jahre frei)* befindet sich in einem erwähnenswerten modernistischen Gebäude, das 1934 gebaut wurde, um die Aktienbörse zu beherbergen. In der Planwirtschaft des kommunistischen Regimes brauchte man keine Börse und statt ihrer zog 1951 das Museum ein.

Die permanente Ausstellung (teilweise im Erdgeschoss, aber auch im ersten und zweiten

Das imposante Gebäude des ethnographischen Museums

Stock) ist attraktiv und schön ausgestellt, und präsentiert das Leben und die Traditionen der Serben durch viele Fotos, Modelle und Artefakte. Im Erdgeschoss werden auch interessante zeitgenössische Ausstellungen gezeigt.

27. Die Kirche St. Alexander Nevsky

Der Kult um den russischen Heiligen wurde vom panslawistischen Freiwilligencorps von General Chernyayev nach Serbien gebracht, der gekommen war, um 1876/77 an der Seite der Serben gegen die Osmanen zu kämpfen. Als die Russen wieder fortgingen, hinterließen sie ihre Feldkirche, die ihrem Heiligen gewidmet war. Die Arbeiten an der heutigen Kirche begannen 1912, aber die Kriege brachten sie zum Stillstand. Die Originalpläne wurden 1912-1929 von den Architekten Petar Popović und Vasiliy Anrosov gründlich umgestaltet, und das Ergebnis war ein beeindruckendes Gebäude, beeinflusst von der mittelalterlichen, serbischen Morava-Schule (beachten Sie den Dreipassgrundriss, den massiven Glockenturm und die Rosenfenster). Die Ikonostase, die ursprünglich für das Mausoleum der Karadjordjević-Dynastie in Oplenac vorgesehen war, ist eine Schenkung von König Aleksandar. Es gibt hier auch eine Gedenktafel für die Soldaten, die in den Kriegen von 1912 bis 1918 gefallen sind.

Die Klänge der Skadarlija

Die Kirche von Alexander Nevsky

Über das Kopfsteinpflaster des Belgrader Bohème-Viertels

28. Skadarlija

„Skadarlija" ist der gebräuchliche Name für die Skadarska und einige andere kleine Straßen um sie herum, die das alte Künstlerviertel bilden. Die Straße war ursprünglich eine Zigeunersiedlung gleich vor der Stadtmauer, schon damals bekannt für ihre billigen Cafés. In der zweiten Hälfte des 19. Jahrhunderts bekam sie ein würdevolleres Erscheinungsbild, als die armen Einwohner Gesellschaft von Schauspielern bekamen, die die Nähe zum Nationaltheater und die niedrigen Mietkosten angenehm fanden. Mit der Ankunft der Schauspieler wurden die Cafés von Skadarlija das Zentrum des literarischen und künstlerischen Lebens, und so begann eine Ära, die ihren Höhepunkt in den ersten Jahrzehnten des 20. Jahrhunderts fand. Nach dem Zweiten Weltkrieg wurde Skadarlija nach und nach zu einer normalen Straße, aber das wurde 1966 geändert, als altes, sogenanntes „türkisches" Kopfsteinpflaster, Laternen und Brunnen viel von seinem einstigen Charme zurückbrachten. Heute ist fast jedes Haus ein Café, angefangen bei den illustren Stätten, die den Belgradern seit einem Jahrhundert Behaglichkeit bieten, zu den neuen, modischen Nightlife-Cafés und den beliebten Biergärten.

Die **„Zwei Hirsche"** *(Dva jelena)* wurde 1865 eröffnet und erhielt seinen jetzigen Namen ein paar Jahre später, als eine Gruppe von Jägern mit ihrer Beute herkam, um diese hier zubereiten zu lassen.

Die **Nr. 3** ist ein Haus, in dem bis zu seinem Tod der berüchtigte romantische Dichter, Maler und nicht weniger notorische Bohéme

Djura Jakšić lebte. Seine gequält dreinblickende Statue steht vor dem Haus.

Die «Drei Hüte» *(Tri šešira)* befindet sich in einem kleinen Haus aus der Mitte des 19. Jahrhundert, in dem sich früher ein Hutmacher seinen Laden hatte, und sein Schild blieb und wurde zum Namen des Cafés.

Die untere rechte Seite der Straße ist besetzt von einer früheren Bierbrau-ereienanlage des **Belgrader Braue-reigewerbes (BIP)**, die früher der Bajloni-Familie

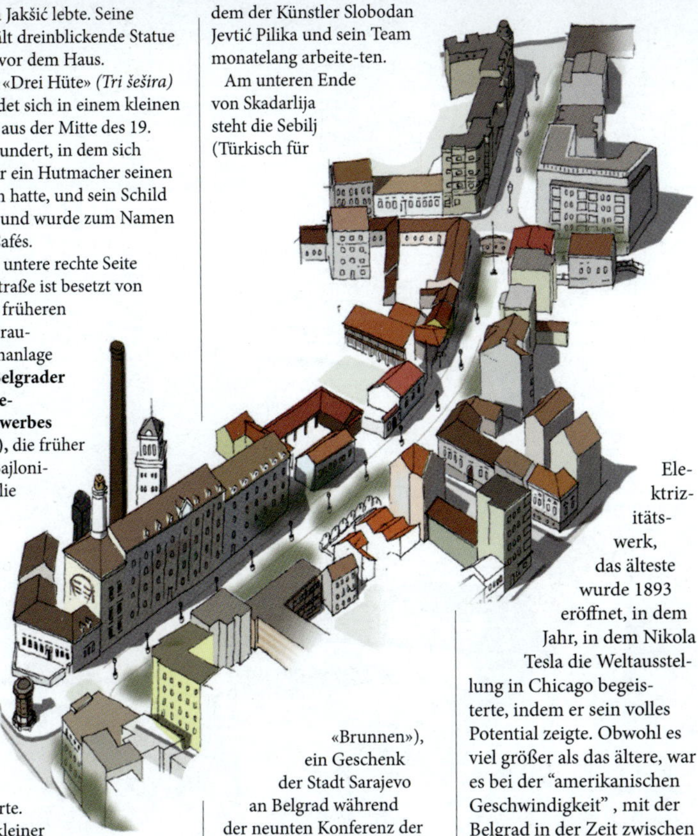

gehörte. Die kleiner Brauerei wurde 1880 von Ignjat Bajloni, einem Immigranten aus den tschechischen Ländern, der sie zu einer der erfolgreichsten Betriebe in Belgrad machte, gekauft. Die Brauerei ist schon seit Jahren geschlossen und wird vermutlich bald zu einem Einkaufszentrum/Hotel. Ihre Fassade ist mit einem riesigen Wandgemälde von 3.000 m² Fläche bedeckt, an dem der Künstler Slobodan Jevtić Pilika und sein Team monatelang arbeite-ten.

Am unteren Ende von Skadarlija steht die Sebilj (Türkisch für «Brunnen»), ein Geschenk der Stadt Sarajevo an Belgrad während der neunten Konferenz der blockfreien Staaten 1989. Er ist eine Kopie des Brunnens, der in der Baščaršija-Straße in Sarajevo steht.

29. Museum für Wissenschaft und Technologie

Das Museum befindet sich in einem alten Elektriz-itätswerk, einem unschein-baren, zweckmäßigen Gebäude aus dem Jahr 1925. Dies ist Belgrads zweites Elek-triz-itäts-werk, das älteste wurde 1893 eröffnet, in dem Jahr, in dem Nikola Tesla die Weltausstel-lung in Chicago begeis-terte, indem er sein volles Potential zeigte. Obwohl es viel größer als das ältere, war es bei der "amerikanischen Geschwindigkeit" , mit der Belgrad in der Zeit zwischen den Kriegen wuchs, schnell unzureichend, und 1933 wurde ein neues ans Netz gelegt. Dieses Werk war bis 1945 in Funktion.

Durch den Reichtum an Ausstellungsstücken präsentiert das Museum (*Skender-begova 51; Tel.: 011 30 37 850; Di-So 10-21 Uhr; Eintritt 300 Dinar*) all die unglaublichen Wege der wis-senschaftlichen Entdeckun-gen und deren Transforma-tion in technische Lösungen, die unser Leben in den letzten anderhalb Jahrhun-derten verändert haben.

Unter den vielen Ausstel-lungsstücken, wie Kameras, Fahrräder, Druckerpressen, Musikinstrumente, Batterien und analogen Comput-ern, stehen besonders das fantastische Orchestrion, das historische Feuerwehrauto, eine alte Fotokabine und ein Zahnarztstuhl heraus.

Das Restaurant "Dva Jelena"

ZENTRUM

Der zentrale Teil Belgrads erstreckt sich von der Stadtmauer zum Savinac-Berg, der von der riesigen St.-Sava-Kirche, einer der größten Kuppelkirchen der Welt, gekrönt ist. Dieser Teil der Stadt ist ein Produkt des Fortschritts, den Belgrad im 19. und der ersten Hälfte des 20. Jahrhunderts machte. Die meisten Sehenswürdigkeiten sind in kurzer Entfernung zur Kralja-Milana-Straße zu finden, die an der Erhöhung zwischen den beiden Flüssen entlang verläuft. Auf der Spitze der Erhöhung steht der Beogradjanka-Turm, dessen 23. Stock der höchste Punkt der Stadt ist. Wichtige Monumente, wie die Nationalversammlung, die Hauptpost und die St.-Markus-Kirche sind alle nah beieinander gelegen. Ebenfalls von hier aus verläuft die Kneza-Miloša-Straße den Berg hinunter, eingerahmt von großen Regierungsgebäuden und alten Villen, die zu Botschaften gemacht wurden, aber auch einigen eindrucksvollen Ruinen, die an die NATO-Bombardierung 1999 erinnern. Dies ist der Teil der Stadt, der für seine Geschäfte und das dynamische Tempo bekannt ist; wenn Sie jedoch in die Nebenstraßen vordringen, werden sie sehen, dass diese Gegend viele Restaurants, Cafés und traditionelle Kafanas zu bieten hat. Lassen Sie uns auch die kulturelle Seite nicht vergessen: Als wirkliches Zentrum einer Großstadt verfügt dieses Gebiet auch über viele Galerien, einige Museen und die bedeutendsten Theater in Belgrad.

1 Terazije
2 Trg Nikole Pašića
3 Die Nationalversammlung
4 Tašmajdanpark
5 Bulevar Kralja Aleksandra
6 Die Krunska-Straße
7 Das Nikola-Tesla-Museum
8 Das Alte und das Neue königliche Schloss
9 Beogradjanka
10 Cvetni Trg
11 Die Kirche des Heiligen Sava
12 Der Karadjordje-Park
13 Die Kneza-Miloša-Straße
14 Der Hauptbahnhof
15 Mali Pijac
16 Das Automobilmuseum

Blick auf das Zentrum vom Beogradjanka-Turm aus

1. Terazije

Dieses lange Oval ist irgendetwas zwischen einem Platz und einer Straße. Seine ungewöhnliche Form verdankt es den Weihern, die sich hier in der Mitte befanden, als 1830 Fürst Miloš serbische Schmiede von innerhalb der Stadtmauer hierher versetzte. Der Name ist kurz für *terazije za vodu* („Wasserwaage"), ein Bau, der im Zentrum stand und Wasser von dem alten osmanischen Aquädukt an die verschiedenen Trinkbrunnen der ummauerten Stadt verteilte.

Der Mittelpunkt der Terazije ist der „Albania"-Palast (Palata „Albanija") der an ihrem Nordende steht. Dieser erste Wolkenkratzer Belgrads wurde 1939 fertiggestellt und – im Kontrast zu seinem modernen Aussehen – übernahm er den Namen des kleinen, schiefen Gasthauses, das er ersetzte. Das alte „Albania" hatte an diesem Platz seit 1850 gestanden, lange bevor irgendjemand von einem eigenständigen Staat mit diesem Namen geträumt hatte, und war ein solch beliebter Treffpunkt, dass sein Name schnell den sperrigen offiziellen Namen des neuen Wolkenkratzers - Palast des Handelsfonds der Mortgage Bank – verdrängte. Da es auf schwierigem sumpfigem Boden gebaut wurde, waren viele Belgrader misstrauisch ob der großen Höhe des „Albania". Nichtsdestotrotz bestand die Arbeit von Miladin Prljević und seinen Kollegen alle Prüfungen, die ihnen Zeit und Mensch auferlegten, einschließlich eines direkten Bombeneinschlags durch Alliierten Beschuss 1944.

Das **Hotel «Moskva»** («Moskau») wure 1907 als Hotel einer St.Petersburger Versicherungsgesellschaft gebaut. Dank seiner guten Lage wurde es zum prägenden Merkmal der Stadtsilhouette. Mehr noch, sein hohes grünes Dach, die gekachelten Wände und die Keramikreliefs machen es zu einem der schönsten Gebäude in Belgrad.

Vor dem Hotel befindet sich der **Terazije-Brunnen** (*Terazijska česma*), der 1860 im Gedenken an Miloš Obrenovićs Rückkehr auf den Thron zu erinnern (daher die Initialen «MO») konstruiert wurde.

Hotel "Moskva", ein historisches Wahrzeichen

Weiter die Terazije hinunter, bei der Nr. 34, steht das kleine **Krsmanović-Haus** aus dem Jahr 1885, das in üppigem neobarocken Stil verziert ist. Da beide Königshöfe während der austro-ungarischen Besatzung im Ersten Weltkrieg beschädigt und geplündert wurden, nutzte der serbische Prinzregent Aleksandar nach der Befreiung 1918 dieses Haus als temporäre Residenz. Am 1. Dezember 1918 versammelten sich hier die Vertreter der südslawischen Nationen und Provinzen und riefen ihre Vereinigung zum Königreich der Serben, Kroaten und Slowenen aus, das 1929 zum Königreich Jugoslawien wurde.

Terazije-Brunnen

Der Bau auf der anderen Straßenseite, die Nr. 39, wurde 1910 für die Smederevo Kreditbank von Milorad Ruvicić errichtet und hat eine lebendige Fassade und eine reizvolle Art-Nouveau-Verzierung. Gleich daneben steht der schön proportionierte und ruhige Neorenaissance-Bau des früheren Justizministeriums, das 1893 von Svetozar Ivačković entworfen wurde. Die Terazije gehen weiter Richtung Süden, wo sich ihr Name in Kralja-Milana-Straße ändert und die der Route der alten Kragujevac-Straße folgt. Über die Straße, wo die Dragoslava-Jovanović-Straße und die Kralja-Milana-Straße aufeinandertreffen, steht das Gebäude der **Vuk-Stiftung** (*Vukova zadužbina*). Seine Fassade wurde 1912 nach Plänen von Branko Tanezević in seinem wiedererkennbaren Stil, der den mittelalterlichen serbischen und den Art-Nouveau-Stil kombiniert, verändert, und machte sie zu einer der elegantesten Fassaden der Stadt. Das üppige Interieur wurde von Dragutin Inkiostri-Medenjak in einer Stilmischung entworfen, die sich stark Richtung Art-Nouveau orientiert.

2. Trg Nikole Pašića

Der relativ neue Platz entstand nach dem Zweiten Weltkrieg dort, wo vorher zerstörte Häuser gestanden hatten. Seine Form wurde festgelegt, als das **Haus der Gewerkschaft** *(Dom sindikata)* 1957 fertiggestellt war. Der Palast ist der letzte Nachkomme der sozialrealistischen Architektur in Belgrad und das bedeutendste Beispiel für diesen Stil, den jugoslawische Architekten zu dieser Zeit als überholt ansahen. Als er fertiggestellt war, wurde der Platz nach Marx und Engels benannt, den Gründungsvätern des Kommunismus. Der Platz war dann einer der ersten (1990) in Belgrad, die ihren Namen änderten, als Zeichen des definitiven Bruchs mit der für lange Zeit unbestrittenen kommunistischen Ideologie. Heute trägt er den Namen von Nikola Pašić, der wichtigsten politischen Figur in Serbien für fast ein halbes Jahrhundert bis zu seinem Tod 1926. **Pašićs Statue**, eine Arbeit von Zoran Ivanović aus dem Jahr 1998, steht in der Mitte des Platzes.

Rechts des Gewerkschaftshauses steht das Gebäude der **Zeitschrift «Borba» («Kampf»)**, das 1939 von Branislav Kojić, einem prominenten Architekten von modernistischer Überzeugung entworfen wurde. Es wurde für die

Statue von Nikola Pašić

Bedürfnisse der Zeitung «Vreme» («Zeit») errichtet, die zweitbeliebteste Tageszeitung zwischen den beiden Weltkriegen. 1944 wurde die Zeitung in «Borba» umbenannt, um seine Wiedergeburt als offizielle Stimme der kommunistischen Partei zu zeigen, die Rolle, die sie während der gesamten sozialistischen Ära spielte.

An der Ecke mit der Vlajkovićeva-Straße steht ein massiver Bau aus dem Jahr 1934, der nach den Plänen der Krstić-Brüder für die **Agrarbank** gebaut wurde. Später, von 1948 bis 1965, war hier der Sitz des Zentralkommitees der kommunistischen Partei Jugoslawiens, der höchsten Autorität des Staates. Der erste Stock war für das ideologisch ebenso wichtige Museum der Revolution der Völker von Jugoslawien reserviert. Das ideologisch beladene Museum wurde in den 1990ern stillgelegt, aber die Ausstellungshalle im Erdgeschoss wird vom Museum für jugoslawische Geschichte genutzt.

3. Die Nationalversammlung

Dom Narodne skupštine

Mit dem Bau für das serbische Parlament wurde 1907 begonnen und er war 1929 fast beendet, als König Aleksandar die instabile parlamentarische Regierungsform abschaffte und begann als Diktator zu herrschen, was das Parlamentshaus überflüssig machte. Nach Aleksandars Tod 1934 kehrte man schrittweise zum parlamentarischen System zurück und die Arbeit an dem Parlamentsgebäude wurde wiederaufgenommen. 1936 wurde es schließlich eröffnet. Nach dem Zweiten Weltkrieg wurde es der Sitz des Bundesparlaments von Jugoslawien und später der Staatengemeinschaft Serbien und Montenegro. Seit Mai 2006 und der Trennung der beiden Republiken dient es

Das Zentrum von Serbiens parlamentarischer Demokratie

nun seinem ursprünglich beabsichtigten Zweck.

Das üppig verzierte Innere wurde bei der unblutigen Revolution am 5. Oktober 2000 schwer beschädigt, als die wütende Masse von mehreren hunderttausend Menschen das Gebäude stürmte, von dem aus Staatssicherheitskräfte Tränengas warfen. Das Ereignis war einer der ausschlaggebenden Momente in den Tagen, die Slobodan Miloševićs Regierung beendeten.

Die Haupthalle des Gebäudes der Nationalversammlung

Für die Öffentlichkeit ist das Gebäude an jedem ersten Samstag im Monat zugänglich. Die Registrierung für den Besuch erfolgt über die Touristenorganisation Belgrad *(Tel.: 011 30 6 400)*. Es gibt eine ausgezeichnete virtuelle Tour durch das Gebäude auf *http://livinginbelgrade.com/virtual_tour.php*.

Rechts davon steht das bullige **Hauptpostgebäude** aus dem Jahr 1935. Seine kurzen dorischen Säulen und die dunkle rustikale Front reflektieren die Einflüsse der zeitgenössischen faschistischen Architektur. Die Originalentwürfe sahen ganz anders aus, sehr modernistisch und mit einer größtenteils gläsernen Fassade. Es heißt jedoch, das König Aleksandar selbst sie mit der Bemerkung ablehnte, er wolle keine Post, die jeder Halbstarke mit einer Steinschleuder einschlagen könne.

Gleich hinter dem Parlamentsgebäude, an der Ecke Palmotićeva und Kosovska-Straße steht das frühere **Hauptfernsprechamt** aus dem Jahr 1908. Es gilt als die beste Arbeit von Branko Tanazević, einem Architekten, der das architektonische Erbe des mittelalterlichen Serbiens in einer neuen, fantasievollen Weise verwendete. Hier in seinem wohl schönsten Gebäude kombiniert Tanazević geometrische Ornamente, Rosenfenster und die Schachbrettmuster der mittelalterlichen serbischen Morava-Schule mit weiblichen Masken und Pilastern des Art-Nouveau-Stils.

Nebenan steht das massive Gebäude des früheren **Postministeriums**. Es wurde 1930 nach Entwürfen von Momir Korunović gebaut und zeigt uns seine Sicht des nationalen Architekturstils, hauptsächlich beeinflusst vom tschechischen Kubismus. Zwei Statuen über dem Eingang der Palmotićeva-Straße stellen den Architekten Korunović als idealisierten Konstrukteur dar. Darüber ist das Wappen des Königreichs Jugoslawien zu sehen: Ein weißer Adler (er steht für die Karadjordjević-Dynastie) mit den Wappen von Serbien, Kroatien und Slowenien auf seiner Brust.

4. Tašmajdanpark

Der Name dieses beliebten Belgrader Parks heißt aus dem Türkischen übersetzt «Steinbruch». Dies bezieht sich auf die Tatsache, dass der Großteil der Steine, die zum Aufbau des alten Belgrads benötigt wurden, unter diesem Park gefunden wurden, sodass der Hügel, auf dem er liegt, hohl ist. Die Höhlen des Steinbruchs dienten den Belgradern 1914 als Zuflucht vor austro-ungarischem Beschuss, und während der Besatzung im Zweiten Weltkrieg nutzten sie die Deutschen als Luftschutzbunker der Gestapo. 2011 wurde der Park einer kontroversen Rekonstruktion unterzogen, die die Regierung von Aserbaidschan unterstützte und als Gegenleistung verlangte, dass ein Denkmal für Heydar Aliyev, den langjährigen Herrscher des Landes und Vater des derzeitigen Präsidenten Ilham Aliyev im Park errichtet wird.

Die **St.-Markus-Kirche** befindet sich an Nordseite des Parks. Sie wurde zwischen 1935 und 1939 nach den Entwürfen der Krstić-Brüder errichtet, die sich die viel gelobte Klosterkirche von Gračanica *(siehe S.356)* aus dem 14. Jahrhundert zum Vorbild

Die St.-Markus-Kirche am Rand des Tašmajdanparks

Bäume, Blumen, Springbrunnen - Tašmajdanpark

nahmen. Die Kirche steht neben einer kleinen, alten Kirche, die demselben Schutzpatron geweiht ist und bei der Bonbardierung 1941 zerstört wurde. 1830 wurde der Erlass des Sultans, der dem Fürstentum Serbien Autonomie und Fürst Miloš Obrenović den Erbanspruch einräumte, öffenlich vor dieser alten Kirche verlesen. Dieser Boden war vor der Eröffnung des Neuen Friedhofs 1886 auch Belgrads Hauptbegräbnisstätte.

Im Kontrast zu der mit reichen Ornamenten versehenen äußeren Verzierungen, ist das Innere von St. Markus nicht sehr eindrucksvoll, da es wegen des Kriegsausbruchs nicht angemalt wurde und während der kommunistischen Regierung blieb die Kirche auch unberührt. Die unverhältnismäßig kleine Ikonostase, die Arbeit des hervorragenden Vasa Pomorišac, wurde nach dem Zweiten Weltkrieg aus einem Belgrader Gymanasium hierher gebracht. Rechts des Eingangs befindet sich die **Grabstätte von Stefan Dušan** (reg. 1331-1355), dem ersten und größten serbischen Kaiser. Gegenüber davon ist die Grabstätte des Patriarchen German (1899-1991).

Hinter der St.-Markus-Kirche steht eine kleine **russische Kirche**, die 1924 von Flüchtlingen vor der Oktoberrevolution erbaut wurde.

Ein Stück weiter steht die erschreckende **Ruine des staatlichen Fernsehens**. Sechzehn Menschen kamen hier uns Leben, als es am 23. April 1999 bei der NATO-Bombardierung von einer Rakete getroffen wurde. Vorbei an dem Denkmal für die Opfer auf der linken Seite und die Treppe hinunter erreicht man den Haupteingang des Gebäude des Staatfernsehens (RTS), und dies ist auch der Eingang zur **RTS-Galerie**, die sehr gute Kunstausstellungen zeigt. Um das Gebäude zu betreten, benötigen Sie einen Identitätsnachweis.

5. Bulevar Kralja Aleksandra

Diese Straße, die allgemein nur „Der Boulevard“ *(Bulevar)* genannt wird, ist eine der längsten und bedeutendsten Straßen in Belgrad. Er folgt der alten Linie der römischen *Via militaris* , die nach Konstantinopel führte. Seit die Straße im 19. Jahrhundert ein Teil des wachsenden Belgrads wurde, war sie eine lebhafte Handelsstraße; in den 1990ern war der Boulevard berüchtigt für Straßenverkäufer, die billige Artikel für den täglichen Bedarf verkauften, eine Praxis, die auch heute noch, aber in wesentlich geringerem Maße beobachtet werden kann.

An der Ecke der Starine-Novaka-Straße befindet sich die **Juristische Fakultät** *(Pravni fakultet)*, deren Gebäude aus dem Jahr 1939 vom italienischen Modernismus inspiriert ist. Dahinter steht das imposante Hotel „Metropol“, das 1957 nach den Plänen des großen Dragiša Brašovan errichtet wurde. In diesem Hotel stiegen die höchsten Delegierten des ersten Treffen der blockfreien Staaten 1961 ab, ein großer diplomatischer Erfolg für das sozialistische Jugoslawien und ein Eckpfeiler in seiner Auslandspolitik bis zu seinem Ende. Das „Metropol“ war das prestigeträchtigste Hotel der Stadt für die folgenden zwei Jahrzehnte, vor allem wegen seiner Küchenchefs.

Gleich unterhalb des Hotel biegt eine kleine Straße ab, die zum massiven **Serbischen Archiv** führt, das 1928 von Nikolaj Krasnov entworfen wurde. Löwenstatuen bewachen den Eingang, während auf dem Dach Figuren von Platon und Aristoteles stehen.

Zurück auf dem Boulevard finden wir die **Universitätsbibliothek**, ein kleines akademisches Meisterwerk von N.Nestorović und D. Djordjević. Es stammt aus dem Jahr 1926 und wurde aus Spenden der Carnegie-Stiftung für das kriegsgebeutelte Belgrad finanziert. Gleich daneben steht ein grandioses

Die Universitätsbibliothek auf dem Bulevar Kralja Aleksandra

Die technische Fakultät, wo Top-Wissenschaftler ausgebildet werden

Gebäude, das die **Technische Fakultät** *(Bauingenieurwesen, Elektrotechnik, Architektur)* der Universität Belgrad beherbergt. Es ist das Werk von N. Nestorović und B. Tanezević, gebaut zwischen 1925 und 1931, in einem Stil, der sogar zu dieser Zeit als unpassend für eine Fakultät einer solch exakten Wissenschaft angesehen wurde. Rechts des Eingangs steht das Monument für Nikola Tesla (Fran Kršinić, 1961), einen der großen Erfinder auf dem Gebiet der Elektrizität. Die Technische Fakultät und die Universitätsbibliothek befinden sich auf einem Terrain, wo viele Sportereignisse stattgefunden haben: Zuerst war hier der Standort einer alten Pferderennbahn; später, zu Beginn des 20. Jahrhunderts, gab es dort Fußballplätze und Stadien der ersten serbischen Klubs.

Sofort unterhalb des Fakultätsgebäudes führt eine Treppe zum eleganten, **unterirdischen Bahnhof «Vukov Spomenik»**, der 1995 als der Kern des zukünftigen Belgrader U-Bahnnetzes eröffnet wurde. Momentan dient es immer noch als Haltestelle des Vorortsbahnverkehrs.

Auf der anderen Seite der Straße steht das **Denkmal für Vuk Stefanović Karadžić**, eine Arbeit von Djordje Jovanović, die 1937 anlässlich seines 150. Geburtstags aufgestellt wurde. Obwohl der Bildhauer Jovanović unglücklich über den Standort an einer vielbefahrenen Straßenecke war, stellte sich das Denkmal als perfekter Treffpunkt heraus, der der ganzen Umgebung den Namen Kod Vuka («Bei Vuk») gegeben hat.

Die Heiligen Kyrill und Method, die "Slawenapostel"

Hinter dem Denkmal befindet sich ein Park, der den „Slawenaposteln", den Heiligen Kyrill und Method gewidmet ist, deren Statue (Tome Serafimovski, 2010) in der Parkmitte zu sehen ist. Am anderen Ende des Parks steht das **Studentenwohnheim „König Aleksandar I."**, die Arbeit eines weiteren russischen Emigranten, Viktor Lukomski, aus dem Jahr 1926.

6. Die Krunska-Straße

Ausgehend von der Kneza-Miloša-Straße Richtung Süden bis zum Kalenić-Markt verläuft die Krunska («Kronen»)-Straße und ist ein angenehmer Ort für einen Spaziergang, besonders in ihrem hinteren Teil, wo sie zu einer von Bäumen gesäumten Allee mit vielen alten Villen wird.

An ihrem Beginn steht das Gebäude der türkischen Botschaft, die sich seit 1932 an diesem Ort befindet. Das Haus, das üppig mit Skulpturen, die Berufe und Pflichten repräsentieren, verziert ist, wurde 1928 für den Minister Vojislav Veljković gebaut.

Das Haus mit der Nr. 8 ist eine Mädchenpensionat aus dem Jahr 1911 und mit Elementen des serbischen mittelalterlichen Stils verziert, entworfen von dem Architekten Dragutin Maslać.

An der ersten Ecke befindet sich die Resavska-Straße. Das zweite Haus auf der linken Seite (Nr. 18) ist das Haus von Milovan Milovanovi, 1898 nach den Plänen von Jovan Ilkić im Stil der Neorenaissance gebaut, das über Skulpturen von Tag und Nacht verfügt, die nach dem Vorbild derer aus Michelangelos Medici-Kapelle modelliert sind. Milovanović war der Premierminister von Serbien und Chefarchitekt der Allianz von 1912, in der die Balkanstaaten sich verbündeten, um die Osmanen von der Halbinsel zu vertreiben, was zum Ersten Balkankrieg führte. Milovanović starb jedoch im Sommer 1912 und sah nie denErfolg seiner Bemühungen.

Bei der Nr. 23 steht eine bescheidene Kirche, die Christus dem Erretter geweiht und die älteste erhaltene römisch-katholische Kirche der Stadt ist, die als **katholische Kathedrale** von Belgrad dient. Sie war ursprünglich als Kapelle für das **österreich-ungarische Konsulat** gebaut worden, dessen Gebäude sich gleich um die Ecke befindet. Das Konsulat rückte im Juli 1914 in den Fokus der Weltöffentlichkeit, als das inakzeptable Ultimatum, das Österreich-Ungarn Serbien gestellt hatte, von Serbien zurückgewiesen wurde, ein Ereignis, das unausweichlich zum Krieg führte.

Die Nr. 39 ist das **Gebäude von Dr.Savković**, das die Krstić-Brüder 1932 errichteten. Seine Fassade wird als Zierplatte behandelt, auf der ein modernistisches Dilemma zwischen Horizontalen und Vertikalen in einem Kompromiss als neutrales Schachbrett gelöst wird.

Vorbei an der Beogradska-Straße, einst die Südgrenze des Gemeinde Belgrad, verbreitert sich die Straße und nimmt das Aussehen einer Allee an. An dem auffälligen Tesla-Museum, der Nr.51 *(siehe nächstes Kapitel)* vorbei und an der nächsten Ecke befindet sich die **Polyklinik für Studenten**. Das Haus wurde 1925 für das Sanatorium Živković gebaut, das am besten wegen eines tragischen Ereignises im Zweiten Weltkrieg in Erinnerung ist, als die Geburtsklinik, die sich hier befand, am orthodoxen Ostern im April 1944 von anmerikanischen Bomben getroffen wurde. Das blutige Ereignis wurde von den Besatzern als Propaganda genutzt, um die Alliierten in ein schlechtes Licht zu rücken. Obwohl sie auf Brücken und Bahnanlagen zielten, waren die amerikanischen Bomber so unpräzise, dass sie Tausende von Menschen töteten und große Wut gegenüber den Alliierten auslösten.

Kalenić-Markt

Die erste Straße auf der Rechten Seite ist die **Smiljanićeva-Straße**, in der im unteren Bereich eine Reihe von einstöckigen Häusern von der Wende zum 20. Jahrhundert erhalten blieben, die einen Eindruck davon vermitteln, wie die Stadt vor hundert Jahren aussah.

Die Kruska-Straße endet einen Steinwurf entfernt vom **Kalenić-Markt**, wo es Metzger, Fischhändler, Bauern, die Obst und Gemüse verkaufen, und Lebensmittelgeschäfte gibt und den unausweichlichen Teil mit Billigwaren, wovon es, nach Meinung vieler Leute, hier das größte Angebot der gibt.

7. Das Nikola-Tesla-Museum

Dieses Museum ist dem berühmten amerikanischen Wissenschaftler serbischer Herkunft, Nikola Tesla, gewidmet und gehört zu den meistbesuchten Orten in Belgrad (*Krunska 51; Tel.: 011 24 33 886; Di- Fr 10-18 Uhr, am Wochenende 10-15 Uhr; Eintritt: 250 Dinar*). Obwohl es recht klein ist, zeigt es einige interessante Gegenstände und eine interaktive Ausstellung, die Ihre Aufmerksamkeit erregen wird. Das Museum ist auch für Forscher von Interesse, da es fast alle Habseligkeiten, die der exzentrische Wissenschaftler hinterließ, ausstellt. Darunter befinden sich auch viele seiner gezeichneten, aber nie vollständig entwickelten Projekte, sein Tagebuch, persönliche Schriften und sogar seine Totenmaske und die Urne mit seiner Asche! Aufgrund der Bedeutung, die Teslas Schriften noch immer für die Wissenschaft haben, wurde das Archiv des Museums auf die Liste UNESCO des Weltdokumentenerbes gesetzt.

Eine elektrifizierende Demonstration im Nikola-Tesla-Museum

Das Museum befindet sich in einem luxuriösen Herrenhaus, das 1929 von dem Architekten Dragiša Brašovac für den Politiker Djordje Genčić gebaut. Brašovans Genie ist darin zu erkennen, dass er das akademisch entworfene Gebäude mit modernen Elementen und ungewöhnlichen Details bereichert.

Das Museum ist in zwei Bereiche geteilt. Den historischen Teil, wo man viele von Teslas persönlichen Gegenständen, Ausstellungsstücke, die

Eine Villa in der grünen Krunska-Straße

Der Mann, der das 20. Jahrhundert erfand

Nikola Tesla (1856-1943) war einer der größten Erfinder und Wissenschaftler und mit seinem Werk gehört er zu den Pionieren der modernen Elektrotechnik. Er wurde im Dorf Smiljan, tief in der kroatischen Provinz, als Sohn eines orthodoxen Priesters geboren. Schon als Junge faszinierten ihn Physik und Mathematik und obwohl er nicht zu den besten Studenten gehörte, diplomierte er am Polytechnischen Institut in Graz und an der Universität von Prag und trat 1881 Edinsons Continental Company in Paris bei. 1884 nahm er Edinsons Einladung an und siedelte nach New York über, aber bald sollte es zum Streit zwischen den beiden großen Köpfen kommen. Edison versuchte, seine Investitionen in den Gleichstrom zu schützen, während Tesla den leistungsfähigeren Wechselstrom befürwortete. Nachdem er sich von Edison getrennt hatte, gründete Tesla seine eigene Firma und obwohl er nie großen finanziellen Erfolg hatte, registrierte er über 700 Patente die rotierenden Magnetfelder, die drahtlose Kommunikation (als Basis der Fernsteuerung und der Radiotechnik) und die Drehtransformatoren sind Beispiele seiner bekanntesten Entdeckungen.Zu seinen Lebzeiten war Tesla als erstaunliches aber exzentrisches Genie bekannt. Heute wird er für seine großen Errungenschaften gerühmt: 1895 entwarf er das erste Wasserkraftwerk an den Niagarafällen und sein Wechselstrom (AC)-Induktionsmotor gilt als eine der bahnbrechendsten Erfindungen aller Zeiten. Zu Ehren Teslas trägt die internationale Einheit der magnetischen Kraftflussdichte seine Namen: „Tesla" (T).

sein Leben illustrieren, Auszeichnungen und Preise sehen kann. Der zwei Teil zeigt Teslas Entdeckungen mit Modellen seiner Erfindungen auf den Gebieten der Elektrizität und der Technik. Zu jeder vollen Stunde findet eine Führung in englischer Sprache mit faszinierenden Demonstrationen, die zeigen, wie Teslas Erfindungen funktionieren, statt. Sollten Sie diese verpassen, gibt es auch einen Führer in schriftlicher Form und die Bildunterschriften sind auch auf Englisch.

8. Das Alte und das Neue königliche Schloss

Stari i Novi Dvor

Das Alte und das neue Schloss stehen einander am Rand der Terazije gegenüber. Das erste Gebäude, das hier stand, zwischen den beiden heute existierenden, war ein Herrenhaus, 1835 von dem Politiker Aleksa Simić erbaut. Es wurde, sehr zum Wunder seiner Zeitgenossen, die überrascht waren, dass ein so reicher Mann wie Simić ein so weit von der Stadt entfernt gelegenes Haus baute, fertiggestellt. Als Fürst Aleksandar Karadjordjević 1842 zum neuen Herrscher wurde, weigerte er sich die Residenz der Obrenović-Dynastie zu beziehen und kaufte stattdessen Simićs Haus und machte es zu seiner Residenz. Das bescheidene Hofgebäude wurde 1903 nach der Ermordung des letzten Obrenović-Herrscher, König Aleksandar und seiner unbeliebten Königin Draga abgerissen.

Ein Fenster des Alten Schlosses

Das **Alte Schloss** (näher an den Terazije) wurde 1883 für Milan Obrenović gebaut, dessen neuer königlicher Titel nach einem angemessenen Wohnsitz verlangte. Der Architekt Aleksandar Bugarski, der wegen seiner exzellenten Arbeit am Nationaltheater ausgewählt wurde, entwarf eine großzügige Fassade, vorallem die, die Richtung Süden zeigt. Trotz der Schäden aus den beiden Weltkriegen und der nicht mehr vorhandenen Kuppel, ist die an Italien orientierte Neorenaissance-Front noch immer bemerkenswert. Der Haupteingang auf der Ostseite, mit Blick auf die Nationalversammlung (*siehe S.*), wurde nach dem Krieg in einem gut gewählten Stil, im Einklang mit dem Rest des Gebäudes, rekonstruiert. Das Schloss wird heute vom Rathaus für Konzerte und Empfänge genutzt.

Das **Neue Schloss** entstand zwischen 1912

Die offizielle Residenz des serbischen Präsidenten, das Neue Schloss

und 1920 nach den Entwürfen von Stojan Titelbah, aber sein heutiges Erscheinungsbild erhielt es bei seiner Sanierung 1948 durch Milan Minić, nachdem es im Zweiten Weltkrieg stark beschädigt worden war. Von 1935 bis 1941 wurde das Schloss als Museum des Fürsten Pavle genutzt und stellte die reichhaltigen Sammlungen des kunstliebenden Prinzregenten aus. Heute ist es der offizielle Sitz des serbischen Präsidenten.

Das geometrisch einfache Gebäude gegenüber dem Neuen Schloss ist das **frühere serbische Parlament**, seit seiner Fertigstellung 1954 bis 2007, als es in das Gebäude der jugoslawischen Nationalversammlung umzog. Nachdem es ein halbes Jahrhundert lang das Zentrum des politischen Lebens in Serbien war, wird es nun für die Zusatzdienste des Parlaments genutzt.

Hinter dem Neuen Schloss befindet sich Andrićev Venac, eine ruhige Fußgängerzone, die nach Ivo Andrić (1892-1975) benannt ist, dessen Roman «Die Brücke über die Drina» ihm 1961 den Nobelpreis für Literatur einbrachte. Die Statue des einzigen Jugoslawen und einzigen Serben, der diese wichtige Auszeichnung je gewonnen hat, steht am oberen Ende einer Treppe vor dem Gebäude Nr. 8, wo er die letzten 15 Jahre seines Lebens verbrachte. Die Wohnung des Schriftstellers wurde in das **Ivo-Andrić-Museum** verwandelt *(Tel.: 011 32 38 39; Di, Mi, Fr und Sa 10-17 Uhr, Do 12-20 Uhr, So 10-14 Uhr; Eintritt: Erwachsene 100 Dinar, Kinder 50 Dinar)*, in dem sein Arbeitszimmer, seine Manuskripte, Auszeichnungen und andere Dokumente, die mit seinem Leben und seiner Arbeit verbunden sind, ausgestellt werden.

Der Beogradjanka-Turm ragt hoch empor in der Kralja-Milana-Straße

Ivo Andrić (Dolac 1892 – Belgrad 1975), der einzige serbische Nobelpreisträger, wurde als Sohn eines katholischen Vaters und einer orthodoxen Mutter in der Nähe von Travnik in Bosnien geboren. Er graduierte sowohl Philosophie als auch slawische Literatur und Geschichte in Zagreb und begann Gedichte zu schreiben. Als Mitglied von „Junges Bosnien", der Organisation, die hinter dem Attentat von Sarajewo stand, verbrachte er die meiste Zeit des 1. Weltkriegs im Gefängnis und in Internierung. Nach dem Krieg erhielt er in Graz die Doktorwürde und später eine Anstellung im Außenministerium in Belgrad; während seiner Zeit im diplomatischen Dienst fuhr er mit dem Schreiben fort, vor allem von Kurzgeschichten. Als die Deutschen 1941 in Jugoslawien einmarschierten, kehrte Andrić nach Belgrad zurück. Den 2. Weltkrieg über lebte er zurückgezogen und schrieb seine drei Hauptwerke „Brücke über die Drina" (Na Drini ćuprija), „Wesire und Konsuln" (Travnička hronika) und „Das Fräulein" (Gospodjica). Bereits ein bekannter Schriftsteller, wurde er Präsident des Schriftstellerverbandes von Jugoslawien und erhielt eine Reihe von Preisen, darunter 1961 den Nobelpreis für Literatur. Am meisten bekannt sind seine Novellen über die bosnische Geschichte, die er anhand von Legenden erzählt. Durch die Augen des einfachen Volkes beschreibt er seine tragische Existenz in schweren Zeiten, die die Universalität der menschlichen Probleme hervorbringen.

9. Beogradjanka

Die „Lady von Belgrad" ist ein 23-stöckiger schwarzer Wolkenkratzer, der exakt 100 m hoch ist. Da er auf einer Erhöhung steht, ist er einige Meter höher als das „Westtor", das im Flachland von Neu-Belgrad steht. Das Gebäude wurde 1974 nach den Plänen von Branko Pešić und seinen Mitarbeitern für die Kaufhauskette «Beograd» fertiggestellt und bald zum Symbol der Stadt und eins der Schlüsselelemente der Belgrader Skyline. Hier befinden sich hauptsächlich Büroräume, aber auch das städtischen Radios und der Fernsehsender „Studio B", der 1990 als erster unabhängiger Kanal auf Sendung ging. Leider ist der fantastische Aussichtspunkt auf der obersten Etage für Besucher geschlossen.

Gegenüber der Beogradjanka, bei der Nr.21 der Kralja-Milana-Straße, steht der Devanhe-Palast, eine Arbeit von Djordje Djordjević aus dem Jahr 1930 in dem zu dieser Zeit sehr beliebten Stil der französischen Neorenaissance. Es war das Haus des prominenten Politiker der Zeit zwischen den Kriegen,

Nikola Uzunović, dem Gründer und Führer der unitarischen Jugoslawischen Nationalen Partei. Der Palast wurde nach einem Schiff, das von Korfu nach Frankreich fuhr und 1916 von einem feindlichen U-Boot versenkt wurde, benannt. Unter den kranken und verwundeten Soldaten an Bord des Schiffes war auch Uzunvić, der als Zeichen seiner Dankbarkeit dafür, dass er überlebt hatte und im Gedenken an das Schiffswrack den Palast nach ihm benannte und sogar das Relief eines Schiffes auf dem Gebäude platzierte. Eine der Wohnungen im 4.Stock dieses großen Bauwerks beherbergt das **Erbe von Paja Jovanović** *(Legat Paje Jovanovića; Tel.: 011 33 40 176, Di, Mi, Fr, Sa 10.17*

Verzierung des SKC, einst der Offiziersklub

Uhr, Do 12-20 Uhr, So 10-14 Uhr; Eintritt: Erwachsene 100 Dinar, Kinder 50 Dinar). Hier können Sie Jovanovićs (1859-1857) Gemälde, Zeichnungen, Diplome, Medaillen und das gesamte Interieur seines Wiener Ateliers, wo er den größten Teil seines Lebens verbrachte, sehen. Während seines Lebens arbeitete er an großen Aufträgen überall in Europa, portraitierte viele Könige, Königinnen und Herrscher, darunter Franz Joseph, König Ferdinand von Rumänien und, natürlich, König Aleksandar von Jugoslawien. Um seine Regierung symbolisch zu legalisieren, zwang der kommunistische Führer Marschal Tito den alten und fast blinden Maler, ein Portrait von ihm zu malen. Danach erhielt Jovanović einen Pass und konnte zu seiner Familie nach Wien reisen.

Die Glasfront des Jugoslawischen Dramatheaters

Das **Studentische Kulturzentrum** *(SKC)* steht vor der Beogradjanka. Seit es 1971 eröffnet wurde, ist es eins der künstlerischen Zentren der Stadt. Das gelb gestrichene Gebäude im Neorenaissance-Stil (Jovan Ilkić, 1895) wurde als Offiziersklub gebaut, wie das Wappen und die Rüstung auf der Fassade zeigen.

Gegenüber davon befindet sich die **Offiziersgenossenschaft**, eine Art Warenhaus für die Armee, und diente diesem Zweck bis vor einigen Jahren, während es heute leer steht. Mit seinen langen Glasscheiben, dominierenden Vertikalen, Blumendekorationen und Maskaronen ist dieses Werk von Svetozar Jovanović aus dem Jahr 1908 ein exzellentes Beispiel für die Belgrader Art-Nouveau-Architektur.

10. Cvetni Trg

Der offene Platz, der von den Straßen Kralja-Milana, Njegoševa und Svetozara Markovića umrahmt ist, war zuerst, vor 150 Jahren, ein Marktplatz, auf dem Bauern aus der Umgebung von Belgrad frische Milch und andere Milchprodukt verkauften. Der Name «Blumenmarkt» kam 1884 auf, als der Ort auf die Initiative der **Gesellschaft zur Verschönerung von Vračar** hin, mit dem Ziel, dieses Viertel zu einem angenehmeren Ort zum Leben zu machen, umgebaut. Das neue Gebäude dieser Gesellschaft steht gleich an der Ecke der Kralja-Milana und der Njegoševa-Straße. Es ist das Werk von Milan Antonović aus dem Jahr 1902 überwiegend mit Art-Nouveau-Elementen. Den Mittelpunkt des Marktes teilen sich heute einige Floristen, wie auch das alte Marktgebäude, wo 1958 der erste Supermarkt in Belgrad und auch auf dem gesamten Balkan eröffnet wurde. Davor steht eine gigantische Eiche mit einem Umfang von 4 m, die ungefähr 200 Jahre alt ist.

Art-Nouveau-Gebäude auf dem Cvetni Trg

Erschenungsbild erhielt.

In der Njegoševa-Straße **Nr. 11** steht ein anderes Gebäude von Branko Tanazević in einer ungewöhnlichen Kombination serbischen mittelalterlichen und Art-Nouveau-Stils. Es wurde 1913 auf dem Höhepunkt der serbischen Triumphe in den Balkankriegen erbaut und daher rot, weiß und blau gestrichen – den auffälligen Farben der serbischen Flagge.

Auf der anderen Seite der Kralja-Milana befindet sich das Gebäude des **Jugoslawischen Drama-Theaters**, mit der alten Fassade, die mit einer Glasscheibe bedeckt ist. Das Gebäude diente als Reitschule und dann als Nationalversammlung, bevor es 1947 in ein Theater umwandelt wurde. Das neue Theaterensemble bestand aus den besten Schauspielern aus ganz Jugoslawien und hatte das Ziel, die größte und repräsentativste Truppe des Landes zu werden. 1997 gab es einen Brand in dem Gebäude, woraufhin es renoviert wurde und sein heutiges

Auf der anderen Seite der Svetozara-Markovića-Straße befindet sich das **Dritte Belgrader Gymnasium**. Es entstand 1906 und galt – und gilt noch immer – als Belgrads schönstes Schulgebäude, sodass es kurz daruf einen Zwilling in Valjevo bekam *(siehe S. 191)*. An den Fenstern im ersten Stock über dem Eingang stehen Büsten von Josif Pančić, Vuk Karadžić und Dositej Obradović, die der Bildhauer Petar Ubavkić anfertigte, der viele Jahre in dieser Schule unterrichtete.

11. Die Kirche des Heiligen Sava

Nach der Rebellion im Banat 1594 (nordöstlich von Belgrad) entschied der osmanische Großvisier Sinan-Pascha, die Moral der Rebellen zu brechen und die Serben durch die Verbrennung der Reliquien ihres größten Heiligen, St. Sava, in den Feldern von Vračar, gleich vor den Toren Belgrads, zu bestrafen. Obwohl der Ort, an dem dieses infame Ereignis stattgefunden hat, wahrscheinlich näher an der St.-Markus-Kirche und dem Tašmajdanpark *(siehe S. 60)* liegt, wurde am 300. Jahrestag (1894) dieser erhobene Standpunkt für die Kirche gewählt, die daran erinnern sollte. Es wurde aber damals nur eine kleine vorläufige Kirche errichtet, die dann 1935 von dem kleineren der beiden Tempel, die heute hier stehen, ersetzt wurde. Die Entwürfe stammen von Viktor Lukomski. Mit dem Bau der großen Kirche gleich daneben wurde im selben Jahr, nach großer Unstimmigkeit über ihr Aussehen, begonnen, doch bei Ausbruch des Krieges 1939 war der Bau nur um einige Meter fortgeschritten. Der Krieg und der Kommunismus unterbrachen die Arbeiten bis 1985, als sie unter der Leitung des

Dramatische Ansicht der St.-Sava-Kirche

Architekten Branko Pešić wiederaufgenommen wurden. Die Bauform, die sich an der St.-Sofia-Kirche in Istanbul orientiert, führte erneut zu Diskussionen. Das Gesamtgefüge wurde wurde 1989 fertiggestellt und ein 12 Meter großes goldenes Kreuz auf die Spitze des Gebäudes gesetzt. So wurde die St.-Sava-Kirche, üblicherweise nur «Tempel» *(Hram)* genannt, zur zweitgrößten orthodoxen Kirche der Welt. 2003 wurde die Kirche endlich in weißen Marmor gekleidet und 2004 wurde der Park davor angelegt. Das Interieur ist noch immer unvollständig und so wird es wegen seiner Größe wohl auch noch einige Jahre bleiben.

Rechts der Kirche befindet sich die **Serbische Nationalbibliothek**, ein Bau von Ivo Kurtović aus dem Jahr 1973, der von traditionellen, ländlichen Formen inspiriert ist.

Vor dem gesamten Komplex steht das **Denkmal für Karadjordje**, 1979 von Sreten Stojanović entworfen, an dem Standort, von dem es heißt, dass hier der Führer des Ersten Serbischen Aufstandes 1806 den Angriff auf die Stadt vorbereitete.

12. Der Karadjordje-Park

An dem Ort, an dem Karadjordjes aufständische Armee vor ihrem Angriff auf das türkische Belgrad 1806 ihr Lager errichtete, befindet sich heute ein Park mit einer ungewöhnlichen, länglichen Form. Darin kann man drei interessante Denkmäler sehen.

Im oberen Bereich steht das **Denkmal für die Männer der dritten Einberufung**, einer Arbeit von Stamenko Djurdjević, die 1915 fertiggestellt, aber erst nach dem Ersten Weltkrieg aufgestellt wurde. Es erinnert an die meist älteren Männer, die die weniger wichtigen Positionen im Krieg hielten, in dem Serbien die Hälfte seiner männlichen Bevölkerung verlor.

Morgenspaziergang im Karadjordje-Park

Ein Stück weiter steht die Büste des französischen Poeten Alphonse de Lamartine, die 1933 im Gedenken an seinen Aufenthalt in Belgrad, den er in seinem Werk «Die Reise nach Osten» sehr positiv beschreibt und der Stadt eine Zukunft als südslawisches Hauptstadt vorhersagt, entstand.

Das dritte Denkmal ist das älteste in Belgrad: Es wurde 1848 von Karadjordjes Sohn Fürst Aleksandar Karadjordjević (Regierungszeit: 1848-1859) enthüllt. Das Denkmal erinnert an die gefallenen Befreier der Stadt im Jahr 1806, dessen Original, bescheidene Grabsteine, man hinter dem Monument selbst sehen kann.

13. Die Kneza-Miloša-Straße

Als Fürst Miloš Obrenović 1835 einsah, dass die Türken Belgrad nicht räumen würden, entschied er sich dafür, ein neues, serbisches Belgrad zu gründen, das die alte ummauerte Stadt umgeben sollte und damit sein Schicksal besiegelte. Die Straßen in diesem neuen Belgrad waren gerade und breit, in einem Rastersystem angeordnet und mit

Kneza-Miloša-Straße, die Hauptverkehrsader im Stadtzentrum

Häusern in verschiedenen europäischen Stilen gesäumt. Die Hauptstraße war die Fürst-Miloš-Straße, die 1842 angelegt wurde, um die Stadt mit Milošs Residenz in Topčider zu verbinden.

Die verkehrsreiche Kreuzung mit der Kralja-Milana-Straße ist als «London» bekannt, nach einem Hotel, das hier in früheren Zeiten stand. Die obere Ecke der Kreuzung ist von zwei schönen Gebäuden besetzt: Links steht die **Vračar Sparkasse** (D. Vladisavljević, 1906), im attraktiven Stil der nördlichen Neorenaissance, und rechts befindet sich der Sitz der Alpha Bank in Serbien, 1924 für die **«Donau-Adria-Bank»** gebaut und außergewöhnlich reich an fantasievollen Skulpturen, die Götter und Wasserwesen darstellen.

Die Straße hinunter befindet sich die **Himmelfahrtskirche** (*Voznesenjska crkva)* mit ihrem grünen Kirchhof (der Eingang befindet sich um die Ecke, von der Admirala-Geprata-Straße aus). Die Kirche wurde 1864 von Fürst Mihailo für die Bedürfnisse der Soldaten aus der nahe gelegenen Kaserne gebaut. Sie ist deshalb erwähnenswert, weil sie die erste Kirche in Serbien im 19. Jahrhundert wurde, die an den mittelalterlichen architektonischen Traditionen Serbiens festhielt. Von da an wandte man sich in der Kirchenarchitektur von den eurpäischen Stilen ab und es begann die Erforschung des Erbes der Blütezeit Serbiens. Das Äußere der Kirche ist streng und monoton, während das Innere einen angenehmeren Eindruck macht mit seinen Fresken von Andrej Bicenko und einer Ikonostase von Steva Todorović. Rechts des Eingangs steht ein einfaches Granitkreuz, das an den Tod von 180 Menschen bei der Zerstörung eines improvisierten Unterschlupfs durch eine Nazi-Bombe am 6.April 1941 erinnert. Am Himmelfahrtstag, der *Slava* (dem Schutzpatronenfest) der Stadt, startet von dieser Kirche aus eine farbenfrohe Prozession.

Auf der anderen Seite der Kneza-Miloša-Straße steht das alte **Kriegsministerium**. Dieses imposante Bauwerk ist die Arbeit des aus Russland eingewanderten Architekten V. Baumgarten aus dem Jahr 1928. Auf seiner Spitze sind Gruppen von Figuren zu sehen, die antike Krieger zeigen, die ihre verwundeten Kameraden retten.

Die Ruinen der Bombardierung von 1999

Daneben steht das Gebäude des **Verteidigungsministeriums** und des Generalstabs. Nachdem es 1999 bombardiert wurde, ist es sogar noch beeindruckender geworden und gehört zu den meistbesuchten Sehenswürdigeiten der Stadt. Dieses modernistische Meisterwerk mit seinen verspielten kaskardierenden Formen ist das Werk des Architekten Nikola Dobrović und wurde 1963 fertiggestellt. Die Kaskaden symbolisieren die Schlucht des Flusses Sutjeska (in der Herzegowina), wo sich 1943 die kommunistischen

Die Vaznesenjska-Kirche und ihre Pfarrei

Das Gebäude der serbischen Regierung

Partisanen eine blutige Schlacht mit den Besatzungsmächten lieferten.

Die anderen Ecken der verkehrsreichen Kreuzungen sind von den großen Gebäuden **verschiedener Ministerien** dominiert, die in den 1920ern erbaut wurden. Die Gebäude wurden während des Zweiten Weltkriegs und der NATO-Bombardierung stark zerstört, aber schnell repariert. Das Gebäude im oberen Teil der Straße wird von der **serbischen Regierung** genutzt. In seinem Hof (von der Nemanjina-Straße aus gesehen) wurde der reformistische Premierminister Zoran Djindjić am 12. März 2003 von einem Heckenschützen ermordet.

Die interessanteren Regierungsgebäude befinden sich in der Nemanjina-Straße. Zur Rechten steht das ehemalige **Bauministerium**. Es wurde unmittelbar vor Beginn des Zweiten Weltkrieges fertiggestellt und zeigt klare Einflüsse des Architektur des Dritten Reiches, wie z. B. in den hohen korinthischen Säulen und den Reihen von bloßen Fensteröffnungen. Auf der anderen Seite der Straße steht das frühere **Transportministerium** aus dem Jahr 1931 mit nüchtern komponierten pseudo-klassizistischen Elementen. Dasselbe Gebäude beherbergt ein kleines Eisenbahnmuseum (*Sarajevska 1; Tel.: 011 36 10 334; Mo-Fr 9-14 Uhr, Sa und So nur für Gruppen nach Vereinbarung; Eintritt frei*), das sich mit der Entwicklung der Eisenbahn in Serbien und dem ehemaligen Jugoslawien beschäftigt.

Der Rest der Kneza-Miloša-Straße ist ebenfalls sehenswert, wegen der vielen alten Villen, von denen heute viele zu Botschaften gemacht wurden. Was die Architektur angeht, ist die **Nr.54** am interessantesten. Die fantasievoll und geschickt verwendeten Elemente des serbischen mittelalterlichen Stils (Schachfelder und Halbkuppeln) heben es als die beste Arbeit von Jovan Novaković (1910) hervor.

Das Ende der Straße ist von einer anderen Ruine aus dem Jahr 1999 gekennzeichnet: Das **Bundesinnenministerium**, in dessen Mitte ein großes Loch klafft. Über seinem Haupteingang sieht man noch immer das Wappen des sozialistischen Jugoslawiens.

Früher Transportministerium, heute Zentrale der serbischen Eisenbahnbetriebe

14. Der Hauptbahnhof

Glavna Železnička stanica

Der Savski Trg («Save-platz») liegt auf dem einst sumpfigen Boden des Crni Lug («Schwarzer Hain»), später humorvoll «Venezianischer Weiher» (*Bara Venecija*) genannt. Der Platz wurde zu Beginn der 1880er Jahre angelegt, während des Baus des Hauptbahnhofs, der 1884 fertiggestellt wurde. Der Bahnhof lag auf der vielbefahrenen Eisenbahnroute Wien-Istanbul und war einer der Zwischenstopps des berühmten Orientexpress, eines luxuriösen Zugs, der zu seiner Glanzzeit Schauplatz vieler Romane, unter anderem von Agatha Christie und Graham Greene, war. In beiden Weltkrieg wurde der Bahnhof stark beschädigt, das originale Exterieur blieb jedoch im Großen und Ganzen erhalten.

Links des Haupteingangs steht eine alte **Dampflokomotive**, die zwischen 1947 und 1957 den berühmten Blauen Zug (*Plavi voz*), den Tito auf seinen Reisen nutzte, zog.

Die Dampflokomotive von Marschall Titos "Blauem Zug"

15. Mali Pijac

Parallel zur Save verläuft die Karadjordjeva-Straße, die wichtigste Straße im Savamala-Viertel. Mali Pijac („Kleiner Platz") ist der alte Name für den breitesten Teil der Karadjordjeva-Straße, an einer Stelle, wo sie sich mit vier weiteren Straße schneidet. Dieses Gebiet wurde immer mit Handel assoziiert, vor allem mit dem Flusshandel mit Bosnien und Kroatien. Zu Beginn des 20. Jahrhunderts entwickelte er sich dank der Bemühungen des Kaufmanns Luka Ćelović-Trebinjac schnell weiter. Nachdem er in beiden Weltkriegen stark zerstört wurde und mit der Einstellung des Flusshandels wurde dieser Stadtteil einer der trostlosesten in der Belgrader Innerstadt. Seit ein paar Jahren jedoch hat ihn sein heruntergekommenes Aussehen bei dem in flüchtigen Momenten der frühere Glanz durchscheint, zu einer beliebten Gegend für Klubs und alternative kulturelle Veranstaltungsorte gemacht.

Das beeindruckendste Gebäude auf dem Mali Pijac ist der grandiose Palast der **Belgrader Genossenschaft**. Sie wurde 1882 als die erste Versicherungsgesellschaft in Serbien gegründet und avancierte schnell zur größten finanziellen Institution des Landes nach der Nationalbank. Ćelović-Trebinjac, der Präsident der Genossenschaft, beauftragte das renomierte Architektenduo Stevanović/Nestorović mit dem Bau des neuen Palastes. Er wurde 1907 fertiggestellt und seine eklektische Struktur ist hauptsächlich von der zeitgenössischen französischen Architektur und dem Neobarock beeinflusst. Das Innere ist dank der Statuen und des verschwenderischen Gebrauchs von Marmor ebenso eindrucksvoll.

Im Inneren des Automobilmuseums

Zur Linken befindet sich das **Hotel Bristol,** das einst der Genossenschaft gehörte. Es wurde 1912 nach den Plänen von Nikola Nestorović gebaut und war eins der größen Gebäude der Stadt. Das Exterieur ist im üppigen Art-Nouveau-Stil verziert.

Auf der anderen Straßenseite stehen die Häuser einiger anderer prominenter Kaufleute aus Savamala. Das gelbe **Vučo-Haus** mit seinen attraktiven Balkonen und den Erkerfenstern ist die Arbeit von D.T. Leko aus dem Jahr 1908. Die Nr. 1 der Kraljevića-Marka-Straße ist das **Haus von Luka Ćelović-Terbinjac** (aus dem Jahr 1903), in dem er bis zu seinem Tod sehr bescheiden lebte. Gleich links daneben steht eins der Häuser der reichen Krsmanović-Familie. Dieses Haus ist eine Arbeit von Miloš Savčić und Gaspar Becker aus dem Jahr 1894 und nach dem Vorbild des Kinsky-Palastes in Wien entworfen.

Der Palast der Belgrader Genossenschaft in Mali Pijac

16. Das Automobil-museum

Dieses außergewöhnliche Technikmuseum entstand aus der Sammlung von Bratislav Petković, seinem Gründer und Direktor. Das Museum (*Majke Jevrosime 30; tel.: 011 303 46 25; täglich 9-21 Uhr; Eintritt: 100 Dinar)* befindet sich auf dem Grundstück der «Modernen Garage», der ersten öffentlichen Garage der Stadt, die 1929 gebaut wurde und selbt ein technisches Monument ist. Es beherbergte die Automobile der Mitglieder des ersten- und wie sich herausstellte wichtigsten – internationalen Auto- und Motorradrennens, das je in Belgrad stattgefunden hat (am 3. September 1939).

Die Sammlung des Museums beinhaltet mehr als 50 wertvolle und schön erhaltene Oldtimer, von denen der älteste ein *Marot Gardon* aus dem Jahr 1897 ist. Andere Ausstellungstücke sind verschiedene Geräte, die mit dem Autofahren verbunden sind. – Führerscheine, die ersten Verkehrsverordnungen und –gesetze, Nummernschilder, Werzeuge und Kunstwerke und –objekte der angewandten Kunst. Neben Film- und Fotoaufnahmen, technischer und wissenschaftlicher Literatur, bietet das Museum ein verbessertes Verständnis der Geschichte des Kraftfahrzeugwesens.

Zemun

Obwohl Zemun bis 1934 eine eigenständige Stadt war, war seine Geschichte immer eng an die seines größeren Nachbarn Belgrad gebunden. Es war oft der Fall, dass eine der Städte wegen des Unglücks der anderen florierte – als zum Beispiel im 18. Jahrhundert Belgrader Kaufleute ins von Habsburg kontrollierte Zemun flohen, kam es hier als Konsequenz zu einem Handelsaufschwung.. Andererseits wurde Zemun im 19. Jahrhundert das Fenster nach Europa und zur ganzen Welt für das noch immer orientalische Belgrad. Diese kleine Stadt, die vom Fluss lebte, entwickelte sich um den Gardoš-Berg, von wo aus man einen faszinierenden Blick über die Dächer und Glockentürme darunter, wie auch über Belgrad, ein Stück den Fluss hinunter, hat. Die allgemeine Atmosphäre mit den hübschen, kleinen Straßen reflektiert noch immer Zemuns Vergangenheit unter der Herrschaft des Habsburger Reiches.

Als Teil von Belgrad hat Zemun viel seiner einzigartigen Qualität verloren und ist nur ein weiterer alter Teil der Metropole geworden; trotzdem haben sich die Einheimischen ihren Lokalstolz bewahrt und lieben ihre kleinen Häuser und Straßen, ebenso wie den großen Strom vor ihrer Haustür.

1 Trg Avijatičara
2 Zemun Park
3 Die Hauptstraße
4 Bogorodičina-Kirche
5 Magistratski Trg
6 Veliki Trg
7 Das Karamata-Haus
8 Die Nikolajevska-Kirche
9 Der Gardoš-Berg
10 Das Donauufer

Blick vom Gardoš-Berg über die Dächer von Zemun

1. Trg Avijatičara

Der «Flieger»-Platz liegt am östlichen Rand des barocken Stadtkerns von Zemun. Er wurde zu Beginn des 20. Jahrhunderts als erste Erweiterung außerhalb der Stadtmauern und um das niedergerissene Belgrad-Tor angelegt.

Der Platz wird von dem Gebäude des **Luftwaffenkommandos**, einem Meisterwerk der modernistischen Architektur, dominiert, das 1935 nach Entwürfen von Dragiša Brašovan errichtet wurde. Das Gebäude befand sich hier vom Beginn des Ersten Weltkriegs bis 1962, als der Belgrader Flughafen sich noch in den südlichen Ausläufern von Zemun befunden hat. Das

Ein Haus aus der Zeit der Jahrhundertwende am Trg Avijatičara

Luftwaffenkommando wurde während der Bombardierung 1999 getroffen, und obwohl die größten Schäden behoben wurden, ist es heute weit entfernt von seinem einstigen Glanz. Rechts des Eingangs steht ein bescheidenes **Denkmal** für die Mitglieder der Luftwaffe und der Fliegerabwehr, die 1999 ihr Leben ließen. Um die Ecke, auf der Seite der Glavna-Straße, steht die **Statue des Ikarus** von Zlata Markov-Baranji.

In der Mitte des Platzes und des Parks befindet sich das Monument für die Bürger von Zemun, die während des «Nationalen Befreiungskriegs» (wie der Zweite Weltkrieg in der kommunistischen Ära genannt wurde) ums Leben kamen. Diese Arbeit von Jovan Kratihvil wurde am 24. Oktober 1954, dem zehnten Jahrestag der Befreiung der Stadt von den kroatischen und deutschen Besatzern, enthüllt.

Hinter dem Monument steht die **Grundschule «Svetozar Miletić»**. Sie wurde 1913 erbaut und ist attraktiv in ihrer Einfachheit mit den neoklassizistischen Details.

Die **Landwirtschaftsfakultät**, 1933 erbaut, liegt auf der anderen Seite der Schule. Diese Fakultät war und ist noch immer der einzige Teil der Belgrader Universität, der sich in Zemun befindet, was an Zemuns fruchtbarer, landwirtschaftlich genutzter Umgebung liegt.

2. Zemun –Park

Der Zemun-Park (auch *Gradski* oder Gemeindepark) wurde 1880 an dem Standort *Kontumac* eröffnet, der größten der Quarantänen an der Grenze zwischen dem Habsburger und dem Osmanenreich. Da es im Osmanischen Kaiserreich keine sanitären Regulierungen gab, um infektiöse Krankheiten zu beschränken, grassierten regelmäßig tödliche Epidemien und die Quarantänen waren das ganze 18. Jahrhundert hindurch und zu Beginn des 19. Jahrhunderts konstant im Einsatz. Alle Reisenden und Kaufleute mit all ihren Waren, sogar den Briefen, mussten für

Die sieben Türen der Erzengel-Michael-Kapelle

drei Wochen hier bleiben. Kontumac war eine sich selbst erhaltende Einheit mit Schlafsälen, Kapellen, Friedhöfen, einem Gefängnis und ähnlichen Notwendigkeiten.

Das einzige, was von dem Komplex erhalten geblieben ist, sind **zwei Kapellen**. Die orthodoxe (1786) ist dem Erzengel Michael geweiht und die katholische (1836) St. Roch. Die orthodoxe Kapelle hat nicht weniger als sieben Türen, die als separate Eingänge für die unter Quarantäne stehenden und den ansässigen Priester dienten. Die Kapelle ist heute ein Nonnenkloster für eine Schwesternschaft, die während des Bürgerkriegs in den 1990ern aus Kroatien flüchten musste.

Hinter den zwei Kapellen befindet sich das **Zemuner Gymnasium** (Zemunska gimnazija), das 1879 im strikt akademischen Neorenaissance-Stil gebaut wurde.

Ein entspannter Nachmittag im Zemun-Park

3. Die Hauptstraße

Glavna ulica

Die Hauptstraße von Zemun ist auch gleichzeitig die älteste, da wir wissen, dass die Hauptstraße des römischen *Taurunum* sich genau hier befunden hat. Später war sie ein Teil einer viel längeren Straße, die die beiden größten Habsburger Festungen der Region miteinander verband – Belgrad und Petrovaradin (heute ein Teil von Novi Sad, *siehe S. 140*). Außer einer wichtigen Kommunikationslinie war die Hauptstraße auch die wichtigste Handelsstraße. Obwohl heute der starke Verkehr viel von seinem alten Charme versteckt, ist Zemuns Hauptstraße, und die interessanten Gebäude, die sie säumen, noch immer sehr attraktiv.

Gleich hinter dem immer stark frequentierten Busbahnhof auf der rechten Seite der Stadt (Nr.6), befindet sich das **Geburtshaus von Dimitrije Davidović** (1789-1838), einem Journalisten, Diplomaten und Haupturheber der ersten serbischen Konstitution im Jahre 1835. Auf der anderen Seite der schmalen Straße, die nach ihm benannt ist, steht das **Hauptpostamt von Zemun**, das 1896 von dem Gemeindearchitekten Dragutin Kapus in einer Mischung aus Neorenaissance und nördlichen Barockstilen entworfen wurde.

Über die Straße steht das **neogotische Haus** (1849) der reichen Spirta-Familie. Darin befindet sich das Gemeindemuseum von Zemun, das zur Zeit wegen Renovierungsarbeiten geschlossen ist.

An der Ecke zur Dubrovačka-Straße steht das sogenannte **Sonnenuhrhaus**, 1832 im Empire-Stil gebaut. Es erhielt seinen Namen von der Sonnenuhr, die immer noch an der Seite sichtbar ist. Das Zeichen des Ankers im Tympanon sagt

Das Sonnenuhrhaus in der Hauptstraße von Zemun

uns, dass der ursprüngliche Besitzer des Hauses ein Flusshändler war. Der berühmte serbische Politiker Jovan Subotić (1817-1886) lebte hier eine Zeitlang.

Die mit Bäumen gesäumte **Dubrovačka-Straße** war die beliebteste Wohnstraße bei den reicheren Bürgern und hier stehen noch immer viele schöne Häuser aus dem 19. Jahrhundert.

Weiter die Straße entlang erreicht man das **Gebäude der Kammeroper Madlenianum**. Dieser Bau entstand 1969 für das Theater Zemun und ersetze die Reihe von Händlerhäusern, die 1944 bei den Bombenangriffen der Alliierten zerstört wurden. 1998 und wieder 2004 wurde seine Fassade erfolgreich neugestaltet, und ist nun der stilvollen Reputation dieser Institution angemessen.

Die Hauptstraße endet mit dem **Muhar-Haus**, das zur Linken an der Ecke zur Vasilija-Vasiljevića-Straße steht. Es wurde 1909 von Josef Krauss, einem bekannten Zemuner Baumeister entworfen, der verantwortlich für viele Gebäude der Stadt ist, und es besitzt traditionelle Erkerfenster, die mit dekorativen Elementen der Art-Nouveau versehen sind. Der Investor, Kaufmann Ivan Muhar, hätte sich sicher nie träumen lassen, dass durch die auffällige Eckposition seines neuen Hauses, sein Name im kollektiven Gedächtnis seiner Mitbürger bleiben und der Begriff *Muhar* der Ausgangspunkt der Orientierung jeder Erklärung diesen Teil der Stadt betreffend werden würde.

4. Bogorodičina-Kirche

Diese orthodoxe Kirche ist der Geburt der Jungfau Maria geweiht und wurde zwischen 1775 und 1783 gebaut, um die ältere Kirche zu ersetzen. Bis zum Ende des 18. Jahrhunderts hatte sie keinen Glockenturm und nur eine kleine Kuppel, beide waren problematische Merkmale für die Habsburger Obrigkeit, die nicht wollte, dass orthoxe

Madlenianum Kammeroper

Kirche herausstachen, besonders in den Städten. Die Kirche ist noch immer, wie schon zur Zeit ihrer Fertigstellung, die größte Kirche in Zemun. Die hohe Ikonostase wurde von Aksentije Marković geschnitzt und vergoldet. Die Ikonen darauf sind Arbeiten von Arsa Teodorović aus dem Jahr 1815 und gelten für viele als das beste Werk dieses klassizistischen Malers. Das Gebäude des **Serbischen Hauses** (*Srpski dom*) rahmt den Kirchhof von zwei Seiten ein. Dieses monumentale neoromantische Bauwerk diente als serbische Schule und Gemeindezentrum, aber es gab hier auch Wohnungen und Geschäfte, die vermietet wurden.

Schräg gegenüber des Serbischen Hauses, bei der Bežanijska- Straße Nr.18, befindet sich das attraktive **Ičko-Haus** (*Ičkova kuća*), das 1793 gebaut wurde und sich durch seinen schönen klassizistischen Stil und den hohen Giebel hervorhebt. Es ist nach dem Händler Petar Ičko benannt, der den Winter 1802 hier verbrachte, als er vor der türkischen Gewalt in Belgrad floh. Später wurde Ičko einer der bedeutendsten Diplomaten des aufständischen Serbiens und 1807 schloss er ein Friedensabkommen, das den Grundstein der serbischen Autonomie bildete.

Der Hof der Bogorodičina-Kirche

5. Magistratski Trg

Dieser längliche Platz war schon immer der Sitz der Stadtadministration und ist es noch heute. Das hellblau gestrichene Gebäude wurde 1932 von Josef Felber in einem einfachen, aber stimmigen klassizistischen Stil entworfen, um den **Stadtmagistraten** zu

Das Eidkreuz und die katholische Pfarrkirche

beherbergen. Das Gebäude wurde in den Farben der Serbischen Radikalen Partei gestrichen, die von 1997 bis 2000 in Zemun an der Macht waren. In einer merkwürdigen Wende von Ereignissen kauften sie das Gebäude von sich selbst zurück, bei einer Auktion, die sie selbst organisiert hatten.

Links davon befindet sich die **Gemeindevertretung von Zemun**, einst der Sitz des Magistraten. Nach der Zerstörung, die aus der Bombardierung von 1944 resultierte, wurde das Gebäude von D. Tadić neu aufgebaut, und bekam sein heutiges Aussehen, behielt aber die allgemeinen stilistischen Elemente.

Auf der anderen Seite des Platzes steht das sogenannte **Eid-Kreuz** (*Zavetni krst*), das 1863 von dem Kaufmann Lazar Urošević aufgestellt wurde, um für sein sündiges Glücksspielerleben Buße zu tun. Gegenüber davon steht das malerische Haus der **Treščik-Apotheke**. Es wurde 1928 errichtet und hat eine einfache klassizistische Fassade und ein hohes Dach, das als Herbarium diente und dem Dach eine gewisse antike Atmosphäre verleiht.

6. Veliki Trg

Der „große Platz" war immer das Handelszentrum der Stadt. Lange Zeit war hier ein Markt für frische Lebensmittel und den für Übergangswirtschaftsformen charakteristischen billigen Krimskrams, aber die kürzlich durchgeführten Rekonstruktionsarbeiten haben ihm einen würdevolleres Aussehen verliehen. Nun kann der Platz tagsüber ein Markt sein und am Abend ein zentraler Stadtplatz.

Die katholische **Kirche der seligen Jungfrau Maria** steht dort, wo in osmanischen Zeiten die einzige Moschee Zemuns gestanden hatte. Das heutige Gebäude stammt aus dem Jahr 1794 und hat Merkmale des barocken und des Stils-Empire. An der Fassade befinden sich die Skulpturen von St. Florian und St. Johannes von Nepomuk. Im Kirchhof können Sie das Säulenkapitell der katholischen Kirche des Zemuner Vororts Francenstal sehen; die Kirche wurde niedergerissen, als der Vorort von heimatlosen Familien aus Bosnien und Kroatien besiedelt wurde. Der Name wurde symbolisch in Sutjeska, der Name einer Partizanenschlacht gegen die Deutschen, umgewandelt.

Auf der anderen Seite des Platzes, an der Ecke der Zmaj-Jovina-Straße, steht ein Gebäude aus dem Jahr 1911, in dem sich früher das Café **Bei der Schnecke** (*Kod puža*) befand. Es wird von einer große Kuppel und vier Statuen, die Persönlichkeiten aus der griechischen Mythologie darstellen, geschmückt.

7. Das Karamata-Haus

Das Haus in der Karamatina-Straße 17 ist ein der schönsten Denkmäler des alten Zemuns. Sein älterer Teil (mit einem Mansardendach) wurde 1762 gebaut, während es sein heutiges Erscheinungsbild mit den drei unterschiedlichen Trakten im Jahr 1824 erhielt. Das Haus wurde 1772 von Dimitrije Karamata erstanden, einem Kaufmann, der frisch aus Mazedonien eingetroffen war; und seither war es in dieser Familie und sah viele bedeutende Persönlichkeiten der serbischen Geschichte. Während des Krieges mit den Osmanen 1788 war es der Sitz des habsburgischen obersten Kriegsherrn Marschall Laudon. Zur Zeit der Besatzung Belgrads in demselben Krieg, wohnte hier Kaiser Joseph II., als er die Front besuchte. 1848 wurde es von dem serbischen Patriarchen Josif Rajačić besucht und kurze Zeit später auch von Vuk Stefanović Karadžić (S. 52).

Die opulente Ikonostase der Nikolajevska-Kirche

Sindjelićeva Ulica, Gardošs zentrale Gasse

8. Die Nikolajevska-Kirche

Die orthodoxe Kirche ist der Umbettung der Gebeine des Heiligen Nikolaus geweiht und steht an der Ecke der Njegoševa- und der Sindjelićeva-Straße. St. Nikolaus ist, unter anderem, auch der Schutzpatron der Fischer und Schiffer, die einen Großteil der örtlichen Kirchengemeinde ausmachten. Ein kleiner Tempel aus Lehm und Holz, wurde 1573 zum ersten Mal an diesem Ort erwähnt. Die derzeitige Kirche wurde zwischen 1745 und 1752 konstruiert und ist damit die älteste erhaltene Kirche sowohl in Zemun, als auch in ganz Belgrad. Dimitrije Bačević, der den byzantinischen Stil mit Elementen der Renaissance und des Barocks zu einer unverwechselbaren Kombination mischte, bemalte die hohe Ikonostase im Jahr 1762. Sein Schüler Dimitrije Popović malte die Parabeln an den Wänden und einige Ikonen. Die Kirche bewahrt die Gebeine des Heiligen Andreas des Erstgerufenen (des Bruders des Heiligen Petrus) und die bunten Flaggen der Zemuner Gilden auf.

Das alte Karamata-Haus

9. Der Gardoš-Berg

Dieser gedrungene kleine Berg ist das Herz von Zemun. Geschützt von einer Festung entstanden hier die ersten Siedlungen, deren Häuser zumeist in den Berg eingegraben waren. Die erste Festung wurde aus Erde gebaut (serb. *zemlja*), daher der Name der Stadt. Der Berg selbst ist bekannt als Gardoš, die ungarische Aussprache des slawischen Wortes *grad*, was «Festung» bedeutet. Die malerische Umgebung , die sich über der Donau erhebt, wurde von Fischern bewohnt, die in winzigen Lehmhütten mit Rieddächern wohnten. Obwohl er schändlich vernachlässigt und

Die Hariš-Kapelle auf dem alten Friedhof von Zemun

unreguliert ist, ist Gardoš noch immer ein reizender Ort und die Donau ist mit Cafés und Restaurants gesäumt: Vom illustren Šaran» und den trendigen «Reka» bis zu den preiswerteren Plätzen wie «Galeb» und «Radecki».

Der einfachste Weg, den Berg Gardoš zu besteigen, ist die Sindjelićeva-Straße hinauf. Man kann jedoch auch die kleinen Gassen und Treppen nehmen, die den Berg hinaufführen. Der Millenium-Turm krönt den Berg, besser bekannt ist er als Turm von Sibinjanin Janko, der Name des mittelalterlichen ungarischen Herzogs Johann Hunyadi in der serbischen epischen

Sibinjanin-Janko-Turm, die Krone Zemuns

Volksdichtung. Hunyadi starb hier 1456 an der Pest, kurz nachdem er seinen größten Triumph über die Türken gefeiert hatte, die Belgrad belagert hatten. Der Turm wurde 1896, als man 1.000 Jahre seit der Ankunft der Ungarn in der Pannonischen Tiefebene feierte, gebaut. Der Turm, der als Aussichtspunkt entworfen wurde, ist ein bemerkenswerter Bau in einer Mischung aus historischen Stilen. Nach fast einem Jahrzehnt, in dem er geschlossen war, bietet er nun endlich wieder seinen Besuchern den großartigen Blick über Zemun, den Zusammenfluss der Donau und der Save und einen fantastischen Pananoramablick über Belgrad, das sich auf der Anhöhe zwischen den beiden Flüssen erstreckt *(Mo-Fr 10-13 Uhr und 16-19 Uhr, Wochenende 11-20 Uhr; Eintritt: 150 Dinar)*.

Der Turm steht inmitten der erbärmlichen Ruinen der Zemun-Festung, die aus dem 14. Jahrhundert stammt. Man kann immer noch undeutlich die Überreste der vier runden Türme an ihren Ecken sehen, die mit der Zeit und durch die Vernachlässigung verfallen sind.

Hinter dem Turm liegt der alte Friedhof, der in einen orthodoxen, einen katholischen und einen jüdischen Bereich geteilt ist. Das bemerkenswerteste Bauwerk darin ist die gelbe Hariš-Kapelle, die 1875 von dem Architekten Svetozar Ivačković in seinem wiedererkennbaren neobyzantinischen Stil gebaut wurde. Die Wandmalereien und die Malereien auf der Ikonostase sind Werke von Pavle Simić.

10. Das Donauufer

Die angenehme Flusspromenade beginnt beim Gardoš-Berg, folgt der Donau bis zu ihrem Zusammenfluss mit der Save, und geht dann weiter vorbei an der Brankov-Brücke zur Gazela-Brücke. Ein recht langer Spaziergang an der frischen Luft wird Ihnen einen Eindruck von dem Fluss verschaffen und Sie nah an einige bedeutende Monumente von Neu-Belgrad führen.

Angefangen in Zemun ist das erste bemerkenswerte Gebäude das **Hotel Jugoslavija**. Es wurde zur ersten Konferenz der Bewegung der blockfreien Staaten im Jahr 1961 fertiggestellt, und war mit seinen tausend Betten das größte Hotel in Südosteuropa. 1999 war es ein Ziel der NATO-Bomben, weil der berüchtigte Kriminelle und Kriegsherr Arkan hier seinen Autohandel betrieb. Das

Das Pilotenmonument vor dem Hotel Jugoslavija

Hotel ist für eine Sanierung vorgesehen und , abgesehen von dem Bereich, der zum Grand Casino gehört und auf den Fluss zeigt, geschlossen.

Zwischen dem Hotel und dem Fluss steht das **Denkmal für die Piloten,** die bei der Verteidigung Belgrads 1941 starben. Obwohl sie zahlenmäßig deutlich unterlegen waren, schlugen sich die jugoslawischen Piloten außerordentlich gut, und überraschten die Deutschen mit ihrer Flugkünsten, exzellenten Flugzeugen (die einheimische IK 3 war eine der besten Kampfmaschinen dieser Zeit) und heldenhaften Leistungen.

Vom Weg aus kann man nur die Rückseite des riesigen **SIV-Gebäudes** sehen. Mit dem Bau wurde 1947 als erstes Großprojekt in Neu-Belgrad begonnen, womit man den alten „reaktionären" Gebäuden im Stadtzentrum ein Ende machen wollte. Es wurde jedoch erst 1960 fertiggestellt. Während der sozialistischen Ära beherbergte es eine Vielzahl an Institutionen mit komplizierten Namen, die die Komplexität des konstitutionellen Systems im sozialistischen Jugoslawien aufzeigten. Das Gebäude trägt den Namen der letzten Institution, die hier ansässig war, des Bundesexekutivrats (*Savezno izvršno veće – SIV*), eigentlich die Bundesregierung. Heute, wo die Größe des Staates und seiner Institutionen reduziert ist, ist es ziemlich leer geworden und wird nur für Besuche hoher staatlicher Würdenträger genutzt. Der Eingang mit dem großflächigen Plateau befindet sich auf der Seite, die vom Fluss abgewandt ist. Das Gebäude nicht für die Öffentlichkeit zugänglich.

Weiter am Ufer entlang, wieder auf der rechten Seite, sehen Sie eine hohe Säule. Dieses fantasielose Denkmal mit dem pathetischen Namen **Die Ewige Flamme** erinnert an die Soldaten und Zivilisten, die bei der NATO-Bombardierung 1999 getötet wurden. Es wurde im Folgejahr von Slobodan Milošević und seiner Frau Mira enthüllt und dann Ziel von Regimegegener. Die echte Flamme auf seiner Spitze verschwand nach dem Fall Miloševićs, als die Gasversorgung abgeschnitten war. Das Monument steht im sogenannten **Freundschaftspark**, in dem in sozialistischen Zeiten Staatsoberhäupter, die zu Besuch kamen, Bäume pflanzten.

Auf der anderen Seite des Parks erhebt sich der Ušće-Turm. Er wurde 1968 von Mihailo Janković entworfen. Es handelt sich dabei um eine Konstruktion aus Glas und Stahl, die für die Bedürfnisse des Zentralkommitees der Liga der Sozialisten (die jugoslawische Kommunistische Partei) gebaut wurde und ist daher vielen noch immer als «CK» bekannt. Das Gebäude wurde ebenfalls 1999 mit der Rechtfertigung, dass sich hier die Radiostation der Tochter Miloševićs befunden habe, bombardiert. Es wurde 2005 wiedereröffnet, nachdem es runderneuert worden war, und 2009 wurde gleich daneben ein großes Einkaufszentrum eröffnet.

Ein einzigartiger Anblick in Belgrad: Boote und Hausboote am Donauufer

Der Ušće-Turm überragt den Zusammenfluss der beiden Belgrader Flüsse

Um das Zentrum

Es gibt zahllose Sehenswürdigkeiten weiter entfernt von den historischen Zentren von Belgrad und Zemun, die zu besuchen sich lohnt. In ihrer schnellen Entwicklung während des 20. Jahrhunderts nahmen die Ausläufer von Belgrad schnell die umliegenden Hügel wie Topčidersko Brdo ein, wo sich Marschall Titos Mausoleum befindet, oder Dedinje mit dem Königshof. Am Fuß des letzteren liegt der Topčider-Park, ein beliebter Ort zum Picknick machen im 19. Jahrhundert, wo man das alte Herrenhaus von Fürst Miloš finden kann. Nicht weit davon wurde die frühere Insel Ada Ciganlija in ein Freizeitzentrum mit einem vier Kilometer langen künstlichen See, Sportplätzen, Open-Air-Cafés und zahllosen Hausbooten verwandelt. Der bewaldete Berg Avala mit seinem Monument für den unbekannten Soldaten, dem Fernsehturm und dem Kloster Rakovica unterhalb davon, befinden sich am Südrand von Belgrad.

1. Ada Ciganlija
2. Der Topčider-Park
3. Das Museum der afrikanischen Kunst
4. Das Haus der Blumen
5. Das Museum des FC Roter Stern
6. Die Schlösser in Dedinje
7. Der Avala-Berg
8. Das Luftfahrtmuseum

Der Avala-Berg ist der beliebteste Ausflugsort der Belgrader

1. Ada Ciganlija

Die Ada Ciganlija war früher eine große Insel in der Save, genau zwischen dem alten und Neu-Belgrad. 1967 wurde die Insel mit zwei großen Dämmen mit dem Belgrader Festland verbunden und so ein künstlicher See von 4,2 km Länge, etwa 200 m Breite und 6 m Tiefe geschaffen. Der See wurde zur Basis eines Parks und Erholungsgebietes, das sich langsam auf beiden Seiten erstreckte und nun mehr als 700 Hektar umfasst. Heute kann man hier alle Freizeitbeschäftigungen finden, die das Herz begehrt, von Golf bis Wasserski, und all das gerade einmal 4 km vom Stadtzentrum entfernt.

Da sie gut mit allen Teilen von Belgrad verbunden ist, ist die Ada Ciganlija (oder einfach nur Ada, wie die Einheimischen sie nennen) Belgrads beliebtestes Sportresort. Besonders gut besucht ist es während der Sommermonate, wenn bis zu 300.000 Badegäste tagsüber den Strand besuchen und die Feierlustigen nachts ihre Bars und Klubs füllen. Der Strand verfügt über Duschen und Rettungsschwimmer, Rutschen, einen Wasserski-Bereich, Tret- und Ruderboote zum Ausleihen, sowie einen FKK-Bereich. Außerhalb des Strandes befinden sich Fußball., Basketball-, Tennis- und Volleyballplätze, Fahrradwege, ein künstlicher Felsen zum Freeclimbing, ein Erlebnispark und Belgrads einziger Golfplatz. Nahe dem Nordende der Insel ist die „Ada Safari", wo ein kleiner künstlicher See, der von Open-Air-Cafés umgeben ist und ausgezeichnete Bedingungen zum Angeln und zum Genuss von frischem Fisch bietet. Der Teil der Ada, der zum Fluss und Neu-Belgrad gerichtet ist, ist mit kleinen Hausbooten, wie auch mit einigen Cafés und Nachtlokalen übersät.

Um zur Ada Ciganlija zu gelangen, kann man die Busse aus der Stadt nehmen (die Nummern 23, 37, 51, 52, 53), während man von Neu-Belgrad aus mit dem Bus (Nr. 88 und 89) oder mit einem Boot vom Ufer am Block 70 (in eine Richtung 70 Dinar, hin und zurück 100 Dinar) fahren kann. Autoverkehr ist untersagt, also lassen Sie Ihr Auto auf einem der Parkplätze. Wenn Sie die Ada umrunden möchten, mieten Sie sich ein Fahrrad oder nehmen Sie einen der Touristenzüge, die um den See herumfahren.

Das Herrenhaus von Fürst Miloš mit der gigantischen Platane

Der beliebte Strand der Ada Ciganlija

2. Der Topčider-Park

Die Charta des Sultan von 1830 gestand Serbien Autonomie zu, aber die Belgrader Festung und noch fünf weitere blieben weiterhin in türkischer Hand. Da Fürst Miloš Obrenović nicht die totale Kontrolle über die Stadt hatte, entschied er sich dafür, Serbien und Belgrad in sicherem Abstand von türkischen Kanonen und Soldaten zu regieren. Als Residenz wählte er ein Grundstück im Tal des Flusses Topčider, das er einige Jahre zuvor nach einem Disput mit dem Pascha von Belgrad erhalten hatte. Ende des 19. Jahrhunderts wurde Topčider zum beliebtesten Ausflugsort für die Belgrader, die in großer Zahl hierher kamen, vor allem nach 1894, als eine Verbindung mit der elektrischen Trambahn hergestellt wurde.

Das **Herrenhaus von Fürst Miloš** (*Konak kneza Miloša*) wurde zwischen 1831 und 1834 errichtet und ist in einer Mischung aus balkanisch-orientalischem und klassizistischem Stil ein originelles und einprägsames Bauwerk. Miloš zog es allen anderen Palästen, wegen seines ruhigen Charakters und der relativen Isolation, vor. Hier hielt er Sitzungen des serbischen Parlaments ab, unterzeichnete seine Abdankungserklärung

1839 und hier starb er 1860. Sein Sohn Mihailo bevorzugte die mehr europäisch aussehenden Schlösser in der Stadt, doch Topčider behielt noch immer seine Bedeutung als Sommerhaus des Fürsten. Heute beherbergt das Haus temporäre Ausstellungen über die historische Vergangenheit Serbiens. Die interessantesten Merkmale im Inneren sind die Schnitzereien und Gemälde an den Decken, wie auch die Friese, die verschiedene Motive der Flora und Fauna darstellen.

Die **riesige Platane** vor dem Herrenhaus wurde gepflanzt, als das Gebäude errichtet wurde und hat nun einen spektakulären Umfang von 7,40 m. Der Baum ist so groß geworden, dass seine massiven Äste von Metallstangen gestützt werden müssen.

In dem schönen, wenn auch leicht in Vergessenheit geratenen **Park**, der sich vor dem Haus erstreckt, befinden sich drei Denkmäler. Der **Obelisk** erinnert an Milošs Rückkehr aus dem Exil 1859 und zeigt sein Wappen. Die **Statue der erntenden Göttin Ceres** aus dem Jahr 1852 war die erste Parkskulptur in Belgrad. Auf der anderen Seite des Parks steht die Büste von Dr.Rudolf Archibald Reiss (1876-1929), einem Professor der Kriminologie aus Lausanne in der Schweiz, der 1914 nach Serbien kam und Zeuge der Greueltaten gegen die Zivilbevölkerung, die die österreich-ungarischen und die bulgarischen Truppen begingen, und war so geschockt, dass er der serbischen Armee beitrat, bei der er dann bis 1918 blieb. Seine professionellen Zeugenaussagen, offenbarten der Welt die Leiden des serbischen Volkes während des Ersten Weltkriegs.

Hinter dem Herrenhaus befindet sich die kleinere **Peter-und-Paul-Kirche**, besser bekannt als Topčider-Kirche. Sie ist genauso alt wie das Haus und wurde von Fürst Miloš aus Dankbarkeit dafür, dass Gott sein Leben genau an diesem Ort gerettet hatte. Während der Belagerung von Belgrad 1806 hatte Miloš nämlich seine Position verlassen; als Karadjordje, der Anführer der serbischen Truppen, davon erfuhr, entschied er, ein Exempel zu statuieren und ihn zu töten. Zum Glück wurde Karadjordjes Hand zur Seite gestoßen, als er schoss und die Kugel verfehlte Miloš. Die Verzierungen des West- und des Südportals wurden in der naiven Art der ländlichen Kirchen ausgeführt, und sind ein erstklassiges Beispiel für die Fähigkeiten der einheimischen Steinmetze. Die heutige Ikonostase ist eine Arbeit von S. Todorović und N. Marković aus dem Jahr 1874.

Ein Spaziergang durch den grünen Topčider-Park

Eine rituelle, mit Muscheln verzierte Maske

3. Das Museum der afrikanischen Kunst

Das Museum *(Andre Nikolića 14; Tel.: 011 26 51 654; täglich 10-18 Uhr; Eintritt 150 Dinar, Kinder bis 7 Jahre frei)* befindet sich in dem ruhigen Wohnvorort Senjak, in einer Nachbarschaft, die hauptsächlich aus Botschafterresidenzen und großen Villen besteht. Dieser unübliche Standort für ein Museum scheint passender, wenn man erfährt, dass sein Herz aus der Sammlung von Zdravko Pečar und Veda Zagorac besteht, die den größten Teil ihrer Karrieren in verschiedenen afrikanischen Ländern verbrachten. Das großräumige Museumsgebäude aus dem Jahr 1977 beherbergt eine wertvolle Sammlung, die aus kultischen, magischen und dekorativen Objekten, sowie Werkzeugen, Musikinstrumenten und Waffen besteht, das meiste davon stammt aus Westafrika.

4. Das Haus der Blumen

Hinter diesem poetischen Namen versteckt sich die letzte Ruhestätte des langlebigen Präsidenten der sozialistischen Bundesrepublik Jugoslawien – Josip Broz, bekannt als „Tito". Das Haus der Blumen ist der geläufige Name für den ganzen

Jospi Broz „Tito“(1892, Kumrovec – 1980, Ljubljana) wurde als Sohn eines bäuerlichen Schmieds in einem Dorf an der Grenze von Kroatien-Slawonien und von Krain (heute Slowenien), mit Vorfahren auf beiden Seiten, geboren. Da er kein guter Schüler war, wurde er Schlosserlehrling. Hier kam er zum ersten Mal mit der linken Bewegung in Kontakt. Drei Jahre später (1910) wurde er Mitglied der sozialdemokratischen Partei und nachdem er seine Ausbildung abgeschlossen hatte, ein reisender Metallarbeiter durch Österreich-Ungarn und Deutschland. 1913 wurde er in die Armee eingezogen und diente 1914 an der serbischen Front, wo er verwundet wurde und die Tapferkeitsmedaille gewann. Er war eine Zeitlang wegen kommunistischer Hetze in der Festung Petrovaradin eingesperrt. 1915 wurde er an die russische Front geschickt, wo er schwer verwundet und gefangen genommen wurde. Als er das Krankenhaus verlassen hatte, wurde Broz in ein Arbeitslager in den Ural geschickt, wo er in Kontakt mit der Oktoberrevolution kam. Er floh und schloss sich der Roten Armee an. Nach dem Krieg kehrte er in sein Heimatland zurück und arbeitete als illegaler Organisator der kommunistischen Partei. Dafür wurde er verfolgt und saß von 1928-1934 im Gefängnis. Broz, der nun das Pseudonym Tito annahm, unterzog sich in Moskau einem zusätzlichen Training. Nach seiner Rückkehr befreite er die jugoslawische kommunistische Partei von störenden Elementen und wurde 1937 Generalsekretär. Eine Zeitlang unterstützte er den kominternen Standpunkt, dass Jugoslawien, die vermeintliche serbische Hegemonie, aufgelöst werden sollte.

Als dies 1941 tatsächlich passierte, gruppierten sich die Kommunisten neu und nachdem die Nazis die UdSSR angegriffen hatten, starteten sie ihren Guerillakrieg. 1943 wurde Tito Marschall der Partisanenarmee und Kopf der neu ausgerufenen föderativen Volksrepublik Jugoslawien. Er und seine Bewegung wurden von Stalin unterstützt und ab 1944 auch von den Westalliierten. 1945 begann er eine Einparteiendiktatur und folgte loyal dem sowjetischen Modell. Nach dem Bruch mit Stalin 1948 wechselte er auf einen unabhängigen Kurs und begann den Kult um seine Person. Bis zu seinem Tod 1980 bekleidete er eine Reihe von Positionen im Staat, einschließlich der des Präsidenten auf Lebenszeit, der fest die Fäden der Macht in den Händen hielt. Sein Name war das Synonym zu Jugoslawien und es schien oft, als könne nichts anderes das Land zusammenhalten.

Denkmalskomplex, der auch das Museum des 25.Mais (Titos Geburtstag!) und das sogenannte Alte Museum einschließt. Die drei gemeinsam bilden nun das Museum für jugoslawische Geschichte *(Botićeva 6, Tel.: 011 367 14 85, Di-Fr 10-16 Uhr, Eintritt: 200 Dinar)*, das viel dafür getan hat, dass der alte Komplex wieder zum Leben erweckt wurde, nach der Vernachlässigung und den Traumen während der 1990ern, als einige der wertvollsten Gegenstände verschwanden.

Das Erste, was man von dem Komplex sieht, ist das beeindruckende Gebäude der Museums des 25. Mais (Mihailo Janković, 1962). Das Museum stellt nur einige Gegenstände permanent aus (wie Titos zwei Limousinen) und wechselt stattdessen ihre Kunst- und Geschichtsausstellungen.

Links vom Haupteingang gibt es noch einen kleineren Eingang, der noch immer von der Armee bewacht wird und in einen ruhigen Garten führt. Der Hauptweg teilt sich; nach rechts geht es zum Haus der Blumen – eine Halle, in der sich **Titos Grab** befindet. Es war einst mit einst üppig mit Blumen gefüllt, was dem Komplex seinen Namen gab, heute ist es traurig karg mit dem weißen Marmorgrab in seiner

Titos Grab im Haus der Blumen

Mitte. In den benachbarten Hallen befinden sich einige Objekte, die mit Titos Leben verbunden sind, einschließlich der Stäbe, die durch das gesamte Land weitergegeben wurden und am Ende Tito zu seinem Geburtstag übergeben wurden. Auf der anderen Seite des Gartens steht das sogenannte **Alte Museum**, das eine Sammlung von Geschenken ausstellt, die Tito während seiner Lebens erhalten hat, eine höchst eigentümliche Sammlung, die von handgemachten

Das Museum des 25. Mais

Geschenken von einfachen Arbeitern Jugoslawiens gemacht wurden, bis zu Trachten und Waffen aus exotischen Ländern.

Jeder Liebhaber von kommunistischem Krimskrams sollte den Souvenirladen des Museums aufsuchen.

Der Alte Hof und die Hofkapelle

5. Das Museum des FC Roter Stern

Das Museum des FC Roter Stern, wohl der beliebteste Fußballverein in Serbien (der andere große Name ist sein Erzrivale Patrizan), wurde 1985 am 40. Geburtstag des Sportvereins Roter Stern eröffnet. In dem Museum *(Ljutice Bogdana 1a; Tel.: 011 20 67 773; Mo-Fr 9-16 Uhr, Sa 9-14 Uhr, Eintritt: 100 Dinar, Kinder frei)* werden Sie Pokale und Trophäen, die der Club gewonnen hat, sowie Anerkennungen, Poster und andere Erinnerungsstücke ausgestellt. Roter Stern Belgrad gewann in der Saison 1990/91 den Champions Cup und 1991 den Intercontinental Cup. Das Team war 25 Mal Landesmeister und gewann 23 Mal den National Cup. Wie die übrigen serbischen Club- und Nationalmannschaften lieferte Roter Stern in den vergangenen Jahren keine guten Leistungen bei internationalen Wettbewerben ab, blieb jedoch wegen seiner früheren Erfolge einer von Europas wichtigen Clubs.

Für Gruppen von mehr als fünf Personen können Führungen durch die Umkleide, das Trainungsfeld und das Stadium in englischer Sprache arrangiert werden *(Tel.: 060 22 300 86)*.

6. Die Schlösser in Dedinje

Mit dem Wunsch, ein Sommerhaus nicht weit von Zentrum seiner Hauptstadt zu bauen, kaufte König Aleksandar 1924 ein Grundstück auf dem Dedinje-Hügel. Dieses neue Schloss (heute meinst das Alte Schloss *–Stari dvor –* genannt) wurde schnell die Lieblingsresidenz des Königs,

Palma der Ältere, Die Heilige Familie mit St. Katherina, St. Johannes und dem Stifter

weg von der Unruhe der Stadt. Schon während der Bauarbeiten entschied der König, in der Nähe noch ein weiteres Schloss für die drei Söhne zu bauen. Da Aleksandar 1934 erschossen wurde, erlebte er nicht mehr die Fertigstellung des zweiten Palastes, des Weißen Schlosses (*Beli dvor)*, dessen Bau sein Bruder, Prinzregent Pavle zuende führte. Beide Schlösser wurden von den Privateinkünften der Dynastie finanziert und die Karadjordjevićs bezahlten regelmäßig Steuern dafür.

1945 enthronten die neuen kommunistischen Herrscher von Jugoslawien die Dynastie und der königliche Komplex wurde zum Eigentum «des Staates und seiner Bürger». Eigentlich wurde es zu einer der vielen Residenzen von Marschall Tito, dem autoritären Herrscher des kommunistischen Jugoslawiens. Das Weiße Schloss wurde auch von Slobodan Milošević als seine offizielle Residenz genutzt, als er an der Spitze der Bundesrepublik Jugoslawien stand. 2002 wurde der Komplex der königlichen Familie zurückgegeben und heute residiert der Enkelsohn von König Aleksandar, Kronprinz Aleksandar II. hier mit seiner Familie.

Der gesamte Komplex des königlichen Komplexes in Dedinje umfasst etwa 100 Morgen Land, wovon etwa ein Drittel zu einem Park gemacht wurden und der Rest von dichtem Wald bedeckt ist.

Das **Alte Schloss** enstand zwischen 1924 und 1929 nach Entwürfen von Živojin Nikolić, während das Interieur von dem russischen Emigranten und Lieblingsarchitekten des Königs, Nikolaj Krasnov, entworfen wurde. Die Architektur des Schlosses ist ruhig und harmonisch

Die bemalten Wände im Erdgeschoss des Alten Hofes

und erinnert an den sogenannten serbisch-byzantinischen Stil, der besonders in den Details, wie den Kapitellen der Säulen, sichtbar ist. Das gesamte Exterieur ist in weißen Marmor von der Adriainsel Brač gekleidet. In Inneren des Gebäudes, von all den vielen Räumen, die in verschiedenen Stilen dekoriert und mit Antiquitäten und Kunstwerken gefüllt sind, sind die schönsten die Eingangshalle, der barocke Blaue Salon, der Goldene Salon im Renaissancestil, wie auch der große Speisesaal. Das Erdgeschoss wurde für Empfänge genutzt, offizielle und größere Versammlungen, während der König und seine Familie die Wohnungen im ersten Stock bewohnten. Das Untergeschoss mit einem Weinkeller und einem Kino wurde für intimere Empfängen und Abendessen mit privaten Gästen genutzt. Es ist im Stil des königlichen Terem-Palastes des Kremls angemalt, mit Darstellungen von Szenen der Volksmythologie an den Wänden. Unter den vielen wertvollen Kunstwerken stechen die von Palme dem Älteren, Andreas von Assisi, Biaggo d´Antonio und der unausweichliche Ivan Meštrović hervor. Hinter dem Schloss, mit einem Säulengang verbunden, steht die **Schlosskapelle**, die St. Andreas geweiht ist und nach dem Vorbild der Königskirche des Klosters Studenica (*siehe S. 298*) gebaut wurde. Die Fresken darin sind Kopien von Fresken aus mittelalterlichen Klöstern. Hinter dem alten Schloss befindet sich ein wunderschöner Park mit einem Blick Richtung Südosten.

Im Inneren der Hofkapelle

Das **Weiße Schloss** wurde zwischen 1934 und 1937 von Aleksandar Djordjević im akademischen Stil, der an englische Herrenhäuser erinnert, gebaut. Nachdem der König ermordet worden war, und seinem Söhne ins Alte Schloss zogen, wurde das Gebäude von Prinzregent Pavle genutzt. Außer der Haupteingangshalle und der zentralen Halle mit der Treppe, sind auch einige Räume im Stil Ludwigs XV. eingerichtet. Die wertvollsten Kunstwerke, die man hier sehen kann, stammen von Nicolas Poussin, Rembrandt, Albert Altdorfer, Canaletto und anderen serbischen und ausländischen Künstlern.

Die einzige Möglichkeit, den königlichen Komplex zu sehen, ist eine im Voraus arrangierte Führung in serbischer Sprache. Die Touren finden an Wochenenden zwischen dem 9.April und dem 31.Oktober, zweimal täglich statt. Buchen kann man über das Büro der Belgrader Touristenorganisation in der Knez-Mihaila-Straße 6 (*Tel.: 011 328 1859*) oder per E-Mail über *dvorski_kompleks@yahoo.com*, der Preis beträgt 450 Dinar.

7. Der Avala-Berg

Da Avala nur 11m über der Mindesthöhe für einen Berg liegt (511 m), ist er der niedrigste der Berge, die sich von Zentralserbien aus Richtung Belgrad erstrecken. Dieses bewaldete Massiv ist eine angenehme Oase, das ein Gefühl von unberührter Natur inmitten der übergroßen vorstädtischen Dörfer vermittelt.

Auf dem Weg zum Gipfel gibt es eine kleine Lichtung, wo sich das **Monument für die sowjetischen Veteranen** befindet. Am 19.Oktober 1964, als sie auf dem Weg zur Gedenkfeier des 20. Jahrestages der Befreiung Belgrads reisten, stürzte ihr Flugzeug an genau dieser Stelle ab. Unter den 33 Toten waren mehrere hochrangige Offiziere, einschließlich Marschall Biriuzov, der 1944 die befreienden sowjetischen Truppen angeführt hatte.

Der Parkplatz befindet sich vor dem Hotel „Avala“, 1931 in

Denkmal für den unbekannten Soldaten auf dem Avala-Berg

einer ungewöhnlichen Kombination aus modernen und nationalen Stilen gebaut, mit einem Hauch Exotik (beachten Sie die Sphinxen).

Die Spitze des Berges ist mit **Denkmal für den unbekannten Soldaten** aus schwarzem Marmor gekrönt, einer Arbeit des Bildhauers Ivan Meštrović aus dem Jahr 1934-1938. Die gigantischen Karyatiden, die an beiden Eingängen stehen, tragen Trachten jugoslawischer Nationen und Provinzen. Bis zum Baubeginn des Denkmals standen hier die Ruinen der Žrnov-Festung aus dem 15. Jahrhundert, wobei Žrnov in früheren Zeiten der Name des Berges war. Sein heutiger Name kommt von der Funktion der Festung: Auf Türkisch heißt *havale* Kontrollpunkt – ein passender Name, wenn man bedenkt, dass man von der Festung aus die Hauptstraße vom christlichen Belgrad bis nach Zentralserbien, das schon unter türkischer Kontrolle stand, überblicken konnte.

Auf der anderen Seite des Parkplatzes steht nun wieder der **Avala-Fernsehturm**. Er wurde 1966 gebaut und mit seinen 195m Höhe, den Plattform und einem Restaurant schnell zu einem der Wahrzeichen Belgrads. Bei der Bombardierung 1999 jedoch wurde er getroffen und fiel zu einem Haufen Schutt zusammen. Die Initiative für den Wiederaufbau stieß auf großen Zuspruch und der neue Turm wurde 2010 für Besucher geöffnet. Die Aussichtsplattform in 123m Höhe bietet einen fantastischen Blick über Belgrad und seine Umgebung *(Di-Fr 10-16.30 Uhr, am Wochenende 10.18 Uhr, Mo und an sehr windigen Tagen geschlossen, Eintritt: Erwachsene 100 Dinar, Kinder 50 Dinar; die Besucher können in Gruppen zu 16 Personen für jeweils 15 Minuten auf der Plattform bleiben).*

Kürzlich wiederaufgebaut, der Avala Fernsehturm

8. Das Luftfahrtmuseum

Muzej vazduhoplovstva

In diesem Museum *(Tel.: 011 26 70 992; 10.Apr.- 31 Okt. Di-So 9-18.30 Uhr, 1. Nov.-9.Apr 9-16 Uhr; Eintritt: 500 Dinar)*, das sich in einem außergewöhnlichen Gebäude von Ivan Štraus aus dem Jahr 1989 befindet, werden über 50 originale Flugzeuge, Wasserflugzeuge, Helikopter und Gleitflieger ausgestellt. Darunter lenken wir Ihre Aufmerksamkeit besonders auf die Flugzeuge aus dem Zweiten Weltkrieg, wie z.B. die Messerschmitt Me-109, die Spitfire MK.Vc, die Jak 3 oder die Thunderbolt P-47. Auch alle Typen von jugoslawischen Flugzeugen sind zu sehen, einschließlich dem des Flugpioniers Ivan Sarić aus dem Jahr 1910. Die beiden permanenten Ausstellungen sind: «Serbische Luftfahrt 1912-1918» und «Die Luftfahrt im Aprilkrieg 1941». Es gibt einen Bereich im Museum, der der Bombardierung von 1999 gewidmet ist, wo sie Teile der angeschossenen F-117A und F-16 sehen können.

Flugzeuge aus dem Zweiten Weltkrieg bilden das Herzstück des Luftfahrtmuseums

Das Museum befindet sich in unmittelbarer Nähe zum **Belgrader Flughafen**, dessen zentraler Teil mit seine Architektur, die von sauberen Linien und einem leichten Erscheinungsbild geprägt ist ,1962 gebaut wurde.

Praktische Informationen Belgrad

Ankunft

Mit dem Flugzeug: Der Belgrader Flughafen „Nikola Tesla“ (oder nur „Aerodrom Beograd“) wird meist Surčin genannt, nach dem nahe gelegenen Dorf, 18 km vom Stadtzentrum entfernt. Eine große Anzahl an Fluggesellschaften fliegt Belgrad regelmäßig an, sodass es gute Verbindungen mit allen Teilen Europas, Asien und Nordafrika gibt. Darunter sind auch Billigairlines wie Wizz, Germanwings und Air Berlin. Die nationale Airline «Jat Airways» fliegt täglich in alle und aus allen größeren europäischen Städten, einschließlich London, München, Stuttgart, Wien, Zürich, Amsterdam, Kopenhagen, Stockholm und Prag. Der Flughafen verfügt über eine Post, ein Internetcafé, eine Wechselstube, die rund um die Uhr geöffnet ist, einige Geldautomaten, einige kleine Geschäfte, Cafés, Autovermietungen und einen Dutyfreeshop.

Es gibt verschiedene Möglichkeiten, **das Stadtzentrum zu erreichen**. Da den Touristen wiederholt überhöhte Fahrpreise abgehalten wurden, wurde ein fester Tarif für alle **Taxifahrten** vom Flughafen aus festgelegt. Suchen Sie den ausgewiesenen Stand im Ankunftsbereich, wo Sie einen Voucher mit der Adresse und dem Preis, den Sie bezahlen sollen, erhalten. Der Preis beinhaltet auch das gesamte Gepäck und variiert nicht mit der Anzahl der Fahrgäste. Für ein Ziel in der Innenstadt bezahlen Sie 2000 Dinar (20€). Mit dem Voucher gehen Sie zu der Taxireihe vor der Ankunftshalle, zeigen ihn vor und bezahlen am Ende der Fahrt den Preis, der angegeben wurde.

Alternativ können Sie den **Jat-Airways-Shuttlebus** nehmen, der nach jedem Flug verfügbar ist und bei Fertigstellung dieses Reiseführers 160 Dinar kostete. Er hält am Hauptbahnhof und dem Busbahnhof und die Endstation ist am Slavija-Platz im Stadtzentrum. Die billigste Möglichkeit ist es, den Stadtbus Nr 72 zu nehmen. Er fährt alle halbe Stunde, der erste um 5.15 Uhr, der letzte um Mitternacht. Der Bus braucht vom Flughafen bis zum Zeleni Venac 40 Minuten. Um für das Ticket zu bezahlen, sehen Sie die Anleitungen auf Seite 90.

Mit dem Zug: Man kann Belgrad direkt von Zagreb, Budapest, Bukarest, Sofia, Istanbul, Thessaloniki, Skopje, Sarajevo und Podgorica erreichen. Die Hauptrouten sind die aus Zagreb, Budapest (via Subotica und Novi Sad) und Sofia (über Niš) und fahren mindestens einmal am Tag. Alle Züge haben Schlaf- und Liegewagen, die sehr zu empfehlen sind, da die anderen Waggons oft überfühlt und schmutzig sind oder die Heizung nicht funktioniert.

Der Hauptbahnhof

Belgrads Hauptbahnhof (*Glavna železnička stanica* oder offiziell *Beograd centar; Savski trg 2; Callcenter 011 36 02 899, nur zwischen 6 und 22 Uhr)* befindet sich im Zentrum und gleich neben dem Busbahnhof. Dort gibt es einen Kiosk, der rund um die Uhr geöffnet ist, ein Café, eine Wechselstube, einen Geldautomaten, ein Touristeninformationszentrum und ein Wasteels-Büro, in dem man auch Informationen erhalten und Tickets kaufen kann.

Mit dem Bus: Belgrad ist durch direkte Buslinien gut mit ganz West-und Osteuropa verbunden, dank der vielen Menschen, die dorthin emigriert sind. Die größte Auswahl an Zielen bietet die Firma Eurolines, die in Serbien von dem Lasta-Unternehmen betrieben wird oder Fudeks *(sehe S. 371)*.

Achten Sie darauf, dass die Busse nicht am selben Ort ankommen, an dem sie abfahren, sondern auf dem Bahnsteig auf der anderen Seite des nahe gelegenen Park.

Mit dem Auto: Am einfachsten und schnellsten erreicht man das Stadtzentrum über die Autobahn E70 (Zagreb-Belgrad-Niš), die mitten durch die Stadt führt. Diejenigen, die aus **Richtung Zagreb anreisen**, müssen mit Staus vor der Brücke über die Save rechnen, während die, die aus Richtung **Niš** kommen, damit rechnen müssen, kurz an der Mautstelle Bubanj Potok warten zu müssen.

Wenn man aus Richtung **Novi Sad** über die E75 anreist, muss man durch einen langen Straßenabschnitt durch die Vororte fahren, bevor man wieder die Autobahn E70 erreicht.

Die Hauptstraßenader, die Belgrad mit dem **Südwesten** verbindet, ist die Ibarska Magistrala (E763), auf der immer viel Verkehr ist, aber ganz besonders viel an Sonntag Abenden.

Wenn man von **Zrenjanin** aus kommt, muss man eine längere Fahrt auf einer dreispurigen Straße durch die nördlichen

Die Autobahn Belgrad-Zagreb in Neu-Belgrad

Vororte der Stadt auf sich nehmen, bevor man die einzige (!) Brücke über die Donau erreicht; wenn Sie sie überquert haben, befinden Sie sich direkt im Zentrum. Aus Richtung **Vršac** führt die Straße zu derselben Brücke und sieht aus, wie eine Autobahn, das Geschwindigkeitslimit liegt jedoch bei 80 km/h.

Wenn Sie schließlich in Belgrad angekommen sind, müssen Sie sich mit dem unausweichlichen Problem der **Parkplatz**suche herumschlagen. Das weitere Stadtzentrum (weit genug, um Sie davon abzuhalten am Stadtrand zu parken und zu Fuß zu gehen) ist in **Parkzonen** eingeteilt, sodass das Parken hier nur eine Kurzzeitlösung ist. Es gibt drei Parkzonen: Rot, gelb und grün (nach Rängen geordnet), in denen montags bis freitags von 7 bis 19 Uhr und samstags von 7 bis 17 Uhr Gebühren gezahlt werden müssen. In der roten Zone ist die Parkzeit auf eine Stunde begrenzt, in der gelben auf zwei und in der grünen auf drei Stunden. Am Anfang der Straßen stehen Schilder, auf denen man ablesen kann, zu welcher Zone sie gehören. Der einfachste Weg zu bezahlen, ist eine SMS mit ihrem Autokennzeichen an die 9111 für die Zone 1 (rot), 9112 für Zone 2 (gelb) und die 9113 für Zone 3 (grün) zu schicken, woraufhin Sie eine Bestätigungsnachricht erhalten. Wenn Sie länger als eine Stunde in den Zonen 2 und 3 parken, müssen Sie eine weitere Nachricht senden. Die Preise sind 45 Dinar für die rote Zone, 31 Dinar für die gelbe und 25 für die grüne Zone. Alternativ dazu können Sie ein Ticket an einem Kiosk (nur in der roten Zone), an einem Automaten oder bei einem Parkplatzkontrolleur kaufen, es ausfüllen und dann gut sichtbar hinter die Windschutzscheibe legen. Das kostet dann 47, 35 oder 30 Dinar.

Die nächsten Gegenden ohne Parkzonen sind südlich von der St.-Sava-Kirche und östlich der Cvijićeva-Straße, am Ostrand des Stadtzentrums. Glücklicherweise verzichtet man in ganz Neu-Belgrad und Zemun auf dieses Parksystem – für den Moment zumindest.

Ihre andere Möglichkeit sind mehrere mittelgroße **Garagen**, die pro Stunde bezahlt werden und kein Parklimit haben. Die zentralste ist am **Obilićev Venac**, gleich bei der Kneza-Mihaila-Straße (die einfachste Zufahrt ist von der Pop-Lukina-Straße und Topličin Venac aus), dann gibt es noch eine weitere in der **Kraljice-Natalije**, nahe der Terazije (von Zeleni venac oder Balkanska aus), eine in der **Masarikova** bei dem Beogradjanka-Turm (von der Kneza Miloša/Resavska aus) und eine Tiefgarage unter dem **Pionirski Park** (von der Kralja Milana/Trg Nikole Pašića). Zusätzlich gibt es einige kleinere **Parkplätze**. Einer davon befindet sich in der Makedonska-Straße neben dem **Politika**-Turm oder ein anderer auf dem **Slavija**-Platz, gleich rechts neben dem Abschleppdienst. Das Auto in einer der Garage oder auf einem der Parkplätze zu lassen, kostet Sie, je nach Lage, 60 bis 120 Dinar pro Stunde.

Der Touristenhafen von Belgrad befindet sich nahe dem Kalemegdan-Park

Mit dem Boot: Die internationale Zollstelle befindet sich im bescheidenen Belgrader Touristenhafen am oberen Ende der Karadjordjeva-Straße, angenehm nah am Stadtzentrum. Am Hafen findet man eine Wechselstube, einen Geldautomaten und eine Touristeninformation, aber keins davon ist rund um die Uhr geöffnet. Wenn Sie die Zollkontrolle schon in Apatin oder Novi Sad erledigt haben, ist ihre einzige Sorge, wo Sie ihr Boot festmachen. Es gibt viele Yachthäfen mit unterschiedlichem Service und unterschiedlichen Angeboten in der Umgebung, aber keiner hat Preise für kurzzeitiges Ankern, sodass sie an Ort und Stelle einen Deal aushandeln müssen.

HERUMKOMMEN

Busse, Oberleitungsbusse und Trambahnen: Es gibt ein weitverzweigtes Netzwerk des öffentlichen Nachverkehrs, mit dem Sie jeden Winkel der Stadt erreichen können. Die Busse sind zwar im Privatbesitz und es fehlt ihnen an Einheitlichkeit (sogar in der Farbe!), doch sie haben alle dasselbe Tarifsystem. Ein Besucher sollte an einem Kiosk eine **BusPlus Smartscard** (*Busplus kartica*) kaufen. Diese gibt es in zwei Varianten: Eine in Papierform (*papirna*), die drei Monate gültig ist und nur 40 Dinar kostet, und eine Plastikkarte *(plastična)*, die 250 Dinar kostet, aber praktisch sein könnte, falls Sie beabsichtigen die Stadt in den nächsten drei Jahren erneut zu besuchen, denn so lange ist sie gültig. Die Karte kann man mit Geld aufladen. Momentan ist der einzige Tarif 60 Dinar für eine ununterbrochene Fahrt. Um zu bezahlen, müssen Sie die Karte nah an ein Lesegerät halten, das sich bei den Bustüren befindet. Eine andere Möglichkeit ist es, eine Karte für 120 Dinar beim Busfahrer zu kaufen, diese Karten müssen nicht entwertet werden.

Die ersten Busse fahren meist ab 4.30 Uhr und bis 23.30 Uhr. Es gibt **Nachtbusse**, die um Mitternacht, um 1 Uhr und um 2 Uhr fahren, während manche Linien sogar um 2.30 Uhr und um 3 Uhr fahren. Die drei Orte, wo die Nachtbusse losfahren sind der Trg Republike, Slavija und der Hauptbahnhof. Das Nachtticket wird im Bus gekauft und kostet 120 Dinar.

Sollten Sie vorhaben, den Service für eine Fahrt in einen weit entfernt gelegenen Vorort zu nutzen, beachten Sie, dass es für die **Zone 2** einen anderen Tarif gibt. Die Busse, die dorthin fahren, sind an ihren dreiziffrigen Nummern zu erkennen. Auch hier bezahlt man mit der BusPlus-Karte, nur dass eine Einzelfahrt 95 Dinar kostet.

Shuttlebusse: Diese fahren nur auf den Hauptlinien, können aber eine sehr gute Lösung sein, wenn es Stau gibt. Sie sind bequemer, klimatisiert und um einiges schneller, meist deshalb, weil sie nicht an jeder Haltestelle stoppen. Sie sind als E1 bis E8 aufgeführt. Die Tickets (120 Dinar) kauft man beim Fahrer und sind für eine Fahrt gültig.

Beovoz-Züge: Hierbei handelt es sich um einen Bahnservice, der Batajnica im Westen, Pančevo im Osten und Rakovica im Süden verbindet, indem die Züge unter dem Belgrader Zentrum hindurch fahren. Der neue Fahrplan mit Zügen zu jeder vollen und zu jeder halben Stunde (und alle 15 Minuten in der Stoßzeit) wurde **zwischen Batajnica, Zemun, Novi Beograd, Karadjordjev park, Vukov spomenik und der Pančevo-Brücke** eingeführt. Anders als ihre Vorgänger, sind diese Züge pünktlich und sind überraschend gepflegt. Was die Tarife angeht, so wurden sie denen des restlichen öffentlichen Verkehrs angepasst, man verwendet also ebenfalls die Smartcards *(siehe oben)*. Der Rest des Bahnsystems funktioniert wie die regulären städtischen Züge mit separaten Tickets und nur einigen wenigen Zügen pro Tag. Wenn Sie jedoch Pančevo (*siehe S.163)* besuchen möchten, ist dies bei weitem der beste Weg mit öffentlichen Verkehrsmitteln zu reisen.

Taxis: Sie sind immer zu finden und können ziemlich günstig sein. Registrierte Taxis kann man an dem funktionierenden Taxometer erkennen und einem Sticker, der die Standardtarife zeigt. Der Starttarif liegt bei 140 Dinar. Während der Nacht (22-6 Uhr) und an Sonntagen ist der Tarif etwas höher und wird durch die Nummer 2 auf dem Taxometer gekennzeichnet. Eine Fahrt vom Stadtzentrum Belgrads nach Zemun sollte nicht mehr als 1.000 Dinar kosten. Es ist üblich, die Summe aufzurunden, anstatt Trinkgeld zu geben.

TOURISTENINFORMATION

Ihre wichtigste Informationsquelle sollte die **Touristenorganisation Belgrad** (kurz TOB) sein. Ihre Hauptgeschäftsstelle ist im Beogradjanka-Turm *(Masarikova 5, 9. Stock, Tel.:011 30 61 400; www.tob.rs)*.

Die TOB hat vier Info-Punkte: Der wichtigste befindet sich im **Stadtzentrum** *(Kneza Mihaila 6, Mo-Sa 9-21 Uhr, So 10-15 Uhr)* und jeweils einer im **Hauptbahnhof** *(werktags 7-20 Uh, am Wochenende 7-14.30 Uhr)*, am **Flughafen** *(9-22 Uhr)* und am **Hafen** *(am oberen Ende der Karadjordjeva-Straße, März –Nov. 8-19 Uhr)*.

Um Ihre Reise durch Serbien zu planen, kontaktieren Sie die Touristenorganisation Serbiens, die ihre Hauptgeschäftsstelle ebenfalls in Belgrad hat (*Čika Ljubina 8, Tel. 011 6557 127*).

Der Bulevar Kralja Aleksandra ist eine vielbefahrene Straßenbahnroute

AKTIVITÄTEN

Es wäre sicherlich zuviel gesagt, dass Belgrad alles hat, aber es gibt sehr viel, das Sie in der serbischen Hauptstadt tun oder versuchen können, seien es neue Erfahrungen oder Blickwinkel oder einfach nur die Dinge, ohne die Sie nicht leben können, auch nicht weit weg von zu Hause.

Die schönste und eine ganz besondere Erfahrung in Belgrad sind die Flüsse. Eine Bootstour wird Ihnen eine ganz neue Seite der Stadt eröffnen, eine neue Welt. Die beste der **Bootstouren** ist auch die günstigste: Das Boot **„Belgrad 25"** *(Tel.: 060 8 222 310)* startet von Mai bis Mitte September jeden Tag um 17 Uhr und um 18.30 Uhr auf der Donau vor dem Sportzentrum Gale Muškatirović. Die 90-minütige Tour geht nach Zemun (um 17 Uhr) oder die Save hinauf (um 18.30 Uhr), und beide Touren können Sie zu einem sehr bescheidenen Preis machen *(Erwachsene 350 Dinar, Kinder 200 Dinar)*. Sie werden eine ebenso schöne Erfahrung an Bord des Bootes**«Trajan»** machen *(Tel.: 064 355 88 44)*, das freitags bis sonntags um 17 Uhr von der Cuba-Bar, vor dem Hotel Jugoslavija, aus losfährt. Die Tour dauert 105 Minuten und kostet 350 Dinar. Es gibt auch andere Anbieter, von denen die meisten Bootsfahrten mit Mittag- und Abendessen auf dem Programm haben. Wenn das Wetter schlecht ist, könnte das kleine Boot **«Kornjača»** *(Tel.: 064 292 36 98)* die beste Lösung sein, das ein Glasdach hat; es startet an Wochentagen um 16, 18 und 20 Uhr und am Wochenende um 10, 14, 16, 18 und 20 Uhr *(Erwachsene 350 Dinar, Kinder 175 Dinar)*. Beachten Sie, dass sich mindestens 10 Leute einfinden müssen, damit die Boote losfahren.

Dieselben Schiffsbesitzer organisieren **Tagesausflüge** weiter die Flüsse auf- und abwärts, zu einem Preis von ein paar tausend Dinar. Die beliebtesten Ziele sind Novi Sad, Sremski Karlovci, Flussinseln rund um Belgrad, die Ausgrabungsstätte Viminacium und der Donau-Hohlweg in der Schlucht Eisernes Tor. Leider werden diese Touren oft abgesagt, da man dafür mindestens 20 Personen benötigt.

Obwohl es auf der Donau-Veloroute liegt, ist Belgrad, wegen des dichten Verkehrs und den vielen Hügeln noch weit davon entfernt, eine fahrradfreundliche Stadt zu sein. Doch das flache Neu-Belgrad und die Flussufer sind jetzt mit **Fahrradwegen** versehen, wodurch sie viel leichter zu erkunden sind. Die beliebteste Roure ist die von Dorćol zur Ada Ciganlija (8 km) und es gibt einige Orte dort, an denen man Fahrräder leihen (oder falls nötig reparieren lassen) kann. Diese haben, wie auch alle anderen Fahrradverleihe am Flussufer, ungefähr dieselben Preise *(150 Dinar pro Stunde, 400 für den ganzen Tag)*. Der größte unter ihnen ist **Marconi Sport,** dessen Vorteile seine drei Standorte sind (Sportcenter Gale Muškatirović, hinter dem Parkplatz an der Ada Ciganlija und nahe beim Hotel Jugoslavija), sodass man ein Fahrrad an einem Ort leihen und an

Sommerhäuser vom Fluss aus gesehen

dem anderen zurückgeben kann. Man kann dort auch Fahrräder mit Kindersitzen und Anhängern mieten.

Der coolste Weg, die Sehenswürdigkeiten in Neu-Belgrad zu bewundern, ist die **IbikeBelgrade**-Tour, die Sie auf eine vierstündige Fahrt, einschließlich Pause mit einem kostenlosen Getränk und eine kurze Bootsfahrt führt (*1.500 Dinar*). Die Führer erwarten Sie jeden Tag um 14 Uhr, egal ob Sonne oder Regen (wenn es regnet sollten Sie am besten ihre Ankunft unter der Nummer 066 900 83 86 ankündigen), vor der Stadtbibliothek, wo die Kneza-Mihaila-Straße auf den Kalemegdan-Park trifft.

Für die weniger Aktiven werden die Sehenswürdigkeiten außerhalb des Stadtzentrums von Belgrad durch **Busstadtrundfahrten** näher gebracht. Die **Hop-on-Hop-off**-Touren des Lasta-Unternehmens ermöglichen Ihnen verschiedene Teile der Stadt mit einem Führer zu besuchen und – das ist das Beste daran – auszusteigen, die Sehenswürdigkeit zu besuchen und dann die Fahrt zum nächsten interessanten Ort fortzusetzen (*Tel.:011 36 22 298; 9-18 Uhr, Tagesticket 1.500 Dinar*). Das Touristenbüro (*siehe S. 90*) organisiert seine eigene Stadtrundfahrt mit einem englischsprachigen Führer. Die eineinhalbstündige Tour beginnt jeden Sonntag um 10 Uhr am Trg Nikole Pašića(vor dem Park) und kostet nur 200 Dinar. Eine ähnliche Tour, aber in einem offenen Bus bei einer Dauer von 60 Minuten, startet an demselben Ort von Dienstag bis Sonntag um 11 Uhr. Organisiert wird sie von **BS Tours**, findet von April bis Oktober statt und ist in Englisch und Französisch erhältlich (*Tel.: 011 76 14 693; Erwachsene 500 Dinar, Kinder 300 Dinar*).

Diejenigen, die auf einer einfachen **Tour zu Fuß** die wichtigsten Belgrader Sehenswürdigkeiten besuchen möchten, haben ebenfalls gute Wahlmöglichkeiten. Das Touristenbüro **(TOB)** hat einige Touren in englischer Sprache anzubieten. Die Tour durch **das Stadtzentrum und die Festung** beginnt jeden Samstag um 13 Uhr vor dem Albanija-Palast, dauert zwei Stunden und kostet 200 Dinar. Die Tour durch das alte **Zemun** beginnt jeden Samstag um 18 Uhr (*zwischen dem 1. Oktober und dm 31. März um 16 Uhr*) beim Gebäude des Stadtmagistraten (*siehe S. 76*), dauert 90 Minuten und kostet 200 Dinar. Die **Belgrad-Wanderungen** bieten entspanntes Sightseeing, geführt von erfahrenen Einheimischen, das nichts kostet; alles was

Die Belgrader Pferderennbahn

Sie tun müssen, ist für Montag, Mittwoch, Freitag oder Samstag zu reservieren und um 11 Uhr vor dem Nationalmuseum auf dem Trg Republike zu erscheinen. Dieselbe Gruppe nimmt Sie auch mit auf Nightlife-Touren, die Bedingungen und der Treffpunkt sind dieselben, nur dass man sich abends um 21 Uhr trifft. Die Führer der **Belgrader Nightlife-Academy** (*Tel.: 0669008386*) können Sie täglich um 20 Uhr auf dem

WAS MAN SONST NOCH TUN KANN

Bowling:
- Kolosej, Ušće Shoppingcenter, Bulevar Mihaila Pupina 4, Tel.: 011 31 48 628
- First Bowling, «Pinki»-Halle, Gradski park2 (Zemun); Tel.: 011 377 16 12
- 11. April, Bežanijska kosa; Tel.: 011 267 15 47
- Colosseum, Dobrovačka,; Tel.: 011 316 54 03

Cart fahren:
- Autokomerc, Autobahn Richtung Zabgreb, Tel.: 063 240 660

Golf:
- Golf klub Beograd, Ada Ciganlija, Tel.: 011 305 68 37

Pferderennen:
- Careva ćuprija, Paštrovićeva 2, Tel.: 011 35 43 839

Heißluftballon fahren:
- Balon centar; Tel.: 065 811 911 0

Paintball:
- Arena no.1, Nehruova 51 (Blok 44), Tel.: 011 31 89 395
- Republika, Radivoja Markovića 8, (Zvezdara), Tel.: 011 34 22 830

Schießstand:
- Kovilovo, Zrenjaninski put 170 (11 km nördlich von Belgrad), Tel.: 063 779 67 96

Squash:
- Squashland, Pionirski grad, Tel.: 011 305 58 07

Schwimmbäder:
- Tašmajdan, Beogradska 71, Tel.: 011 324 09 01
- Vračar Sportzentrum, Sjenička 1, Tel.: 011 245 23 42
- Banjica, Crnotravska 4, Tel.: 011 266 87 00

Tennis:
- Gemax, Banjički venac 28b, Tel.: 011 306 18 13
- 11.april, Bežanijska kosa, Tel.: 011 267 29 39
- Olimp, Vjekoslava Kovača 11. Tel.: 011 24 12 353

Plato treffen *(siehe S. 53)* und sie werden Sie an verschiedene Orte zum Ausgehen führen, von Kafanas bis zum Nachtsclub, mit Getränken und Snacks inklusive *(1.500 Dinar pro Person)*. Nach vorheriger Vereinbarung bietet die Academy auch eine Tour durch Belgrads Underground-Lokale und eine Kafana-Tour.

Belgrade Greeters ist ein freiwilliger Service, der vom Touristenbüro organisiert wird und Gäste mit enthusiastischen Einheimischen zusammenbringt, die einen persönlichen Einblick in das Leben in der serbischen Hauptstadt bieten. Der Service ist kostenlos, aber Sie müssen Ihr Kommen ein paar Tage im Voraus bei der TOB anmelden *(siehe S. 90)*.

Wenn Sie in Belgrad aktiv sein wollen, müssen Sie nur zur **Ada Ciganlija** gehen *(siehe S. 82)*. Die beliebte Ada ist ein Mekka für diejenigen, die gern an der frischen Luft sind und Sport mögen. Hier kann man **Tretboote** leihen, **Wasserski fahren** *(Aqua Ski; Tel.: 011 305 80 66)*, **Bungee springen** *(064 19 68 414)*, **Freeclimben** *(064 13 13 109)*, **Wasserfußball** spielen *(063 63 63 60)*, es gibt einen **Abenteuerpark** *(Avantura park, 064 8 210 218)* und viele andere Aktivitäten, die Sie in Form halten.

SHOPPING

Der beste Ort für eine klassische Shopping-Erfahrung ist die Fußgängerzone der **Kneza-Mihaila-Straße** und ihre Verlängerung die **Terazije**, wo die großen Marken ihre Vorzeigeläden betreiben. Die zwei größten **Einkaufzentren – Delta City** und **Ušće** – beide in Neu-Belgrad, sind ebenso gut ausgestattet, was große Namen angeht. Andere Einkaufszentren, die sie beachten sollten, sind **New Millennium** *(zwischen der Knez-Mihaila-Straße und dem Obilićev Venac)*, **Zira** *(Ruzveltova 35)*, **Merkator** *(Buelavar umetnosti 4, Neu-Belgrad)*, wie auch eine kleine, aber zentrale **City Passage** *(Obilićev venac 18-20)*.

Wenn Sie etwas Einzigartigeres bevorzugen, sollten Sie das etwas gealterte Čumić Einkaufszentrum zwischen Terazije, Nušićeva- und Dečanka-Straße besuchen, wo sich der **Choomich-Design-Bezirk** befindet, eine Gruppe von ungewöhnlichen Läden, die von einheimischen Designern betrieben werden. Die anderen erwähnenswerten Modedesignerläden sind **Šlic** in der Palmotićeva 23 und **Uppa Druppa** ein paar Ecken weiter in der Takovska 5. Ein anderer Laden mit ähnlich angesagten Produkten, inklusive Haushaltsartikel, ist **Supermarket** (Višnjićeva 10), in dem es auch ein schön engerichtetes Café mit Restaurant und ein Spa-Center gibt. Für eine schöne (aber beschränkte) Auswahl an jugendlicher Kleidung mit dem Thema Belgrad besuchen Sie den Laden des **KC Grad** (Braće Krsmanovića 5).

Typische Souvenirs

Die meisten Lokalitäten, die von Touristen besucht werden, verkaufen Postkarten, wie auch verschiedene Gegenstände von künstlerischem Wert oder solche für den täglichen Gebrauch – Tassen, Teller, T-Shirts, Terminkalender usw. Die interessanteste Sammlung findet man am **Belgrader Fenster** (Ecke Kneza-Mihaila-Straße und Trg Republike) oder in der Reihe von **Straßenständen** am oberen Ende der Kneza-Mihaila-Straße, die verschiedene handgemachte Gegenstände, viele mit dem Belgrad-Thema, verkaufen.

Wenn Sie auf der Suche nach einem guten **Folklorekunst-Souvenir** sind, besuchen Sie den Laden des **Ethnographischen Museums** am Studentski Trg 13, der zwar recht teuer ist, aber dafür gibt es einen guten Grund – Authentizität.

Die Konfektion, die von der Firma **Ivković** (Kralja Milana 7) hergestellt wird, ist definitiv modern, aber die meisten Produkte sind von Motiven traditioneller Trachten inspiriert.

Fast alle **Buchhandlungen** im Zentrum bieten eine große Auswahl von englischsprachigen Büchern, einschließlich solcher über Belgrad und Serbien und sogar einiger Übersetzungen von Romanen berühmter serbischer Schriftsteller.
Delfi, Ecke Kralja-Milana- und Resavska-Straße
Vulkan, Ecke Kneza-Mihaila- und Sremska-Straße

Das Delta-City-Einkaufszentrum in Neu-Belgrad

Evro Giunti, Kneza Mihaila 35
Apropo, Cara Lazara 10

Für eine gute Auswahl an ausländischer und serbischer **Musik** ist **Vulkan** (siehe oben) zu empfehlen. Andere Buchhandlungen verkaufen ebenfalls CDs. Wenn Sie nach etwas Spezifischerem suchen, besuchen Sie **Evergreen** in der Unterführungspassage in der Dečanska-Straße. **Pinball Wizard** im Eurocenter Shoppingzentrum (Makedonska 30), wo es eine schöne Auswahl an einheimischen und ausländischen Schallplatten gibt.

Eine Flasche serbischen **Rakijas** könnte das perfekte Souvenir sein und die beste Auswahl an Geschmacksrichtungen und Produzenten findet man im Geschenkladen **Rakia &Co.** Auf den Terazije 42 und der Njegoševa-Straße 32. Wenn Sie etwas von dem einheimischen Kaffee gekauft haben, um ihn zu Hause zu probieren, sollten Sie ihn mit ein paar Päckchen handgemachten Türkischen Honigs (*ratluk*) aus dem fast hundert Jahre alten Süßwarenladen **Bosiljčić** in der Gavrila-Principa-Straße 14 ergänzen. Denjenigen, die Tee Kaffee vorziehen, empfehlen wir einen Besuch im **Kuća Čaja** *(Mišarska 6)*, das eine große Auswahl an Tees und ihre eigenen ungewöhnlichen und inspirierenden Mischungen anbietet.

Aufgrund der Krise, die der serbische Weinbau in der Vergangenheit durchlief, könnte man Schwierigkeiten haben, einheimische Qualitätsweine in gewöhnlichen Geschäften zu finden. Glücklicherweise gibt es einige gute **Weinhändler** in der Stadt, die ihren Bedürfnissen entgegen kommen.
Srpska kuća vina, Braničevska 1
Vinoteka, Makedonska 24
Hedonist, Kralja Milana 3
Vinodom, Bulevar Mihaila Pupina 10a,
Wine bar, Dositejeva 13
Cerpromet, Skenderbegova 27
Premier, Strahinjića bana 13a
Compania de Vinos, Kalenićeva 3

Wenn Sie ein ökologisches, einheimisches Produkt kaufen möchten, schauen Sie doch bei einem der **Bioläden** rein. Dort finden Sie eine Unzahl an Produkten von serbischen Bio-Fruchtsäften bis zu Öko-Seifen und -crèmes.
Biomarket, Svetogorska 18 und Maršala Birjuzova 37
Čarobna bundeva, Makenzijeva 22
Neven, Dečanska 21
Maslina, Katanićeva 2

Natürlich sollte man auch die **Märkte** nicht vergessen, von denen manche nicht nur eine fantastische Auswahl an Früchten und Gemüse anbieten, sondern auch haltbarere Produkte. Die größten und zentralsten unter ihnen sind Zeleni Venac, Bajlonijeva, Kalenić, Djeram und Zemnuska.

Antiquitätenläden gibt es viele, wenn auch die Auswahl nicht so groß, wie in anderen europäischen Städten ist, kann man viele alte und schöne Dinge entdecken.
Nosorog, Čubrina 10 & Cara Uroša 6
Dada, Čumićevo sokače Shoppingcenter
Dorćolac, Strahinja bana 31
Zarić, Vuka Karadžića 9

Unterhaltung

Tickets

Eintrittskarten für alle großen Theater und Konzerte kann man beim **Bilet Servis** am Trg Republike 5 *(am Eingang der Buchhandlung Stubovi kulture; Tel.: 011 30 333 11, www.biletservis.rs)*, bei **Eventim** *(Topličin venac 19-21, Tel.: 011 328 10 25, www.enevtim.rs)*, beide verfügen auch über gute Intenetportale, oder im Ticketbüro des **Dom Omladine** *Dečanska 1, Tel.: 011 32 48 202).*

Die Logen des Nationaltheaters

Kinos

Außer einigen wenigen synchronisierten Kinderfilmen werden alle Filme in der Originalsprache mit serbischem Untertitel gezeigt. Die Transition und die schlecht organisierte Privatisierung haben die meisten der kleinen, alten Kinos verschwinden lassen, sodass heute Multiplexkinos in großen Einkaufzentren den Ton angeben.

Akademija 28, Nemanjina 28a
DKC, Kolarčeva 6
Dom omladine, Makedonska 22
Dom sindikata, Trg Nikole Pašića 5
Kinoteka (Filmarchiv, Klawssiker), Kosovska 11
Kolosej, Ušće Shoppingcenter, Bulevar Mihaila Pupina 11
Palas Šumadija, Turgenjevljeva 5 (Banovo brdo)
Roda, Požeška 83a (banovo brdo)
Sava centar, Milentija Popovića 5 (Neu-Belgrad)
Ster Cineplex, Delta City Shoppingcentar, Jurija Gagarina 16 (Neu-Belgrad)
Tuckwood Cineplex, Kneza Miloša 7

Theater

Es gibt nur selten fremdsprachige Produktionen, aber gelegentlich finden Gastvorstellungen in anderen Sprachen statt. Außerdem kann man Musicals (Pozorište na Terazijama), Opern (Narodno pozorište und Madlenianum), das Ballett (Narodno pozorište), physisches Theater und andere Arten von non-verbalen Vorstellungen besuchen.

Atelje 212, Svetogorska 21
Beogradsko dramsko pozorište, Mileševska 64a
Boško Buha (Kindertheater), Trg Republike 3
BITEF-Theater, Skver Mire Trailović
Duško Radović, Aberdareva 1
JDP, Kralja Milana 50
Madlenianum, Glavna 32 (Zemun)
Narodno pozorište, Trg Republike 1
Pozorište na Terazijama (Musical), Terazije 29
Zvezdara teatar, Milana Rakića 38

Schauen Sie auch bei **Rex** (*Jevrejska 16, www.rex.b92.net*) und dem **Zentrum für Dekontermination** (*Birčaninova 21, 011 681 422,www.czkd.org*) hinein, die viele alternative visuelle und Theaterevents organisieren.

Konzerte

Klassische Musik wird meist in der **Kolarčeva Zadužbina** (besser bekannt als «Kolarac», *Studentski trg 5, Tel.: 011 635 073)* aufgeführt, wo weltberühmte Musiker auftreten. Hier finden auch die größten Jazzkonzerte statt und Folkloreensembles treten hier ebenfalls auf. Neben dem Kolarac befindet sich das **Belgrader Philharmonische Orchester** (*Beogradska filharmonija, Studentski trg 11, durch die enge Gasse, 011 32 82 977, www.bgf.rs)*, das Konzerte in seinem renovierten Saal abhält. Eine der größten Konzerthallen ist **Sava Centar** *(Milentija Popovića 9)*, wo Konzerte von traditionell bis Rock stattfinden. Für klassische Kammermusikkonzerte gibt es das **Guarnerius** *(Džordža Vašingtona 12, Tel.: 011 33 46 807, www.guarnerius.rs)*, das einen kleineren Konzertsaal hat. Größere Rockkonzerte finden meist im **Dom Omladine** *(Dečanska 1, www.domomladine.org)*, im **SKC** (Kralja Milana 48) oder der **Arena** (Bulevar Arsenija Čarnojevića 58, Neu-Belgrad) statt, wobei die Arena am ehesten für Popkonzerte und technisch spektakuläre Ereignisse geeignet ist.

Zur Zeit sind die besten Orte für Jazzliebhaber das winzige **Ptica** (Cara Uroša 19) und **O.U.R. Bar** (Beogradska 71), wobei mindestens einmal im Monat ein gutes Konzert im **Kolarac** stattfindet.

Konzert im großen Saal des Sava Centers

- Hotel
- Hostel
- Pansion

PREISKLASSE – für eine Person in einem 2-Bett-Zimmer (inkl. Frühstück, Zimmerservice und Kurtaxe). Die Zeichen charakterisieren die Ausstattung des Hotels.

Anzahl der Zimmer / Anzahl der Betten: 308/373

> 100 EUR	€€€€€
50 - 100 EUR	€€€€
25 - 50 EUR	€€€
12 - 25 EUR	€€
< 12 EUR	€

★★★★★ Metropol Palace

Bulevar kralja Aleksandra 69
11000 Beograd
011/3333-100

239/303 — €€€€€

Das atemraubende 5 Sternhotel Metropol ist seit jeher gesellschaftlicher Mittelpunkt der Stadt und berherbergt die wichtigsten Besucher Belgrads. Nach kompletter Renovierung und mit neuem Design ist das Metropol Palace heute wieder das luxeriöse Juwel Belgrads

★★★★★ HYATT Regency

Milentija Popovića 5
11070 Novi Beograd
011/301-1234

308/373 — €€€€€

Das Hotel liegt in Neu Belgrad, gegenüber dem Ušće Business Center. Es bietet exzellenten Service, ein Restaurant mit internationaler Küche, Fitness Center, Business Center und mehrere Konferenzsäle.

★★★★★ President

Kovilovo, Zrenjaninski put 170
11211 Beograd
011/207-5200

27/50 — €€€€€

Das Hotel ist am linken Ufer der Donau gelegen, 12 km vom Zentrum Belgrads. Schießstände und andere Angebote.

★★★★★ Square Nine

Studentski trg 9
Zemun, 11000 Beograd
011/33-33-500 www. squarenine.rs

31/43 — €€€€€

Ein sehr lobenswertes 5-Sterne-Hotel im Herzen der Belgrader Altstadt. Diese Qualitätsunterkunft mit jeglichem kleinen Luxus und Spitzendesign ist definitiv einer unserer Favoriten. Das Restaurant des Hotels hat sich schnell einen Namen als eins der besten der Stadt gemacht, statten Sie ihm also einen Besuch ab.

★★★★ Excelsior

Kneza Miloša 5
Beograd, 11000 Beograd
011/32-31-381

€€€€€

Das Hotel ist 1924 geöffnet, liegt im engen Stadtzentrum, gegenüber dem Rathaus und Parlament, und bietet neue und moderne Zimmer an. Der serbische Nobelpreisträger Ivo Andrić lebte hier von März 1933. Viele Staatspräsidenten und Regierungschefs, Prinzen und Prinzessen waren auch Mitte des 20. Jahrhunderts ständige Gäste in unserem Hotel.

★★★★ Crystal

Internacionalnih brigada 9
11000 Beograd
011/7151-000 www.crystalhotel.rs

44/61

.... Crystal Hotel ist ein Viersternhotel der neuen Generation. Das Boutiquehotel ist mitten in der Stadt, in unmittelbarer Nähe der atemberaubenden Kirche Sv. Sava sowie 300 Meter von der Autobahn und 4 km von der Belgrader Messe entfernt, gelegen. Das Hotel verfügt über 35 luxeriöse Zimmer, 9 repräsentativ deisgnten Suiten, 2 Konferenzräume, Sitzungssaal und Garage.

★★★★ Holiday Inn

Španskih boraca 74
11070 Novi Beograd
011/301-00-00

167/288

Das Hotel liegt direkt neben dem Expo XXI Zentrum in einem sich rapide entwickelnden Teil Neu Belgrads. Eröffnet 2007 ist es modern eingerichtet und bietet sehr elegante Zimmer.

★★★★ Balkan

Prizrenska 2
11000 Beograd
011/363-6000

80/171

Ein Klassiker unter den belgrader Hotels in seinem „neuen" Gebäude von 1936. Zentral gelegen mit klassischem Interieur, moderner Einrichtung und allem Komfort, den man sich wünschen kann.

★★★★ Moskva

Balkanska 1
11000 Beograd
011/268-6255

138/263

Das Hotel befindet sich in der Mitte der Terazije in dem monumentalen Gebäude mit dem Brunnen davor.

★★★★ Tulip Inn

Palmira Toljatija 9
11000 Beograd
011/22-59-999,
www.tulipinnputnikbelgrade.com

97/200

Kürzliche Renovierungsarbeiten haben das Dekor aus der sozialistischen Ära ersetzt, abgesehen von der groben Betonfassade, die jedoch gut in die Umgebung von Neu-Belgrad passt. Helle, sehr komfortable Zimmer (die meisten jedoch ziemlich klein), angenehmes Design, hilfsbereites Rezeptionspersonal und ein Privatparkplatz machen es zu Ihrer besten Option, wenn Sie in diesem Teil der Stadt geschäftlich zu tun haben.

★★★★ Zira

Ruzveltova 35
11000 Beograd
011/331-48-00

69/194

Dieses kürzlich eröffnete Hotel am Rand der Innenstadt liegt auf dem Komplex der großen Shoppingmall. Es verfügt über eine Tiefgarage, ein attraktives Restaurant und modern eingerichtete Zimmer

★★★★ Šumadija-Best Western

Šumadijski trg 8
Banovo Brdo, 11030 Beograd
011/30-54-100

76/98

Kürzlich eröffnetes Hotel in der Nähe von Košutnjak, nur wenige Kilometer vom Zentrum Belgrads entfernt in der Natur.

★★★★ Majestic

Obilićev venac 28
11000 Beograd
011/328-5777

89/125

Gleich in der Nähe der Knez Mihailo Straße liegt dieses Hotel guter Qualität mit schönem Café.

★★★ Mr President

Karadjordjeva 75
11000 Beograd
011/360-22-22

12/24

Direkt gegenüber des Hauptbahnhofs gelegen verdankt das neue Hotel seinen Namen den Portraits von Präsidenten aus allen Ländern der Welt, mit denen die Zimmer dekoriert sind. Modern und stylish eingerichtet, erstaunliche Design-Kapriziösen.

★★★ Park

Njegoseva 2
11000 Beograd
011/414-6-800

Direkt gegenüber des Hauptbahnhofs gelegen verdankt das neue Hotel seinen Namen den Portraits von Präsidenten aus allen Ländern der Welt, mit denen die Zimmer dekoriert sind. Modern und stylish eingerichtet, erstaunliche Design-Kapriziösen.

★★★ Rex

Sarajevska 37
11000 Beograd
011/361-1862

92/142

Dieses kürzlich renovierte Hotel im Stadtzentrum ist besonders für Businesstourismus geeignet, exzellentes Restaurant mit nationaler und internationaler Küche.

Belgrade Modern Hostel

Makedonska 21, 1st floor
11000 Beograd
+ 381 60 75 333 00
www.belgrademodernhostel.com

Hostel liegt im engen Stadtzentrum, im Herzen von Belgrad, gegenüber dem Kulturzentrum „Dom Omladine", und ca. 200 m und 3 Minuten zu Fuß vom Platz der Republik und Volkstheater entfernt. Wir sind nur 200 m vom bekannten Bohème-Viertel „Skadarlija" entfernt. Wir sind uns sicher, dass die Lage unseres Hostels unseren Gästen den Aufenthalt in Belgrad noch schöner machen würde und ihnen auch ermöglichen, ein Teil des unvergesslichen und immer wieder erzählten Abenteuers zu sein. Hostel richtet sich völlig an die Gäste, die Belgrad auf beste Art und Weise erleben möchten.

Hostel 21

Makedonska 21, 2nd floor
11000 Beograd
+ 381 60 75 333 00
www.hostel21.rs

Hostel liegt im Herzen vom alten Belgrad, im Zentrum der Kunst, Kultur, Gastronomie, Nachtlebens und Hedonismus auf Belgrader Art und Weise. Es befindet sich 200 m vom Platz der Republik entfernt, und bis zur Hauptfußgängerzone „Knez Mihajlova" braucht man 3 Minuten zu Fuß. Unsere Lokation und nette Bedienung machen alle Gäste recht zufrieden. Es gibt 51 Betten in insgesamt 11 Zimmern. Die Zimmer und Apartments sind so eingerichtet, dass sie alle Bedürfnisse von Gästen und verschiedene Geschmacke befriedigen.

Downtown Central Hostel

Kolarčeva 7, 3rd floor
11000 Beograd
+ 381 60 75 333 00
www.dchostel.rs

In diesem Hostel, von dem sich der Blick auf die Straße „Knez Mihajlova" richtet, gibt es zwei exklusive Zweibettzimmer, während die größeren Cliquen den modernen und farbenvollen Innenraum mit drei, vier, fünf und zehn Betten, die für die Bedürfnisse des Hostels speziell designiert sind, genießen können. Die Lage des Hostel ist einfach ideal, im engen Stadtzentrum, ganz in der Nähe von allen Ereignissen und Abentuer.

Cherry

Baba Višnjina
11000 Beograd
064/194-8907
www.belgradeapartment.net

1/2

Das neue, moderne, luxuriöse Studio ist ideal für Einzelgäste oder Paare.

Captain

Gospodar Jovanova
11000 Beograd
064/194-8907
www.belgradeapartment.net

2/7

Komfortable 2-Zimmer-Apartment. Es ist ideal für Familien oder Gruppen von Freunden. Es beherbergt bis zu 7 Personen.

Fischrestaurant · Nationale Küche · Internationale Küche

Balkan Express

Despota Djurdja 22, Zemun
11080 Beograd
011/2615-906

09-23

Interessantes Restaurant in einem Zugabteil auf der Spitze des Berg Gardoš in Zemun. Von der großen Sommerterrasse bietet sich ein herrlicher Blick auf die Donau

Byblos

Nebojšina 6
11000 Beograd
011/244-1938

12-24

Libanesisches Restaurant mit minimalistischem Dekor im orientalischem Stil bietet traditionelle arabische Küche und eine gute Auswahl an Weinen. Donnerstags und samstags ab 21 Uhr Bauchtanz.

Caruso

Terazije 23
11000 Beograd
011/32-48-037

08-24

Von diesem Restaurant im obersten Stockwerk haben Sie eine spektakulären Ausblick auf den Terazije-Platz und das in der Ferne liegende Neu Belgrad. Die Innenausstattung ist modern und überwiegend in weiß gehalten, was zusammen mit den großen Fenstern eine besondere transparente Qualität schafft. Der Schwerpunkt der Speisekarte liegt auf mediterraner und Balkan-Küche und bietet interessante Kombinationen und Rezepte.

Franš

Bulevar Oslobodjenja 18a
11000 Beograd
011/264-1944

10-24

Das Interieur des Franš Restaurant ist sehr ansprechend, besonders im Frühling und Sommer, wenn der Garten geöffnet ist.

Ginger

Bulevar Nikole Tesle 3
11000 Beograd
011/220-28-22

14-01

Die Inneneinrichtung dieses stylischen Restaurants springt sofort positiv ins Auge, besonders im Frühling und Sommer, wenn der große überdachte Garten in Betrieb ist. Die Gäste sind mehrheitlich vornehm gekleidet.

Golub

Bulevar kralja Aleksandra 202
11000 Beograd
011/2421-401

09-24

Diese berühmte Pizzeria bietet viele fantasievolle Pizzen und eine große Palette anderer italienischer Gerichte an. Eine ruhige Gastwirtschaft am geschäftigen Boulevard.

Cafe-Restaurant im Hotel Excelsior

Kneza Miloša 5,
11000 Beograd
011/32-31-381

12-24

Es ist ein perfekter Ort, sich nach den Besichtigungen zu entspannen und mit Hilfe vom guten Essen und ausgezeichnetem Wein zu erholen. Cafe-restaurant befindet sich im Erdgeschoss des Hotels Excelsior, das im Stadtzentrum, gegenüber dem Rathaus und Parlament, liegt. Viele Staatspräsidenten und Regierungschefs, Prinzen und Prinzessen waren Gäste in diesem Hotel, und die nette Bedienung wartet auch auf Dich.

Gušti mora

Radnička 27
11000 Beograd
011/355-1268

12-23

Fisch, Hummer oder Meeresfrüchte werden hier frisch und schmackhaft nach Boka-Kotorska-Art, einer Region an der Adriaküste Montenegros, zubereitet. Das warme, holzgetäfelte Interieur, die freundlichen Kellner und die hervorragende Weinkarte machen das Fischlokal zu einem der besten der Stadt.

Iguana

Karadjordjeva 2-4 (Beton hala)
11000 Beograd
011/3283-749

10-02

Vereint Geschmacksrichtungen aller Welt und anstatt mit Standardmenüs überrascht das "Iguana" seine Gäste mit innovativen Kombinationen. Beachtung verdient auch seine berühmte Weinkarte.

Jevrem

Gospodar Jevremova 36
11000 Beograd
011/328-4746

11-01

Dieses elegante und anspruchsvolle Restaurant liegt mitten im Café-Gebiet. Sie haben die Wahl zwischen vielen authentischen serbischen Gerichten und bekannten internationalen Spezialitäten. Abends Livemusik.

Kalemegdanska Terasa

Mali Kalemegdan bb
11000 Beograd
011/328-3011

12-01

Es gibt kein besser gelegenes Restaurant in Belgrad mit einer solch spektakulären Aussicht auf die beiden Flüsse. Die Weinkarte ist eine der reichhaltigsten in der Stadt.

Klub književnika

Francuska 7
11000 Beograd
011/26-27-931

12-01

Der legendäre Versammlungsort von Schriftstellern sowie Journalisten, Schauspielern, Künstlern, Malern, Filmschaffenden, Ärzten, Architekten, Staatsmännern

Kumbara

Bulevar Oslobodjenja 36,
11000 Beograd
011/390-6834

10.30-24

Obwohl es einige Kilometer südlich des Stadtzentrums liegt, ist dieses absolut nationale Restaurant immer gut besucht. Der berühmte Leskovac-Grill ist am besten.

Manjež

Svetozara Markovića 49
11000 Beograd
011/362-11-11

08-01

Einst eine berühmte Kafana und ist heute ein „Manjež" ein elegantes Restaurant mit eher elitären Gästen. Als Menüs werden internationale und serbische Gerichte offeriert, mit guter Weinkarte.

Opušteno

Ada Ciganlija
11000 Beograd
011/357-2258

13-21

Ein aus Holz gebautes Restaurant mit offener Terrasse über dem See, der als Ada Safari bekannt ist. Die Art, wie hier geschmackvolle nationale Küche zubereitet und in Tongeschirr serviert wird, versetzt einen in die friedliche Schläfrigkeit vergangener Tage. Dazu gibt es regionale Weine.

Srpska kafana

Svetogorska
11000 Beograd
011/324-71-97

09-24

Das berühmte Kafana, das immer mit dem Theater „Atelje 212" und seinen Schauspielern verbunden war. Kürzlich renoviert, erhielt es seinen alten Geist.

Panta Rei

Tadeuša Košćuška 63
11000 Beograd
011/303-66-98

09-24

Dieses kürzlich eröffnete Restaurant hat bereits einen guten Ruf wegen der interessanten und schmackhaften Küche und der bemerkenswerten Lage an der Donau, die man durch große Fenster oder von der schönen Terrasse aus bestaunen kann.

Pomodoro

Hilandarska 32
11000 Beograd
011/264-1944

09-24

Hübsch dekoriert, gemütlich und mit entspannter Atmosphäre ist dieses Restaurant für eine leichte Zwischenmahlzeit ebenso geeignet wie für ein komplettes Menü. Freundliche Kellner, frische Produkte und der Küchenchef, der vor den Augen der Gäste Pizza zubereitet, machen den Besuch zu einem Genuss.

Šaran

Kej Oslobodjenja 53
11080 Zemun
011/2618-235

12-01

Eines der berühmtesten und elegantesten Restaurants in Zemun. Thematisch in zwei Einheiten gegliedert, beide vorwiegend in terracotta gehalten, großartiger Garten und schöne Terrasse.

Tribeca

Kralja Petra 20
11000 Beograd
011/3285-656

09-01

Dank seines exzellenten Services, seinem Scharm und der erkennbaren Liebe zum Detail, kann Tribeca als eine der besten Belgrader Topküchen genannt werden. Die Mischung von hochwertiger nationaler und internationaler Küche, die umfangreiche Weinauswahl und die stilechte Inneneinrichtung hinterlässt einen bleibenden Eindruck. Mit herrlichem Garten, welcher von Frühling bis Herbst geöffnet ist. Tribeca ist direkt im Zentrum gelegen.

VOJVODINA

Geographisch gesehen ist die Vojvodina das Gegenteil zum restlichen Serbien – Serbien ist so gebirgig wie die Vojvodina flach und die Vojvodina so gebirgig wie Serbien flach ist. Abgesehen von den niedrigen Gebirgen Fruška Gora und Vršačke Planine an der rumänischen Grenze gibt es nichts, was den Blick über die endlose Ebene, die vor Millionen von Jahren der Grund des Pannonischen Meeres war, behindert. Heute segeln nur Traktoren und Mähdrescher über das Meer und kämpfen gegen die Wellen aus Weizen und Sonnenblumen. Wie Inseln auf hoher See stehen die Glockentürme von orthodoxen, katholischen, unierten, evangelischen und calvinistischen Kirchen und die Kornspeicher, die nie leer sind, heraus.

Drei große Flüsse fließen durch diese Region – Donau, Save und Tisa – und teilen sie in drei Teile – Srem, Banat und Bačka. Lange Zeit waren dies Provinzen bis sie 1848 zum ersten Mal auf Forderung der Serben hin, die in allen dreien lebten, vereinigt wurden. Das daraufhin neugegründete Land des Habsburger Reiches erhielt den Namen «Srpska Vojvodina», was «Serbisches Herzogtum» bedeutet. Heute ist die Vojvodina eine autonome Provinz der Republik Serbien mit einem eigenen Parlament und eigenen Ministerien als institutionellem Schutz ihrer Individualität.

«Beeil dich langsam» heißt das Motto dieser Gegend. Die Menschen tun ihre Arbeit langsam, ein bisschen so, als seien sie schläfrig, aber akkurat, denn sie wissen, dass die fruchtbare Ebene die verdiente Belohnung bringt. Diese Kornkammer Serbiens gibt mehr als genug für alle, die hier leben, und deshalb leben auch alle hier: Serben, Ungarn, Rumänen, Slowaken, Ukrainer, Kroaten, Tschechen und viele andere, die hierher gekommen sind, um ein besseres Leben zu finden und alle haben es schätzen gelernt. Die schönen Städte der Vojvodina sind voll von Gebäuden aus der Zeit des Habsburger Monarchie. Obwohl es hier keine Deutschen mehr gibt, ist doch viel von ihrer Effizienz und Ordnung geblieben, ohne dass man sie irgendjemandem aufgezwungen hätte.

Paar in volkstümlicher Tracht

An den weiten Ufern der Donau, im Schatten der mächtigen Festung Petrovaradin liegt **Novi Sad**, das administrative und kulturelle Zentrum der Provinz. Obwohl es eine relativ große Stadt ist, ist die Atmosphäre entspannt, beruhigend und inspirierend zugleich. Nördlich von Novi Sad liegt **Subotica**, das Serbien nicht nur physisch, sondern auch

Iohe Kirchtürme, die sanft dahinfließende Donau und ein weiter
lick sind typisch für die Vojvodina und ihren enetspannten Lebensstil

durch seine Secessionsarchitektur und die aktive Wirtschaft mit Europa verbindet. Abseits der Hauptstraßen befindet sich das schöne **Sombor**, geschichtsträchtig und mit dem üppigem Grün, wo man das gemächliche Lebenstempo genießt. Die Stadt **Sremska Mitrovica**, in der antiken Klassik *Sirmium* genannt, war eine der vier Hauptstädte des Römischen Reiches und gab der ganzen Provinz Srem ihren Namen. Eingebettet zwischen der Donau und den Hügeln der Fruška Gora liegt die Stadt **Sremski Karlovci**, für viele Jahrhunderte das spirituelle Zentrum der Serben, aber auch eins der europäischen Zentren für Weinanbau. Eine andere Stadt, die neben Weinbergen heranwuchs, ist Vršac mit seinen niedrigen, aber doch wilden Bergen. Heute erinnern nur Sümpfe und Moore an die Landschaft der Vojvodina vor den Landtrockenlegungen, die das Hauptanliegen die Staatsbehörden bis zum Beginn des 20. Jahrhunderts waren. Die Landschaften vergangener Zeiten, mit ihrer unglaublichen Flora und Fauna, kann man jedoch an Orten wie **Carska Bara**, **Obedska Bara** oder im Naturschutzgebiet **Gornje Podunavlje** bewundern.

Es gibt viele Veranstaltungen, die die ethnische und kulturelle Vielfalt der Nationen der Vojvodina feiern. Diese Ereignisse ehren den Reichtum der Natur und den Enthusiasmus der Einwohner, die es schließlich am meisten lieben, die Früchte ihrer Arbeit mit Essen, Getränken und Liedern zu genießen.

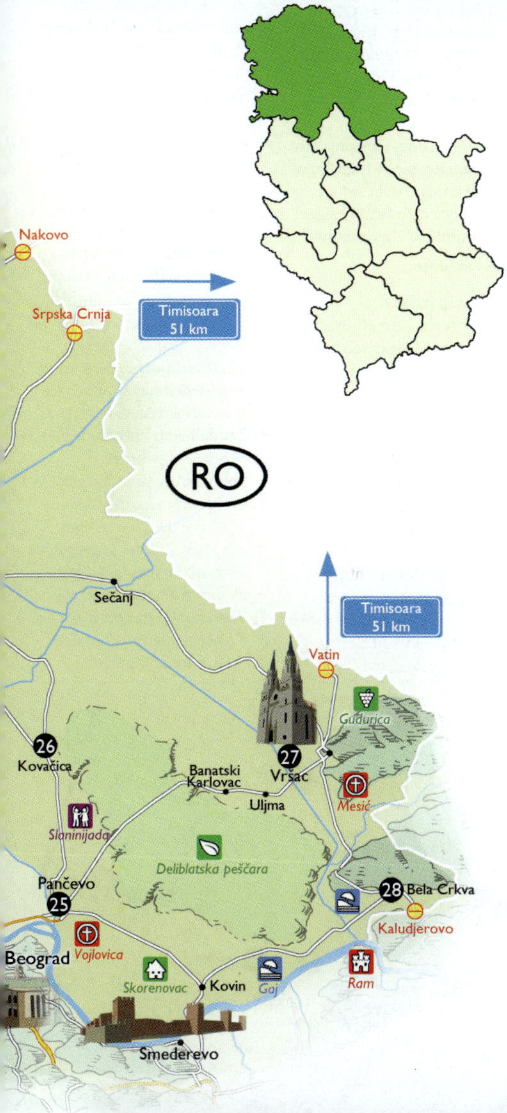

1 Subotica
2 Palić
3 Kanjiža
4 Sombor
5 Kikinda
6 Bečej
7 Fantast
8 Arača
9 Bač
10 Bodjani
11 Zrenjanin
12 Carska Bara
13 Novi Sad
14 Kovilj
15 Sr. Karlovci
16 Krušedol
17 Irig
18 Hopovo
19 Vrdnik
20 Jazak
21 Šid
22 Sr. Mitrovica
23 Zasavica
24 Obedska Bara
25 Pančevo
26 Kovačica
27 Vršac
28 Bela Crkva

Ein für die Vojvodina typischer Salaš , Blumensalaš

1 Subotica

- 96,500
- Trg slobode 1, 024 670 350
- Senćanski put 3, 024 55 55 66
- Park Ferenca Rajhla bb, 024 555 606
- Dužijanca, 8. August

Die nördlichste Stadt Serbiens ist wohl auch seine europäischste, sowohl was ihr Äußeres angeht, als auch seine Atmosphäre. Beides ist geprägt von dem Stolz der Stadt auf das reiche architektonische Erbe, wobei das meiste davon in der Belle Époque um die Wende zum 20. Jahrhundert entstand, als eine Vielzahl von Gebäuden im verspielten Art-Nouveau-Stil errichtet wurde. Ein Teil von Suboticas multikulturellem Gefühl kommt von den vielen verschiedenen Nationen, die hier leben – Ungarn, Serben, Kroaten, Bunjevci, sowie die historischen Überreste der jüdischen Gemeinde – alle vereint in der Leidenschaft für die große Vergangenheit ihrer Stadt und deren zentraleuropäischer Orientierung. Obwohl diese Orientierung sie manchmal trübsinnig macht, ist Subotica kein langweiliger Ort und hat ein erstaunliches Nachtleben.

GESCHICHTE

Subotica, oder *Szabadka*, wie es auf Ungarisch heißt, wurde zum ersten Mal 1391 als freies (szabad) Handelszentrum unter dem Schutz des ungarischen Königs erwähnt. Kurz danach verlor der Ort seine Unabhängigkeit und fiel unter die Autorität des verrufenen Johann Hunyadi, des mächtigsten Adligen im ungarischen Königreich. Einer der Erben von Hunyadis riesigem Besitz baute hier 1470 eine kleine Festung, um seinen Besitz vor türkischen Angriffen zu schützen. In den Unruhen nach der Schlacht von Mohács (1526), in der die Osmanen die ungarische Armee vernichtend geschlagen hatte, wurde Subotica für kurze Zeit die Hauptstadt eines selbsternannten Herrschers, des mysteriösen Jovan Nenad, auch bekannt als „der schwarze Mann". Er versammelte serbische Bauern um sich, die sich kürzlich in dieser Region angesiedelt hatten, und sich nun weigerten, sich neuen Feudalherrn unterzuordnen. Schließlich wurde Subotica von den Türken eingenommen, die hier von 1542 bis 1686 herrschten. Als die Stadt Teil der Habsburger Monarchie wurde, änderte sie ihren Namen in *Maria Theresiopel*, zu Ehren der Kaiserin, die ihr 1779 den Status der königlichen

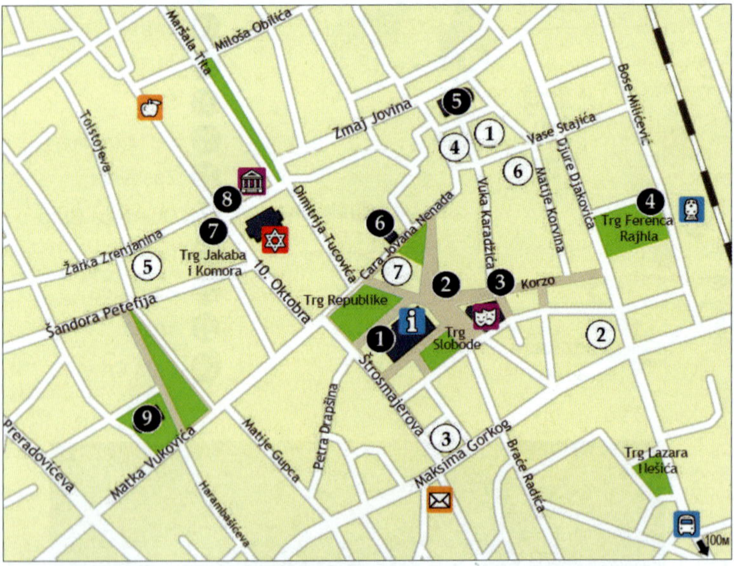

1. Das Rathaus
2. Trg Slobode
3. Die Hauptstraße
4. Trg Ferenca Rajhla
5. Vaznesenjska Kirche
6. Die Franziskanerkirche
7. Trg Jakaba i Komora
8. Das Stadtmuseum
9. Die katholische Kathedrale

HOTELS (S. 181)

(1) Galerija
(2) Patria
(3) PBG

RESTAURANTS (S. 176)

(4) Bates
(5) Nepker
(6) Renesansa
(7) The Code

Suboticas Wahrzeichen - das Rathaus

Freistadt zuerkannte.
Dieses bedeutende Privileg ermöglichte der Stadt eine schnellere Entwicklung, aber die wahre Blütezeit kam erst 1869, als die Eisenbahnlinie Subotica erreichte. Die Bahn ermöglichte nicht nur einen bequemeren Verkauf von landwirtschaftlichen und eine schnelle Industrialisierung, sie war auch der Grund für das Anwachsen der Bevölkerung auf 100.000 Einwohner zu Beginn des 20. Jahrhunderts. Und doch machte das Wachstum Subotica nur zu – wie seine Bürger scherzhaft sagen- „dem größten Dorf Europas". Um das zu ändern, begannen die Stadtväter eine Reihe von Bauprojekten, die die Stadt mit der Art-Nouveau-Architektur ausstatteten, die das Stadtbild noch immer prägt. Nach den territorialen Veränderungen, die das Ende des Ersten Weltkrieges verursachte, wurde die Stadt plötzlich Teil des Königreichs der Serben, Kroaten und Slowenen, nur 8 km von der Grenze zu Ungarn entfernt. Obwohl es die drittgrößte Stadt in dem neuen Land war (gleich nach Belgrad und Zagreb) führten die Grenzlage und die schlechten Beziehungen zum benachbarten Ungarn, sowohl zwischen den Kriegen, als auch in der Nachkriegszeit, zu einer generellen Stagnation von Subotica. In den vergangenen Jahren hat die Stadt als Serbiens Haupttor nach Europa wieder an Bedeutung gewonnen.

SEHENSWÜRDIGKEITEN

1. Das Rathaus

Gradska kuća

Der Bau des prächtigen neuen Rathauses an der Stelle, wo das alte gestanden hatte, dauerte nur vier Jahre (1908-1912). Sofort nach seiner Fertigstellung wurde dieses farbenfrohe Gebäude mit dem Turm, der stolz über dem Stadtzentrum thront, zum Wahrzeichen der boomenden Stadt. Das Rathaus war damals, und ist auch noch heute, der größte und opulenteste Bau in Subotica und als solcher ist es auch die Hauptsehenswürdigkeit für Touristen.

Das Rathaus wurde nach den Entwürfen von Marcel Komor und Dezsö Jakab, einem bekannten Architektenduo aus Budapest, gebaut. Ihre Pläne basierten auf der ungarischen Version der Art Nouveau, die zu Beginn des 20. Jahrhunderts in unter den Einwohnern von Subotica extrem beliebt wurde. Das Gebäude ist charakterisiert durch ungewöhnlich fantasievolle Variationen von Volksmotiven, die stilisiert und mit Art-Nouveau-Elementen kombiniert sind.

Die üppigen Verzierungen sind im Inneren des Gebäudes sogar noch unverwechselbarer. Auf dem Flur über dem Haupteingang befindet sich der zeremonielle **Ratssaal**, der mit **Buntglasbildern** von bedeutenden ungarischen Herrschern, von den mittelalterlichen Königen bis zu Franz Josef, der der

Die folkoristischen Motive im Rathaus

österreichische Kaiser und zur Zeit des Baus auch König von Ungarn, geschmückt ist.

Der Turm des Rathauses hat eine Aussichtsplattform in 45 m Höhe, der einen fantastischen Blick über die Flachlandstadt bietet.

Dieser Aussichtspunkt, ebenso wie alle anderen Schönheiten des Rathauses, sind ein Teil der Tour, die jeden Tag zur Mittagsstunde vom Souvenirladen beim Haupteingang beginnt.

Vor dem Haupteingang des Rathauses steht der **Blaue Brunnen** aus dem Jahr 2001, der vollständig aus dem berühmten Zsolnai-Keramik aus Pec in Ungarn gefertigt wurde, dasselbe Material, das man auch für das Dach des Rathauses verwendet hat.

2. Trg Slobode

Der zentrale Platz in Subotica wird von dem **Denkmal für den Kaiser Jovan Nenad** dominiert. Es ist die Arbeit des Bildhauers Petar Palavičini und wurde 1927 zur Feier des 400. Todestages Jovan Nenads aufgestellt. Neben der Statue des Kaisers stehen die Figuren seiner Mitstreiter Subota Vrlić und Fabian Literata. Während der ungarischen Besatzung im Ersten Weltkrieg wurde das Denkmal entfernt; fast unbeschadet stand es ein halbes Jahrhundert lang in den Depots, bis es 1991 wieder an seinem alten Platz aufgestellt wurde.

Die zwei Atlanten über dem Eingang der Stadtbibliothek

Der weitläufige **Grüne Brunnen**, ebenfalls aus Zsolnai-Keramik, ist schon seit seinem Bau im Jahre 1985, nach einem Entwurf von Svetslav Ličina, ein beliebter Treffpunkt.

Hinter dem Brunnen befindet sich die **Stadtbibliothek**, auch sie aus Zsolnai-Keramik, mit einer neobarocken Fassade, die üppig mit Skulpturen verziert ist, unter denen die bemerkenswertesten die beiden Atlanten, die den Balkon stützen, sind. Errichtet wurde das Gebäude 1897 für den Ungarischen Nationalklub, nach dem Projekt des berühmten, aus Subotica stammenden Architekten Ferenc Reichl.

Die eindrucksvolle Säulenhalle mit sechs massiven korinthischen Säulen gehört zum **Stadttheater**. Zu Beginn des 19. Jahrhunderts hatte Subotica weder ein zweckmäßiges Theatergebäude, noch ein modernes Hotel. 1848 begannen die Arbeiten an einem Gebäude, dass beides miteinander vereinen sollte; die Pläne dafür stammten von Janos Szkultety, der eingehend die Strukturen vieler europäischer Museen studiert hatte. Leider mussten die Arbeiten wegen der revolutionären Ereignisse in Ungarn gleich wieder gestoppt werden. Sie wurden jedoch kurz darauf wiederaufgenommen und das Gebäude wurde 1854 fertiggestellt. Zusammen mit dem Hotel „Pest“, einigen elegant arrangierten, der Hauptstraße zugewandten Schenken wurde das Stadttheater das Zentrum des sozialen Lebens und das Wahrzeichen Suboticas, bevor das Rathaus sich auf dem Platz dazugesellte. Nachdem ein Feuer 1915 den größten Teil des Gebäudes verschlungen hatte, wurden das Theater und das Hotel zwischen den beiden Weltkriegen neu gebaut, aber in moderaterem Stil, der die neoklassizistischen Symbole nicht wiederaufnahm. Mit der Zeit wurde das Theater mehr und mehr für Filmvorführungen genutzt und das Hotel verlor sein Prestige. Es gibt inzwischen Pläne für einen großen Umbau des Theaters.

Das Denkmal für Jovan Nenad mit dem Vojnić-Palast im Hintergrund

3. Die Hauptstraße

Korzo

Anfangs war diese Straße nur der Ausgangspunkt für die Straße nach Szeged, die sich durch das sumpfige Land des heutigen Ferenc-Reichl-Platzes wand. Als der Sumpf trockengelegt war, wurde die Straße verlängert und verbreitert und wurde schnell zur prestigeträchtigen Promenade und ein kommerzieller Bezirk, in dem in den 1880ern die schönsten Häuser von

Subotica errichtet wurden. Auch heute noch ist der Korzo sowohl eine beliebte Straße zum Umherbummeln, als auch eine Einkaufsstraße und der Ort, an dem sich das soziale und das Nachtleben abspielt. Als bekannteste Straße der Stadt hat sie in ihrer kurzen Geschichte schon mehrmals ihren Namen geändert, meistens war sie nach den aktuellen Herrschern benannt. Vor etwa zehn Jahren entschlossen sich die Stadtväter, ihr einen allen bekannten Namen zu geben – kurz und klar – Korzo („Promenade"). Dies ist eine seltene Ausnahme in einer Stadt, wo die Straßennamen nach einem ethnischen Schlüssel verteilt werden – ein Drittel trägt serbische historische oder geographische Bezeichnungen, ein Drittel ungarische und ein Drittel kroatische.

Ausgehend vom Trg Slobode ist das erste Gebäude, das Aufmerksamkeit erregt, der **Vojnić-Palast** mit seiner roten Front (J. Jedlička, 1893), das schönste Exemplar des neugotischen Stils in Subotica. Das Hauptmotiv an der Fassade ist ein dreieckiges Erkerfenster mit der Skulptur eines Ritters, der einen Schild mit dem Wappen der Vojnić-Familie hält.

An der ersten Ecke auf der rechten Seite steht das Gebäude der ehemaligen Handelsbank von Subotica, das immer noch Büroräume moderner Banken beherbergt. Es wurde nach Entwürfen des gefeierten Jakab-Komor-Duos in dem ungarischen Art-Nouveau-Stil gebaut, der sie berühmt gemacht hat. Unter den vielfältigen, von der Volkskultur inspirierten Verzierungen, sind die Bienenstöcke, die für das Sparen stehen, am dominantesten. Gleich rechts daneben steht das **Haus von Jovan Dimitrijević** aus dem Jahre 1881, im üppigen Neurenaissance-Stil. Es ist das Werk des Architekten Titus Mačković, der in seiner fünfzigjährigen Karriere in Subotica viele der schönsten Gebäude entworfen hat.

Über eine kleine Straße, die mit einem kleinen, aber interessanten Brunnen verziert ist, befindet sich der **Stanko-Manojlović-Palast**, ein weiteres Werk des Architekten Mačković, in einer großzügigen Mischung aus Renaissance- und Barockelementen. Zwei Häuser weiter, unter der Nummer 4, steht das **Haus des Djura-Manojlović**, Stankos Vater, 1881 als separate Villa am damaligen Stadtrand gebaut. Gegenüber davon steht der strikt im Neorenaissance-Stil erbaute Prokeš-Palast (G. Kocka, 1887). Zu einer Zeit war es das größte zur Miete stehende Gebäude der Stadt.

Eine farbefrohe Verzierung am Giebel der früheren Suboticer Handelsbank

4. Trg Ferenca Rajhla

An der Stelle, wo heute dieser Platz ist, befand sich einst der Teich Rogina Bara, der die Stadt von der Ostseite abschloss und für lange Zeit eine Expansion von Subotica in diese Richtung verhinderte. Noch als 1864 der Bahnhof gebaut wurde, ermöglichte ein Damm die Verbindung zur Stadt über den Teich hinweg. Der Teich wurde dann 1888 trockengelegt und wegen seiner Nähe zum Stadtzentrum wurde das Gebiet sofort interessant für die besser situierten Bürger von Subotica, die den neugeschaffenen Platz mit ihren exquisiten Villen einrahmten.

An der Ecke vor dem Bahnhof steht der imposante neogotische **Simegi-Palast** aus dem Jahr 1893. Der **Lović-Palast** steht gleich daneben (Ödön Lechner und Gyul Partos, 1893). An ihm kann man die ersten Anzeichen der Art-Nouveau-Architektur erkennen, die bald in Subotica triumphieren sollte.

Auf der Seite des Platzes, die dem Bahnhof gegenüber liegt, steht der **Reichl-Palast**, ein prachtvolles Meisterwerk der Art-Nouveau-Architektur. Dieses eindrucksvolle Gebäude aus lebendiger Masse, das mit wundervollen Keramiken verziert ist, wurde

Die aufsehenerregende Art-Nouveau-Fassade des Rajhl-Palastes

Herausgeputzt für das Dužijanca-Festival

1904 erbaut und war das Heim des Architekten Ferenc Reichl, nach dem später der Platz benannt wurde. Das Gebäude beherbergt heute die **Galerie „Likovni susret“** (Park Ferenca Rajhla 5, Tel.: 024 553 725, Mo 8-14 Uhr, Di-Fr 8-18 Uhr, Sa 9-12 Uhr, Eintritt: Erwachsene 100 Dinar, Kinder 50 Dinar), die Werke moderner und angewandter Kunst jugoslawischer Künstler des späten 20. Jahrhunderts ausstellt.

5. Vaznesenjska Crkva

Diese serbisch-orthodoxe Kirche Maria Himmelfahrt wurde von 1723-1726 auf dem höchsten Punkt der Altstadt, der eigentlich nur wenige Meter über ihrer sumpfigen Umgebung befand, gebaut. Die Kirche wurde mehrere Male rekonstruiert und vergrößert. Ihr heutiges Aussehen erhielt sie 1910, als sie auch ihren neuen Glockenturm und die von dem berühmten Maler Paja Jovanović gemalte Ikonostase erhielt.

6. Die Franziskanerkirche

Zu Anfang hielten die Franziskaner ihre Messen in einer kleinen Kapelle in der mittela-lterlichen Festung, deren Grundmauern im unteren Teil des südlichen Glockenturms zu sehen sind. Die heutige Kirche wurde zwischen 1730 und 1736 aus Material der Festung selbst gebaut. Ihr Aussehen wurde während der großen Rekonstruktion 1907/08 deutlich verändert, als sie ihren zweiten Glockenturm erhielt.

7. Trg Jakaba i Komora

Im dem nördlichen Teil des Jakab-und-Komor-Platzes (bis vor zehn Jahren bekannt als Platz der Oktoberrevolution) befindet sich der zentrale Marktplatz von Subotica, während an seinem Südende zwei außergewöhnlich schöne Bauwerke stehen.

Die **Synagoge** ist ein gewagt designter Tempel, der nach den Entwürfen des Architektenduos Jakab/ Komor, beide ungarische Juden, errichtet wurde. Sie wurde 1902 fertiggestellt, und war das erste Gebäude in Subotica, wo der neue Art-Nouveau-Stil voll zum Tragen kam. Während ihr Grundriss in Harmonie mit den Bedürfnissen der Gottesdienste in reformierten Synagogen entworfen ist, weisen die äußeren Verzierungen wundervolle, fantasievolle Formen auf. Die Fassade ist mit stilisierten Blumen und Pfauenfedern verziert, wie auch mit aus Backsteinen

Die Synagoge, Jakab- und Komor-Platz

geformten Davidsternen. Die luxuriösen Buntglasscheiben in einigen der großen Fenster sind die Arbeiten von Miksa Roth. Da über 4.000 Juden aus Subotica in den Konzentrationslagern starben und der Rest später nach Israel auswanderte, war die Synagoge in den letzten 30 Jahren außer Funktion und ist in ziemlich schlechtem Zustand.

Auf der anderen Seite des Platzes steht das Svetozar-Marković-Gymnasium, 1899 von Ferenc Reichl in einer geschickten Mischung aus Neobarock, Akademismus und einem Stil, der den modernen Architekturströmungen dieser Zeit näher steht.

8. Das Stadtmuseum

Das Museum (Trg sinagoge 3, Tel.: 024 555 128, Di-Sa 10-20 Uhr, Eintritt: 100 Dinar) befindet sich in einem hübschen Gebäude aus dem Jahr 1906 und ist dem Stil der sogenannten Darmstadt-Art-Nouveau, eine etwas maßvollere Version dieses dekorativen Stils. Das Museum beherbergt archäologischen Fundstücke aus Subotica und der Umgebung, historische Dokumente, die die Entwicklung der Stadt illustrieren, wie auch Gegenstände, die einen Einblick das Alltagsleben ihrer Einwohner geben . Außerdem kann man antike von Handwerkern gefertigte Gegenstände, Trachten und Möbel aus den Bauernhäusern dieser multinationalen Gegend sehen.

9. Die katholische Kathedrale

Der Sitz des katholischen Bischofs der Bačka ist die größte Kirche der Stadt, für lange Zeit war sie das größte Gebäude überhaupt, und allgemein als die Große Kirche *(Velika crkva)* bekannt. Die Bauzeit dauerte von 1773 bis 1798 und mit ihren beiden Glockentürmen und der ruhigen Fassade ist sie sicherlich die schönste von allen Kirchen in Subotica. St. Theresa von Avila, der diese Kirche geweiht ist, ist die Schutzpatronin der Stadt und kann außerdem als eins der Stadtwappen betrachtet werden. Das Interessanteste im großräumigen Inneren der Kirche ist der Hauptaltar aus dem Jahr 1804.

Im schattigen Kirchhof der Kathedrale steht die **Dreifaltigkeitssäule**, die 1815 auf dem Platz vor dem Rathaus aufgestellt und 1964 hierher gebracht wurde.

Die Kathedrale von Subotica

Auf dem Platz vor der Kathedrale befindet sich das **Denkmal für die Opfer des Faschismus** (1952), eine Arbeit von Toma Rosandić in sozialreal- istischem Stil.

UMGEBUNG

Das bekannte Feriengebiet Palić und die Orte östlich davon, die sicherlich die interessantesten in Suboticas Umgebung sind, werden im nächsten Kapitel behandelt.

Im Norden der Stadt liegt **Kelebija** (2.050 Einwohner), am besten bekannt für die Grenze zu Ungarn, die hier verläuft. Hier befindet sich ein attraktiver **Reiterhof** mit demselben Namen *(Ergela „Kelebija", 024 789 063)*, der ein abwechslungsreiches Touristenangebot hat. Das einfache Touristenarrangement *(300 Dinar)* beinhaltet einen Besuch in den Ställen, wo Sie Lipizzaner und andere erstklassige Züchtungen sehen können, eine kurze Kutschfahrt auf dem Hof und eine kurze praktische Einführung in den Reitsport. Wer möchte, kann auch Reitstunden nehmen *(Wochenende, 14-16.30 Uhr, 600 Dinar)*. Außerdem kann man auch eine Reittour in den Kelebija-Wald *(700 Dinar pro Stunde)* oder eine Fahrt in einem Fiaker machen *(500 Dinar pro Stunde und Person)*.

Eine Kutschfahrt auf dem "Kelebija"-Pferdehof

2 Palić

6,900

Kanjiški put 17a, 024 753 111

024 754 039

Trenchtown Musikfestival, Anfang Mai
Europäisches Filmfestival, drittes Wochenende im Juli

Sieben Kilometer östlich von Subotica befindet sich das Dorf Palić und gleich daneben der See mit demselben Namen. Der See wurde von Winden erschaffen, die das flache, sandige Land zwei bis vier Meter tief aushöhlten, und da es keinen Ablauf gibt, konnte der Regen die Mulde füllen. Ab 1845, als die ersten Gäste hierher kamen, um in seinem Schlamm zu baden, hat sich Palić zu einem angesehenen Erholungs- und Ferienziel entwickelt. Eineinhalb Jahrhunderte harter Arbeit später gehört das Touristenangebot in Palić zu den besten und anbwechslungsreichsten des Landes. Der See und der große Park, der ihn umschließt, wurden zu einem der touristischen Brennpunkte Serbiens, mit zehntausenden Besuchern, die zu allen Jahreszeiten hierher zur Kur, zum Ausspannen, um Aktivurlaub zu machen oder zu Kongressen kommen. Trotz der großen Besucherzahl und der vielen Dinge, die man hier tun kann, behält Palić die meiste Zeit des Jahres seine gelassene Atmosphäre, die ideal zum Entspannen ist.

ANREISE

Palić liegt an der E 75, der Hauptstraße, die Belgrad mit Bukarest verbindet, und die Ausfahrt ist gut ausgeschildert.

Wenn Sie aus Subotica anreisen, können Sie zwischen dem Bus Nr.6 (der schräg gegenüber des Hotels «Patria» losfährt), einigen Zügen pro Tag, die weiter nach Szeged in Ungarn fahren, oder einem Taxi (etwa 450 din) wählen.

SEHENSWÜRDIGKEITEN

Die ankommenden Busse aus Subotica halten vor dem Haupteingang des Park Heroja, neben dem **Wasserturm** *(vodotoranj)*, dem Wahrzeichen des Resorts. Wie alle wichtigen Bauten hier, ist der Turm eine Arbeit von Marcel Komor und Dezsö Jakab aus dem Jahre 1912, als Palić einer großen Rekonstruktion unterzogen wurde, die ihm das Aussehen verlieh, das wir heute kennen. Die Hauptparkpromenade führt zu der gedrungenen **GroßenTerrasse**, einem wunderschönen Art-Nouveau-Gebäude, ebenfalls aus dem Jahr 1912. Auf der anderen Seite der Terrasse, am Seeufer, befindet sich ein Gedenkbrunnen mit einer Inschrift, die sich auf die Gründung des Resorts

Detail vom Palić-Gedenkbrunnen

bezieht. Der schlammige See selbst ist vielleicht nicht der schönste Anblick, aber um die Jahrhundertwende haben **Pavillions und Villas** ihn in dem Maße verschönert, dass ein Spaziergang am See entlang ein wahres Erlebnis ist. Zur Rechten befindet sich das märchenhafte hölzerne **Frauenlido**, mit vielen Motiven, die an die einheimischen Ethnomotive erinnern. Ganz in der Nähe steht die **Villa Lujza**, die im schweizerischen Stil gebaut wurde – der zu dieser Zeit als der angemessenste für Kurorte galt – und das verfallene **Eulenschloss**, einst das Zuhause des berühmten einheimischen Sportler Lajos Vermes.

AKTIVITÄTEN

Im Park Heroja befindet sich auch der zoologische Garten von Palić (Tel.:

Frauenlido, ein Meisterwerk des von Folklore inspirierten Art-Nouveau-Designs

Segelboote auf dem Palić-See

024 753 075, im Sommer 9-19 Uhr, im Winter 9-16 Uhr, Eintritt: Erwachsene 250 din, Kinder 200 din, Familien 500 din), der mit seinen 65 Tierarten der zweitgrößte Serbiens ist.

Der beste Platz zum Schwimmen ist der Sandstrand am Ostufer des Sees. Eine andere Möglichkeit, den See zu genießen, ist eine einstündige Fahrt auf einem Katamaran (nur Fr, Sa und So um 18, 19 und 20 Uhr oder nach Vereinbarung unter 069 288 67 21). Für diejenigen, die aktiver sein möchten, vermietet **„Dudaš"** *(neben dem Frauenlido, Tel.: 064 127 24 43)* Ruderboote *(300 din pro halbe Stunde)*, Tretboote für vier Personen *(300 din pro halbe Stunde)*, Fahrräder *(200 din pro Stunde)* oder Familienfahrräder *(300 din pro halbe Stunde)*. Als Alternative zum Seewasser bietet sich auch das Freibad des „Prezident"-Hotels an, das allen Gästen offen steht *(Olge Pelavin 2, Tel.: 024 622 662, 8-20 Uhr, Tagsticket 1000 din)*.

Mit einer Genehmigung, die Sie an der Rezeption des Hotels „Park" erhalten, können Sie auf dem Palić-See, seinem kleineren Zwillingsbruder, dem Omladinsko See, wie auch dem Ludaško See zum Angeln gehen.

Jäger können mit der Firma Vojvodinašume in Kontakt treten (024 550 482) und in den Jagdgründen der Subotičke Šume Mufflons, Wild, Hasen, Fasane und Wildenten jagen.

Die **Reithalle «Furioso»** im Dorf Šupljak südöstlich von Palić *(Kostolanji Aepada 40, Tel.: 069 243 11 87)* bietet Reitstunden *(700 din pro halbe Stunde)*, Reiten in der Koppel *(600 din pro Stunde)*, Fahrten in einer geschlossenen Kutsche *(200 din pro Person, pro Stunde)* und Reitausflüge in der Umgebung von Šupljak *(400-600 din pro Stunde, 2.500-3.000 für den ganzen Tag)* an. Eselreiten ist für Kinder kostenlos.

Die acht **Tennisplätze** im Park von Palić sind die ältesten im Land und offen für Besucher (*Tel.: 024 753 124;*). Die anderen beiden Tennisplätze in Palić findet man im Paligo Café, nicht weit von hier *(Horoški put bb, Tel.: 024 754 930)*, der Minigolfplatz dort, ist der einzige im Resort.

Wenn Sie Palić von einer anderen Perspektive aus sehen möchten, setzen Sie sich mit dem Club **«Flying Aligators»** in Verbindung *(Tel.: 069 300 77 07)*, der Flüge mit Motordrachen organisiert.

Der sandige Boden von Palić ist bekannt dafür, optimal für den Weinanbau zu sein. Es gibt einige Weinerzeuger im Dorf und in der Umgebung. Die bekanntesten sind **Vinski dvor** in Hajdukovo *(Horgoški put 221)*, sowie die Weinkellerei **DiBonis** *(Segedinski put bb, Palić, 024, 54 60 67)*, die alle Touren und Weinproben anbieten.

UMGEBUNG

Wenn Palić zu touristisch für Sie ist, besuchen Sie das benachbarte Naturschutzgebiet **Ludaško** See, auf der anderen Seite der Autobahn Belgrad-Budapest. **Ludaš** – wie es kurz heißt – das Feuchtgebiet, das reich an Wasservögeln ist, ist ein Paradies für Naturliebhaber und **Vogelbeobachter**. Es gibt 214 Arten hier, die man das ganze Jahr hindurch beobachten kann, von denen 40 hier nisten. Man kann einen der drei **Lehrpfade** nehmen oder – wenn Sie mit mehr als fünf Personen sind – einen Führer aus dem **Ludaš Besucherzentrum** engagieren *(Prespanska 12, Hajdukovo, Tel.: 024 758 370)*.

Der Ludaško-See hat eine große Vogelpopulation

3 Kanjiža

10,200

Glavni trg 9, 024 875 414

024 555 566

024 87 45 99

Jazzfestival, Anfang September

Das kleine Städtchen am Fluss Tisa ist am bekanntesten für sein Spa, das größte und am besten geführte in der ganzen Vojvodina. Das Spa wird gleichenteils von serbischen, wie von ungarischen Gästen besucht, die sich wegen der ungarischen ethnischen Mehrheit hier wie zu Hause fühlen. Merkwürdig für eine Stadt, die stolz auf ihr Jazzfestival ist, ist, dass Kanjižas größte Vorzüge das gemächliche Tempo und die Ruhe sind, die der Stadt den Spitznamen «Stadt der Stille» gaben.

GESCHICHTE

Kanjiža entwickelte sich gleich neben der bestmöglichen Überquerung über die Tisa. Es heißt, dass ungarische Stämme den Fluss hier 896 überquerten und so nach Pannonien eindrangen, das sie später auch eroberten. Nachdem die serbischen Grenzsoldaten 1751 nach Russland zogen, wurden die Stadt und ihre Umgebung von Ungarn besiedelt, die noch heute die Mehrheit der Bevölkerung stellen. Eingeengt zwischen der Tisa und dem angrenzenden Sumpf, entwickelte sich Kanjiža erst gegen Ende des 19. Jahrhunderts. 1908 erhielt es die Stadtrechte und 1913 wurde das Spa nur einen Steinwurf vom Zentrum entfernt eröffnet. Die territorialen Veränderungen nach dem Ersten Weltkrieg, die es zu einer Grenzstadt machten, verhinderten seine weitere Entwicklung und die Bevölkerung verringerte sich bis in die 1960er. Das wirtschaftliche Wachstum brachte neue Einwohner in die Stadt, aber seinen guten Ruf als Touristenziel, vor allem durch das Spa und seine vielen

Das Rathaus von Kanjiža

Gäste, hat Kanjiža erst kürzlich wiedererlangt.

SEHENSWÜRDIGKEITEN

Der Mittelpunkt der Stadt ist der **Glavni Trg** (der Hauptplatz). Das **Rathaus** wurde 1911 erbaut, als Kanjiža den Höhepunkt seines schnellen Wachstums erreicht hatte, und es reflektiert das wachsende Selbstbewusstsein der Stadt. In der Mitte des grünen Platzes stehen die **Bronzefiguren** der bekanntesten Einwohner der Stadt – des Poeten Istvan Koncez und der Maler Tihamer Dobo. Auf der anderen Seite des Platzes, gegenüber dem Rathaus steht das neue Gebäude des **Instituts für Bildung und Kultur «Cnesa»** (benannt nach dem ältesten verzeichneten Namen der Stadt) mit einem Konzertsaal, einer Galerie usw. der unbestrittene Mittelpunkt aller Ereignisse in Kanjiža.

Gleich hinter dem Rathaus befindet sich der angenehme **Narodni Park**, der die Stadt und das Spa voneinnander trennt. Das **Spa** *(banja)* ist um die drei Thermomineralquellen mit kohlensäurehaltigem Wasser angelegt, die von Schäfern, die nach Wasser bohrten, entdeckt wurden.

AKTIVITÄTEN

Die zentrale Einrichtung des Spas ist das „Aquamarin"Hotel mit medizinischem Personal, einem Hallenbad, einer Sauna und einem Solarium. Das Spa ist besonders bekannt für seine Schlammbäder, die zur Behandlung von Rheuma und Gelenkverletzungen angewendet werden, aber es werden noch einige weitere Wellness-Anwendungen angeboten. Neben dem Hotel „Aquamarin" befinden sich die Hotels „Aqua Panon" und „Lupus", die alle durch Korridore miteinander verbunden sind, sodass man nicht nach draußen gehen muss, um von einem zu anderen zu kommen.

4 Sombor

47,500

Trg cara Lazara 1, 025 43 43 50

Staparski put bb, 025 44 11 66

Železnička bb, 025 28 9 22

Messe des alten Handwerks, zweite Julihälfte „Sombor Kessel", Fischsuppe kochen, 23. Juli Fiaker-Festival, zweite Julihälfte

Da es abseits der üblichen Touristenrouten liegt, wird Sombor von ausländischen Touristen oft übergangen. Dies ist jedoch sehr schade ist, denn es ist eine der geschichtsträchtigsten und schönsten Städte Serbiens. Ruhig und gediegen wie es ist, bietet es viele schöne Sehenswürdigkeiten, ist aber reizend in fast allen anderen Details, seien es die Einkaufsstraßen des Zentrums oder die Familienhäuser im Schatten von schön gepflegten Baumreihen. Von seinem berühmtesten Schriftsteller Veljko Petrović wurde es Ravangrad („Flachstadt") genannt, und heute ist es auch unter dem Namen „Grüne Stadt" bekannt, wegen der Vielzahl an Bäumen (17.000) und Parks (150.000 m^2), die es hier gibt, die Sombor zur Stadt mit dem größte Anteil an Grünflächen pro Kopf in Serbien machen.

GESCHICHTE

Der erste bekannte Vorläufer von Sombor befand sich zwischen den Verzweigungen des Flusses Mostonga, der das Land der heutigen Stadt in 12 Inseln teilt. Der Name der Stadt wurde zum ersten Mal 1360 als *Cobor Szent Mihaly* erwähnt, als sie das Eigentum der adligen Cobor-Familie wurde. 1478 bauten die Cobors eine Festung, um das, was ihr wichtigster Besitz geworden war, zu verteidigen, doch dies bewahrte die Stadt nicht davor, 1541 in türkische Hände zu fallen.

Unter osmanischer Herrschaft wurde die Stadt zum Sitz der Regionalverwaltung und ein wichtiges Zentrum für Kunsthandwerker, vor allem für seine berühmten Silberschmiede. Der Name Cobor wurde zu dem mehr serbisch klingenden Sombor geändert, ein eindeutiges Zeichen dafür, dass sich die Zusammensetzung der Bevölkerung verändert hatte. Die Stadt litt erheblich während des Langen Krieges (1593-1606) zwischen den Osmanen und den Habsburgern, als die hier stationierten Tartaren die Umgebung plünderten. Dies trieb die Serben zur Flucht nach Norden und das verlassene Land besiedelten 1622 Bunjevci (katholischen Serben), die aus Dalmatien und Bosnien gekommen waren. Sombor erholte sich im 17. Jahrhundert: Mit fünf Moscheen und über 200 Geschäften wurde es zur wichtigsten Stadt der Bačka Region.

Sombors Stadtwappen an der Decke des Rathauses

1687 nahmen Habsburger Truppen die Stadt ein und begannen eine neue Ära in der Stadtgeschichte. Eine Zeitlang war es ein Šanac, eine Siedlung serbischer Soldaten, als Teil der neu festgelegten Militärgrenze gegen das Osmanische Reich. Als sich Mitte des 18. Jahrhunderts die Grenze nach Süden verschob, wurde die Militärgrenze verlassen, aber den Serben gelang es, genug Geld zu sammeln, um für Sombor den privilegierten Status der königlichen Freistadt zu kaufen (1747) – ein bedeutendes Ereignis, das der Stadt ermöglichte, sich schnell zu entwickelt. Die Bedeutung der Stadt wuchs noch weiter im Jahr 1786, als sie Sitz des Landkreises Bač-Bodrog wurde, eine von Adligen besetzte administrative und legislative Vereinigung.

Im 20. Jahrhundert wuchs Sombor stetig, aber wesentlich langsamer. 1918 wurde der alte Landkreis aufgelöst und die Institutionen wurden nach Novi Sad verlegt. Die Stadt befand sich wiedereinmal an der Grenze, mit sehr wenig Industrie. Obwohl es der Stadt gelang, mit ihren weniger illustren Nachbarstädten Schritt zu halten, ist doch viel von ihrem früheren Charme geblieben.

SEHENSWÜRDIGKEITEN

1. Trg Svetog Trojstva

Die meisten Denkmäler im Stadtzentrum sind eingerahmt von den vier Straßen, die nach die Namen der vier Feldmarschälle *(vojvoda)* der serbischen Befreiungsarmee (1918) tragen. Der Hauptplatz, Trg Svetog Trojstva, wird auch wegen der – für Somborer Verhältnisse – wenigen Bäume

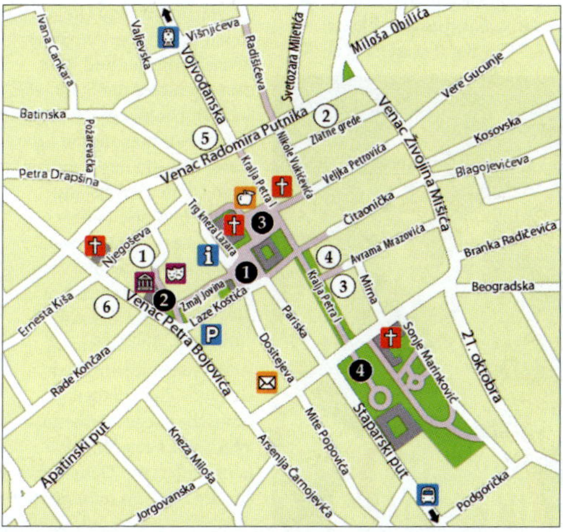

- ❶ Trg Svetog Trojstva
- ❷ Trg Republike
- ❸ Trg Svetog Djordja
- ❹ Županija
- HOTELS (S. 181)
- (1) Andrić
- RESTAURANTS (S. 174)
- (2) Auraria
- (3) Piccolina
- (4) Plitvice
- (5) Slon
- (6) 025 Kasina

Das Rathaus auf den Trg Svetoga Trojstva

«Glatzköpfiger Platz» *(Ćelavi trg)* genannt. Hier steht das altehrwürdige **Rathaus** mit seinem Turm. Zu Anfang, im Jahre 1718, war es der Palast des Grafen Jovan, des verschwenderischen Neffen des berühmten Grafen Djordje Branković, dem selbsternannten „Despoten des Illyricums". Jovan verschwendete schnell den Familienreichtum und musste den Palast an den neueingesetzten Stadtmagistraten, der ihn 1749 zum Rathaus machte, verkaufen. Sein heutiges klassizistisches Äußeres bekam er bei den großen Rekonstruktionsarbeiten 1842, während sein letzter Feinschliff, der Turm, 1892 hinzugefügt wurde. Heute ist hier der Sitz der Lokalzeitungen und des Radios.

Gegenüber davon steht das Gale-Haus, benannt nach dem Pharmazeuten Emil Gale, der es 1838 an der Stelle, wo die erste Apotheke der Stadt , „Beim goldenen Löwen", gestanden hatte, baute. Heute beherbergt das Biedermeierhaus die **Milan-Konjović-Galerie** *(Tel.: 025 22 563, Mo-Fr 9-19 Uhr, Wochenende 9-13 Uhr, Eintritt: 100 Dinar)*, die das Erbe dieses berühmten expressionistischen Malers hütet, der seine Heimatstadt Sombor in vielen seiner Gemälde zelebriert.

Rechts von der Galerie ist der **Palast des Grafen Antal Grassalkovicz**, des berüchtigten Katholiken und großen Feindes der orthodoxen Serben. Er wurde 1763 errichtet und diente jahrelang als Zentrum für die Kolonisierung der Deutschen in die Bačka. Die **Historischen Archive**, ursprünglich zwei Gebäude, die zu einem vereint wurden, ist ganz in der Nähe. Das ältere ist der zweistöckige **Türkische Turm**, der einzige übrig geblieben Teil der mittelalterlichen Befestigung. Angrenzend daran steht das **Krusper-Haus** aus dem Jahre 1771, in dem sich lange Zeit das Postamt befunden hat. Neben den Archiven findet man die **Kapelle des Hl. Johann von Nepomuk** aus dem Jahr 1751, der unter anderem vor Überflutungen schützen soll, eine Sache, die den Bürgern von Sombor regelmäßig Sorgen bereitet.

Gegenüber der Kapelle steht die katholische **Kirche der heiligen Dreifaltigkeit** (1763) und angrenzend daran das Klostergebäude (1749). Beide waren bis zu deren Unterdrückung im Besitz des Franziskanerordens, und die Kirche war für lange Zeit die einzige Kirche, die von den ansässigen Katholiken verehrt wurde. Kurz nach der Fertigstellung dieser Gebäude, wurde dort die Zeremonie abgehalten, bei der der Stadt 1749 ihre Privilegien verliehen wurden. Bis zum Bau des Županija-Gebäudes *(siehe unten)* wurden hier Bezirksversammlungen abgehalten. An der Wand des Kloster befindet sich eine Sonnenuhr mit dem Memento mori «Eine von diesen (Stunden) wird unsere letzte sein». Dort, wo einst der Klostergarten war, befindet sich nun der Marktplatz des Stadtzentrums, den man den «Angeketteten Markt» nennt, wegen der massiven Ketten, die seine Grenzen markieren.

Die Schönheit der Nationaltrachten

2. Trg Republike

Auf dem sehr grünen Trg Republike befinden sich viele wichtige Institutionen. Das Stadtmuseum *(Gradski muzej, Trg Republike 4, 025 42 27 28, werktags 9-18 Uhr, am Wochenende 9-13 Uhr, Eintritt: Erwachsene 100 Dinar, Kinder 50 Dinar)*. Im Erdgeschoss dieses ordentlich geführten Museums ist die Galerie für Moderne Kunst mit Werken, die zwischen den 1960ern und den 1990ern von führenden jugoslawischen Modernisten angefertig wurden. Die Ausstellung im ersten Stock ist traditioneller und stellt die Geschichte der Stadt, wie auch archäologische Überreste und das ethnografische Erbe dieser Gegend durch einige interessante Gegenstände aus, darunter besonders erwähnenswert sind die Originalurkunde, die Sombor seine Stadtrechte garantiert, ein Hochrad, ein zeremoniellen Anzug eines Gemeindemitglieds, ein fast völlig erhaltener römischer Legionärshelm, zwei Salons aus dem 19. Jahrhundert mit Gemälden aus der Zeit von renomierten einheimischen Künstlern und Bauernteppiche und –jacken.

Rechts von dem Museum ist das Nationaltheater aus dem Jahr 1882. Sein originales, neubarockes Interieur ist vollständig erhalten, werfen Sie also einen Blick hinein.

3. Trg Svetog Djordja

Hinter dem Rathaus befindet sich der Trg Svetog Djordja, ein Platz, der nach der serbisch-orthodoxen **St.-Georgs-Kirche** benannt ist. Sie wurde 1761 in einer Kombination aus barockem und Rokokostil erbaut. Die Kirche steht nicht in einer Linie mit der Straße, da sie strikt den orthodoxen Brauch befolgt, dass der Altar Richtung Osten zeigen muss. Ihre neue, zweite, Ikonostase wurde 1866 von Pavle Simić gemalt und gilt als eine seiner besten Arbeiten.

Im Haus mit der Nr.6 lebte der berühmte serbische romantische Dichter Laza Kostić (1841-1901). In seinen letzten zehn Lebensjahren war er amtierender Präsident des **Serbischen Lesesaals** *(Srpska čitaonica)*, deren Gebäude nur ein paar Meter weiter, an der Ecke der Čitaonička Straße, steht. Am Ende der Straße können Sie das Kronić-Haus nicht übersehen. Es ist ein kleiner neobarocker Palast, der nach den Plänen von Vladimir Nikolić 1906 errichtet wurde.

4. Županija

Županija, der Sitz der Bač-Bordrog-Gemeinde, ist von einem großen, alten Park eingerahmt und steht gleich südlich vom Herzen der Stadt. Die repräsentative Front wurde 1808 im spätbarocken Stil fertiggestellt. Das Gebäude wurde 1882 umgebaut, um einen Platz zu bilden, mit Türmen an den Seiten und einem großen Atrium. In der Haupthalle hängt das große (7x4 m) **Gemälde „Die Schlacht von Senta“** von Ferenc Eisenhut aus dem Jahr 1896. Es wurde in Erinnerung an den 200.Jahrestag des christlichen Triumphs gemalt, der das Schicksal der Bačka besiegelte und in der die Truppen aus Sombor eine wichtige Rolle spielten. An der Decke der Halle sind die Wappen von adligen Familien, die den Landkreis bildeten, dargestellt. Wenn Sie all dies besichtigen möchten, kontaktieren Sie das Touristenbüro, wo Sie einen Termin für eine Führung ausmachen können *(Erwachsene 80 Dinar, Kinder 50 Dinar)*.

"Die Schlacht von Senta", das größte Ölgemälde in Serbien

Links von Županija steht die **Karmeliten-Kirche.** Die Fertigstellung dieses imposanten Gebäudes mit zwei Glockentürmen dauerte 45 Jahre, von 1860-1905. In ihrem Inneren können Sie die größte Orgel in Serbien bewundern, die 1926 gebaut wurde.

Die barocke Fassade des Županija-Gebäudes

AKTIVITÄTEN

Eine schöne (und sehr traditionelle!) Möglichkeit, all dies und noch viel mehr zu sehen, ist eine **Fahrt mit dem Fiaker**. Sombor war einst berühmt für seine Fiaker, die in vielen populären Liedern gepriesen werden. 1975 waren noch 19 in Funktion, heute leider nur noch einer, Herr Ilija Mirković *(Tel.: 064 31 20 220)*, den man üblicherweise auf dem Trg Republike finden kann, wo die ersten 24 der heute riesigen Zürgelbäume gepflanzt wurden, um den 24 damals aktiven Pferdekutschen Schatten zu spenden. Sie können die kleine Runde um den «Venac», d.h. den Stadtkern machen (120 Dinar pro Person) oder in irgendeine andere Richtung in Sombor und zurück (250 Dinar pro Person).

Das Touristenbüro kann eine Reihe von professionellen **Führungen** arrangieren, Touren in Englisch und einigen anderen Sprachen werden zum Preis von 1.500 din pro Stunde angeboten.

Der einheimische Reitclub führt die **Reitschule «Magnifico»** (Tel.: 064 177 09 85). Dort werden Reitstunden und Reitausflüge in die Umgebung von Sombor angeboten.

UMGEBUNG

Von ihrem Eintritt nach Serbien von Ungarn aus den ganzen Weg bis zur

Die bewaldeten Sümpfe des Naturreservats Gornje Podunavlje

Biegung von Bogojevo mäandert die Donau und überflutet im Frühling große Flächen. Die sumpfigen Wälder und Felder sind das Zuhause einer erstaunlichen Anzahl von Vogel- und Tierarten und für die Fische perfekte Laichplätze. **Gornje Podunavlje** ist eine Erinnerung daran, wie der größte Teil der Vojvodina ausgesehen hat, bevor die Flüsse begradigt wurden und ist ein Naturschutzgebiet. Hier findet man viele seltene und gefährdete Pflanzen-, Tier- und besonders Vogelarten, einschließlich des Weißschwanzadlers und des Schwarzstorchs. Es ist überflüssig zu erwähnen, dass die Seitenarme der Donau ideal zum Angeln und Vögel beobachten ist.

Die meisten Touristenangebote hier orientieren sich noch immer am Jagen und Fischen, während sich diejenigen, die sich für die Natur selbst interessieren, etwas mehr anstrengen müssen, um die schönsten Plätze zu finden. Doch auch Touristen, die nur sehr kurz zu Besuch sind, können eine kurze Begegnung mit der urzeitlichen Donau haben, auf einem der Čardašs, Restaurants an isolierten Plätzen, deren Gäste ein langsames Tempo und die Küche der alten Zeiten bevorzugen. Die besten Ausgangspunkte sind **Bezdan** (18 km von Sombor entfernt) mit seinen Wochenendsiedlungen nahe an den überfluteten Wälder, und **Bački Monoštor** (15 km von Sombor entfernt), ein touristenfreundliches Dorf, mit vielen Haushalten, die Übernachtungsmöglichkeiten anbieten. In der Ive-Lole-Ribara-Straße wurde ein kleines Info-Zentrum eingerichtet.

Ihr Hauptkontakt für irgendeine Art von Besuch in Gornje Podunavlje ist sein Verwalter, die Firma Vojvodinašume *(Apatinski put 11, Tel.: 025 463 111)*. Sie organisieren Jagd- und Angeltouren und haben mehrere Hütten im Schutzgebiet und können zwischen dem 15. Mai und 15. August, außerhalb der Jagdsaison, auch Wander- und Bootstouren organisieren. Die beste Anlaufstelle für Touristen ist Skituljko Tours in Bački Monoštor *(Ive Lole Ribara 68, Tel.: 025 807 173)*, deren findige Besitzer eine Vielzahl von Aktivitäten in Monoštor und seiner wilden Umgebung organisieren können.

Interieur des Ethnohauses von Bački Monoštor

5 Kikinda

- 37,700
- Trg srpskih dobrovoljaca 21, 0230 26 300
- Djure Jakšića 2, 0230 23 770
- Ulica Oslobodjenja 18, 0230 22 114
- Kürbistage, Mitte Oktober

Kikinda ist ohne Zweifel das Zentrum des nördlichen Banats, und das schon seit einigen Jahrhunderten. Es hatte immer eine starke Industrie und es wurde hier viel Handel betrieben, aber die Kultur war immer noch stärker, besonders was die Serben der Vojvodina angeht. Sein Reiz liegt darin, dass es typische Eigenschaften der Vojvodina in sich vereinigt: Die sehr flache Landschaft, der strenge Straßenplan, dem nur sehr wenige Straßen nicht untergeordnet sind oder die Liebe für die „gute, alte Zeit", die den Charakter von vielen alte Gebäuden bewahrt hat, um nur einige zu nennen.

GESCHICHTE

Bis 1774 war Kikinda nur ein florierendes Dorf, doch dann wurde es zum Sitz des Landkreises Kikinda *(Kikindski distrikt)*, einer vornehmlich von Serben bewohnten Gegend, die sichere Autonomie genoss und abseits von der Feudalordnung des restlichen Staates lag. Nach diesem Datum wuchs Kikinda zu einer wichtigen Stadt im Nordbanat heran. Es blieb etwa hundert Jahre lang Kreisstadt, doch es gelang ihm kurz nachdem es diesen Status verloren hatte, den der königlichen Freistadt zu erlangen. Im 19. Jahrhundert wuchs die Wirtschaft der Stadt sehr schnell, vor allem nachdem es durch die 1857 gelegte Eisenbahnlinie mit Szeged verbunden wurde; es handelt sich hierbei um die älteste Bahnlinie in Serbien. Obwohl die Stadt de facto 1918 ein Teil Serbiens wurde, lebte Kikinda bis 1924, als die noch heute bestehende Grenze mit Rumänien gezogen wurde, in Ungewissheit. Heute ist Kikinda am bekanntesten für seine Fliesen- und Ziegelfabrik.

SEHENSWÜRDIGKEITEN

Der Turm des **Rathauses** markiert das Stadtzentrum von Kikinda. Es wurde 1894 gebaut, um die neueingesetzten Stadtabgeordneten zu beherbergen. Das Gebäude sieht aus, als bestehe es aus drei miteinander verbundenen Gebäuden, dies ist jedoch eine Täuschung, die von den verschiedenen Stilen, aus denen es besteht, herrührt. An dem Turm kann man das Stadtwappen und eine lateinische Inschrift sehen: *Attendite!* , das Motto der Stadt und ein Aufruf an die Bürger, zusammenzuhalten.

Neben dem Rathaus steht das hohe Hotel **„Narvik“** (1980), benannt nach dem norwegischen Seehafen, in den eine Vielzahl von Einwohnern aus Kikinda während des Zweiten Weltkriegs zu Zwangsarbeit geschickt wurden. Viele Jahre lang waren Norweger regelmäßige Gäste in diesem einst prestigeträchtigen Hotel.

Gegenüber dem Hotel befindet sich Kurija, der Kreisverwaltungssitz und das Gericht, aber auch das Gefängnis. Es wurde 1836 bis 1839 im klassischen Stil gebaut. Kurija war Zeuge vieler historischer Ereignisse in Kikinda: Des Beginns der Unruhen 1848, des Besuchs von Franz Josef (1872) und Aleksandars von Jugoslawien (1919), und der Erschießung von dreißig unschuldigen Geiseln durch die Nazis 1942. Heute befindet sich hier ein **Museum** *(Tel.: 0230 22 500, wochentags 10-20 Uhr, samstags 16-20 Uhr, Eintritt: Erwachsene 120 Dinar, Kinder/Studenten 80 Dinar)*, das eine umfangreiche archäologische Sammlung mit Fundstücken von nahe gelegenen Ausgrabungsorten, viele Arbeiten von einheimischen Malern aus dem 18. und 19. Jahrhundert, einen ethnographischen Teil und eine naturkundliche Sammlung ausstellt. Sein Hauptausstellungsstück ist

Der Turm des Rathauses in Kikinda

ein gut erhaltenes Skelett eines Mammuts, das 1996 in den Tonablagerungen der ansässigen Fliesen- und Ziegelfabrik gefunden wurde. Man gab dem Mammut den Namen Kika und es wurde zu einer Art Maskottchen der Stadt.

Ganz in der Nähe steht die serbisch-orthodoxe Kirche, die dem heiligen Nikolaus geweiht ist und 1769 an dem Standort einer alten Holzkirche erbaut wurde. Die Malereien der Ikonostase werden Teodor Ilić Češljar zugeschrieben, der auch die beiden Kompositionen an den Seitenwänden, „Christi Himmelfahrt“ und „Das letzte Abendmahl“, anfertigte. An der Südmauer der Kirche befindet sich eine Sonnenuhr.

Weiter den länglichen Trg Srpskih Dobrovoljaca entlang erreichen Sie die **römisch-katholische Kirche**. Sie wurde zwischen 1808 und 1811 im klassizistischen Stil erbaut, nachdem Kaiser Franz I. die Stadt besucht und Geldmittel für den Bau des Gebäudes zur Verfügung gestellt hatte.

Einen zehnminütigen Spaziergang vom Zentralplatz entfernt, an der Ecke Nemanjina und Moravska Straße steht eine alte, von Pferden angetriebene Mühle *(suvača)*. Früher gab es davon viele, heute ist sie eine von zweien, die im vom Habsburger Reich erhalten geblieben sind. Sie diente zum Mahlen von Weizen und Paprika, während sie heute hauptsächlich für Konzerte und Theatervorstellungen genutzt wird.

UMGEBUNG

14 km nördlich der Stadt befindet sich Mokrin (5.300 Einwohner), ein großes serbisches Dorf, aus dem viele prominente Männer aus der Kultur stammen. Hier finden zwei interessante Festivitäten statt: Die „Gusanijade“ im Februar, ein Gänsekampfwettbewerb und zu Ostern die Weltmeisterschaft im Eierknacken („Tucanijada“ genannt). Davon abgesehen gibt es hier nicht viel zu sehen. Die Ikonostase im Rokokostil in der orthodoxen Kirche aus dem Jahr 1762 wurde von Teodor Ilić Češljar gemalt und die Wandgemälde von 1857 ist eine Arbeit von Nikola Aleksić.

Ludaja-Tage, der größte Kürbiswettbewerb

6 Bečej

- 25,700
- Trg oslobodjenja 1-2, 021 69 10 404
- Žarka Zrenjanina bb, 021 69 110 60
- Golden Cauldron, July 31st

Diese stille Stadt an der Tisa war so lange von der Karte ausländischer Touristen verschwunden, dass Ihre Anwesenheit sicherlich nicht unbemerkt bleibt. Obwohl Bečej mit nur kleinem Aufwand zu einem der Hotspots in der Vojvodina werden könnte, scheint das die Einheimischen nicht sonderlich zu interessieren. Sie werden schnell sehen, dass die *Bečejci* alles hier genau so mögen, wie es ist.

GESCHICHTE

Bečej war ursprünglich eine ungarische Festung auf einer Insel in der Tisa. Sie wurde 1551 von den Türken erobert, unter deren Herrschaft sie für die nächsten 150 Jahr blieb. Laut des Friedensvertrags von Karlowitz 1699 wurde die Tisa zur Grenzlinie zwischen dem Habsburger und dem Osmanenreich, und die alte Festung musste niedergerissen werden. 1701, mit der Einsetzung der Militärgrenze, wurde eine Siedlung von serbischen Soldaten gegründet, der man den Namen Bečej gab. Als die Grenze 1749 aufgehoben wurde, wurde Bečej zum Sitz eines privilegierten Bezirks, was ihm die Möglichkeit gab, schneller zu wachsen. Da die Serben ihren Soldatenstatus verloren, aber nicht zu einfachen Bauern degradiert werden wollten, zogen die meisten von ihnen nach Russland und wurden durch Ungarn ersetzt. Die Stadt litt stark unter den Zusammenstößen der beiden ethnischen Gruppen 1848, und es gibt fast kein Gebäude, das aus der Zeit vor den Unruhen stammt. Die lange Periode seiner stillen Existenz wurde 1942 gestört, als die ungarischen Besatzungsmächte fast alle Juden und viele prominente Serben töteten.

SEHENSWÜRDIGKEITEN

Die wichtigsten Denkmäler von Bečej befinden sich alle auf seinem Hauptplatz – **Trg Oslobodjenja** – unter den Einheimischen wegen seiner Form und dem runden Springbrunnen in seiner Mitte als **Pogača** (ein rundes Brot) bekannt. Auf der Westseite des Platzes stehen zwei Gebäude, die schön miteinander harmonieren. Das linke ist das **Rathaus,** 1884 nach den Plänen von Endre Makai aus Bukarest gebaut. Achten Sie auf seinen Turm, ein typisches Merkmal von Rathäusern in dieser Zeit. Auf der rechten Seite steht die **Stiftung der Baronesse Eufemija Jović**, eine Arbeit des namhaften Architekten Vladimir Nikolić.

Gegenüber von diesen beiden Gebäuden steht die **orthodoxe Kirche**, die zwischen 1851 und 1858 an der Stelle der alten, bei den Zusammenstößen 1848 niedergebrannten Kirche. Mit ihren drei Türmen, der klassischen Säulenhalle und den gotischen Details stellt sie eine Stilmischung dar, die zur Zeit ihres Baus bei der Öffentlichkeit auf großen Zuspruch stieß. Die beeindruckende Ikonostase wurde von Handwerkern aus Wien geschnitzt, während die Wandbemalungen ein Werk des berühmten Uroš Predić sind, die er zwischen 1889 und 1893 anfertigte. Dies war die erste größere Bestellung der Kirche für den jungen Predić und die Qualität seiner Arbeit sicherte ihm Aufträge für viele weitere Jahre.

Ein Buntglasfenster in der orthodoxen Kathedrale von Bečej

Rechts der Kirche befindet sich die **serbische Grundschule**, erbaut 1869, die die Tradition einer 1702 eingerichteten Schule fortsetzt, einer der ältesten Schulen in der Vojvodina. Heute berherbergt das Gebäude das Technische Gymnasium. Das kleine **Denkmal für König Petar Karadjordjević** auf dem Rasen davor, stand zwischen den beiden Weltkriegen in der Mitte des Platzes.

Die **römisch-katholische Kirche** steht auf der Nordseite des Platzes. Sie wurde 1830 erbaut, während der Revolution 1848 zerstört und 1875 wiederaufgebaut. Im Inneren befinden sich zwei große Gemälde («Die Himmelfahrt der Jungfrau Maria» und «St. Josef») des bekannten ungarischen Malers Mor Than (1828-1899), der aus Bečej stammte. Neben der Kirche steht

Die orthodoxe Kirche auf Bečejs Zentralplatz

einer der sogenannten **Gelben Brunnen** *(Žuti bunari),* benannt nach der Farbe des Thermalwassers. Dies ist der älteste, der 1904 gegraben wurde.

Auf der Südseite des Trg Oslobodjenja stehen drei schöne Gebäude von der Wende zum 20. Jahrhundert: Links der Bau der Potiska Sparkasse, dann die Büroräume der Eiffel Gesellschaft, die hier an den Kanälen und Leitungen arbeiteten, und zur Rechten das Haus des reichen Landbesitzers Bogdan Dundjerski, das sein heutiges Aussehen im Jahr 1900 erhielt.

7 Fantast

021 69 10 404

Das Schloss Fantast liegt 14 km von Bečej entfernt, in Richtung Bačka Topola. Es wurde 1923 von Bogdan Dundjerski (1862-1943), einem Landbesitzer und einem der reichsten Serben zu dieser Zeit, als Sommerhaus im Zentrum seines riesigen Besitzes gebaut. Dieses märchenhafte Refugium in den Ausläufern der Felder der Vojvodina wurde als eine Mischung aus verschiedenen Stilrichtungen entworfen, erinnert aber im Großen und Ganzen an eine mittelalterliche französische Festung mit runden Türmen an den Ecken und einem dominanten Bergfried. Daneben ließ Dundjerski einen großen Pferdehof bauen, auf dem sich zeitweise unglaubliche 1.400 Tiere der besten Rennpferdrassen befanden. Nach dem Zweiten Weltkrieg wurde das Schloss verstaatlicht und verfiel bis 1983, als es zu einem Hotel umgebaut wurde, dem man den Namen «Fantast» gab, nach einem von Dundjerskis bekanntesten Rennpferden.

Das Schloss ist von einem schönen Park mit Tennisplätzen und einer Straußenfarm umgeben. Sie finden hier auch die Dundjerski Familienkapelle im neubyzantinischen Stil.

Das märchenhafte Schloss Fantast

Die Ikonostase, die Mosaike und Wandbemalungen stammen von dem großartigen Uroš Predić. In der Kapelle befindet sich auch das Grab von Bogdan Dundjerski selbst.

Der Pferdehof existiert noch immer, wenn er auch heute viel kleiner ist als vor hundert Jahren. Hier kann man Reitstunden nehmen oder ein Pferd, eine Kutsche oder – im Winter- einen Schlitten mieten.

In der unmittelbaren Umgebung befinden sich die Jagdgründe und ein Fischweiher mit einem Restaurant.

8 Arača

021 69 10 404

Die Ruinen der mittelalterlichen Benediktinerabtei in Arača gehören zu den interessantesten in der Vojvodina. Doch die Stätte ist gut versteckt inmitten der endlosen Felder es Banats, auf halben Weg zwischen Novi Bečej und dem Dorf Novo Miloševo.

ANREISE

Wenn man aus Richtung Novi Bečej kommt (15 km entfernt), verläuft die Straße größtenteils pfeilgerade; kurz bevor sie leicht nach links abbiegt, befindet sich die verfallene Bahnstation Crna Bara an der noch immer aktiven Bahnstrecke. Rechts davon beginnt der Feldweg nach Arača (weitere 5 km), den man aus der Ferne gut sehen kann, da es hier nichts als Felder gibt. Von Novo Miloševo zur Bahnstation und dem Feldweg sind es 4 km.

GESCHICHTE

Im 11. Jahrhundert wird zum ersten Mal ein Kloster, das an dieser Stelle gestanden hat, erwähnt, das vermutlich ostchristlich war. Es war auf einem kleinen Hügel (82 m) gelegen, der es vor Überschwemmungen, die in dieser sumpfigen Gegend häufig sind, schütze. An

Die Ruinen der Arača-Abtei, verloren in den Feldern des Banats

Ein einsamer Brunnen

demselben Ort wurde die heutige Kirche 1228 gebaut. Etwa ein halbes Jahrhundert später wurde es von asiatischen Kumanen zerstört, woraufhin die Abtei, bis sie 1370 von ungarischen Königin Elisabeth wiederaufgebaut wurde, in sehr schlechtem Zustand war. Um das Kloster herum entstand eine Siedlung, die sich mit der Zeit zu einer kleinen Stadt mit einer Stadtmauer entwickelte. Im 15. Jahrhundert war es ein Lehensgut von serbischen Despoten, und Serben ließen sich hier nieder. Nachdem sie während der türkischen Übernahme des Banats 1551 geplündert worden war, verschwand die Abtei entgültig. Das serbische Dorf siedelte 1720 um, weil die Bewohner nicht länger unter den Feudalherrn leben wollten und Arača verschwand von der Karte.

HIGHLIGHTS

Die dreischiffige Basilika wurde aus Ziegeln im romanischen Stil gebaut. Teurere Materialien wurden für die Ausarbeitung der Verzierungen verwendet, z.B. roter Marmor für das Westportal und grauer Sandstein für die Säulen. Die Kapitelle der Säulen sind besonders schön gearbeitet, sie sind mit Blumenmotiven und einer Darstellung von Adam, wie er den Apfel vom Baum der Erkenntnis pflückt, verziert. Der besterhaltene Teil der Kirche ist die mittlere Apsis mit ihren drei Fenstern. Der gotische Turm wurde bei der Renovierung 1370 neben der Apsis errichtet.

UMGEBUNG

Das nahe gelegene Novo Miloševo ist eins der größten Dörfer des Landes (13.100 Einwohner). Dennoch ist es eine Überraschung zu erfahren, dass hier eins der größten technischen Museen in Serbien ist. Eine noch größere Überraschung ist, das es sich um ein privates Museum handelt, das durch den Enthusiasmus mehrerer Generationen der Familie Žeravica entstanden ist, die auch eine gut laufende Tankstelle und eine Autowerkstatt besitzen. In dem Museum *(Muzej Žeravica, Popov Arkadija 56; Tel.:023 781 909, Öffnungszeiten: wochentags 8-16, Sam 8-12, Eintritt frei)* können Sie Dutzende von Traktoren und anderen landwirtschaftlichen Maschinen sehen, aber auch einige alte Autos und alte Motorräder.

9 Bač

5,400

Trg dr Zorana Đinđića 4, 021 77 22 22

Bratstva i jedinstva, 021 770 189

Bač ist einer der Orte, dessen heutige Existenz im Schatten der Vergangenheit steht. Das Erste, woran man bei dem Namen Bač denkt, sind die Festung, Schlachten, glorreiche Geschichte, sodass viele Leute überrascht sind, dass es hier eine tatsächlich existierende, lebendige Stadt gibt. Heute scheint die Stadt weit von den Hauptstraßen entfernt zu sein, aber die Donau ist nicht weit, ebenso wie die Jagdgebiete und die *Čarda*-Restaurants. Wenn man ergänzt, dass eine Eurovelo-Route durch das Stadtzentrum verläuft, wird einem klar, warum man hier auf eine ziemlich rosige Zukunft der Tourismus hoffen darf.

GESCHICHTE

Bač ist eine der ältesten Siedlungen in der Vojvodina: Es wurde zum ersten Mal 535 u.Z. vom byzantinischen Kaiser Justinian in einem Brief erwähnt. Die Geschichte von Bač ist vornehmlich die Geschichte seiner mächtigen

Festung, um die herum eine Siedlung wuchs. Sie wurde im 11. Jahrhundert vom ungarischen König Stefan I. in einer Biegung des Flusses Mostonga erbaut, der den großen Graben um die Festung herum füllte. Die Festung wurde Verwaltungssitz des Landkreises und Sitz des katholischen Bischofs. Dank ihrer Bedeutung, wurde die gesamte Region in ihrem Zuständigkeitsbereich als Bačka bekannt, der Name, den noch immer eine der Teilregionen der Vojvodina trägt. Im 12. Jahrhundert spielte Bač eine wichtige Rolle im Krieg gegen Byzanz, als 1164 der Vormarsch des Kaisers Manuel I. Comnenus vor seinen Toren gestoppt wurde. Die heutige Festung wurde 1338-1342 unter der Schirmherrschaft von König Karl Robert und nach dem Modell ähnlicher Flachlandbauten in Westeuropa gebaut. Im 15. Jahrhundert wurde der Fluss Mostonga verbreitert, sodass nun Schiffe von der Donau aus nach Bač fahren konnten. In den Verwirrungen, die auf den Niedergang des ungarischen Staates 1526 folgten, war die Festung unter verschiedenen Herrschern, bis sie 1529 die Osmanen einnahmen. Nach der Vertreibung der Türken behielt es seine militärische Bedeutung, musste aber 1704 zerstört werden, um nicht in die Hände der Rakoczis zu gelangen, ungarische Rebellen, die gegen die Habsburger und die Serben, die auf deren Seite waren, kämpften. Und so endete die epische Zeit der Festung Bač und es begann die prosaische Ära des Dorfes Bač.

SEHENSWÜRDIGKEITEN

Obwohl es so zerstört ist, ist es dennoch die besterhaltene mittelalterliche Festung in der Vojvodina. Sie befindet sich im Westteil dieser kleinen Stadt, inmitten des nun ausgetrockneten, kreisförmig angelegten Grabens. Die **Festung** hat die Form eines asymmetrischen Rechtecks mit einem Turm an jeder Ecke. Der große Bergfried in der Mitte ist der einzige Teil, der durch die Rekonstruktion wieder zu seiner alten Erhabenheit gefunden hat. Auf der Nordseite kann man noch immer die Überreste der gotischen Kapelle sehen. Alle Bauwerke bestehen aus Ziegeln, abgesehen von den Details, wie z.B. Rahmen und Balkone, die aus Stein gefertigt sind.

Der Turm der Bač-Festung

Wenn man sich der Festung nähert oder sie verlässt, erreicht man eine Fußgängerbrücke über den Fluss Mostonga; auf der anderen Seite steht das **Šiljak («Zacke»)-Tor,** das wegen seines gotischen Stils so genannt wird. Es stammt aus derselben Periode wie die Festung und war ein Teil ihrer Schutzmauern. Noch näher bei der Stadtmitte passieren Sie die Ruinen des **Türkischen Bads** aus dem 16. Jahrhundert.

Die interessanteste Sehenswürdigkeit in Bač ist das **Franziskanerkloster** in der Stadtmitte. Es wurde 1169 von den Tempelrittern gegründet, wurde aber 1301 von den Franziskanern übernommen. Die Ritter, und später die Mönche, führten eins der ersten Krankenhäuser in diesem Teil Europas. Die Türken machten aus der Klosterkirche eine Moschee, während der Rest des Komplexes bei der Befreiung von den Osmanen in sehr schlechtem Zustand war, und wurde dann während des Rakoczi-Aufstandes in Brand gesetzt. Sein heutiges Aussehen verdankt es der Rekonstruktion von 1743. Der älteste erhaltene Teil des Klosters ist die romanische Apsis, die von einem hohen gotischen Turm flankiert ist. In der Apsis befindet sich ein Fragment eines gotischen Freskos. Die Altäre sind die Arbeiten eines unbekannten barocken Meisters und das meist verehrte Relikt ist eine Ikone der Jungfrau Maria, im Stil der Kretischen Schule gemalt. Im Refektorium ist ein Gemälde des Letzen Abendmahls aus dem Jahr 1737.

In der Stadtmitte steht das **Gebauer-Haus**, in dem sich eine der ältesten Apotheken der Region befand, die zu Beginn des 19. Jahrhunderts eröffnet wurde. Der Originaleingang mit einem Schaufenster und einer Treppe sind erhalten geblieben.

AKTIVITÄTEN

Die Umgebung von Bač bietet optimale Bedingungen

Vor dem Franziskaner-kloster

zum **Jagen**. Es gibt hier vier separate Jagdgründe. Der großte und bekannteste ist **Plavna**, von Vojvodinašume verwaltet *(Tel.: 021 77 82 55)*, in dem fast alle Flachlandvögeln und –tieren vorkommen, die man sich vorstellen kann. **Ristovača**, von Lovoturs verwaltet *(Tel.: 021 771 596)* ist bekannt für eine der größten Fasanenfarmen Europas und seine Jagdgründe. **Bodjanski Rit** *(Kontakt: Herr Dragan Stojanović, Tel.: 021 770 187)* ist kleiner, aber trotzdem reich an Rehen, Wildschweinen, Hasen, Fasanen, Wildenten und Gänsen.

In der Nähe der Ruinen von Bač befindet sich der **Fischweiher Mostonga-Ribnjak** *(Tel.: 021 770 153)*, eigentlich eine Gruppe von zehn künstlichen Seen, die reich an Fischen sind, besonders Karpfen.

UMGEBUNG

Karadjordjevo (20 km in Richtung Bačka Palanka) war einst der größte landwirtschaftliche Grundbesitz der jugoslawischen Armee, der große Mengen an Nahrung produzierte, ein Naturschutzgebiet betreute und über riesige Jagdgründe und den größten Pferdehof in Serbien verfügte. In den letzten zwei Jahrzehnten ist es dem langsamen aber stetigen Verfall preisgegeben. Das einzige, was für Touristen geblieben ist, ist der Pferdehof mit etwa einhundert Tieren und dem Reitkunstmuseum *(wochentags 7-14 Uhr, Sa 7-12 Uhr)*, in dem sich seit den frühen 1980ern wenig verändert hat. Die Hauptausstellungsstücke sind alte Kutschen und Schlitten, Trophäen und ein Gästebuch aus dem Jahr 1924. Wenn Sie einen Reitausflug über den Hof und durch den benachbarten Wald machen möchten, müssen Sie sich im Voraus unter der Nummer 021 765 107 anmelden.

10 Bodjani

930

TO Bač,
021 77 22 22

Die Präsentation der Maria,
4. Dezember

Das orthodoxe Kloster Bodjani ist wohl eines der schönsten Klöster in der gesamten Bačka-Region. Es ist nahe dem Dorf mit demselben Namen gelegen, 14 km westlich von Bač. Die Gegend um Bodjani ist bekannt für ihre Jagdgründe und die vielen guten Angelplätze, sei es auf der Donau oder auf einem ihrer Seitenarme.

ANREISE

Das Kloster liegt neben den Dörfern Bodjani und Vajska, wobei man letzteres durchqueren muss, um zum Kloster zu kommen.

GESCHICHTE

Das Kloster Bodjani wurde 1478 von dem Händler Bogdan aus Dalmatien gegründet, der die Bauerlaubnis des ungarischen Königs Mathias Corvenius dank einer Stiftung des Adligen Dmitar Jakšić erhalten hatte. Das Kloster wurde neben der Wunderquelle errichtet, an der Bogdans Augenkrankheit geheilt worden war. Die heutige Kirche stammt aus dem Jahr 1722 und ihr Bau wurde durch die Spende des serbischen Händlers Mihailo Temišvarlija aus Szeged im heutigen Ungarn ermöglicht.

HIGHLIGHTS

Die klösterlichen **Wohnstätten** wurden zwischen 1786 und 1810 im barocken Stil errichtet. Bedauerlicherweise wurden sie kürzlich, wie so viele Gebäude in Serbien, entgegen der Regeln der Restauration renoviert. In dem unterirdischen Gewölbe links neben dem Eingang befindet sich die Originalquelle, wo der Händler Bogdan seine Augen heilte. Darüber gibt es eine Kapelle, die dem Heiligen Petka geweiht ist.

Die **Klosterkirche** ist ein einschiffiges Gebäude mit einer massiven Kuppel, die eine Kopie der Architektur des Tempels aus dem 15. Jahrhunderts ist, der hier früher gestanden hat.

Viel interessanter ist ihr Interieur mit den Wandgemälden aus dem Jahr 1739, angefertigt von Hristifor Žefarović, einem der

Die Kirche des Klosters Bodjani

Allmächtiger Christus, Gemälde in der Kuppel des Klosters Bodjani

bedeutendsten Maler aus der Mitte des 15. Jahrhunderts. Žefarović verwendete neue, weniger traditionelle Formen, Farben und Lichteffekte in seinen Gemälden. Wegen dieser Unkonventionalitäten und Neuheiten gilt er als der erste moderne serbische Maler. Er transformierte die traditionellen ikonographischen Szenen in lebendige, dekorative und äußerst deskriptive Kompositionen mit einer besonderen Liebe für Ornamente. Von besonderem Interesse sind die zeitgenössischen Details (Kleidung, Möbel usw.) aus der Gesellschaft des 18. Jahrhunderts, die er in seinen Fresken abbildete, wie auch die traditionelle Darstellung der serbischen, heiliggesprochenen Herrscher – eine offensichtliche Reaktion auf den Bekehrungseifer des Habsburger Reiches.

Die Ikonen der erstaunlich gearbeiteten Ikonostase wurden im Jahr 1739 von einer Gruppe von Künstler, die Jov Vasiljevič aus Kiew anführte, fertiggestellt. Über die bereits verwestlichte orthodoxe Kunst aus Russland gelangten die neuen barocken Trends auchnach Serbien und finden sich in den Ikonen und Wandmalereien wieder.

AKTIVITÄTEN

Neben dem Dorf Bodjani befindet sich der See Provala, mit 19 m der tiefste in der Vojvodina. Der mittelgroße See mit dem überraschend klaren Wasser ist der mit Abstand beliebteste Ort zum Schwimmen in der Umgebung. Am Sandstrand an seinem Westufer gibt es inzwischen einige Duschen und eine Bar, während der nahegelegene Wald für diejenigen, die hierherkommen, abgeholzt wurde. Wenn Sie mit dem Auto kommen, müssen Sie 100 din „Ökogebühr“ zahlen. Der See ist außerdem ein sehr beliebter Ort zum Angeln, Hecht, Karpfen, Seewolf und Barsch zählen zu den häufigsten Fängen. Mehr Informationen

Der See Provala

11 Zrenjanin

75,700

Subotićeva 1, 023 581 890

Beogradska 22, 023 533 991

Dr Vase Savića 1, 023 530 388

Biertage, letztes Wochenende im August

Zrenjanin verwirrt viele seiner Besucher: Nach der kleinen Innenstadt zu urteilen, wären Sie überrascht, wie groß die Stadt tatsächlich ist. Das liegt teilweise an seiner Geographie. In früheren Jahrhunderten waren verschiedene Teile der Stadt durch die Läufe des Flusses Begej getrennt, die – obwohl sie heute überdeckt sind – es schafften, die Stadt zu spalten. Der andere Grund, warum die Stadt kleiner erscheint als sie ist, ist dass die Einheimischen bekannt für ihre Ruhe und ihr gemäßigtes Tempo sind. Doch ihr kompaktes Zentrum ist ein wahres Schatzhaus historischer Architektur, während ihre vielen Brücken und die Seitenarme des Begej sie sehr interessant machen.

GESCHICHTE

Die Stadt entstand aus mehreren kleinen Siedlungen, die in Mäandern des Begej entstanden, der einige Inseln und Halbinseln formte. Diese Siedlungen wurden später unter dem Namen Veliki Bečkerek zusammengefasst. Seine mittelalterliche Festung wurde 1552 von den Türken erobert und blieb bis 1716 in ihren Händen, als Prinz Eugen von Savoyen es unter die Regierung der Habsburger brachte. Kurz danach wurde es zu einem Zentrum für die Kolonisierung des Banats. Außer Deutschen versuchte die Obrigkeit auch Italiener und Katalanen hier anzusiedeln. Letztere gründeten sogar ihren eigenen Bezirk hier mit dem Namen Neu Barcelona. All diese Bemühungen schlugen fehl, als die Türken – wenn auch nur für kurze Zeit – 1739 erneut die Stadt erreichten. Den größten Teil des 18. Jahrhunderts entwickelte sich die Stadt langsam. Dies änderte sich, als sie im 19. Jahrhundert Sitz des Landkreises Torontal wurde. Im ersten Jugoslawien wurde es in Petrovgrad, nach König Peter Karadjordjević, umbenannt; dieser Name wurde nach dem Zweiten Weltkrieg sofort verworfen und die Stadt Zrenjanin nach dem «Nationalhelden» Žarko Zrenjanin, einem einheimischen Kommunisten, benannt. Heute ist Zrenjanin die wichtigste Stadt im Banat und es hält in vielen wirtschaftlichen und kulturellen Aspekten mit seinen größeren Nachbarn mit.

Nachtansicht von Zrenjanins neoklassizistischem Rathaus

SEHENSWÜRDIGKEITEN

1. Trg Slobode

Der **Trg Slobode** ist der Zentralplatz der Stadt. Nun, sechzig Jahre nach seiner Zerstörung durch deutsche Truppen, ist der Platz wieder mit dem **Denkmal für König Petar** dekoriert, das Rudolf Valdec 1926 entworfen hatte.

Reiterdenkmal für König Petar, Trg Slobode

Das Hauptgebäude auf dem Platz ist das **Rathaus**, das 1816 für den Sitz des Landkreises Torontal gebaut wurde. Die heutige neobarocke Verzierung erhielt es 1887, entsprechend der Entwürfe des berühmten Architektenduos Gyula Partos und Ödön Lechner – in einige Rathäuser in Ungarn bauten. Die Haupttreppe und die Halle sind opulent mit Deckenbemalungen und bunten Glasfenstern verziert.

Hinter dem Rathaus befindet sich Gradska Bašta («Stadtgarten»), ein angenehmes, grünes Gelände mit einem Musikpavillion, einem Brunnen und einigen Skulpturen. Auf der anderen Seite dieses Parks steht die **russisch-orthodoxe Kirche**; einst ein Gefängnis in der Stadtfestung, wurde es 1922 umgebaut, um den Bedürfnissen der Kolonie von russischen Emigranten zu entsprechen.

Rechts des Rathauses steht die römisch-katholische Kathedrale, die dem Heiligen Johann von Nepomuk geweiht ist, dem Beschützer von Brücken und vor Überschwemmungen, von beidem hatte das alte Zrenjanin/Bečkerek genug. Die Kathedrale wurde 1864-1868 nach Entwürfen von Stefan Djordjević in einem naiv-romanischenStil gebaut. Im Unterschied zu dem strengen Äußeren sind die Verzierungen im Inneren außergewöhnlich. Die Wandmalereien wurden von dem einheimischen Kunsthandwerker Jozsef Goigner ausgeführt, die den Entwürfen des berühmten Grafikers Gustav Dore, Leonardo da Vinci («Das Letzte Abendmahl») und bestimmten ungarischen Malern folgen.

Gegenüber der Kirche steht das Eckgebäude des früheren Palastes der Finanzabteilung aus dem Jahre1893, nach den Plänen des Budapester Architekten Istvan Kiss im klaren Stil der italienischen Renaissance. Heute befindet sich dort das Stadtmuseum *(Eingang von der Subotićeva 1, Tel.: 023 561 841; Öffnungszeiten Eintritt:)*, vielleicht das kompletteste in der Banatregion. Angefangen bei der Naturgeschichte, führen die Sammlungen des Museums durch ethnologische Vielfalt, reiches künstlerisches und geschichtliches Erbe, bis zu einem Raum, der dem historischen Vermächtnis der Stadt gewidmet ist.

Links neben dem Museum befindet sich das Theater (Trg slobode 7), dessen Saal aus dem 1839 stammt und damit die älteste in Serbien ist, die noch in Gebrauch ist.

2. Um den Begej-Seitenarm

Die Subotićeva-Straße führt zur „Kleinen Brücke“ (**Mali Most**). Sie geht über einen See, wo früher einmal der Fluss entlang lief.

Rechts der Brücke steht die **ehemalige Handelsakademie** (Istvan Kiss, 1892), ein exzellentes Beispiel für italienische Neorenaissance, der vorherrschende Stil bei

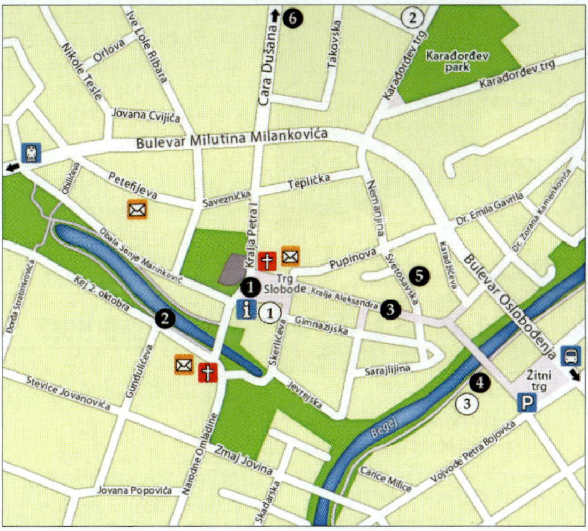

1 Trg Slobode
2 Um den Begej-Seitenarm
3 Die Kralja-Aleksandra-Straße
4 Die Brauerei
5 Die Uspenska Kirche
6 Die Vavedenjska Kirche

HOTELS (S. 183)
(1) Vojvodina

RESTAURANTS (S. 176)
(2) Banatska koliba
(3) Četir' konja debela

Bildungsgebäuden im späten 19. Jahrhundert. Der ruhige Rhythmus seiner gelb-weißen Fassade ist durch feine Sgraffito-Verzierungen belebt.

Am anderen Ufer steht die neogotische **Reformistenkirche** mit ihrer hohen Spitze (1891) und dem großen Justizpalast, den Architekten aus Budapest zwischen 1906 und 1908 bauten.

Am anderen Ende des Sees steht eine der eigentümlichsten Sehenswürdigkeiten in Zrenjanin und darüber hinaus – eine fertige und ziemlich neue Brücke überspannt trockenes Land, **Most na suvom** („Brücke auf dem Trockenen") genannt. Sie wurde 1962 über den Seitenarm des Begej gebaut und verlor ihren Zweck, als dieser kleine Strom 1985 gestaut wurde. Die Stadtväter mögen diese nutzlose Brücke nicht und planen, sie niederzureißen, doch viele in Zrenjanin sehen sie als eigenartige und interessante Sehenswürdigkeit, eine Art ironisches Wahrzeichen der Stadt.

Geht man am Ufer zurück Richtung Stadtmitte (Obala Sonje Marinkovića) bemerkt man auf der linken Seite das Gebäude des ehemaligen **Sokolski Dom**. Die panslawistische Sokol („Falke")-Bewegung kam im späten 19. Jahrhundert aus den tschechischen Ländern mit der Idee athletische und nationalistische Bildung zusammenzubringen. Die Bewegung hatte ihren Höhepunkt in Serbien in der Periode zwischen den Weltkriegen, und resultierte in einer großen Zahl an „Sokol-Hallen". Die meisten von ihnen wurden in einer Variante des romantizistischen oder nationalen Stils gebaut, während dieses 1923 nach den Einwürfen des großen Dragiša Brašovan als eins seiner frühesten Werke entstanden und von der Monumentalität der klassischen griechischen und römischen Architektur inspiriert ist.

Näher am Trg Slobode befindet sich ein langes Gebäude, das mit seiner kleinen Spitze Aufmerksamkeit erregt und 1880 als **katholisches Institute für Mädchen** erbaut wurde, gegründet und geführt von den Notre-Dame-Nonnen.

3. Die Kralja-Aleksandra-Straße

Die Kralja-Aleksandra-I.-Straße ist die zentrale Straße von Zrenjanins Geschäftsviertel. An ihrem Beginn auf dem Trg Slobode steht das ehrwürdige **Bukovac-Gebäude** aus dem Jahr 1905. Zwei Häuser weiter auf derselben Seite der Straße befindet sich das Haus des Steinmetzes Theodosius Tuner (Istvan Bartha, 1900), dessen üppig verzierte Fassade ihm den Spitznamen **«Scheherazade»** einbrachte.

Die kleine Brücke über den Begej und der Justizpalast

Eine Ecke im Zentrum von Zrenjanin

4. Die Brauerei

Die Straße endet am Trg Zotana Djindjića vor der **Großen Fußgängerbrücke** *(Veliki pešački most)*. Die Brücke, die ihren Namen wegen ihrer Breite erhalten hat, ersetzte 1971 die alte Eisenbrücke aus dem Jahr 1904, die das Eiffel-Unternehmen gebaut hatte. Die alte Brücke wurde in einem beliebten einheimischen Lied als «so schmal wie eine Kiste» beschrieben.

Auf der anderen Seite des Begej steht der **Brauerei**komplex. Die Brauerei wurde 1745 als erstes industrielles Unternehmen der Stadt gegründet und 1878 von Lazar Dundjerski *(siehe Foto)* übernommen, der sie zu einer der größten Brauereien in Südungarn machte. Die repräsentativsten Gebäude des Komplexes, die in Richtung Fluss zeigen, wurden 1905-1910 im Art-Nouveau-Stil errichtet. Die Brauerei wurde 2006 geschlossen, aber da der größte Teil des Komplexes als industrielles Erbe erklärt wurde, bleibt abzuwarten, welche Verwendung dafür gefunden wird.

5. Die Uspenska Kirche

Die Kirche wurde 1746 aus gekachelten Ziegelsteinen gebaut und ist eins der wenigen Gebäude, die das große Feuer von 1807 überstanden haben, das das Stadtzentrum völlig zerstört. Als solches ist es das älteste Gebäude der Stadt und eins der ältesten der Region. Die Ikonostase fertigten 1815 Mitglieder der Malerfamilie Popović an, während Stevan Aleksić 1924 die Wandmalereien hinzufügte.

6. Die Vavedenjska Kirche

Zu Fuß 15 Minuten vom Trg Slobode, die Cara-Dušana-Straße entlang gelangen sie zu dem Teil der Stadt, der den Namen Gradnulica trägt und der einst ein eigenständiges Dorf war. Hier steht die serbisch-orthodoxe **Vavedenjska Kirche** (auch als Gradnulička Kirche bekannt), aus dem Jahr 1777, am früheren Standort eines Klosters erbaut, das bekannt wurde, weil ein einheimischer Heiliger, Rafailo aus dem Banat, dort lebte. Die neue Kirche erbte die Reliquien des Heiligen – sie befinden sich nun in einer Seitenkapelle – und blieb weiterhin ein Wallfahrtsort.

Die Legende besagt, dass nach Rafailos Tod eine Quelle aus einer nahe gelegenen **Ulme** entsprang, deren Wasser Heilräfte besaß und vor allem Augenkrankheiten heilte, die in dieser Gegend endemisch waren. Als er vor etwa 30 Jahren vom Blitz getroffen wurde, verbrannte der 500 Jahre alte Baum fast vollständig. Sein Stamm ist aber immer noch sichtbar und wird verehrt, obwohl das Wunderwasser längst versiegt ist.

Das Innere der Kirche ist sehr interessant, da es kürzlich vollständig von Fresken bedeckt wurde, die sich mit den älteren (1914) von Stevan Aleksić vermischen. Das wertvollste Kunstwerk ist jedoch die hohe Ikonostase, die in der ersten Hälfte des 19. Jahrhunderts von Arsa Teodorović gemalt wurde.

⓬ Carska Bara

i TO Zrenjanin
023 581 890

Carska Bara ist der bekannteste Weiher im Sumpfgebiet zwischen den Flüssen Tisa und Begej. Die Gegend, in der es noch einige weitere Seen und den Flussarm des Begej gibt, wurde wegen ihres Fülle an Vögeln und Fischen zum Naturschutzgebiet erklärt. Mit einem Hotel und einigen Gehöften, die Zimmer vermieten, und vielen Möglichkeit für einen aktiven Urlaub, zieht Carska Bara schon seit Jahrzehnten Urlauber – von Schulexkursionen bis zu Jägern – an.

ANREISE

Das Sumpfgebiet liegt gleich bei der Straße von Zrenjanin nach Belgrad, etwa 17 km südlich von Zrenjanin. Viele nehmen, um zu dem Reservat zu kommen, eine Straße, die nach Belo Blato abbiegt. Die Straße führt Sie zuerst zum Hotel „Sibila", das am Nordufer des Sees gelegen ist und üblicherweise der

Ein Graureiher, eine von vielen Vogelarten in der Carska Bara

Ausgangspunkt für Touristen ist.

SEHENSWÜRDIGKEITEN

Das Schutzgebiet besteht aus Weihern, sumpfigem Terrain, Kanälen, feuchten Wiesen und Wäldern. Der größte Weiher ist der Belo Jezero, der als riesiger Fischteich genutzt wird, während Carska Bara für seine Wildtiere bekannt ist: Über 140 Vogelarten leben hier das ganze Jahr über und im Sommer kommen noch 110 Zugvogelarten hinzu. Die interessantesten darunter sind Weißschwanzadler, Rohrweihen und Kornweihen, Bussarde, Sperber und Löffler. Der Weiher verfügt auch über eine reiche Flora, bemerkenswert für seine Fülle an weißen Wasserlilien und Wasserfarnen. Es sind auch eine Vielzahl an Wildtierarten auf dem Territorium des Schutzgebiets beheimatet, wie z. B. Wildschweine und -katzen, Rehwild, Füchse, Wasserschildkröten und mehrfarbige Salamander.

Auf trockenem Land zwischen den beiden Seen befindet sich das Dorf **Belo Blato** („Weißer Schlamm"), das 1.300 Einwohner zählt. Der Schlamm um es herum ist nicht weiß, aber viele Häuser und die Stämme der Bäume, die seine reinlichen Straßen säumen, sind es. Das Gewächs, das man im Dorf am meisten verkauft, ist das, wovon auch am meisten vorhanden ist – das Schilf. In den vergangenen Jahren hatte Schilf ein Comeback als ökologisches Baumaterial, das gut isoliert, und man sieht es auch wieder häufiger auf Häuserdächern. Z. B. auf dem des Ethnozentrums des Dorfes mit einem rekonstruierten alten Gehöft, einem Klassenzimmer und einem Souvenirladen.

AKTIVITÄTEN

Das Einfachste, was man hier tun kann, ist, den sogenannten Gesundheitspfad *(Staza zdravlja)* entlang zu **spazieren**, der beim Hotel Sibila beginnt. Von Mai bis September machen die meisten Besucher eine einstündige **Bootsfahrt** den Seitenarm des Begej hinunter und besuchen das Naturalistenhaus *(kombinierte Tickets: Kinder 350 din, Erwachsene 400 din)*. Für kleinere Gruppen ist es am besten, ein **Ruderboot** zu mieten *(500 din pro Stunde)* oder eine **Tour** mit dem Motorboot zu machen *(3000 din für 2 Std.,max. 6 Personen)*. Man kann auch eine ganztägige Vogelbeobachtungstour machen *(5000 din)* oder ein **Fahrrad** mieten *(150 din pro Stunde)* und den 24 km langen Uferweg um den See abfahren.

Es gibt mehrere Gebiete in dem Naturschutzgebiet, die zum **Angeln** vorgesehen sind. Carska Bara ist bekannt für seine reichen Fischgründe und es ist fast unmöglich, wieder zu gehen, ohne eine Begegnung mit einem Karpfen, Hecht oder Rapfen gehabt zu haben. Bei der Fischfarm „Ečka» *(Tel.: 023 884 028)*, in Lukino Selo, nördlich des Hotels Sibila, kann man für 600 din eine Angelerlaubnis für einen Tag bekommen. Dieselbe Firma verwaltet das Jagdgebiet Carska Bara.

UMGEBUNG

Zwischen Zrenjanin und Carska Bara befindet sich da Dorf Ečka (4000 Einwohner), bekannt für sein «Kaštel», ein Landhaus der Lazar-Familie. Das Anwesen und das Dorf Ečka wurden Ende des 18. Jahrhunderts von den Lazars, Kaufleuten armenischer Abstammung erworben, die sich kurz zuvor für Geld einen Grafentitel gekauft hatten. Die ansässigen Serben verließen daraufhin das Dorf und es wurde dann von katholischen Rumänen neu besiedelt, die immer noch eine große ethnische

Schilf, das zurechtgeschnitten wird, Dorf Belo Blato

Die Freuden der Natur in Carska Bara

Gruppe in Ečka darstellen. Das Landhaus, heute ein hochklassiges Hotel, wurde 1820 gebaut. Seine Eröffnung wurde von hochrangigen ungarischen Adligen besucht, einschließlich Graf Eszterhazi. Mit ihm kam auch sein Protegé, das junge Ausnahmetalent Franz Liszt, der hier seinen ersten öffentlichen Auftritt hatte.

Das Lazar-Anwesen wurde oft von den Habsburgern besucht, die hauptsächlich zum Jagen hierherkamen. Franz Joseph besuchte Ečke mehrere Male, während sein Sohn, der unglücksselige Franz Ferdinand, die Gräfin Sophia Hotek heiratete. Die **katholische Kirche**, in der

"Kaštel", Landhaus in Ečka

die Trauung vollzogen wurde, steht noch immer in der Dorfmitte. Sie wurde 1864 von Graf Zsigmond Lazar gebaut. Ihr Inneres verzieren mehrere Wandmalereien von Jozsef Goigner und drei große Gemälde des holländischen Künstlers Adolf van der Venne; «Judith» ist ein Abbild der Frau des Grafen Zsigmond und die «Heilige Elisabeth von Ungarn» ist eigentlich ein Porttrait der Mutter des Graf.

Gleich daneben steht die **serbisch-orthodoxe St.-Nikolaus-Kirche**. Sie wurde 1711 erbaut und ist eine der ältesten der Gegend. Mit ihrem hölzernen Glockenturm, den Mauern aus Lehm und dem Schindeldach ist sie ein schönes Beispiel dafür, wie Kirchen in der Vojvodina zu dieser Zeit aussahen.

⓭ Novi Sad

- 222,000
- Modene 1, Bulevar Mihaila Pupina 9, 021 421 811
- Bulevar Jaše Tomića 6, 021 444 021
- Bulevar Jaše Tomića 4, 021 443 200
- Exit Fest, erste Juli-Woche
  Cinema City, Mitte Juni

Als Hauptstadt der autonomen Provinz Vojvodina und zweitwichtigste Stadt des Landes sollte Novi Sad auf keinem Reiseplan durch Serbien fehlen. Obwohl es noch nicht sehr alt ist, hat Novi Sad ein wunderschönes Zentrum, in dem es viele versteckte Ecken, malerische Sehenswürdigkeiten und viel Kultur zu entdecken gibt. Es liegt an der prachtvollen Donau, an deren gegenüberliegendem Ufer sich die Festung Petrovaradin befindet, eine der größten barocken Befestigungsanlagen in Europa. Novi Sad ist bekannt als Ort der Offenheit und Toleranz, wo Serben aus allen Teilen des ehemaligen Jugoslawiens, Ungarn, Slowaken, Ukrainer und viele andere Nationalitäten friedlich nebeneinander leben. Es ist ein sehr dynamischer Ort mit einem lebhaften Nachtleben und vielen Festivals, von denen das bekannteste das Exit Fest ist, ein großes Sommer Musikfestival, das Hunderttausende anzieht und Novi Sad einen Platz auf der musikalischen und touristischen Landkarte Europas gesichert hat.

Das Stadtwappen von Novi Sad

GESCHICHTE

Obwohl Novi Sad als junge Stadt bezeichnet werden kann, blieben ihm doch in seiner relativ kurzen Geschichte die Drehungen und Wendungen von Ereignissen in dieser turbulenten Region nicht erspart.

Vor dem 18. Jahrhundert existierte keine Siedlung an der Stelle, wo sich heute die Stadt befindet. Das Römische Reich benutze die Donau als Grenze und das Nordufer des Flusses diente hauptsächlich als militärischer Außenposten, der verlassen werden konnte, falls die Barbaren in größerer Zahl angriffen. Im Mittelalter entstand Petrovaradin *(siehe unten)* mit seiner Festung und der Abtei am Südufer, während es auf der anderen Seite des Flusses ein paar kleinere, verstreut liegende Dörfer gab.

Das, was einmal Novi Sad werden sollte, begann sich Ende des 17. Jahrhunderts zu entwickeln, als das neu eroberte Petrovaradin zur wichtigsten Festung an der Südgrenze des Habsburger Reiches wurde. Auf der anderen Seite des Flusses war der Brückenkopf der Festung und darum herum wuchs das kleine serbische Dorf mit dem Namen *Varadinci* oder *Varadinski Šanac* („Varadin-Graben"). Da Nichtkatholiken in der Festung nicht toleriert wurden, ließen sich viele serbische, griechische und jüdische Händler auf der gegenüberliegenden Seite der Donau nieder und machten die Siedlung zu einem wichtigen Handelsplatz, im Gegensatz zu dem rein militärischen Petrovaradin. Einen neuen Impuls gab es, als 1739 Belgrad zurück in die Hände der Türken fiel und serbische und deutsche Bewohner die Donau entlang nach Norden flohen. Viele von ihnen entschieden, sich hier niederzulassen, und mit ihren Verbindungen zur Türkei wurde die Stadt sehr schnell zu einem der wichtigsten Handelszentren im Habsburgerreich. Die kleine Stadt wuchs so schnell, dass sie sich 1748 den Status der königlichen

Freistadt kaufen konnte. Mit ihrer Unabhängigkeit von Petrovaradin erhielt die Stadt einen neuen Namen – *Novi Sad*, was soviel wie „Neu Gepflanzt“ bedeutet.

Die Stadt florierte bis 1849, als im Bürgerkrieg, der im Reich tobte, das von Ungarn kontrollierte Petrovaradin auf einen Versuch der habsburgtreuen serbischen Truppen, die Festung einzunehmen, mit dem Beschuss der unterhalb gelegenen Stadt antwortete.

Sonnenuntergang hinter dem Rathaus von Novi Sad

Die Geschosse aus Hunderten von Kanonen legten die Stadt in Schutt und Asche, und was übrig war verbrannte in einem großen Feuer. Es blieben nur ein paar Häuser stehen, und als die Bürger zurückkehrten, mussten sie wieder ganz von vorne beginnen. Während des Wiederaufbaus in der zweiten Hälfte des 19. Jahrhunderts, nahm die Stadt ihr heutiges Erscheinungsbild an und wurde wieder zum wichtigsten kulturellen, schulischen und künstlerischen Zentrum der Serben außerhalb von Serbien, und bekam den Spitznamen „Serbisches Athen“.

1918 wurde Novi Sad Teil des Königreichs der Serben, Kroaten und Slowenen und Verwaltungssitz der Region Vojvodina. Die wachsende Bedeutung der Stadt spiegelte sich im Bau von neuen, breiten Boulevards und vielen großen Gebäuden wieder. Zwischen 1941 und 1944 ging die Stadt erneut durch eine Tortur, als sie von Ungarn gesetzt wurde und mehrere tausend Serben und fast alle Juden dem Terror zu Opfer fielen. Nach dem Zweiten Weltkrieg wurde Novi Sad Sitz der autonomen Provinz Vojvodina und begann, als Teil der Republik Serbien schnell zu wachsen, ein Trend, der bis heute anhält. 1999 wurde die Stadt heftig von der NATO-Bombardierung getroffen, bei der unter anderem alle drei Donaubrücken zerstört wurden. Die Trümmer machten den Fluss unbefahrbar. All dies war ein enormer Rückschritt für eine Stadt dieser Größe.

1. Trg Slobode

Der Zentralplatz der Stadt diente einst als gemeinsamer Marktplatz für die katholische Gemeinschaft, die westlich davon lebte und die orthodoxe Gemeinschaft östlich davon.

In seiner Mitte steht das **Denkmal für Svetozar Miletić** (1826-1901), einen Anwalt und Politiker, Führer der Serben und der Liberalen Partei in der Vojvodina und schließlich Bürgermeister von Novi Sad. Das Monument ist ein Werk des großen Bildhauers Ivan Meštrović aus dem Jahr 1939, und stellt Miletić in einer dramatischen Pose dar. Mit seinen fünf Metern Höhe war und ist es das höchste Denkmal der Stadt. Während der ungarischen Besatzung wurde das Denkmal abgebaut und versteckt, kam aber dann 1944 wieder an seinen alten Platz.

Hinter dem Denkmal befindet sich das Rathaus (*Gradska kuća)*, ein Gebäude aus der Neurenaissance, 1895 von dem bekannten Architekten György Molnar entworfen. Das schönste an dem Gebäude sind die 16 allegorischen Skulpturen und der hohe Glockenturm mit dem Spitznamen „Matilda“, dessen Glocken im Fall eines Brandes geläutet wurden.

Gegenüber dem Rathaus steht die katholische Marienkirche, die wegen ihrer Größe und ihrer Erscheinung allgemein als **„Kathedrale“** bekannt wurde, obwohl der Bischofssitz in Subotica ist. Die alte Kirche aus dem 18. Jahrhundert, die hier stand, war recht groß, aber unattraktiv und wurde deshalb mit der heutigen ersetzt. Sie wurde im selben Jahr fertiggestellt wie das Rathaus und auch von demselben Architekten entworfen, aber in einem völlig anderen, für eine katholische Kirche

Die eindrucksvolle katholische Kirche, meist nur "Kathedrale" genannt

Das Innere der "Kathedrale"

angemessenerem Stil. Es handelt sich hierbei um ein imposantes neugotisches Gebäude mit einem 76 m hohen Glockenturm und einer Uhr, die man kilometerweit sehen kann. Das bunte Steildach ist mit den berühmten Zsolnai-Keramiken bedeckt. Im Inneren befinden sich drei Altäre und eine Orgel, aber besonders beeindruckend sind die bunten Kirchenfenster, die von tschechischen und ungarischen Meistern gemacht wurden. Links des Eingangs hängt eine Gedenktafel, die an den Architekten Molnar erinnert, zu dessen besten Werken diese Kirche gehört.

Auf der Nordseite des Platzes stehen drei bedeutende Gebäude. Das zweistöckige Gebäude zur Linken war einst das luxuriöse **Hotel Meyer** (1893), in dem 1918 die Vertreter von Novi Sads Südslawen dafür stimmten, dass ihre Stadt in den serbischen Staat eingegliedert wird. Gleich daneben befindet sich die **Sparkasse Novi Sad**, die 1907 im Art-Nouveau-Stil erbaut wurde. Zur Rechten über die Njegoševa-Straße steht das Gebäude „Eiserner Mann", das seinen Namen der Ritterstatue verdankt, die sich auf dem Dach befindet. Der Bau stammt aus dem Jahr 1909, während der Ritter viel älter ist und von dem Gebäude stammt, das vorher hier gestanden hat.

Auf der Südseite erstreckt sich die lange grün-gelbe Fassade des **Hotels Vojvodina**, früher bekannt unter dem Namen „Kaiserin Elisabeth". Die Modenastraße (benannt nach Novi Sads Partnerstadt in Italien) mit ihrer beliebten Reihe von Cafés entstand zwischen den beiden Weltkriegen. Gegenüber dem Hotel steht der lange, rote Tanurdžić-Palast, ein ambitioniert vergegenwärtigtes modernistisches Gebäude des Architekten Djordje Tabaković aus dem Jahr 1933, in dem sich ein Hotel, ein Kinosaal und einige Geschäfte und Wohnungen befanden.

Gleich links des Eingangs zur «Kathedrale» findet man einen der reizendsten Orte der Stadt. Der kleine Hof, dort wo sich früher der katholische Friedhof befunden hat, der von den Gebäuden umrahmt ist, die einst zu dieser Gemeinschaft gehörten, trägt, nicht überraschend den Namen «Katholischer Kirchhof» (**Katolička porta**). Auf der Nordseite dieses friedlichen Ortes steht das einstöckige **katholische Gemeindehaus** *(Plebanija)* aus dem Jahr 1808, das eins der wenigen Gebäude ist, die die Bombardierung von 1849 überstanden haben.

2. Der Bischofspalast und die orthodoxe Kathedrale

Vladičanski dvor i Saborna crkva

Der Palast des orthodoxen Bischofs der Bačka steht an der Stelle, wo sich die Zmaj-Jovina-Straße teilt. Hinter dem Palast steht die orthodoxe Kathedrale, mit der er sich den Hof teilt. Ursprünglich stand ein kleiner Palast neben der Kathedrale, aber es war der Architekt Vladimir Nikolić, der das Beste aus dem Standpunkt machte, indem er einen neuen Palast baute, der nun eins der bemerkenswertesten Wahrzeichen der Stadt ist. 1901 erbaut, ist er eine vielschichtige Mischung aus verschiedenen Stilen, wobei die romanischen und die pseudo-maurischen Elemente, die zu dieser Zeit äußerst populär waren, am offensichtlichsten sind. Besonders attraktiv ist die rot-orangene Fassade, mit dem kleinen Blumengarten davor.

Vor dem Palast steht ein **Denkmal für Jovan Jovanović «Zmaj»** (1833-1904), Arzt, Humanist und einer der beliebtesten serbischen Dichter. Der Schriftsteller ist am bekanntesten bei den Kindern für seine Kinderlieder und –zeitschriften. Den Spitznamen «Drache» bekam er nach einem Satiremagazin in Novi Sad, das er ein paar Jahre lang herausgab.

Die Straße, die seinen Namen trägt, war schon immer,was sie heute noch

Der Bischofspalast am Ende der Zmaj-Jovina-Straße

ist: Eine lebendige Hauptschlagader, das kommerzielle Zentrum der Stadt und eine Promenade, ein Ort zum Sehen und Gesehen werden. Man sagt, dass, wenn man in Novi Sad jemanden treffen möchte, man sich

nur in eins der Cafés setzen und warten muss, bis er vorbeikommt.

Die **serbisch-orthodoxe Kathedrale** befindet sich hinter dem Bischofspalast. Die alte Kirche aus dem 18. Jahrhundert wurde bei der Bombardierung 1849 fast vollständig zerstört und musste praktisch von den Grundmauern wiederaufgebaut werden. Der Wiederaufbau dauerte von 1860 bis 1880, während der Glockenturm, der in seiner Höhe mit dem der «Kathedrale» wetteifert, und noch einige andere Details erst zu Beginn des 20. Jahrhunderts fertiggestellt wurden. Mit der Verzierung des Inneren der Kirche wurden die berühmtesten serbischen akademischen Maler ihrer Zeit betraut: Paja Jovanović malte die Ikonostase und die beiden historischen Kompositionen an den Seiten («Der Hl. Sava versöhnt seine Brüder" und „Die Kröhnung von Stefan dem Erstgekröhnten"), und Stefan Aleksić schuf die Wandmalereien. Auf dem Kirchhof findet man das alte, aus rotem Stein gefertigte **Schwur-Kreuz**, das bis 1945 vor dem Bischofspalast gestanden hatte. Es stammt aus dem 18. Jahrhundert und war das erste öffentliche Monument in Novi Sad.

In demselben Häuserblock, hinter dem Bischofspalast, befindet sich das Gymnasium „Jovan Jovanović Zmaj» *(Gimnazija)*. Es wurde 1810 gegründet und war die zweite serbische Schule im Habsburger Reich, die erste gab es im benachbarten Sremski Karlovci *(siehe S. 147)*. Ende des 19. Jahrhunderts erklärte die ungarische Obrigkeit, die diese wichtige serbische Institution schließen wollte, das Gebäude sei für die Nutzung ungeignet. Das Sammeln von Spenden richtete nicht viel aus, und als das Gymnasium schon kurz vor dem Aus stand, wurde es durch eine große Spende von Baron Miloš Bajić gerettet. Das Neorenaissance-Gebäude wurde 1900 errichtet, wieder nach dem Entwurf von Vladimir Nikolić. Das heutige Gebäude steht an der Stelle von Jovan Jovanović Zmajs Geburtshaus, die Tatsache, die die Namensgebung des Gymnasiums beeinflusst hat.

3: Die Donaustraße

Diese Geschäftsstraße beginnt im Herzen der Stadt und führt bis zum Ufer der Donau. Als sie zuerst angelegt wurde, war sie viel kürzer, weil sich die Donau und die Tümpel um sie herum näher an der Stadt befanden. Da sie die einzige Straße inmitten der Sumpfgebiete war, mussten alle Güter, die über die Donau kamen, über diese

Straße transportiert werden – ein Umstand, der ihr Schicksal bestimmte. Heute ist sie von vielen Geschäften gesäumt, von denen viele von den Nachfahren der ursprünglichen Besitzer geführt werden.

Am Beginn der Straße, an der Ecke auf der rechten Seite, steht ein Haus, das unter dem Namen **„Beim weißen Löwen“** gekannt ist. Mit einem Erdgeschoss aus dem Jahr 1720 gilt es als das älteste Haus der Stadt. An der linken Ecke befindet sich die **Stadtbibliothek**. Hier eröffnete 1790 Emanuilo Janković, der erste Serbe mit einem Doktortitel in Philosophie, die erste Druckerei der Stadt.

Die **Sammlung ausländischer Kunst** *(Zbirka strane umetnost, Dunavska 29, Tel.:021 64 33 145, Di-Sa 9-17 Uhr, Eintritt: Erwachsene 150 Dinar, Kinder 100 Dinar)* befindet sich in einem Herrenhaus aus dem Jahr 1903, das von dem einheimischen Architekten Franz Voruda entworfen wurde. Den Hauptteil der Sammlung hat der eifrige Sammler Branko Ilić der Matica Srpska geschenkt. Sie besteht aus Kunstwerken europäischer Künstler von der Renaissance bis zum 20. Jahrhundert, sowie Stilmöbeln und anderen Haushaltsgegenständen aus Deutschland, Österreich und der Türkei (18.-19. Jahrhundert). 2006 wurden die vier wertvollen Gemälde, von bis heute unbekannten Dieben geraubt, darunter ein

Ein Ort zum Entspannen im Donaupark

Rembrandt und ein Rubens, die Bilder sind noch immer nicht aufgefunden worden.

Der **Donaupark** ist sicherlich das schönste Gemeingut der Stadt. Der alte sumpfige Boden wurde zu einem sorgfältig arrangierten

Häuser in der belebten Dunavska Straße

Park kultiviert, den man 1895 eröffnete. Da er der beliebteste Erholungsort der Stadtbewohner ist, wurde er regelmäßig verbessert. 1912 wurde die Ecke zur Donaustraße mit dem ersten bildhauerischen Monument verschönert – mit der „Nymphe“ von Djordje Jovanović. In der Mitte des Park findet man einen See mit Enten und Schwänen und darin gibt es eine kleine Insel mit einer Trauerweide, die für Kaiserin Elisabeth, die Frau von Franz Josef, gepflanzt wurde, die 1898 in Genf von einem Anarchisten erschossen wurde. In der Nähe steht die ungewöhnliche Skulptur des russischen Eremiten Sergius von Radonzh, ein Geschenk der Stadt Moskau.

Novi Sad ist bekannt für seine schönen Frauen

4. Das Vojvodina-Museum

Dunavska 35-37

Gegenüber dem Donaupark befindet sich die lange Fassade eines 1909 als Amtsgericht errichteten Gebäudes, das seit 1966 das Vojvodinamuseum (*Tel.: 021 420 566; Di-Fr 9-19 Uhr, Wochenende 10-18 Uhr; Eintritt: Erwachsene 100 din, Studenten 50 Dinar, Familien 200 Dinar*) beherbergt. Daneben (die Nr. 37) ist das neue Museumsgebäude.

Die Sammlung des Museums gilt als eine der umfangreichsten des Landes – doch überraschenderweise wissen davon nur wenige.

Die archälogische Sammlung ist bekannt für die Gegenstände von der Ausgrabungsstätte Gomoglava, antike Fresken aus der Totenstadt in Beška und spätrömische Zeremoniehelme. Eine Vielzahl an Karten, Kleidern, Modellen, Originaldokumenten und

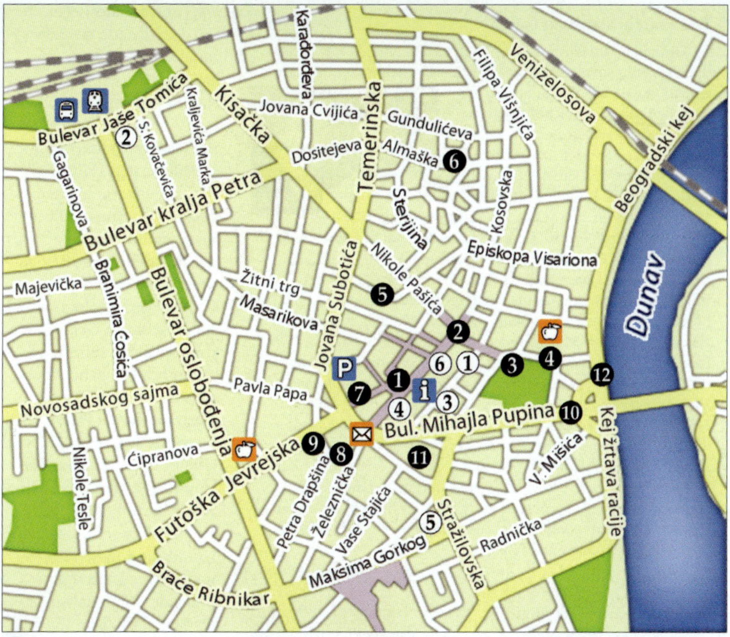

1. Trg Slobode
2. Der Bischofspalast und die orthodoxe Kathedrale
3. Die Donaustraße
4. Das Vojvodina-Museum
5. Die St.-Nikolaus-Kirche
6. Die Almaš-Kirche
7. Das Serbische Nationaltheater
8. Der Platz der Frischvermählten
9. Die Synagoge
10. Der Mihailo-Pupin-Boulevard
11. Der Galerienplatz
12. Ufer und Brücken

HOTELS (S. 177)

(1) Mediteraneo
(2) Novi Sad
(3) Putnik
(4) Vojvodina
(5) Voyager
(6) Zenit

Gemälden illustrieren lebhaft die Geschichte der Vojvodina vom Mittelalter bis zum Ende des 19. Jahrhunderts. Die ethnologische Ausstellung beeindruckt mit den Kleinigkeiten, die das Leben einer Vielzahl an Nationen ausmachten, die innerhalb der Provinzgrenzen lebten. Als nächstes folgt eine Rekonstruktion von Schaufenstern in einer Stadt in der Zeit um die Wende zum 20. Jahrhundert.

Im Gebäude Nr.37 werden Sie etwas über das politische Leben in Jugoslawien zwischen den Kriegen erfahren, die Wirtschaft der Vojvodina zu dieser Zeit und – ausführlich- über den Kampf der einheimischen Partisanen gegen die Besatzungsmächte im Zweiten Weltkrieg.

Ein römischer Zeremonienhelm in der Ausstellung im Vojvodina-Museum

5. Die St.-Nikolaus-Kirche

Nikolajevska crkva

Diese Kirche ist die älteste der Stadt und befindet sich in einem Kirchhof mit demselben Namen (Nikolajevska porta) im alten serbischen Viertel. Die Kirche wurde 1730 zum ersten Mal erwähnt, als sie der reiche Kaufmann Nedeljko Bogdanović renovierte. Die Messen wurden in Serbisch und Griechisch, der Sprache vieler der Händler, gehalten. Nachdem sie bei der Bombardierung 1849 erheblich zerstört worden war, wurde sie dank der Spende von Jovan Trandafil und seiner Frau Marija, die später zur größten serbischen Gönnerin wurde, wiederaufgebaut. Sie sind

Die Frau hinter dem Genie

Die lange vergessene Mileva Marić (1875 Titel – 1948 Zürich), die erste Frau von Albert Einstein ist den letzten etwa zehn Jahren eine merkwürdige Heldin geworden, von allen gelobt, von Konspirierern bis zu Frauenrechtlerinnen. Mileva und Albert trafen sich 1897 während des Physikstudiums an der Universität Zürich. Das stille, aber talentierte Mädchen, das nur die besten Zensuren bekam, und ihr merkwürdiger gelockter Freund begannen schon gemeinsam an Projekten zu arbeiten, bevor sie 1902 heirateten. Gemeinsam forschten sie auf einem völlig neuen Gebiet der Physik, das die weltberühmte Relativitätstheorie werden sollte. Sie bot ihrem Mann starke, wesentliche Unterstützung in einer Zeit, als man Frauen als Mütter und nicht als Wissenschaftler sah. Das Paar besuchte Milevas Familie in Novi Sad zweimal, das erste Mal 1905, kurz bevor er seine Theorien zum ersten Mal publik machte. Viele Biographen sind sich sicher, dass ein großer Teil davon Milevas Arbeit war, was durch einige Fakten unterstützt wird, wie z.B. Passagen in seinen Briefen, in denen er von „unserer Arbeit" spricht und dass er Mileva das gesamte Honorar für den Nobelpreis gegeben hat. Mileva und Albert hatten drei Kinder, ließen sich aber 1918 scheiden. Ihr Leben und ihre faszinierende Rolle in Einsteins wissenschaftlicher Arbeit inspirierten schon viele Bücher, Dramen und Filme.

beide in der Kirche beerdigt worden. Die Kirche besteht aus kleinen Teilen und hat eine zwiebelförmige Kuppel, wie es heißt ein Zeichen der Dankbarkeit für die Hilfe bei der Renovierung, das das russische Reich geschickt hat. Das Interieur ist recht einfach gehalten, verfügt aber über eine wertvolle Ikonostase von Pavle Simić aus dem Jahr 1862. Es gibt einige Grabsteine, die in die äußeren Kirchenmauern einlassen sind. Auf dem des einheimischen Simeon Radović (†1749), der mit einem großen barock geformten Kreuz verziert ist, findet man zum ersten Mal den Namen Novi Sad schriftlich festgehalten. Es ist noch interessant zu erwähnen, dass die Kinder von Albert und Mileva Einstein in dieser Kirche getauft wurden.

Am Ende der Nikole-Pašića-Straße, hinter der Kirche, befindet sich der gelbe Ziegelsteinbau des **Matica Srpska**-Kulturvereins. Das Gebäude verdankt seine Existenz ebenfalls einer Spende von Marija Trandafil und wurde 1912 gebaut, um die Einrichtung für orthodoxe Waisenkinder unterzubringen. Interessanterweise wurde es von dem Architekten Momčilo Tapavica entworfen, der als erster Serbe 1896 an Olympischen Spielen teilnahm. Die Matica Srpska ist der älteste Kulturverein der Serben. Sie wurde 1826 in Pest (heute Budapest) gegründet, mit dem Ziel, die serbische Kultur im Habsburger Reich zu entwickeln und zu pflegen. Mit der Zeit wurde sie zu einem großen Kulturzentrum, das fast alle Gründungen von kulturellen Institutionen in der Vojvodina initiierte. 1864 zog sie nach Novi Sad um, und stieß auf großen Zuspruch seitens der einheimischen Serben. Vor dem Gebäude stehen Büsten von einigen der führenden Persönlichkeiten in der langen Geschichte der Matica Srpska.

6. Die Almaš-Kirche

Almaška crkva

Das Almaš-Viertel *(Almaš kraj)* ist ein malerischer Teil der Altstadt, der sich zum Osten des Zentrums hin erstreckt. Es hat seinen Namen von dem serbischen Dorf Almaš, das nördlich der Stadt gelegen hatte, bevor es in der ersten Hälfte des 18. Jahrhunderts hierher umgesiedelt wurde. Die ländliche Bevölkerung behielt ihre Sitten für lange Zeit bei, was man an dem Stil der kleinen Häuser sehen kann, die die schmale, sich windende Straße, die den sumpfigen Untergrund emgehen muss, säumen. In der Mitte des Viertels steht die Pfarrkirche. Sie wurde zwischen 1797 und 1808 in einer Mischung aus Empire und Frühklassizismus gebaut und ist die größte der vier alten serbisch-orthodixen Kirchen der Stadt und reflektiert den glühenden Nationalismus der Einheimischen. Ihr hoher Turm ist an seinem untypischen hügelförmigen Dach erkennbar. In dem hohen Kirchenschiff befinden sich die Ikonostase, die von den bedeutenden Künstlern Aksentije Marković und Arsa Teodorović gemalt wurde, und geschickt geschnitzte Sitze und Throne.

7. Das Serbische Nationaltheater

Srpsko narodno pozorište(SNP)

Der ziemlich voreingenommene Name von Novi Sads wichtigstem Theater stammt noch aus Habsburger Zeiten, als alle ethnischen Gruppen ihre eigenen Institutionen hatten, wenn sie sie sich finanziell leisten konnten.

Das serbische Nationaltheater

Uspenska-Kirche im Zentrum von Novi Sad

Das Serbische Nationaltheater wurde 1861 gegründet und war das erste serbische Theater mit einem festen Ensemble. Als größtes und wichtigstes der „ethnischen Theater", begann es ab 1918 als *de facto* Stadttheater zu fungieren. Seine Opernsektion wurde 1920 gegründet und das Ballett 1950. 1981 zog es in das innovative, modernistische Gebäude mit drei Bühnen um, das den kürzlich angelegten Theaterplatz dominiert. Vor dem Theater steht die langgezogene **Statue von Jovan Sterija Popović**, einem Dramatiker aus dem 19. Jahrhundert, nach dem «Sterijno pozorje», das bekannteste Dramafestival des Landes benannt ist, das hier jedes Jahr Ende April stattfindet.

Hinter dem Theater steht die orthodoxe Kirche Christi Himmelfahrt *(Uspenska crkva)* aus dem Jahr 1776 mit einem eleganten barocken Glockenturm. Sie war früher von einem großen Friedhof eingerahmt, auf dem heute das Theatergebäude steht. Die Kirche hat ein beeindruckendes barockes Interieur mit einer prächtigen hohen Ikonostase und vielen Wandgemälden, alles Arbeiten der renomiertesten serbischen Künstler des 18. Jahrhunderts.

8. Der Platz der Frischvermählten

Trg mladenaca

Der Platz erhielt seinen ungewöhnlichen Namen, weil sich das Standesamt hier befindet, der Ort, an den alle Paare Novi Sads kommen müssen, wenn sie den Bund der Ehe eingehen wollen. In seiner Mitte gibt es einen schön arrangierten Teil mit einem symbolischen Bogen, und es ist üblich, dass sich die frisch verheirateten hier fotografieren lassen. Gegenüber dem Tor befindet sich das **Postgebäude**, ursprünglich Hotel Central.

Das beeindruckendste Gebäude auf dem Platz ist der große **Adamović-Palast.** Er hat eine lange eingebuchtete Fassade mit vielen Terrassen in verschiedenen Größen und ein hohes dach mit faszinierenden Schornsteinen. Es wurde 1911 von Stefan Adamović, einem reichen Industriellen, der schließlich Bürgermeister von Novi Sad wurde, gebaut.

9. Die Synagoge

Sinagoga

Dieses Gebäude ist das fünfte, das die jüdische Gemeinschaft an diesem Ort errichtete. Zwei der Gebäude, die sie auf beiden Seiten flankieren, beherbergten das jüdische Gemeindezentrum und die jüdische Schule. Der gesamte Komplex wurde 1909 von Lipot Baumhorn in der wiedererkennbaren ungarischen Variante des Art-Nouveau-Stils geschaffen, die besonders erwähnenswert ist wegen der geschickten Verwendung von Backsteinen für die Verzierungen. Nach dem Zweiten Weltkrieg gingen fast alle Juden, die den Holocaust überlebt haben, nach Israel. Wegen der geringen Anzahl an Gläubigen wurde die Synagoge 1991 der Gemeinde übergeben und wird nun als Konzertsaal für klassische Musik und Jazz genutzt.

10. Der Mihailo-Pupin-Boulevard

Der 777 m lange Boulevard, der bei der Brücke über die Donau beginnt und durch das Zentrum verläuft, wurde in den 1920ern angelegt und war die erste große Verkehrsader in der schnell wachsenden Stadt. Um ihn zu bauen, mussten viele alte Gebäude eingerissen werden und an seinem unteren Ende, um die Kreuzung mit der Kralja-Aleksandra-Straße, sieht er immer noch etwas unvollendet aus.

An seinem Anfang steht das **Hauptpostamt**, das Werk des renomierten modernistischen Architekten Dragiša Brašovan aus dem Jahr 1961. Es ist das jüngste der drei architektonischen Meisterwerke in dieser Straße.

Vor der Unterführung gegenüber dem Postgebäude stehen zwei ungewöhnliche Denkmäler, Erinnerungen an die armenische Bevölkerung,

Haupteingang der Synagoge

Vom Schäfer zum Professor

Mihailo Pupin (1854, Idvor – 1935, New York) in den USA besser bekannt als Michael Idvorsky wurde als Sohn ungebildeter Eltern in einem kleinen Dorf im Banat geboren. Obwohl er als Kind ebensoviel Zeit beim Schafehüten, wie in der Schule verbrachte, entdeckte man sein Talent für die Wissenschaft und schickte ihn fort, damit er seine Ausbildung fortsetzen konnte. Als glühender Slawophiler hatte er Schwierigkeiten mit der austro-ungarischen Obrigkeit sowohl im Gymnasium in Pančevo, als auch in Prag. Aufgebracht entschied er, sein Glück auf der anderen Seite des Ozeans zu versuchen. Pupin kam 1874 auf einem Emigrantenschiff mit nur ein paar Dollar in der Tasche in den USA an und verbrachte die nächsten fünf Jahre als Arbeiter. Es gelang ihm, sich an der Columbia Universität einzuschreiben, und bald zeigte er sich als einer der besten und talentiertesten Studenten. Er promovierte in Berlin und wurde Professor für Elektromechanik an der Columbia. Seine wichtigsten wissenschaftlichen Leistungen sind die Erfindung der „Pupinspule", die das Telefonieren über lange Distanzen ermöglicht und eine Entdeckung, die die kürzere Belichtungszeit von Röntgenaufnahmen und damit ihre sichere Nutzung in der Medizin ermöglicht. Während des Ersten Weltkriegs war er Generalkonsul von Serbien. Sein großer Einfluss auf die amerikanische Öffentlichkeit und Politik ermöglichte es ihm bei der Versailler Friedenskonferenz 1919, die Position Serbiens und Jugoslawiens zu erklären. Er war ein profilierter Schriftsteller, der die Wissenschaft popularisierte und 1924 erhielt er den Pulitzer Preis für seine Autobiographie „Vom Immigranten zum Erfinder".

die einst in Novi Sad lebte. Das ältere ist das **Grabmahl der Familie Čenazi** (1790), ein Überbleibsel des alten Friedhofs, der sich neben der armenischen Kirche befand, bevor der Boulevard gebaut wurde. Der aus rotem Marmor gefertigte Grabstein ist durch Totenköpfe charakte-risiert, die einen Block mit vier mite-inander verschmelzenden Herzen halten. Nicht weit davon steht das Denkmal für die serbischarmenische Freundschaft, das in Vulkanstein gehauen ist und der Stadt Novi Sad aus Dankbarkeit für die Hilfe beim Erdbeben, das Armenien 1989 erschütterte, geschenkt wurde.

Grabstein der Čenazi Familie

Auf der anderen Straßenseite steht ein weiteres Art-Nouveau-Gebäude, der grün gestrichene **Menrat-Palast**, der 1908 von Lipot Baumhorn für den reichen jüdischen Händler Joszef Menrath gebaut wurde. In der Mitte des Boulevards steht das beeindru-ckende **„Banovina"**-Gebäude, ebenfalls ein Werk von Brašovan. Es wurde zwischen 1935 und 1940 für die Verwaltung der Regionalregierung, die von einem Gouve-rneur oder Banus angeführt wurde - daher der Name – erbaut. Heute ist es der Sitz des Exekutivrats der autonomen Provinz Vojvodina, der höchsten Instanz der Provinz. Der lange Bau ist in blendend weißen Marmor gekleidete und der ruhige Rhythmus, in dem die Fenster ange-ordnet sind, geht am Ende in einen 42 m hohen rechteckigen Turm über. An seiner Rückseite steht ein kleineres Gebäude von ungewöhnlicher Form, das für das Büro des Gouverneurs bestimmt war. Das größere Gebäude wurde 1999 bombardiert, aber schnell wiederaufgebaut.

Zwei Straßen weiter auf der rechten Straße steht der rot-weiße Bau des **Arbeiterzentrums** *(Radnički dom)*, wieder ein Entwurf von Brašovan. Er wurde 1931 gebaut und war zu dieser Zeit das letzte Gebäude am Flussufer. Die Arbeiterskulptur stammt von Toma Rosandić.

Ein Café in einer alten Straßenbahn und der Menart-Palast

11. Der Galerienplatz

Gleich beim Mihailo-Pupin-Boulevard findet man den Trg Galerija, einen Ort, der gut vor unerwünschten Blicken geschützt ist. Mit seinen drei hervorragenden Kunstsammlungen, die die serbische Kunst vom 18. bis zum späten 20. Jahrhundert umfassen, ist dies ein Ort, den sich kein Kunstliebhaber entgehen lassen sollte.

Im Bezug auf serbische Kunst steht die **Galerie der Matica Srpska** *(Trg galerija 1, Tel.:021 48 99 000, Di-Do* *u.Sa 9-18 Uhr, Fr 12-20 Uhr, Eintritt: Erwachsene 100 Dinar, Kinder/Studenten 50 Dinar, Führungen 1000 Dinar)* gleich an zweiter Stelle hintern dem Belgrader Nationalmuseum. 1958 wurde es in dem ehemalige Gebäude der Rohstoffbörse aus dem Jahr 1926 für die Öffentlichkeit zugänglich gemacht. Ihre Geschichte geht jedoch viel weiter zurück: Sie wurde 1847 in Pest als Teil des Matica-Srpska-Museums mit der Aufgabe, Objekte zu sammeln und zu bewahren, die wichtig für die Geschichte der Serben sind, gegründet.

Die Ausstellung beinhaltet die Arbeiten serbischer Künstler aus der Vojvodina, beginnend mit dem 16. Jahrhundert, und zeigt den Prozess der graduellen «Europäisierung» serbischer Kunst auf. Im **Erdgeschoss** befinden sich Kopien von Fresken aus verschiedenen Klöstern, wie z.B. die von Hristifor Žefarović in Bodjani *(siehe S. 124)*. Im **ersten Stock** sieht man einige ältere Ikonen (17. Jahrhundert) und eine Vielzahl an Werken aus dem 18. Jahrhundert, meist religiöse Themen, aber auch Portraits von Adligen und Bürgern. Die sehenswertesten darunter sind die barocken Ikonen von Teodor Kračun, die fantastische Ikone «Niemals schlafendes Auge» von einem unbekannten Künstler und ein Selbstportrait von Stefan Tenecki. Auf derselben Etage werden auch Holzschnitte und Kupferstiche aus dieser Zeit ausgestellt.

Im **zweiten Stock** werden Werke aus dem 19. und der ersten Hälfte des 20. Jahrhunderts ausgestellt. Es gibt einige große Gemälde mit religiösen und geschichtlichen Themen, wie die kleine Version von «Dušans Krönung“ von Paja Jovanović, «St Georg» von Uroš Predić, Novak Radonjićs düsteres «Der Tod des Marko Kraljević» und «Montenegriner in der Schlacht» von Djura Jakšić. Ebenso wie zahlreiche Portraits, Landschaften, das bizarre Selbstportrait von Stevan Aleksić, die traumhafte «Allegorie des Ersten und Zweiten Serbischen Aufstandes» und von Djordje Krstić und einige Skulpturen. Der zentrale Raum im zweiten Stock ist der Kunst des 20. Jahrhunderts gewidmet, mit Werken solch großer Namen wie Sava Šumanović, Milenko Šerban und anderen.

1957 stiftete Pavle Beljanski, Anwalt, Diplomat und eifriger Kunstsammler, seine Sammlung dem serbischen Volk. Die **Pavle Beljanski Gedenksammlung** *(Trg galerija 2, Tel.: 021 472 99 66, Mi u.Fr-So 10-18 Uhr, Di 13-21 Uhr, Eintritt: Erwachsene 100 Dinar, Kinder/Studenten 50 Dinar, Führungen in englischer Sprache 1.000 Dinar)* wurde 1961 in einem fantastischen Gebäude eröffnet, das der Architekt Ivo Kurtović extra für diese Sammlung von Kunstwerken der bedeutendsten serbischen Künstlern des 20. Jahrhunderts entworfen hatte. Sie umfasst die erste Modernistengeneration, die bedeutendsten Repräsentanten der Szene der Zeit zwischen den Kriegen und der frühen Nachkriegsjahre, aber – den Wünschen Beljanskis gemäß – sind die Werke nicht chronologisch oder biographisch geordnet, sondern sie sind nach Ideen, Farben und Rhythmus gruppiert. Und das sind genau die Qualitäten, die die meisten dieser außergewöhnlichen Werke von Nadežda Petrović, Lubarda, Aralica, Dobrović und anderen auszeichnen.

Obwohl die **Sammlung von Rajko Mamuzić** *(Vase Stajića1, Tel.: 021 520223, Mi-So 9-17 Uhr, Eintritt frei)*, die dieser Kunstsammler gestiftet hat, die neuste und vom Umfang her kleinste ist, sollte sie nicht unterschätzt werden. Ihr Herzstück sind Gemälde und Skulpturen von 35 jugoslawischen Malern der ersten Nachkriegsgeneration, sodass sie als Erweiterung der Beljanski-Sammlung aufgefasst werden kann.

12. Ufer und Brücken

Einen Spaziergang am schön hergerichteten linken Donau-Ufer ist etwas, was sie nicht versäumen sollten, wenn Sie nach Novi Sad kommen. Die weiten Ausblicke-besonders auf die Festung Petrovaradin und das Gebirge Fruška Gora, den schnellen Fluss, die Brücken, Boote und Lastkähne sind ein wesentlicher Bestandteil der Atmosphäre und der Geschichte der Stadt.

Der Mihailo-Pupin-Boulevard bringt Sie zu der **Brücke**

iBikeNoviSad (www.ibikenovisad.com)

Varadinska Duga («Varadins Regenbogen») die zur alten Unterstadt von Petrovaradin führt. Hier wurde 1928 die erste Straßenbrücke über die Donau gebaut. Sie wurde Prinz-Tomislav-Brücke genannt, nach dem mittleren Sohn von König Aleksandar Karadjordjević. Diese Brücke wurde 1941 beim Rückzug der serbischen Armee zerstört, doch fünf Jahre später wurde an derselben Stelle eine neue gebaut, der man den Namen Marschall-Tito-Brücke gab. Diese fiel dann 1999 der Bombardierung zum Opfer, aber schnell wiederaufgebaut und in den turbulenten Tagen kurz vor dem Sturz des Milošević-Regimes eröffnet. Im Gegensatz zu früheren Zeiten ließ man nun die Ideologie außen vor und ihr Name beschreibt auf poetische Weise ihre Position und ihre Form. Auf einem kleinen Platz bei der Brücke steht eine kleine Skulptur, ein Denkmal für den berühmten Geiger Janika Balaž; von ihm und seinem 8-Seiten *Tamburitza*-Orchester handelt eins der bekanntesten serbischen Liedern.

Ein Stück weiter den Fluss hinunter (zur Linken von Novi Sad aus gesehen) ist die sogenannte **Vorläufige Brücke**, deren vollständiger Name ihren Zweck beschreibt – «Patentbrücke für Straßen- und Eisenbahnverkehr». Die Brücke wurde gleich nach der Bombardierung installiert, damit die Stadt, deren Verbindungen nach Belgrad und den Srem völlig abgeschnitten war, wieder einigermaßen funktionieren konnte. Sie wird immer noch abwechselnd für den Straßen- und Eisenbahnverkehr genutzt. Die Vorläufige Brücke wurde auf den Grundmauern der Žeželj-Brücke, die 1961 erbaut und nach ihrem Konstrukteur benannt wurde. Zur Freude der Bürger von Novi Sad hielt die Brücke den Bombardierungen lange stand, wurde aber schließlich doch zerstört.

Wenn Sie von der Varadinska-Duga-Brücke aus flussaufwärts spazieren, kommen Sie zuerst am «Familienmonument « vorbei, einer Arbeit des Bildhauers Jovan Soldatović. Das Denkmal wurde in Erinnerung an die Opfer des Angriffs auf Novi Sad im Jahr 1942 errichtet, als die ungarischen Besatzer vom 21.-23. Januar jeden festnahmen oder exekutierten, der ihnen missfiel. Die meisten der Gefangengenommenen wurden hierher gebracht, ermordet und unter das Eis geworfen. Die Namen von 1246 Menschen, die meisten Juden und Serben, die ihr Leben bei dem Überfall gelassen hatten, sind in die Platten neben Denkmal eingeritzt.

"Die Familie", Denkmal für Plünderungen von Novi Sad

Ein bisschen weiter hinter dem Monument sieht man die Pfeiler der alten Eisenbahnbrücke aus dem Jahr 1883, der ersten permanenten Brücke über den Fluss. Nachdem der Zug den Fluss überquert hatte, fuhr er durch den Tunnel im Petrovaradin-Felsen und setzte die Fahrt durch den Srem fort. Es ist interessant zu erwähnen, dass dies die Brücke in Novi Sad ist, die am längsten stand, da sie 1941 zerstört wurde und somit 58 Jahre alt war. Es gibt Pläne für eine neue Autobrücke auf den Pfeilern der alten.

Noch ein Stück weiter das Flussufer hinunter befindet sich der Strand mit dem Namen **Štrand**, das bekannteste Erholungsgebiet in Novi Sad *(siehe Foto)*. Über dem Štrand erstreckt sich die riesige **Freiheitsbrücke** *(Most Slobode)*, die 2006 wiederaufgebaut wurde, nachdem sie nach der Bombardierung 1999 die imposanteste Ruine in Novi Sad gewesen war. Diese elegante 1321 m lange technische Konstruktion wurde 1981 nach den Entwürfen des Ingenieurs Nikola Hajdin errichtet.

* * * *

Würde die Donau es nicht von dem Rest von Novi Sad trennen, wäre Petrovaradin, das jetzt nur ein Stadtteil ist, schon längst vollkommen mit der Stadt verschmolzen. Der Fluss und die mächtige Festung vermitteln noch immer den Eindruck, dass sich Petrovaradin von der jüngeren Schwester auf der

Die Festung Petrovaradin, die den Spitznamen "Gibraltar der Donau" trägt

anderen Seite des Flusses unterscheidet und machen es stolz auf seine Geschichte.

DIE GESCHICHTE PETROVARADINS

Der Schlüssel zur Existenz Petrovaradins ist ein Fels oberhalb der Donau, von dem aus man leicht den Flussverkehr kontrollieren konnte. Aus diesem Grund war er schon in der Antike bewohnt und befestigt. Zur Römerzeit gab es hier eine Siedlung und ein Fort mit dem Namen *Cusum*, um die Grenze zu schützen. Im 11. und 12. Jahrhundert, zu der Zeit, als das Byzantinische Reich mit dem Königreich Ungarn um die Vorherrschaft in dieser Region kämpfte, stand auf dem Felsen eine Festung mit dem Namen Petrikon (*petrus* heißt auf Griechisch „Fels"). Die Ungarn siegten und 1237 stiftete König Bela IV. die Festung und das Kloster darunter den Zisterziensermönchen. Die Ungarn nannten die Festung *Petervarad* oder „Petersfestung", daher auch der serbische Name. 1526 widerstanden etwa 1.000 ungarische und serbische Verteidiger, obwohl sie zahlenmäßig weit unterlegen waren, der Armee von Suleyman dem Glorreichen, bis sie alle ihr Ende fanden. In der Zeit der Osmanenherrschaft war Petrovaradin zu weit von den Grenzen entfernt, um eine größere Aufgabe als die eines Donauhafens zu erfüllen. Die Schicksalswende für Petrovaradin kam mit der Niederlage der Osmanen in der Pannonischen Tiefebene. 1688 nahmen die Österreicher das kleine Fort ein und es gelang ihnen vier Jahre später, es gegen einen türkischen Angriff zu verteidigen. Die neuen Herrn waren sich sofort des Potentials des Position bewusst und entschieden, es zum stärksten Verteidigungspunkt gegen die Türken zu machen. Es wurde sofort mit groß angelegten Arbeiten begonnen – schon bevor der Friedensvertrag geschlossen wurde – die fast ein ganzes Jahrhundert andauerten. Der Bau machte Petrovaradin zur größten Befestigungsanlage am gesamten Fluss, was ihm den Spitznamen „Gibraltar an der Donau" einbrachte. Im nächsten Krieg mit den Osmanen konnte Eugen von Savoyen hier 1716 einen entscheidenden Sieg verbuchen. Im 18. Jahrhundert bekamen die Festung und die Stadt ihr heutiges Aussehen. Die Armee war in den Kasernen untergebracht und die Offiziere wohnten in der kleineren Unterstadt. Im 19. Jahrhundert, als die Gefahr durch die Türken gebannt war, erweiterte sich die Stadt über die Stadtmauern hinaus.

Štrosmajerova-Straße in der Unterstadt von Petrovaradin

13. Petrovaradin Unterstadt

Podgradje

Umgeben von starken Befestigungsmauern und mit Wasser gefüllten Gräben war die Unterstadt der Verwaltungssitz der Festung. Nur fünf Straßen und ein Platz befinden sich innerhalb der mächtigen Basteien der Festung und ergeben mit den vielen historisch und künstlerisch wertvollen Gebäuden ein einzigartiges städtisches Ganzes.

Wenn man von der Varadinska-Duga-Brücke aus Richtung Novi Sad Stadtmitte kommt, gelangt man auf die lange Beogradska Straße, die vom einstmaligen Novi-Sad-Tor (an dieser Stelle befindet sich nun die Brücke) bis zum Belgrader Tor auf der anderen Seite der Unterstadt führt. Das zweite Haus auf der rechten Seite mit zwei Relieflöwen, die das Tor bewachen, war einst der **Sitz des Šajkaš-Battalions**. *Šajkaši* waren Donauschiffer, die ihre leichtgewichtigen *Šajka*-Schiffe gegen die türkischen Flotten manövrierten. In einer Nische im ersten Stock steht eine interessante Figur: Über einem Globus hält die Jungfrau das Jesuskind, das mit einer Lanze eine Schlange aufspießt, die sich um den Globus geschlungen hat. Die Allegorie symbolisiert den christlichen Kampf gegen die türkische Gefahr, die durch der Schlange repräsentiert wird.

An der ersten Ecke zur Rechten steht ein Haus mit grünen Ornamenten um die Öffnungen und einem gerundeten Bogenfenster an der Ecke. Es war ursprünglich der Sitz des **Stadtvogts**, beherbergte dann zwischen den Weltkriegen das Vojvodina-Archiv und ist heute ein einfaches Wohnhaus.

An der nächsten Ecke steht das **Geburtshaus des Grafen Josip Jelačić** (1801-1859), eines österreichischen Feldmarschalls, später Banus (Gouverneur) von Kroatien und kroatischer Volksheld. Durch eine Wendung des Schicksals führte Jelačić die serbische Armee zu

Gästehaus "Seichten Donau" (www.guesthousedp.zohosites.com)

einem erfolglosen Versuch, Petrovaradin einzunehmen, dem die Katastrophe von 1849 folgte. Das Haus wurde 1745 erbaut und hat einen interessanten zweiten Stock mit einem hohen Giebel.

Vorbei an einigen weiteren Militärgebäuden erreicht man das **Belgrader Tor**, das der Straße ihren Namen gab. Dieses schöne Monument aus der Barockzeit wurde 1745 konstruiert, ist 20 m lang und hat einen zentralen Kutschenweg und zwei schmalere Fußgängerwege an den Seiten. Die Kerker des Tores und die benachbarten Basteien stellten das Herzstück des berüchtigten Gefängnisses dar, in dem viele berühmte Persönlichkeiten in Gefangenschaft hatten, darunter Ljuben Karavelov, ein bulgarischer Poet und Patriot und Josip Broz, der spätere Marschall Tito, der für kommunistische Hetze im Ersten Weltkrieg eingesperrt wurde.

Um die Ecke, in der Štrosmajerova-Straße, steht das Jesuitenkloster St. Georg *(samostan Svetog Jurja)*. Seine Kirche steht heraus als bestes barockes Denkmal, sowohl in Petrovaradin, als auch in ganz Novi Sad. Die typisch barocke Fassade ist mit drei Türen und und Statuen des Hl. Franz Xaver, der Jungfrau Maria mit Christus und des Hl. Johannes von Nepomuk geschmückt. Im Inneren befinden sich ein Hauptaltar und vier Seitenaltäre, die alle reich verziert sind. Josip Juraj Štrosmajer (1815-1905), der spätere Bischof und Förderer der jugoslawischen Ideologie diente hier zwei Jahre in seiner Jugend.

14. Petrovaradin Oberstadt

Gornji grad

Die Oberstadt der Festung wurde zwischen 1694 und 1780 erbaut. Sie erstreckt sich über 112 Morgen und verfügt über drei große Kasernen und 16 km unterirdische Gänge. Bis 1951 wurde sie für militärische Zwecke genutzt und ist seitdem für die Öffentlichkeit zugänglich. In der ehemaligen Kaserne befindet sich heute das Stadtmuseum, ein Hotel, Ateliers von einheimischen Künstlern und das Wohnheim der Akademie der schönen Künste. Die Oberstadt ist jedes Jahr Gastgeber des Musikfestivals Exit.

Es gibt vier Wege, über die man die Oberstadt erreichen kann: Über einen schmalen Pfad aus Richtung Sremska Kamenica, mit dem Auto aus Richtung Süden (vorbei am Restaurant

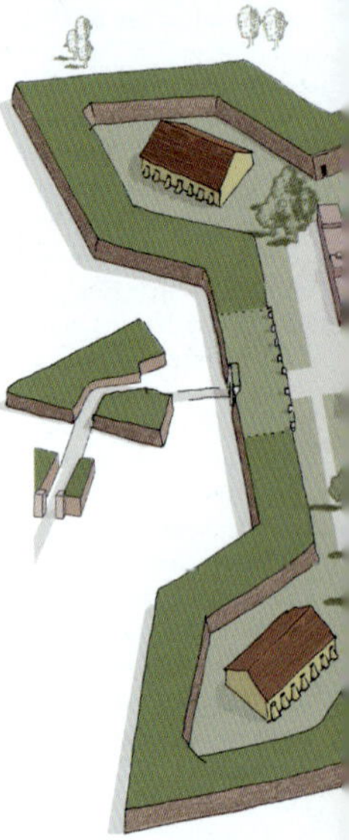

„Lovoturs“) und über zwei Wege aus Richtung Unterstadt. Der kürzeste Weg führt über die Treppen, die bei dem Kloster St. Georg beginnen. Der rechte Pfad führt durch einen langen Tunnel und steigt hinauf zu einem Aussichtspunkt mit einem herrlichen Blick über die Donau und ganz Novi Sad.

Der Uhrenturm, ein Wahrzeichen von Novi Sad

Der **alte Uhrenturm** zur Rechten ist das berühmteste Wahrzeichen der Stadt. Sein Bau stammt aus dem 18. Jahrhundert, während sein Mechanismus noch älter ist. Die Uhr hat zwei Besonderheiten: Erstens zeigt der große Zeiger die Stunden und der kleine die Minuten, da Stunden als wichtiger angesehen wurden, und

zweitens geht die Uhr dank ihres beeindruckenden antiken Mechanismus im Sommer etwas schneller und im Winter etwas langsamer .Von dem Plateau neben dem Turm aus eröffnet sich ein fantastischer Ausblick über die Dächer der Unterstadt und das Stadtzentrum von Novi Sad.

Hinter dem Uhrenturm steht der **Offizierspavillon** *(Oficirski paviljon)* mit Bogenfenstern und einer hübschen Terrasse. Heute ist er ein Restaurant, aber früher haben sich dort viele bedeutende Persönlichkeiten aufgehalten. 1813/14 war der Führer des niedergeschlagenen serbischen Aufstands Djordje Petrović – Karadjordje - zusammen mit einigen anderen Serbenführern hier unter Hausarrest gestellt.

Ganz in der Nähe befindet sich die **Lange Kaserne** *(Duga kasarna)*, die über etwa 200 m parallel zum Fluss verläuft. In der Kaserne sind heute Ateliers und Galerien von einheimischen Künstlern untergebracht.

Ein etwas längerer Weg die Festung hinauf ist der, der am Kloster vorbeiführt und sich dann dreimal windet bis er bei dem schönsten Tor der Festung ankommt – dem Leopoldstor *(Leopoldova kapija)*, nach dem Herrscher benannt, der mit dem Bau der Festung begann. Wenn Sie es passieren, werden Sie das hohe Plateau erreichen, wo sich die Hauptgebäude und die früheren Kasernen befinden.

Südlich des Hauptplateaus erstreckt sich der größere Teil der Festung mit vielen weiteren interessanten Toren, Basteien, Durchgängen, Kunstateliers und – am wichtigsten – großartige Aussichtspunkte über das Fruška-Gora-Gebirge, die Donau und das Flachland der Bačka.

15. Das Stadtmuseum Novi Sad

Das Zentralgebäude des oberen Plateaus der Festung ist die Geschützkaserne *(Topovnjača)*, die das Stadtmuseum (*Muzej grada Novi Sad; Petrovaradinska tvrdjava 4; Tel.: 021 64 33145; Öffnungszeiten: Di-So 9-17 Uhr; Eintritt: Erwachsene 150 Dinar, Kinder 100 Dinar Führungen in englischer Sprache 1.500 Dinar*) beherbergt. Das Museum verfügt über

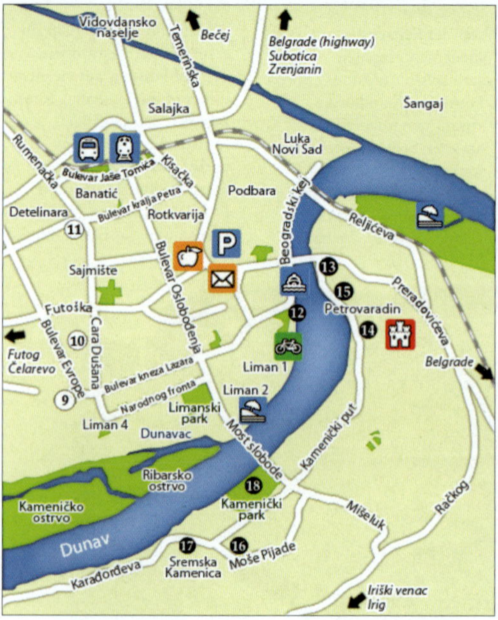

12 Ufer und Brücken
13 Petrovaradin Unterstadt
14 Petrovaradin Oberstadt
15 Das Stadtmuseum Novi Sad
16 Das Jovan-Jovanović-Zmaj-Museum
17 Die Geburtskirche
18 Der Kamenica-Park

HOTELS (S. 177)
9 Arta
10 Fitness
11 Master

zwei Ausstellungen, die der Entwicklung sowohl Petrovaradins – mit Akzent auf der Festung – als auch Novi Sads gewidmet sind. Ihre Hauptausstellungsstücke sind ein großes keltisches Schiff, das vom Grund der Donau gehoben wurde, und interessante Artefakte aus der mittelalterlichen Totenstadt Avar in Čelarevo mit jüdischen Symbolen. Eine Sammlung von Stilmöbeln, Ikonen, Portraits und alten Instrumenten geben einen Einblick in das Leben der beiden Städte im 18. und 19. Jahrhundert.

Im Stadtmuseum kann man Führungen durch die unterirdischen Gänge der Festung arrangieren *(Eintritt 300 din, pro Gruppe mindestens 10 Personen, Führungen in engl. Sprache 1.500 din)*. Lagerräume, Schlafsäle, Versorgungswege und Geheimgänge, die alle in den Fels gehauen sind, waren für die Verteidigung Petrovaradins ebenso wichtig, wie das, was wir an der Oberfläche sehen. Merkwürdigerweise war der größere Teil der Gänge nicht dazu gedacht erhalten zu bleiben, sondern sollte zerstört werden: Dies waren Räume, in denen großen Mengen an Schießpulver gelagert wurden, die dann in die Luft gejagt werden sollten, wenn die Angreifer sich über ihnen befanden. Zum Glück für uns geschah dies nie, und mehr als 16 km Gänge auf vier Niveaus sind erhalten geblieben. Davon ist etwa ein Kilometer für Touristen erschlossen.

* * * *

Wie Novi Sad und Petrovaradin war **Sremska Kamenica** ebenfalls eine eigenständige Stadt, die 1957 verwaltungstechnisch ein Teil von Novi Sad wurde. Genau wie in vergangenen Zeiten, als es ein Ort von arkadischer Abgeschiedenheit war, weit weg vom Handel und der Politik Novi Sads (und doch in seiner Nähe) behält Kamenica seine ländliche Atmosphäre. Es gibt hier fast keine Häuserblocks, Fabriken oder Boulevards. Für Leute, die nicht aus Novi Sad kommen, ist Kamenica bekannt für sein Herzzentrum und die Polizeiakademie.

In der Römerzeit befand sich auf dem Land zwischen Kamenica und Petrovaradin ein Militärlager mit dem Namen *Cusum* und daher glaubt man, dass dort zu dieser Zeit auch eine Siedlung gewesen sein muss. Im frühen Mittelalter gründeten die Slawen hier ein Dorf, das sie nach dem Steinbruch benannten *(kamen* bedeutet Stein), der sich noch immer ein Stück weiter an den Südhängen von Fruška Gora befindet; 1237 wurde der Name zum ersten Mal erwähnt, als das Dorf der Zisterzienserabtei übergeben wurde. Seine Blütezeit wurde von dem türkischen Angiff 1526 unterbrochen, als Kamenica niedergebrannt und geplündert wurde. Nachdem es 1687 von der Habsburger Armee befreit worden war, entwickelte es sich weiter als Teil des Feudalanwesens Karlovci, dessen bekannteste Herrn die Marcibanyi-Familie war.

Der einfachste Weg, nach Kamenica zu kommen, sind die Busse 69 und 71, die an seinem Zentralplatz halten. Beide Busse starten vom Hauptbahnhof, aber der erste fährt nach Petrovaradin, während der andere durch den Bulevar Oslobodjenja direkt nach Kamenica fährt. Zu Fuß geht man von Petrovaradin aus etwa eine halbe Stunde bis nach

Jovan Jovanović Zmaj

Kamenica, aber ein großer Teil des Weges führt über eine Straße, die von Autos befahren wird.

16. Das Jovan-Jovanović-Zmaj-Museum

Das Museum liegt ganz in der Nähe des Hauptplatzes von Kamenica, auf dem die katholische Kirche (1746) steht, wo die Grafen von Karacsonyi beerdigt sind. Um das Museum (*Jovana Jovanovića Zmaja 1; Tel.: 021 462 810; Öffnungszeiten: Mo-Fr 9-16 Uhr, Sa 9-14 Uhr; Eintritt: Erwachsene 150 Dinar, Kinder 100 Dinar*) zu erreichen, nehmen Sie die erste Straße rechts nach dem Zmaj-Denkmal auf dem Hauptplatz. Es befindet sich in dem Haus, in dem Zmaj, einer der größten serbischen Dichter des 19. Jahrhunderts, seine letzten Lebensjahre verbracht hat. Den Besitz erwarb sein Bruder und er baute dann das bescheidene Bauernhaus, das er als Hütte nutzte, in der er sich ausruhte. Am hundertsten Jahrestag seiner Geburt 1933 wurde es in ein Museum umgewandelt, das Leben und Arbeit des Poet präsentiert. Im Hof steht das Denkmal «Zmaj und ein Kind», das Werk des Bildhauers Ivan Meštrović

17. Die Geburtskirche

Das interessanteste Denkmal in Kamenica ist die **serbisch-orthodoxe Kirche**, die der Geburt Christi geweiht ist. Sie befindet sich im unteren Teil der steilen Karadjordjeva Straße, die links der katholischen Kirche beginnt. Die Kirche wurde zwischen 1737 und 1744 konstruiert. Sie war ursprünglich im serbisch-mittelalte-rlichen Stil gebaut, doch der von den Habsburgern vorgeschriebene barocke Stil wurde nachträglich durch den Glockenturm und die spitze Kuppel integriert. Die Ikonostase wurde von verschiedenen Künstlern im 18. Jahrhundert geschaffen, am wertvollsten ist der untere Teil der Ikonen (Christi Leben), die Teodor Kračun gefertigt hat.

Die alte orthodoxe Kirche von Sremska Kamenica

18. Der Kamenica-Park

Der große Park im englischen Stil an der Donau entlang gehörte einst zum Kamenica-Palast, einem klassizistischen Gebäude aus dem Jahr 1790, das als Sommerresidenz der einheimischen Grafen Marcibanyi und Karacsonyi diente. Der Park hatte früher einen künstlichen See, der ihm den Namen Ribnjak („Fischweiher") einbrachte. Heute ist er zwar etwas vernachlässigt, aber es gibt dort noch immer viele alte Bäume, die zu seltenen und exotischen Arten gehören. Von den verbliebenen Monumenten ist das bemerkenswerteste das, welches im Volkmund „Fünf Köpfe" (*Pet glava*) genannt wird, und aus Büsten von Helden der antiken Klassik auf Säulen besteht; es ist heute in erbärmlichen Zustand.

Das "Fünfkopf"-Monument

Novi Sad Praktische Informationen

AN-UND ABREISE

Mit dem Flugzeug: Novi Sad hat keinen eigenen Flughafen, der nächste ist der in Belgrad (68 km entfernt). Der Transfer nach Novi Sad ist mit einem Kleinbus (Genelex, +381 21 472 24 92, 75€ pro Bus, +381 65 624 35 26, 40€ für eine Person, 25€ für zwei Personen pro Person, 20€ für drei Personen pro Person usw.) oder mit dem Auto (Heligon, +381 64 23 20 816, 75€ pro Auto) möglich. Die Fahrtzeit nach Novi Sad beträgt etwa eine Stunde.

Der Hauptbahnhof von Novi Sad

Mit dem Zug: Die meisten Touristen reisen aus Belgrad oder Budapest an, beide liegen auf viel befahrenen internationalen Eisenbahnrouten. Es fahren täglich 13 Züge aus Belgrad nach Novi Sad (die Fahrt dauert etwa zwei Stunden) und drei Züge aus Budapest (um 9.05, 13.00 und 22.20 Uhr, die Fahrtdauer beträgt fünf Stunden). Außerdem gibt es täglich elf Züge aus Subotica, zwei aus Sombor und drei aus Sremska Mitrovica. Der Bahnhof befindet sich oben am Bulevar Oslobodjenja, der mitten durch das Stadtzentrum verläuft. Die meisten Orte im Stadtzentrum kann man zu Fuß innerhalb von 20 Minuten erreichen. Es gibt einige Buslinien, die von der halbrunden Zufahrt vor dem Bahnhof abfahren, davon fahren die Linien 4 und 16 mitten durch das Zentrum, während die 71 den Bulevar Oslobodjenja entlang fährt.

Mit dem Bus: Gleich neben dem Bahnhof befindet sich auch der interstädtische und internationale Busbahnhof. Trotz seines pompösen Namens verfügt er nur über einige wenige Halteplätze, Nebengebäude und ein paar Kiosks. Busse nach Belgrad fahren alle halbe Stunde oder auch weniger, aber es gibt auch einige nach Budapest und größere Städte in Kroatien, Bosnien, Montenegro, Österreich und Deutschland. Außerdem gibt es auch täglich mehrere Busse in fast jede Stadt in der Vojvodina und einen am Tag zu den meisten Städten im Rest von Serbien.

Mit dem Auto: Novi Sad liegt an der Autobahn E75 (Budapest-Belgrad) und ist auch nicht weit von der E70 (Zagreb-Belgrad). Der kürzeste Weg, um letztere zu erreichen ist über Iriški Venac und Ruma. Wenn Sie in Novi Sad angekommen sind, denken Sie daran, dass man an Werktagen von 7-21 Uhr und samstags bis 14 Uhr Parkplatzgebühren entrichten muss. Es gibt zwei Zonen: In der roten dürfen Sie zwei Stunden parken, wobei die Stunde 45 Dinar kostet, in der blauen Zone dürfen Sie so lange bleiben, wie Sie möchten und die Sunde kostet 35 Dinar. Um die Parkgebühr zu bezahlen, können Sie a) ein Parkcoupon am Kiosk kaufen, ihn ausfüllen und hinter die Windschutzscheibe legen, b) einen der Parkautomaten benutzen und den Bon hinter die Windschutzscheibe legen oder c) eine SMS mit ihrem Kfz-Kennzeichen an 8211 (rote Zone) oder 8212 (blaue Zone) schicken. Wenn Sie ihr Auto vor dem Strand mit dem Namen „Štrand» parken, schicken Sie eine SMS an 8213. Die Gegenden, in denen man keine Parkgebühr zahlen muss, sind Alamaški kraj und Podbara.

Mit dem Boot: Falls Sie mit Ihrem eigenen Boot nach Novi Sad kommen, achten Sie darauf, dass Sie Ihren Besuch im Büro des Hafenchefs registrieren lassen (bei 1255 km, Tel.: 021 52 66 84). Danach suchen Sie sich einen Platz, um Ihr Boot festzumachen, einer davon ist Marina Liman (Sunčani kej bb, 1257,8 km, Tel.: 065 29 27 789).

UMHERFAHREN

Die Stadt verfügt über ein gutes **öffentliches Busverkehrsnetz**. Es gibt nur Fahrkarten für eine Fahrt zu kaufen, egal, wie lang oder kurz diese ist. Die Tickets kosten 45 Dinar und sind beim Busfahrer erhältlich.

Eins der besten Dinge in Novi Sad ist, dass es so viele **Taxis** gibt und dass sie so billig sind: Der Start kostet zwischen 80 und 100 Dinar, aber der Rest der Fahrt, fast überallhin in der Stadt, wird 200 oder 300 Dinar nicht übersteigen. Steigen Sie nur in Fahrzeuge, die zu einer Taxigesellschaft gehören, deren Namen gut sichtbar auf dem Autodach platziert sind, ansonsten laufen Sie Gefahr, zu viel zu bezahlen.

⑮ Sremski Karlovci

8,700

Patrijarha Rajačića 1, 021 88 21 27

021 881 625

Weinlese, Ende September

Diese hübsche Stadt ist zwar klein, hat aber großen historischen Wert und kombiniert viele Sehenswürdigkeiten mit einem großartigen Standort, wo das Fruška-Gora-Gebirge die Donau trifft. Heute ist Sremski Karlovci eine kleine ruhige Stadt in der Nähe von Novi Sad, die stolz die schwere Last ihrer bedeutungsvollen Vergangenheit trägt. Wenn man noch die Tatsache hinzunimmt, dass dies eins der Hauptweinanbaugebiete in Serbien ist, dann ist klar, warum die Stadt sowohl bei serbischen, als auch bei ausländischen Besuchern so beliebt ist.

GESCHICHTE

Karlovci wurde zum ersten Mal 1308 als Castrum Caron erwähnt, eine kleine Festung auf einem Hügel nördlich des heutigen Stadtzentrums. Die Siedlung wuchs mit der Ankunft serbischer Flüchtlinge aus dem Süden, denen die Umgebung der hügeligen Fruška Gora gefiel und die sich gern in dieser Gegend niederließen. Im 16. Jahrhundert war Karlovci eine reiche Stadt, die, anders als die meisten anderen von Osmanen kontrollierten Städten, eine mehrheitlich serbisch-orthodoxe Einwohnerschaft hatte. Der Ort war schon damals bekannt für seine exzellenten Weine, mit dem er den Großteil der Steuern an den Sultan zahlte.

Der Große Krieg, der für ganze 16 Jahre von Wien bis Skopje wütete, endete hier 1699, als der berühmte Karlowitzer (der alte, deutsche Name von Karlovci) Friedensvertrag zwischen dem Habsburger Reich, Venedig und Polen auf der einen, und dem Osmanenreich auf der anderen unterschrieben wurde. Dieser Friedensvertrag veränderte die politische Landkarte Europas und verschob die Grenze zwischen der christlichen und der islamischen Welt von den Vororten Wiens zum Rand des Bezirks Sremski Karlovci. Während dieses Krieges flohen der serbische Patriarch Arsenije III. Čarnojević und zehntausende Serben in das Habsburger Reich, nachdem der Kaiser ihnen Privilegien für sich und ihre Kirche zugesichert hatte. Das Kloster Krušedol *(siehe S. 152)* wurde als Sitz der serbischen Kirche unter der Habsburger Regierung ausgewählt, als das Kloster jedoch im darauffolgenden Krieg niedergebrannt wurde, verlegte man die Residenz des Erzbischofs 1716 nach Karlovci. Um den Hof des Erzbischofs versammelte sich bald ein Kreis von barocken Malern, Gelehrten und anderen Künstlern, die zur Rekonstruktion der Stadt, wie auch zur kulturellen Restauration der serbischen Nation beitrugen. Um nur ein Beispiel zu nennen: Hier fand die erste serbischsprachige Theatervorstellung der Moderne 1733 statt. Unter dem Patronat des Erzbischofs wurden im 18. Jahrhundert wichtige Schulen gegründet. 1791 wurde die Erlaubnis zur Eröffnung des ersten serbischen Gymnasiums erteilt und 1794 für das orthodoxe Theologische Seminar, der zweitältesten Schule dieser Art nach der in Kiew. Die Serben zählten nicht nur auf ihre Privilegien, sondern auch auf die berühmten Weine aus Karlovci, die bei Verhandlungen zur Bestechung dienten. In den Tumulten der Revolution 1848 trafen sich hier die Vertreter aller Serben, die im Habsburger Reich lebten, und riefen die Vereinigung der Regionen Srem, Banat, Bačka und Baranja zu einer Provinz mit einem serbischen Herzog als Regenten, mit dem Namen *Srpska vojvodina* (Serbisches Herzogtum) aus.

Die Glockentürme von Sremski Karlovci

Der Trinkbrunnen "Die vier Löwen"

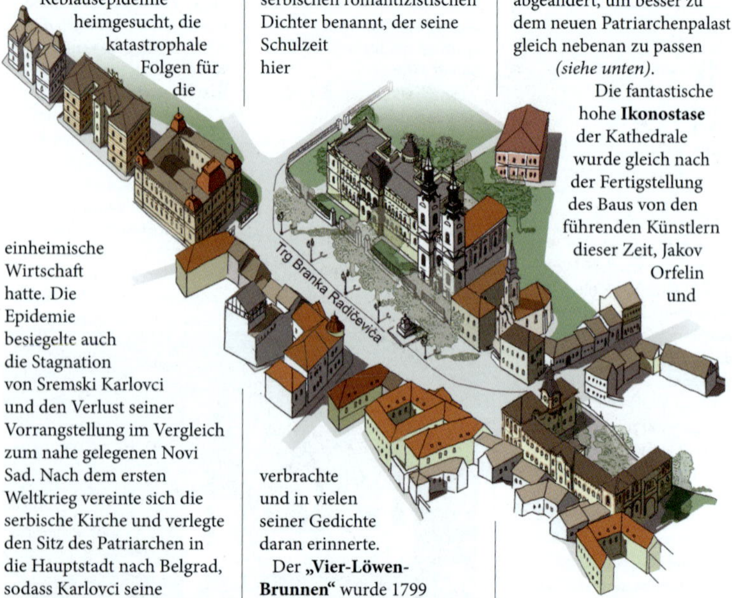

Ende des 19. Jahrhunderts wurden die Weinberge von Karlovci von einer Reblausepidemie heimgesucht, die katastrophale Folgen für die einheimische Wirtschaft hatte. Die Epidemie besiegelte auch die Stagnation von Sremski Karlovci und den Verlust seiner Vorrangstellung im Vergleich zum nahe gelegenen Novi Sad. Nach dem ersten Weltkrieg vereinte sich die serbische Kirche und verlegte den Sitz des Patriarchen in die Hauptstadt nach Belgrad, sodass Karlovci seine Trumpfkarte verlor.

In den vergangenen zehn Jahren wendete sich das Schicksal der Stadt zum Besseren. Es ist nun wieder eine unabhängige Gemeinde (die kleinste des Landes) und der Sitz einiger – wenn auch weniger wichtiger – Institutionen. In derselben Zeitspanne ist es Karlovci gelungen, Kapital aus seinem prestigeträchtigen Namen und seinem Wissen über die Weinproduktion zu schlagen. Nach vielen Jahren der Vernachlässigung haben viele Einwohner von Karlovci die Professionen ihrer Vorfahren wiederentdeckt und schaffen, basierend auf dem Selbstbewusstsein, das mit den Jahrhunderten geschaffen wurde, neue Weinsorten.

SEHENSWÜRDIGKEITEN

Das Zentrum von Sremski Karlovci bildet nun der Platz **Trg Branka Radičevića**. Zu seiner Glanzzeit war der Platz Handelszentrum wegen seiner Nähe zur Donau, die damals noch 300m näher an Karlovci vorbeifloss als heute, in etwa dort, wo nun die Autobahn Belgrad-Novi Sad verläuft. Der Platz ist nach dem beliebtesten serbischen romantizistischen Dichter benannt, der seine Schulzeit hier verbrachte und in vielen seiner Gedichte daran erinnerte.

Der **„Vier-Löwen-Brunnen“** wurde 1799 erbaut, um die Fertigstellung der ersten städtischen Wasserwerke zu markieren. Er wurde von dem italienischen Architekten Giuseppe Aprilli entworfen und besteht aus rotem Marmor, verziert mit vier Löwenköpfen, aus deren Mäulern das Wasser spritzt. Die Legende besagt, das, wenn man Wasser aus diesem Brunnen trinkt, man ganz sicher nach Karlovci zurückkehren wird.

Die **orthodoxe Kathedrale** *(Saborna crkva)*, erkennbar an ihren beiden Türmen, wurde 1726 an der Stelle erbaut, wo zuvor eine aus dem 16. Jahrhundert stammende alte Holzkirche gestanden hatte. Der großräumige Bau, war die größte serbische Kirche zu dieser Zeit und stand Modell für die Konstruktionen aller anderen Kirchen, die während der Habsburger Regierung gebaut wurden. Ihr Äußeres wurde 1909-10 von dem Architekten Vladimir Nikolić mit Merkmalen der Neorenaissance etwas abgeändert, um besser zu dem neuen Patriarchenpalast gleich nebenan zu passen *(siehe unten)*.

Die fantastische hohe **Ikonostase** der Kathedrale wurde gleich nach der Fertigstellung des Baus von den führenden Künstlern dieser Zeit, Jakov Orfelin und Teodor Kračun, gefertigt, die bei einem Unfall während dieser Arbeit ums Leben kamen. Die Ikonostase stellt einen der Höhepunkte serbischer barocker Kunst dar. Die großen Ölgemälde mit biblischen und nationalen Gestalten an den Seitenwänden sind alle die Arbeiten von Paja Jovanović, dem prominentesten akademischen Maler am Ende des 19. Jahrhunderts. Die einzige Ausnahme ist «Die Ausrufung des

Das prächtige Innere der orthodoxen Kathedrale

Die Sphinx, die den Eingang des kirchlich-nationalen Fonds bewacht

Serbischen Herzogtums» von Sava Stojkov aus dem Jahr 1998, dem 150. Jahrestag dieses Ereignisses. Der Rest der Verzierungen stammt aus der Zeit der Renovierung der Kirche im Jahr 1909. Die Kathedrale besitzt zwei signifikante Reliquien: Die wundertätige Ikone des Jungfrau Maria, die Arbeit eines russischen Malers aus dem 14. Jahrhundert, die durch die große Völkerwanderung von 1689 hierhergelangte, und (vor der Ikonostase) der Sarg mit einem Teil des Körpers des Erzbischofs Arsenije I. (†1266), des ersten Nachfolgers des Heiligen Sava, der aus dem Srem stammte. Fast alle Oberhäupter der serbisch-orthodoxen Kirche, die in Karlovci residieren, wurden in der Krypta der Kirche beigesetzt.

Neben der Kathedrale steht der **Patriarchenpalast**, der hier 1895 an der Stelle der alten, barocken Residenz errichtet wurde. Wie viele Bauvorhaben dieser Zeit, war auch der Palast ein Auftrag des ambitionierten Patriarchen Georgije Branković. Das Projekt wurde von seinem Lieblingsarchitekten Vladimir Nikolić in seinem kirchlichen Architekturstil, der die Erscheinung von Sremski Karlovci veränderte, ausgeführt. Heute ist dieser wunderschöne Palast die Residenz des orthodoxen Bischofs des Srem. Die wertvolle Bibliothek und die Schatzkammer im Palast wurden im Zweiten Weltkrieg von kroatischen Nazis geplündert. Einen Teil von dem, was später wiedergefunden wurde, kann man nun in der **Schatzkammer** sehen *(Patrijaršijska riznica, Tel.: 021 881 729; werktags 9-14 Uhr, Sa 9-12 Uhr, an allen Kirchenfeiertagen geschlossen, Eintritt: Erwachsene 80 Dinar, Kinder 50 Dinar).*

Die Nordseite des Platzes ist von dem Gebäude der **Kirchlich-Nationalen Fonds** *(Crkveno-narodni fondovi)* aus dem Jahr 1901 abgeschlossen, ein weiteres Bauwerk des Architekten Vladimir Nikolić. Die Kirchlich-Nationalen Fonds waren eine Institution, die die administrative Arbeit aller serbischen Stiftungen im Österreich-Ungarischen Reich vereinte. Heute beherbergt dieses Gebäude das Theologische Seminar, und führt die Traditionen des 1794 gegründeten Seminars weiter. Das Seminar ist die Heimat einer speziellen Form der Kirchenchormusik, die in der Metropolie entwickelt wurde. Wenn Sie Glück haben, hören Sie die Schüler beim Üben.

Auf der anderen Seite der Kathedrale ist die **katholische Kirche der Heiligen Dreifaltigkeit**. Erbaut wurde sie 1735 an der Stelle, wo zuvor eine mittelalterliche Benediktinerabtei gestanden hatte. Ihr auffälligstes Merkmal ist die üppig geschnitzte barocke Tür.

Das Gebäude des berühmten **Gymnasiums von Sremski Karlovci** befindet sich auf der Südseite des Platzes. Das bescheidene Haus, in dem das Gymnasium ursprünglich 1792 eröffnet worden war, wurde hundert Jahre später (1891) mit einem neuen Gebäude ersetzt. Bei den Verzierungen der Fassade war der Architekt Gyula Partos von mittelalterlichem serbischem Erbe inspiriert. Das Gymnasium verfügt auch über eine ausgezeichnete Bibliothek mit vielen Manuskripten und seltenen Büchern in serbischer Sprache. Vor dem Gebäude steht eine Büste des Patriarchen German Andjelić, der den Bau intiiert hatte und eine von Branko Radičević, dem berühmtesten Schüler des Gymnasiums.

Die ausgedehnte Fassade des Magistrats

Rechts der Schule steht das klassizistische Bauwerk des Stadtmagistrats aus dem Jahr 1808. Heute befindet sich hier das Stadtarchiv.

Die Patrijarha-Rajačića-Straße führt Sie zum

Das Stadtmuseum, früher der Ilion-Palast

Stadtmuseum (Patrijarha Rajačića 16, Tel.: 021 881 637, Mo-Sa 9-17 Uhr, Eintritt: Erwachsene 150 Dinar, Kinder 100 Dinar). Das Museum befindet sich in dem kleinen Palast des Barons Aleksandar Rajačić, der 1856 im Stil einer ländlichen Villa gebaut wurde. Das Museum stellt archäologische Fundstücke (Untergeschoss), eine Sammlung von Gegenständen, die mit dem Gymnasium und dem Dichter Radičević in Verbindung stehen (Erdgeschoss), eine ethnographische Kollektion und eine Sammlung von Gemälden des berühmten exzentrischen Malers Milić von Mačva (erster Stock). Hinter dem Museum erstreckt sich der frühere Garten des Palastes, der nun ein öffentlicher Park mit einem hübschen Café ist.

Weiter die Straße hinauf ist steht die sogenannte **Obere Kirche**. Der Vorgänger dieses Tempels war ein kleines orthodoxes Kloster aus dem 16. Jahrhundert, das dem berühmten Kloster Hilandar im Athos-Gebirge als Anhang gegeben wurde. Diese Kirche wurde 1746 im traditionellen Stil gebaut. Das barocke Tor, durch das man den Kirchhof betritt, ist besonders schön. Die Ikonostase im Inneren ist die Arbeit von Dimitrije Bačević aus der zweiten Hälfte des 18. Jahrhundert. Viele prominente Bewohner von Karlovci sind hier beigesetzt worden, einschließlich der Patriarchen Georgije Branković und Lukijan Bogdanović.

Die Mitropolita-Stratimirovića-Straße führt zum Ostteil der Stadt und der **Unteren Kirche**. Sie wurde 1719 an der Stelle erbaut, an der zuvor ein alter Tempel aus dem 16. Jahrhundert gestanden hatte. Die Ikonostase ist ein Werk des weniger bekannten Malers Dimitrije Bratoglić. Der Herrscher Montenegros Petar I. Petrović Njegoš, später kanonisiert als St. Peter von Cetinje, wurde hier 1784 zum Erzbischof geweiht. Im Kirchhof steht ein uralte **Platane** von enormer Größe.

Gegenüber der Kirche steht das **Haus von Dimitrije Anastasijević-Sabov**. Er war im 18. Jahrhundert einer der reichsten Kaufleute von Karlovci und ohne seine Finanzierung hätte die Grundschule von Karlovci nicht gegründet werden können. Sein Haus aus dem Jahr 1790 ist das schönste Rokoko-Gebäude der Stadt. Besonders bemerkenswert sind die schmiedeeisernen Fenstergitter an den Fenstern im Erdgeschoss.

Weiter dieselbe Straße hinunter, bei der Nummer 86b, ist das **Museum für Bienenzucht** *(Muzej pčelarstva, Tel.: 021 881 071, täglich 10-17 Uhr, Eintritt: 150 Dinar)*. Schon seit sehr langer Zeit ist Karlovci für die Bienenzucht bekannt. 1878 wurde die Imkerei zu einem wissenschaftlichen Level hinaufgestuft, als ein Fachbereich für das Studium dieses uralten Berufs am Theologischen Seminar eröffnet wurde. Das Museum wird von der Živanović-Familie, den Nachfahren von Jovan Živanović, dem ersten Professor an diesem Katheder und Vater der modernen Bienenzucht in Serbien, dessen Erbe das Herz der Sammlung des Museums ausmacht.

Richtung Süden und ein Stück den Hügel hinauf, steht die **Friedenskapelle** *(Kapela mira)*. Sie steht auf dem Hügel, auf dem im Winter 1698/99 72 Tage lang Verhandlungsgespräche stattfanden und schließlich am 26. Januar 1699 der Friedensvertrag von Karlowitz unterzeichnet wurde. Da es vier Parteien bei diesem Verhandlungsprozess gab, konnten sie sich nicht einigen, wer die Ehre haben sollte, zuerst das Blockhaus, wo die Verhandlungen stattfanden, betreten zu dürfen, weshalb sie entschieden, vier Türen einbauen zu lassen, sodass alle gleichzeitig eintreten konnten. Sie entschieden außerdem, an einem runden Tisch zu sitzen, was sie alle gleichwichtig machte. Daher kommt die Praxis, Konferenzen an einem runden Tisch abzuhalten, die bei diplomatischen Verhandlungen üblich wurde.

Die Kapelle des Friedens

Einer der berühmten Weinkeller von Sremski Karlovci

Die kleine Kapelle Maria Frieden wurde 1710 von den Franziskanern in der gleichen Blockhütte angelegt, sobald sie die Stadt besiedelten. Das heutige Gebäude stammt aus dem Jahr 1808 und ähnelt mit seiner runden Form dem berühmten Tisch. Es hat ebenfalls vier Eingänge, aber der Osteingang, der von den türkischen Repräsentanten genutzt wurde, wurde gleich eingemauert, als symbolische Vorsichtsmaßnahme gegen ihre Rückkehr. Im Hof der Kapelle befindet sich das Grab eines venezianischen Delegierten, der während der Verhandlungen verstarb.

AKTIVITÄTEN

Wenn man nach Sremski Karlovci kommt und nicht wenigstens einen **Weinkeller** besucht, ist die Reise unvollständig. Jeder der 30 Weinproduzenten wird Ihnen gerne seine Weine präsentieren, aber über die besten Bedingungen für Weinproben verfügen Kiš *(Karlovačkog mira 46; Tel.: 021 882 880)*, Kosović *(Karlovačkog mira 42,Tel.: 02*

Vom Gästehaus "Seichten Donau" (www.guesthousedp.zohosites.com)

882 842), Živanović *(siehe oben)*, Dulka *(Karlovačkog mira 18;Tel: 021 571 711)* und Došen *(Karlovačkih djaka 10; Tel.: 021 301 785)*.

UMGEBUNG

Das beliebteste Ausflugziel in der Nähe von Karlovci war immer Stražilovo, eine mit Bäumen gesäumte Allee 4 km oder einen leichten 45-minütigen Spaziergang westlich des Stadtzentrums. Auch Branko Radičević genoss die Natur hier, weshalb die Bürger von Karlovci ihn hier bestatteten und ein Denkmal zu seinen Ehren aufstellten. Stražilovo hat ein Restaurant und eine Berghütte, die als Ausgangspunkt für Wanderungen in das Fruška-Gora-Gebirge dient.

Die **Kirche bei den Tekijen** (*Crkva na Tekijama)* steht auf halbem Weg (3 km) nach Petrovaradin. Tekija bezeichnet eine Wohnstätte, in der die muslimischen Derwische residierten; hier hatten sie sogar eine kleine Moschee. Nachdem die Türken verbannt worden waren, wurde die Kirche umgebaut, sodass sie den Ansprüchen der Franziskanern genügte. In Erinnerung an den Sieg über die Türken 1716 fand jeden 5. August eine religiöse Prozession der Katholiken, Orthodoxen und Protestanten statt. Auf die Innitiative des einheimischen Abtes Ilija Okrugić hin wurde die neue Kirche in einer Mischung aus östlichen und westlichen Stilrichtungen gebaut und hat auch drei Altäre, für alle drei Religionen. In der Kuppel der Kirche befindet sich ein Halbmond unter jedem Kreuz – als Zeichen dafür, dass dieses Gotteshaus auch einst von Moslems genutzt wurde.

Das Getränk des Kaisers

Sremski Karlovci ist sehr bekannt für seinen einheimischen Wein, der *Bermet* genannt wird. Es handelt sich hierbei um einen süßen Wein mit Gewürzen und aromatischen Kräutern gemischt, der dem Wermut sehr ähnlich ist. Wie bei diesem bekannteren Gegenstück gibt es auch vom Bermet eine rote und eine weiße Variante und jede wird – von etwa einem Dutzend verschiedener Produzenten in der Stadt – nach einem anderen Familienrezept mit unterschiedlichen Zutaten hergestellt. Bermet passt am besten zu Desserts, kann aber auch allein serviert werden oder als Appetitanreger. Der Bermet aus Karlovci war das Lieblingsgetränk der Aristokratie im Habsburger Reich, von wo aus sein Erfolg auch auf den Rest der Welt übersprang, indem er auf die Weinkarten aller exklusiven Bars gelangte – einschließlich der auf der Titanic! In den vergangenen Jahren haben die Weinproduzenten viel getan, um seinen einstigen Ruhm wiederherzustellen und es kommen wieder Leute von weit her, um einige Flaschen dieses noblen Getränks zu kaufen.

16 Krušedol

600

022 46 11 26

Mariä Verkündigung, 25. Mai

Krušedol ist das wichtigste der Klöster der Fruška Gora. Lange Zeit diente es als Mausoleum der Führer der serbischen Nation im Habsburger Reich und wurde mit kostbaren Gaben beschenkt und von den führenden Künstlern verziert.

ANREISE

Krušedol ist das erste Kloster, das man sieht, wenn man von der alten Straße von Novi Sad nach Belgrad kommt. Fünf Kilometer hinter Sremski Karlovci befindet sich eine Kreuzung, bei der Sie auf die Straße abbiegen sollten, die in Richtung des Dorfes Krušedol führt; vor dem Dorfeingang biegen Sie nach rechts ab und auf dieser Straße gelangen Sie dann zum Kloster. Man kann es auch leicht vom südlichen Ortsausgang von Irig erreichen, wo eine Straße nach Neradin und Krušedol beginnt, das letztere liegt direkt geradeaus.

GESCHICHTE

Das Kloster wurde zwischen 1509 und 1516 von dem Belgrader Metropoliten Maksim Branković (früher in seinem säkularen Leben Despot Djordje) und seiner Mutter Angelina, der Frau des blinden Despoten Jovan, dem letzten Herrscher Serbiens (1458-59) bevor es an die Osmanen fiel, erbaut. Sein Sohn Djordje war ein Herrscher ohne Land, verfügte aber über große Besitztümer in Südungarn, auf denen Serben siedelten, die ihn als ihren Führer ansahen. Das Kloster war als Mausoleum für die Branković-Familie geplant und seine Gründer wurden dort begraben. Wegen seiner Bekanntheit wurde Krušedol auch Sitz des Bischoftums Srem. 1708 wurde es zum Sitz der autonomen Metropole, die das spirituelle und nationale Zentrum für die Serben im Habsburger Reich bildete. Nach ihrer Niederlage in Petrovaradin 1716 verbrannten die Türken die Reliquien von Bischof Maksim und seiner Mutter Angelina und beschädigten das Kloster stark. Nach diesem Ereignis wurde der Sitz der Metropole nach Sremski Karlovci verlegt. Daraufhin folgte die barocke Erneuerung, die ihm sein heutiges Erscheinungsbild gaben. Im Zweiten Weltkrieg wurde das Kloster von den *Ustaša* (kroatischen Faschisten) geplündert, die es als Gefängnis und Folterkammer benutzten. Die meisten Gegenstände aus der Schatzkammer, die gerettet werden konnten, wurden nach Belgrad gebracht.

Die Kirche des Klosters Krušedol

HIGHLIGHTS

Die **Kirche Mariä Verkündigung** ist mit ihrem Dreipassgrundriss und dem Kuppelgewölbe im Stil der Morava-Schule gebaut. Die Details an ihrem Äußeren, wie die vergrößerten Fenster mit ihren Verzierungen und einem Portikus über dem Haupteingang entstanden bei der barocken Renovierung. Der hohe Glockenturm wurde 1726 hinzugefügt, während die Wohnstätten, die die Kirche von allen Seiten umschließen, 1759 fertiggestellt wurden.

An der äußeren Westmauer befindet sich eine Darstellung des Jüngsten Tages aus dem Jahre 1654, mit dem Himmel auf der linken und der Hölle auf der rechten Seite. Die **Originalfresken** aus dem 16. Jahrhundert sind nur an den Säulen unter der Kuppel erhalten geblieben und in einigen Fragmenten unter den neueren Bemalungen zu sehen. Auf einer der Säulen ist Maksim abgebildet, der Gründer des Klosters. Bei den neuen Gemälden wurde die neue Technik mit Ölfarbe angewendet. Die frühesten sind im Narthex zu finden, etwa aus dem Jahr 1750, gemalt von Jov Vasiljevič aus Kiew und seinen Mitarbeitern. Besonders interessant ist hier die Galerie der mittelalterlichen serbischen Herrscher, die die alte Tradition der Staatlichkeit am Leben erhält. Der zentrale Kirchenraum wurde 1756 von Stefan Tenecki bemalt. Das traditionelle Repertoire wird hier auf neue

Details des Freskos an der Außenwand

Fresken und die fantastische Ikonostase von Krušedol

barocke Art dargestellt und beinhaltet sogar zwei kleine Landschaftsbilder unter den Chorfenstern.

Der älteste Teil der Ikonostase ist der obere Abschnitt der Ikonen, die das Deisis-Thema darstellen. Dieses Meisterwerk spätbyzantinischer Malerei wurde mit einem besonderen Gespür für Formen und Farben ausgeführt und ist ein Teil der ersten Ikonostase aus dem 16. Jahrhundert. Das hohe, geschnitzte Kruzifix wurde 1663 hinzugefügt, während die untere Freskenlinie wieder eine Arbeit von Jov Vasiljevič ist, abgesehen von der königlichen Tür, die ein Künstler vom Südbalkan anfertigte.

Dieses berühmte Kloster ist die letzte Ruhestätte für viele wichtige Persönlichkeiten der serbischen Geschichte. Links des Eingangs befindet sich eine Tafel mit einem zweiköpfigen Adler und einem Löwen, die das Grab des Patriarchen Arsenije III. Čarnojević († 1706) markiert. Gleich links, wenn man die Kirche betritt, befindet sich das Grab von Milan Obrenović (†1901), der sich gegen Ende seines Lebens hierher zurückgezogen hatte, und auf dem Boden findet man eine Gedenkplatte, die das Grab der Fürstin Ljubica (†1843), der Frau des Fürsten Miloš Obrenović. An der linken Wand sind der Graf Djordje Branković (†1711) und der Herzog Stevan Šupljikac (†1848) begraben und an der rechten Wand steht der Sarkophag mit den Überresten von Patriarch Arsenije IV. Šakabenta (†1748).

Zwischen dem Kloster und dem Dorf steht die **Kirche der Darstellung des Herrn.** Angelina, der Mutter von Maksim Branković, ließ sie 1512 als Nonnenkloster bauen. Der einfache Bau ist interessant wegen seiner Fresken aus dem Jahr 1634 und der Ikonostase, die 1763 von Dimitrije Bačević und Teodor Kračun gemalt wurde.

17 Irig

- 4,400
- 022 46 11 26
- Vojvode Putnika bb, 022 46 1306
- Weinfest Puderski dani, Ende September

Obwohl es klein ist, ist Irig die größte Siedlung auf der Fruška Gora und hat die Merkmale einer Stadt. Durch die alten, verfallenden Gebäuden und großen Kirchen, die hier fehl am Platz zu sein scheinen, liegt ein Flair von vergangenem Ruhm in der Luft.

GESCHICHTE

Im 13. Jahrhundert war Irig bereits eine beachtliche Siedlung und wurde dann im späten Mittelalter zu einem wichtigen Fort mit einem Markt in den Händen der Branković-Familie. Im 18. Jahrhundert war es die größte Stadt in der Srem-Region, doch 1795 starb bei einer verheerenden Pestepidemie die Hälfte der Bevölkerung. Seitdem liegt es im Schlummer und ist nur als Zentrum einer berühmten Weingegend bekannt.

SEHENSWÜRDIGKEITEN

Irig hat drei orthodoxe Kirchen aus dem 18. Jahrhundert, was zeigt, wie wohlhabend und bedeutend die Stadt zu dieser Zeit gewesen sein muss. Östlich des Hauptstadtplatzes und -parks steht die älteste und bedeutendste der drei,

Die St.-Nikolaus-Kirche in Irig

die dem heiligen Nikolaus geweiht ist ***(Nikolajevska crkva).*** Gebaut wurde sie 1732 und ihre Architektur ist eine beinahe exakte Kopie des nahe gelegenen Klosters Hopovo *(siehe Foto).* Die Schnitzereien der Ikonostase stammen aus dem Jahr 1760 und gehören zu den interessantesten dieser Periode; die Ikonen sind eine Arbeit des Malers Vasa Ostojić und wurden einige Jahre später angefertigt. Die Kirche, die der Jungfrau Maria geweiht ist ***(Bogorodičina crkva)*** steht am südlichen Dorfeingang. Sie hat eine spätbarocke Ikonostase und Fresken aus dem Jahr 1863. Die dritte Kirche trägt den Namen des heiligen Theodors ***(Teodorovska crkva)*** und befindet sich am westlichen Rand von Irig. Sie ist die jüngste der drei – kurz vor Ausbruch der Pest wurden die Kirche und ihre Ikonostase fertiggestellt.

Der teilweise zerstörte Fernsehturm am Iriški Venac

AKTIVITÄTEN

Im 19. Jahrhundert war Irig bekannt für seinen Wein. Die Weingärten, die die Hänge um die Stadt herum bedeckten, sind nun erheblich reduziert, und die Weinkeller, von denen jedes Haus einen besitzt, bleiben leer. Nichtsdestotrotz beleben neue Kräfte den Weinanbau und es gibt wieder einige gute Weinkellereien. Die bekannteste darunter ist **Kovačević** *(Novi-Sad-Straße, Tel.: 022 46 31 37)*, wo man die Weinkeller besichtigen, Wein probieren und kaufen oder die Spezialitäten der einheimischen Küche genießen kann.

UMGEBUNG

7 km nördlich von Irig, die viel befahrene Straße nach Novi Sad entlang, auf dem Bergkamm des Fruška-Gora-Gebirges befindet sich der Iriški Venac (451 m hoch), eines der beliebtesten Ausflugsziele in diesem Gebirge. Im Mittelpunkt steht hier ein riesiges **Monument**, das der Bildhauer Sreten Stojanović 1951 angefertigt hat, um an die Opfer zu erinnern, die im Kampf gegen den Faschismus umgekommen sind. Ein 20-minütiger Spaziergang durch den Wald Richtung Osten führt Sie zum **Fernsehturm**. Er wurde bei der Bombardierung 1999 beschädigt, steht aber noch immer, vielleicht imposanter denn je. Um den Iriški Venac heraum verteilt findet man einige schöne Hotels und Restaurants.

Ein herzliches Willkommen im "Petkov salaš"

18 Novo Hopovo

i 022 46 11 26

Die Schönheit des Klosters Hopovo, das bekannt für seine ungewöhnliche Architektur und seine erstaunlichen Fresken ist, überschreitet die Grenzen der Fruška Gora und sogar der Vojvodina. Durch seine Lage in der Nähe einer wichtigen Straße ist es auch das meist besuchte Kloster in Serbien.

ANREISE

Das Kloster liegt östlich von Novi Sad – an der Ruma-Straße, gleich nördlich von Irig. Wenn Sie aus Richtung Iriški Venac kommen, achten Sie nach 2 km auf ein Schild, das eine scharfe Linkskurve ankündigt.

GESCHICHTE

Das Kloster wurde 1576 wurde an dem Standort einer früheren Kirche von einer Gruppe von Bürgern aus der serbischen Stadt Gornji Kovin/ Rackeve (auf der Csepel-Insel nah dem heutigen Budapest) gebaut. Das neue große Kloster wurde schnell ein Zentrum für das Studium und das Kopieren von Büchern. Die Türken beschädigten es auf ihrem Rückzug 1688, sodass es im 18. Jahrhundert großen Renovierungsarbeiten unterzogen werden musste, bei denen es die weitläufigen klösterlichen Wohnstätten erhielt. Im zweiten Weltkrieg wurde das Kloster von kroatischen Faschisten stark beschädigt. Sie sprengten den Glockenturm und den Südflügel der Wohnstätten und zerstörten die Ikonostase und viele Fresken. Nach dem Krieg wurde das Kloster radikal restauriert, wodurch die meisten tiefen Wunden unsichtbar gemacht wurde.

HIGHLIGHTS

Die Klosterkirche ist eine der größten serbischen Kirchen, die während der Osmanenherrschaft gebaut wurden. Schon die Dimension allein zeigt den Enthusiasmus und das Florieren der Künste nach der Wiederherstellung des Peć-Patriarchats. Sie hat eine Dreipassbasis, nach der Tradition der Morava-Schule und lebendige Fassaden und Reihen mit blinden, in Stein gehauenen und mit Ziegeln verzierten Arkaden. Ihr beeindruckendstes Merkmal ist jedoch das elegante, zwölfeckige Kuppelgewölbe mit derselben Zahl an freistehenden, kleinen Säulen, die das Dach stützen.

Die Freskenmalereien wurden bei zwei Gelegenheiten angefertigt: Das Schiff und der Altarraum 1608 und der Narthex 1654. Beide Male waren geschickte Griechen die Künstler, wahrscheinlich aus dem Athos-Gebirge. Die hohen Mauern der Kirche, nur von einigen kleinen Fenstern unterbrochen, erlaubten ihnen, ihr Talent in einer Vielzahl an monumentalen Kompositionen und Zyklen zu zeigen. Im Narthex zeigen zwei der nicht weniger als sechs Niveaus Heiligendarstellungen, darunter viele serbische Heilige, vor allem Herrscher (beim Westportal). Die oberen Niveaus zeigen das Leben Christi, himmlische Hierarchien und das Sterben von Aposteln. Die Kompositionen sind elegant arrangiert, mit feinen, wenn auch konventionellen, Malereien in dezenten, dunklen Farben, die die Feierlichkeit des Klosters unterstreichen. Die beeindruckendsten Kompositionen im Kirchenschiff sind „Das letzte Abendmahl" und „Das Massaker der Unschuldigen" (beide an der Südwand). An der Westwand befindet sich ein Sarg mit den Reliquien des Heiligen Theodor Thyron, die 1555 in das Kloster gebracht wurden.

Heiligendarstellungen an den Wänden von Novo Hopovo

UMGEBUNG

Beim Ausgang des Klosterkomplexes beginnt ein Weg, der durch den Wald zu den Ruinen des **alten Klosters Staro Hopovo** führt (3 km entfernt). Der einzige erhaltene Teil ist die 1752 erbaute Kirche, ein kleiner einschiffiger Bau mit einer vergleichsweise großen Kuppel und einem überproportionalen Kreuz darauf. Die Kirche ist kürzlich restauriert und für den Gottesdienst hergerichtet worden, nachdem sie seit 1942 dem Verfall preisgegeben war.

Die Kirche des Klosters Novo Hopovo

19 Vrdnik

3,000

022 46 11 26

Vidovdanski sabor, 28. Juni

Mit einem Mini-Spa und einem Kloster, das denselben Namen trägt, ist das Städtchen Vrdnik eins der Touristenzentren der Fruška Gora, mit überall verstreuten Wochenendhäusern, Pensionen und Restaurants.

GESCHICHTE

Obwohl es etwas größer als die übrigen Dörfer der Fruška Gora erscheint, war Vrdnik von 1804 bis 1968 eine bekannte Mine. Eine Straße, die Richtung Jazak führt und mit den Häusern für die Minenarbeiter gesäumt ist, erinnert an diese Zeiten. Während der Erzförderung wurde eine Mineralquelle entdeckt, die Vrdnik nach Schließung der Mine ermöglichte, sich in einen Kurort zu verwandeln.

AKTIVITÄTEN

Den Mittelpunkt des touristischen Angebots bildet das Hotel «Termal», das über der Heißwasserquelle (32,6°C) gebaut wurde. Das Hotel verfügt über ein Hallenbad und zwei

Außenbecken, Sportplätze und Massageräume und bietet einige Wellnessprogramme an.

SEHENSWÜRDIGKEITEN

Am Nordrand der Stadt befindet sich das **Kloster Vrdnik**. Gegründet wurde es um die Mitte des 16. Jahrhunderts und wurden von den zurückweichenden Truppen 1688 fast vollständig zerstört. Es wurde von Mönchen wiederaufgebaut, die aus den Kloster Ravanica geflüchtet waren, und die Reliquien des Heiligen Lazar (ehemals Prinz Lazar, *siehe S. 245*) mit sich brachten. Dank des großen Respekts, den die hochverehrten Reliquien dem Kloster einbrachten, nannte man Vrdnik auch «Ravanica der Srem» *(Sremska Ravanica)*.

Die einfache, alte Kirche wurde 1801 niedergerissen, um Platz für den neuen Bau zu schaffen. Es ist ein einschiffiges Gebäude, das in den Stilrichtungen des Klassizismus und des Biedermeier gestaltet wurde. Das einzige Detail, das von der alten Kirche übernommen wurde, ist die unpassend kleine Kuppel. Die Ikonostase und die Fresken sind Arbeiten des klassizistischen Malers Dimitrije Avramović aus dem Jahr 1853. Beides ist in eher dunklen Farben gehalten und vermittelt einen feierlichem Eindruck. Das Meiste aus der reichhaltigen Schatzkammer des Klosters wurde angesichts der Zerstörung durch die kroatischen Faschisten im Zweiten Weltkrieg zusammen mit den Reliquien des St. Lazar nach Belgrad gebracht. Gleich südlich der Wohnstätten steht ein Denkmal für die romantizistische Poetin Milica Stojadinović «Srpkinja», die aus Vrdnik stammte.

Der isolierte **Vrdnik Turm** *(Vrdnička kula)* befindet sich im dichten Laubwald, über der Straße, die zum Bergkamm der Fruška Gora führt. Dieser 18 m hohe Turm ist das einzige, das von einer Festung aus dem 12. Jahrhundert, die auf römischen Grundmauern errichtet worden war, übrig geblieben ist.

Das Kloster Vrdnik, auch bekannt als "Ravanica des Srem"

20 Jazak

960
022 46 11 26
Die Darstellung der Maria, 4. Dezember

Jazak gilt als eines der schönsten Klöster der Fruška Gora. Obwohl es im Zweiten Weltkrieg geplündert und zerstört wurde, konnte sein wertvollster Besitz – die Reliquien des heiligen Uroš – gerettet und wieder zurück ins Kloster gebracht werden, was eine Vielzahl an Pilgern anzieht.

ANREISE

Wenn Sie aus der Richtung des benachbarten Vrdnik kommen, biegen Sie vor dem Dorf rechts ab; nach 2 km erreichen Sie das Kloster.

GESCHICHTE & HIGHLIGHTS

Das heutige Kloster ist nicht weit entfernt von den Ruinen des alten Klosters aus dem 15. Jahrhundert, das ein Stück weiter Richtung Norden zu finden ist. Das neue Kloster wurde zwischen 1736 und 1758 dank der Stiftungen einiger wohlhabender serbischer Händler der Region errichtet. Obwohl es zur Blütezeit des Barock gebaut wurde, folgt die Konstruktion von Jazak streng den Vorgaben der mittelalterlichen serbischen Morava-Architekturschule: Die Dreipassbasis, die Wände mit den wechselnden Reihen aus Stein und Ziegel und die Kuppel. Der hohe Glockenturm, der sich von den traditionellen Formen unterscheidet, wurde 1803 errichtet. Nach seiner Fertigstellung übernahm das neue Kloster das Vermögen des alten, einschließlich der Reliquien des Hl. Uroš, des zweiten serbischen Kaisers, die 1706 aus dem Kosovo nach Jazak gebracht worden waren, und die die Basis für die Berühmtheit des Klosters bildeten. Aus Angst vor Zerstörung durch die kroatischen *Ustaša* wurden die Reliquien 1942 nach Belgrad gebracht und kehrten erst 2001 wieder nach Jazak zurück. Die oppulente Ikonostase wurde 1769 von Dimitrije Bačević in einer Mischung aus traditionellem postbyzantinischem Gemälde und neuen Trends aus dem Westen angefertigt. Ebenfalls interessant zu sehen, sind die geschickt gefertigten Throne an den Seiten.

Das Kloster Jazak, versteckt in den Wäldern der Fruška Gora

UMGEBUNG

Gleich westlich von Jazak liegt das Dorf **Mala Remeta** mit einem Kloster, das denselben Namen trägt. Es wurde im späten 15. Jahrhundert an der Stelle geründet, wo vorher das verlassene katholische Kloster Pauline gestanden hatte. Seine Kirche, die dem Grabtuch der Mutter Gottes geweiht ist, stammt aus dem Jahre 1739. Sie wurde von zwei Baumeistern aus Mazedonien konstruiert, die Muster des traditionellen Kirchenbaus anwendeten, wie z. B. doppelte Fenster und blinde Arkaden, die um die ganze Kirche herum verlaufen. Die bescheidenen Quartiere wurde im Zweiten Weltkrieg stark zerstört. Die gut erhaltene Ikonostase weist vier große Ikonen des berühmten Janko Halkozović auf.

21 Šid

- 14,800
- Cara Lazara 7, 022 710 610
- Janka Veselinovića 19, 022 710 320
- Janka Veselinovića 4, 022 71 22 95
- Kulenijada Wurstfestival (in Erdevik), Ende Mai

Šid ist am bekanntesten dafür, dass es die letzte Stadt in Serbien vor der kroatischen Grenze ist. Wer sich für Kultur interessiert, kennt es wegen seiner beiden außergewöhnlichen Galerien, die die Gemälde der zwei berühmtesten Bürger der Stadt aufbewahren. Nichtsdestotrotz ist Šid wohl am am interessantesten als Ausgangsort (oder obligatorischer Halt) für einige der attraktiven, aber wenig bekannten Sehenswürdigkeiten in seiner Umgebung.

GESCHICHTE

Šid war bis ins 18. Jahrhundert hinein ein unbedeutendes Dorf, begann jedoch sich zu entwickeln, als es das Recht erlangte, jährliche Messen abzuhalten. Da es im Besitz des unierten (griechisch-katholischen) Bischofs von Križevci (Kroatien) war, siedelten dort Russinen (Slawen aus der heutigen Westukraine), die noch immer eine bedeutende ethnische Gruppe in der Stadt sind.

Sava Šumanivićs Gemälde von der Landschaft von Šid

SEHENSWÜRDIGKEITEN

Šid ist vorallem für den Maler Sava Šumanović (1896-1942) bekannt, einen distinguierten Maler des Expressionismus und Fauvismus. Šumanović verbrachte einen großen Teil seines Lebens in Šid und beendete es auch auf tragische Weise hier: Als serbischer Intellektueller wurde er von kroatischen Faschisten erschossen. Einige seiner berühmtesten Landschaften, in einem dezenten und doch leicht wiedererkennbaren Stil gearbeitet, stellen die Stadt und ihre Umgebung dar. Die **Sava-Šumanović-Galerie** *(Svetog Save 7, 022 71 68 25, werktags 8-18 Uhr, Wochenende 9-15 Uhr, Eintritt: Erwachsenen 100 Dinar, Kinder 50 Dinar)* befindet sich in seinem Haus in der Hauptstraße der Stadt. Die Galerie besitzt 417 seiner Gemälde aus allen seinen Schaffensperioden und mit allen Themen, an denen er arbeitete. In demselben Gebäude können Sie auch Ausstellungstücke der Ausgrabungsstätte Gradina sehen, einer der archäologisch gesehen interessantesten Orte in dieser Gegend. Im Hinterhof steht der große Sarkophag eines römischen Centurios aus dem 4.Jahrhundert mit exquisiten Verzierungen.

Gleich nebenan findet man die **Ilijanum-Galerie für naive Kunst** *(Svetog Save 5, Tel.: 022 715 418, werktags 8-18 Uhr, Sa 9-15 Uhr, Eintritt: 50 Dinar)*. Die Galerie stellt Werke von Ilija Bašičević-Bosilj (1895-1972), einem Bauern aus Šid aus, dessen originelle Arbeiten von fantastischen Kreaturen und Interpretationen von Charakteren aus der serbischen epischen Poesie ebenso verwirrend, wie visuell

Detail auf einem römischen Sarkophag, Šid

aufregend sind. Man kann dort auch Werke anderer serbischer Vertreter der naiven Kunst bewundern.

UMGEBUNG

Etwa 5 km nordöstlich der Stadt liegt das **Kloster Privina Glava**. Nehmen Sie die Straße nach Ilok (Kroatien) und wenn Sie das Dorf Berkasovo passiert haben, biegen Sie nach rechts ab zu dem kleinen Dorf Privina Glava (185 Einwohner); das Kloster befindet sich am Ende des Dorfes. Es wurde höchstwahrscheinlich im 15. Jahrhundert von den Brüdern Jovan und Maxim aus der Branković-Dynastie gegründet, wobei die heutige Kirche zwischen 1741 und 1760 errichtet wurde. Das Modell für den unbekannten Architekten war das berühmte Kloster Hopovo (siehe S. 154), daher die ungewöhnlichen Säulen, die die Kuppel stützen und die Dreipassbasis im mittelalterlichen Stil. Die Ikonostase ist im Rokokostil gefertigt und wurde 1786 von Andrej Sartist bemalt. Die Fresken im zentralen Teil der Kirche sind eine Arbeit von Kuzman Kolarić und entstanden gegen Ende des 18. Jahrhunderts. Die gesamte Schatzkammer des Klosters wurde im Zweiten Weltkrieg zerstört.

Das Kloster Privina Glava

Wenn Sie die Autobahn nehmen und Richtung kroatische Grenze fahren, erreichen Sie nach einem Kilometer die Ausfahrt **Sremski-Front-Denkmal** (*Tel. 022 737 303; täglich 7-19; Eintritt: 100 din*), das sich gleich neben der Autobahn befindet. Sremski Front ist der Name der Frontlinie, die Ende 1944 von den deutschen und kroatischen Truppen, die 172 Tage lange gegen die Partisanen kämpften, gezogen wurde, bis die Linie im April brach. Da dies die erste offene Feldschlacht für die Partisanen war, waren ihre Verluste hoch, etwa 14.000 Mann ihrer Truppe ließen ihr Leben hier, zusammen mit 1.200 Sowjets, etwa 600 Bulgaren und ebenso vielen Italienern. Abgesehen von der kleinen Kapelle, die in den 1990ern hinzugefügt wurde, hat sich dieses Freiluftdenkmal in Jahrzehnten nur wenig verändert. Den Mittelpunkt bildet ein Museum mit Details über die Front und einer schauerlichen Skulptur von Jovan Soldatović, während darum herum lange Backsteinmauern stehen, in die die Namen der gefallenen jugoslawischen Soldaten eingraviert sind.

Gleich südlich von Šid, 14 km entfernt, liegt das Dorf Morović (1.750 Einwohner). Das Dorf liegt am Zusammenfluss der größeren Flüsse Bosut und Studva, dem dritt- und dem viertgrößten Fluss in der Srem-Region. Sowohl die Flüsse, wie auch das Dorf sind von ausgedehnten Wäldern umgeben, was dem Ort ein wildes Aussehen verleiht.

Kommt man aus Richtung Norden in das Dorf, sieht man auf dem katholischen Friedhof die Kirche der Heiligen Maria. Sie stammt aus dem 13. Jahrhundert und gilt als eins der wichtigsten mittelalterlichen Denkmäler in der Vojvodina. Die originale romanische Struktur ist nur noch um die Apsis sichtbar, während der Rest später im gotischen Stil gebaut wurde. Der Glockenturm hat ungewöhnliche kreuzartige Fenster.

Die anderen Sehenswürdigkeiten in Morović sind seine Brücken und das verfallene Habsburger Fort an der Mündung der Studva in den Bosut.

AKTIVITÄTEN

Das Zentrum für aktiven Tourismus in der Gemeinde Šid ist Morović. Das größte Potential hat der alte **Komplex der jugoslawischen Armee**, im Eichenwald südlich des Dorfes (*Tel.: 022 736 026*). Er wurde in den späten 1970ern in hübschem ländlichem Stil für Präsident Tito gebaut, der aber nie einen Fuß hierher setzte. Stattdessen waren und sind es auch weiterhin Jäger, die hierherkommen, um Hirsche, Rehe und Wildschweine zu jagen. Der Komplex hat ein Restaurant, Sportplätze und bietet Kutschfahrten durch den Wald an. Das neue Gegenstück zu dem Komplex in Morović ist der hübsche Bauernhof «Gagijevo Sedlo», am Ufer der Studva (*Tel.: 064 647 3558*). Die Gäste können hier Esel oder Pferde reiten, Boot fahren oder ein Fahrrad mieten.

Der bevorzugte Ort, um die Sommertage zu verbringen, ist der Sotsko See an der Straße nach Ilok. Der See eignet sich sowohl zum Angeln, wie auch zum Schwimmen.

Ein Spaziergang in den Feldern der Srem

22 Sremska Mitrovica

- 37,600
- Svetog Dimitrija 10, 022 618 275
- Železnička bb, 022 62 11 43
- Železnička bb, 022 221 444
- Jazz & Blues Festival, erste Aprilwoche

Für Antiquitätenliebhaber ist die Stadt am linken Saveufer besser unter dem Namen, den es zur Zeit des römischen Reiches trug bekannt – Sirmium. Mit seinen üppigen Ausgrabungsstätten, einem ausgezeichneten Museum, das die Fundstücke ausstellt und der Aura einer imperialen Stadt verdient Sremska Mitrovica die Aufmerksamkeit aller, die sich für die Vergangenheit interessieren.

GESCHICHTE

Schon während der Zeit der römischen Eroberung (um das Jahr 10 u.Z.) befand sich hier eine Siedlung, die schnell an Bedeutung gewann und unter Kaiser Domentian (81-96 u.Z.) den Status einer römischen Kolonie erhielt. Es wurde als Übergangssitz der Kaiser, während der Kriege mit den Barbaren auf der anderen Seite der Donau, genutzt. Das 3. und 4. Jahrhundert war eine glanzvolle Zeit für Sirmium: Kaiser wie Trajan Decius, Aurelian,Probus oder Maximian wurden in der Stadt oder ihrer Umgebung geboren, und viele weitere römische Herrscher verbrachten Zeit hier. Die Stadt hatte öffentliche Bäder, einen opulenten kaiserlichen Palast und ein Hippodrom, das als eins der größten im Römischen Reich galt. In der Zeit von Diokletians Aufspaltung des Reiches wurde sie eine der vier Hauptstädte und der Sitz von Caesar Galerius. Die Stadt war auch bekannt für ihre katholischen Märtyrer, wie den Bischof Irenaeus und seinen Diakon Demetrios, die 304 auf der Brücke über die Save enthauptet wurden. In diesem Jahrhundert, als die orthodoxen Christen für die Vorherrschaft vor dem Heidentum und den arianischen Irrlehren kämpfte, wurden hier mehrere Kirchenkonsilien abgehalten, um Kontroversen zu diskutieren. Obwohl es gut befestigt war, nahmen die barbarischen Goten Sirmium schnell ein und 441 wurde es von den Hunnen geplündert. Während sie an Bedeutung verlohr, überlebte die Stadt und wurde im folgenden Jahrhundert die Hauptstadt des Reiches der Gepiden. Nach einer kurzen Zeit zurück in byzantinischer

Römischer Bürger von Sirmium

Hand, ging Sirmium nach dreijähriger Belagerung unter, als es von den Avaren und den Slawen eingenommen und zerstört wurde. Die nächsten drei Jahrhunderte verfiel die Stadt; eines blieb jedoch erhalten: Das lateinische *Sirmium* wurde von den Slawen zu Srem umgeformt und die ganze umliegende Region erhielt diesen Namen. Mit der Konvertierung der Slawen zum Christentum im 9. Jahrhundert wurde dieser prestigeträchtige Ort erneut der Sitz einer Eparchie mit einem Kloster, das St. Demetrios geweiht wurde. Im 11. und 12. Jahrhundert wechselte es die Herrschaft zwischen den Byzantinern und den Ungarn, die schließlich die Oberhand gewannen. Obwohl Ungarn ein katholischer Staat war, hielt sich das orthodoxe Kloster, das von griechischen und slawischen Möchen geführt wurde, bis weit ins 14. Jahrhundert hinein. Dem Aufstieg der *Civitas Sancti Demetri* (oder Dmitrovci auf Serbisch), die auch die Privilegien einer königlichen Freistadt erlangt und eine florierende Händlerkolonie aus Dubrovnik hatten, wurde

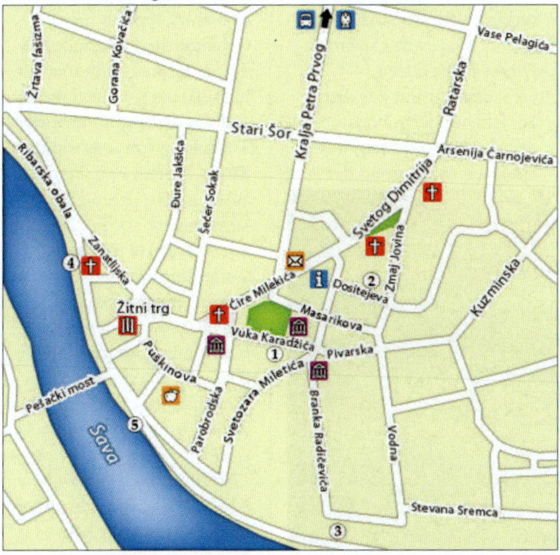

HOTELS (S. 181)

1 Sirmium

RESTAURANTS (S. 175)

2 Balkan
3 Probus
4 Sojenica
5 Tavanče

1396 plötzlich ein Ende bereitet, als die Türken es in einem Überfall, der ihrem Sieg über die Kreuzritter bei Nicopolis folgte, plünderten. Die zerstörte Stadt verfiel, bis sie 1521 in türkische Hände kam. Unter den Osmanen blühte die Stadt wieder auf, der beste Beweis dafür sind die 17 Moscheen. Im Habsburger Reich war es der Sitz des militärischen Grenzregiments, entwickelte aber auch intensive Handelsbeziehungen zu den türkischen Regionen auf der anderen Flussseite. Wegen seiner Lage an der Frontlinie wurde Sremska Mitrovica im Ersten Weltkrieg stark beschädigt, besonders während der fehlgeschlagenen serbischen Gegenoffensive Anfang 1915. Zwischen den beiden Weltkriegen war Sremska Mitrovica bekannt für sein Gefängnis, wo viele der späteren kommunistischen Bonzen wegen staatsfeindlicher Handlungen inhaftiert waren. Im Zweiten Weltkrieg fiel es dann an Kroatien und die serbische Mehrheit ging durch schwere Zeiten; besonders grausam war das Pogrom 1942 in dem über 7.000 Zivilisten aus der Stadt und den umliegenden Dörfern brutal ermordet wurde.

Die archäologische Ausgrabungsstätte Žitni Trg

SEHENSWÜRDIGKEITEN

Das Herz von Sremska Mitrovica liegt über den Überresten seines berühmten Vorgängers Sirmium. Die Ausgrabungsstätten sind an mehreren Stellen sichtbar. Die interessanteste und am besten organisierte ist der Grund des **kaiserlichen Palastes**, wo die Besucher eine Führung durch die archäologischen Hinterlassenschaften machen können *(Pivarska 2, Tel.: 022 621 568; täglich 9-18 Uhr; Eintritt: Erwachsene 150 Dinar, Kinder 100 Dinar)*. Außerdem gibt es dort ein maßstabsgetreues Modell von Sirmium auf der Höhe seines Ruhmes, wie auch einen Souvenierladen und ein Café.

Auf dem Nikole-Pašić-Platz befindet sich eine weitere Ausgrabungsstätte mit den Grundmauern von Wohnquartieren *(insulae)* und einem Teil der Stadtmauer. Der Platz, besser bekannt als **Žitni Trg** («Getreidemarkt»), benannt nach der Hauptware, die hier einst verkauft wurde, ist umgeben von den schönsten Exemplaren von Kaufmannshäusern, zumeist aus dem 19. Jahrhundert.

In der Nähe steht die alte serbische **St.-Stefanskirche** *(stara crkva svetog Stefana)*. Dieses interessante Gebäude stammt aus dem 16. Jahrhundert und ist der älteste Gotteshaus der Stadt. Da es während der Osmanenherrschaft gebaut wurde, musste es unauffällig bleiben und ein bescheidenes Äußeres aufweisen. Der kleine, hölzerne barocke Glockenturm wurde später, in der barocken Zeit, hinzugefügt. Nach dem Zweiten Weltkrieg wurde es zu einem Kirchenkunstmuseum gemacht, dient aber nun wieder als Kirche. Außer für die sorgfältig geschnitzte Ikonostase aus dem 18. Jahrhundert, die von Teodor Kračun bemalt wurde, rühmt sich die Kirche auch für eine Ikonensammlung, Bücher und andere Kirchenartefakte.

Die Ausgrabungsstätte des kaiserlichen Palastes

Das **Srem-Museum** hat zwei Standorte: Der erste befindet sich in der Vuka Karadžića 3, im Park gegenüber dem Hotel „Sirmium“, und beherbergt thematische Ausstellungen. Das Hotel flankieren das Gerichtsgebäude und das Gebäude der Hauptwache mit einem strengen, militärischen Aussehen, typisch für Gebäude dieser Periode, als die Stadt unter militärischer Jurisdiktion war. Der andere Teil des Museums, der eine Sammlung von angewandter Kunst, Ikonen und Gemälde aus dem 18., 19. und 20. Jahrhundert, sowie die interessanteste römische Sammlung ausstellt, befindet sich in einem hübschen Herrenhaus aus dem 18. Jahrhundert, das einst der Bajić-Familie gehörte *(Trg Svetog Stefana 15, Tel.: 022 62 11 50, Di-Fr 7-20 Uhr, Sa-Mo 7-15 Uhr; Eintritt: Erwachsene 170 Dinar, Kinder 120 Dinar)*.

Neben dem letztgenannten Museum steht das **Alte**

Zollhouse. Es stammt aus dem Jahre 1729 und ist eins der ältesten Bauwerke der Stadt. Gegenüber des Museums befindet sich die monumentale **orthodoxe St.-Demetrioskirche**, mit einer aufwendigen Ikonostase, die von Arsa Teodorović 1815 bemalt, aber dann später retuschiert wurde. Dahinter liegt das Eckgebäude, das unter dem Namen **Serbisches Haus** *(Srpski dom)* bekannt und die Arbeit des bekannten Architekten Vladimir Nikolić aus dem Jahr 1895 ist. Nach seiner Zerstörung im Ersten Weltkrieg wurde es teilweise saniert, ist aber noch weit entfernt von seinem früheren Glanz.

23 Zasavica

i Anitours, Trg vojvodjanskih brigada 4, Sremska Mitrovica, tel. 022 61 34 66

Obwohl es das jüngste und kleinste Naturreservat in Serbien ist, hat der Enthusiasmus seiner Hüter Zasavica zu einer der interessantesten Natursehenswürdigkeiten gemacht. Mit seiner Lage im Flachland der Mačva bieten der langsame Fluss und das Marschland um ihn herum keine spektakuläre Aussicht, aber man ist hier gut organisiert und auf Touristen ausgerichtet, die immer angenehm überrascht sind, wie viel dieser bescheidene Ort zu bieten hat.

ANREISE

Wenn aus Richtung Sremska Mitrovica anreist (12 km), sollte man die Save bei Mačvanska Mitrovica überqueren und dann den Schildern folgen, die durch die lange Hauptstraße zum bis zum Ende des Dorfes Zasavica führen. Kommt aus Richtung Šabac *(siehe S. 188)*, sollte man der Hauptstraße nach Sremska Mitrovica folgen und dann bei Mačvanska Mitrovica links abbiegen.

HINTERGRUND

Geographisch gesehen ist Zasavica ein Teil Serbiens, denn es liegt am Südufer der Save, administrativ jedoch gehört es zur Vojvodina. Zasavica ist eigentlich ein Seitenarmsee, der sich im früheren Flussbett der Save gebildet hat und heute durch einen schmalen Kanal mit ihr verbunden ist. Zasavica wird mit Wasser aus aus den umliegenden Sümpfen gespeist. Der Flusslauf hat eine Länge von 33 km ist stark gewunden, sodass er– in Abhängigkeit des Wasserstandes – das weite Gebiet darum herum überflutet. Obwohl er nahe an einigen Dörfern und Sremska Mitrovica liegt, hat Zasavica überlebt und sich seit 1997, als es zum Naturreservat erklärt wurde, kaum verändert. Es wird von von den *Gorani* aus Sremska Mitrovica verwaltet, der ersten nichtstaatlichen Organisation in Serbien, die einen Naturpark führt. Wenn man sieht, was sie hier geleistet haben, war das eine gute Entscheidung.

Die fast stagniernde Stömung des Flusses, die Sümpfe, die Auen und Wälder darum herum sind reich an Pflanzen, Fischen, Säugetieren und Insekten, von denen einige sehr selten sind. Autochthone Fischarten, wie Brassen, Bitterlinge und Karuschen, 180 Vogelarten, Kammmolche, sowie Otter und Wildkatzen, sie alle machen Zasavica zu einem ganz besonderen Ort. Der König der Tiere hier ist jedoch der Bieber, der hier 2004 wieder angesiedelt wurde, nach er vor einem Jahrhundert von hier verschwunden war. Den Tieren geht es hier sehr gut, sie haben mehrere Dämme gebaut und sich an die benachbarten Flüsse ausgebreitet, sehr zum Ärger der Einheimischen, deren schönste Bäume sie fällen.

Freilaufende Podolische Kühe und Gänse

SEHENSWÜRDIGKEITEN

Am Eingang zum Reservat – man mus dort 150 Dinar zahlen – befindet sich das **Besucherzentrum**, leicht an dem 18 m hohen Turm zu erkennen, der einen schönen Ausblick über das umliegende Flachland bietet. Um das Zentrum herum liegen einige riesige Wiesen, auf denen die Naturforscher seltene einheimische Tierarten halten, wie den Balkanesel, das haarige Mangalitza-Schwein und die autochthone Podolische Kuh mit den langen Hörnern. Sie alle waren ein normaler Anblick in Serbien, bis vor einem halben Jahrhundert, als produktivere Hybriden sie wertlos werden ließen. Heute jedoch wissen wir, dass Milch und Fleisch dieser frei grasenden Tiere, die besser an ihre Umgebung

Das Besucherzentrum in Zasavica

DIE HAARIGE SCHÖNHEIT

Mangalitza, erkennbar an ihrem lockigen Haar, war einst die meistverbreitete Schweinerasse in Serbien. Die Zucht wurde 1831 in Ungarn begonnen, als Joseph Habsburg auf seinem Hof Schweine von Bakony-Gebirge mit dem serbischen Šumadija-Schwein, das er als Geschenk aus der Herde von Fürst Miloš erhalten hatte. Durch die Kreuzung dieser beiden entstand eine Rasse, die allen Wetterbedingungen widersteht und schneller wächst als die wilden Rassen, aus denen sie entstand. Seine Qualitäten sorgten dafür, dass es diese Schweine bald überall in Ungarn und auf dem Balkan gab. Ab der Mitte des 20. Jahrhunderts wurde das Mangalitza-Schwein schnell von englischen Züchtungen, die mehr Fleisch und weniger Fett lieferten, verdrängt. Schon Ende der 1960ern zählten sie nur noch einige Tausend und die Spezies kam auf die Liste der gefährdeten Tierarten. Das Revival begann in den 1970ern in Ungarn und erreichte zu beginn der 1990ern auch Serbien. Heute wird das Mangalitza-Schwein für den delikaten Geschmack seines Fleisches gelobt, das bis zu 75 % weniger Cholesterin als normales Schweinefleisch hat und reich an Stearinsäure ist, und eignet sich daher sehr gut für eine gesunde Ernährung.

angepasst sind, obwohl es seltener ist, wesentlich geeigneter für Menschen sind. Im Besucherzentrum kann man auch Ökoprodukte dieser Tiere kaufen, vom Mangalitza-Schweineschmalz bis zum Likör aus Eselmilch.

Gleich nebenan befindet sich das «Bircuz kod dabra» (Wirtshaus zum Bieber), wo Sie einige Produkte probieren können, die auf diesem Hof gewachsen sind, in Eintöpfen gekocht oder Fisch aus dem Fluss. Das Reservat hat auch einen großen **Campingplatz**, mit fließendem Wasser und Elektrizität, einem Speisesaal und Duschen *(Erwachsene 600 Dinar, Kinder von 7 bis 14 J. 300 Dinar, Kinder unter 7 Jahren frei)*. Camper sind auch herzlich willkommen *(700 Dinar pro Nacht)*.

AKTIVITÄTEN

Es gibt drei Möglichkeiten, das Wildleben von Zasavica zu sehen. Einer ist eine 7 km lange Fahrt **Bootsfahrt** mit der «Umbra», einem fast geräuschlosen Schiff, das die Vögel und die anderen Tiere nicht stört, was es perfekt für eine Photosafari macht. Das Boot fährt hinaus, wenn sich mindestens 15 Personen für eine Tour anmelden, was üblicherweise am Wochenende um die Mittagszeit kein Problem ist *(Tickets 250 Dinar)*. Die zweite Möglichkeit ist, ein **Boot** zu **mieten** *(500 Dinar pro Tag)* und zu sehen wie weit man auf dem Fluss kommt. Mit dem Boot bekommt man einen langen Stock – damit ist es am leichtesten, im flachen Wasser zu manövrieren. Die letzte Option ist, den **Naturlehrpfad** entlang zu spazieren, der nach Šumareva Ćuprija führt.

Angeln wird hier auch nicht vernachlässigt. Die Parkaufsicht vergibt Angelgenehmigungen aus *(zwei Tage für 500 Dinar)* und erklärt Ihnen, wo die vorgesehenen Angelplätze sind und Sie Karpfen, Hechte, Schleie oder Goldkarpfen fangen können.

Die Reservatverwaltung organisiert auch Tagesausflüge mit Führer zu den römischen Überresten von Sremska Mitrovica.

24 Obedska bara

i 022 488 622

Obedska Bara ist ein länglicher, hufeisenförmiger See zwischen den Dörfern Obrež und Kupinovo. Der Weiher ist eigentlich ein ehemaliges Flussbett der Save, die ihren Lauf Richtung Süden änderte und einen Seitenarmsee dort hinterließ, wo sie einst entlanggeflossen war. Der Fluss ist jedoch noch immer präsent: Er überflutet den See regelmäßig und versorgt ihn mit Wasser und Fischen, für die die Laichbedingungen dort optimal sind. Wegen seiner Unzugänglichkeit in einem Gebiet, das von Röhricht und feuchten Wiesen durchzogen ist, ist der See von dichten Büschen und jungfräulichem Eichenwald umgeben. Die Gegend wird von vielen Amphibien-, Reptilien-, Fisch und vorallem Vogelarten, mehr als 220 wurden gezählt, bewohnt. Hier kann man Adler, weiße Fischreiher, Rohrdommeln und Ibise, auch als «Paradiesvögel» bekannt, sehen. Kürzlich wurden Biber wieder hier ausgewildert, die sich zu dem Wild und anderen kleinen Säugetieren gesellen. Die Obeska Bara steht schon seit 1874 unter staalichem Naturschutz und befindet sich auf der Ramsar-Liste der geschützten Feuchtgebiete.

Um den See zu erreichen, nehmen Sie die Autobahn

Seerosen in der Obedska Bara

Belgrad-Zagreb, verlassen sie bei der Abfahrt Šimanovci und setzen Ihren Weg Richtung Kupinovo und Obrež fort. Am Ortseingang des letzteren befindet sich das Hotel «Obedska Bara» *(Tel.: 022 488 622)*, der Mittelpunkt aller touristischen Aktivitäten hier. Im Hotel kann man Boote pro Stunde mieten *(120 din)*, sowie große Ferngläser und dann auf den See hinausrudern, um einige dieser interessanten Vögel zu sehen.

In **Kupinovo** (1.900 Einwohner) findet man viele gut erhaltene alte Gebäude und einige interessante historische Denkmäler. Die Hauptdorfstraße führt vorbei an den malerischen **Ruinen der neuen orthodoxen Kirche**. Die Kirche wurde

Der interessant gehauene Zaun des Putnik-Hauses

1814 erbaut und während des Zweiten Weltkriegs von den kroatischen *Ustaša* zerstört. Am Ende der Straße erreicht man die kleine **St.-Lukas-Kirche**. Diese einfache Kirche wurde Mitte des 15. Jahrhundert als Hofkirche des serbischen Despoten aus der Branković-Familie, die hier residierte, errichtet. Im Inneren befindet sich eine üppig geschnitzte, barocke Ikonostase, die Jakov Orfelin 1729 anfertigte. Gleich neben der Kirche steht ein schönes Exemplar einheimischer ländlicher Architektur, das **Haus der Putnik-Familie**, mit vielen ausnehmend schön geschnitzen Ornamenten.

㉕ Pančevo

74,000

Trg kralja Petra I 2-4, 013 351 366

Vojvode Radomira Putnika 33, 013 518 570

Karneval, Mitte Juni

Mit seinem Image als eine der meist industrialisierten (und verschmutzten) Städte kann man Pančevo nicht als schön bezeichnen. Doch man kann nicht bestreiten, dass es historische Bedeutung hat und da es gleich bei Belgrad auf der Hauptstraße Richtung Rumänien liegt, ist es ein interessantes Ziel für einen Zwischenstopp oder einen Tagesausflug.

GESCHICHTE

Die Siedlung beim Zusammenfluss der Flüsse Donau und Tamiš wurde schon im 9. Jahrhundert von Händlern frequentiert. Während der Türkenherrschaft (1552-1716) war Pančevo ein kleines Fort mit einer Moschee und einer serbischen Mehrheit. Während der Habsburger Zeit wurde es Teil der militärischen Grenze und deutsche und rumänische Siedler wurden hergebracht. Pančevo durchlebte noch einmal die Qualen der türkischen Zerstörung in dem schlecht organisierten Krieg von 1789-91. 1794 gab der Kaiser der Stadt den Status einer freien militärischen Gemeinde, was ihr im 19. Jahrhundert ermöglichte, ein lebendiges kommerzielles und kulturelles Zentrum zu werden. Doch die Stadt behielt ein in gewisser Weise steifes militärischen Erscheinungsbild und erhielt deshalb den Spitznamen «Serbisches Sparta». Nach dem Zweiten Weltkrieg wurde es stark industrialisiert und es wurden neue Wohnsiedlungen um das Zentrum herum angelegt, um die Arbeiter unterzubringen. Die Benzin- und Chemiefabriken machen es berüchtigt für seine Verschmutzung, die oft über den zulässigen Messwerten liegt.

SEHENSWÜRDIGKEITEN

Das Zentrum der Altstadt, das früher von Befestigungsmauern umgeben war, ist der Trg Kralja Petra I. Obwohl er immer noch den Namen Platz trägt, ist er wegen seiner starken Begrünung eher als Park zu bezeichnen. Das wichtigste Gebäude hier ist das des früheren **Stadtmagistrats**, ein klassizistischer Bau aus dem Jahr 1833, gebaut nach dem Entwurf des einheimischen Offiziers, Major Heimann. Der Mittelteil dieses robusten Gebäudes wird durch Säulen und eine Terrasse, die mit einem Giebel gekrönt ist, in dem zwei Genien ein Ziffernblatt halten, hervorgehoben. Heute beherbergt dieses Haus das **Stadtmuseum** *(Trg Kralja Petra 7, 013 342 666, Di-Sa 10-13 und 16-19 Uhr, Eintritt frei)*, das beachtenswert ist wegen der Sammlung an Gegenständen der neolithischen Starčevo

Stadtmagistrat, beherbergt heute das Nationalmuseum

„Übersiedlung der Serben"
von Paja Jovanović

Das Gemälde wurde vom Patriarchen Georgije Branković in Auftrag gegeben, um 1896 bei der ungarischen Tausendjahrfeier ihrer Ankunft in der pannonischen Ebene ausgestellt zu werden. Es sollte zeigen, wie wohlgeordnet das Volk der Serben auf den Ruf des habsburger Kaisers mit Soldaten und dem Patriarchen als Führer nach Ungarn kam. So sollte es die Angriffe auf die Unabhängigkeit der serbischen Religion und Bildung in Österreich-Ungarn abwehren. Für diese Aufgabe wurde der junge aber brillante Jovanović ausgewählt, der einige Monate akribischer Vorbereitung mit Ilarion Ruvarac, dem derzeitig besten Historiker verbrachte. So war er in der Lage, viele interessante Details in das Gemälde aufzunehmen. Allerdings stellte die erste, kleinere Version (die in Pančevo zu sehen ist) den Patriarchen nicht zufrieden. Er fand sie zu mild: der Junge in der Mitte blickte zu demütig, während die Frau mit dem Säugling und das Schaf das Ehrgefühl der Kirchenführer verletzte. In der neuen, größeren Version hat der Junge ein Gewehr auf der Schulter, den Platz der Frau nimmt ein Standartenträger ein und der Bischof, der neben dem Patriarchen reitet, trägt die Schriftrolle mit den Privilegien in der Hand. Wie das Schicksal so spielt wurde die kleinere Version in großer Zahl reproduziert und in fast jedem serbischen Haus zum Lieblingsbild.

Kultur, einer hübschen ethnographischen Sammlung und einer kleineren Version des berühmten Gemäldes „Die Völkerwanderung der Serben" *(siehe Kasten)*.

Näher Richtung Tamiš liegt die katholische **Karl-Borromäus-Kirche**, ein bescheidenes Gebäude aus dem 18. Jahrhundert, das von Anfang an als Franziskanerkloster genutzt wurde. Als die Türken die Stadt 1790 einnahmen, plünderten sie den Wohntrakt und verwendeten die Kirche als Stall. 1858 wurde sie renoviert und bekam den schlanken, nicht verzierten Glockenturm. In der Nähe steht die attraktive **Dreifaltigkeitssäule**.

Richtung Norden kommt man zum ehemaligen serbischen Viertel, wo es zwei hübsche Kirchen gibt. Die Uspenska Crkva in der Dimitrija-Tucovića-Straße ist ein großzügiges Gebäude aus dem Jahr 1810, deren zwei hohe barocke Türme das Wahrzeichen der Stadt sind. Das Material für ihrer Bau stiftete Karadjordje aus dem aufständischen Serbien auf der anderen Seite der Donau. Die Ikonostase ist ein Werk des großen Klassizisten Konstantin Danil und die Wandbemalungen (aus dem Jahr 1928) sind eine Arbeit des Kunstmalers Živorad Nastasijević, dem Leiter der «Zoograf»-Gruppe, den Pionieren in der Wiederbelebung serbischer mittelalterlicher Malerei.

Vier Blocks die Straße hinauf erreicht man die **Preobraženska Kirche**. Sie wurde 1878 von dem jungen Svetozar Ivačković entworfen, einem Schüler des berühmten Wiener Architekten Teophil von Hansen. Dieser Entwurf machte Ivačković bekannt und verschaffte ihm noch viele weitere Aufträge für neue Kirchen. Anders als die Uspenska Kirche, handelt es sich hierbei um einen neubyzantinischen Bau mit einer großen zentralen Kuppel und einem angeschlossenen Glockenturm, der seinerzeit ein Symbol für religiöse und künstlerische Freiheit war. Die Ikonostase (1908-1911) wurde von Uroš Predić gefertigt, während die Wandmalereien, meist historische Kompositionen, von Stevan Aleksić stammen,

RESTAURANTS (S. 174)

1. Evropa
2. Poco Loco
3. Šajka

Farbenfrohes Detail an der Volksbank

beide waren bekannte Künstler ihrer Zeit.

Etwas südlich vom Hauptplatz befindet sich der Platz der Freiheit *(Trg Slobode)*, besser bekannt als Kleiner oder Getreidemarkt *(Žitni pijac)*. Dort ist neben einigen alten Häusern das Gebäude der **Volksbank** *(Pučka banka)* besonders erwähnenswert, der wichtigsten finanziellen Institution in Pančevo im 18. und 19. Jahrhundert. Der edle Bau mit der interessanten Art-Nouveau-Verzierung wurde 1903 nach einem Entwurf der Budapester Architekten Kalman und Ullmann errichtet.

An der Ecke der Nikola-Tesla-Straße, die zur Tamiš führt, steht das **„Sonnenuhrhaus"** aus dem Jahr 1792, das als Sitz der Militärgrenze Banat diente. An der Decke im Eingangsbereich ist General Mihaljević abgebildet, der hier erster Kommandant war und den ersten Park anlegte, Straßen asphaltierte und die Bäume, die sie säumten, pflanzte. Am unteren Ende der Straße steht der alte **Brauerei**-Komplex *(Pivara)*. Er wurde 1722, nur sechs Jahre nach der Vertreibung der Türken gegründet, und war eine der ältesten industriellen Objekte in Serbien. Berühmt wurde die Brauerei unter der Leitung der bekannten Brauerfamilie Weiffert (1847-1944), die ihr Geschäft später auch nach Belgrad ausdehnte. Leider wurde die Brauerei durch die Logik des großen Geschäfts unnötig und 2008 geschlossen. Die bekannte Marke «Weiffert»-Bier wird jetzt in Zaječar gebraut.

Der südliche Teil der Stadt wurde bis 1944 hauptsächlich von ethnischen Deutschen bewohnt. Die **evangelische Kirche** in der Svetislava-Kasapinovića-Straße ist eins der schönsten Denkmäler ihrer Anwesenheit. Dieses kleine neogotische Gebäude aus dem Jahr 1905 hat eine Backsteinfassade und einen Glockenturm, der mit einer Uhr gekrönt ist.

Das Kloster Vojlovica, südlich von Pančevo

UMGEBUNG

Südlich von Pančevo liegt das Dorf Vojlovica, das hauptsächlich von ethnischen Slowaken bewohnt ist. Heute ist es mit der Stadt verschmolzen und wird von der anderen Seite von der Ölraffinierie abgeschlossen. Beim Eingang zur Raffinierie steht das mittelalterliche orthodoxe **Kloster Vojlovica**. Wie ganz Pančevo ist auch dieses Kloster am ehesten als interessant und nicht als malerisch zu bezeichnen. In einem kleinen Hof liegend, umgeben von Pipelines ist es ein lebendiges Beispiel für die kommunistische Vernachlässigung historischer und religiöser Denkmäler. Vojlovica wurde 1405 von Mönchen, die aus dem Süden Serbiens geflohen waren, gegründet. Im 18. Jahrhundert wurde es zweimal von den Türken niedergebrannt und es dauerte lange, bis es wiederaufgebaut wurde. Während des Ersten Weltkriegs schickten die österreich-ungarischen Machthaber die Mönche in Gefangenenlager, plünderten das Kloster und schmolzen die Glocken für miltärische Zwecke ein. Im Zweiten Weltkrieg nutzten es die Deutschen, um den Patriarchen Gavrilo Dožić gefangenzuhalten, bevor sie ihn nach Dachau schickten. Nach dem Krieg wurde das Kloster geschlossen und war bis zu seiner Rekonstruktion 1987 in erbärmlichem Zustand. Die Kirche ist im Stil der serbischen Raška-Schule gebaut; 1752 wurde ein etwas höherer Narthex in demselben Stil hinzugefügt, während Anfang des 19. Jahrhunderts ein unproportionaler Glockenturm ergänzt wurde. Die Wandmalereien (15. bis 18.Jahrhundert) sind nur in Fragmenten erhalten. Die Ikonostase (1798) ist das Werk eines unbedeutenden Malers aus Pančevo. Der beste Weg das Kloster zu erreichen ist, die Busse 11, 12 oder 14 aus Richtung Vojlovica zu nehmen.

26 Kovačica

6,300

Maršala Tita 50, 013 660 460

Železnička 2, 013 66 11 10

Fiaker-Treffen (in Crepaja), orthodoxer Ostermontag Gulasch-Fest (in Debeljača), 13.Mai

Dieses hauptsächlich von Slowaken bewohnte Dorf ist weltbekannt für seine naive Malerei. Die Tradition begann 1939 und entwickelte sich in den 1950ern weiter, als einige Bauern begannen, Szenen aus ihrem Alltag zu malen. Zuzana Halopova und Martin Jonaš waren die ersten, die auch außerhalb Serbiens Aufmerksamkeit erregten. Ihrem Vorbild folgten viele andere und heute ist fast jedes Haus das Heim eines Malers. Arbeiten der Maler aus Kovačica werden in vielen Museen und privaten Sammlungen ausgestellt (in Dalis und Picassos z.B.).

GESCHICHTE

Slowaken wurden im 18. Jahrhundert in der Vojvodina angesiedelt, da sie bekannt dafür waren, bescheidene, fleißige Arbeiter zu sein. Sie erfüllten nicht nur die Erwartungen, es gelang ihnen auch ihre Kultur bis zum heutigen Tag lebendig zu halten. Die Slowaken kamen im Jahr 1802 nach Kovačica und veränderten es vollkommen. Einige der slowakischen Häuser sind noch immer in der traditionellen hellblauen Farbe gestrichen oder gekachelt, mit dem Namen der Familie am Giebel. Man kann auch ältere Frauen in flauschigen Kleidern sehen, die vor ihren Häusern sitzen oder mit dem Fahrrad fahren. Heute sprüht das Dorf nur so vor lebendiger Tradition und urtypische Künstwerke und urtypisches Handwerk wird in vielen Ausstellungen gezeigt.

SEHENSWÜRDIGKEITEN

Die **evangelisch-protestantische Kirche** in der Dorfmitte stammt aus dem Jahr 1829. Die Malereien auf dem Hauptaltar wurden von dem berühmten serbischen Maler Konstantin Danil angefertigt.

Die **Galerie der naiven Kunst** (*Galerija naivne umetnosti, Masarikova 65, Tel.: 013 661 157, Öffnungszeiten: , Eintritt: 150 Dinar*) ist die älteste Institution dieser Art im Dorf und verfügt über die größte Auswahl an Kunst zum Verkauf oder zur Ausstellung. Gleich um die Ecke befindet sich das Ethnozentrum «Babka» (*Maršala Tita 70; Tel. 013 661 631; Öffnungszeiten: täglich 9-16, Eintritt frei*), wo man einen Blick in einige der Künstlerateliers werfen kann. Außer den Gemälden stehen hier auch Handarbeiten zum Verkauf, wie z.B. bemalte Teller und Kürbisse oder Maiskolbenpuppen.

Eins von vielen originellen Souvenirs aus Kovačica

AKTIVITÄTEN

Das Leben in Kovačica ist nicht anstrengend oder stressig, aber wenn Sie wirklich abschalten wollen, besuchen Sie das **Relax Touristencenter** (*Vinogradska 2, 013 660 480*), wo man draußen und drinnen schwimmen, in die Sauna oder ins Jacuzzi gehen oder sich massieren lassen kann.

Das erste Dorf südlich von Kovačica ist Debeljača, das von ethnischen Ungarn bewohnt wird. Vor dem Ortseingang auf der rechten Seite sind vier Seen, Debeljačka jezera, bekannt als der beste Platz zum Angeln in der ganzen Umgebung.

UMGEBUNG

Auf halbem Weg zwischen Kovačica und Pančevo liegt das Dorf Crepaja mit dem Freizeitzentrum «100 topola» (Varova bb, 013 671 487), wo es neben dem Üblichen (einem Restaurant, einem kleinen Teich) auch einen kleinen Zoo und eine Reitschule gibt.

Atelier für naive Kunst, Kovačica

27 Vršac

35,700

Trg Pobede 1,
013 832 999

Miloša Obilića bb,
013 822 866

Bulevar Oslobođenja 4,
013 83 44 22

Grožđjenbal Weinfest, Mitte September
Vršački Venac Folklorefest, Anfang Juli
Jazztronic, Ende Mai

Es ist nicht übertrieben zu sagen, dass Vršac etwas für jeden Geschmack zu bieten hat. Die Stadt ist klein, aber hat von allem etwas: Altes und Neues, Ebenen und Berge, Ost und West. Es sieht aus, als seien wir nicht die ersten, die dies feststellen: Wenn man sich das Stadtwappen ansieht, sieht man, dass der Herold, der es anfertigte, Mühe hatte, all die Hügel und Felder, Wälder und Weinberge auf ein Schild zu bekommen. Es gibt hier viele historische Gebäude, aber bevor Ihnen die Geschichte zuviel wird, treffen Sie schon auf neue Bauten. Anders als fast alle anderen Städte der Vojvodina genießt Vršac die Vorteile des Flachlands, wie auch die der Berge, an denen es lehnt. In der Stadt gibt es viele orthodoxe Kirchen, aber ihr größtes Gotteshaus ist eine neogotische katholische Kirche. Obwohl die Erbauer, ethnische Deutsche, nicht mehr hier leben, ist Vršac nicht monolingual, denn neben den Serben lebt hier eine starke ethnische rumänische Minderheit und eine recht große ungarische Gemeinschaft.

Stadtwappen von Vršac

GESCHICHTE

Die Siedlung entwickelte sich unterhalb der Festung auf der Bergkuppe (*vrh* auf Serbisch), die zu Beginn des 15. Jahrhunderts vom ungarischen König Sigismund erbaut wurde, um die Südgrenze gegen die andauernden Angriffe der Osmanen zu verteidigen. Die Festung wurde bald darauf dem serbischen Herrscher Djuradj übergeben, dem engsten Verbündeten in diesem Kampf, dessen Festen auf der anderen Seite der Donau lagen. 1425 kamen Flüchtlinge aus dem Süden hierher und gründeten eine Siedlung mit dem Namen Podvršac, «Untervršac». Zu dieser Zeit war (Pod)Vršac bereits für den Weinanbau bekannt und seine Weine gehörten zu den begehrtesten und (und den teuersten!) am ungarischen Hof. Nach einer langen Periode, in der sie die Umgebung plünderten, eroberten die Türken 1552 die Stadt, doch der größte Teil der Bevölkerung blieb serbisch. Dies änderte sich, als die Serben des Banat, in der Hoffnung auf Befreiung

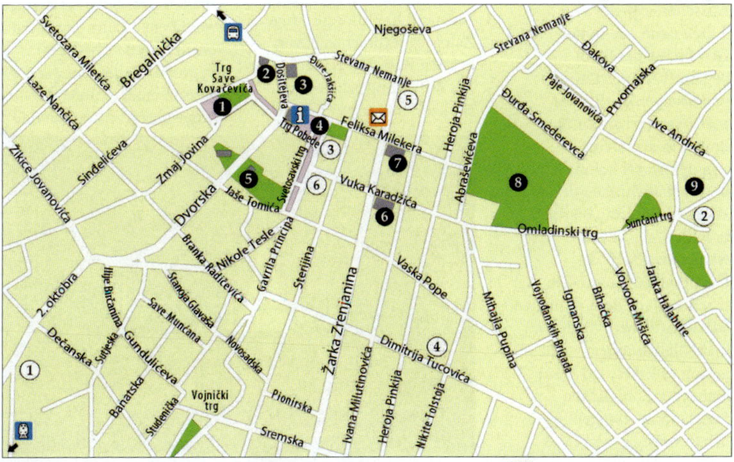

1 Trg Save Kovačevića
2 Die Alte Apotheke
3 Trg Pobede
4 Der Bischofshof
5 Der Bahnhof
6 Die katholische Kirche
7 Der Stadtpark
8 Der Vršac-Turm

HOTELS (S. 183)
(1) Vetrenjača
(2) Vila Breg
(3) Srbija

RESTAURANTS (S. 176)
(4) Vega 8
(5) Dinar
(6) Pivnica

mit der Hilfe der Habsburger Armee, im Frühling 1594 ihre Waffen aufnahmen. Die Rebellion war zunächst erfolgreich und Vršac, wie auch andere benachbarte Städte, war in serbischer Hand. Gegen Ende des Sommers jedoch erlangten die Türken die Kontrolle zurück. Die meisten Serben flohen nach Transsilvanien,

Markttag, ein Detail aus Paja Jovanovićs "Vršac Triptichon"

woraufhin die Stadt ein vollständig orientalisches Aussehen erhielt.

Eine neue Ära in der Geschichte der Stadt begann 1716, als Eugen von Savoyen die Türken aus Vršac verbannte. Statt ihrer wurden Deutsche von der Mosel kolonisiert, die neue Techniken der Weinkultivierung hierher brachten, die Vršac wieder zu einem der Hauptweinanbaugebiete machte. Nach dem schnellen wirtschaftlichen Wachstum im 18. Jahrhundert, gelang es Vršac, 1817 den Status der königlichen Freistadt zu erlangen. In der Revolution von 1848 litt die Stadt, als Serben und Ungarn gegeneinander kämpften. Der Rest des 19. Jahrhunderts verlief ruhig und die Stadt florierte bis eine Reblaus-Epidemie die Weinberge vernichtete. Die Schäden wurden schrittweise mit der Pflanzung von amerikanischen Reben ersetzt, den ersten in ganz Österreich-Ungarn. Mit dem Ende des Zweiten Weltkrieges kam es zu einem gravierenden ethnischen Veränderung, als die ansässigen Deutschen vor der fortschreitenden Roten Armee flüchten mussten. Ihre Abwesenheit war bald auf den Gebieten der Kultur und Wirtschaft zu spüren. In den vergangenen Jahren wurde der Medikamentenhersteller «Hemofarm», der wichtigste seiner Art in Serbien, zum Alpha und Omega im Leben von Vršac.

SEHENSWÜRDIGKEITEN

1. Trg Save Kovačevića

Einst war der Platz der repräsentativste Ort für die Händler der Stadt und der Mittelpunkt des berühmten Wochenmarkts, heute ist er eine hübsche Fußgängerzone mit einigen interessanten Gebäuden. Die Nr. 15 ist ein Haus mit dem Namen **«Zwei Pistolen»**. Es wurde Ende des 18. Jahrhunderts als Gästehaus gebaut und begrüßte im Jahr 1813 seinen bedeutendsten Gast, als der Führer des fehlgeschlagenen Serbischen Aufstand Karadjordje einige Zeit hier verbrachte, bevor er nach Russland reiste. Als Bezahlung gab er dem Besitzer zwei seiner besten Pistolen, die später das Symbol des Gasthauses wurden. Interessant ist der Innenhof, mit einer hübschen gewölbten Veranda. Das Haus mit der Nr.11 auf demselben Platz stammt aus dem Jahr 1868 und wurde von Djordje, dem Bruder des berühmten serbischen Dramatikers Jovan Sterija Popović, an der Stelle eines älteren Hauses gebaut, in dem die beiden geboren waren. Sterija (1806-1856) war Anwalt, Dichter, Gründer des Nationalmuseums in Belgrad und der serbischen Akademie der Künste und Wissenschaften. Es ist jedoch am bekanntesten für seine Komödien, die auf geistreiche Weise die Scheinheiligkeit und andere Mängel der Gesellschaft in der Vojvodina portraitieren.

2. Die Alte Apotheke Stara apoteka

An der Ecke Kumanovska und Stevana-Nemanje-Straße befindet sich das Gebäude der Alten Apotheke, auch bekannt als «Apotheke auf den Stufen». Der Bau stammt aus der Mitte des 18. Jahrhunderts; 1784 wurde hier die Apotheke «Beim Heiland» eröffnet, die erste der Stadt. Die Originalfassade wurde im 19. Jahrhundert im klassizistischen Stil umgebaut, aber die anderen Charakteristika blieben erhalten: Das hohe Dach mit zwei Ebenen (zum Trocknen von Kräutern verwendet), ein großer Keller, um die Ware an einem kühlen Ort aufbewahren zu können und natürlich der ungewöhnliche Eingang.

Im Inneren der Alten Apotheke

Bis 1965 war hier eine Apotheke, dann wurde das Haus dem Stadtmuseum übergeben. Heute beherbergt es drei kleine **Ausstellungen**: Eine über die medizinische

Eine Straßenecke im Zentrum von Vršac

Vergangenheit des Banats, eine im Gedenken an den großartigen Maler Paja Jovanović, dessen Bruder hier Apotheker war, und die dritte über das Leben in Vršac um die Wende zum 20. Jahrhundert. Die Ausstellung über Paja Jovanović beinhaltet auch einige fantastische Gemälde, darunter ein Portrait von König Aleksandar von Jugoslawien und des wunderbaren „Vršac Triptychons» *(Di-Sa 9-17 Uhr, So 10-14 Uhr, Eintritt frei)*.

An der Ecke hinter der Apotheke steht eine malerische kleine **rumänische Kirche**, die Christi Himmelfahrt geweiht ist. Die orthodoxe Kirche wurde zwischen 1911 und 1913 gebaut, überwiegend im byzantinischen Stil, aber mit zu dieser Zeit sehr populärem Klinkerstein.

3. Trg Pobede

Das charakteristischste Merkmal dieses Platzes ist das moderne Hotel «Srbija», das aus ihm emporragt. Das bedeutendste Gebäude hier ist jedoch das des Stadtmagistraten. Dem Platz zugewandt steht sein neuer Teil, der sogenannte **«Gotische Bau»,** 1869 von deutschen Baumeistern erreichtet. Die Highlights der Hauptfassade sind der Balkon, ein Stadtwappen in einem Medallion und ein gotischer Giebel. Das Interieur ist mit Wandgemälden aus dem Ende des 19. Jahrhunderts verziert. Links, in der Seitenstraße, steht der kleinere und ältere Teil, ganz zu Beginn des 19. Jahrhunderts gebaut und sofort erworben, um als Büro des Magistraten genutzt zu werden. Die Ornamente sind spätbarock und das beeindruckendste Merkmal ist das Erkerfenster an der Ecke.

Der Garten des Bischofshofes

4. Der Bischofshof

Vladičanski dvor

Dieser Palast, der sich in der Dvorska („Hof") Straße befindet, ist leicht an seinem gepflegten französischen Park erkennbar, der von einem verzierten barocken Zaun umgeben ist. Er wurde zwischen 1750 und 1757 von dem Metropoliten Jovan Georgijević als Residenz für den serbisch-orthodoxen Bischof von Vršac gebaut, diesen Nutzen erfüllt es auch heute noch. Den letzten Schliff erhielt die alte Fassade 1904, als man üppige Elemente im Stil der Neorenaissance und des Neobarock hinzufügte. Im Inneren des Hofes befindet sich eine Kapelle aus dem 18. Jahrhundert mit einer wundervollen barocken Ikonostase von Nikola Nešković. Außerdem besitzt der Hof eine eindrucksvolle Sammlung von Portraits kirchlicher Würdenträger, Ikonen und andere religiöse Gemälde, alte Bücher und Gefäße. Leider ist all dies nur für Gruppen von mehr als fünf oder sechs Personen zu sehen, für die eine Führung mit dem Kustos des Hofs, Herrn Miodrag Kališki (Tel.: 063 246 15, Eintritt: 80 Dinar) arrangiert werden kann.

Gegenüber des Hofes steht die orthodoxe Kathedrale St. Nikolaus, die sich durch ihren ungewöhnlichen Turm auszeichnet, der über eine schmalen Terrasse verfügt. Die Kathedrale stammt aus dem Jahr 1785 und wurde an Stelle der alten Kirche erbaut. Im Inneren befinden sich Werke von verschiedenen prominenten serbischen Künstlern, wie Pavel Djurković (der die Ikonen auf der Ikonostase bemalte), Nikola Nešković (die freistehenden Ikonen) und Paja Jovanović (die Wandgemälde).

Am Ende der Dvorska Straße steht die kleinere **Entschlafungskirche**

Schmiedeeiserne Tore umgeben die orthodoxe Kathedrale

(Uspenska crkva) aus dem Jahr 1766. Die serbisch-orthodoxe Kirche hat eine beeindruckende Ikonostase aus dem Jahr 1809, deren Ikonen von Arsa Todorović stammen.

5. Der Bahnhof

Der 1900 gebaute Bahnhof von Vršac ist einer der beeindruckendsten Bauten seiner Art in Serbien. Außen ist er mit Klinkerstein und anderen Keramiken verziert. Die Haupthalle ist wie durch ein Wunder seit der Zeit ihres Baus fast unverändert geblieben, komplett mit der originalen Holzdekoration.

6. Die katholische Kirche

Katolička crkva

Das größte und eindrucksvollste Gebäude der Stadt ist die katholische Kirche, die man leicht durch ihre beiden Türmen finden kann. Das schöne neogotische Bauwerk ist dem heiligen Gerhard geweiht und wurde von 1860-63 nach den Plänen des einheimischen Architekten Franz Brandeis gebaut. Die üppigen bildhauerischen Verzierungen sind hauptsächlich in den oberen Bereichen der Türme, um die Fenster und die Portale zu finden. Die drei Kirchenschiffe enden mit drei Altären, von denen der Hauptaltar 1863 von Karl Geiger, einem Professor der Wiener Akademie, bemalt wurde.

Die imposante neogotische katholische Kirche in Vršac

Der Architekt Brandeis unterzeichnete außerdem die Pläne für das **„Concordia"-Gebäude**, das etwa hundert Meter weiter Richtung Norden, in der Žarka-Zrenjanina-Straße 20, steht. Dieser klassizistische Bau mit

Ein perfekter Ort zum Paragliden, Vršac-Turm

einem Zentraltrakt , der durch vier korinthische Pilaster betont wird, wurde 1847 für ein Hotel mit demselben Namen fertiggestellt, diente aber später als Gymnasium.

Um die Ecke, in der Feliks-Milekera-Straße 19, befindet sich der Eingang zum Stadtmuseum. Abgesehen von seinen Büros ist das einzig Interessante hier die schöne ornithologische Sammlung **„Vögel des Banat"** *(kombinierte Tickets mit der alten Apotheke 80 Dinar).*

7. Der Stadtpark

Gradski park

Am Ausläufer des Vršački Breg liegt die städtische Allmende. Der Stadtmagistrat kaufte den Besitz 1797 von der Familie Schrebl und ein halbes Jahrhundert später entwickelte er sich zu einem Park mit einem Schießplatz, einer Eisbahn und Tennisplätzen. Der von den Bürgern pedantisch instandgehaltene Park war einer der schönsten der Region. Heute hat er viel von seiner einstigen Schönheit verloren, aber man kann noch immer seine alten Bäume oder den Brunnen mit der allegorischen Darstellung der Jahreszeiten bewundern.

8. Der Vršac-Turm

Vršačka kula

Der einfachste und beliebteste Weg, um den Vršac-Berg *(Vršači breg)* zu ersteigen, der am weitesten westlich gelegene Teil der Karpaten, ist der längliche Omladinski Trg. Oberhalb des Stadtparks befindet sich ein neuer Sportkomplex mit einer Halle mit dem Namen «Millenium», dem Heim der Basketballmannschaft «Hemofarm». Der Aufstieg beginnt in der Mate-Matejića-Straße, die nach einer Weile zu einer gewundenen Treppe wird. Nach den Stationen des Kreuzwegs werden Sie die **Kalvarienkirche** (1728) erreichen, von der aus man den ersten Panoramabllick auf die Stadt hat. Von hier aus kann man der Autostraße folgen, oder einem der Pfade, die den Berg hinauf durch den Wald führen.

Der Vršac-Turm, wie der Bergfried der Festung allgemein genannt wird, war bis vor Kurzem der einzige erhaltene Teil der Festung aus dem 15. Jahrhundert. Aus Stein und Ziegeln gebaut, hatte sie die Charakteristiken byzantinischer und serbischer Befestigungen und wurde daher wahrscheinlich von dem serbischen Despoten Djuradj konstruiert. Abgesehen von dem 20 m hohen Bergfried, wurde die Festung im 18. Jahrhundert niedergerissen, als sie ihre militärische Bedeutung verloren hatte. 2010 begann die Stadt Vršac das kostspielige und umstrittene Projekt des Wiederaufbaus der gesamten Festung, mit dem Versprechen, Platz für ein Museum, ein Restaurant, sowie für Sport und Kultur zu schaffen.

Der Bergfried aus dem 15. Jahrhundert ist der einzige originale Teil der Festung, der erhalten geblieben ist; die übrigen Teile kann man sich anhand der Grundmauern vorstellen, wobei der Bereich, der an den Turm anschließt, kürzlich neugebaut wurde. Die äußeren Stufen führen zum zweiten der drei Stockwerke, die insgesamt eine Höhe von 20 m erreichen.

AKTIVITÄTEN

In Vršac und den Dörfern der Umgebung gibt es eine Vielzahl an Weingütern, die die große Winzerkultur vergangener Jahrhunderte fortsetzen. Das bei weitem größte ist das Weingut «Vršački vinogradi», mit 1.700 Morgen bedeckt mit Weinbergen einer der größten Weinproduzenten in Serbien. «Vršački vinogradi» bieten eine zweistündige **Führung** durch ihre riesigen Weinberge an, mit Zwischenstationen an einigen Aussichtspunkten und Kellern zur Weinprobe *(mehr Informationen auf www. vvinogradi.co.rs)*.

Ein Teil der Führung geht durch **Gudurica** (1.100 Einwohner, 15 km östlich von Vršac), einem Dorf, das einst fast ausschließlich von der Weinproduktion lebte. Hier befinden sich drei kleine Weinkeller – «Stojšić *(Otona Župančiča 26, Tel.: 013 88 10 67)*, «Nedin» *(Gortanova 22, Tel.: 013 88 10 76)* und «As» *(Cankareva 24, Tel.: 064 394 07 02)*. Um sie besuchen zu können, müssen Sie Ihren Besuch im Voraus ankündigen. Das winzige Gugurica ist außerdem dafür bekannt, eins der ethnisch buntesten Dörfer des Landes zu sein: Zuerst wurde es von Nationen von überall aus dem Habsburger Reich kolonisiert und später – nach der Flucht der ethnischen Deutschen – von Nationen aus ganz Jugoslawien, sodass Gugurica stolz darauf ist, von 25 verschiedenen Nationen bewohnt zu sein!

Das Kloster Mesić

UMGEBUNG

Die **Berge von Vršac** *(Vršačke planine)* sind eine von nur zwei Gebirgsketten in der Vojvodina und der Gudurički Vrh (641 m) ist die höchste Erhebung in dieser sonst völlig flachen Provinz. Das alles klingt nicht gerade eindrucksvoll, aber sobald Sie zu wandern beginnen, werden Sie überrascht sein, wie wild die Landschaft hier ist. Die meisten Touren beginnen beim Vršac-Turm und schließen eine Übernachtung in der Berghütte Berg Široko Bilo ein (10 km entfernt, Tel.: 013 820 708). Der beliebteste Wanderweg zum waldbedeckten Gudurički Vrh startet im Dorf Malo Središte (2½ Stunden).

Auf der Südseite der Berge liegt das Dorf Mesić (10 km von Vršac) und gleich beim Ortseingang steht ein Kloster mit demselben Namen. Das Kloster wurde zum ersten Mal im 16. Jahrhundert erwähnt, aber es könnte deutlich älter sein. Seine auf mittelalterlichen Mustern beruhende Architektur wurde hypothetisch mit der Branković-Dynastie in Verbindung gebracht oder sogar mit dem heiligen Sava. Die bescheidene Kirche hat einen Kreuzgrundriss und eine achteckige Kuppel. Im Verlauf des 18. Jahrhunderts wurde das Kloster von den Türken beschädigt und dann dreimal wiederaufgebaut. Bei der letzten Sanierung erhielt es den äußeren Narthex. Die Wandmalereien wurden 1743 ausgeführt, wobei streng darauf geachtet wurde, keine der barocken Innovationen dieser Epoche anzuwenden. An manchen Stellen kann man ältere Fresken sehen, die unter der Oberfläche der neueren durchscheinen. Die klösterlichen Residenzen stammen aus den Jahren 1841-43 und sind im klassizistischen Stil gehalten.

Der Vršac-Berg mit den berühmten Weinbergen im Vordergrund

Bač

Business club
mon-fre 8-24
sam & son 9-01

Selenča, Maršala Tita 121

021 774 388

Dieses in Selenča, dem ersten Dorf im Osten der Bač, gelegene Restaurant wurde vor einigen Jahren mit dem Titel «das Beste in der Vojvodina» ausgezeichnet. Diese schmeichelhafte Auszeichnung hat es nicht ohne Grund erhalten: Das relativ bescheidene, aber sehr ordentliche Interieur, aufmerksame Bedienung und eine große Bandbreite an internationalen und einheimischen Spezialitäten– einschließlich einer Auswahl an makrobiotischen Gerichten – machen dieses Restaurant zu einem außergewöhnlichen Ort zum Speisen in Serbien.

Čarda kod Nećka
mon-son 9-24

Bačko Novo Selo, Dunavska 2

021 637 14 13

Näher als in dem Dorf Bačko Novo Selo, südlich der Bač, kann man der Donau nicht kommen, ohne schmutzig oder nass zu werden. Im Wald des Feuchtgebiets am Ende des Dorfes finden Sie ein Gasthaus, das sich auf frisch gefangenen Fisch aus der Donau spezialisiert hat. Was man unbedingt probieren sollte, ist die scharfe Fischsuppe.

Bečej

Palatinus
mon-sam 09-23

Miloša Crnjanskog 91

021 69 10 030

Viele sagen, dass dieses lange existierende Restaurant ein Stück außerhalb des Zentrums von Bečej, das beste der Stadt ist. Der Schwerpunkt der Speisekarte liegt auf saftigem Grillfleisch und frischem Fisch, mit wohlschmeckenden Beilagen zur Auswahl.

Don Quijote
fre & sam 11-01
die-don & son 11-24

Milorada Rusa bb (Idjoški put)

6914 083

Obwohl es außerhalb der Stadt angesiedelt ist, ist dieses Restaurant aus mehreren Gründen einen Besuch wert. Zuerst einmal wegen seines Standortes in einer hundert Jahre alten Mühle und nicht weniger wegen der großen Auswahl an hausgemachten Gerichten aus Gänseleber und Truthahnfleisch.

Bela Crkva

Klub
mon-sam 09-23

Jovana Cvijića 14

013 851 054

Was dieses Restaurant hervorhebt, ist seine große Terrasse an einem ruhigen Standort mit einem großen ordentlichen Garten, in dem Sie vergessen werden, dass Sie sich an der Hauptstraße nach Belgrad befinden und nur ein paar Schritte entfernt vom Bahnhof. Das Menü ist nicht sonderlich aufregend, doch was gekocht wird, ist sehr gut. An den meisten Abenden gibt es akkustische Live-Musik.

Jezero
mon-son 8-20

Jezerska bb

013 85 1771

Wie der Name schon andeutet, befindet sich dieses Lokal nahe beim See Gradsko jezero, gleich vor der Stadt. Das Interieur ist einfach, aber geschmackvoll, während man im Sommer im Schatten einer großen Platane speisen kann. Die Lage ist perfekt für den an Ort und Stelle gefangenen Fisch, doch das Grillfleisch ist auch sehr zu empfehlen.

Irig

Kovačević
täglich 08-24

Krstašica bb

022 46 31 37

Dieses elegante Restaurant ist der neueste Ableger der bekannten Weinkellerei Kovačević. Das warme, traditionelle Interieur ist frei von allem Übermaß und das Menü mit einer Zusammenfassung der Spezialitäten der Vojvodina, ergänzt von Käse aus der Gegend und ihrem eigenen Brot, sind eine perfekte Grundlage, um den Gaben des Weingottes Bacchus zu frönen.

Kanjiža

Riblja čarda
täglich 10-22

Ribarska bb (Tisa Ufer)

024 874 311

Die „Fisch-Kneipe" schafft es wegen ihrer Lage am Flussufer und der entspannten Atmosphäre auf unsere Liste. Ähnlich wie die fantasielose Umgebung hat auch die Speisekarte mit ihren Fisch- und Grillfleischgerichten nicht viele Überraschungen zu bieten. Dies ist zwar traurig, aber wir müssen zugeben, dass dies wohl der beste Ort in Kanjiža zum Fischessen ist und dass die freundliche Bedienung viel von seiner groben Erscheinung wettmacht.

Delikates Club
mon-sam 00-24

Potiski venac bb (Tisa Ufer)

024 238 0 229

Der Besitzer dieses Restaurants besitzt auch eine Metzgerei, sodass es keine Überraschung ist, dass die Speisekarte die deftige einheimische Küche zelebriert, mit einigen Gourmetdelikatessen, die man nicht an vielen Orten findet.

Galaxis
sun-don 11-22
fre & sam 11-02

Svetog Save 11

024 877 328

Klein und einfach, dieses Lieblingslokal der Nachbarschaft hat seine Stammkunden durch Freundlichkeit, günstige Preise und eine schöne Auswahl an Gerichten, mit dem Schwerpunkt auf Schnitzel, gewonnen.

Kikinda

Radnički dom
mon-sam 10-24
son 12-17

Uglješe Terzina 9

0230 222 62

Bei einem Namen wie «Arbeiterhaus» werden Sie überrascht sein, dass es sich nicht um eine Kantine handelt, sondern ein ziemlich schickes Restaurant, das vor allem Catering für Hochzeiten macht. Wenn man von seiner kitschigen Seite absieht, wird man feststellen, dass es seinen Ruf als bestes Lokal der Stadt verdient hat, vor allem für die hausgemachten Spezialitäten, aber auch für ihr Grillfleisch, das sogar dem anspruchsvollsten Appetit gerecht wird.

Djeram
sam & son 09-20

Mokrin, Ige Dobrosavljeva 13

0230 61 196

Wenn Sie Kikinda an einem Wochenende besuchen, fahren Sie die zusätzlichen zehn Kilometer in das Dorf Mokrin und statten Sie diesem Restaurant einen Besuch ab. Das besonders langlebige Interieur, das die alten Zeiten in der Vojvodina wach ruft und die vielen Originalgegenstände, die die Wände dekorieren, geben dem Lokal eine warme, authentische Atmosphäre. Das Essen unterstreicht dies noch einmal mit außerordentlich herzhaften Gerichten, die man nicht oft finden kann.

Kovačica

Červene vino
mon-sam 9-24
Maršala Tita 76
063 86 85 923

"Rotwein" ist ein einfaches und entspanntes Restaurant mit slowakischem Essen. Das weiße Interieur, das an alte Häuser erinnert, wird mit Spitzenarbeiten, Bildern von naiven Malern und Klängen der örtlichen Orchesters ergänzt.

Salaš 1871
Bei vorheriger Anmeldung geöffnet
Debeljača, Vinogradska bb
062 20 10 46

Ein großer Hof, der gefüllt ist mit Details aus der Vergangenheit und dem alten Bauernhaus aus dem Jahr 1871 am Ortseingang von Debeljača bieten ein perfektes Ambiente für eine komplette Vojvodina-Erfahrung.

Banatski salaš
täglich 8-23
entrance to Idvor village
013 676 303

Wenn Sie von der dunklen und ziemlich gemischten Dekoration absehen, werden Sie die Auswahl an robusten Gourmethappen genießen, sei es Fleisch oder Süßwasserfisch.

Novi Sad

Aqua Doria
son-don 10-24
fre & sam 08-01
Kamenički put bb
021 64 33 111

Dieser beliebte Treffpunkt ist am Ufer der Donau gleich unterhalb der Festung Petrovaradin gelegen, und besteht aus hölzernem, rustikalem Interieur und einer luftigen Terrasse, beide mit frontalem Blick auf das Zentrum von Novi Sad. Mit der Speisekarte wird kein Risiko eingegangen und sie bietet sowohl Süß- und Salzwasserfisch, als auch serbische fleischlastige Spezialitäten, einschließlich svadbarski kupus, Kohl, der mit Fleisch und Speck ein oder zwei Tage lang gekocht wird.

Kuća mala
son-don 09-24
fre & sam 09-01
Laze Telečkog 4
021 42 27 28

Eine winzige Tür in Novi Sads längster Barreihe führt in einen winzigen Innerraum, dessen Einrichtung Sie in eine andere Zeit zurückversetzen wird. Den größten Teil der Speisekarte nehmen einfallsreiche Pizzagerichte ein, von denen viele nicht nur origenell, sondern auch äußerst lecker sind.

Zak
mon-fre 08-23
sam 08-23
son 11-23
Šafarikova 6
021 44 75 65

Wenn der Besitzer des Restaurants auch der Chefkoch ist, wissen Sie, dass Sie einen authentischen Essenstempel betreten. Zurückhaltendes, minimalistisches Interieur erlaubt Ihnen, sich auf die Speisekarte zu konzentrieren, die von vorne bis hinten ein absolutes Gourmetvergnügen ist. Essen Sie sich nicht an den einladenden Vorspeisen, Suppen und Hauptspeisen satt, und lassen Sie noch etwas Platz für die fantastischen Nachspeisen.

Plava frajla
mon-fre 11-24
sam & son 11-01
Sutjeska 2 (SPENS Sportzentrum)
021 661 36 75

Das „Blonde Fräulein" erregte die Aufmerksamkeit der Einheimischen und der Besucher durch inspiriertes Interieur und eine ebensolche Speisekarte, wie auch mit gutem Essen der Vojvodina, das in großen Mengen serviert wird. Das Essen ist beeindruckend, obwohl die neue, halb offene Terrasse nicht den Charakter des Innenbereiches hat und die Massen, die kommen, um zu Mittag oder Abend zu essen, begleitet von live tamburica-Musik, können manchmal etwas zu viel für jemanden sein, der nur am Essen interessiert ist.

Arhiv
mon-sam 09-23
Ilije Ognjanovića 16
021 47 221 76

Dieses respektable Lokal gilt als eins der eleganteren und gastronomisch interessanten Restaurants. Es befindet sich in einem Kellergewölbe mit Backsteinmauern, gekachelten Böden und schmiedeeisernen Details, und belebt von den Evergreens, die hier live gespielt werden, hinterlässt es einen tiefen Eindruck. Das Essen folgt dem Trend, der eine Vielzahl an Einflüssen umfasst.

Fish & zelenish
mon-sam 12-23
son 12-22
Skerlićeva 2
021 45 20 00

Dieses gemütliche Lokal scheint genau den Nerv getroffen zu haben. Hier serviert man ein breites Spektrum an frisch zubereiteten Fischgerichten und vegetarischen Speisen (zeleniš), die nach einheitlichen Standards zubereitet sind.

Domino
mon-sam 8.30-21.30
Stevana Mokranjca 7
021 632 1496

Abseits jeder Touristenroute, doch nahe dem Jahrmarktsplatz, ist dieser Ort eine wahre Oase für alle Einheimischen, die eine entspannte Atmosphäre und bemerkenswert gutes Essen zu mehr als günstigen Preisen mögen. Das Essen dreht sich um eine fruchtbare Kombination aus ungarischer und serbischer Küche mit Gulasch, Paprikaš-Eintopf, Kutteln, Bohnen und vielem mehr, das jeden Dinar wert ist. Das Lokal wird selten von Touristen besucht, also verderben sie es nicht.

Sokače
mon-fre 10-24
sat & sun 10-01
Žitni trg 5
021 66 22 007

Ein nationales Standardrestaurant mit kleinen volkstümlichen Kunstgegenständen überall, Livemusik am Abend und der Standardauswahl an köstlichem Grillfleisch, von dem viele behaupten, es sei das beste in der Stadt.

Sečuan
mon-fre 09-23
sam & son 09-01
Dunavska 16
021 52 96 93

Die Tatsache, dass das älteste chinesische Restaurant der Stadt den Ansturm neuer Restaurants überlebt hat und nun in seinem vierten Jahrzehnt erfolgreich ist, ist eine Empfehlung für sich. Qualitativ hochwertige Zutaten, fähige Köche, eine gute Lage und vernünftige Preise sorgen dafür, dass alte Gäste wiederkommen und dass neue positiv überrascht sind.

Bela ladja
mon-son 08-24
Kisačka 21
021 661 65 94

Das «Weiße Boot» hat sich schon vor langer Zeit einen Namen wegen seines traditionellen serbischen Essens gemacht. Das dämrige Interieur der Kafana ist von hunderten von Weinflaschen belebt, die an den Wänden aufgereiht sind, und dort stehen, damit Sie sie begutachten und – wenn Sie etwas sehen, das Ihnen gefällt - bestellen können. Die Speisekarte geht kein Risiko ein und bietet die einheimischen Lieblingsspeisen, die in Portionen serviert werden, die eine kleine Familie satt machen würden.

Gondola
mon-son 08-24
Bulevar Mihajla Pupina 18
021 45 65 63

Wie der Name schon andeutet, bietet dieses Lokal eine Standardauswahl an Pizzagerichten und anderen italienischen kulinarischen Delikatessen. Was es von der Konkurrenz unterscheidet, ist die Qualität des Essens, die in Kombination mit der ausgezeichneten Lage zu einer lebhaften Menschansammlung führt, die besonders die Straßenterrasse genießt.

Palić

Mala gostiona
mon-fre 09-24
Park heroja 9
024 753 447

Seit 1869 bewirtet „Das kleine Gasthaus" Besucher, die nach Palić kommen und ist ein Synonym für Gourmetküche. Helles und elegantes Interieur, einwandfreier Service und die ausbalancierte Speisekarte verfehlen niemals ihre Wirkung.

Majkin salaš
son-don 12-22
fri & sat 12-24
Jožef Atile 79
024 75 32 76

Obwohl es viel Modernes hat, wie ein Schwimmbad, Sportplätze und eine kleine Pferdefarm, hat dieses Bauernhaus, das in einen Touristenkomplex verwandelt wurde, viele seiner Originalmerkmale behalten. Die Speisekarte besteht aus vielen einfallsreichen Gerichten und macht einen Besuch definitiv lohnenswert.

Salaš Jelen
mon-son 09-24
Lopudska 7
024 753 856

Die Atmosphäre hier ist mehr die eines feinen Restaurant als die eines salaš-Bauernhauses, doch man muss dem Besitzer ein Kopmpliment für das geschmackvolle Design des gesamten Komplexes machen, über dem der Klang einer tamburica-Band ertönt. Die Speisekarte bietet das Beste von international beliebten Gerichten, serbischer und lokaler Küche der Vojvodina.

Riblja čarda
mon-son 10-24
Obala Lajoša Vermeša bb
024 755 040

Dieses Fischrestaurant ist eine weitere historische Einrichtung und gleich am Ufer des Palić-Sees angesiedelt. Ob zurückhaltendes, luftiges Interieur oder schöne Terrasse – beide sind eine gute Kulisse für die Gerichte von der umfangreichen und inspirierten Speisekarte, auf der Sie sowohl Süß-, als auch Salzwasserfisch finden werden.

Abraham
mon-son 09-24
Horgoški put 132
024 755 012

Es ist schon viele Jahre her, dass das „Abraham" zu einem von Palićs besten Speiselokalen wurde, und die Tatsache, dass es das noch immer ist, besagt mehr als jede Werbung. Man findet hier eine große Auswahl an köstlichen ungarischen Klassikern in einer unkomplizierten Umgebung zu vernünftigen Preisen.

Brvnara
mon-son 09-24
Vikend naselje bb
024 753 431

Nur ein paar Schritte von der Uferpromenade entfernt öffnet dieses traditionsreiche Restaurant einem bunten Publikum seine Türen, und bietet eine Speisekarte mit vielen nationalen und internationalen Gerichten zu den Klängen von Tamburicas.

Rokin salaš
Bei vorheriger Anmeldung geöffnet
Hajdukovo, Nosa
064 12 23 504

Wenn Sie interessiert an einer echten Salaš-Erfahrung sind, ist dies genau der Ort, den Sie besuchen sollten: Ein altes Haus am Ende einer Straße, ein Interieur, das problemlos in einem ethnographischen Museum stehen könnte, Gänse und Hühner, die frei herumlaufen, kein Strom und Gerichte, deren Rezepte seit Generationen nicht verändert wurden.

Pančevo

Poco Loco
sun-don 08-24
Braće Jovanović 15
013 35 53 33

Elegantes Design in weiß und grau kündigt eine Speisekarte mit guter, preiswerter internationaler Küche mit einem gelegentlichen serbischen Touch und einer besonderen Betonung auf das Dessert an.

Šajka
mon-son 11-01
across the river Tamiš
013 377 044

Zu diesem Lokal zu gelangen ist ein Abenteuer für sich: Gehen zum Flussufer bei der Žarka-Fogaraša-Straße, drücken Sie die Klingel auf der Anlegestelle und es wird ein Boot kommen, um Sie auf die andere Seite des Flusses zu bringen. Dort finden Sie ein kleines Haus in üppigem Grün mit einer schönen Terrasse für den Sommer. Die entspannte Atmosphäre passt gut zu seiner Küche; Ihre erste Wahl sollte Fisch sein, ansonsten wählen Sie eins der Gerichte, die in heißer Asche gebacken werden (ispod sača).

Evropa
mon-sam 09-23
Žarka Fogaraša 10
013 345 568

Diese alte Kafana im Stadtzentrum wurde kürzlich renoviert und begrüßt nun wieder ihre Gäste in einer warmen, nostalgischen Atmosphäre mit solider Küche.

Šid

Merak
mon-son 00-24
Nikole Tesle 46
022 71 44 35

Wenn Ihr ästhetischer Anspruch sich mit dem furchtbar langweiligen Aussehen dieses Restaurants abfinden kann, sollten Sie es besuchen und die köstlichen Grillfleischspezialitäten probieren.

Sombor

025 kasina
mon-son 08-23
Vojvode Petra Bojovića 13
025 288 22

Dieses Restaurant wird vom ethnisch-ungarischen Kulturverein geführt und die Speisekarte bietet eine faszinierende Mischung aus typisch ungarischen und einigen eher serbischen Gerichten, die alle lobenswert sind.

Auraria
mon-son 12-22

Zlatne grede 11a

025 428 099

Dieses elegante Restaurant gehört zu einer Pension, ist aber für alle Gäste offen. Das Essen richtet sich nach den Anforderungen internationaler Reisender, die nicht sehr experimentierfreudig sind.

Plitvice
mon-son 07-22

Avrama Mrazovića 1a

025 449 555

Dieses von einer Familie geführte Restaurant ist ein guter Repräsentant der Küche der Heimat des Besitzers, Lika (eine Region in Kroatien), einschließlich selbstgemachtem Brot und dem unausweichlichen Lammfleisch am Spieß, aber es gibt auch einige „Mainstream"-Gerichte auf der Karte.

Slon
mon-son 08-24

Venac vojvode Radomira Putnika 21

025 22 979

Der „Elefant" ist ein alterndes Restaurant mit einer schönen Karte, auf der sich einige Fisch- und internationale Gerichte, wie auch jede Menge köstliche Grillfleischgerichte befinden.

Piccolina
son-don 08-24
fre & sam 08-01

Avrama Mrazovića 2

025 22 820

Wie der Name schon andeutet, ist dieses kleine und einfach aussehende Lokal auf köstliche Pizzagerichte spezialisiert.

Dida Hornjakov salaš
mon-sam

Gradina 65

025 421 452

Wenn Sie nach einem Stück ländlicher Idylle in der Vojvodina suchen, ist dies genau der richtige Ort für Sie: Ein hundert Jahre altes Haus mit einem Restaurant, das der Verein zur Erhaltung der salaši (ländlicher Bauerngehöfte) führt. Manche Teile hier sehen wie ein Museum aus, aber (leider) nicht der große Speisesaal. Die Auswahl an Speisen erfüllt die Erwartungen mit einigen deftigen Gerichten dieser Region, wobei die Ente in Cherrysoße von den Stammgästen bevorzugt wird.

Andrić
mon-sam 09-24
son 11-18

Veliki bački kanal

025 483 055

«Andrić» ist wohl die bekannteste Čarda (ein abgelegenes Gasthaus) in der Umgebung von Sombor und hat sich mit gutem Service, einer langen Weinkarte und köstlichen Fischspezialitäten, wie dem Fischpaprikaš, einen Namen gemacht. Obwohl man hier meist den vor Ort gefangenen Fisch wählt, hat die Speisekarte des Restaurants auch einen längeren Abschnitt mit Meerfischgerichten zu bieten.

Kod carine
mon-sam 10-23

Bezdan

025 81 960

Diese Čarda ist absolut authentisch: Schäbiges Interieur und eine baufällige Terrasse, warmherziges Personal und Gäste, die ihren frisch gefangenen und zubereiteten Fisch zu genießen wissen.

Kod Srećka
mon-fre 08-23
sam & son 08-01

Bezdan, Šebešfok

025 810 200

Einfach aber herzlich ist dieses in den Wäldern und Kanälen um die Donau versteckte Gasthaus, in dem köstlicher Fisch, wie auch die übliche Auswahl an Grillfleisch serviert werden, im Sommer auf einer schönen, dem Fluss zugewandten Terrasse.

Sremska Mitrovica

Tavanče
son-don 10-24

Promenada bb

022 61 44 64

Dieses gemütliche Lokal an der Flusspromenade von Mitrovica ist besonders für seine Parties bekannt und serviert gute Pizzas und Grillgut.

Sojenica
son-don 09-23
fre & sam 09-24

Ribarska obala bb

022 618 631

Dieses rustikale Restaurant gleich am Ufer der Save bietet gute Fisch- und Grillfleischgerichte an, die alle gleich vor Ihren Augen zubereitet werden.

Probus
son-don 09-23
fre & sam 09-24

Promenada bb

022 62 38 60

Die Speisekarte dieses Lokals in modernem Stil an der Uferpromenade der Save bietet alle klassischen internationalen und serbischen Grillgerichte. Die große, dem Fluss zugewandte Terrasse ist ein zusätzliches Plus.

Balkan
mon-don 08-24
fre & sam 08-01
son 12-24

Dositejeva 11

022 622 010

Anders als man es bei seinem Namen erwarten würde, serviert dieses Restaurant schon seit einigen Jahren gutes italienisches Essen auf seinen zwei Etagen, wobei die unter der Erde liegende in dunklem Holz gehalten ist.

Zmaj od Noćaja

Cara Lazara 3 (Mačvanska Mitrovica)

022 650 077

Dieses „Ethno-Herrenhaus" ist sicherlich das interessanteste Restaurant der Stadt und auf der anderen Flussseite gegenüber dem Stadtzentrum gelegene. Es verfügt über einen großen Innenhof und einige Räume mit allerlei Folklorekrimskrams und serviert klassische serbische Küche mit einigen Auswahlmöglichkeiten, die man nicht oft findet. Geöffnet nur bei vorheriger Anmeldung.

Sremski Karlovci

Četiri lava
mon-son 09-23

Trg Branka Radičevića 3

021 765 81 06

Das Restaurant tischt köstliche einheimische Küche auf, wobei unser Favorit das exzellente Rindergulasch ist. Im Inneren speist man in einem gemütlichen gewölbten Raum des zweihundert Jahre alten Hauses, während man im Sommer auf einer kleinen Terrasse sitzen kann, von der aus man den Hauptplatz überblickt.

Dunav
mon-son 07-24
Dunavska 5
021 88 40 08

Dieses Lokal befindet sich am Ufer der Donau, fünf Minuten zu Fuß vom Zentrum von Sremski Karlovci entfernt. Das große Restaurant ist bekannt für seinen Fisch, obwohl auch die Grillgerichte absolut empfehlenswert sind.

Subotica

Bates
mon-sam 10-22
Vuka Karadžića 17
024 556 008

Diese Kafana bietet ein angenehmes Interieur und eine schöne, schattige Terrasse, eine perfekte Kulisse für die gut zubereiteten Standardgerichte der serbischen Küche.

The Code
son-don 10-24
fre & sam 10-01
Trg Republike 8
024 533 858

„The Code" ist nicht nur einer der bekannteren Nachtclubs der Stadt, es gibt hier auch ein modern eingerichtetes Restaurant mit einer Speisekarte, die internationale und italienische Klassiker abdeckt, alle abgerundet mit einer großen Auswahl an Weinen.

Renesansa
mon-don 09-24
fre & sam 09-03
son 10-24
Matije Korvina 13
024 555 001

Die Fußgängerzone Matije-Korvina-Straße ist der Mittelpunkt von Suboticas Nachtleben, sodass es nicht überraschend ist, dass ein Bereich des „Renesansa" ein Nachtclub ist. Das schadet jedoch nicht seinem Restaurant, das sich auf italienische und originelle, moderne Küche spezialisiert hat.

Nepker
mon-sam 10-22
son 10-16
Žarka Zrenjanina 11
024 555 480

Nicht weniger als 140 Jahre nach seiner Eröffnung ist dieses elegante Restaurant noch immer die erste Adresse, wenn es um ungarische Spezialitäten geht, aber auch die anderen Gerichte sollten nicht unterschätzt werden.

Gentlemens' Pub
mon-fre 08-24
sam & son 10-02
Rade Končara 3
024 547 559

Dieses Lokal, das gleich am Rand des Stadtzentrums liegt, ist klassisch und doch bescheiden. Die Speisen, die hier serviert werden, vereinen das Beste der serbischen und der internationalen Küche.

Gurinović
mon-sam 10-22
Bajski put 32
024 557 800

Gourmets sollten die Mühe auf sich nehmen und einen Spaziergang raus aus dem Stadtzentrum zu diesem reinlichen Restaurant mit dem fantastischen Garten machen. Die Spezialitäten des Hauses sind Gerichte, die nach alten Rezepten zubereitet werden, und die viele andere Restaurants nicht auf ihren Speisekarten haben.

Vrdnik

Mines
täglich 08-22
Radnička bb
022 466 521

Nichts Außergewöhnliches was Aussehen und Speisekarte angeht, doch dieses Lokal ist wegen seines guten Essen zu guten Preisen erwähnenswert

Vršac

Vega 8
mon-son 08-24
Svetosavski trg 11
013 830 080

Dieses völlig in weiß gestrichene, elegante Restaurant befindet sich im Untergeschoss eines alten Hauses im Zentrum von Vršac. Die Speisekarte ist ebenfalls sehr raffiniert und beinhaltet italienische Favoriten und etwas serbische Küche mit einem mediterranen Touch.

Dinar
mon-son 12-24
Dimitrija Tucovića 82
013 830 024

Hinter der Fassade eines einfachen Hauses finden Sie ein gedämpftes Interieur, das an eine Berghütte erinnert, mit vielen groben Holzarbeiten und den unausweichlichen Ethnodetails. Die Namen der Gerichte, die hier aufgetischt werden, sind fantasievoller, als das, was dahintersteckt, doch nichtsdestotrotz werden sie in großen, köstlichen Portionen zu vernünftigen Preisen serviert.

Pivnica
son-don 10-24
fri-sam 10-01
Žarka Zrenjanina 4
013 838 037

Der „Bierkeller" mit mehreren Speiseräumen in einem labyrinthartigen Keller ist ein Teil der örtlichen Brauerei. Leider wirkt sich der Abstieg der Bauerei auch auf das Restaurant aus, das eine Generalüberholung vertragen könnte. Haben Sie keine zu hohen Erwartungen; bodenständiges Essen, annehmbare Preise und frisch gezapftes Bier sind die Dinge, die die Gäste hierherlocken.

Zrenjanin

Banatska koliba
mon-sam 11-24
sun 12-22
Karadjordjev trg 67
023 535 383

Obwohl es kaum beworben wird, ist dieses Restaurant in einem Haus typisch für die Vojvodina, dank Mundpropaganda sehr bekannt, denn es hebt sich durch geschmackvolles Interieur und wohlschmeckende Küche ab.

Četir' konja debela
mon-fre 10-24
sam & son 10-01
Vojvode Petra Bojovića 2
023 545 659

Dieses Lokal hat seinem Standort in dem historischen Gebäude der Zrenjaniner Brauerei und bietet köstliche Spezialitäten des Banats zu erschwinglichen Preisen, die man mit frisch gebrautem Bier hinunterspülen kann, unter den Klängen von Tamburica-Musik am Abend.

Bečej

Fantast ★★★

Bačko-Topolski put bb

021/ 6915 200

fantast.pikbecej.rs/

12/25 · €€

Das historische Gebäude ist eine Sehenswürdigkeit für sich (*siehe S. 121*). Der ganze Ort ist äußerst romantisch, aber Sie sollten keinen aristokratischen Prunk erwarten. Die Zimmer sind schön mit schweren dunklen Möbeln ausgestattet, die Badezimmer sind rein, doch der allgemeine Eindruck ist eher im mittleren Bereich. Einen zusätzlichen Euro in ein Apartment zu investieren, wird den Eindruck erheblich verbessern.

Bela Crkva

Raffaelo ★★★★

26340 Bela Crkva

061/ 22 88 468

www.belacrkvasmestaj.org

9/35 · €€€€€

Dieser Komplex bestehend aus Apartmenthäusern und befindet sich im Touristengebiet an einem der Seen. Die Häuser sind um ein mittelgroßes Schwimmbad und zwei kleinere für Kinder herum gruppiert. Die Zimmer sind hell und praktisch.

Kanjiža

Aquamarin ★★★

Narodni park bb

024/ 875 163

/

55/150 · €€

Eins der drei Kurhotels. Aquamarin, ist auf medizinische Rehabilitation spezialisiert, doch auch der sorglose Reisende wird gefallen an seinen konservativen, eleganten Zimmern.

Aqua Panon ★★

Narodni park bb

024/ 876 600

http://aquapanon.com/

33/95 · €

Obwohl es von außer nicht sonderlich vielversprechend aussieht, hat dieses Hotel mehr zu bieten als seine zwei Sterne aussagen. Bedenkt man die Durchschnittspreise, ist dieses Hotel in der mittleren Preisklasse auf jeden Fall eine gute Wahl für ihr Geld.

Kovačica

Relax ★★

Vinogradska 2

013/ 660 480

www.relax-kovacica.com

48/100 · €€€

Mit einem Außen- und einem Innenpool, einem Fitnessraum und einer Sauna fehlt es Ihnen hier an nichts, um aktiv und beschäftigt zu bleiben. Die Unterkünfte selbst befinden sich in hübschen Bungalows hinter dem Hauptgebäude. Es ist sauber und praktisch, doch es fehlt noch das gewisse Etwas, um es über den Durchschnitt zu heben.

Kovin

Dunavski plićak ★★

Manastirska rampa 58

+381 63 83 53 085

www.guesthousedp.zohosites.com

€

Unser Gästehaus liegt in der Manastirska Rampa. Das ist eine kleine Öko-Siedlung in der Nähe des Zusammenflusses der Flüsse Donau und Morava. Das Gästehaus liegt 9 km von der Stadt- Kovin. Von Kovins Zentrum aus erreichst du uns über den Radweg EUROVELO 6, der ostwärts aus der Stadt führt. Folge der Krečanska-Strasse bis zum kleinen Hafen von Kovin. Ab hier verläuft der Radweg auf einem kleinen Deich. Biege nach 5.3 km rechts ab. Hier beginnt Manastirska Rampa. Nach ca. 500 m findest du uns im Haus Nummer 58. GPS Koordinaten: N 44 43.304 E 21 02 762.

Novi Sad

Centar ★★★★

Uspenska 1

021/ 477 63 33

www.hotel-centar.rs

51/95 P €€€€€

Dieses neue Hotel mit der ultra-modernen, preisgekrönten Architektur mitten im Zentrum von Novi Sad passt zu seinem Standort: Modern eingerichtete Zimmer, die alle 4-Sterne-Anforderungen erfüllen und überhaupt makellose Räumlichkeiten, und all das zu einem sehr vernünftigen Preis.

Diners Club VISA Maestro MasterCard

City Hostel

Radnička 21

021/ 644 72 08

www.cityhostel.rs

5/32 P €€

Der Neuzugang unter den Jugendherbergen der Stadt wird sicherlich den Standard im Bezug auf Sauberkeit, komfortable Zimmer und freundliches Äußeres erhöhen. Um allem die Krone aufzusetzen, kommen noch die Lage (drei Minuten bis zum Zentralplatz) und das hilfsbereite Personal hinzu.

Fitness Gimnas ★★★★

Teodora Pavlovića 28

021/ 469 285

www.gymnas.rs

27/55 P €€

Das erste, was Sie über dieses Hotel wissen sollten, ist, dass es aus zwei Teilen besteht. Das alte Hotel ist anständig, doch es gibt vieles, was in Ordnung gebracht werden müsste. Der neue Teil ist odentlich, doch hier fehlt ein durchgängiges Konzept. Die Zimmer in letzterem sind funktional und sauber. Um das Stadtzentrum zu Fuß zu erreichen, benötigt man etwa 20 Minuten.

Diners Club VISA Maestro MasterCard

Fortress Apartments

Lisinskog 4

021/ 439 340

novisad-apartments.com

4/12 P €€

In der historischen Unterstadt von Petrovaradin, wo die meisten Häuser dringend ein wenig Farben gebrauchen könnten, würde man niemals vermuten, was sich hinter den Toren dieses Ortes verbirgt. Vier brandneue, elegant designte Apartments, die von sehr hilfsbereiten Leute geführt werden, die alles dafür tun, damit Sie sich wohl fühlen. Es gibt hier auch einen Platz, auf dem man sein Auto parken kann und einen hübschen Garten hinter dem Haus. Wenn man seine Lage bedenkt, ist diese Unterkunft sehr preisgünstig.

Hostel 021

Pavla Papa 6

021/ 422 722

www.hostel021.co.rs

4/14 P €€

Ganz in der Nähe des Stadtzentrums befindet sich diese freundliche Jugendherberge, die einem ein Gefühl gibt, als teile man sich eine Wohnung mit (sehr ordentlichen) Freunden. Seine beiden Doppelbettzimmer bieten schon fast den Komfort einer günstigen Pension.

Jet Set

Temerinski put 41

021/ 414 511

www.jetset-ns.co.rs

24/47 P €

Das Hotel und seine Umgebung im nördlichen Vorort von Novi Sad mögen auf den ersten Blick nicht sehr einladend aussehen, doch das Hotel wird Sie mit seinem Grundkomfort bei absoluten Tiefpreisen üverzeugen. Die Zimmer bieten nur ein Minimum an Komfort, sind aber neu eingerichtet und sauber.

Diners Club VISA Maestro MasterCard

Master ★★★★

Braće Popvić bb

021/ 48 78 700

www.a-hotel-master.com

54/110 P €€€

Dieses Hotel liegt außerhalb der Stadt und macht größtenteils das Catering für die Besucher des Messegeländes gleich neben an. Seiner Umgebung nach zu urteilen, würde man nie erwarten, dass es eins der besten Hotels in Novi Sad ist. Sein Design ist eine Mischung aus Modernem und Konservativem (mit dem einen oder anderen Stilbruch), und es bietet luftige, makellose Zimmer. Zögern Sie nicht, dass Personal um Informationen zu bitten, es ist äußerst hilfsbereit. Eine negativer Punkt ist, dass das Hotel nur Frühstück bietet, andere Mahlzeiten werden nur für Gruppen aufgetischt, doch man kann sie ins Zimmer kommen lassen.

Diners Club VISA Maestro MasterCard

Mediteraneo

Ilije Ognjanovića 10

021/ 427 135

www.hotelmediteraneo.rs

11/14 P €€€

Diese neue Frühstückspension ist in einer Seitenstraße im Stadtzentrum gelegen und hat einen glänzenden Empfangsraum, den man von einer kleinen Billigunterkunft nicht erwarten würde. Die Zimmer bringen Sie dann zurück in die Realität: Sie sind sauber, doch sehr einfach und haben kleine, saubere Badezimmer. Das Frühstück wird in ihrem Restaurant, etwa hundert Meter die Straße hinunter, serviert.

Diners Club VISA Maestro MasterCard

Novi Sad ★★★

Bulevar Jaše Tomića bb

021/ 442 511

www.hotelnovisad.rs

112/237 P €€€

Was einst ein schäbiges Billighotel gegenüber des Bahnhofs und des Busbahnhofs war, wurde kürzlich in ein gut aussehendes 3-Sterne-Hotel verwandelt. Die allen zugänglichen Bereiche sind in beruhigendem Holz gehalten, während die Zimmer weiß sind, was ihre Sauberkeit und Funktionalität unterstreicht.

Diners Club VISA Maestro MasterCard

Prezident ★★★★★

Futoška 109

021/ 48 77 444

www.prezidenthotel.com

46/90 P €€€€€

Das Hotel gehört zu der Best-Western-Kette und ist im Einklang mit deren internationalen Standard. Angenehme Farben, effizientes Personal, Außen- und Innenpool (rund um die Uhr geöffnet!) und ein exzellentes Spacenter. Das Hotel befindet sich etwa 15-20 Minuten Fußweg vom Zentrum entfernt, Sie sollten also in Betracht ziehen, ein Taxi zu nehmen.

Diners Club VISA Maestro MasterCard

VOJVODINA

discover

Stari Ledinci - Fruska Gora

Cellar "Miljevic" Stari Ledinci, cell +381 63 7188546
www.podrum-miljevic.co.rs, info@podrum-miljevic.co.rs

Putnik ★★★

Ilije Ognjanovića 26
021/ 6615 555
www.hotelputnik.rs

83/166 — €€€

Das Hotel Putnik im Herzen von Belgrad wurde kürzlich renoviert. Seine Zimmer sind in modernem, zweckmäßige Design gehalten, jedoch nicht zu schick. Ein interessantes Detail hier ist, dass die Duschkabine ins Zimmer zeigt. Das größte Minus ist das ziemlich dürftige Frühstück.

Vigor

Jožef Atile 2
021/ 689 4444
www.hotelvigor.com

23/47 — €€€

Dieses brandneue Hotel holt mit seinem liebenswerten, einfachen Design, den gemütlichen Zimmern und dem freundlichen Personal alles aus seinen drei Sternen heraus, was geht. Das Hotel bewirtet hauptsächlich motorisierte Touristen (die den bewachten Parkplatz vor dem Haus nutzen), vielleicht wegen seines Standortes außerhalb des Zentrums. Das Frühstück sollten Sie nicht verpassen!

Vojvodina ★★★

Trg Slobode 2
021/ 66 22 122
hotelvojvodina.rs

61/110 — €€

Das größte Plus ist seine unschlagbare Lage auf dem Zentralplatz der Stadt. Der Rest des Hotels befindet sich auf der unteren Ebene des 3-Sterne-Komforts mit sauberen, aber nackten Zimmern und Räumlichkeiten, die frischen Wind nötig hätten.

Voyager

Stražilovska 6
021/ 453 711
www.voyagerns.co.rs

20/47 — €€€

In dem Jahrzehnt seit es existiert, ist es dieser Frühstückspension gelungen, einen bewundernswerten Ruf bei Reisenden mit kleinem Budget zu erlangen. Es befindet sich nur ein paar Straßen vom Stadtzentrum entfernt und verfügt über funktionale, makellos saubere Zimmer, mit Computer. Freundliches und hilfreiches Personal ist immer verfügbar.

Zenit ★★★

Zmaj Jovina 8
021/ 621 444
www.hotelzenit.co.rs

20/50 — €€€€

Dieses mittelklassige Hotel mit der lebendigen blau-gelben Fassade befindet sich gleich in der Nähe des Zentralplatzes. Das Design ist bunt, aber auch sein Schwachpunkt, besonders was die Einrichtung einiger der Zimmer angeht. Andererseits sind die Zimmer gut ausgestattet und sauber. Die Räumlichkeiten sind einfach, doch das Personal ist sehr aufmerksam.

Palić

Park & Jezero ★★★★

Park Narodnih heroja 15
024/ 753 112
www.elittepalic.rs

70/152 — €€

Diese beiden klassischen Hotels, die sich direkt am See befinden, funktionieren als eins. Trotz seines bewundernswerten Alters, das man an vielen Details ablesen kann, sind die Zimmer elegant und gut ausgestattet. Das Essen wird in der «Mala gostiona», dem gastronomischen Tempel dieses Ferienortes serviert und verdient nur die Bestnoten.

Vila Lira

Horgoški put bb
024/ 753 032
W /

13/18 — €€

süßes kleines Hotel an einem nicht so süßen Standort – an der Hauptstraße in Richtung der ungarischen Grenze. Die Zimmer – die alle nach Musikinstrumenten benannt sind – sind von unterschiedlicher Größe und Qualität, doch alle mit schön gewählten Einrichtungen und Details. Die Pension stellt das Frühstück zur Verfügung, während das Schwimmbad, Pferdekutschen usw. auf einem nahe gelegenen Hof genutzt werden können, der demselben Besitzer gehört.

Vila Lujza

Obala Lajoša Vermeša bb
024/ 753 004
www.palicinfo.com

8/16 — €€€

Es handelt sich hier um eine wunderschöne historische Villa gleich an der Uferpromenade des Palić-Sees. Klein, aber komfortabel, mit nur sieben Apartments, die für höhere Ansprüche ausgestattet sind, zwei Speisesäle und – hier kommt der Clou – eine Dachterrasse. Dass all dies zu einem lächerlichen Preis zu haben ist, hängt mit dem Alter der Räumlichkeiten zusammen und dem Fehlen an technischen Apparaten.

Prezident ★★★★

Lovranska bb
024/ 622 607
www.hotelprezident.com

44/90 — €€€€

Dieses Hotel ist eins der bekanntesten in Palić und befindet sich nur ein paar Schritte vom See entfernt. Die Räume sind elegant und gut ausgestattet, wobei die Auswahl der Anlagen sogar einen anständigen Wellnessbereich beinhaltet, schon das allein ist für viele ein Grund hierher zu kommen. Nachdem all dies gesagt wurde, müssen wir hinzufügen, dass es langsam in die Jahre gekommen ist, was man an einigen kleinen Details sehen kann, die seinen Ruf schwächen, der allgemeinen Zufriedenheit jedoch keinen Abbruch tun.

Ruma

Vila Hit ★★★

Glavna 113
022/ 433 844
www.vilahit.rs

15/50 — €€€

Das kleine Hotel im Zentrum Ruma hat sich ganz offensichtlich sehr bemüht, sich aus der Masse der kleinen 2- bis 3-Sterne-Hotels hervorzuheben. Zum Ersten wegen seines fantasievoll eleganten Designs, aber nicht weniger wegen seiner Funktionalität und der Freundlichkeit des Personals.

Sombor

Andrić

Trg Koste Trifkoviča 3
025/ 422 422
www.hotelandric.co.rs

16/30 – €€€€

Wenn Sie die Augen vor der Explosion an Pseudo-Stilmöbeln in diesem Gebäude verschließen können (oder sie Sie nicht stören), werden Sie Ihren Aufenthalt hier sicherlich genießen. Die Zimmer (zum Glück ohne das Burgunderrot, doch auch mit goldenen Details) sind sehr angenehm, nicht zuletzt wegen ihrer Größe, wie auch des perfekten Service.

Kronić

Čonopljanski put 30
025/ 429 900
www.vilakronic.co.rs

21/56 – €€

Dieses Hotel nutzt seine Lage in den Ausläufern von Sombor, wo es sich in einem schön gepflegten Park in einer ruhigen Nachbarschaft befindet. Die Rezeption ist eine überflüssige Luxusimitation, doch die Zimmer sind überraschend anders, ruhiger, wenn sie auch nicht über die Mittelklasse hinausreichen. Im Ganzen ist das Hotel respektabel, doch absoluter Durchschnitt.

Šomodjvarac

Pionirska 22
025/ 807 631
/

3/7 – €

Eins der besseren unter den vielen Gehöften, die in Bački Monoštor ihre Tore für Touristen öffnen. Ein wunderschöner Innenhof voller Blumen, grundsätzlich attraktiven, sauberen Zimmern und ein herzlicher Empfang.

Vila Tamara ★★★

Apatinski put bb
025/ 434 110
/

5/8 – €€

Diese alte Villa außerhalb der Stadt wurde vor wenigen Jahren runderneuert, wodurch sie zu einer 3-Sterne-Pension wurde. Wie auch andere mittelklassige Unterkünfte in Sombor ist auch Tamara übertrieben prunkvoll, wenn auch in wesentlich geringerem Maße. Die Zimmer sind recht einfach, die Badezimmer modern und sauber. Sein großes Plus ist der schöne Garten mit einer Terrasse, wo das Essen serviert wird, wenn das Wetter es zulässt.

Sremska Mitrovica

Sirmium ★

Vuka Karadžića 8
022/ 626 333
www.hotelsirmium.rs

55/100 – €€€€

Das Hotel ist ein ziemlich gemischte Angelegenheit: Ein Betonblock aus dem Jahr 1964, der teilweise renoviert wurde und derzeit irgendwo zwischen dem sozialistischen und dem kapitalistischen Konzept der Unterbringung steht. Daher nehmen Sie unbedingt ein renoviertes Zimmer (renoviranu sobu); obwohl auch diese nichts Besonderes sind, machen ein bisschen Farbe und ein paar der Dinge, die schon seit langem Standard in Hotels geworden sind, einen großen Unterschied zu den alten Zimmern. Der Grund, warum sich dieses Hotel auf unserer Liste befindet, ist, dass es – leider – die beste Wahl in dieser Stadt ist.

Sremski Karlovci

Dunav

Dunavska 5
021/ 884 008
www.hoteldunav.co.rs

45/100 – €€€

Der Name könnte nicht passender gewählt sein, denn es liegt an einer Stelle, an der man die Donau überblicken kann, und trotzdem nah am historischen Herzen von Sremski Karlovci. Das Hotel hat hohe Ansprüche und wird dadurch sogar noch besser. Angefangen bei den Blumen auf den Balkonen, über die hübsche, dem Fluss zugewandte Terrasse bis zu dem kleinen Schwimmbad wird der Eindruck vermittelt, dass man sich sehr Mühe gibt, Gäste zu gewinnen, die ein günstiges Hotel abseits der Trubels in Novi Sad suchen. Die Zimmer sind ziemlich klein und die Möbel nicht einheitlich, doch es bietet allen notwenidgen Komfort.

Subotica

Galeria ★★★★

Matije Korvina 17
024/ 647 110
www.galleria-center.com

90/180 – €€€€

Dieses neue Hotel im Zentrum der Stadt gilt als das Beste vom Besten in Subotica. Von ist außen modern und geschäftsmäßig und bietet es die volle 4-Sterne-Garnitur und – wir möchten hinzufügen – noch ein bisschen mehr. Die Räume sind etwas konservativer gestaltet, makellos, gut ausgestattet und mit großen Badezimmern. Vom Speisesaal auf der obersten Etage aus hat man einen fantastischen Blick über fast die ganze Stadt.

Gat ★★★★

Gundulićeva 42
024/ 557 345
www.gat.subotica.info

13/35 – €€

Das bescheidene Hotel in der Nähe des Zentrums konzentriert sich auf die wichtigsten Dinge, die ein Tourist mit kleinem Budget benötigt: saubere, gepflegte Zimmer, Ruhe und ein Preis, der dem Geldbeutel nicht schadet.

Patria ★★★★

Đure Đakovića
024/ 554 175
www.hotelpatria.rs

141/290 – €€€

Das bekannteste unter den Hotels in Subotica, das Patria, wurde kürzlich generalüberholt und trägt nun seine vier Sterne mit Eleganz. Die Zimmer sind groß und modern eingerichtet. Das Hotel verfügt auch über einen kleinen Wellnessbereich.

PBG ★★
Harambašićeva 21
024/ 554 175
www.pbghotel.co.rs

25/58 · €€€

Diese kleine Frühstückspension ist am Rand des Stadtzentrums gelegen. Die Räume sind in angenehmen Cremefarben gestrichen. Das freundliche Personal und seine kleinen Ausmaße sorgen für eine entspannte, heimelige Atmosphäre.

Royal Crown ★★★★
Somborski put bb
024/ 533 666
www.vilaroyal.rs

23/48 · €€€

Etwa 20 Minuten vom Stadtzentrum entfernt, gegenüber der Pferderennbahn, steht diese imposant aussehende Pension. Die Zimmer sind groß und sehr sauber, und die Ausstattung ist im Ganzen hervorragend. Zwar ist die Nachbarschaft eher ruhig, doch auf der Straße vor der dem Hotel kann es recht laut werden, daher sollten Sie in Betracht ziehen, das sehr hilfsbereite Personal an der Rezeption um ein Zimmer auf der Rückseite zu bitten.

Vrdnik

Termal ★★
22408 , Vrdnik
022/ 465 102
www.termal-vrdnik.com

96/254 · €€

Mehrere Teilrenovierungen konnten nicht alle schäbigen Details dieses aus der sozialistischen Ära stammenden Hotels beseitigen. Doch die Zimmer sind anständig und das therapeutische Zentrum ist ausgezeichnet, doch Glamour sollten Sie hier nicht erwarten, da das Hotel eigentliche ein Teil des Rehabilitationszentrums eines Krankenhauses ist.

Vršac

Srbija ★★★
Svetosavski trg 12
013/ 834 170
www.hotelsrbija.rs

85/156 · €€€€

Nachdem es 2011 einer Renovierung unterzogen wurde, erhielt dieses zentral gelegene Hotel schnell ein neues Gesicht mit moderner Einrichtung. Hilfsbereites und sachkundiges Personal, gute Räumlichkeiten und ordentliches Essen, machen es zu einem Ort, an dem man gerne bleibt.

Vetrenjača ★★
Beogradski put bb
013/ 801 156
www.vetrenjaca.co.rs

25/50 · €€

Es ist seine zwei Sterne wert, aber kein bisschen mehr. Der Standort ist perfekt für Motorisierte, da es am Stadtrand gleich an der Hauptstraße nach Belgrad liegt. Die Zimmer sind ordentlich, aber klein und oft ungeschickt eingerichtet. Das Personal ist hilfsbereit und das Essen im Restaurant des Hotels ist besser als man erwarten würde.

Vila Breg ★★★★★
Goranska bb
013/ 831 000
www.villabreg.com

48/105 · €€€€€€

Dieses mittelgroße, schicke Hotel befindet sich auf einem Hügel mit Blick über die Stadt und hat alles, was man von einem 5-Sterne-Hotel erwartet, wie große, helle Zimmer und eine exzellente Auswahl an Einrichtungen (Innen- und Außenpools, Sauna, Whirlpool) und Angeboten (Wellnessprogramme und Aromatherapien). Seien Sie darauf vorbereitet, dass Sie bergauf wandern müssen, wenn Sie aus dem Stadtzentrum zurückkehren.

Zrenjanin

Kastel ★★
Novosadska 7
023/ 881 013
www.kastelecka.com

20/40 · €€€€

Dieses historische Herrenhaus (siehe S. ...) bekam vor einigen Jahren endlich wieder etwas von seinem einstigen Glamour zurück. Seine Dekoration zielt darauf, eine luxuriöse Atmosphäre der Vergangenheit mit viel Holz und glänzendem Metall zu schaffen. Die Zimmer sind aristokratisch groß, doch das tut der gemütlichen Atmosphäre keinen Abbruch. Eine große Terrasse und der das Haus umgebende Park runden den Eindruck ab.

Sibila ★★★
Lukino selo
023/ 884 023
www.hotelsibila.rs

16/26 · €

Das bescheidene Hotel am Rand des Naturschutzgebiets Carska Bara zieht vor allem Jäger, Angler und – nicht zuletzt – Naturliebhaber an und hat ordentliche, saubere Zimmer, wie auch ein Restaurant mit einer guten Auswahl an mutigen Gerichten zu bieten.

Vojvodina ★★★★
Trg Slobode 5
023/ 561 233
www.hotel-vojvodina.rs

92/200 · €€€

Zentraler als dieses Hotel geht es nicht und doch hat es seinen eigenen Parkplatz, schöne und komfortable Zimmer mit makellosen Badezimmern und einen kleinen Fitnessraum. Es ist modern, aber es fehlt trotzdem nicht das gewisse Maß an Wärme.

WESTSERBIEN

Die Landschaft von Westserbien hat viele Farben und Formen. Angefangen bei der fruchtbaren Ebene der Mačva, über das flache Cer-Gebirge, erreicht man die ersten Berge wie Povlen und Maljen, von wo aus das Land sich zu den höheren Gipfeln der Gebirge Tara, Zlatibor und Zlatar erhebt. Im Kontrast zu dieser geographischen Vielfalt, sind die Bewohner dieser Region fast alle Söhne und Töchter der Siedler, die vor Jahrhunderten aus dem Westen – aus Bosnien, Herzegowina oder Montenegro - hierher kamen. Der sich windende Fluss Drina konnte die traditionelle Migration aus dem Herzen der Dinarischen Alpen in Richtung ihrer Ausläufer und dem Flachland nicht stoppen, und so verteilte sich die Viehzucht betreibende Bevölkerung immer weiter in den fruchtbaren Regionen. Der ijekavische Dialekt, der hier verwendet wird, wurde mit der Zeit durch den literarischen ekavischen beeinflusst und hat sich verändert.

Die Heldentradition der Schlachten gegen die Türken setzte sich bis ins 20. Jahrhundert fort, mit erbitterten Kämpfen gegen Österreich-Ungarn und dann gegen die Deutschen. Diese Gegenden opferten viel für die Freiheit in beiden Weltkriegen, und Erinnerungen an diese Schlachten kann man überall in der Region sehen. Denkmäler und Grabstätten verteilt in den Gebirgen Cer, Jagodnja und Suvobor markieren die serbischen Triumphe von 1914 und 1915. Richtung Süden stößt man auf Denkmäler für den Aufstand gegen die deutschen Besatzer. Die Stadt Užice war das Zentrum der «Užička Republika» (Republik Užice), die im Herbst 1941 befreit wurde. Dies schloss fast die gesamte Region Westserbien ein und wurde in der Nachkriegszeit viel von der kommunistischen Ideologie gefeiert. In den letzten Jahrzehnten wird an den royalistischen Aufruf zum Aufstand im Mai 1941 regelmäßig auf dem Ravna-Gora-Plateau erinnert.

Trotz allem gibt es auch etwas Gutes, was all diese Kriege hervorgebracht haben: Aus den traditionellen Militärkapellen des 19. und 20. Jahrhunderts sind die Trompeten-Orchester entstanden, die in Friedenszeiten auf Volkslieder umstiegen. Heute wird die kleine Stadt Guča als «Trompetenhauptstadt der Welt» bezeichnet. Jedes Jahr Anfang August versammeln sich berühmte Trompeter bei einem Festival, das zehntausende Besucher anlockt. Das Instrument *Gusle* ist ein traditionelles serbische Saiteninstrument, dessen archaisch klingende Melodien bis ins Mittelalter zurück reichen, wo es die Rezitation von epischer Poesie begleitete. Ebenfalls interessant sind die Gruppen von älteren Männern, die im traditionellen Stil singen.

Das alltägliche Leben und der schroffe

Ein Regenbogen über der Ovčar-Kablar-Schlucht

ie Landschaft Westserbiens bietet unzählige Möglichkeiten, das perfekte Foto zu :hießen

Geist Westserbiens wären undenkbar ohne die Erwähnung von *Rakija* (Schnaps), besonders *Šljivovica*, dem Pflaumenschnaps, der die Serben von morgens bis abends begleitet, oder Wacholderschnaps *(klekovača)*, der hoch oben in den Bergen gebrannt wird. In der Gegend wird immer noch hauptsächlich Rinderzucht betrieben, und sie ist berühmt für ihren Käse, einen Milchrahm mit dem Namen *Kajmak* und *Pršuta*, geräucherten Schinken. Ein anderer wichtiger Bestandteil der Ernährung hier sind Kartoffeln, man sagt, die besten kämen aus der Umgebung des malerischen Dörfchens Ivanjica, also von den Südhängen der Berge Javor und Golija, wo das Leben noch immer ein ganz anderes Tempo hat.

Die Natur in Westserbien verdient ganz besondere Beachtung. Grüne Wiesen erstrecken sich kilometerweit neben dichtem Wald. Auf Lichtungen im Tiefland sind Holzhäuser mit Steildächern verstreut, die dann felsige Gipfel ersetzen, um die Adler und Falken ihre Kreise ziehen. Das kultivierte Land um die vereinzelten Dörfer verwandelt sich schnell in unerforschte Wildnis, wie die urzeitlichen Wälder von Tara, wo Bären und Wölfe noch immer ein alltägliches Phänomen sind.

1. Šabac
2. Krupanj
3. Valjevo
4. Pustinja
5. Suvobor
6. Struganik
7. Divčibare
8. Koštunići
9. Bajina Bašta
10. Tara
11. Mokra Gora
12. Užice
13. Zlatibor
14. Čačak
15. Die Ovčar-Kablar Schlucht
16. Guča
17. Arilje
18. Ivanjica

Traditionelles Holzhaus in Zlatibor

Sremska Mitrovica
Novi Sad
1
Šabački vašar
Obrenovac
Beograd
Koceljeva
Ub
Lazarevac
Lajkovac
Ljig
3
Stave
Petnička pećina
6
Vrujci
grad
4
Čelije
5
ribuća
7
8
Gornji Milanovac
Kosjerić
9
Požega
12
15
14
Kupusijada
Kremna
Potpećka pećina
16
Dragačevski sabor trubača
17
Stopića pećina
13
Uvac
18
Katići
Golija
Nova Varoš

1 Šabac

55,200

Karadjordjeva 5,
015 347 383,

Kralja Milutina 3a,
334-065

Janka Veselinovića St,
341-912

Čivijada,
Mitte September
ŠLF (Šabac-Sommer-Festival),
Angang August,
Šabac Messe, 21. September

Am Fluss Sava gelegen war Šabac schon immer der Mittelpunkt der Mačva, dem fruchtbaren Flachland, das mehr der Vojvodina gleicht als dem inneren Serbien. Für Touristen hat die Stadt nicht viel zu bieten, aber wegen seiner Größe ist es ein guter Ort, um Rast zu machen und kurz sein entspanntes Tempo zu genießen.

GESCHICHTE

Die Stadt wird zum ersten Mal im 15. Jahrhundert in Aufzeichungen erwähnt, als sie noch Zaslon hieß. Die Osmanen eroberten die Stadt 1459 und bauten eine starke Festung, die sie für ihre häufigen Übergriffe auf Ungarn nutzten. Aus diesem Grund wurde die Festung von dem serbischen Despoten Vuk Grgurević im Namen des ungarischen Königs Mathias Corvinus übernommen. Unter ungarischer Herrschaft (1475-1521) bürgerte sich der neue Name der Stadt, abgeleitet von dem Namen Savac, ein.

Nach dem Zweiten Serbischen Aufstand (1815) blühte das Dorf unter Herrschaft von *Gospodar* Jevrem Obrenović, dem erleuchteten Bruder des kruden Fürsten Miloš, auf. Unter seiner Regierung entstanden das erste Krankenhaus, die erste Apotheke und die erste Sekundarschule in Serbien. Ebenfalls in Šabac, genauer gesagt in Jevrems Haus, wurde das erste Klavier aufgestellt. Die Stadt wurde weiter modernisiert, nachdem die türkischen Garnisionen 1867 die Festung verlassen hatten. Wegen seiner Lage an der Frontlinie, wurde Šabac während des Ersten Weltkrieges stark in Mitleidenschaft gezogen. Es wurde bombardiert und wechselte mehrmals zwischen östereich-ungarischer und serbischer Regierung. Die Stadt, die vor dem Krieg den Spitznamen «Kleines Paris» trug, wurde nun bekannt unter dem Namen «serbisches Verdun» und wurde mit französischen und tschechoslowakischen Medaillen für Tapferkeit ausgezeichnet. Überdies waren Šabac und seine Umgebung Schauplatz einiger der schlimmsten Greueltaten der österreich-ungarischen Truppen an der Zivilbevölkerung. Im Zweiten Weltkrieg betrieben die Nazis ein kleines Konzentrationslager in der Stadt, in dem 7.000 Menschen ihr Leben verloren, von denen viele aus der Stadt und der näheren Umgebung stammten. Im sozialistischen Jugoslawien war Šabac eine blühende Industriestadt, die schnell wuchs, bis zum Krieg 1990, als die Wirtschaftssanktionen die meisten Betriebe ruinierten. Die Pharmazieabteilung des Chemiegiganten *Zorka* und der Molkereibetrieb *Mlekara Šabac* gehören zu den wenigen, die überlebt haben und, die die Stadt über Wasser halten.

SEHENSWÜRDIGKEITEN

Das Stadtzentrum ist gekennzeichnet durch die hohe Turmspitze der **Kirche der Hl. Peter und Paul**. Gebaut wurde sie 1831, als Šabac nicht mehr als ein paar tausend Einwohner hatte, und ist ein Beweis der wirtschaftlichen Stärke der Stadt und ihres kommunalen Stolzes. In ihrem Inneren kann man die hohe Ikonostase bewundern, die 1855 von dem Klassizisten Pavle Simić gestaltet wurde, und von Andrej Bicenko stammen die Fresken, die während der Rekonstruktion nach der starken Zerstörung im Ersten Weltkrieg gearbeitet wurden. Im Hof befindet sich ein **Denkmal für die Gefallenen in den Kriegen 1912-1918**, eine Arbeit von Frano Menegelo-Dinčić aus dem Jahr 1934.

An der nächsten Ecke steht das **städtische Museum** *(Narodni muzej, Masarinkova 13, 015 350 285, , Öffnungszeiten: Mo-Fr 7-19 Uhr, Sa 9-14 Uhr, Eintritt: Erw.100 din, Kinder 50 din)*, das 1856 in einem

Das Krsmanović-Haus im Zentrum von Šabac

Lebkuchenherzen auf dem berühmten Markt von Šabac

früheren Schulgebäude eingerichtet wurde. Seine Ausstellung bietet einen Einblick in die Geschichte und das Alltagsleben in Šabac vergangener Zeiten.

Gegenüber dem Museum ist die **Bischofsresidenz**, ein Gebäude von 1854 und eine interessante Mischung aus traditionellen architektonischen Formen (der gewölbte Vorbau) und dem damals vorherrschenden klassizistischen Stil. Heute befindet sich in diesem Haus die Stadtbibliothek.

In einer diagonalen Linie von der Peter-und- Pauls-Kirche steht das beeindruckende **Haus der Krsmanovićs**, einer der führenden Kaufmannsfamilie der Stadt, die auf der Save Handel trieben, indem sie Güter von Bosnien nach Belgrad und noch weiter verschifften. Das Haus steht am Anfang einer Reihe von Häusern aus dem 19. Jahrhundert, die die Fußgängerzone der **Gospodar-Jevremova-Straße**, die Haupteinkaufsstraße der Stadt, säumen,.

Nehmen sie die Cara-Dušana-Straße gegenüber der Kirche und gehen sie weiter die Kralja-Aleksandra-Straße entlang, die Sie zur Save und der **Festung** führt. Sie wurde 1471 erbaut und nicht nur durch 8 Meter hohen Mauern geschützt, sondern auch durch die breiten Stadtgräben, die der Fluss füllt. Die Basis hat eine rechteckige Form und früher hatte die Festung an jeder Ecke einen runden Turm. Leider steht davon nur noch einer. Um die Festung herum befindet sich ein großer Sandstrand, der in den Sommermonaten bei Jung und Alt sehr beliebt ist.

2 Krupanj

4,900

015 684 094

Maršala Tita bb, 015 684 305

Kolo-Tanzwettbewerb, 12. Juli

Krupanj ist das Zentrum von Radjevina, einer Region mit grünen Hügeln und schnellen Strömen. Obwohl sie weit entfernt von allen Hauptstraßen liegt, ist die Gegend im Bezug auf die touristische Infrastruktur ganz und gar nicht unterentwickelt und wegen seiner Denkmäler aus vergangenen Jahrhunderten auf jeden Fall einen Besuch wert.

GESCHICHTE

Zwar liegt Krupanj jetzt weit entfernt von der Hauptstraße, aber das war in der Vergangenheit nicht der Fall. Krupanj entstand im frühen 15. Jahrhundert um eine Bleimine herum, und wurde schnell zu einem wichtigen Halt auf der Karawanenroute. Während der türkischen Herrschaft hatten die Stadt und die Mine Schwierigkeiten, sich zu halten. Nach der Befreiung herrschte den größten Teil des 19. Jahrhunderts Frieden in Krupanj, was der Stadt ermöglichte, schrittweise zu wachsen, aber diesmal auf Landwirtschaft basierend, vor allem auf Pflaumen, dem Alpha und Omega der Existenz in dieser Region. Im Unterschied dazu brachte das 19. Jahrhundert Zerstörung. 1914 wurden in dieser Region die härtesten Kämpfe ausgetragen. Die schlimmste Zeit aber kam für die Stadt 1941, als sie die Deutschen als Antwort auf den Wiederstand in einer Strafexpedition bis auf die Grundmauern niederbrannte.

SEHENSWÜRDIGKEITEN

Im Stadtzentrum stehen gleich nebeneinander die **alte und die neue Pfarrkirche.** Die alte wurde 1842 im für die Gegend typischen Stil erbaut – mit Steinwänden und einem hohen Schindeldach. Das Geld für die neue Kirche stiftete König Alexander 1932 mit dem Wunsch, dass es auch als Ossarium für die Soldaten dienen sollte, die 1914-15 in der Gegend gefallen waren. Die Pläne für dieses robuste Gebäude in rustikalem Stein wurden von Momir Korunović gezeichnet. Seine Besonderheit ist der Kronleuchter, der aus Granaten, Schwertern und Kugeln, die auf Schlachtfeldern eingesammelt wurden, gefertigt wurde. An der Seite befindet sich der Eingang zum Ossarium, wo Dutzende von Totenschädeln aufbewahrt werden, ein schauerliches Zeugnis der Verluste im Ersten Weltkrieg.

In den nördlichen Ausläufern von Krupanj liegt **Dobri Potok**, das Haupttouristenziel der Stadt. Um die reizende kleine Kirche wuchs ein freundlicher Komplex mit Gebäuden

Das schindelgedeckte Steildach der Kirche in Dobri Potok

Ein Akkordeonspieler in Krupanj

in ähnlichem Stil, die ein authentisches Freilichtmuseum bilden. Die Kirche von Dobri potok mit ihrem hohen Schindeldach stammt aus dem 16. Jahrhundert, aber bis vor zehn Jahren war nur eine Ruine von ihr übrig. Dank des tatkräftigen Einsatzes des ansässigen Priesters hat das Kirchengelände nicht nur einige alte, seltsam geformte Grabsteine, sondern auch ein ethnographisches Museum und ein Jagdmuseum vorzuweisen, beide sind in restaurierten Wohnstätten aus der Region untergebracht. Und schließlich wurde auch der alte Minenschacht in eine Kapelle umgewandelt.

UMGEBUNG

Etwa 13 km südwestlich der Stadt führt die kurvenreiche (und meistenteils ziemlich schlechte) Straße zum **Mačkov Kamen,** einem Gipfel (924 m) von Jagodnja, dem Gebirge, das zwischen Krupanj und dem Fluss Drina liegt. Mačkov Kamen war der Ort, an dem die erbittertsten Kämpfe der Drina-Schlacht zwischen der austro-ungarisch un der serbischen Armee im späten September 1914 stattgefunden haben. Die meisten der 800 gefallenen serbischen Soldaten wurden im Ossarium bestattet, das von 1828 bis 1932 nach Plänen des Architekten Korunović gebaut wurde.

In der Nähe des Ossariums finden Sie ein Motel mit Sportplätzen und einem kurzen Ski-Lift, sowie ein kleines Ethno-Dorf.

3 Valjevo

62,000

TO Prote Mateje 1, 014 221 138

Klanička 4, 014 221 482

Bulevar palih ratnika bb, 014 221 697

Folklore-Festival, Anfang April

Jazz Fest, Mitte Oktober

Valjevo ist eine der attraktivsten Städte in Westserbien. Sein Reiz kommt zum einen von den historischen Denkmälern in den interessanten alten Stadtteilen, zum anderen von den Hügeln und Gebirgsflüssen, die in die Stadt strömen und auf die eindrucksvolle Umgebung hinweisen. Obwohl die touristische Infrastruktur gut ist, behält Valjevo seine Spontaneität durch viele alte Kafanas (am besten bekannt für ihren Pflaumenschnaps, billig und reichlich) und die Restaurants mit ehrlicher einheimischer Küche.

GESCHICHTE

Zum ersten Mal erwähnt 1393, als es eine wichtige Zwischenstation auf der Handelsroute von Bosnien nach Belgrad war, gewann Valjevo während der dauerhaften türkischen Herrschaft im 16. und 17. Jahrhundert an Bedeutung. Die Stadt wurde in den Kämpfen zwischen den Habsburgern und den Türken im 18. Jahrhundert stark beschädigt, und zu einem der entscheidenden Orte während des Ersten Serbischen Aufstandes, und das dank einiger prominenter Persönlichkeiten, darunter vor allem die Nenadović-Familie aus dem nahe gelegenen Brankovina: Fürst Aleksa Nenadović war einer der ersten, die von den Türken exekutiert wurden, Jakov wurde einer der führenden Militärkommandanten und sein Bruder Mateja Präsident des serbischen Regierungsrats. Nach der Befreiung begann die Stadt wieder aufzublühen. 1855 wurde das Stadtzentrum vom beengten rechten Ufer des Flusses Kolubara auf das andere Ufer verlegt, wo die breiten, von Bäumen gesäumten Straßen angelegt wurden. Anfang des 20. Jahrhunderts war Valjevo eine der wohlhabendsten Städte in Serbien. Elektrische Straßenbeleuchtung gab es beispielsweise ab 1899, nachdem der Damm auf dem Fluss Gradac gebaut worden war. Im Ersten Weltkrieg wurde Valjevo überflutet von den Verwundeten und Kranken von der Front an der Drina; als es 1915 eine Typhus-Epidemie gab, waren die städtischen Krankenhäuser berüchtigt für die Anzahl der Toten. Während der NATO-Bombardierung 1999 wurde die Wirtschaft der Stadt stark angeschlagen, als die «Krušik»-Fabrik zerstört wurde und dies große Arbeitslosigkeit zur Folge hatte. In jüngster Zeit bewegt sich die Stadt in eine positive Richtung: „Krušik» ist wieder auf die Füße gekommen und einige andere ausländischen Firmen haben ihre Fabriken eröffnet, und gesellen sich somit zu der recht großen Zahl an kleinen und mittleren von Einheimischen geführten Unternehmen.

SEHENSWÜRDIGKEITEN

Valjevo befindet sich in einer Gegend mit außergewöhnlich schöner Natur: Es gibt nicht weniger als fünf Wasserwege am Fuße der bewaldeten Hügel, die die Stadt beständig mit Frischluft versorgen. Der älteste Teil von Valjevo ist am rechten Ufer des Flusses Kolubara unter dem Vidrak-

Das alte Trešnjar-Viertel in Valjevo

Hügel. Dies ist **Tešnjar**, das alte Handelsviertel, eins der malerischsten in Serbien mit seinen Kopfsteinpflasterstraßen, traditionellen Häusern aus dem 19. Jahrhundert und seinen Gasthäusern. Von Tešnjar aus kann man auf den **Vidrak-Hügel** steigen, zu dem Park, der das kolossale **Denkmal für Stjepan Filopović** umgibt, einen Partisanen-Kämpfer, 1942 von den Nazis gehängt, dem später die höchsten Staatsehren mit dem Titel «Nationalheld» zuteil wurden. Das Denkmal, eine Arbeit des Bildhauers Vojin Bakić aus dem Jahr 1960, tut einen kühnen Schritt fort vom üblichen sozialistisch-realistischen Stil durch die Darstellung von kommunistischem Märtyrertum. Setzen sie ihren Weg Richtung Westen fort, um den Aussichtspunkt **Markova Stolica** zu erreichen, der gegenüber dem bewaldeten Pećina-Hügels liegt. *(siehe unten)*

Es gibt einige Brücken, die über den Fluss führen. Die mittlere führt sie zum Vojvode-Mišić-Platz *(Trg vojvode Mišića)*, wo Sie das Denkmal für diesen verehrten Kommandanten der serbischen Armee im Ersten Weltkrieg finden *(siehe S. 195)*. Zur Rechten des alten «Grand», noch immer das beste Hotel am Ort, befindet sich die Straße, die zum interessanten Gebäude der **Alten Schule** aus dem Jahr 1870 führt. Heute beherbergt es das **städtische Nationalmuseum** *(Tel.:014 221 041; Öffnungszeiten: Di, Mi, Do, Sa 9-18 Uhr, Fr 9-21 Uhr, So 9-15 Uhr, Eintritt: 140 din, kombiniertes Ticket mit Muselimov konak 190 din)*, das eine exzellente Ausstellung über die Entwicklung der Stadt zeigt. Teil des Museums ist außerdem die **Muselims Residenz** (*Muselimov konak, Eintritt:140 din)*, hinter dem Museum gelegen, die vom späten 18. Jahrhundert an als kleiner Sitz des türkischen Bezirksgouverneurs diente. Ilija Birčanin, Aleksa Nenadović und andere Serbenführer waren vor ihrer Exekution 1804 im Keller des Gebäudes eingesperrt; dieses Ereignis war der Funke, der den Ersten Serbischen Aufstand auslöste. Heute beherbergt die Residenz Ausstellungen zu örtlichen Begebenheiten aus dieser Zeit.

Im Inneren von Valjevos Nationalmuseum

Geht man weiter die Čika-Ljubina-Straße entlang, erreicht man die Brücke, auf der die berühmten Hinrichtungen stattfanden, die die Serben zur Rebellion bewegten. An das Ereignis wird mit einer kleinen **Pyramide** aus rotem Stein erinnert. Links um die Ecke steht das Gebäude der **Gymnasiums** (1908), das Zwillingsgebäude zum Dritten Gymnasium in Belgrad, dessen Stil ein großer Erfolg war.

In der Živojina Mišića-Straße gibt es einige attraktive Gebäude **Sparkasse Valjevo** (Nr.21) und das **Landgericht** (Ecke Karadjordjeva-Straße), beide stammen aus der Zeit um die Jahrhundertwende zum 20. Jahrhundert. Wenn man diese Straße weitergeht, kommt man an der **Alten Kirche** (1836) vorbei, eins der ersten Gebäude auf dieser Seite des Flusses, und dann über die Brücke auf der Ljubostinja-Straße zu dem gedrungenen **Kličevac-Hügel**. Darauf erhebt sich das älteste Wahrzeichen der Stadt – der **Nenadović-Turm**. Er wurde in der zweiten Hälfte des 18. Jahrhunderts von der Familie Jajić, türkischen Landbesitzern gebaut, um die Nordseite der Stadt vor Angriffen zu schützen, und 1813 von Jakov Nenadović renoviert, daher auch der Name. Es handelt sich dabei um eine dreistöckige Konstruktion mit Steinmauern von einem Meter Durchmesser und Öffnungen in verschiedenen Formen und Größen – Fenster und Schießscharten. Zwei steinerne

Der Nenadović-Turm

Der Vojvoda-Mišić-Platz in der Fußgängerzone von Valjevo

Mühlen und Restaurants am Fluss Gradac

Gedenktafeln aus dieser Zeit, die das serbische Wappen zeigen, sind in die Mauern eingelassen. Der Turm wurde kürzlich renoviert, ist aber für Besucher geschlossen, da dort eine Museumsausstellung geplant ist.

Von Tešnjar aus flussabwärts fließt der makellos saubere **Gradac** in die Kolubara. Der einfachste Weg, dorthin zu kommen, ist von der Birčaninova in der Knez-Mihailova-Straße weiterzugehen. Die letzten Kilometer fließt der Gradac vorbei an alten Mühlen, hölzernen Brücken, Restaurants und Fischteichen und wird von der Eisenbahnlinie überquert, die weiter nach Süden in Richtung Schlucht fährt. In den 30 km, die der Gradac zurücklegt, durchläuft er ein Gebiet von unglaublicher Schönheit und von einiger ökologischer Wichtigkeit. Wie sauber der Fluss ist, sieht man besten daran, dass er von Ottern bewohnt ist.

Westlich des Tešnjar-Viertels kann man einen angenehmen Spaziergang die Birčaninova-Straße entlang nach **Pećina** und zur Brauerei von Valjevo unternehmen, die von dicht bewaldeter Landschaft umgeben sind. Nicht weit von hier treffen die Flüsse Obnica und Jablanica zusammen und bilden die Kolubara

AKTIVITÄTEN

Die Touristen-Agentur „National" *(Vojvode Mišića 23, Tel.:014 242 985)* organisiert verschiedene Wanderungen durch das Stadtzentrum, wie auch Exkursionen mit Führer in englischer Sprache nach Brankovica, Petnica *(siehe unten)* und zu den umliegenden Klöstern *(alle zwischen 1.200 und 1.500 din)*. Die Exkursionen müssen ein paar Tage im Voraus gebucht werden.

Die erste Mühle, die Sie am Fluss Gradac entdecken können, ist der Sitz des **Ökologieverbandes Gradac** *(Öffnungszeiten Mo-sa 9-14 Uhr, Tel.:014 225 188)*. Der Verband besitzt eine kleine Hütte tief in der Schlucht, in der man übernachten kann *(500 din pro Nacht;es gibt nur 7 Betten, aber es können bis zu 15 Personen dort schlafen)*. Bei der Mühle beginnt der Wanderweg, der den Gradac hinauf führt, vorbei am alten Wasserkraftwerk, dem Kloster Ćelije und der Hütte des Verbandes bei Šareno Platno, ganz hinunter bis zur Quelle des Flusses (etwa 15 km).

Der Ökologieverband verkauft außerdem Angelgenehmigungen («catch and release») auf dem Gradac, der bekannt ist für seinen Forellenreichtum.

UMGEBUNG

10 km die Straße nach Šabac hinunter führt Sie eine Abzweigung nach links zum Dorf **Brankovina**. Die alte Kirche markiert den Mittelpunkt dieses weitläufigen Dorfes, dessen Einwohner in der Umgebung verstreut sind. So gut wie alles hier ist mit der berühmten Nenadović-Familie verbunden, die hierher stammt und mehrere Familienmitglieder hervorgebacht hat, die die serbische Geschichte des 18. und 19. Jahrhunderts entscheidend mitgeprägt haben.

Das Innere einer historischen Schule in Brankovina

Die historischen Gebäude um die Kirche herum wurden zu einem Museum gemacht *(Öffnungszeiten: 15. März-15.Nov tägl.10-17 Uhr, Di geschlossen, Eintritt: 150 din)*. In einem Feld, das von einem Flüsschen durchkreuzt wird, stehen einige kleinere Gebäude, die kleinsten davon sind die hölzernen *sobrašice*, Unterkünfte, die reiche Familien für Festessen an kirchlichen Feiertagen bauten. Die **Kirche der Hl.Erzengel** wurde 1830 von dem Geld gebaut, das der

Angeln am kristallklaren Gradac

Die Eingangshalle der Petnička Pećina

Priester Matija Nenadović, einer der Anführer des Ersten Serbischen Aufstandes, Präsident des Regierungsrates und Verfasser seiner berühmten «Memoiren», gestiftet hatte. Die Gräber dieser prominenten Familie liegen an der Nordwand der Kirche, gleich neben dem Denkmal für die Soldaten aus Brankovina und anderen benachbarten Dörfern, die in den Kriegen zwischen 1912 und 1914 ums Leben kamen. Die Gegenstände, die zum Kirchenschatz gehören, schließen auch ein Kreuz aus dem 10. Jahrhundert und das Evangelium, auf das der Regierungsrat seinen Eid leistete, ein. Auf einem kleinen Hügel links der Kirche finden Sie das Grab der viel bewunderten Poetin Desanka Maksimović, einer der führenden serbischen Lyrikerinnen des 20. Jahrhunderts, die ebenfalls in diesem Dorf geboren wurde. Auf der anderen Seite des Flusses stehen zwei Schulgebäude. Die **Alte Schule** wurde 1834 erbaut und war eine der ersten Schulen, die im befreiten Serbien gegründet wurden. Sie wurde auf Initiative des bereits erwähnten Matija Nenadović gebaut, der einer der wenigen Menschen im Serbien dieser Zeit war, die lesen und schreiben konnten. Die noch immer unveränderten Klassenräume beherbergen heute eine Ausstellung über das Schulsystem im Serbien des 19. Jahrhunderts.

Das Dorf **Petnica**, 8 km südlich von Valjevo, ist das nächste und beliebteste Ausflugziel der Einheimischen. Das Hauptaugenmerk liegt hier auf einer Höhle, die von einem Strom gegraben wurde, der aus ihr herausfließt. Neben dem Höhleneingang ist ein Restaurant, das von der frischen Luft profitiert, die aus der Höhle strömt. Die Höhle ist nicht geschlossen, aber auf den 414 m angelegten Weges gibt es keine Elektrizität und auch keine Führer, sodass Besucher die Höhle auf eigene Gefahr betreten.

4 Pustinja

i TO Valjevo, 014 221 138

Pustinja ist das schönste Kloster in der Umgebung von Valjevo, wertvoll wegen der makellosen Natur, die es umgibt und seiner außergewöhnlichen Fresken aus dem 17. Jahrhundert.

An Kilometer 23 auf der Straße von Valjevo nach Bajina Bašta liegt das Dorf Poćuta. Vor einem der vielen Dorfgasthäuser weist Sie ein Schild auf die Straße rechts der Hauptstraße. Nachdem sie den **Grdoba-Felsen**, der ideal für Freeclimbing ist, passiert haben, führt Sie die Abzweigung nach rechts eine steil abfallende Straße hinunter zum Kloster (etwa 4 km von der Hauptstraße entfernt).

Der Name des Klosters, der übersetzt «Wüste» bedeutet, verweist auf seine frühere Abgeschiedenheit in der malerischen Landschaft der Schlucht des Flusses Jablanica. Im frühen 17. Jahrhundert wurden die Ruinen des mittelalterlichen Klosters für die neue Kirche, die in einer etwas verfälschten Variante des mittelalterlichen Raška-Stils gebaut wurde, genutzt. Der weiß gestrichene Narthex mit einem Glockenturm wurde 1848 hinzugefügt. Damals wurde auch die riesige Pinie gleich neben der Kirche gepflanzt.

Der Innenraum wurde 1622 dank einer Spende des Abtes Janićije Bitojević bemalt, der rechts vom Eingang zum Narthex, ein Modell der Kirche in der Hand haltend, abgebildet ist. Die Maler Jovan und Nikola waren beide sehr geschickt, doch der eine war offensichtlich talentierter, als der andere. Trotzdem gehören die aufwenigen Fresken beider Männer zu den wertvollsten Beispielen serbischer Kunst im 17. Jahrhundert. Das Kloster ist stolzer Besitzer eines Relikts, von dem behauptet wird, dass es sich um die Hand des Hl. Johann, dem Baptisten ist.

Zurück aus dem Klostertal auf der Dorfstraße biegen Sie rechts ab und nach ein paar Minuten erreichen Sie das idyllische Dörfchen **Bebića Luka**. Die 20 eigentümlichen Häuser werden noch immer von der Bebić-Familie bweohnt.

Das abgeschiedene Kloster Pustinja

Die kleinen Unterschiede kennzeichnen die Zeit ihres Baus zwischen dem späten 18. und dem frühen 20. Jahrhundert, aber die meisten haben auffällig hohe Dächer, eine Notwenigkeit in Berggegenden, wegen der großen Schneemassen, aber auch eine Erinnerung an die bosnische Herkunft der Familie, wo derartig geformte Dächer häufiger zu sehen sind.

Kirche auf dem Ravna-Gora-Plateau

5 Suvobor

TO Gornji Milanovac, 032 720 565

Suvobor ist eins der ersten "richtigen" Gebirge, wenn man aus dem Flachland im Norden kommt. Mit seinem höchsten Gipfel, der 864 m erreicht, stellt es einen angenehmen Rückzugsort in eine moderate Wildnis für die Leute aus Belgrad und den umliegenden Städten dar.

Rajac, ein Berg von 848 m Höhe auf der Ostseite, ist der meistbesuchte Teil des Gebirges, den man leicht über eine Straße, die von der Autobahn Belgrad-Čačak abzweigt und durch das Dorf Slavkovica führt, erreichen kann. Dank der Berghütte «Čika Duško Jovanović» *(Tel.:014 80 006)*, die 1952/53 gebaut wurde, ist Rajac ein altbekanntes Ziel für Bergwanderer. Die Hütte, noch immer die älteste in Serbien, benannt nach einem eifrigen Naturliebhaber und begeisterten Kletterer, der „Pobeda", den größten Wanderverein in Serbien gegründet hat, und dessen Mitglieder Rajac als ihr zweites Zuhause ansehen. Leicht finden Sie hier einen der Bergführer, kleine Gruppen oder sonst jemanden, der bereit ist, mit Ihnen Pflanzen und Pilze zu sammeln, von denen es hier massenhaft gibt. Fragen Sie auch nach einheimischen Produkten von Bauern, die oft hierher kommen, um diese zu verkaufen.

Vor der Hütte ist ein Denkmal für die „1.300 Gefreiten", junge, zukünftige Offiziere, die 1915 direkt aus der Schule zur gefährlichsten Sektion der berühmten Kolubara-Schlacht geschickt wurden, deren Ausgang in Suvobor entschieden wurde.

Jedes Jahr Mitte Juli findet in der Umgebung der Hütte das Fest „Heuernte in Rajac" *(Kosidba na Rajcu)* statt.

Rajac ist ein friedliches und sehr angenehmes Gebirge von besonderer Schönheit, mit vielen markierten Wegen für kürzere oder längere Wanderungen. Die interessanteste Tagestour führt nach **Ravna gora** (Flacher Berg), einem breiter Bergplateau, das sich von Suvobors höchstem Gipfel aus Richtung Westen via Dobre vode erstreckt. Die Wanderung dauert etwa 4 Stunden in eine Richtung und ist von mittelmäßiger Schwierigkeit, da der Weg meistenteils dem Gebirgskamm folgt.

Am 13. Mai 1941 trafen sich hier die Offiziere der besiegten jugoslawischen Armee und andere Patrioten, die von Oberst Dragoljub „Draža» Mihailović angeführt wurden, und verkündeten den Beginn des Aufstands gegen die deutschen Besatzer und ihre Kollaborateure. Da die royalistischen Tschetniks und kommunistischen Partisanen schnell aneinander gerieten, war es nach dem Krieg verboten, über dieses Ereignis zu sprechen. Seit dem Jahr 1990 und den Lockerungen der kommunistischen Beschränkungen, ist Ravna Gora zu einem Mekka der serbischen Nationalisten geworden, die «Onkel Draža» *(«Čika Draža»)* feiern, vorallem am ersten Samstag nach dem 13. Mai, wenn zehntausende Menschen hier zusammenkommen.

In der Mitte des Plateaus steht das **Denkmal für General Mihailović** (er hat in der Zwischenzeit einen höheren Rang bekommen), die Kirche des Hl. Georg und ein Konferenzsaal, alles in den 1990ern gebaut, hauptsächlich aus Fonds der SPO, einer politischen Partei, die den Mythos von Onkel Draža und seinen Tschetniks stark instrumentalisiert hat. Weiter im Westen des Plateaus gibt es einen schönen Aussichtspunkt auf dem **Berg Babina Glava**, hinter dem es zwei kleine **Höhlen** gibt: Suva und Mokra pećina.

Von Ravna gora aus können Sie ihre Wanderung zum fünf Stunden entfernten Divčibare fortsetzen; dieser Weg ist etwas anspruchsvoller als der, auf dem man hierher kommt.

Erntezeit in Rajac, Suvobor-Gebirge

6 Struganik

TO Valjevo,
014 221 138,

Struganik ist der Geburtsort des Feldmarschalls Živojin Mišić (1855-1921), dem meistgefeierten Kommandanten der serbischen Armee im Ersten Weltkrieg. Das Haus seiner Familie ist bis heute unverändert geblieben und in ein Museum umgewandelt worden.

Nach etwa 15 km die Ljig-Mionica-Straße hinunter, vorbei am Vrujci Bad *(siehe unten)*, biegen Sie links ab, und Sie werden Struganik erreichen. Das Dorf wurde nach dem gleichnamigen dunklen Stein benannt, der noch heute gewonnen wird. Man kann ihn leicht in Platten brechen und er wird häufig zu Dekorationszwecken genutzt. Es wäre noch interessant zu erwähnen, dass der Stein aus dieser Gegend zur Dekoration des Wiener Opernhauses diente.

Um Mišićs Geburtshaus zu erreichen, fahren Sie weiter durch das Dorf; das Haus liegt auf der rechten Seite der Straße. Auch wenn es nicht das Haus dieses berühmten Mannes wäre, müsste es man es trotzdem als Denkmal betrachten, da es ein guter Repräsentant des alten Architekturstils dieser Gegend ist. Das Haus wird von Mišićs Nachkommen in Stand gehalten, die sie durch die interessante Ausstellung über das Leben und die Kriege des sturen Kommandanten, einer der verdientesten Leute, wenn es um die erstaunlichen Siege der Serben im Ersten Weltkrieg geht. Der hölzerne Teil des Hauses, in dem sich die ganze Familie um den Ofen versammelte, mit gut erhaltenen Inneren und Möbeln darin gibt einen Einblick in das Leben in serbischen Dörfern im 19. Jahrhundert.

Im kleinen Vrujci Bad gibt es zwei Schwimmbäder – ein Frei- und ein Hallenbad – die zum Vrujci-Hotel gehören *(Öffnungszeiten: tägl. 8-18 Uhr, Eintritt: Tagesticket Erwachsene 250 din, Kinder 5-12 Jahre 200 din, Kinder unter 5 Jahren frei)*, beide sind mit 27° warmem Thermalwasser gefüllt. Das Freibad ist vom 1. Mai bis 30. September geöffnet.

Divčibare, ein stiller Moment

Das Geburtshaus von Vojvoda Mišić im Dorf Struganik

7 Divčibare

TO Valjevo,
014 221 138,
014 277 252

Divčibare ist ein weites Plateau im zentralen Teil des Maljen-Gebirges. Das Plateau liegt in einer Höhe von 900-1000 m und hat ein angenehm mildes Klima mit frischer, klarer Bergluft. Dank dessen und seiner guten Verbindungen mit größeren Städten, ist Divčibare eines der Zentren für Bergtourismus in Serbien.

Der einfachste Weg, Divčibare zu erreichen, ist über Belgrad – die Straße nach Valjevo über Mionica, aber es geht auch vom Bukovi- Pass aus, über der Straße von Valjevo nach Požega.

SEHENSWÜRDIGKEITEN

Wie man von einem Ort, der in seinem Namen das Wort *bare* (Teiche) führt, erwarten kann, gibt es auf dem Plateau sehr viel Wasser. Die Ströme, die von den benachbarten Hügeln kommen, verlangsamen hier ihren Fluss, und sorgen dafür, dass das Gras in Divčibare das ganze Jahr über grün bleibt. Das andere Symbol dieses Resorts sind die weißen Pinien, die kerzengerade in die Höhe wachsen.

Auf der Hauptstraße finden Sie sowohl die wichtigsten Hotels und Pensionen, wie auch das Postamt und einige Geschäfte. Hier im Zentrum beginnen fünf gut markierte **Wanderwege**, alle von mittlerer Schwierigkeit, die Sie auf eine 30 bis 45 Minuten dauernde Wanderung führen (in einer

Richtung). Die schönsten darunter sind Nr. 3, der Sie zu dem Naturreservat **Crna Reka** führt, wo Sie die Kaskaden des Flusses bewundern können, und Nr. 4, der durch die unberührten Wälder von **Velika Pleć** verläuft. Für erfahrene Wanderer gibt es einen Rundwanderweg (etwa 6 Stunden), der über vier Gipfel führt, alle knapp über 1000 m, und die alle eine schöne Aussicht bieten.

AKTIVITÄTEN

Abgesehen vom Wandern kann man sich auch ein Fahrrad mieten; die meisten der Wanderwege können auch von geschickten Radfahrern genutzt werden.

Diejenigen, die es in den Ferien lieber etwas ruhiger haben, können auch zum **Reiten** gehen oder sich auf einem der zahlreichen Sportplätze vergnügen.

Viele Besucher kommen wegen des Schnees und der Skihänge nach Divčibare. Es gibt zwei längere, wenn auch sehr einfache Hänge, wie auch einige kürzere für Kinder *(Öffnungszeiten: 10-16 Uhr, Tagespass 600 oder 800 din)*. Skiausrüstung kann man in den Hotels mieten.

Moderne Touristenunterkünfte im traditionellen Kleid

8 Koštunići

TO Gornji Milanovac, 032 720 565

Koštinići ist ein Dorf, das sich über ein weites Gebiet an der Südseite des Berges Suvobor verteilt. Kleine Häuser, die meisten ziemlich alt, liegen weit voneinander entfernt, getrennt durch die schöne hügelige Landschaft, die mit Wiesen, Wäldern und Feldern durchflochten ist. Die Bewohner von Koštunići sind stolz auf ihre bewahrte Natur, unberührt von der modernen Lebensweise, sind aber tüchtig und wissen, wie man das Beste daraus macht.

Die Dörfer an den Südhängen von Suvobor sind die Pioniere, was den Dorftourismus in Serbien angeht. Inzwischen ist es möglich, zwischen fast einhundert Häusern zu wählen, die günstige Unterkunft und fantastische einheimische Küche bieten. Um das Touristenangebot zu verbessern, hat eine Gruppe von Enthusiasten 1996 ein Projekt ins Leben gerufen, um das Zentrum von Koštunići erneuern. Kurz darauf wurde mit der Produktion von organischem Essen und organischen Getränken, sowie traditioneller Handarbeit begonnen, womit man die Aufmerksamkeit auf dieses ländliche Dorf lenkte.

Das Zentrum des Dorfes ist bekannt als Touristen-Rekreationszentrum Koštunići *(032 846 766)*, einer harmonischen Kombination aus Traditionellem und Modernem, wo neu gebaute Objekte unter Anwendung von traditionellem Wissen gebaut wurden. Das ungewöhnlichste Objekt ist die neue **Kirche,** deren Freskenmalereien von den Spenden der Dorfbewohner bezahlt wurden. Gleich daneben befindet sich ein kleines **Museum**, das der Kolubara-Schlacht von 1915 gewidmet ist. Im Zentrum des Komplexes steht das **„Anđelija-Mišić"-Ethno-Haus**, die Hauptproduktionsstätte für Kleidung, die auf alten Webrahmen mit traditioneller Technik hergestellt wird. Das **Restaurant**, ebenfalls im Ethnostil, befindet sich darüber und dahinter das **Ethnomuseum Prodanovića magaza**, ein großes, 130 Jahre altes Gebäude aus Holz, wo man Objekte sehen, kann, die früher in den Dorfhaushalten benutzt wurden. Unterkunft kann man in Apartments und Bungalows finden, die im Stil der für diese Gegend bekannten Blockhütten gebaut wurden. Unterhalb von ihnen gibt es einen kleinen, künstlichen See, der durch die Stauung des lokalen Flusses entstanden ist. Es gibt sogar einen kleinen Zoo, vor allem mit Haus- und Wildtieren, die auf dem Suvobor leben, und ein Spa-Center.

Im Dorf Koštinići werden traditionelle Trachten genäht

9 Bajina Bašta

9,500
TO Užice, 031 513 485
Svetosavska 3, 031 865 485
Drinska regata (Rafting), Mitte Juli

Die Stadt Bajina Bašta wird häufig als eine der schönsten in diesem Teil Serbiens beschrieben. Gepflegt und mit erstaunlicher Natur würde es auch einen Besuch verdienen, wenn es nicht auf dem Weg zum Nationalpark Tara läge.

Ein Haus auf einem Felsen stromabwärts von Bajina Bašta

1834 verschwand praktisch das alte Dorf Pljeskovo, als die ansässigen Moslems in Einverständnis mit dem serbisch-türkischen Friedensabkommen, die Gegend verlassen mussten. Wegen der vorteilhaften Lage und des fruchtbaren Boden am Fluss Drina, siedelten sich hier bald Menschen aus den umliegenden Dörfern an. Die neue Siedlung hieß Bajina Bašta (Bajas Garten) wegen seiner vorteilhaften Bedingnungen. Sie war bekannt für ihre Früchte, aber vorallem für den Taback *Bajinac*, der sogar zu den osmanischen Sultans exportiert wurde. Der neue Stadtplan für Bajina Bašta wurde 1882 erstellt und ein rechteckiger Straßenplan mit einem Marktplatz entworfen.

Es gibt einige interessante Häuser von provinziellen Baumeistern in den von schattenspendenden Bäumen gesäumten Straßen und einen Stand an Ufer der Drina unter der Brücke, die nach Bosnien führt. Die Brücke wird auch als Grenzübergang nach Bosnien und Herzegovina genutzt.

AKTIVITÄTEN

Die Uferbänke um Bajina Bašta gehören zu den besten Plätzen zum **Angeln** an der Drina. Ihr klares, schnell fließendes Wasser eignet sich perfekt für große Vertreter bestimmter Fischsorten, wie Huchen, Äschen, Bartel, Forellen und viele mehr. Wenn sie eine Angelerlaubnis und weitere Informationen brauchen, wenden sie sich an den Anglerverein „Mladica" *(Kneza Milana Obrenovića 24, Tel.: 031 861 838)*.

Das Angeln auf dem See Perućac (*siehe unten*) wird vom Tara Nationalpark reguliert. Eine Angelerlaubnis kann man in seinem Sitz in Bajina Bašta oder im Besucherzentrum am See erhalten.

UMGEBUNG

Die meisten Touristen, die Bajina Bašta besuchen, werden vom grünen Wasser des **Perućac-Sees** angezogen, der entstand, als die Drina 1967 gestaut wurde. Der See bekam seinen Namen von dem Dorf, das ein Stück weiter flußabwärts gelegen ist, etwa 12 km westlich von Bajina Bašta. Durch die Mitte dieses Dorf, in dem Pensionen und Ferienhäuser verstreut sind, verläuft der Fluss **Vrelo.** Seine Länge von 365 m hat ihm den Spitznamen Godina (Jahr) eingebracht, er ist der kürzeste Fluss Serbiens. Aber das ist bei weitem nicht seine einzige Qualität. Da er vom Wasser aus dem Nationalpark Tara gespeist wird, führt er selbst im Hochsommer eiskaltes Wasser. Außerdem ist Vrelo wunderschön: Sein kurzer Lauf formt einige kleine Kaskaden, kommt an der alten Mühle vorbei und am ersten Wasserkraftwerk aus dem Jahr 1927, bevor er seinen eindrucksvollen 20 Meter hohen Fall in die Drina erreicht.

Direkt unterhalb des Flusses befindet sich **Mramorje**, eine mittelalterliche Totenstadt mit 93 Grabsteinen, zumeist aus dem 14. Jahrhundert. Nur ein paar von ihnen sind verziert, aber das wird ausgeglichen durch die idyllische Umgebung am Ufer der Drina.

Nachdem Sie den Damm überquert haben, werden Sie bald den großen Ponton am **See** sehen, den Mittelpunkt von Perućac im Juli und August, wenn das Wasser nicht zu kalt ist, um darin zu schwimmen. Den Rest des Jahres bewundern Besucher den Blick darauf von der Terrasse des Hotels «Jezero», von den Ferienhäusern oder von einem der kleinen Hausboote aus, von denen man manche auch mieten kann. Man kann

Badespaß am See Perućac

Das Kloster Rača

außerdem ein Boot oder ein Tretboot mieten, oder eine Tour mit einem der kleine Schiffe machen, die ein paar Kilometer den Fluss hinauf und wieder zurück fahren, während man den Blick auf die bewaldeten Hänge des Tara-Gebirges genießt.

Etwa 6 km südlich der Stadt, abseits der Straße, die nach Tara führt, liegt das Koster **Rača**. Es handelt sich hierbei um eine Stiftung, die König Dragutin zugeschrieben wird (im frühen 13. Jahrhundert), und deren Ruinen im 16. Jahrhundert wieder aufgebaut wurden. Den Höhepunkt seiner Tätigkeit erreichte das Kloster im nachfolgenden Jahrhundert, in dem es als Transkriptionszentrum Manuskripte aufbewahrte und kopierte. Seine Mönche waren gefeierte Gelehrte und Transkriptoren, und eine Zeitlang wurden alle Transkriptoren aus serbischen Köstern *Račani* (Račaner) genannt! Nachdem das Kloster 1690 verlassen und zerstört wurde, wurde es 1795 vom Abt Hadži Melentije reaktiviert, der sich mit großem Enthusiasmus am Ersten Serbischen Aufstand beteiligt, die Bevölkerung zu den Waffen gerufen und die örtlichen Truppen angeführt hatte. Deshalb wurde das Kloster 1813 von den vorrückenden türkischen Truppen zerstört.

Die heute existierende Kirche wurde zwischen 1826-1835 auf dem Fundament der alten Kirche gebaut. Die Wandbilder und die Ikonostase stammen aus der Mitte des 19. Jahrhunderts. Im Kirchhof wird ein großes Denkmal ihre Aufmerksamkeit erregen, das an Hadži Melentije erinnern soll, der mit einem Kreuz in der einen und einem Schwert in der anderen Hand portraitiert ist.

Die Picknickfläche hinter dem Kloster ist der Ausgangspunkt des **Lehrpfads**, der Sie 2 km den attraktiven Strom Rača hinauf, durch einen gut erhaltenen Wald mit einigen eindrucksvollen Buchenexemplaren führt.

⑩ Tara

Milenka Topalovića 3,
Bajina Bašta
031 863 644

Ob dies der schönste Nationalpark in Serbien ist, darüber kann man streiten, aber er ist am besten in Ordnung gehalten und am besucherfreundlichsten. Die perfekte Mischung aus atemberaubender Natur, Wildnis und guter touristische Infrastruktur machen Tara zu einem der beliebtesten Ziele für Naturliebhaber.

Der Park ist nach dem Tara-Gebirge benannt, das seinen Mittelpunkt ausmacht, aber er umfasst auch das Zvijezda-Gebirge um Westen – das die Grenze zu Bosnien-Herzegowina darstellt – wie auch das tiefe Tal zwischen den beiden, das der Fluss Derventa gegraben hat. Das Tara-Gebirge erhebt sich abrupt über dem Fluss Drina, bis auf etwa 1.100 m, wo es zu einem hügeligen bewaldeten Plateau mit nur ein paar Gipfeln wird, deren höchster der Kozji rid mit 1591 m ist.

Einrichtungen für Touristen sind an drei Orten gruppiert. Im Osten befindet sich **Kaludjerske bare** („Mönchteiche"), das Zentrum dieses Gebirges, mit einer Gruppe von großen Hotel aus den 1980ern, wie z. B. „Omorika" und „Beli bor" und zahlreichen Pensionen. Angrenzend daran gibt es Sportplätze und zwei kurze Ski-Pisten. Kaludjerske bare ist am einfachsten von Bajina Bašta aus zu erreichen (16 km).

In der Mitte des Parks liegt **Mitrovac** mit einem neuen Besucherzentrum, wo Sie alle Informationen bekommen können, die sie benötigen, dem Kindererholungzentrum und einer Jagdhütte. Mitrovac ist sowohl mit Kaludjerske bare (24 km), als auch mit Perućac (13 km) verbunden.

Zwischen diesen beiden liegt das Dörfchen **Šlivovica** mit vielen Wochenendhäusern und mit einem Informations- und Bildungszentrum des Nationalparks.

Am westlichen Ende des Nationalparks, in **Predov krst**, ist eine isolierte Gruppe von Objekten gelegen. Um es zu erreichen, nehmen sie die Straße aus Richtung Perućac durch die Schlucht des Flusses Derventa zum Dorf Rastište, von wo aus es weitere 6 km über eine solide nicht

Der Ausblick vom Tara-Gebirge auf die Drina

Ein idyllischer Blick auf Tara

asphaltierte Straße geht.

Gleich jenseits der Südgrenze des Nationalparks befindet sich der künstliche See **Zaovinsko jezero**, der angelegt wurde, um den Fluss Perućac zu speisen, wenn das Wasser der Drina niedrig steht, während das Wasser im gegenteiligen Fall aus dem Fluss in den See gepumpt wird!

Tara ist bekannt dafür, dass es hier sehr viele Gewässer gibt: Viele Quellen werden zu Strömen und Flüssen, die zur Drina hinunterfließen und dabei mehrere **Wasserfälle** erzeugen; die bekanntesten sind Skakavac und Ladjevac im Norden von Kaludjerske bare.

Dadurch dass Tara und Zvijezda so gut wie gar nicht besiedelt waren, und sie zu den Seiten hin sehr steil abfallen, wurde ein großer Teil der Wälder erhalten. Die Wälder von Tara besitzen eine Flora von großer Wichtigkeit. Meist werden Sie Birken in den niederen und Pinien, Tannen und Wacholder in den höheren Regionen finden.

Von besonderem Interesse ist die **Serbische Fichte** (lat. *Picea omorica*, serb. *Pančićeva omorika*), eine seltene endemische Spezies, die 1871 von dem bekannten serbischen Naturforscher Josif Pančić entdeckt wurde. Diese Baumart existiert nur am mittleren Lauf der Drina und steht unter Naturschutz. Der Baum wird 30-35 m hoch, ist aber sehr dünn und hat kurze Äste, was ihn höher und attraktiver erscheinen lässt. Der beste Ort, um diese Bäume zu sehen, ist in Banjaka stijena nörlich von Mitrovac, wo sie in einigen kleinen Gruppen beieinander stehen.

Uralte Wälder

Dichter Wald und tiefe Schluchten waren auch dem Überleben vieler Tierarten zuträglich, sodass man heute Braunbären – das Wahrzeichen des Nationalparks Tara – Gämsen, Marder, Wildkatzen, große Waldhühner und Steinadler hier finden kann. Wegen der vielen potentiell gefährlichen Wildtiere, die im Wald herumstreifen, gehen Sie am besten immer in Gruppen, besonders im Winter.

AKTIVITÄTEN

Tara scheint wie gemacht zum **Wandern**. Es gibt 120 km Wanderwege, von einfachen auf dem Plateau, bis zu schweren Kletterpfaden auf die Gipfel und hinauf und hinab an den zerklüfteten Flanken; alle aufgezeichnet in einer Karte, die sie im Info-Zentrum erhalten können.

Das flache Hochland von Tara bietet außerdem perfekte Voraussetzungen zum **Mountainbikefahren.** Ein Projekt mit dem Namen Taracikl ist im Gange und wird nach seiner Vollendung erstaunliche 250 km Radweg in und um den Nationalpark bieten.

Für diejenigen, die etwas Extremeres suchen, organisiert die Agentur «Wild Tara» *(Tel.:061 66 82 667)* Canyon-Touren an zwei Orten im Gebirge an.

Tara ist außerdem ein Paradies für Jäger, die die zahlreichen Jagdhütten vorallem wegen der Gämsen, des Rotwilds und den Wildschweinen aufsuchen, wobei Bären nur verfolgt und beobachtet werden dürfen.

Wer am **Angeln** interessiert ist, kann seine Angel auf dem Zaovinski See oder dem Peruća See nach Kaulbarschen, Seewölfen, Hechten und Forellen auswerfen *(siehe S. 197)*. Die Angelerlaubnis wird vom Nationalpark ausgestellt *(am Tag 800 din, für eine Woche 1200 din)*.

⓫ Mokra Gora

600

Mokra Gora Nature Park, 031 315 22 19

Kustendorf, drittes Wochenende im Januar

Mokra Gora („Nasser Berg“) ist der Name eines malerischen Bergdorfs (600 m Höhe) und des Naturparks, der es umgibt, beides an der Grenze mit Bosnien-Herzegowina. Dank der kleinen Schmalspureisenbahn und dem Touristenkomplex, den der Regiseur Emir Kustorica gebaut hat, wurde Mokra Gora zu einem der interessantesten Touristenziele des Landes.

Um ein Fahrzeug in den Naturpark mitbringen zu können, muss man eine Gebühr entrichten.

Die Hauptattraktion ist die Schmalspurbahn (76 mm), die eine wundervolle Route bergaufwärts Richtung Kremna fährt *(siehe unten)*. Es ist ein Teil der alten Eisenbahnlinie von Užice nach Sarajevo, die ab 1925 in Betrieb war. Die Konstruktion ermöglichte vielen Bergbewohnern sofort einen leichten Zugang zum Rest der Welt. Der Verkehr wurde 1974 wegen ihrer Baufälligkeit und zunehmender Verlusten geschlossen. Aber seit 1999 hat man langsam begonnen, sie zu renovieren und expandieren, hauptsächlich dank der Initiative der Dorfbewohner selbst. Das interessanteste Merkmal der Bahnlinie, das ihr Ruhm und den Namen «Šargan Acht» *(Šarganska osmica)* einbrachte, ist die erstaunliche Meisterleistung der Ingenieure, die in einer Höhe von 300 m eine außergewöhnliche Schleife in Form einer „8“ konstruierten. Die 15 km lange Linie von Mokra Gora zur Šargan-Vitasi-Station geht in einer Zickzack-Route bergab durch 22 Tunnel und über 10 Brücken mit beeindrückender Aussicht. Die Fahrt mit der Dampflokomotive und den dazu passenden holzgetäfelten Passagierwaggons führt einen durch die wunderschöne Landschaft und einige kleine Bahnhöfe, und ist eine reizvolle, kurzweilige Reise. Vom 15. April bis zum 15. Oktober finden der Fahrten regelmäßig viermal am Tag für je 2 Stunden statt *(Karten für Erwachsene 600 din, Kinder 300 din)*.

Die alte Bahnlinie wurde kürzlich auch mit Višegrad in Bosnien-Herzegowina, bekannt für seine osmanische Brücke über die Drina, verbunden, was ein neue Option für einen Tagesauflug bietet.

Der Regisseur Emir Kustorica drehte seinen Film „Das Leben ist ein Wunder“ in Mokra Gora. Weil er so fasziniert von der Landschaft war, entschied er sich, einen Komplex um seine Schule für Filmregie auf dem **Mećanik-Hügel** über dem Zentrum des Dorfes. Das gesamte Schulgelände wurde in einem Stil gebaut, der zur lokalen ländlichen Architektur passt, hauptsächlich aus Holz, weshalb es den Namen **Drvengrad** *(Hölzerne Stadt)* erhielt. Der Eintritt zu dem Gelände kostet 200 din. Dort finden Sie eine bildschöne Kirche, ein Restaurant, ein Café, ein Konfektionsgeschäft und einen Souvenirladen. Alle mit viele hübschen Details verschönert und mit witzigen Namen. Drvengrad ist so etwas wie das zweite Zuhause von Kusturica, ein Ort, wo er seine Freunde um sich versammelt und wo er verschiedene Events organisiert, von denen das Filmfestival «Kustendorf» am bekanntesten ist.

Die gewundenen Bahnschienen der Šargan Acht

Drvengrad auf dem Mećanik-Hügel

AKTIVITÄTEN

Die populärste Aktivität im Winter ist das Skilaufen in Iver, etwa 8 km von Mećavnik entfernt, wo ein Lift Sie auf die Spitze des Berges bringt, und von wo aus Sie vier verschiedene Pisten nehmen können.

UMGEBUNG

Die Straße nach Mokra Gora führt durch das Dorf

Kremna, das in dem Tal gelegen ist, welches Tara und Zlatibor voneinander trennt. Kremna ist bekannt für die Propheten Miloš (1809-1854) und seinen berühmteren Neffen Mitar Tarabić (1829-1899), deren Vorhersagen in einer wunderbaren antiquierten Sprache erhalten sind, und die in Serbien zum Allgemeinwissen gehören. Außer Tarabićs Häusern und den Gräbern auf dem Dorffriedhof, ist noch Moljkovića Han sehenswert, ein attraktives Beispiel für Balkan-Architektur.

12 Užice

- 56,000
- Dimitrija Tucovića 52, 031 513 485
- Mihaila Pupina 1, 031 521 765
- 031 513 165
- Springen von der Alten Brücke, Anfang August

Die Stadt Užice liegt bei der Stelle, wo der Fluss Djetinja seine Schlucht verlässt und weiter durch ein Tal fließt, das zwischen Hügeln und Felsen eingekeilt ist. Seine großen Erhebungen und die Häuser, die auf den Hügeln aneinandergereiht stehen, sehen aus der Ferne viel beeindruckender aus, als aus der Nähe, und doch schaffen sie eine ganz spezielle Atmosphäre. Gibt man die Aura einer «Partisanenstadt» hinzu, die man an vielen Orten fühlen kann, dann wird Užice ein eigenartiger, aber interessanter Ort für einen Besuch.

GESCHICHTE

Užice wurde zum ersten Mal 1329 erwähnt, als der Markt unterhalb der Festung von Händlern aus Dubrovnik frequentiert wurde. Im späten 14. Jahrhundert wurde die Festung zur Hochburg von Nikola Altomanović, einem jungen Adligen, dem es gelungen war, alle Nachbarn gegen sich aufzubringen. 1373 verbündeten sich Fürst Lazar und Ban Tvrtko gegen Altomanović, belagerten die Festung in Užice, nahmen ihn gefangen, blendeten ihn und schickten ihn in ein Kloster. Die Türken überrannten die Stadt 1456, und machten sie zu einer Bezirkshauptstadt ihrem Reiches. Die Stadt entwickelte sich schnell und wurde bekannt für ihre Handwerker, besonders diejenigen, die Leder verarbeiteten, aber auch für ihre Gelehrten, die Arabisch und Persisch beherrschten. Am Ende des 16. Jahrhunderts war Užice nach Belgrad die am zweitmeisten bewohnte Stadt in Serbien. Mit den Kriegen in 18. Jahrhundert wuchs die Bedeutung der Festung, während die Siedlung vielfach niedergebrannt wurde. Die Serben eroberten die Stadt und die Festung während des Ersten Serbischen Aufstandes, aber die türkischen Truppen kamen später wieder zurück und blieben dort bis 1863. Befreit von der Bedrohung der türkischen Kanonen entwickelte sich die Stadt zum Zentrum der Bergregion, wohin die Bauern aus der Umgebung *Kajmak* (Milchrahm), Schinken, Kleinholz und Teer brachten, Produkte, die dann on hier aus nach ganz Serbien geliefert wurden. Die Stadt war auch bekannt für ihre vielen Handwerker, Brunnen, Gaststätten und Bäckereien, die in Kombination mitenander einen ganz spezifischen Charakter bekamen. 1941 wurde die Stadt von den Partisanen befreit und war für kurze Zeit das Zentrum des befreiten Territoriums, «Republik Užice» genannt. Den Partisanen gelang es, 67 Tage lang die Kontrolle über die Stadt zu behalten, bis die Deutschen einmarschierten und massiv Vergeltung übten. Wegen all dieser Ereignisse wurde Užice 1946 in Titovo («Titos») Užice umbenannt, und hieß so bis 1992. In kommunistischer Zeit erhielt die Stadt einige Ausfmerksamkeit und entwickelte sich schnell. Um der steigenden Einwohnerzahl in dem engen Tal gerecht zu werden, entschieden sich die Verantwortlichen, einige Hochhaussiedlungen zu bauen, die noch heute das Markenzeichen der Stadt sind. Die Stadt hat sich seitdem auf die steilen Hänge der Umgebung ausgedehnt, wobei manche Straßen zu Serpentinen wurden, und manche Vororte, die hinter den ersten Hügeln liegen, vollkommen von der Stadt getrennt sind.

Der Blick auf Užice von der Straße nach Zlatibor aus

SEHENSWÜRDIGKEITEN

Das unbestrittene Zentrum der Stadt ist der breite Stadtplatz **Trg Partizana.** Er wurde nach dem Zweiten Weltkrieg angelegt und nach den kommunistischen Guerilla-Kämpfern benannt, die die Stadt 1941 hielten. Er wurde entworfen, um zu beeindrucken, doch heute wirkt er eher leer und scheint eine sinnlose Platzverschwendung zu sein. Ein anderes Statement des kommunistischen Jugoslawiens ist das riesige **Hotel „Zlatibor“** (1980), dessen 15 Stockwerke rohen Betons über dem Platz thronen, und das heute eines der Wahrzeichen der Stadt ist, auch bekannt unter dem Namen „Sivonja“ („Grauer Affe“). Gegenüber liegt das horizontale **Theater**-Gebäude (1968), das – wie viele andere Gebäude – stark renovierungsbedürftig ist.

Gehen Sie die Hauptstraße, Dimitrija Tucovića, im Osten entlang und durch den angenehmen **Mali Park** mit seinen Grünflächen, dem Rathausgebäude und der **Opančarska Česma**, einem Drinkbrunnen, der von der Zunft der Opankenmacher *(Opanken sind die Lederschuhe der Bauern)* aufgestellt wurde. Während der Mali park ein Treffpunkt für die Rentner ist, ist der benachbarte Platz **Trg Svetog Save** Treffpunkt der Jugend, vor allem wegen des Gymnasiums, dessen stattliches Gebäude den Platz ziert. In der Mitte des Platzes steht die **St.-Georgs-Kirche** (1842).

Auf der Nordseite des Platzes steht das **Jokanović-Haus**, in dem sich heute eine **ethnographische Sammlung** befindet *(Slanuška 10a, Tel.:031 513 035, Öffnungszeiten: 1. April-31.Okt. Mo-Sa 8-17 Uhr, sonst 8-15 Uhr, Eintritt: 120 din)*. Das Haus wurde als ausgezeichnetes Beispiel eines Stadthauses aus dem 19. Jahrhundert gewählt, das im orientalisch-balkanischen

Die alte St.-Markus-Kirche

Stil, der sich sehr von der einheimischen Architektur unterscheidet, gebaut wurde. Es gehörte einer respektablen Händlerfamilie aus Užice, die auch mehrere Gasthäuser besaß. Der Rakija, der in den Gasthäusern serviert wurde, wurde in diesem Haus gebrannt, was ihm den Spitznamen Pecara («Destille») einbrachte. Heute gibt es in dem Haus die permanente Ausstellung «Das Stadthaus im Užice des 19. und frühen 20. Jahrhundert».

Ein Spaziergang die Vojvode-Demira-Straße hinauf bringt sie zum **Rakija Pijac** (Schnapsmarkt), wo im 19. Jahrhundert Handel mit Spirituosen betrieben wurde. In seiner Mitte ist wieder einer von Užices Trinkbrunnen, dieser wurde von der Zunft der Gasthausbesitzer und Bäcker aufgestellt.

In der gastfreundlichen Umgebung von modernen Wohnblocks steht die **Kirche des Hl.Markus**. Sie ist die älteste Kirche der Stadt, 1828 erbaut, und hat ein Steildach, wie sie für Westserbien charakteristisch sind. Daneben ist ein dreistöckiger hölzerner Glockenturm aus dem Jahr 1890. Die Kirche verfügt über eine Sammlung von antiken Gravuren und Arbeiten einheimischer Silberschmiede.

Ethnographische Sammlung im Jokanović-Haus

Das **Nationalmuseum** *(Dimitrija Tucovića 18, 031*

Die riesige Tito-Statue, die sich z.Z. im Hof des National-museums befindet

521360, Öffnungszeiten und Eintritt wie oben) ist am Fuß eines bewaldeten Hügels in einem robusten Gebäude, in dem sich das Hauptquartier der Partisanenorganisation „Nationale Befreiungsbewegung für Jugoslawien“ zusammen mit dem Zentralkomitee der kommunistischen Partei Jugoslawiens befand, ebenso wie die Waffen- und Munitionsfabrik der Partisanen im Keller des Gebäudes. Im Hof des Museums gibt es eine riesige **Tito-Statue**, eine Arbeit von Frane Kršinić aus dem Jahr 1961, die bis 1990 auf dem Platz Gradski trg stand. Es ist eine von nur wenigen Tito-Statuen ehemalige Jugoslawien. Das Museum besteht aus drei Teilen: Der erste Teil, über die Entstehung und Entwicklung der Stadt, präsentiert durch eine Anzahl an interessanten Objekten ist am attraktivsten für Touristen; der zweite stellt die Werke von Mihailo Milovanović (1879-1941) aus, dem ersten akademisch ausgebildten Maler der Stadt, und der dritte (im Untergeschoss), der sich mit der Geschichte der Waffenproduktion beschäftigt, hat man von der stillgelegten «Prvi partizan»-Fabrik übernommen, die u.a. auch Waffen herstellte.

Das attraktivste Denkmal ist sicherlich die **Festung.** Ihre Überreste befinden sich westlich des Stadtzentrums auf einem hohen Felsen, unter dem der Fluss Djetinja s-förmig verläuft. Um sie zu erreichen, gehen Sie von der Dimitrija-Tucevića-Straße aus durch die Kurlagina und die Hercegovačka und biegen dann links ab zur Gradska. Als die türkischen Truppen 1867 die Zitardelle verließen, feierten die wütenden Serben den Abzug der früheren Feudalherrn auf die Art, dass sie die Festung einrissen und das meiste Material für ihre Häuser verwendeten. Das unzugängliche Fort ist in dreieckiger Form angelegt und wurde von fünf Türmen geschützt. Der engere Teil endet mit den Überresten des Wasserturm, von wo aus man den Fluss überblicken kann.

Der dramatische Eingang in die Potpeć-Höhle

Die Ruinen der Užice-Festung

Der Lieblingsplatz der Einheimischen im Sommer ist der Djetinja-Strand. Der schönste Weg, dorthin zu gelangen, ist die Flusspromenade. Hoch über dem westlichen Ende des Strandes ist eine Eisenbahnbrücke, von der sich die Mutigsten und Geschicktesten während des alljährlichen Wettbewerbs Anfang August in den Fluss stürzen. Dahinter, in einer malerischen Landschaft mit einem wunderschönen kleinen Wasserfall, befindet sich das alte **Miniaturwasserkraftwerk** von 1900. Dies war das zweite Kraftwerk der Welt, in dem Teslas Gesetz des Mehrphasenstroms angewendet wurde.

UMGEBUNG

Die **Potpeć-Höhle**, ein erstaunliches Naturdenkmal, befindet sich im Dorf Potpeće, 14 km östlich von Užice, etwas abseits der Straße nach Požega. Der Eingang zur Höhle, eingeschnitten in den Kalkstein, ist der monumentalste in Serbien: Mit 50 m Höhe, am Boden 12 m und oben 22 m Breite, ähnelt er einer Kuppel. Der Fluss Petnica, dessen Wasser sich aus dem Felsen gegraben hat, entspringt

Die Leckere Bombe

Ein Besuch in Užice ist nicht vollständig ohne die einheimische Spezialität - *užička lepinja*, auch *komplet* (Set) *lepinja* genannt – eine wohlschmeckende Spezialität, die die Delikatessen der Stadt weithin berühmt gemacht hat. *Lepinja* ist eine Art flaches Brot und die Basis dieses beliebten Snacks. Sie wird horizontal aufgeschnitten, zu einem «Topf» und einem «Deckel», und mit Kajmak, einem dicken Milchrahm aus dieser Gegend, und einem gequirlten Ei gefüllt, bevor sie für einige Minuten in den Ofen kommt. Als wäre das nicht schon genug, wird oben drauf noch Bratensaft gegeben, der dritte – und für die meisten der wichtigste – Bestandteil des «Sets» *(komplet)*, der dem Essen seinen Namen gegeben hat. Obwohl sie nicht sehr groß ist, ist eine *užička lepinja* eine solche Kalorienbombe, dass sie manch einem zu viel sein könnte. Doch das Positive ist, dass sie normalerweise am Morgen gegessen wird, und sie ist dazu bestimmt, einem so viel Kraft zu geben, dass man den ganzen Tag nicht an Essen denken muss. Der älteste und traditionellste Ort in Užice, um sie zu essen ist «Šuljaga» *(Petra-Celovića-Straße)*, wo man den Saft gleich vom eigenen Spießbraten nimmt. Viele schwören, dass der beste Ort das modernere „Blue Moon" ist, *(Mage Magazinović 40)*, aber wo auch immer in Užice Sie die Lepinja probieren, Sie werden es nicht bereuen.

Die "Weiße Kirche" im Dorf Karan

in der Höhle. Der Teil der Höhle, der für Touristen geöffnet ist, ist 555 m lang *(1.April-1.Nov. 10-17 Uhr, Eintritt: Erwachsene 150 din, Kinder bis 14 Jahre 100 din).* Es ist wichtig zu wissen, dass Sie, um den Eingang zu erreichen, nicht weniger als 700 Stufen steigen müssen.

Das Dorf gleich neben Potpeće ist **Zlakusa** berühmt für Keramiken aus einheimischem Ton. Heute kommen die meisten Besucher, um den Ethno-Park **Terzića Avljia** zu sehen, eine Gruppe von schön restaurierten Häusern mit einem Restaurant und einigen Zimmern zum Übernachten.

13 km nordöstlich von Užice liegt das Dorf Karan, bekannt für seine mittelalterliche **Weiße Kirche von Karan** *(Bela crkva karanska)*, die nach der Farbe ihrer Fassade benannt ist. Die einfache, der Mutter Gottes gewidmete Kirche stammt aus dem Jahr 1335. Sie ist eine Stiftung von Brajan, einem niederen Adligen, für König (später Zar) Dušan (1331-1355), der auch an den inneren Wänden zusammen mit seiner Frau Jelena und seinem Sohn Uroš portraitiert ist. Die Wandmalerei zeigt auch ein Portrait des Stifters (die Kirche in seinen Händen haltend) und seiner großen Familie, hauptsächlich Frauen in aufwenig verzierten Gewändern, Kopfbedeckungen mit Schleiern und großen Ohrringen.

Die Straße Richtung Bajina Bašta führt auch nach **Kadinjača** (14 km), die Gedenkstätte, die die Stelle markiert, wo 1941 ein spärlich bewaffnetes Arbeiterbattalion versuchte, den Vormarsch der Deutschen auf Užice aufzuhalten. Das Herzstück des Geländes ist eine bescheidene Steinpyramide, die 1952 aufgebaut wurde, während die großen Skulpturen und die Blöcke aus weißem Stein 1979 hinzukamen, und es zu einem der beeindruckendsten Denkmäler für den Zweiten Weltkrieg in Serbien machten. Das kleine **Museum** gleich nebenan *(Mo-Fr 7.30-17 Uhr, Sa 7.30-15 Uhr, Eintritt: 50 Din.)* befasst sich mit diesem historischen Ereignis.

Das Partisanendenkmal von Kadinjača

⑬ Zlatibor

3,000

Miladina Pećinara 2, 031 841 646

031 841 587

Guča-Vorausscheidung, Ende Juli

Zlatibor ist eine Hochebene 25 km von Užice entfernt, mit einer gleichnamigen Siedlung im Zentrum dieser Touristenregion. Wegen seiner wunderschönen Natur und der sauberen Luft, hat sich Zlatibor zu einem der führenden Standorte für Bergtourismus in Serbien entwickelt, der hauptsächlich auf Familien ausgerichtet ist. Zlatibor hat jedoch mit der Urbanisierung, Kommerzialisierung und Popularisierung viel seiner Unverdorbenheit eingebüßt und viele Leute, die hierher kommen, verlassen kaum das Zentrum.

Zlatibor verdankt seine Popularität vor allem seinen scheinbar zahmen Ausdehnungen mitten in der schönen Wildnis der Berge. Zlatibor Stadt (bis vor einem Jahrzehnt Partizanske Vode und davor Kraljeve Vode) befindet sich im Zentrum der Hochebene auf etwa 1.000 m über dem Meeresspiegel, eingerahmt von einigen sanft ansteigenden Berggipfeln. Der Fluss Crni Rzav, mit vielen Nebenflüssen und glasklarem Wasser, verläuft südlich des Plateaus. Mit etwa 200 Sonnenstunden im Jahr und langen Wintern mit Temperaturen unter null Grad von November bis März sorgen für über hundert Tage Schnee, somit hat Zlatibor ein Kima, das wie gemacht ist für den Bergtourismus.

GESCHICHTE

Bis zur Mitte des 19. Jahrhunderts war dieses Gebirge als Rujno bekannt, wegen der bloßroten *(rujan)* Farben seiner weiten Felder, die von großen Schafherden durchkreuzt werden, die für die berühmten Milchprodukte sorgten, die es im ganzen Land bekannt machten. Es gab fast keine Wege in dem Gebiet, sodass sich die Einheimischen darauf spezialisierten, Ladungen auf ihren kleinen Pferden durch ganz Westserbien zu transportieren. Der neue Name Zlatibor („Goldene Pinie“) kommt von einem prächtigen Baum (lat. *Pinus Silvestris v. Zlatiborica*), den es in dieser Gegend leider nicht mehr gibt.

Seit Menschengedenken war das Hochland für seine klare Luft bekannt, die besonders all jenen gut tut, die an Lungenerkrankungen leiden, und für die angenehmen Sommertemperaturen. Doch das Gute, das seine ungewöhnliche Schönheit für die Seele tat, war ebenfalls ein Faktor, der zuerst die türkischen Beys und später serbische Kaufleute aus den benachbarten Städten anzog. Nichtsdestotrotz wurde Zlatibor erst einem breiteren Publikum bekannt, als 1893 der König Aleksandar Obrenović zu Besuch kam, woran ein Trinkbrunnen mit dem Namen Kraljeva Voda («DasWasser des Königs») erinnert. Wohlhabende folgten dem Beispiel des begeisterten Königs und 1908 wurden das erste Hotel, ein Restaurant und eine Bäckerei gebaut. Das richtige Touristenzustrom begann 1927 mit dem Bau der Straße aus Richtung Užice, und kleine Villen begannen, ihm ein neues Aussehen zu verleihen. Nach großer Zerstörung im Zweiten Weltkrieg wurden in den 1960er Jahren neue,

Der See im Zentrum des Ferienortes Zlatibor

größere Ferienanlagen, sowie einige medizinische Zentren eingerichtet. In Kombination mit der Straße, die nach Montenegro und an die Adriaküste führt, begann eine neue Ära für Zlatibor, das von da an einer der führenden Touristenorte in Serbien wurde.

SEHENSWÜRDIGKEITEN

Das **Zentrum** der Stadt liegt an einem kleinen See – zum Schwimmen im Sommer und zum Schlittschuhlaufen im Winter: Am See entlang stehen kleine Holzhäuschen mit Geschäften, Cafés und Restaurants, und am anderen Ende befindet sich der städtische Busbahnhof und der Marktplatz. Auf dieser Strecke spielt sich sowohl tagsüber als auch nachts das Leben ab, während die Hotels, Pensionen und Restaurants überall in diesem Bergstädtchen verteilt liegen. Basketball-, Fußball-, Volleyball- und, natürlich, Tennisplätze sind reichlich vorhanden, wie auch Hallen- und Freibäder.

Die wunderschöne Natur von Zlatibor

Zlatibor bietet bemerkenswerte Bedingungen für eine Vielzahl an Spaziergängen von einfach bis zu ernsthaften Wandertouren. Da das Plateau meistenteils flach ist, ist auch Mountainbikefahren sehr beliebt. Der am wenigsten anstengende Spaziergang führt zum **Šumatno Brdo** (1.063 m), wo Sie das Denkmal für die Opfer des deutschen Vergeltungsschlags im Jahr 1941 finden können. Viele entscheiden sich für einen etwa einstündigen Spaziergang weiter Richtung Südwesten zum ersten hohen Gipfel – dem **Čuker** (1.358 m).

Ein Spaziergang den Bergkamm entlang in dieselbe Richtung führt Sie durch einige der schönsten Landschaften im Hochland bis zum Gipfel des **Čigota** (1.422 m), von dem aus man den Ausblick in alle Richtungen genießen kann. Der Weg von etwa 12 km hin und zurück dauert etwa drei Stunden in eine Richtung, ist aber überhaupt nicht anstrengend.

Südwestlich der Stadt befindet sich der große Ribničko Jezero, ein Stausee auf dem Crni (Schwarzen) Rzav, der so wegen des schwarzen Gesteins in seinem Tal heißt. Da die Stadt und die umliegende Gegend ihr Trinkwasser von hier bekommen, ist das Schwimmen verboten, aber man kann hier Häslinge, Forellen, Karpfen usw. angeln.

Der höchste Gipfel von Zlatibor, der **Tornik** (1.496 m,

25 km entfernt von Zentrum von Zlatibor), erhebt sich über dem See, und ist mit Nadelwald bedeckt. Am Fuß des Berges befindet sich ein Skizentrum mit zwei Liften, die im Winter regelmäßig genutzt werden. Wenn Sie im Sommer hier sind, kommen Sie an einem Mittwoch, Samstag oder Sonntag, wenn einer der Skilifte zwischen 11 und 18 Uhr Touristen zum Gipfel bringt.

Einige der schönsten Sehenswürdigkeiten befinden sich in den westlichen Ausläufern von Zlatibor. Nachdem sie das Dorf Rožanstvo passiert haben, setzen Sie den Weg fort RichtungSirogojno und halten Sie Ausschau nach Schildern, die Sie zur **Stopića Pećina** (*19 km vom Zentrum von Zlatibor entfernt, Tel.: 031 583 377; täglich von 9.30-18 Uhr; Eintritt: Erwachsene 150 Dinar, Kinder 100 Dinar*), die schönste der Höhlen in dieser Gegend und die einzige Höhle in Serbien, die einer Familie gehört, auf deren Besitz sie liegt. Die 1.651 m lange Höhle ist ein das Produkt des Baches Trnavski Potok, der durch sie hindurch fließt. Ihre wichtigsten Merkmale sind er beeindruckende Eingang (35m breit und 18 m hoch) und die exquisiten Travertinröhren, der Anzahl, Größe und Tiefe mit bis zu 7m ihresgleichen in der Region sucht.

Weiter dieselbe Straße entlang geht es zum berühmten Dorf Sirogojno (630 Einwohner, 26 km von Zlatibor entfernt). 1979 wurde der besterhaltene Teil des Dorfes mit den Wohnstätten typisch für Südwestserbien unter staatlichen Schutz gestellt. Kurz darauf wurden einige andere Häuser aus umliegenden Dörfern hierhergebracht, um das Bild der Architektur dieser Gegend zu vervollständigen. Der gesamte Komplex ist heute bekannt als **Freilichtmuseum «Altes Dorf»** (*Muzej na otvorenom «Staro selo», Tel.: 031 3802 291; 1. April bis 1. Nov. 9-19 Uhr, sonst 9-16 Uhr; Eintritt; 150 Dinar, Kinder unter 7 Jahren frei*). Es besteht aus fünfzig Gebäuden, die das Leben in früheren Jahrhunderten in diesem Teil Serbiens aufzeigen. Die Häuser, die hier zu sehen sind, sind alle spezifisch für einen Großteil der Dinarischen Alpen, die sich über ganz Bosnien und einen großen Teil Kroatiens, der weitgehend von Serben bewohnt wird, erstrecken. Obwohl diese Häuser zumeist im 19. oder zu Beginn des 20.Jahrhunderts gebaut wurden, haben sie ein sehr archaisches Design, das sich über die Jahrhunderte kaum verändert hat. Jede der großen Familien hatte ein zentrales Gebäude, «das Haus» (kuća), wo der Kopf der Familie lebte und sich alle versammelten. Jeder der Söhne hatte sein eigenes «Gebäude» (*zgrada*), wo er mit seiner eigenen Familie lebte. Darum herum standen verschiedene andere Bauten, wie die Milchkammer, die Korn- und Getreidespeicher, die Scheune usw. Die Häuser wurden an den Berg gebaut, mit einem Steinfundament, das als Keller diente, der zur Hälfte in den Berg gehauen wurde. Der obere Teil des Hauses, den man als Wohnbereich nutzte, wurde ganz aus Holz gemacht, meist ohne Bindematerialien, sogar ohne Nägel. Die sehr steilen Schindeldächer hatten ganz spezielle Schornsteine. All dies und noch viel mehr über das Leban der Menschen in dieser Gegend können Sie im Museum erfahren, das auch ein schönes **Geschäft** betreibt, in dem man Souvenirs von den berühmten Sirogojno-Pullovern aus dicker Wolle bis zu typischen hausgemachten Produkten wie Marmelade, *Slatko* und *Rakija* kaufen kann. Einige der Holzhäuser wurden für die Unterbringung von Besuchern eingerichtet, eins ist heute eine **Pflanzenapotheke** und ein anderes eine **Kneipe**, die Mahlzeiten serviert, die zu ihrem altmodischen Ambiente passen.

Holzhäuser im Freilichtmuseum Sirogojno

Auf der Spitze des Berges, oberhalb der Häuser, steht die **Kirche der Heiligen Peter und Paul**, die im Jahr 1764 erbaut wurde. Der massive Glockenturm wurde hundert Jahre später hinzugefügt. Die Ikonostase ist das Werk des berühmten Simeon Lazović. Um die Kirche herum befinden sich viele Grabsteine aus dem 18. und 19. Jahrhundert.

Die Stopić-Höhle

Etwa 12 km weiter südlich von Sirogojno befindet sich **Gostilje** (240 Einwohner), bekannt für seinen Dorftourismus und noch bekannter für seinen beeindruckenden **Wasserfall** (*vodopad*) auf dem Fluss Katušnica. In dem Dorf gibt es auch ein kleines Camp und eine Forellenfarm.

Elf Kilometer westlich, durch das hübsche Dorf Ljubiš (26 km von Zlatibor entfernt), kommt man zurück auf die Hauptstraße, die von Norden nach Süden durch Zlatibor führt. Halten Sie sich nordwärts und biegen dann nach links ab zu dem Dorf **Dobroselica** (360 Einwohner). Am Südeingang des Dorfes, neben dem örtlichen Friedhof, steht eine kleine Holzkirche (1821) im Schatten einer mächtigen Pinie.

Der Wasserfall von Gostilje

AKTIVITÄTEN

Wie zu erwarten bietet Zlatibor einiges, um sie aktiv zu halten. Lassen Sie uns mit dem, was am wenigsten anstrengend ist beginnen: Sie können ein **Tretboot** auf dem See im Zentrum mieten oder **Zorbing** ausprobieren, bei dem man in einem transparenten Ball über den See läuft, was allerdings nicht gerade billig ist (*200 Dinar für 5 Minuten*). Es gibt mehrere kleinere **Schwimmbäder** in der Umgebung, mit Preisen für eine Tageskarte zwischen 400 Dinar (Romantika) und 1.200 Dinar (Satelit). Die meisten davon bieten auch ein Wellness-Programm an. Das meistbesuchte Freibad in Zlatibor ist das Olimp (*Erwachsene 350 Dinar, Kinder 150 Dinar*). Die meisten exklusiveren Hotels und Pensionen stellen auch Fitnessräume zur Verfügung, aber man kann auch eine der **Laufbahnen** wie die 700 m lange auf dem Karaula-Berg, nutzen.

Im Winter gibt es einige Orte, an denen man die weißen Hänge hinunter gleiten kann, die meisten davon ohne hohen Anspruch – wie Obudovica im Zentrum des Resorts – während die schwierigen **Skipisten** sich am Tornik befinden (*siehe oben*). Am Fuß des Berges Šumatno gibt es auch eine markierte **Langlaufläupe.**

Wenn Sie eine anderen Zeit im Jahr zum Tornik kommen, können Sie **Tubing** ausprobieren, dabei rutscht man auf Reifen den berg hinunter. Auf den Tornik kommt man auch zum **Paragliding**; der örtliche Klub heißt Cirus (*Tel.:064 9787745*). Es gibt einige Orte, an denen man **Mountainbikes** mieten kann, zumeist für den Tagespreis 400 Dinar.

In Zlatibor kann man auch sehr gut **reiten**, der Klub Zlatibor (*Tel.: 064 411 28 64*) bietet Reiten auf der Farm an oder eine Tour mit Führer ins Hochland. Für diejenigen, die Pferde mögen, aber nicht reiten können, fahren in Zlatibor einige **Kutschen** herum, die fünfminütige Fahrten anbieten oder Sie zu irgendeinem Ziel rund um das Resort fahren.

Nach einigen Runden durch die Stadt Zlatibor gehen die Touristen meist in eins der Restaurants mit künstlichen Seen, die im umliegenden Hochland entstanden sind. Im Westen, auf dem Weg zum Bahnhof, der am nächsten an Zlatibor liegt (12 km) befinden sich Kod Komša und Zlatoborska Jezera; Jokino Vrelo, das auch über einen Fischweiher verfügt (*Tagesgenehmigung 300 Dinar für Karpfen, 500 Dinar für Forellenfliegenfischen)* liegt an der Straße nach Višegrad.

Die örtliche Touristenorganisation arrangiert viele Ausflüge an verschiedene Orte in Zlatibor und darum herum; dienstags z.B. geht es nach Stopića Pećina und Sirogojno (800 Dinar), wie auch zu Mokra Gora (800 Dinar, *siehe S. 200*), während man mittwochs eine Tour zum Tornik macht (*600 Dinar inklusive Skiliftfahrt auf den Gipfel*).

Auf dem Weg zum Bahnhof, etwa 12 km von der Stadt entfernt, befindet sich der Resort-Komplex „Kod Komša», mit einem kleinen Bereich zum Schwimmen in einem gestauten Teil des Flusses. Das lokale Touristenbüro arrangiert viele Ausflüge zu verschiedenen Zielen in Zlatibor und Umbegung; dienstags z.B. geht es zur Stopića Pečina und Sirogojni (*800 Dinar*), wie auch zur Mokra Gora (*800 Dinar, siehe S. 200*), und mittwochs zum Tornik (*600 Dinar, inklusive Lift zum Gipfel*).

Ausritt an einem Winternachmittag

14 Čačak

74,600

Trg Ustanka 4, 032 342 360

Lomina 67, 032 22 22 11

Železnička kolonija 1, 032 223 529

Morava Rafting, dritter Sonntag im Juli
Kultursommer, August
Cartoons festival "Animania", Oktober

An der Hauptstraße von Belgrad Richtung Montenegro und Kosovo gelegen, ist Čačak schwer zu verfehlen. Die angenehme Stadt unterhalb des stark bewaldeten Berges Jelica ist ebenso stolz auf ihre aktive Wirtschaft, wie auf ihre heroische Vergangenheit. Die Kombination dieser beiden macht die Region auf jeden Fall einen Zwischenstopp wert. Sie ist außerdem der beste Ausgangspunkt, um von dort aus die Klöster Ovčar und Kaplar zu besuchen *(siehe nächstes Kapitel)*.

GESCHICHTE

Ehemals Grabac genannt, entwickelte sich die Stadt im Mittelalter um das Kloster, das als Bischofssitz diente. Ihr neuer Name wurde zum ersten Mal im Jahre 1405 erwähnt. Während des Zweiten Serbischen Aufstandes 1815 wurde ein entscheidender Sieg gegen die türkische Armee auf dem Hügel Ljubić oberhalb der Stadt erzielt. Nach seiner Befreiung wurde Čačak die Residenz des Bruders von Fürst Miloš Obrenović, Jovan, und später Kreisstadt. In den vergangenen Jahren entwickelte sich die Stadt hauptsächlich dank vieler Kleinunternehmer weiter. Sympatisanten der Oppositionspartei aus Čačak waren führend in der Kette von Ereignissen am 5.Oktober 2000, als das Regime von Slobodan Milošević gestürzt wurde.

Die Himmelfahrtskirche, der zentrale Punkt von Čačaks Entwicklung

SEHENSWÜRDIGKEITEN

Die **Himmelfahrtskirche** *(Crkva Vasnesenja Gospodnjeg)* ist das älteste Gebäude der Stadt und ihr Mittelpunkt. Die Kirche war einst ein Teil des Klosters Gradac, im 12. Jahrhundert erbaut, als Stiftung des Prinzen Stacimir, Bruder von Stefan Nemanja. Während der türkischen Besatzung diente sie als Moschee – der obere Teil der Kirche mit seiner untypisch breiten Kuppel ist ein Relikt aus dieser Zeit. Sie wechselte mehrere Male die Konfession, bis sie schließlich 1834 wieder in den Besitz der orthodoxen Kirche kam. Einige Bestandteile der Originalverzierungen kann man noch immer an den Fassaden sehen. In der Kirche befindet sich eine wunderschöne Ikonostase aus dem Jahr 1846.

Gegenüber der Kirche steht das monumentale **Gymnasiums-Gebäude.** Mit dem Bau nach einem Entwurf von Dragutin Maslać wurde 1910 begonnen, beendet wurde er jedoch wegen der drei Kriege, die in der Folgezeit stattfanden, erst fünfzehn Jahre später. Das größte Gebäude der Stadt, das aus der Zeit vor dem Zweiten Weltkrieg stammt, ist im nationalen Stil gehalten und wird durch rhythmisch arrangierte Öffnungen belebt. Auf einem kleinen Platz direkt davon steht das **Denkmal für Nadežda Popović,** eine der berühmtesten Maler des Landes und gebürtig aus Čačak *(siehe unten)*.

Auf der anderen Seite der Kirche befindet sich das **Gut des Herrn Jovan** *(Gospodar Jovanov konak)*. Dieses wundervolle Beispiel balkanischer Architektur stammt aus dem Jahr 1835. An der Frontmauer befindet sich ein großes Gemälde des Wappens der Obrenović-Dynastie. Heute wird das Haus als Museum genutzt *(Narodni muzej, Tel.:032 222 169; Öffnungszeiten: Di-Fr 9-17 Uhr, am Wochenende 9-13 Uhr; Eintritt: Erwachsene 100 din, Kinder 50 din)*. Die Sammlungen des Museums werden auf klassische Art und Weise ausgestellt, sind aber aufgrund ihres Viefalt nicht langweilig. Es gibt drei Teile: Der erste hat die Vorgeschichte der Stadt und die Geschichte bis zur Eroberung durch die Osmanen zum Thema, der zweite präsentiert die Geschichte und die kulturelle Bedeutung der zahlreichen Klöster der Umgebung, während die dritte Teil die Aufstände und Kriege zwischen 1804 und 1941 thematisiert, in denen Čačak eine wichtige Rolle spielte.

Ausstellungsstück im Museum in Čačak

Auf der andere Straßenseite befindet sich die **Nadežda-Petrović-Kunstgalerie** *(Umetnička galerija «Nadežda Petrović», Tel.:032 222375, Öffnungszeiten: Di-So 8-15 Uhr, Eintritt: 70 din)*.Nadežda Petrović (1873-1915) gehörte zu den impressionistischen und fauvistischen Maler in Serbien, ist aber ebenso bekannt für ihr patriotisches Engagement als freiwillige Krankenschwester

Das Art-Nouveau-Gebäude des Hotels Beograd

im Balkankrieg und im Ersten Weltkrieg; sie starb an Typhus, als sie sich in einem Krankenhaus in Valjevo um die Kranken kümmerte. Die Galerie zeigt 13 ihrer Werke, hat aber auch ausgezeichnete temporäre Ausstellungen, die die reichhaltigen Sammlungen von Werken aus ihrer Zeit, der besten jugoslawischen Künstler und moderner Kunst präsentieren.

Wenn Sie die kurze Straße, die am Gymnasium vorbeiführt, durchqueren, gelangen Sie schnell zum zentralen Platz – dem Trg Ustanka – der charakterisiert ist durch einige modernistischen Gebäude aus der Zeit des Sozialismus. Auf der Stadtpromenade *(Gradsko šetalište)*, die sich nach rechts hin öffnet, werden Sie den alten Teil des Hotels „Belgrad" finden. Gebaut 1900, ist es ein schönes Beispiel für den provinziellen Art-Nouveau-Stil in Serbien. Am Ende der Straße steht das **Denkmal für Vojvoda Stepa Stepanović** (1856-1929), einen gefeierten Kommandeur der Kriege zwischen 1912 und 1918. Seine Statue steht gegenüber einem bescheidenen Haus, in dem er ruhig die letzten zehn Jahre seines Lebens verbrachte. Auf dem Gehweg um das Denkmal herum sind die Namen und Daten der Schlachten, die er gewonnen hat, verzeichnet.

UMGEBUNG

Das **Kloster Ježevica** befindet sich in einem Dorf mit demselben Namen, 15 km südlich von Čačak, auf der alten Straße nach Kraljevo. Gegründet wurde es im 14. Jahrhundert und mehrere Male wiederaufgebaut, das letzte Mal 1846, als es einen Narthex und einen riesigen Glockenturm mit einer barocken Spitze bekam. Mit der Freskenmalerei wurde zwei Mal begonnen: Das erste Mal 1609 und dann wieder 1636, aufgrund finanzieller Schwierigkeiten in dieser düsteren Zeit. Abgesehen von dem Bilderzyklus, der das Leben des Hl. Nikolaus abbildet, gibt es auch Darstellungen von serbischen Heiligen, wie Sava, Erzbischof Arsenije und Prinz Lazar.

15 Die Ovčar-Kablar-Schlucht

TO Čačak
032 342 360

Die Talkessel von Požega und Čačak sind durch eine Schlucht verbunden, die der Fluss West-Morava zwischen dem Berg Kaplar (885 m) und dem Berg Ovčar (986 m) gegraben hat. Die 20 km lange Ovčarsko-Kablarska Klisura (wie sie im Serbischen heißt) ist die landschaftlich schönste Gegend in Serbien: Bewaldete Gebirgsausläufer, die reich an Quellen sind, und deren steile Hänge bis zu 550 m tief hinabfallen und mit Höhlen durchzogen sind. An ihrer engsten Stelle ist die Schlucht nur hundert Meter breit. Sowohl Ovčar, als auch Kablar sind dicht mit Wald bedeckt, wobei Eichen in den niederen Regionen dominieren und Birken in der höheren. Die Schlucht ist weithin für ihre große Anzahl an Vogelarten, die dort leben (ganze 104!), wie auch für medizinische und aromatischen Pflanzen bekannt.

Die Schönheit der Gegend wird noch ergänzt durch zehn kleine, aber deshalb nicht weniger interessante, Klöster, die sich entlang des Flusses oder höher in den Bergen befinden. Die Klöster entstanden im 15. und 16. Jahrhundert, der dunkelsten Zeit in der serbischen Geschichte, als viele Mönche nach abgeschiedenen Orten suchten, abseits von den Hauptstraßen und weit entfernt von türkischen Städten. Da sie sehr arm waren, von den Türken geplündert oder in den letzten zwei Jahrhunderten wiederaufgebaut wurden, haben sie einen sehr geringen künstlerischen Wert, doch sie sind trotzdem einen Besuch wert, denn sie sind ein Teil der idyllischen Landschaft, die sich perfekt zum Wandern, Bergsteigen oder für andere Ativitäten eignet. Der größte Vorteil der Schlucht ist sicher ihre Zugänglichkeit, eine vielbefahrene Straße und eine Eisenbahnlinie führen durch sie hindurch. Obwohl sie den Eindruck der Landschaft stören, unterstreichen sie überraschenderweise die Abgeschiedenheit der Gipfel und Klöster, die weiter in der Ferne liegen.

Das Touristenzentrum hier

Die prächtige Ikonostase des Klosters Blagoveštenje

Sonnenaufgang im Kablar-Gebirge

ist der **Kurort Ovčar Banja**, der an einer verbreiterten Stelle mitten in der Schlucht liegt (17 km von Čačak). Hier gibt es ein Hotel mit einem Wellness-Center, eine Motel, ein Gasthaus, einige Pensionen und –während der Sommermonate – einen Campingplatz. Das Wasser des Bads (38°C) ist bekannt für seine heilende Wirkung, vorallem bei Rheuma und Knochenfrakturen.

Das Kloster **Blagoveštenje**, sicherlich das schönste der zehn Klöster, liegt neben dem Kurort. Es wurde 1601 auf den Grundmauern eines älteren Klosters erbaut, ein kleines Gebäude mit einer hölzernen Veranda vor dem Eingang, die die Malereien an der Außenwand schützt. Die Fresken wurden 1632 von einem einheimischen Maler angefertigt, der sehr geschickt war im Modellieren seiner naiv vereinfachten Figuren und der Wahl der ruhigen, harmonischen Farben. Besonders interessant ist die Ikonostasa aus derselben Periode, mit Ikonen und Schnitzereien mit ganz besonderen, dekorativen Drachen an der Seite des Kreuzes.

Ovčar banja ist ein guter Ausgangspunkt für eine Wanderung zum Gipfel des felsigen **Kablar.** Nach der Hälfte des Weges wird Sie ein kurzer Abstecher über eine schmale Straße zu der sogenannten **Einsiedelei des Hl. Sava** führen, die sich unter einem vertikalen Felsen befindet. Der Gipfel des Kablar bietet einen spektakulären Blick über die gesamte Schlucht, wobei man an einem klaren Tag im Osten ganz Čačak und noch weiter sehen kann.

Das **Kloster Nikolje** liegt ein Stück flussabwärts von Ovčar banja und kann leicht über die Straße erreicht werden, die man benutzte, bevor die jetztige gebaut wurde. Nikolje ist das älteste der zehn Klöster und stammt wahrscheinlich aus der Mitte des 15. Jahrhunderts. Es ist ein bescheidenes Gebäude mit erhaltenen Wandgemälden aus dem Jahr 1587, die leider durch ein Feuer ihre Farbe verloren haben. Das Kloster wurde mit Hilfe von Fürst Miloš 1817 renoviert, und 1826 wurde es mit einer attraktiven Ikonostase ergänzt. Kurz darauf wurde auch ein schönes Gebäude für die Mönchswohnungen gebaut, welches ein gutes Beispiel für die volkstümliche Bauweise im 19. Jahrhundert ist.

Weiter flussabwärts gabelt sich die Straße, der Pfad zur Rechten folgt dem Bergkamm der Halbinsel zum **Kloster Uspenje**. Das Kloster ist von keiner besonderen historischen Bedeutung, hat aber eine ungewöhnliche Lage auf einem Hügel, um den die West-Morava fließt.

Auf der anderen Seite des Flusses, auf dem Berg Ovčar, gibt es zwei besonders bedeutende Kloster. Das **Kloster Sveta Trojica** wurde ganz am Ende des 16. Jahrhunderts erbaut, obwohl seine antike Form, seine guten Proportionen und der Narthex mit der blinden Kalotte und das Steinportal es viel älter aussehen lassen. Es besitzt eine gut geformte Ikonostase, die 1886 gefertigt wurde und eine schöne Wohnstätte.

Sretenje befindet sich gleich unter dem Gipfel des Berges Ovčar. Es stammt ebenfalls aus dem Ende des 16. Jahrhunderts, und merkwürdigerweise wird, als es 1623 zum ersten Mal erwähnt wird, von seiner Zerstörung erzählt! Es blieb eine Ruine bis 1818, als, dank seines Abtes, Nićifor Maksimović, eine Kirche mit einem Kirchenschiff mit einer tiefen Apsis und einem hohen Glockenturm errichtet wurde. Die Fresken entstanden 1844 in der konservativen Tradition der vorhergehenden Jahrhunderte, auf Wunsch des tief religiösen Abtes, der keine Neuartigkeiten in seinem Kloster wünschte.

AKTIVITÄTEN

Die West-Morava wird von Dämmen gestaut ,vor und an zwei Stellen hinter dem engsten Teil der Schlucht. Die beiden Seen, die dadurch entstanden sind, bieten sehr gute Bedingungen zum **Angeln**. Das Ufer des Medjuvršje-Sees ist für Angler ausgestattet und eins der beliebtesten Ziele für sie.

Einige der Felsen des Kablar-Berges eignen sich sehr gut zum **Freeclimbing**. Mehr darüber erfahren Sie auf der Informationstafel neben dem Motel «Dom».

16 Guča

2,030

Trg slobode bb, 032 854 110

Karadjordjeva 1, 032 854 339

Guča Trompeten-Festival, erste Woche im August

Glänzende Trompeten kündigen das Festival in Guča an

Einmal im Jahr, während der ersten Augustwoche, strömen Zehntausende aus ganz Serbien und von überall auf der Welt nach Guča, um am Fest der lauten Blechblasmusik „Dragačevski sabor trubača» («Dragačevo Trompetertreffen») genannt, teilzunehmen. Das Festival wurde zum ersten Mal 1961 als Wettbewerb für die Orchester der Umgebung organisiert, und damals nahmen nur vier Gruppen teil. In dem halben Jahrhundert seit das Festival existiert, ist es zur zweitgrößten Manifestation in Serbien geworden, und für viele Trompeter wurde es ein Sprungbrett zu Ruhm und Erfolg. Während dieser paar Tage im August wird Guča tatsächlich zur „Trompetenhauptstadt der Welt".

Die idyllische Landschaft der Dragačevo-Region

In den letzten Jahren hat sich das Festival sehr verändert: Viel von seinem lokalen Charakter ist verloren gegangen, internationale Bands spielen eine größere Rolle im Wettbewerb, die Daten wurden verschoben, es wurde von vier auf sieben Tage verlängert, für die Hauptevents muss man Eintritt zahlen, um nur einige der Neuerungen zu nennen. Andererseits ist das Festival jetzt viel besser organisiert und an die größere Besucherzahl angepasst. Die gesamte Stadt, nicht größer als ein größeres Dorf, wird zu einem riesigen Spielplatz, wo unglaubliche Schauspiele und Kontraste im Überfluss vorhanden sind, während die Regeln normalen Verhaltens durch viel Musik, Alkohol und Tanzen auf der Straße aufgehoben werden. Obwohl die Hauptattraktionen am Abend stattfinden, gibt es tagsüber viele traditionelle Events (Ausstellungen, Kunsthandwerk, Wettbewerbe usw.). Alle wichtigen Konzerte werden auf dem städtischen Sportplatz, über dem Fluss Bjelica abgehalten.

Guča zu irgendeiner anderen Zeit zu besuchen, könnte ein bisschen merkwürdig sein. Es ist überraschend, wie klein der Ort tatsächlich ist. Die kleine Stadt kehrt zu ihrer entspannten täglichen Routine zurück, hat aber trotzdem einige interessante Sehenswürdigkeiten für Besucher zu bieten.

Das Kulturzentrum *(Dom kulture)* auf Gučas Marktplatz verfügt über eine **Galerie der autodidaktischen Maler und Bildhauer** *(geöffnet nach Anmeldung: 032 854 110)*.

Vor der Grundschule *(osnovna škola)* gibt es eine Open-Air-Ausstellung von außergewöhnlichen **Holzskulpturen** von Bogosav Živković, dem berühmtesten naiven Bildhauer Serbiens. Direkt hinter der Schule befindet sich eine **Sammlung von *krajputaši*** («Straßenrändlern»), Grabsteinen von denen, die weit von zu Hause entfernt umgekommen sind. Die meisten erinnern an Soldaten, deren Leichen nicht zurück nach Hause gebracht werden konnten. Diese westserbische lokale Kunstform aus dem 19. und frühen 20. Jahrhundert ist einzigartig in ihrer Vielfalt an folkloristischen Symbolen, die Status und Beruf der Verstorbenen repräsentieren, und wegen der schönen Verse, die in den weichen Sandstein eingraviert sind.

Im Stadtzentrum steht die Pfarrkirche, an deren Vorderseite man zwei Gedenktafeln mit einer furchtbar langen Liste von Bürgern, die in den Kriegen von 1912-1918 ums Leben kamen, findet, eine schmerzhafte Erinnerung in die serbischen Verluste. Der kleine Platz vor der Kirche ist der Ort, an dem das erste Trompetenfestival stattgefunden hat.

Drei Generationen beim Guča-Festival

UMGEBUNG

Guča ist das Zentrum der Region Dragačevo, ein wunderschönes Tal inmitten waldbedeckter Hügel. Dragačevo wird oft als die «serbischste aller serbischen Landschaften» beschrieben, weil es alle Stereotypen Serbien verkörpert. Es ist am bekanntesten für seinen Obstanbau und den Dorftourismus. Exzellentes hausgemachtes Essen und hausgemachte Getränke, saubere Luft und sauberes Wasser, Wälder und großartige Ausflugsziele sind die Hauptfreuden, die diese Region zu bieten hat.

Im Dorf Rti, sieben Kilometer südlich von Guča, gibt es eine interessante Höhle, die Rćanska pećina. Die ersten etwa hundert Meter sind für Touristen erschlossen. Darunter befindet sich ein Restaurant, das auch Zimmer vermietet.

Trompeten- und andere Blechblasmusik ist in dieser Gegend sehr präsent. Fast jedes Dorf in Dragačevo hat eine oder zwei Blaskapellen. Kein wichtiges Ereignis im Leben der Einheimischen, von einer Geburt bis zum Begräbnis, ist denkbar ohne ihre Anwesenheit.

PRAKTISCHES ZUM GUČA TROMPETEN-FESTIVAL

ANREISE

Man kann mit dem Bus oder dem Auto anreisen. Wegen der Vielzahl an Besuchern seien Sie auf lange Schlangen gefasst, falls sie am späten Nachmittag oder am Abend ankommen. Die meisten Besucher kommen aus Richtung Čačak. Die Abzweigung nach Guča von der Straße Čačak-Užice ist unbedeutend, aber gut ausgeschildert. Auf jeden Fall ist sie schwer zu verfehlen: Die Abzweigung, die die meisten Autos nehmen, um von der Hauptstraße abzubiegen, sollten auch Sie nehmen. Die Straße steigt den Berg Jelica hinauf, an dessen Gipfel sie sich gabelt, aber beide Optionen sind in Ordnung, denn die Straßen treffen in Guča wieder aufeinander. Die zweitbeliebteste Option ist aus Richtung Požega, über Lučani. Die Zufahrt aus Richtung Kraljevo wird wesentlich seltener genutzt, da die Straße lang ist und den Berg Jelica durchkreuzt. Ihre letzte Möglichkeit ist eine solide und nicht stark frequentierte Straße aus Richtung Ivanjica.

Alle Autos, die nach Guča kommen, müssen eine Anti-Stau-Gebühr in Höhe von etwa 10 Euro entrichten, die für die gesamte Dauer des Festivals gilt. Es gibt keine richtigen Parkplätze, aber die meisten Leute parken beim Campingplatz. Um ihn zu erreichen, halten Sie sich immer links. Manche parken an der Straße, während andere sich für private Höfe entscheiden, auf denen das Parken pro Tag abgerechnet wird (die Preise variieren beträchtlich).

Selbst wenn das Festival begonnen hat, fahren regelmäßig Busse in die benachbarten Städte (Čačak, Požega, Ivanjica), aber es gibt auch eine direkte Linie nach Belgrad, die fast immer überfüllt ist.

Der nächstliegende Bahnhof ist in Požega, von wo aus regelmäßig Busse nach Guča fahren.

UNTERKUNFT

Zu planen, wo sie die Nacht verbringen ist essentiell und auch abenteuerlich. Natürlich können Sie schlafen, wo immer sie möchten, auf der Straße oder im Kornfeld, aber seien Sie gewarnt, dass die Nächte in Guča kühl sind, selbst im August.

Die drei kleinen Hotels und die meisten Privathäuser werden zur Zeit des Festivals vollkommen ausgebucht sein, was vorheriges Buchen einer Unterkunft absolut notwendig macht. Fast jeder Haushalt bietet zur Zeit des Festivals Zimmer an, mit Preisen zwischen 25 und 30 Euro pro Nacht (meist Frühstück inklusive) im Zentrum von Guča, außerhalb 12 bis 15 Euro. Wenn Sie ihr Zelt für drei Tage auf dem Campingplatz mit Duschen aufstellen, kostete Sie das 20 Euro für ein Drei-Personen-Zelt und 40 Euro für ein Vier-Personen-Zelt.

17 Arilje

6,800
Svetog Ahilija 53, 031 891 287
Trg bratstva i jedinstva bb, 031 66 11 59
Kulturtage im Mai, letzte Maiwoche

Arilje ist eine kleine Stadt mit einer großen Kirche, und sie verdankt dieser St. Achilles-Kirche alles, von seinen Anfängen bis zu seinem Namen. Die Umgebung der Stadt ist bekannt als das Herzstück der Himbeer-Region. Serbien ist der drittgrößte Produzent dieser Beere der Welt und die Gemeinde Arilje produziert jährlich 20.000 Tonnen. Daher ist es nicht weiter verwunderlich, dass sich in der Stadtmitte ein Denkmal für die Himbeere steht (nein, es ist keine riesige Beere), und dass die lokale Spezialität Himbeeren mit Schlagsahne ist.

Die St.-Achilles-Kirche, Arilje

GESCHICHTE

Die Ursprünge von Arilje sind eng mit dem Entstehnung seiner Kirche verknüpft. Das Kloster, das St. Achileos, einem Bischof des 4.Jahrhunderts, gewidmet ist, wurde im 10. Jahrhundert von Mönchen aus Larissa in Griechenland hier erbaut. Als der Hl. Sava 1219 die Autokephalie für die serbische Kirche erhielt, gründete er ein Netzwerk von Bistümern überall in Serbien, eines davon hier, in diesem Kloster. Schnell entwickelte sich eine Siedlung rund um den Bischofssitz. Nach seiner Zerstörung bei der Cuman-Invasion 1258 wurde das Kloster von dem serbischen König Dragutin, der den nördlichen Teil Serbiens unabhängig von seinem Bruder König Milutin regierte, wiederaufgebaut. Die neue Kirche, bis zum heutigen Tag erhalten, wurde um 1290 vollendet und 1296 wurden die Fresken gemalt. Nach der Eroberung durch die Türken verfiel die Stadt sehr schnell. 1690, während des Massenexodus der Serben, durch den man der Vergeltung der Türken entgehen wollte, wurde die ganz Gegend verlassen, die Stadt hörte auf, zu existieren, vom Kloster blieben nur Ruinen. Die neuen Bewohner dieser Gegend kamen aus Raška, der Herzegowina und aus Montenegro, zu Beginn des 19. Jahrhunderts. Die Stadt wuchs langsam und die wiederhergestellte St. Achilles-Kirche wurde als Gemeindekirche genutzt.

SEHENSWÜRDIGKEITEN

Die im 13. Jahrhundert erbaute, St. Achilles gewidmete Kirche ist das letzte bedeutende Denkmal des architektonischen Stil der Raška-Schule. Es ist eine einschiffige Basilika mit einem Narthex aus einer späteren Periode. Die äußeren Unterscheidungsmerkmale sind die Pilaster und Streifen, die die gesamte Fassade segmentieren (einschließlich dem Narthex). In den nachfolgenden Jahrhunderten hat die Architektur dieser Kirche den Baustil der Kirchen in Westserbien maßgeblich beeinflusst.

Das wertvollste Merkmal der Kirche sind die Fresken. Der Stil der Malereien folgt dem brillianten Beispiel der Sopoćani-Kirche. (*siehe S. 307*), ist aber weniger streng. Obwohl die Fresken von griechischen Künstlern gemalt wurden, folgen sie dem Muster, das typisch für serbische Kirchen ist. In der Komposition an der Südwand sind beide Könige abgebildet, aber Dragutin, mit einem Modell der Kirche in seinen Händen, steht auf der hierarchisch niedrigeren Position – zur Linken seines Bruders Milutin, der den größeren Teil des Königreichs regierte. Dragutins Ehefrau, Katelina (Tochter des ungarischen Königs) steht an seiner Seite mir ihren beiden Söhnen, Vladislav und dem jüngeren Urošić, der jung starb und dort begraben wurde. Darauf folgen die Mönche der Nemanjina Dynastie, angeführt vom Gründer der Dynastie Stefan Nemanja; gegenüber von

Angeln im klaren Wasser des Rzav

Kloster Klisura

ihnen stehen die Erzbischöfe dieser Periode. Nemanjas Kirchenkonzil ist ebenfalls an der Nordwand portraitiert. Zum ersten Mal in der Geschichte der serbischen Malerei wurde das Leben des Heiligen Nikolaus genau hier in dieser Kirche dargestellt.

Auf dem Hauptstadtplatz finden Sie das **Haus von Serdar Jovan Micić.** Erbaut wurde es 1823 als Winterresidenz von Westserbiens wichtigstem Bonzen zu dieser Zeit und legte den Grundstein für die Neuwerdung des verlassenen Arilje.

AKTIVITÄTEN

Westlich des Stadtzentrum fließt der immer frische Fluss Rzav, an dem man nicht weniger als acht Strände findet. Der gepflegteste ist Bosa noga («Barfuß»), an dem es ein Café und einen Beachvolleyballplatz gibt.

UMGEBUNG

Das Kloster Klisura befindet sich 12 km südlich von Arilje an der Hauptstraße Richtung Ivanjica. Das Kloster ist auch bekannt unter dem Namen Dobrače, nach dem Dorf, in dem es sich befindet. Da es im Mittelalter in einer einfachen Form des Raška-Stils gebaut wurde, ähnelt es der Kirche in Arilje. Seine oberen Elemente wurden allerdings während der Türkenherrschaft erneuert. 1789 wurden ein offener hölzerner Vorbau und eine neue ornamental gestaltete Tür hinzugefügt. Die Wandgemälde stammen aus dem 20.Jahrhundert und sind ein Werk von Jaroslav Kratina.

18 Ivanjica

- 12,500
- Zorana Djindjića 12, 032 665 085
- Boška Petrovića 41, 032 661 145
- Volkssingen, letzter Freitag im Mai

Als das Zentrum der oberen Morava-Region ist Ivanjica ein kleines, aber überraschend aktives Bergdorf (468 m hoch). Es ist bekannt für Holzbearbeitung und seine Fertighäuser, die ihm in den letzten Jahrzehnten sein Einkommen sicherten. Auf der anderen Seite ist Ivanjicas bergiges Umland bekannt für seine Kartoffeln, die in der unberührten Natur dieser entlegenen Bergdörfer besonders gut zu gedeihen scheinen, und den Namen *ivanički krompir* zum Markennamen haben werden lassen. Obwohl viele Touristen hierher kommen, um die herzhaften Bergspezialitäten zu probieren, werden die meisten von der Aussicht angezogen, in einem der einladenden Bauernhäuser zu übernachten und Spaziergänge an der klaren Bergluft des Berges Golija zu unternehmen.

GESCHICHTE

Noch bis ins frühe 19. Jahrhundert war diese Gegend nichts als ein weißer Fleck auf der Karte, ohne Städte und mit nur einigen Karawanen-Routen durch das raue Terrain, als Ersatz für nicht existierende Straßen. 1833 wurde die Region zu einem Teil Serbiens und Prinz Miloš entschied sich dafür, hier einen Sitz einzurichten. Es wurde der in Standort in einem schmalen Tal gewählt, wo sich ein türkisches Kušića Han-Gasthaus befand. Die Stadt wurde nach der Salweide *(iva)* benannt, die um das gathaus herum wuchs. Da es größtenteils aus Holz gebaut war, brannte fast das das gesamte Dorf im verheerenden Feuer von 1846 nieder. Ivanjicas Abgelegenheit von Hauptstraßen und Städten blieb sprichwörtlich bis gut ins 20.Jahrhundert hinein. Branislav Nušić machte oft in seinen Komödien Anspielungen darauf, dass man Regierungsbeamte, die aus irgendeinem Grund degradiert würden, hierher versetze. Mit Hilfe der Leichtindustrie, die hier nach dem Zweiten Weltkrieg ansässig wurde, gelang es dem sich ständig weiterentwickelnden Ivanjica, die Isolation zu seinem Vorteil zu nutzen, indem es für sich als grüne Oase mit unberührter Natur warb.

SEHENSWÜRDIGKEITEN

Kušića Han, dem Ivanjica seine Gründung verdankt, steht noch immer im Zentrum der

Die farbenfrohe Hauptstraße von Ivanjica

Wasserfall im Stadtpark von Ivanjica

Stadt. Diese vorübergehende Bleibe für Händler und ihre aus kleinen Bergpferden bestehenden Karawanen, wurde Anfang des 19. Jahrhunderts im für die Dinarischen Alpen typischen Stil erbaut. Gegenüber ist das **Jeremić-Haus**, eins von nur zwölf Häusern, die das Feuer 1846 überstanden haben.

Neben dem Kušića han befindet sich das 2003 wiedererrichtete **Denkmal für Dragoljub «Draža» Mihailović,** den Kommandanten der royalistischen Anti-Nazi-Truppen während der deutschen Besatzung im Zweiten Weltkrieg, der aus Ivanjica stammte. Die Position von Mihailovićs Denkmal scheint so gewählt zu sein, dass es dem Denkmal seiner Feinde, den Kommunisten, trotzen kann. Das große mit Mosaik gestaltete **Revolutionsmahnmal** (Djordje Andrejević Kun, 1957) ist ein herausragendes Beispiel für sozialrealistische Kunst.

Gegenüber des Han steht die **Alte Kirche** , 1836-38 auf Befehl von Fürst Miloš erbaut. Obwohl ihre Form die der zeitgenössischen Kirchen in Europa nachahmt, lässt ihre ländliche Einfachheit diese Kirche viel älter aussehen. Die meisten Ikonen und die Wandmalereien schuf Dimitrije Posinković ab 1862.

Ernte der berühmten Kartoffeln von Ivanjica

Der Stadtpark befindet sich hinter der Kirche. Das **alte Elektrizitätswerk**, 1911 am Fluss Morava gebaut, schafft einen künstlichen Wasserfall, eines der Wahrzeichen der Stadt. Obwohl das Kraftwerk nun als industrielles Bauerbe geschützt ist, produziert es immer noch genügend Strom, um den Park zu erleuchten. Der einen Kilometer lange Spazierweg am Fluss entlang beginnt beim Kraftwerk.

Beim Jeremić-Haus beginnt die Milinka-Kušića-Straße, der **Hauptstraße** der Stadt, in der der größte Teil des sozialen Lebens stattfindet.

UMGEBUNG

Die Dörfer um Ivanjica sind bekannt für ihren Dorftourismus. Das bekannteste darunter ist **Kušići** (au 900 m Höhe), 12 km südwestlich der Stadt an der Sjenica Straße, mit einem Hotel, einer Pension und einer kurzen Skipiste. Lisa, Devići und Kateći bieten ebenfalls Unterkünfte in Hotels oder in privat vermieteten Zimmern.

17 km südlich der Stadt (Richtung Duga Poljana) liegt das Dorf Kumanica. Im Süden des Dorfes überspannt die sogenannte **Römerbrücke** *(rimski most)* den Fluss Moravica. Höchstwahrscheinlich im 13. oder 14. Jahrhundert errichtet, ist die Brücke ein extrem gut erhaltenes Denkmal für mittelalterliche Baukunst.

Von Kumanica aus gabelt sich die Straße nach Bele Vode und Golijska Reka, zwei Ferienorte hoch oben auf dem Berg Golija, beides exzellente Ausgangspunkte, um die wunderschöne, unberührte Natur des Berges zu erkunden, dessen einer Teil unter dem Schutz der UNESCO steht, wegen der großen Bedeutung seiner Biosphäre. Bevor sie dorthin gelangen, achten sie auf den See Daićko jezero im dichten Pinienwald nicht weit von der Straße, 33 km von Ivanjica entfernt. **Golijska Reka** (1408 m Höhe) befindet sich in der Mitte von fast 20 km **Wanderwegen** durch dieses wunderschöne Gebirge, von denen einer bis zum höchsten Gipfel, Jankov kamen, auf 1834 m führt.

Der Tičar-See im Golija-Gebirge

Bajina Bašta

Vrelo täglich 07-20
Vrelo Fluss
031 859 095

Das Restaurant macht das Beste aus seiner schönen Lage und hat einen luftigen Speisesaal und eine Terrasse mit Blick über die Kaskaden des gleichnamigen Flusses. Dazu passend wird Forelle, die einheimische Spezialität, serviert.

Ivanjica

Vodopad mon-sam 09-24
Town Park
032 66 13 15

Wie der Name schon andeutet, liegt das Restaurant gleich neben dem Wasserfall im Stadtpark von Ivanjica und man hat von hier aus einen schönen Ausblick und immer frische Luft. Vodopad gilt mit Recht als einer der besten Plätze zum Essen in der Stadt, mit einer großen Auswahl an köstlich zubereiteten serbischen Spezialitäten.

Šabac

Čardak mon-sam 09-23
Vojvode Putnika 109, Dorf Majur
015 377 453

Ein wunderschönes Restaurant im Ethnostil im ersten Dorf westlich von Šabac. Man legt hier viel Wert auf Details, sowohl was die Gestaltung des Lokals und die Musik, als auch was das Essen angeht, das auf fantasievolle Weise zubereitet wird, mit sehr köstlichen Resultaten.

Romansa die-fre 08-24, sam & son 08-01
Stojana Novakovića 48
015 34 84 09

Das schickste Lokal der Stadt, «Romanze», hat ein sehr edles Interieur, passend zum aufmerksamen und professionellen Service. Das Angebot an Speisen reicht von köstlichen Grillgerichten über einige sehr schöne Fischgerichte, bis zu ihrer Spezialität – Rind-oder Lammfleisch, das bis zur Perfektion in Asche gebacken wird.

Stara krčma mon-sam 08-23, son 14-22
Masarikova 66
064 480 75 75

Ein winziges Lokal, im Stil eines ländlichen Gehöfts dekoriert, das sehr schöne serbische Spezialitäten, wie auch das unausweichliche Grillfleisch serviert.

Vizantija mon-sam 08-24
Mačvanska 43
015 369 600

Ein Restaurant und Club mit einem angenehmen, warmen Interieur und einem kleinen Garten. Die Speisekarte beinhaltet alle bekannten Klassiker, die sehr ansehnlich serviert werden und sehr gut schmecken.

Tara

Kurta mon-sam 08-22
Dorf Solotuša (Bajina Bašta Straße)
031 3859 433

Diese Kafana ist in den Jahren ihres Bestehens zu einem Wahrzeichen von Tara geworden. Das Restaurant ist bei allen bekannt und wird von allen besucht und hier ist immer viel los, aber es hat nicht seinen freundlichen Charakter verloren oder ist von dem Ideal abgewichen, dass man Essen langsam und in guter Stimmung genießen muss. Es wird Ihnen schwer fallen, sich bei der Länge der Speisekarte, die alle köstlichen Spezialitäten dieser Gegend beinhaltet, zu entscheiden.

Užice

Aleksandar mon-fre 10-24, sam & son 10-01
Kralja Petra Prvog 16a
031 518 110

Wohl eins der besten Restaurants in der Stadt, ganz in der Nähe des zentralen Stadtplatzes. Äußerlich macht es nicht viel her, doch die Speisekarte ist beachtlich und listet viele serbische und internationale Delikatessen auf (wie z.B. verschiedene Steaks, Pizza und Pasta). Am Abend Live-Musik.

Konak mon-sam 08-24
Kralja Petra Prvog 16
031 510 207

Sie werden vielleicht überrascht sein, einen (eher naiven) Nachbau einer Holzhütte in der Innenstadt von Užice zu finden, aber seien Sie versichert, dass das Essen hier das Lokal gleich viel besser aussehen lässt. Anständige Hausmannskost zu guten Preisen.

Tabana mon-fre 08-24, sam & son 08-02
Medjaj 3
031 510 267

Dieses Restaurant hat mehrere unterschiedliche Gesichter: Eine begrünte Terrasse, ein rustikales und ein eher modernes Speiselokal. Egal, wo Sie sitzen, Sie werden die Gerichte der nationalen Küche genießen. Seien Sie gewarnt, dass einige der Gerichte in großen Mengen serviert werden.

Vagone mon-fre 08-24, sam & son 14-24
Mihaila Pupina bb
031 517 000

Gönnen Sie sich in diesem interessanten italienischen Restaurant in einem Waggon eine wohlverdiente Pause von serbischen Spezialitäten. Ein zusätzliches Plus ist die hübsche, zum Fluss hin gewandte Terrasse. Beachten Sie, dass das Lokal am Abend zu einem beliebten (und daher recht lauten) Club wird.

Zlatibor

Bajo mon-sam 08-23
Mačkat village
031 834 160

Wundern Sie sich nicht: Es gibt zwei Restaurants mit demselben Namen, das neue (offiziell «Nacionalna kuća Bajo») und alte (das sogenannte «Stari Bajo»). Beide befinden sich im Dorf Mačkat, am Ortsausgang Richtung Zlatibor und beide sind sehr gut und bieten eine Auswahl an serbischen Spezialitäten, unter denen der berühmte Lammspießbraten besonders hervorsticht.

Gozba mon-sam 08-23
Tržni centar bb
031 84 11 92

Wenn Sie von der eher schäbigen Umgebung absehen, ist „Das Festmahl" der richtige Ort, um die köstlichen Gerichte Westserbiens zu kleinen Preisen zu genießen.

Novakov dvor mon-sam 08-24
Obudojevica bb
031 845 095

Obwohl es recht gewöhnlich aussieht, hat dieses Restaurant viele Stammgäste, die kommen, um die herzhafte Küche zu genießen. Abgesehen von den üblichen Grillgerichten gibt es hier eine schöne Auswahl an Gulasch und ähnlichen Gerichten.

Arilje

Ribar mon-sam 08-23, son 10-20
Grdovići bb
031 89 17 18

Ein sehr schönes Restaurant an der Hauptstraße nach Požega, das Sie mit seiner Eleganz überraschen wird. Ausgezeichnet zubereitetes und elegant serviertes serbisches Essen.

Čačak

Cezar mon-sam 08-24
Kursulina 21
032 347 101

Ein elegantes Restaurant im Zentrum der Stadt. Pizza und Pasta sind ihr Markenzeichen, doch auf der Karte finden man auch Steaks, Fischgerichte und einige serbische Gerichte zum Frühstück.

Moja druga kuća mon-sam 12-24
Vojvode Stepe 87
032 311 135

«Mein zweites Zuhause» ist ein ordentliches kleines Lokal voller alter Fotos, Utensilien aus alten Zeiten und anderer interessanter Objekte. Im Sommer kann man sich im Garten hinter dem Haus erholen, der wie der Garten eines Bauernhofs hergerichtet ist. Die Speisekarte ist in ihrer Essenz serbisch, wobei Rippchen das beliebteste und bekannteste Gericht darauf sind.

Milinko mon-sam 07-23, son 09-21
Konjevići
032 461 099

Ein Gasthaus an der Straße mit einem schönen Ambiente und einer kleinen Terrasse, bekannt für sein köstliches Grillfleisch und Fleisch ispod sača.

Moravski alasi mon-sam 07-23, son 10-23
Kneza Miloša 66
032 345 509

Ein paar Straßen vom Zentrum von Čačak entfernt finden Sie dieses angenehme Restaurant, das stolz auf seine Zubereitung von Fleischspezialitäten, seien Sie gegrillt, Steaks oder Schnitzel, ist, wobei es auch einige Fischgerichte anbietet.

Divčibare

Divčibarski zamak täglich 07-23
Divčibare
014 277 111

Ein sehr elegantes Restaurant im Zentrum des Ferienortes, mit etwas höheren Preisen als die Konkurrenz, doch mit Essen, Service und Ambiente, die jeden Dinar wert sind.

Valjevo

Jefimija mon-sam 08-24
Birčaninova 40
014 241 765

Dieses gemütliche Restaurant im Herzen des historischen Tešnjar-Viertels bietet köstliche Delikatessen der serbischen Küche. Im Sommer kann man das Essen auf der Terrasse am Fluss Kolubara oder an einem der Tische an der Straße genießen.

Kod tri lipe mon-sam 08-22
Vojvode Mišića 68
014 237 126

Diese alte, kleine Kafana unterhalb des Kličevac-Hügels empfängt schon seit 1927 ihre Stammgäste und serviert einige klassische serbische Gerichte und einige Delikatessen, die man nicht oft finden kann.

Platani mon-sam 08-24
Birčaninova 149
014 35 22 991

Gleich neben der Brauerei von Valjevo gelegen, dort wo die Stadt endet und die Straße nach Bajina Bašta beginnt, befindet sich dieses Restaurant, das sich in ruhiger Lage befindet, mit einer großartigen schattigen Terrasse unter riesigen Platanen (platani). Die Speisekarte bietet die üblichen Fleischgerichte und das Bier kommt gleich von den Nachbarn.

Tadića mlin mon-sam 08-24
Gradac Fluß
014 238 028

Das Herz des Restaurants ist die alte Holzmühle am Gradac, um die mehrere neue Objekte gebaut wurden. Die Terrasse liegt gleich neben dem Fischteich. Unnötig zu sagen, dass das Ambiente ruhig ist und es scheint immer angenehm kühl zu sein. Abgesehen von ihren Fischspezialitäten können Sie auch etwas unter den köstlichen in Asche gebackenen Gerichten wählen.

Vidra mon-sam 10-22
Gradac Fluß
014 24 94 94

Ein weiteres Lokal mit einer tollen Lage: Ein kleiner, mit Holz ausgekleideter Speiseraum, eine Terrasse gleich neben am Fluss und eine Brücke mit Sitzgelegenheiten! Zusätzlich besitzt das Restaurant eine alte Mühle, in der noch immer ein Teil des Mehls, das es benötigt, gemahlen wird. Die Speisekarte konzentriert sich auf Fisch, Salz- und Süßwasser, wobei auch einfache Grillgerichte im Angebot sind. Einfache, aber exzellente Küche zu sehr guten Preisen.

Bajina Bašta

Drinska kuća
Ovčinja
064/ 35 70 453
www.drinskakuca.com

4/8 — €€€

Eine Villa im Dorf Gvozdac, nicht weit von der Stelle, an der die Straße nach Valjevo auf die Drina trifft, gelegen, vereint traditionelle architektonische Elemente mit Luxus, den man zur vollständigen Entspannung braucht. Viel Holz, Fußbodenheizung und ein offener Kamin wärmen im Winter, während die großen Fenster im Sommer viel Tageslicht hineinlassen und einen schönen Blick über den Fluss bieten. Ein ausgezeichneter Ausgangspunkt, um den wenig bekannten Berg Sokolina zu erkunden.

Dve lipe
Milenka Topalovića 9
031/ 865 148
/

6/20 — €€

Eine wunderschöne kleine Pension am Ortseingang von Bajina Bašta aus Richtung Belgrad, gleich auf der anderen Straßenseite befindet sich der Fluss Drina. Schön eingerichtet, ordentlich und komfortabel mit einem ebenfalls empfehlenswerten Restaurant und all das zu bestmöglichen Preisen.

Kod Zoće
Perućac
031/ 859 264
www.drina-reka.com

3/8 — €

Ein neu gebautes Haus nur 50m von der Drina entfernt, umgeben von einem großen, gepflegten Garten. Ordentliche, farbenfrohe Zimmer mit neuen (wenn auch ein wenig merkwürdig arrangierten) Möbeln und sauberen, funktionalen Badezimmern.

Vila Lukić
Perućac
064/ 239 29 80
www.drina-reka.com/vila-lukic.html

1/5 — €€€€

Dieses Haus liegt gleich hinter dem Hotel Jezero, etwa 100m vom Ufer entfernt. Die beiden Zimmer sind hell und sauber, während das Wohnzimmer und die Küche von einer großen Terrasse mit einem schönen Blick umgeben sind.

Vila Šarac
Perućac
064/ 51 44 030
/

3/7 — €

Ein Haus zum Mieten, nur wenige hundert Meter vom Perućac-See entfernt. Die Villa Šarac hat drei winzige Zimmer mit zwei Badezimmern und einer größeren Küche mit Esszimmer.

Čačak

Livade ★★★
32212 Preljina
032/ 381 088
www.moravacacak.com

52/96 — €€

Dieses Hotel in Preljina, das heute mit Čačak zusammengewachsen ist, ist ideal für motorisierte Touristen. Abseits von der geschäftigen Umgebung bietet dieses Hotel aus der Zeit des Sozialismus große Zimmer, manche mit neuen, manche mit alten (aber sehr ordentlichen) Möbeln. Unten befindet sich ein Hotel mit einer Terrasse.

Diners Club, VISA, Maestro, MasterCard

Divčibare

Divčibare ★★★★
14204 Divčibare
014/ 277 120
www.vujicdivcibare.com

103/250 — €€€€

Das älteste und bedeutendste Hotel des Ferienortes ist noch immer das Herzstück, besonders wegen seines Schwimmbades im Inneren. Den Rest des Hotels haben offensichtlich die Zeit und die Klassenfahrten mitgenommen, und wenn auch der Stil fehlt, so ist es doch sauber und komfortabel. Ordentlich, aber weit von dem, was man von einem 4-Sterne-Hotel erwarten würde.

Diners Club, VISA, Maestro, MasterCard

Divčibarski zamak 4★
14204 Divčibare
014/ 277 111
www.zamak.rs

8/25 — €€

„Das Schloss" ist wohl die luxuriösesten Unterkunft in Divčibare und die Preise liegen über dem Durchschnitt. Doch wenn Sie nach hochwertigen Räumlichkeiten und gutem Service suchen, werden Sie hier Ihr Geld ausgeben wollen. Die Pension hat auch ein sehr schönes (aber auch recht teures) Restaurant.

Diners Club, VISA, Maestro, MasterCard

Markov konak
14204 Divčibare
065/ 22 77 232
markovkonakdivcibare.com

11/36 — €€€

Nicht weit von der Hauptstraße und dem Zentrum des Ferienortes liegt eine hübsche Pension im Mittelklassebereich mit hellen, gut ausgestatteten Zimmern. Dieselben Besitzer führen auch die ähnlich gestaltete Vila Marina gleich nebenan.

Guča

Vajati
Selo Gornja Kravarica
032/ 861 146
www.vajati.com

14/32 — €€€

Diese behagliche, ländliche Unterkunft liegt in Gornja Kravarica, einem Dorf nahe Guča. In einer schönen Lage und umgeben von Obstgärten werden Sie mehrere Häuser mit einigen neuen, hübschen Zimmern finden.

Ivanjica

Logos
Selo Kušići
032/ 678 202
www.javor-hotel.com

//36 — €€€

Das Dorf Katići ist einer der führenden Orte im Bereich Dorftourismus in Serbien. Der Neuzugang unter den diversen Angeboten ist dieses vollkommen renovierte Hotel, das gut in die inspirierte Umgebung passt. Die Zimmer sind hell und schön möbliert. Den Gästen stehen auch zwei Saunen, ein kleines Spacenter und ein noch kleineres Schwimmbad zur Verfügung.

VISA, MasterCard

Milićević
Selo Lisa
032/ 652 092
W /

4/8 — €

Üppiges Grün umgibt das Gehöft Milićević im Dorf Lisa an der Straße Ivanjica-Guča. Die Unterkunft ist einfach, aber alles ist sauber und komfortabel und – am wichtigsten- man ist hier sehr gastfreundlich.

VISA, MasterCard

Park ★★★
Milana Kušića 106
032/ 661 397
W /

65/136 — €€€€€€

Das beste Hotel der Stadt wurde vor ein paar Jahren renoviert, um sehr hohen Standards zu genügen. Die Räumlichkeiten sind modern und elegant eingerichtet, die Zimmer praktisch. Leider hindern es die kleinen Fehler bei der Instandhaltung und dem Service daran, zu einem Spitzenhotel zu werden. Einer der Hauptgründe hier abzusteigen, ist das Wellness-Center mit Innenpool und großem Fitnessraum.

VISA, MasterCard

Obradović ★★★★
Selo Katići
032/ 873 307
W /

6/16 — €

Ein Gehöft, das in eine kleine Pension verwandelt wurde, die Unterkünfte in Zimmern und Bungalows, beides ausgezeichnet eingerichtet, anbietet. Die Pension ist um einen bildschönen Hof mit Tischen und einem Schwimmbad für Kinder angelegt. Die Hausmannskost wird Ihnen Energie für zahlreiche Ausflüge in die Umgebung geben, die von den hilfsbereiten Eigentümern organisiert werden.

VISA, MasterCard

Ovčarsko-Kablarska klisura

Kablar ★★★★
Ovčar Banja
032/ 55 96 106
wellnesscentar-kablar.com

13/27 — €€€

Dieses kleine Hotel im Herzen der Schlucht wird wegen des Innenpools der mit Heilwasser gefüllt ist, der Hydromassagebäder, der Sauna und dem Massagebereich hauptsächlich als Wellnesscenter geführt. Die Zimmer sind gut ausgestattet und das Restaurant ist bereit, sich auf die Wünsche der Gäste einzustellen.

Diners Club, VISA, Maestro, MasterCard

Šabac

Vila Galeb ★★
Koste Abraševića
015/ 346 700
W /

10/14 — €€

Eine recht große Frühstückspension im Zentrum von Šabac, gleich bei der Hauptstraße. Die Räumlichkkeiten sind schon etwas älter, aber alles in allem ist dies ein anständiger Ort, um hier eine oder zwei Nächte zu verbringen.

Diners Club, VISA, Maestro, MasterCard

Tara

Omorika ★★★
Tara
031/ 593 901
www.hotelitara.com

156/400 — €€

Dieses große, aus der sozialistischen Zeit stammende Hotel hat sich in den vergangenen Jahrzehnten nur wenig verändert, weder was das Aussehen, noch was den Service angeht. Nichtsdestotrotz ist noch immer einiges von dem alten Komfort erhalten geblieben und die Zimmer sind sauber und gut eingerichtet.

Diners Club, VISA, Maestro, MasterCard

Milošev konak ★★★★
Tara
031/ 38 59 505
milosevkonak-tara.com

18/64 — €€€

In der Nähe dessen, was man als Touristenzentrum des Gebirges bezeichnet, gelegen, verfügt dieses Hotel über große, komfortable Apartments mit Küche. Einfach, aber hübsch für sich selbst versorgende Touristen.

Užice

Guskić

Selo Potpeć

031/ 546 140

W /

3/6 · €

Ein Haushalt in Potpeć, einem Dorf bekannt für seine Höhle, bietet Unterkünfte in verschiedenen Häusern an, von denen das interessanteste das Holzhaus oberhalb des Flüsschens ist. Das Essen wird aus einheimischen Produkten zubereitet, einschließlich Forelle aus dem hauseigenen Fischteich.

Zlatibor ★★★

Dimitrija Tucovića

031/ 516 188

W hotel-zlatibor.com

148/200 · €€

„Zlatibor", zur Zeit das einzige Hotel der Stadt, ist ein Kommunistenblock, der renoviert wurde. Leider blieb man dabei an der Oberfläche und es sieht etwas unfertig aus. Tolle Lage, Details und Aussicht von den oberen Stockwerken aus, doch der Rest ist gerade noch erträglich.

Zlatiborska noć ★★★

31311 Bela Zemlja

031/ 572 910

W www.zlatiborskanoć.rs

38/59 · €€€€

Dieses große Hotel befindet sich zwischen Užice und Zlatibor im Wald nahe der Autobahn und ist ein gepflegtes Mittelklasseunternehmen. Obwohl die Möbel älter sind, sind die Zimmer und die großen Badezimmer sauber. Der Service ist freundlich und das Essen im Restaurant sehr gut. Ein sehr schöner und großer Außenpool und ein einfacher Fitnessraum stehen ebenfalls zur Verfügung.

Valjevo

Bubica

Mirka Obradovića 1

014/229 182

W www.bubica.co.rs

11/24 · €€

Diese Pension liegt angenehm nahe am historischen Zentrum und auch am Bahnhof und es gelingt ihr die Eleganz der Vergangenheit mit moderner Funktionalität zu mischen. Saubere, luftige und elegante Zimmer, jedes mit einem eigenen Charakter.

Konak Rašević

Radomira Đurđevića bb

014/244 837

W www.konakrasevic.com

10/18 · €€

Eine sehr schöne Pension am Ortseingang aus Richtung Belgrad, ganz in hellen Farben gehalten und mit modernen Möbeln gestaltet. Mit ihrem eigenen Parkplatz und einer ruhigen Lage ideal für motorisierte Touristen.

Narcis ★★

Vlade Danilovića 1

014/ 221 140

W narcis.hoteli-valjevo.com

83/133 · €€

Das neu eingerichtete Hotel ist modern und elegant und wurde wieder zum Stolz von Valjevo. Es befindet sich direkt im Stadtzentrum und verfügt über einen eigenen Parkplatz, ein Wellnesscenter und ein Restaurant im obersten Stockwerk. Die Zimmer sind in edlem minimalistischen Dekor gehalten.

Krupanj

Grand ★★

Đulim 2

015/ 681 891

W /

//190 · €€

Dieses Hotel in einer ruhigen Lage in einem ruhigen Städtchen bietet einfache, aber saubere Zimmer. Sein größtes Plus sind die vielen Sportplätze, die jedoch auch Sportteams und Schulausflügler anziehen, was der Ruhe definitiv schadet.

Vrujci

Jovanović

Selo Popučke

014/ 283 317

W /

3/8 · €

Einer der führenden Vertreter im ländlichen Tourismus, das Jovanović-Gehöft, bietet all den kleinen Luxus, den man in einem Dorf erwarten kann: Schöne Zimmer und Badezimmer, gute Hausmannskost, eine grüne Umgebung und einen gepflegten Garten.

Vrujci ★★

Banja Vrujci

014/254 497

W /

100/212 · €€

Das Hotel trägt den Namen des Kurorts und macht das Beste aus seinen zwei Sternen. Saubere und komfortable Zimmer, freundliches Personal, gute Räumlichkeiten einschließlich Sport- und Tennisplätzen und einem Wellnesscenter, wie auch Heilwasser, das aus jedem Wasserhahn kommt!

Zlatibor

Dunav ★★
31315 Zlatibor
031/ 841 181
W /

31/89 · €€€€

Dieses bekannte Hotel hat ein neues, edles Aussehen erhalten, mit angenehmen Pastellfarben und einer angedeuteten Vornehmheit,die man von einem 2-Sterne-Hotel nicht erwartet. Praktische und komfortable Zimmer, ein Kongresssaal und ein Wellnesscenter gehören hier mit zum Angebot.

Kraljevi konaci
31315 Zlatibor
031/ 841 230
W /

80/240 · €€€€€€

Häuser zum Mieten, gleich um die Ecke vom Zentrum des Ferienorts, mit einer Straße auf der einen und einer Grünfläche auf der anderen Seite. Sauber, komfortabel und leicht zu finden, für 4-6 Personen.

Melović
31315 Zlatibor
031/ 835 023
W /

2/5 · €

Eine richtige Luxusunterkunft für die Verhältnisse des Landtourismus. Die Inhaber dieses Gehöfts im Dorf Rožanstvo haben ihr Haus vollständig auf die Bedürfnisse der Gäste eingestellt. Das Dorfgefühl ist daher verloren gegangen, aber stattdessen stehen Ihnen gemütliche Zimmer, ein ordentlicher Garten und ein Schwimmbad zur Verfügung.

Mona ★★★★
Naselje Jezero 26
031/ 841 021
W www.hotel-president.biz

90/201 · €€€€

Dies ist ein Mittelklassehotel in Zlatibor. Berghausdesign, ein Anflug von Holz und Eleganz, doch nichts Außergewöhnliches. Große, saubere Zimmer, freundliches Personal und ausgezeichnetes Frühstück. Minuspunkte sind das Fehlen einer Klimaanlage und – wegen der Nähe zum Zentrum und dem Busbahnhof – die manchmal etwas zu laute Umgebung.

Palisad ★★★
31315 Zlatibor
031/ 841 151
W www.palisad.rs

254/650 · €€€

Die große alte Dame von Zlatibor, das größte Hotel hier, wurde kürzlich gründlich renoviert und die Eingangshalle und ein Flügel haben im Zuge dessen ein neues Aussehen erhalten. Diese Hälfte des Palisad sieht nun elegant und modern aus, mit komfortablen und gut ausgestatteten Zimmern. Der andere Teil muss auch dringend renoviert werden und sollte, obwohl erträglich für eine Übernachtung, wenn möglich, gemieden werden.

Prezident ★★★
Naselje Kamalj bb
031/ 841 386
W www.hotel-president.biz

15/32 · €€€€€€

Es mag von außen etwas verwirrend aussehen, dieses vollständig renovierte, kleine Hotel nicht weit von Zentrum von Zlatibor entfernt, verfügt über große, saubere Zimmer, um die sich hilfsbereites Personal kümmert. Alles in allem, ein gutes Mittelklassehotel und ausgezeichnete Leistungen fürs Geld.

Vila Pina
Dragoslava Zeke Smiljanića bb
031/ 841 148
W www.vilapina.rs

14/28 · €€€€€

Sehr nah am Zentrum des Ferienorts gelegen, in einer ruhigen Umgebung im Grünen zwischen Pinien bietet die Villa Pina komfortable, große Zimmer, eine schöne Bar mit guten Preisen und ein kleines Wellnesscenter.

Villa Natural Wood
Vlaovina
065/ 65 65 271
W villanaturalwood.com

3/10 · €€€€

Diese Pension befindet sich auf einem Hügel, von dem aus man die Lichter des Zentrums von Zlatibor sehen kann und bietet einen ruhigen Aufenthalt in natürlicher Umgebung. Das heißt auch, dass es hier keine Touristeneinrichtungen oder Geschäfte gibt, wobei sie jedoch alle zu Fuß leicht zu erreichen sind. Wo dies gesagt ist, sind wir sicher, dass Sie Ihren Aufenthalt in diesem Holzhaus mit den wunderschönen Zimmern und den sehr gastfreundlichen Inhabern genießen werden.

Mokra Gora

Mokra Gora & Osmica
Mokra Gora
031/ 800 505
W www.zeleznicesrbije.com

7/11 · €

Die beiden idyllisch aussehenden Motels gleich an der Ausgangsstation des Šargan-Acht-Zuges werden von der Serbischen Bahn geführt. Ordentliche, gepflegte Zimmer und ein sehr gutes Restaurant. Es kann in der Hochsaison ein bisschen laut werden.

Šumadija und Moravatal

Diese Region heißt verdientermaßen das „ Herz Serbiens", und das aus mehreren Gründen: Die offensichtlichste ist ihre geographische Lage mitten im Zentrum von Serbien, weit entfernt von allen Grenzen. Die Gebirgskette mit dem Namen Šumadijakamm erhebt sich sanft aus dem Süden der Region in Richtung Belgrad. Die Gipfel dieser Berge sind noch immer mit Wald bedeckt, Relikte der einst viel größeren Wälder, die der Šumadija ihren Namen gaben (*šuma* = Wald). Nach Süden und nach Osten hin bedeckt ein Flickenteppich aus Feldern die sanften Hügel. Verschiedene Arten von Nutzpflanzen, wie Mais, Weizen und vielfältige Obstsorten werden hier angebaut.In dem Dorf Stalać treffen die West- und die Südmorava aufeinander und

berühmter Klöster gekennzeichnet, wie beispielsweise das verspielte **Ravanica**, das Kloster **Manasija** hinter seinen dicken Mauern oder das versteckte Kloster **Kalenić**. Der neue dekorative und sehr charakteristische Stil, in dem sie gebaut sind erhielt den Namen Morava-Stil. 1459 fiel **Smederevo**, die stark befestigte serbische Hauptstadt, deren Mauern man noch heute bewundern kann, an die Türken – ein Datum, das das Ende der mittelalterlichen serbischen Eigenstaatlichkeit markiert. Und doch ist dies der Ort, wo der serbische Staat sich erneut erhob: Beide serbischen Aufstände (1804 und 1815) begannen hier, und hier hatten die Anführer ihre Festung.

Die stolze Bevölkerung der Šumadija und der Moravaregion setzt sich hauptsächlich

Dramatischer Sonnenuntergang über dem Borački Krš

setzen ihren Weg gemeinsam als Große (Velika) Morava, auf der kurvigen Route nordwärts in die Donau fort. Die Ebene der Morava ist die größte in Zentralserbien und mehrere wichtige Städte liegen an ihren Ufern, einschließlich Jagodina, Ćuprija und Paraćin, die fast miteinander verschmolzen sind.

Die Šumadija ist in historischer Hinsicht das Herzland des modernen Serbiens. Es rückte im 14. Jahrhundert zum ersten Mal in den Fokus, als die südlichen Regionen des mittelalterlichen serbischen Staates an die Türken fielen und sein Zentrum nach Norden verschoben wurde. Serbiens kurze, aber künstlerisch produktive, Wiederbelebung im 15. Jahrhundert fand hier statt und ist durch die Bauten

aus Migranten zusammen, die im 18. Jahrhundert aus dem Süden, dem Osten und dem Westen hierher kamen. Zu der Zeit war dieses Grenzgebiet wegen des autonomen Statuses, den es innerhalb des Osmanenreiches genoss sehr attraktiv für die Bewohner der Nachbarregionen. Die Migrationswellen hielten bis ins 19. Jahrhundert an, als es als Teil des gerade erst befreiten Serbiens ein Magnet für Christen aus den umliegenden Provinzen wurde.

In der Šumadija sind die Dörfer in Weiler aufgeteilt, die sich über weite Gebiete erstrecken. Einst waren sie in den dichten Wäldern versteckt, die mit dem Bevölkerungswachstum im 19. Jahrhundert verschwanden. Bescheidene Holzblockkirchen, die es hier massenhaft

ıdjordjes Grab, Oplenac-Mausoleum

gibt, wie **Pokajnica** nahe Velika Plana, erinnern an die Zeiten, als es noch Wälder in Hülle und Fülle gab und die Christen vor den Türken fliehen mussten. Im Moravatal (oder Pomoravlje) liegen die Dörfer gruppiert beieinander, was ihnen ermöglicht, das fruchtbare Land besser zu nutzen, doch sie sind auch weit entfernt von den Flüssen, wegen der unvorhersehbaren Überschwemmungen. Im Norden sind Smederevo und die umliegende Region für ihren Weinanbau bekannt und die benachbarten Gebiete von Grocka für ihre Obstplantagen. Die einheimische Pflaumenvariante, *Ranka*, stammt aus dem Dorf Darosava mitten im Zentrum der Šumadija. Diese Pflaumen sind daher unter dem Namen *Darosavka* bekannt. Nicht weit von hier befindet sich **Topola**, die Heimatstadt von Karadjordje, dem Anführer des Ersten Serbischen Aufstandes. Über Topola erhebt sich der Berg **Oplenac**, auf dem Karadjordjes Enkelsohn, König Petar I., die Tradition der mittelalterlichen Herrscher fortsetzte und eine Stiftung, die Mausoleumskirche der Karadjordjević-Dynastie, bauen ließ. Im Süden liegt **Kruševac**, Serbiens Hauptstadt zur Zeit Fürst Lazars, der in dieser Stadt allgegenwärtig zu sein scheint. Von hier aus brach er 1389 mit seinen Truppen in die berühmte Kosovoschlacht auf, in der er sein Leben verlor und ewigen Ruhm erntete. **Aleksandrovac** ist das Zentrum eines geschlossenen Tales namens Župa. Das Gebiet bietet perfekte Voraussetzungen für den Weinanbau, z.B. die verbreitetsten autochthonen Sorten *Tamjanika* und *Prokupac*. Im äußersten Südwesten dieser Region, an einem wunderschönen Standpunkt unterhalb des Goč-Gebirges, liegt Vrnjačka Banja, der schönste und beliebteste Kurort in Serbien mit seinen zahlreichen Thermalquellen, Parks und alten Villen. Mineralquellen kann man auch an vielen anderen Orten finden, insbesondere in Bukovačka Banja, wo das vielgetrunkenen Mineralwasser «Knjaz Miloš» hergestellt wird.

Traditionelle Trachten der Šumadija

1. Smederevo
2. Arandjelovac
3. Orašac
4. Topola
5. Gornji Milanovac
6. Takovo
7. Vraćevšnica
8. Kragujevac

- 9 Borač
- 10 Manasija
- 11 Resavska Höhle
- 12 Jagodina
- 13 Ravanica
- 14 Kalenić
- 15 Ljubostinja
- 16 Vrnjačka banja
- 17 Kruševac
- 18 Aleksandrovac

1 Smederevo

63,000

Kralja Petra I no. 8, 026 222 952

Omladinska St, 026 222 245

Omladinska 5, 026 221 222

Smederevska Jesen, Anfang September

Die erste Stadt flussabwärts von Belgrad aus, Smederevo, ist an einer Stelle gelegen, wo das Wasser der Donau die Sonnenstrahlen auf die mit Obstgärten und Weingärten bedeckten Hügel reflektiert, was die Römer dazu bewogen hat, diese Gegend *Mons Aureus* – Goldener Hügel - zu nennen. Das moderne Smederevo ist jedoch ein großes industrielles Zentrum und hat viel von der ländlichen Schönheit seiner Umgebung verloren. Was Touristen hierherführt, sind die langen Mauern seiner Festung und die Donau; Smederevo ist es gelungen – obwohl es selbst keine schöne Stadt ist –eine anständige Infrastruktur für Touristen anzulegen, die Sie bewegen sollte, ein paar Stunden länger zu bleiben.

Äpfel zum Verkauf beim Herbstfest von Smederevo

GESCHICHTE

Smederevo wird zum ersten Mal im Jahr 1019 als eins der Bistümer des neugegründeten Erzbistums Ohrid erwähnt. Die Stadt erlangte einige Bedeutung im 15. Jahrhundert, als sich das Zentrum des serbischen Staates wegen der türkischen Übergriffe nach Norden verschob. 1427, nach dem Tod von Despot Stefan Lazarević, übergab sein Nachfolger Djuradj Branković, einer früher abgeschlossenen Vereinbarung entsprechend, Belgrad an den ungarischen König. Djuradj verlor dadurch sowohl die Hauptstadt als auch die stärkste Festung, und machte sich sofort daran, eine neues Fort zu bauen, das die Hauptstadt Serbiens werden sollte. Dazu erwählte er Smederevo, das von den Flüssen Donau und Jezava geschützt wurde. Der schnell fortschreitende Bau wurde zur großen Belastung für die Bauern, die schließlich Djuradjs griechischer Frau Irene alle Schuld gaben und sie die «Verdammte» *(Prokleta Jerina)* nannten. Die größte mittelalterliche Festung an der Donau, der größte Bau, den Djuradj geschaffen hat, konnte die Türken nicht aufhalten und ihr zweiter Fall 1459 beendete Serbiens Eigenstaatlichkeit im Mittelalter. Smederevo blieb jedoch eine bedeutende Kaufmannsstadt und Sitz der türkischen Provinz, die bis zur Einnahme von Belgrad im Jahr 1521 den Norden Serbiens kontrollierte. Im 18. Jahrhundert war die Stadt mehrmals abwechselnd unter österreichischer und türkischer Herrschaft, was ihre Wirtschaft zerstörte. Von 1805 bis 1807 war die Stadt

Despot Djuradj und seine Familie

Sitz des Regierungsrats der serbischen Aufständischen. Im 19. Jahrhundert wurde die Stadt bekannt für ihren exzellenten Weißwein, der in die ganze Region exportiert wurde. Im Ersten Weltkrieg befand sich Smederevo an der Frontlinie und wurde stark gebeutelt durch austro-ungarisches Artilleriefeuer. Doch das war nichts gegen die Tragödie, die die Stadt im Zweiten Weltkrieg heimsuchte: Die Explosion eines deutschen Zuges, der Munition geladen hatte, am 5. Juli 1941, forderte 2.000 Menschenleben und richtete größe Zerstörung in der Stadt und an der antiken Festung an. Nach dem Krieg wurde das neugebaute Stahlwerk der Motor der Stadtentwicklung. DasWerk, das heute US Steel gehört, ist immer noch der Hauptarbeitgeber der Stadt.

SEHENSWÜRDIGKEITEN

Mit 1,5 km Außenmauer ist die **Festung** von Smederevo die größte ist in Serbien und gehört auch zu den größten in Europa. Die Tieflandbefestigung hat einen dreieckigen Basisplan und ist in zwei Bereiche geteilt. Die **Zitardelle**, die von sechs Türmen und einem Graben geschützt wird, war der Sitz des Herrschers und seines Hofes. Ihr Bau war 1430 abgeschlossen, wie man der Inschrift aus rotem Ziegel auf dem **Kreuzturm** entnehmen kann. Interessant sind hier der Wohnturm mit seinen 4 m dicken Wänden, wie auch

Die Mauern der Zitardelle von Smedervo

die vier Biforenfenster, alles, was vom Festsaal übrig geblieben ist. Die Fertigstellung des größeren, äußeren Teils der Festung nahm einige Jahre mehr in Ansprung und ihre Mauern mit den 19 massiven Türmen schützten sowohl die Bürger, wie auch den Bischofssitz. Die Mauern und Türme sind nach dem Vorbild derer in Konstantinopel gebaut. An den Ecken der Festung gibt es drei weitere polygonale Türme, kleiner und zur Verteidigung gegen Feuerwaffen geeignet, die die Türken um 1480 errichteten.

Nicht weit von der Festung entfernt auf dem zentralen Stadtplatz – **Trg Republike** - steht die große **Kirche des Hl. Georg**. Sie wurde 1851-1855 von dem renomierten Andreja Damjanov aus Mazedonien gebaut, der aus einer Familie talentierter Baumeistern stammte. Damjanov wandte den europäischen Stil dieser Periode nur bei dem Glockenturm an, während er den Rest des Gebäudes im Stil der Kirche des Manasija-Klosters hielt (siehe S. 242), und tat so den ersten Schritt in Richtung eines nationalen Stils in der serbischen Kirchenarchitektur. Die Fresken in der Kirche sind eine Arbeit von Andrej Bicenko.

Neben der Kirche steht das **Denkmal** für die gefallenen Soldaten der Kriege zwischen 1912 und 1918.

Auf demselben Platz gibt es auch das vornehme Gebäude

Der Zentralplatz von Smederevo

des **Gemeindesitzes**, eine Arbeit von Aleksandar Bugarski aus dem Jahr 1884 und die **Stadthalle** (Nikolaj Krasnov, 1928), die mit vier antik aussehenden Statuen gekröhnt ist. Um die Ecke, in der Miloša-Velikog-Straße, steht das imposante Gebäude des **Gymnasiums** (Milorad Ruvidić, 1904).

Ein untypischer Anblick im Zentrum einer großen Stadt ist die sogenannte **Karadjordjes Maulbeere** *(Karadjordjeva dud)*, ein geschätze 300 Jahre alter Baum, der in der Mitte eines kleinen Platzes, ein paar Schritte vom Gymnasium enfernt, steht. Unter diesem – damals schon alten- Baum erhielt Karadjordje, der Führer der serbischen Aufständigen 1805 den Stadtschlüssel von dem sich ergebenden türkischen Kommandanten. Nach seinem Aussehen und dem üppigen Schatten, den er spendet, zu urteilen, scheint es der Maulbeere, trotz ihres Alters und Standortes, sehr gut zu gehen.

Am Rand der Innenstadt von Smederevo, mit dem Eingang in der Narodnog-Fronta-Straße, befindet sich der **Alte Friedhof**. Darauf steht die **Kirche der Entschlafung der Heiligen Jungfrau** aus dem 15. Jahrhundert, die eine Mischung aus Morava- und byzantinischem Stil

Die jahrhundertealte Maulbeere des Karadjordje

Die mittelalterliche Kirche auf dem Alten Friedhof

aufweist. Nachdem die Stadt an die Türken gefallen war, wurde die Kirche als Sitz des orthodoxen Bischofs genutzt. Die Wandmalereien stammen aus dem 16. Jahrhundert, sind aber von geringerem künstlerischem Wert und ziemlich beschädigt. An der äußeren Kirchenmauer findet man das Grab von Dimitrije Davidović, dem „Vater des serbischen Journalismus" und Verfasser der ersten serbischen Verfassung. Gegenüber der Kirche befindet sich das Gedenk-Ossarium der Opfer der Explosion 1942, das Aleksandar Deroko entworfen hat.

AKTIVITÄTEN

Smederevos direkte Umgebung ist für Touristen von keinem besonderen Interesse, doch da ist die Donau die Rettung. Das **Schiff** „Jasenak" *(Tel.:064 17 47 861)* unternimmt Ausflüge zur Insel Smederevska Ada *(200 din pro Person)*, dem Zusammenfluss der Morava und einem nahe gelegenen Strand *(500 din)* oder zur Festung Ram und zurück *(800 din)* für bis zu 30 Personen. Das Schiff liegt auf der Jezava bei der Festung vor Anker. Die Abfahrtszeiten sind flexibel.

UMGEBUNG

Ein paar Kilometer auf der Straße Richtung Belgrad liegt **Jugovo**, ein beliebtes Ausflugsziel mit einer Promenade, mehreren Restaurants, Sportplätzen und einem Strand an der Donau.

Wer Bäume liebt, muss unbedingt **Šalinački Lug** sehen. Der Ort,eine der seltenen Erinnerungen an Serbiens Flachlandeichenwälder mit mehr als 300 imposanten Bäumen, von denen einige hundert Jahre alt sind, liegt zwischen dem Dorf Šalinac (10 km östlich der Stadt) und dem sich windenden Lauf der Morava.

3 Arandjelovac

24,600

Knjaza Miloša 267, 034 725 575

Kneza Mihaila Orašački put 66

Arandjelovac ist eine freundliche kleine Stadt, in einem Tal unterhalb des grünen Berges Bukulja und des marmorreichen Venčac, dessen Kurbad die Stadt davor bewahrt, sich provinzieller Trägheit hinzugeben. Obwohl das Bad ursprünglich außerhalb der Stadt lag, und deshalb auch seinen eigenen Namen, Bukovička Banja, trägt, ist es mit der Stadt zu einem harmonischen Ganzen verschmolzen. Es scheint, dass es in Arandjelovac fast nichts gibt, das nicht nach seinem Gründer Fürst Miloš benannt ist, sogar das «Knjaz Miloš»-Mineralwasser, die erfolgreichste Handelsmarke der Stadt und Serbien beliebtestes kohlensäurehaltiges Getränk.

GESCHICHTE

1837 ordnete Fürst Miloš Obrenović an, dass sich die verstreut liegenden Dörfer Vrbica und Orašac zusammenschließen und eine neue Siedlung entlang der Hauptstraße bilden sollten. Die lange Knjaza-Miloša-Straße, die Hauptstraße von Arandjelovac, in der sich so ziemlich jede wichtige Institution finden lässt, ist noch immer der lebende Beweis für die Anordnung des Fürsten. 1859 begann Miloš eine Kirche für den Erzengel Michael zu bauen und benannte Vrbica in Arandjelovac, «Stadt des Erzengels» um. Das wachsende Arandjelovac schluckte bald das Bad Bukovička und wurde als Kurort bekannt. Milošs Sohn und Erbe, Mihailo, besuchte es regelmäßig und trug so zu seiner Popularität bei. Heute ist die Stadt am besten für ihr Mineralwasser «Knjaz Miloš» bekannt, das um die Wende zum 20. Jahrhundert zum ersten Mal abgefüllt und nach dem Fürsten Miloš, der es bei Hofe reichlich verwendete, benannt wurde.

SEHENSWÜRDIGKEITEN

Das Stadtzentrum ist auch gleichzeitig der Mittelpunkt des Kurbads, mit einem großen **Park** von etwa 40 Morgen Fläche. Fünf Thermalquellen liegen verteilt über den Park und es gibt ein Freibad, aber die Hauptattraktion sind die 66 **Skulpturen,** die von zeitgnössischen Künstlern angefertigt wurden. Sie sind alle in weißen Marmor gehauen,

Marmorskulpturen im Park von Arandjelovac

Das Alte Gebäude

der von dem nahegelegenen Berg Venčac stammt. Neue und alte Hotels verteilen sich im und um den Park, unter denen **Staro Zdanje** («Altes Gebäude») einen besonderen Platz einnimmt. Der massive romantizistische Bau wurde von Fürst Mihailo begonnen, der hier seine Sommerresidenz einrichten wollte. Es wurde aber erst 1872 fertiggestellt, lange nach Mihailos Tod, und hat deshalb nie seine vorgesehene Funktion erfüllt, sondern wurde zu einem Hotel, während der Garten städtisches Gemeingut wurde. Die Öffung für die Allgemeinheit war nicht nur der Beginn des Kurlebens in Bukovička Banja, sondern es wurde auch zum Symbol der Stadt. Das andere bedeutende Gebäude ist der **„Knjaz-Miloš"-Pavillion**, im Art-Nouveau-Stil gebaut ist es der Hauptveranstaltungsort für Kunstausstellungen in der Stadt.

Auf der Seite, wo der Park die ersten Hänge des Bukulja hinaufsteigt, befindet sich das **Stadtmuseum** *(Mišarska 19, Tel.:034 712 415; Öffnungszeiten:* werktags *9-17 Uhr, Wochenende 10-14 Uhr, Eintritt: 100 din, kombinierte Eintrittskarte für die Risovačka-Höhle 150 din).* Das kleine, aber gut geführte Museum verfügt über eine reichhaltige archäologische Ausstellung, die einen guten Einblick in das Leben der Höhlenmenschen in ihrer natürlichen Umgebung,

Der Touristenpfad in der Risovača-Höhle

einschließlich des Skeletts eines Höhlenbären gewährt. Sie werden dort auch mittelalterliche Grabsteine, Waffen von den Serbischen Aufständen, Produkte einheimischer Handwerker und Einzelheiten aus der Geschichte der Stadt um die Wende zum 20. Jahrhundert zu sehen bekommen. Außerdem stellt das Museum auch eine große Keramiksammlung mit Werken zeitgenössischer Künstler aus.

Die vielen vorgeschichtlichen Funde stammen größtenteils aus der Höhle **Risovačka Pećina** *(Tel.: 034 722 883; tägl.8-17 Uhr, Eintritt: 100 din, kombinierte Eintrittsarte für das Stadtmuseum 150 din)*, auf der gegenübe-rliegenden Seite der Stadt gelegen. Die Höhle wurde in der älteren Steinzeit von Neandertalern bewohnt, die ihre Jagdwaffen und die Knochen der erbeuteten Tiere um sie herum verteilt hatten. Der Touristenpfad durch die Höhle führt zu der Halle, wo Figuren der Familie des Höhlenmenschen zu sehen sind.

Reklame aus der Zeit der Jahrhundertwende für das Mineralwasser "Knjaz Miloš"

UMGEBUNG

Das der **Gipfel des Bukulja** (696 m) dicht bewaldet ist, wäre er eigentlich für Touristen nicht sonderlich interessant, hätte man nicht kürzlich einen 20 m hohen **Aussichtsturm** errichtet, von dem aus man einen tollen Blick über die Stadt und (bei klarem Wetter) über einen großen Teil der nördlichen Šumadija hat. Der kürzeste Weg bis zum Gipfel beginnt oberhalb des Stadtmuseums.

Das Dorf **Orašac**, nördlich von Arandjelovac gelegen, nimmt einen wichtigen Platz in der serbischen Geschichte ein. Hier begann 1804 der Erste Serbische Aufstand. Nachdem die türkischen Janitscharen alle prominenten Serben, die ihnen in die Hände fielen, getötet hatten, trafen sich die, die noch am Leben waren, hier heimlich am Feiertag der Begegnung des Herrn *(Sretenje Gospodnje)*, am 15. Februar 1804. Der einheimische Teodosije Marićević berief das Treffen in einer Schlucht auf seinem

Karadjordje-Statue und alte Schule von Orašac

Besitz ein, wo sie nicht von türkischen Spionen gesehen werden konnten. Die versammelten Hajduken, Ältesten und Priester wählten Djordje Petrović zu ihrem Führer. Petrović, besser bekannt unter seinem Spitznamen Karadjordje, führte die Rebellen sofort in den Kampf mit den ansässigen Türken, indem er ihre Festung in Orašac in Brand setzte.

Der historische Ort der Treffens wurde als **Marićević-Graben** *(Marićevićeva jaruga)* bekannt. 1954 wurde hier in Erinnerung an den 150. Jahrestag der Aufstandes ein **Gedenkbrunnen** gebaut. Direkt oberhalb der Schlucht befindet sich eine kleine **Kirche**, die zwischen 1868 und 1878 erbaut wurde. Im Inneren dieser bescheidenen Kirche finden Sie eine wertvolle Ikonostase, eine Arbeit von Steva Todorović, einem der besten serbischen Maler aus der zweiten Hälfte des 19. Jahrhunderts. 1932 wurde dank der Spenden von Karadjordjes Urenkel König Aleksandar von Jugoslawien eine **Schule** in einer Mischung aus romantizistischem und Folklorestil gebaut, und dominiert seitdem das Zentrum dieses kleinen Dorfes. 2004, zur Gedenkfeier des 200. Jahrestages des Aufstandes, wurde ein Denkmal für Karadjodje aus weißem Venčac-Marmor vor der Schule errichtet. Hinter der Schule befindet sich ein ausgezeichneter Souvenirladen.

Karadjordje

Djordje Petrović (1762-1817), besser bekannt unter seinem Spitznamen Karadjordje («Schwarzer Georg»), war der Anführer des Aufstandes von 1804 und gilt als eine der Gründerfiguren des modernen Serbiens. Von jungen Jahren an war Djordje als mutiger und rauer Mann bekannt, der von den türkischen Feudalherrn gefürchtet wurde. In einem Streit tötete Karadjordje einen Türken und floh – um der Vergeltung zu entgehen – über die Save in das Habsburger Reich. Während des habsburgisch-osmanischen Krieg (1788.1791) wurde er Offizier in der österreichischen Armee und führte mutig eine Einheit des serbischen Freiwilligencorps an, wodurch er wertvolles militärisches Wissen erlangte. Nach dem Krieg kehrte er nach Serbien zurück, schloss sich aber bald den serbischen Gesetzlosen in den Bergen an. Als derVolksaufstand gegen die türkische Tyrannei 1804 begann, wurde Karadjordje wegen seiner Erfahrung und seines Mutes zum Führer gewählt. Er bewies schnell, dass er ein begabter General war, indem er seine Männer in mehrere entscheidende Schlachten führte und seine militärisches Talent wurde sogar von Napoleon anerkannt. Nach den ersten erfolgreichen Schlachten, erlangte Serbien die Position eines de facto unabhängigen Landes und Karadjordje wurde zu seinem Oberhaupt mit dem Titel *Vožd* («Der Führer»). Unbeherrscht und leidenschaftlich wie er war, war er auch ein gerechter Führer, der nicht zögerte, persönlich Dutzende von Männern wegen Ungehorsams oder Plünderungen zu erschießen oder erhängen, einschließlich seines eigenen Bruders. Obwohl er ein ungeschickter Diplomat war, gelang es Karadjordje, sich Russlands Unterstützung für die serbische Sache zu sichern, besonders während des russisch-osmanischen Krieges (1806-1812). Napoleons Einmarsch 1812 zwang Russland, ein Friedensabkommen mit den Türken zu schließen, ohne Rücksicht auf Serbiens Position. Versuche, die radikalen Attacken der Türken zu stoppen, schlugen fehl und 1813 floh Karadjordje zusammen mit einem großen Teil der serbischen Bevölkerung auf österreichisches Territorium. Dort wurde er zunächst als berüchtigter Revolutionär eingesperrt, später jedoch nach Russland geschickt. 1817 drohte Karadjordjes heimliche Rückkehr nach Serbien das vorteilhafte Friedensabkommen, das Miloš Obrenović mit den Osmanen geschlossen hatte, zu gefährden. Durch die Türken unter Druck gesetzt ordnete Miloš Karadjordjes Ermordung an. Seit dieses Tat war Karadjordje zur Legende geworden, und so ist es in den Köpfen der meisten Serben auch geblieben.

4 Topola

4,600

Kneginje Zorke 13,
034 8 111 72

Bulevar vožda
Karadjordja bb
(exit for Belgrade)
034 811 425

Weinlese, erstes
Wochenende im Oktober

Wenn man durch die malerische, hügelige Landschaft der inneren Šumadija fährt, könnte man das kleine Städtchen Topola, am Fuße des mit Wald bedeckten Hügels Oplenac beinahe übersehen, wäre da nicht die leuchtend weiße St.-Georgs-Kirche auf dessen Spitze. Da die Kirche als Mausoleum für die Karadjordjevićs, die serbische königliche Dynastie, dient, findet man bei der Kirche auch deren Landhäuser, Weinberge und den befestigten Komplex des Dynastiegründers Karadjordje. Mit seinen vielen königlichen Denkmälern und Erinnerungen haben Topola und Oplenac einen besonderen Platz in der serbischen Geschichte und wecken warme Gefühle in den Herzen aller serbischen Royalisten, die es als ihre Hauptstadt sehen.

GESCHICHTE

Karadjordje, der Anführer des Ersten Serbischen Aufstands, wurde im nahegelegenen Dorf Viševac geboren und ließ sich später in Topola nieder, das damals aus gerade einmal 20 Häusern bestand. Nachdem die Türken 1804 aus Rache sein Haus niedergebrannt hatten, ließ er eine neue befestigte Residenz an derselben Stelle bauen. So wurde Topola so etwas wie sein Wohnsitz. Doch auch dieses neue Haus wurde 1813 zerstört, als die siegreichen Türken nach Topola kamen. In der Zeit, als die Obrenović-Dynastie, in ständiger Rivalität zu den Karadjordjevićs, an der Macht war, ließ man Karadjordjevićs Residenz mit Absicht verwahrlosen. 1877 ging das Dorf durch schwere Zeiten, als verdrossene Soldaten und Anhänger der rivalierenden Karadjordjević-Dynastie Topola als ihren militärischen Stützpunkt auswählten; die Rebellion wurde vom Berufsheer niedergeschlagen und die befestigte Residenz zerstört. Topola verfiel immer mehr, bis 1903 Karadjordjevićs Enkel Petar serbischer König wurde, und die Stadt konnte in den nächsten vier Jahrzehnten aufblühen. Petar baute die wunderschöne St-Georgs-Kirche auf dem Oplenac-Hügel als seine Grabstätte und Mausoleum des Hauses Karadjordjević.

SEHENSWÜRDIGKEITEN

Das Herzstück des Städtchens ist Karadjordjes befestigte Residenz, **Karadjordjev Grad**, genannt, die sich in der Hauptstraße befindet. Die Gebäude, die Sie hier sehen können, sind die Überreste eines ausgeklügelteren Geländes nach den Zerstörungen 1813 und 1877. In der Mitte des Hofes steht ein schmales Denkmal für Karadjordje, ein Werk von Petar Palavičini aus dem Jahr 1938. Dahinter steht das Herrenhaus, heute ein **Museum** *(Tel.: 034 811 280; Öffnungszeiten: 1.April-1.Okt. 8-19 Uhr, sonst 9-16 Uhr, kombinierte Tickets für alle Monumente der Stadt: Erwachsene 300din, Kinder 200 din, Rentner 150 din)*, das Karadjordje und dem Ersten Serbischen Aufstand gewidmet ist. Seine Außenwand, aus Stein gebaut, diente einst als Südmauer der Festung. Gleich daneben steht der einzige übrig gebliebene Turm, mit seinen dicken Mauern und kleinen Fenstern. Eins der interessantesten Ausstellungsstücke im Museum ist Karadjordjes Kanone. Sie wurde 1812 gegossen und hieß *Aberdar* („Der Melder"), denn sie wurde nur abgefeuert, wenn es wichtige Neuigkeiten zu verkünden gab. Ihr rechter Haltegriff wurde 1903 abgenommen, um daraus die Krone für den neuen König Petar Karadjordjević zu gießen.

Neben dem Museum steht eine von Karadjordje gestiftete **Kirche**, die der Geburt der Jungfrau Maria geweiht ist. Sie wurde von 1811-1813 in dem zu dieser

Topolas berühmter Held - Karadjordje

Flagge des Ersten Serbischen Aufstandes

schwierigen Zeit üblichen einfachen und derben Stil gebaut. Trotzdem war sie das bedeutendste kirchliche Bauwerk des aufständischen Serbiens. Im Wehrturm, der zum Glockenturm umgebaut worden war, befanden sich die ersten Kirchenglocken des Landes, seit das Glockenläuten von den Türken verboten worden war. Nachdem die Kirche 1813 kurz nach ihrer Fertigstellung niedergebrannt worden war, wurde sie später

Karadjordjes Kirche in Topola

von Karadjordjes Sohn, Prinz Aleksandar (Regierungszeit: 1842-1858) restauriert. Zur Rechten des Eingang steht das Grabmahl des Stifters der Kirche. Sein kopfloser Körper (sein Kopf wurde nach dem Mord dem Sultan geschickt, *siehe Foto)* lag dort von 1820 bis 1930. Die Inschrift über der Grabstätte klagt die Türken des Verbrechens an, verschweigt aber die Tatsache, dass Miloš Obrenović, der serbische regierende Fürst, den Mord in Auftrag gegeben hat. In der Kirche befinden sich die Grabsteine von einigen Mitgliedern der Karadjordjević-Familie und anderen prominenten Persönlichkeiten aus Topola, u.a. von Petar Jokić, dem Kommandanten von Karadjordjes Leibwacheneinheit. Die originalen Wandmalereien, heute sind nur Fragmente erhalten, sind Werke von Petar Nikolajević-Moler, der auch ein leitender Kommandant von Karadjordjevićs Armee war. Die fantastisch gefertigte Ikonostase von 1928 stammt von Nestor Aleksijev und ist eine der letzten bedeutenden Arbeiten des Mijak-Clans der Holzschnitzer aus Westmazedonien.

Diagonal gegenüber der Karadjordjević-Residenz steht ein Gebäude, das unter dem Namen Karadjordjevićs Kaserne *(Karadjordjeva kasarna)* bekannt ist, aber eigentlich von seinem Sohn Fürst Aleksandar gebaut wurde, jedoch – höchstwahrscheinlich - auf der Kaserne auf dem Fundament der Kaserne seines Vaters. Wie dem auch sein, die „Kaserne" ist ein schönes Gebäude von der Art, wie sie auf dem Balkan in der ersten Hälfte des 19. Jahrhunderts vorherrschten. Zu Fürst Aleksandars Zeiten befanden sich im Erdgeschoss Ställe und im ersten Stock Zimmer für die Kavalleristen. Heute finden in dem Gebäude verschiedene kulturelle Ereignisse statt.

Vom Eingang zu Karadjordjev Grad führt eine Straße zur Spitze des Oplenac. Auf dem Weg nach oben passieren Sie das Haus den Obstgartenhüters, heute ein Museum *(Öffnungszeit und Eintritt wie oben)* mit Gemälden von Nikola Graovac (1907-2000), ein Expressionist, bekannt für seine verspielten Farben, der die zweite Hälfte seines Lebens in Topola verbrachte.

Bevor Sie Ihre Aufmerksamkeit auf die Hauptsehenswürdigkeit von Oplenac, die Kirche, richten, beachten Sie ein kleines Haus gegenüber davon. Es wurde 1920 im nationalen Stil gebaut und war für Arbeiter vorgesehen. Dann zog jedoch der bescheidene König hinein, um die Bauarbeiten zu überwachen, verliebte sich in das Haus und verbrachte hier die meiste Zeit bis 1915.

Die **Mausoleumkirche St.Georg** *(Öffnungszeiten und Eintritt wie oben)* wurde von 1911-12 nach einem Plan des jungen Architekten Kosta J. Jovanović gebaut. Es ist in weißem Marmor, von dem nahe gelegenen Berg Venčac, gehalten. Während der österreich-ungarischen Besatzung 1915-18 wurde der Tempel entweiht und geplündert. Die Verzierungen im Inneren wurden wiederhergestellt und 1930 vollendet. Über dem monumentalen Eingang befindet sich ein Mosaik, das den heiligen Georg zeigt, wie er den Drachen tötet, basierend auf einem Gemälde von Paja Jovanović. Interessanterweise hat Georg das Gesicht von Karadjordje und steht so symbolisch für die Befreiung des serbischen Volkes, ausgelöst durch den Ersten Serbischen Aufstand.

Die Mausoleumskirche der Karadjordjević-Dynastie auf dem Oplenac-Hügel

Krypta des Oplenac-Mausoleums

Darüber sieht man das Familienwappen der Karadjordje-Dynastie.

Die inneren Maueren sind komplett mit **Mosaiken** verziert. Rechts des Eingang befindet sich die Stifterkomposition, die zeigt, wie St. Georg König Petar der Jungfrau Maria vorstellt. Die anderen Fresken sind alle Kopien von Fresken aus über 60 mittelalterlichen serbischen Klöstern. Besonders interessant sind die Portraits von allen serbischen Herrschen im Mittelalter, jeder von ihnen mit einem Modell seiner jeweiligen wichtigsten Stiftung in den Händen. Die Säulen, die die Hauptkuppel halten, sind mit Szenen aus dem Leben des Hl. Sava verziert, während in den Bögen unter den kleineren Kuppeln Medaillen aller serbischen Heiligen zu sehen sind. Die beiden Grabstätten sind die von Karadjordje (im Süden) und König Petar (im Norden). In der Krypta (die Treppe links vom Eingang hinunter) sind fast alle Mitglieder der Karadjordjević-Familie begraben, darunter vier Regenten. An den Wänden der Krypta ist das Leben der Hl.Peter abgebildet.

Ein Stück die Straße hinunter, die von der Kirche weg führt, stehen zwei Villen der königlichen Familie. Die linke ist die ältere und größere **Königsvilla** (1923), wo die Karadjordjevićs wohnen, wenn sie Topola besuchen.

Auf der anderen Seite ist die intimere **Königinnenvilla** (1926). Sie hieß ursprünglich Landhaus, bekam aber ihren Namen, weil sie die bevorzugte Residenz von Königin Marija, der Frau von König Aleksandar, war.

An den Hängen hinter der Königsvilla kann man die königlichen Weinberge sehen. Heute ist nur ein Bruchteil von dem übrig, was König Petar einst pfanzte. Er verkaufte dafür Land an anderer Stelle, um es den Bauern hier abkaufen zu können.

AKTIVITÄTEN

Dieser Teil der Šumadija hat eine lange Weinanbautradition. Die beiden berühmtesten Weinproduzenten befinden sich gleich bei Topola.

Wenn Sie die Stadt Richtung Kragujevac verlassen, werden Sie ein Schild bemerken, das Sie zum **Kraljev Podrum** (*„Königskeller", Tel.: 034 811 118)* leitet. Der Name ist nicht allein aus Marketinggründen gewählt – dies ist tatsächlich der Weinkeller der königlichen Familie, der im Jahr 1931 eingerichtet wurde. Nach der Machtübernahme der Kommunisten setzte der Keller seine Arbeit bis in die späten 1950er Jahre fort und wurde dann nicht mehr genutzt. Vor ein paar Jahren hat die königliche Familie die Weinproduktion wiederaufgenommen und keltert nun ihre eigenen Weine, die man hier probieren und kaufen kann. Das Schönste hier ist aber in jedem Fall der Keller selbst: Er ist drei Stockwerke tief in die Erde gegraben und verströmt die Erhabenheit der alten Zeiten. Die ganze erste Etage mit ihren kunstvoll geschnitzten Fässern, alten Utensilien und sogar dem archivarischen Wein aus dem Jahr 1930 ist fast unverändert geblieben.

Die **Weinkellerei Aleksandrović** hat sich in den letzten zehn Jahren zu einer der besten in Serbien entwickelt. Sie befindet sich in Vinča, dem ersten Dorf auf der Straße nach Rudnik. Die Weinkellerei bietet verschiedene Touren durch ihre modernen Weinkeller und Proben ihrer Produkte in der großzügig eingerichteten Weinprobehalle an *(Tel.: 062 26 22 77; Tour mit Probe 1000 pro Person, Tour, Appetizer und Probe 1500 din, Probe und Mittagessen 3000 din, mindestens 10 Personen).*

Weinlese auf dem Oplenac

5 Gornji Milanovac

24,000

Cara Dušana 2, 032 720 565

Vojvode Mišića 61, 032 711 254

Hodenkochen (in Savinac), Ende August

Diese ordentliche kleine Stadt und ihre Umgebung haben etwas durch und durch Serbisches an sich. Vielleicht ist es die Kombination von Landschaft – von Obstgärten umrandete Felder, langsam ansteigende Hügel und mit Wald bedeckte Gipfel – und historischen Fakten, die es mit dem Aufstand von 1815 verbinden und so zum Kult machen. Etwas nüchterner betrachtet könnte der Grund aber auch die Tatsache sein, dass es die erste Stadt an der stark befahrenen Ibarska Magistrala ist, die von Belgrad nach Montenegro führt, und wo man das antrifft, was die Leute allgemein für essentiell Serbisch halten.

GESCHICHTE

Das altertümliche Dorf Brusnica befand sich in einem tiefen, engen Tal, das man als ungeeignet für eine Weiterentwicklung des Dorfes ansah, und siedelte es deshalb 1853 auf ein Feld einige Kilometer westlich um. Zu Anfang hieß die neugegründete Stadt Despotovica, nach dem gleichnamigen Fluss, und wurde nach einem rechteckigen Straßenplan mit breiten Straßen und einem Zentralplatz angelegt. 1859 erhielt es seinen neuen Namen, in Erinnerung an Milan, den Bruder von Fürst Miloš. Der großte Teil des alten Gornji Milanovac wurde Ende 1941 bei einer schweren Nazi-Bombardierung zerstört, die die Rebellentruppen zum Ziel hatte, die gegen die Deutschen kämpften.

Kirche in Gornji Milanovac

SEHENSWÜRDIGKEITEN

Auf dem Hauptplatz steht das unattraktive frühere Bezirksverwaltungsgebäude. Davor befinden sich **Büsten**, die verschiedene Figuren aus der serbischen Geschichte darstellen: Fürst Aleksandar, während dessen Regierungszeit die Stadt gegründet wurde, Fürst Milan und Feldmarschall Živojin Mišić, der die serbischen Truppen in den Schlachten von Suvobor und Kolubara während des Ersten Weltkrieges zum Sieg führte. Auf demselben Platz steht die alte **Kirche der Heiligen Dreifaltigkeit**, die 1862 von Fürst Miloš als Zeichen der Dankbarkeit für die Umbenennung der Stadt gebaut wurde. Die Architektur ist romantizistisch, aber einige Details sind von der mittelalterlichen Morava-Schule inspiriert. Auf einem Hügel oberhalb der Straße von Belgrad nach Čačak steht das sogenannte «Norwegische Haus» (*Norveška kuća*, A. Djokić, 1981), das sowohl dem Bug eines Wikinger-Schiffes, als auch einem traditionellen Haus der Šumadija ähnelt. Es ist ein Tribut an die Freundschaft mit den Norwegern während des Zweiten Weltkriegs, als tausende Kriegsgefangene in den Nazi-Lagern dieses Landes arbeiteten. Es beherbergt ein kleines Museum, das den Alltag in den Lagern dokumentiert und ein angenehmes Restaurant.

Denkmal für Milan Obrenović, den Gründer von Gornji Milanovac

Auf der anderen, nordwestlichen, Seite der Stadt erhebt sich der **Hügel des Friedens** (*Brdo mira*), eine grüne Oase mit einigen interessanten Denkmälern, die meisten davon für die Gefallenen der Kriege im 20. Jahrhundert. So wie das Stachelmonument für die Menschen, die in Norwegen interniert waren oder das schaurige Denkmal für die 13.000 Jugoslawen (größtenteils Serben), die im Konzentrationslager Mauthausen im Zweiten Weltkrieg getötet wurden.

UMGEBUNG

Das Dorf Takovo liegt nur 9 km westlich von Gornji Milanovac, aber von seiner idyllischen Ruhe her gesehen, könnte es ebenso gut auf einem anderen Planeten sein.

Serbische Dorfälteste und andere prominente Männer, die von Miloš Obrenović angeführt wurden, trafen hier am 23. April 1815 zusammen, wobei sie den örtlichen Jahrmarkt am Palmsonntag (serb. *Cveti*), dem Schutzpatronentag

Paja Jovanović, "Takovo Aufstand"

des Dorfes, ausnutzten und beschlossen, einen erneuten Aufstand gegen die unerträgliche türkische Okkupation zu versuchen. Heute gibt es mehrer Denkmäler, die an dieses Ereignis erinnern, das schließlich Serbiens Befreiung von der osmanischen Herrschaft herbeiführte.

Die alte Blockhauskirche von Takovo

Gleich bei der Straße, 9 km westlich von Gornji Milanovac, ist das **Museum des Takovo-Aufstands** *(Muzej Takovskog ustanka, Tel.: 032 736 038; wochentags 9-17 Uhr, am Wochenende 7-19 Uhr, Eintritt: 150 din).* Die Highlights dieses gut geführten Museums sind die Ölgemälde von Paja Jovanović, die das berühmte Ereignis darstellen, ebenso wie Fürst Milošs Gewand und ein Stück der berühmten „Takovo-Eiche" *(siehe unten).*

Die nächste Abbiegung nach rechts bringt Sie zum Haupteingang der alten **Log-Kirche**. In dieser anmutigen kleinen Kirche aus dem Jahr 1795 schworen die Rebellenführer nach der Messe einen Eid und verkündeten den Anwesenden den Beginn der Kämpfe. Auf ihrer Westseite gibt es eine wunderschön geschnitzte Tür und innen eine noch präziser geschnitzte Ikonostase. Hinter der Kirche liegen die zusammengesammelten **alten Grabsteine**, die früher auf dem Kirchhof verteilt standen.

Auf einem offenen Feld links der Hauptstraße steht das **Denkmal für den Aufstand**, eine Arbeit von Petar Ubavkić aus dem Jahr 1902, das den Fürsten Miloš und den Abt Melentije Pavlović darstellt. Die legendäre «Takovo-Eiche» *(Takovski grm)* , unter der die Anführer des Aufstandes sich zum letzten Mal berieten, bevor sie zum finalen Schlag ausholten, stand einst auf diesem Feld. Als der Originalbaum 1901 umstürzte, wurde ein benachbarter Baum zu seinem «Nachfolger» erklärt. Der tote Baumstamm dieses zweiten Baumes steht noch heute. Einige junge Eichen sind aus den Eicheln des Originalbaumes gewachsen, aber es ist noch nicht entschieden, welche davon, zum «Nachfolger gekrönt» wird. Neben dem toten Stamm steht ein alter **Obelisk** aus dem Jahr 1887 mit berühmten Versen: «Diese Eiche wird sterben und die Steinsäule wird zerfallen, aber Serbien wird für immer bestehen bleiben und sich an Milošs Namen erinnern.»

Weiter Richtung Süden, etwa 3 km den Fluss Dičina entlang, erreicht man das Dörfchen Savinac, benannt nach seiner **Kirche des Heiligen Sava.** Fürst Miloš ließ sie 1819 bauen, sie war die erste Steinkirche im befreiten Serbien. Die Geschichte besagt, dass Miloš auf seinem Weg zur Schlacht von Ljubić an diesem Ort einen Traum hatte, der ihm den Sieg voraussagte. Daher schwor er, wenn der Traum wahr würde, eine Kirche hier zu bauen. Sie ist die Grabeskirche der Familienmitglieder von Milošs Frau Ljubica (Vukomanovićs), die aus dem Nachbardorf stammen. Die Kirche ist von außen nicht dekoriert, außer um die Fenster und die Türen. Innen gibt es eine schöne Ikonostase aus der Zeit, als die Kirche entstand. Hier befindet sich auch das Grab der Malerin und Poetin Mina Vukomanović, der Tochter des Linguisten Vuk Karadžić (*siehe S. 52*), die neben ihrem Ehemann beerdigt wurde.

Nahe der Kirche stehen einige Grabsteine und ein alter Wohnturm *(čardak).* Bei einer der Kaskaden des Flusses Dičina, ergießt sich eine thermale Quelle in den Strom und macht diese Stelle zu einem beliebten Badeort.

Obelisk und die berühmte Eiche

6 Vraćevšnica

TO Gornji Milanovac
032 720 565

Das Kloster mit dem schwer auszusprechenden Namen ist eins der schönsten in der Šumadija. Wie jedes richtige orthodoxe Kloster liegt es weit entfernt von allen Hauptstraßen, im tiefen Wald, an den Südhängen des Rudnik-Gebirges.

ANFAHRT

Obwohl es abgeschieden ist, ist das Kloster nicht schwer zu finden. Ein Dorf mit demselben Namen (150 Einwohner) liegt an der Hauptstraße von Gornji Milanovac und Kragujevac. Halten Sie nach einem Schild Ausschau, das Sie nach Norden führt; nach 5 km haben Sie Ihr Ziel erreicht.

GESCHICHTE

Das Kloster Vraćešnica wurde von Radič Postupović, einem der mächtigsten Adligen im Reich des Despoten Stefan errichtet. Der Legende nach betete Radič zum Hl. Georg und bat darum, lebend aus der Kosovo-Schlacht zurückzukehren. Da seine Gebete erhört wurden, baute er dieses Kloster zu Ehren seines Beschützers. Der Tradition folgend wurde das Kloster nach Radičs Rückkehr *(serb. vratiti se – zurückkehren)* benannt. Aus der Inschrift des Gründers können wir ersehen, dass das Kloster 1431 fertiggestellt wurde, und die Fresken wurden kurz darauf gemalt. Doch schon 1438 wurde das Kloster, als die Türken diesen Teil Serbiens eroberten, zerstört. Und es wurde noch drei weitere Male von den Türken zerstört: im 16., 18. und 19. Jahrhundert.

Während des Ersten Serbischen Aufstandes war das Kloster ein wichtiger Treffpunkt der Versammlung, aber wahren Ruhm erwarb es im Zweiten Aufstand. Am 11. April 1815 erreichte Miloš Obrenović, einer der angesehendsten Serbenführer, mit seinen Männern das Kloster, um von den Mönchen den Segen zu erhalten. Am nächsten Morgen brachen sie gemeinsam mit Melentije Pavlović, dem Abt des Klosters, nach Takovo auf, wo der Aufstand initiiert wurde *(siehe Foto)*. Miloš, der zukünftige Fürst, vergaß das Kloster nie. Er beerdigte hier seine Mutter Višnja und half bei seiner Restauration, mit der Absicht, es zu einem Mausoleum für sich und seine Familie zu machen. 1831 wurde Melentije Pavlović der erste Serbe auf einem Bischofsstuhl in Serbien nach fast einem Jahrhundert Prädomination der griechischen Phanarioten aus Istanbul. Heute ist Vraćevšnica ein Nonnenkloster.

Kirche des Klosters Vraćevšnica

HIGHLIGHTS

Die Klosterkirche ist ein einschiffiges Gebäude, das aus geschickt gefertigten gelben Steinblöcken gebaut ist. Die Fassaden sind mit einer Reihe von Blindbögen verziert, die ganz um die Kirche herumlaufen. Der offene Narthex mit einer kleinen attraktiven Kuppel stammt aus der Zeit von Milošs Restauration im Jahre 1860.

Die originalen mittelalterlichen **Fresken** wurden 1737 stark retuschiert. Trotzdem gibt es einige interessante, darunter ein Portrait des Stifters. Die Ikonostase stammt ebenfalls aus dem 18. Jahrhundert.

Das große **Monument** in der Mitte des Kirchhofs markiert den Ort, an dem Višnja, Milošs Mutter, und drei seiner früh verstorbenen Kinder begraben wurden.

Der **Alte Wohntrakt** ist ein imposantes, zweistöckiges Gebäude, im traditionellen Stil gehalten. Der erste Stock hat einen langen hölzernen Vorbau, der auf den Innenhof blickt und den Eindruck erzeugt, als schwebe der zweite Stock darüber. Der **Neue Wohntrakt** mit einem kleinen Turm aus dem Jahr 1860 wurde im romantizistischen Stil erbaut, den architektonischen Stil der Kirche nachahmend.

Vraćevšnica hat außerdem eine eindrucksvolle Schatzkammer *(riznica)*.

Klostereingang

Unter anderem kann man hier ein kleines Kreuz, das dem serbischen Patriarchen aus dem 18. Jahrhundert, Arsenije IV., gehörte, das Kreuz, mit dem Abt Melentije den Takovo-Aufstand segnete, ein Portrait von Fürst Miloš, das der berühmte romantizistischen Maler und Poet Djura Jakšić gemalt hat, Möbel aus dem späten 19. Jahrhundert, Gegenstände, die König Milan Obrenović und seiner Frau Natalija gehörten und vieles mehr.

Die uralte Kirche von Borač

7 Borač

600

TO Knić, 034 510 115

Dieses alte Dorf befindet sich am Westrand des Gruža-Flusstales. Um es zu erreichen, biegen Sie sieben Kilometer hinter Knić rechts ab, und fahren in Richtung des Dorfes Radmilović, und dann, an der T-Kreuzung, nach links Richtung Borač. Nach einigen hundert Metern eröffnet sich vor Ihnen der fantastischen **Borački Krš**, eine Gruppe von hohen spitzen Felsen, die ein völlig unerwarteter Anblick in dieser Gegend mit den sanft wogenden Hügeln sind. Man kann hier häufig Adler um die Gipfel kreisen sehen, was zusätzlich zu der außergewöhnlichen Atmosphäre beiträgt.

Wenn Sie das Zentrum des Dorfes passiert haben, befinden Sie sich am Ausläufer der Felsen, von wo aus man den interessantesten Ausblick hat. Gleich unterhalb des Granitfelsens steht eine alte **Kirche**, die man über eine in den Felsen geschlagene Treppe erreichen kann. Die kleine Steinkirche stammt aus der Mitte des 14. Jahrhunderts und wurde 1553 renoviert, damals bekam sie ihr heutiges Erscheinungsbild. Im 19. Jahrhundert wurde sie durch einen äußeren Narthex und einen hölzernen Kirchturm erweitert.

In der Nähe der Kirche stehen einige **riesige Lindenbäume**, einer davon hat einen Umfang von 6m!

Rechts neben dem Kirchhoftor beginnt der Pfad, über den Sie den Borački Krš ersteigen können, wo, bis zu ihrer Zerstörung durch die Osmanen 1438 die Festung Borač stand. Gleich zu Beginn des Pfades befindet sich ein **alter Friedhof** mit verschieden Grabsteinen, die aus dem 17. bis 19. Jahrhundert stammen.

Der Milošević-Haushalt, in der Dorfmitte befindlich, bietet nicht nur Unterkunft und Verpflegung in eigenen Restaurant, sondern verfügt auch über eine Unzahl an alten Dorfgegenständen und –utensilien, die eine Art **Dorfmuseum** ergeben.

Blick über Gruža vom Borački Krš aus

8 Kragujevac

147,300

Dr Zorana Djindjića 11, 034 334 883

Kraljevačkog bataljona 40, 034 617 00 25

Šumadijska bb, 034 332 086

Jazzfest, Ende Oktober

Kragujevac, mitten im Zentrum der Šumadija gelegen, ist die größte und wichtigste Stadt der Region. Für lange Zeit war seine Industrie in Schwierigkeiten, doch die kürzlichen wirtschaftlichen Verbesserungen haben der Stadt neues Leben eingehaucht und man ist sich ihres touristischen Potentials bewusst geworden. Kragujavac ist berühmt als erste Hauptstadt des modernen Serbiens, für die größte Auto- und Waffenindustrie des Landes und für den großen, gepflegten Park, der an die Opfer des Nazi-Massakers 1941 erinnert.

GESCHICHTE

Kragujevac wurde 1476 zum ersten Mal erwähnt und war eine kleinere Stadt in Serbien, als es Fürst Miloš 1818 als Sitz seines Hofes auswćhlte, was im Prinzip bedeutete, das es die Funktion der ersten Hauptstadt des freien Serbiens. Der Hauptgrund für seine Wahl war die Tatsache, dass sich Kragujevac im Zentrum der Landes befand, weit entfernt von jeder türkischen Garnision oder Siedlung. Die Stadt erhielt neue Institutionen, die Serbiens Erscheinungsbild veränderten: Die erste Druckerei und das erste Theater (beides 1833), Zeitungen (1834), eine Militärakademie (1837), das erste Gymnasium (1838) usw. Die Stadt war auch das politische Zentrum des jungen Staates, wo wichtige Entscheidungen getroffen wurden, wo Verlautbarungen öffentlich gemacht wurden, wo Nationalversammlungen abgehalten wurden und wo Rebellionen begannen. Es wurde als Festung der Obrenović-Dynastie angesehen und daher 1841 von den Konstitutionalisten verlassen und Belgrad wurde Hauptstadt. Die Stadt, noch immer sehr klein, hätte alle Bedeutung verloren, wäre hier nicht 1851 ein Geschützgießerei eröffnet worden, die erste Industrieanlage in Serbien. Die Gießerei erweiterte schnell ihre Produktion auf alle Arten Waffen und trug sehr zu Entwicklung der Stadt bei, indem sie Ingenieure, Offiziere und auch viele Arbeiter heranbrachten. Die Zahlen und der Einfluss der Arbeiterklasse zeigten sich, als bei den Wahlen 1876 die Sozialisten die Lokalwahlen gewannen; als die konservative Regierung intervenierte, gingen die Arbeiter auf die Straße und schwangen rote Flaggen mit der Aufschrift *Samouprava* („Selbstverwaltung"). Die Bevölkerung der Stadt litt schwer im Zweiten Weltkrieg, als die Deutschen am 21. Oktober 1941 etwa 3.000 Zivilisten als Vergeltung für Angriffe auf ihre Truppen töteten. Nach dem Krieg war Kragujevac mit seinen Arbeitern, Streiks und Kriegsleiden ein Symbol für die Werte des kommunistischen Regimes. Während die schnelle Entwicklung den größten Teil der alten Stadt zerstörte, begann die Waffenfabrik, die nun *Crvena Zastava* („Rote Flagge") hieß, Automobile zu produzieren; zuerst Kopien des Fiats (der populäre Fića) und dann seine eigenen Modelle *Zastava* und *Yugo*, die allein Serbien zum nationalen Transportmittel wurden. Während derMilošević-Jahre kam alle industrielle Aktivität zum erliegen und in der Stadt ging es schnell bergab. In den vergangenen Jahren gab es Anzeichen einer schrittweisen Erholung der Situation: Die Waffenfabrik hat gute Verträge mit der NATO geschlossen und exportiert wieder Waffen in alle Welt, während man in der Autoindustrie eine Partnerschaft mit Fiat eingegangen ist, und nun rollt wieder ein neues preiswertes Auto, der Fiat Punto vom Band.

Die Proteste von 1876 aus der Sicht eines Künstlers

SEHENSWÜRDIGKEITEN

1. Nationalmuseum

Das Herz der serbischen Hauptstadt zu Beginn des 19. Jahrhunderts befand sich um den Fluss Lepenica, doch alles, was heute noch von Fürst Milošs altem Komplex im orientalischen

Amidžin Konak, ein Teil des Nationalmuseum

Stil geblieben ist, ist der am wenigsten eindrucksvolle Bestandteil, **Amidžin Konak.** Dieser bescheidene Bau im Balkanstil war eins der ersten administrativen Gebäude, die errichtet wurden, als Kragujevac Hauptstadt wurde. Benannt wurde es nach Sima Paštrmac, dessen Spitzname „Amidža" (Onkel) lautete, der Hauptverwalter des fürstlichen Amtssitzes war. Dahinter steht Fürst Mihailos Herrensitz, das 1860 erbaut wurde. Heute beherbergen beide Gebäude das städtische **Museum** *(Narodni muzej, Tel.:034302 333; Mo-Fr 10- 17 Uhr, am Wochenende 10-14 Uhr; Eintritt: 100 Dinar);* die Ausstellung im Amidžin Konak konzentriert sich auf die Stadtgeschichte, während sich im Herrensitz von FürstMihailo Kunstwerke des 17.- 19 Jahrhunderts befindet. In dem modernen Gebäude, das die beiden verbindet, finden Sie eine Galerie für moderne Kunst, die Werke der bekanntesten Künstler des sozialistischen Jugoslawiens ausstellt.

Das älteste Gymnasium von Kragujevac

Vor Amidžin Konak befindet sich ein grüner Platz mit einem großen **Denkmal für die gefallenen Männer der Šumadija 1804-1912**, eine interessante Arbeit von Antun Augustiničić aus dem Jahr 1937, mit Gruppen von Figuren, die Männer aus verschiedenen Kriegen darstellen. Die Siegesstatue auf seiner Spitze hält nun wieder Krone in der Hand, in Zeiten des Kommunismus war es ein Lorbeerkranz.

Rücken an Rücken mit dem Nationalmuseum steht das Gebäude des **Gymnasiums** *(Gimnazija).* Es wurde 1884 im neoklassizistischen Stil erbaut und gilt als eins der attraktivsten Schulgebäude des 19.Jahrhunderts in Serbien.

2. Die Alte Kirche

Die älteste Kirche der Stadt wurde ebenfalls von Fürst Miloš erbaut, zur selben Zeit wie der Hofkomplex gleich auf anderen Seite des Flusses. Obwohl sie klein ist, war sie doch größer, als

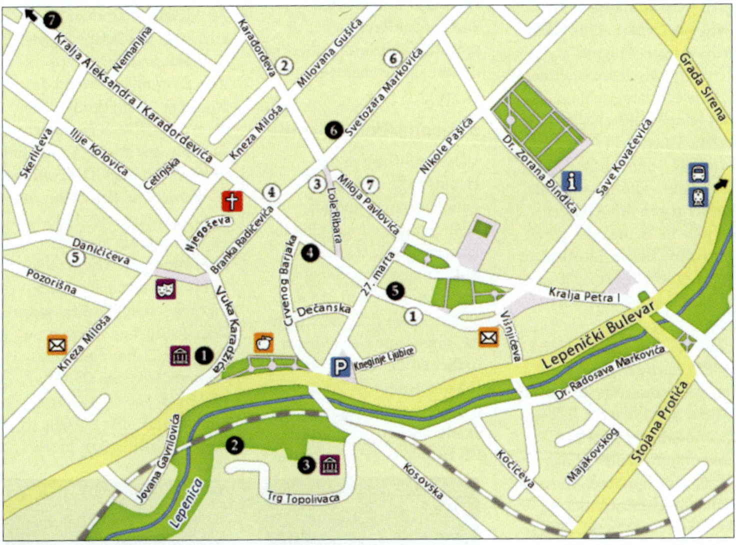

1. Nationalmuseum
2. Die Alte Kirche
3. Die Crvena-Zastava Fabrik
4. Kralja-Aleksandra-Straße
5. Kralja-Petra-Straße
6. Svetozara-Marković-Straße
7. Šumarice

HOTELS (S. 256)

(1) Kragujevac
(2) Stari grad
(3) Zelengora

RESTAURANTS (S. 254)

(4) Balkan
(5) Gnezdo špijuna
(6) Lovac
(7) Prestonica

die türkischen Vorgaben erlaubten und Miloš musste all seine diplomatischen Fähigkeiten einsetzen, um ihre Fertigstellung durchzusetzen. Der Glockenturm wurde während der Renovierungesarbeiten zu Beginn des 20. Jahrhunderts hinzugefügt. Die Nationalversammlung kam im Kirchhof zusammen, unter freiem Himmel und hier wurde 1835 auch die erste serbische Verfassung ausgerufen, eine von nur wenigen in ganz Europa. Das unprätentiöse, ebenerdige Bauwerk, das gleich neben der Kirche steht, ist eigentlich das erste serbische **Parlamentsgebäude** aus dem Jahr 1859. 1878 wurde den Abgeordneten hier die Deklaration des Berliner Kongresses, die Serbien seine Unabhängigkeit gab, verlesen.

3. Die Crvena-Zastava-Fabrik

Das Grundstück der Fabrik «Crvena Zastava» verbreiterte sich südlich des Flusses Lepenica. Vor dem alten Verwaltungsgebäude steht das Denkmal für einen Arbeiter von Kragujevac, der als heroisch aussehender Schmelzer dargestellt ist. Auf seinem Giebel gibt es eine Flagge mit der Inschrift *Samouprava* – «Selbstverwaltung», eine der Forderungen der Arbeiter im Jahr 1876, die sehr gut zu der Politik des sozialistischen Jugoslawien zu der Zeit, als das Denkmal aufgestellt wurde, passte.

Ein Teil der alten Gießerei (1882) wurde in ein **Industriemuseum** verwandelt *(Muzej Stara livnica; Tel.: 034 33 77 86; werktags 9-14 Uhr, Eintritt frei)*, vielleicht das attraktivste der Stadt. In seinen Hallen ist die Entwicklung der Fabrik aufgezeigt, ihre Verbindung mit dem Schicksal der Stadt,sowie eine Vielzahl an Produkten, die sie herstellte, besonders viele alte Waffen.

4. Kralja-Aleksandra-Straße

Die alte Hauptstraße der Stadt ist noch immer des Rückrad des Handels und der Kultur in Kragujevac. In ihrem zentralen Teil befindet sich die sogenannte **Neue Kirche**. Sie wurde 1866 von Andreja Andrejević entworfen und ist einer der Eckpfeiler der serbischen Architektur seit sie kategorisch mit dem zu dieser Zeit dominierenden barock-klassizistischen Stil der Kirchen brach und sich dem romantischen byzantinisch-romanischen Stil, der der serbischen mittelalterlichen Tradition näher stand, zuwandte. Die neue Ikonostase wurde 1926 von den zwei russischen Emigranten Aleksandar Redkin, der sie schnitzte,und Andrej Bicenko, der die Ikonen bemalte, gefertigt.

Die Neue Kirche in der Kralja-Aleksandra-Straße

5. Kralja-Petra-Straße

Der südliche Teil der Hauptstraße ist eine Fußgängerzone und hier befinden sich einige hübsche Häuser, die die schnelle Industrialisierung der Stadt überstanden haben. An der ersten linken Ecke sieht man das imposante Gebäude der **örtlichen Bezirksverwaltung** (Nikola Nestorović,1902), das in einem ruhigen akademischen Stil gehalten ist. 1915 leitete das serbische Oberkommando die berühmte Kolubara-Schlacht von hier aus; das **Denkmal** für den serbischen Generalstabschef zu dieser Zeit *Vojvoda* (Feldmarschall) Radomir Putnik, der aus Kragujevac stammte, befindet sich davor.

6. Svetozara-Markovića-Straße

Entlang dieser Straße findet man einige alte Häuser aus dem frühen 19. Jahrhundert. Die Nummer 5 ist das Haus des oben erwähnten Amidža, die Nummer 17 ein attraktaktives Beispiel eines Mittelklassedomizils aus dieser Periode,während die Nummer 19 ein großes Haus des VojvodaDena ist, in dem sich nun das schöne Restaurant «Lovac» befindet. Die Nummer 23 wurde zwei Jahre lang von Svetozar Marković (1846-1875) bewohnt, einer der Führungsfiguren der frühen serbischen Sozialisten, der hier bei seinem Onkel, einem fortschrittlichen Priester, zu Gast war. Daher dient das Haus als Museum *(Di-Fr 10-17 Uhr,Sa 10-14 Uhr; Eintritt frei)*, aber es stellt keine sozialistischen Ideen

Fußgängerzone in der Kralja-Petra-Straße

Das zentrale Gebäude des Museums "21. Oktobar"

vor, sondern es zeigt,wie das Leben in der Stadt aussah, als Marković durch die Straße wanderte.

7. Šumarice

Wenn Sie das Stadtzentrum durch die Kralja-Aleksandra-I-Karadjordjevića-Straße und weiter durch die Kragujevačkog-Oktobra-Straße verlässt, erreicht man nach 1,5 km **Šumarice Gedenkpark**. Er erinnert an die tragischen Ereignisse des Jahres 1941, als deutsche Besatzer unschuldige Zivilisten,viele davon Gymnasiasten,erschossen. Das **Museum «21.Oktobar»** *(Desankin venac bb, Tel.: 0343356 07, täglich 8-15 Uhr, außer 1.April bis1. Juni und 1.Sept.-31. Okt. Mo-Sa 8-18 Uhr, So 8-15 Uhr, Eintritt 100 Dinar)*, das sich beim Haupteingang zum Park befindet, ist ein eindrucksvolles Gebäude aus dem Jahr 1968 nach den Plänen von Ivan Antić und Ivanka Raspopović. Der große Park verfügt über mehrere Denkmäler, die den Opfern der Ermordungen gewidmet und überall verteilt sind, darunter auch das ikonische v-förmige **«Gebrochener Flügel»** (M. Živković, 1963),eins der Wahrzeichen der Stadt.

AKTIVITÄTEN

Die Fisch-und Reptiliensammlung der Fakultät für Naturwissenschaften und Mathematik hat mit der Zeitdas ursprüngliche edukative Interesse weit Überschritten und wurde in ein öffentliches **Aquarium** umgewandelt *Akvarijum, Radoja Domanovića12, Die-Son 10-20 Uhr im Sommer, 10-18 Uhr im Winter; Eintritt 150 Dinar)*. In seinen 300 Aquarien können Sie fast alle Fischarten Serbiens, viele exotische Fischarten, Frösche, Eidechsen, Schildkröten und Schlangen bewundern.

Der beliebteste Platz zum Erholen in Kragujevac ist der See **Šumaričko Jezero,** gleich nördlich des Gedenkparks. An der Seepromenade finden Sie mehrere Cafés und Sportplätze. Im Sommer ist natürlich Schwimmen die Hauptfreizeitbeschäftigung. Da der See reich an Fisch, besonders Karpfen,ist, ist **Angeln** an ausgewiesenen Stellen ebenfalls erlaubt.

Das Denkmal "Der gebrochene Flügel"

9 Jagodina

35,600

Stevana Ivanovića bb (Jassa Sport Centre beim Aqua-Park), 035 252 983,

Kneza Miloša 1-3, 035 221 241

Gine Pajević 6, 035 221 003

Jagodina, die größte von zwei fast miteinander verbundenen Städten im fruchtbaren Morava-Tal, ist erst kürzlich wegen des Freizeitbads, des Zoos und des Wachsfigurenkabinetts auf der Touristenkarte aufgetaucht.

GESCHICHTE

Jagodina wurde zum ersten Mal im 14. Jahrhundert erwähnt, gewann aber erst im 16. Jahrhundert an Bedeutung, als es zu einer Station auf der Straße Belgrad-Istanbul wurde. Während des Ersten Serbischen Aufstands war es die Festung des türkischen Gesetzlosen Kučuk Alija und seiner Söldner, gegen die die Serben zwei Schlachten kämpften. 1830 verließen die Türken Jagodina und die Stadt entwickelte sich schnell, hauptsächlich dank seiner Lage an der noch immer stark frequentierten Straße aus der Hauptstadt Richtung Süden. Von 1946 bis 1992 hieß die Stadt Svetozarevo, in Erinnerung an Svetozar Marković, den ersten serbischen Sozialisten, der hier eine Zeitlang lebte.

Der erste Name, der den Menschen heute in den Sinn kommt, wenn Jagodina erwähnt wird, ist Dragan Marković «Palma», dem Langzeitbürgermeister von Jagodina und Besitzer des Fernsehsenders «TV Palma». Sein untypisches Aussehen und seine populistische Politik werden oft belächelt, aber trotzdem ist er schon seit fast zehn Jahren an der Macht in Jagodina und in der serbischen Politik sehr einflussreich.

SEHENSWÜRDIGKEITEN

Im Zentrum gibt es einen kleinen Park mit einem

Die neobyzantinische Peter-und-Paul-Kirche, Jagodina

Denkmal für die gefallenen Soldaten der Kriege 1912-18. Gleich daneben befindet sich die große **Kirche der Heiligen Peter und Paul,** auch die Neue Kirche genannt. Dieses eindrucksvolle Gebäude, das im Jahr 1899 nach den Plänen von Dušan Živanović, einem Schüler des Wiener Professors Theophil Hansen, der die Rückkehr der byzantinischen Tradition in der Kirchenarchitektur propagierte, gebaut. Živanović realisierte Hansens Ideen (kreuzförmige Basis, freistehender Glockenturm, Fassaden mit roten und gelben Streifen) bis ins Detail, und schenkte Jagodina somit eins der schönsten Exemplare des historischen Stils.

Setzen Sie Ihren Weg an der Kirche vorbei fort, um das **Museum für Naive und Marginale Kunst** zu erreichen *(Bočka Djuričića 10, 035 223 419, Di-Fr 10-17 Uhr, Wochenende 11-15 Uhr, Eintritt: 150 din)*, das sich in einer erwähnenswerten Villa aus den Jahr 1929 befindet. Das Museum wurde 1960 gegründet, um die Arbeiten von autodidaktischen Künstlern aus ganz Jugoslawien zu sammeln und auszustellen, und ist zu einer der größten Sammlungen für naive Kunst der Welt geworden. Es wurde in Jagodina eröffnet, weil die ursprüngliche Sammlung viele Bilder von Janko Brašić, einem Bauern aus der Umgebung, beinhaltete. Sie werden hier viele unglaublich fantasievolle, farbenfrohe und manchmal verwirrende Darstellungen von den weltberühmten naiven Malern aus Serbien (1. Stock) und der ganzen Welt (Erdgeschoss) zu sehen bekommen. Verpassen sie nicht die lebendigen Stadtansichten von Emerik Feješ, alle von alten Postkarten abgemalt, da der Maler selbst nie das Land verlassen hat, dann die totemgleichen Skulpturen von Bogosav Živković, das Gemälde «Miss der Ilias» von Ilija Bašičević Bosilj, der sein eigenes Universum geschaffen hat, voller fantastischer Kreaturen, oder das Punkt-Gemälde von Milan Rašić.

Die meisten Touristen kommen wegen des kleinen aber feinen **Freizeitbads** nach Jagodina *(Tel.: 035 24 14 53, tägl. 10-18 Uhr, Eintritt: ganzer Tag Erwachsene 400 din, Kinder 200 din, halber Tag Erwachsene 300 din, Kinder 100 din)*. Um es zu finden, folgen Sie den Schildern zum Gradski Park («Stadtpark»). Seien Sie gewarnt, dass, da dies das einzige Schwimmbad der Stadt ist, es hier im Sommer sehr voll werden kann. Neben dem Schwimmbad finden Sie ein kleines **Wachsfigurenkabinett** *(Музеј воштаних фигура, Tel.: 032 252 983, 15. Mai-1. Nov. 9-21 Uhr, Nov-15. April 9-18 Uhr, Eintritt: Erwachsene 150 din, Kinder 100 din)*, das zur Zeit hauptsächlich Wachsfiguren serbischer historischer Figuren und Berühmtheiten austellt.

In der Nähe, am Fuß des Hügels Djudjevo Brdo und dem Park ist der Eingang zu Jagodinas neugebautem und ständig wachsendem **Zoo** *(Tel.:035 244 728, tägl. 9-21 Uhr, Eintritt: bis 5 Jahre frei, 5-12 Jahre 150 din, Erwachsene 200 din)* der inzwischen mehr als 200 verschiedene Tierarten beherbergt.

⑩ Manasija

i TO Despotovac, 035 613 672

Das Kloster Manasija ist das letzte in der Reihe der großen Stiftungen der serbischen Herrscher im Mittelalter und eins der schönsten unter ihnen. Der Eindruck wird durch die gut erhaltene Festungsmauer, die es einschließt, verstärkt, die ihm ein schlossähnliches Aussehen verleiht.
Das Kloster liegt 2km nördlich von Despotovac (Einwohnerzahl: 4.200), der Hauptstadt der Resava-Region.

GESCHICHTE

Das Kloster wurde zwischen 1407 und 1418 von dem Despoten Stefan Lazarević (1377-1427) erbaut, der es als seine letzte Ruhestätte

Befestigungen des Klosters Manasija

Die Kirche des Klosters Manasija gleich neben dem Burgfried

haben wollte. Nach seiner Fertigstellung versammelten sich in Manasija viele gelehrte Mönche, die das Schreiben und die Literatur pflegten. Die Anzahl der produzierten Werke und ihre Vortrefflichkeit beeinflussten maßgeblich die Geschichte der südslawischen Literatur und Sprachen auf dem gesamten orthodoxen Balkan. Der bedeutendste Gelehrte aus dem Kloster Manasija war Konstantin der Philosoph (*Konstantin Filozof)*, ein einflussreicher Schriftsteller und Biograph des Despoten Stefan. Das Kloster ist durch massive Mauern mit elf Türmen und Gräben davor geschützt. Die Wichtigkeit, die dem Schutz des Klosters beigemessen wurde, verdeutlicht die Gefahr vor türkischen Plünderungen. Doch nicht einmal diese mächtigen Festungsmauern konnten Manasija retten: Zum ersten Mal wurde es 1436 von den Türken eingenommen, und 1456 wurde der Komplex erneut geplündert und in Brand gesetzt. In den folgenden Jahrzehnten diente es mehr als Festung, als als Gotteshaus. Während der Besatzung durch die Habsburger im frühen 18. Jahrhundert, wurde in der Kirche Schießpulver gelagert und 1718 zerstörte eine Explosion den größten Teil des Narthex. Zu Beginn des 19. Jahrhunderts begannen die unternehmungslustigen Mönche mit der Restaurierung und 1845 wurde die erste staatlich geförderte Restauration abgeschlossen.

SEHENSWÜRDIGKEITEN

Der einzige Eingang in das Innere der Festungsmauern befindet sich beim Parkplatz. Über dem Tor sieht man ein Fresko der Heiligen Dreifaltigkeit, der das Kloster geweiht ist. Rechts der Kirche stehen die Ruinen des **Alten Refektoriums**. Im ersten Turm auf der linken Seite befinden sich die Stufen, die auf die Mauern führen, von wo aus sie einen schönen Blick über den gesamten Komplex haben.

Obwohl es die meisten Merkmale der Morava-Schule für religiöse Architektur trägt, die in dieser Zeit vorherrschend war, ist die Kirche, was die Verzierungen betrifft, einzigartig. Die Fassaden sind mit Quadern und Mörtelbetten verziert, die in säuberlicher Ordnung arrangiert sind, im Unterschied zu der Verspieltheit, die man bei anderen Kirchen dieser Periode beobachten kann. Die flachen Wände sind nur mit Säulengängen und gewölbtem Gesims verziert, und die Fenster mit Spitzbögen. Auf diese Weise bringt die Kirche Elemente der Gebäude, die von der Nemanjić-Dynastie gebaut wurden, und solche, die charakteristisch für die neue Dynastie, die Stefans Vater, Fürst Lazar, begonnen hatte, zusammen. Die Kirche war auch für ihre Höhe bekannt (25,6m), was sie zur zweithöchsten Kirche des mittelalterlichen Serbiens machte, gleich nach dem Kloster Dečani im Kosovo. Ebenfalls interessant sind die länglichen Kuppeln, die Elemente, die nach dem Fall Serbiens in der Architektur der rumänischen Klöster im Norden, die von geflohenen serbischen Mönchen gegründet wurden, weiterlebten.

Der **Narthex**, der nach der katastrophalen Explosion von 1735 wiederaufgebaut wurde, hat einen erstaunlich gut erhaltenen Boden aus dem 15. Jahrhundert, der aus roten, blauen und gelblichen Marmorkacheln in Form einer Rosette gefertigt ist.

Manasijas **Fresken** rangieren unter den schönsten Arbeiten mittelalterlicher Kunst in Serbien. Kunstliebhaber von weither besuchten das Kloster bereits in der Zeit seiner Fertigstellung, um sie zu bewundern. Leider sind durch den nagenden

Heilige Krieger

Zahn der Zeit nur etwa die Hälfte der Kompositionen erhalten geblieben. Links des Eingangs befindet sich ein **Portrait des Despoten Stefan**, das als das beste und wahrheitsgetreuste gilt: Der große, rothaarige Herrscher ist darauf in ein aufwändiges Gewand mit zweiköpfigen Adlern gehüllt. Er hält ein maßstabsgetreues Modell der Kirche und die Gründungscharta in den Händen, während Christus ihn krönt und die Engel ihm ein Schwert und ein Zepter reichen. Über der Eingangstür befindet sich eine interessante Komposition der Seelen der Gerechten in den göttlichen Händen, flankiert von den Königen David und Salomon. Manastijas berühmtestes Gemälde ist jedoch das der **Heiligen Krieger** im Nordchorraum. Die heiligen Krieger sind in Gold gekleidet und tragen realistische Darstellungen ihrer Waffen. Außerdem ist Manasija auch für die Heiligenbüsten auf Medaillons bekannt, die in regenbogenfarbigen Streifen verwoben sind. Der Malermeister, der hier am Werk war, nutzte den Raum geschickt aus: Seine Figuren sind klassisch proportioniert und haben eine natürliche Bewegung, während die Balance zwischen goldenen und blauen Oberflächen eine einzigartige Leuchtkraft besitzt.

⓫ Resavska Höhle

i 035 611 110

Die Resavska Pećina ist die bekannteste und meistbesuchte Höhle Serbiens. Neben ihrer unbestreitbaren Schönheit ist ein wichtiger Grund für ihre Attraktivität für Besucher die Tatsache, dass man sie leicht von der Autobahn Belgrad-Niš erreichen kann.

Die Höhle liegt an den Hängen des Gebirges Kučajske Planine, ungefähr 20 km östlich von Despotovac. Die asphaltierte Straße, die dorthin führt, ist gut ausgeschildert.

Das Landschaftsbild um die Höhle herum sah einst anders aus: Wegen der dichten Büsche, die den Eingang verbargen, wurde die Höhle erst 1962 entdeckt. Zehn Jahre später war sie die erste Höhle in Serbien, die für Touristen eröffnet wurde. Führungen (auch auf Englisch!) sind vom 1. April bis zum 15. November möglich *(Tel.: 035 611 110, Eintritt: Erwachsene 300 Dinar, Kinder 250 Dinar).* Außerhalb dieser Zeit kann der Wachmann eine kurze Führung mit Ihnen machen. Wenn Sie den Wachmann nicht am Eingang finden, heißt das wahrscheinlich, dass er mit jemandem in der Höhe ist.

Die Höhlenforscher haben bisher 4,5 km der Höhle erforscht und dabei drei Niveaus und zahllose Hallen entdeckt. Die Touristen können einen 800 m langen Spaziergang machen, bei dem Sie in 45 Minuten durch acht verschiedene Hallen kommen. Die Resavska Pećina ist bekannt für die Farben ihrer Ornamente – rot vom Eisen, gelb vom Lehm und weiß vom kristallisierten Kalzium – die ihr zusammen einen ganz spezielles Aussehen verleihen. Seien Sie gewarnt, dass die Temperatur in der Höhle konstant 7° C beträgt.

UNGEBUNG

Zurück auf der Hauptstraße biegen Sie rechts ab, passieren das Dorf Strmosten und fahren Sie weiter bis Sie **Lisine** erreichen, ein Gebiet am Fuß des Berges Beljanica mit einigen Restaurants und Pensionen. Der Grund für dieses Touristenangebot ist der 25 m hohe **Wasserfall Veliko Vrelo**, einer der eindrucksvollsten des Landes. Das ganze Jahr hindurch stürzen große Wassermassen über die vertikalen Klippen hinunter in ein tiefes Becken. Leider wurde seine Umgebung durch die Kommerzialisierung verdorben. Eine kurze Wanderung stromaufwärts vom Wasserfall aus führt zu der idyllischen Quelle des Stroms.

Die farbefrohe Resavska-Höhle

12 Ravanica

160 km Belgrad
78 km Kragujevac

Elf Kilometer von der Autobahnabfahrt Ćuprija entfernt, hinter dem Dorf Senje, erreichen Sie das Kloster Ravanica, eines der bedeutendsten Denkmäler der Morava-Schule.

Die gelb-rote Fassade des Klosters Ravanica

GESCHICHTE

Das Kloster wurde von Fürst Lazar gebaut, der es als seine Grabstätte vorgesehen hatte. Die Kirche Christi Himmelfahrt wurde zwischen 1375 und 1381 erbaut. In den Folgejahren wurden das Refektorium, die Mönchszellen und die Befestigungsmauern mit sieben Türmen ergänzt. Nach Lazars Tod bei der Schlacht auf dem Amselfeld 1389, wurde seine Leiche hierher gebracht. Mit seinem vollständigen Aufstieg zum Märtyrer gewann die Kirche mehr und mehr an Bedeutung. Nachdem Sie während der türkischen Besatzung mehrmals zerstört worden war, wurde sie im 16. Jahrhundert wiederaufgebaut, doch während der ersten sogenannten «großen Völkerwanderung» ereilte sie noch ein weit schwereres Schicksal, als sie niedergebrannt wurde und für die nächsten 30 Jahre zur Ruine verkam. Während der Habsburger-Besatzung Serbiens von 1717 bis 1739 wurde sie wiederaufgebaut, erhielt einen neuen, niedrigen Narthex und es wurden neue Fresken gemalt.

HIGHLIGHTS

Der Entwurf der Kirche ist einer der Eckpfeiler der neuen Morava-Schule der Architektur. Ihr Grundriss ist eine Kombination aus Kreuzkuppelkirche, beliebt bei Gebäuden im 14. Jahrhundert und Kleeblattbasis, charakteristisch für die Klöster im Athos-Gebirge. Die schmale Hauptkuppel erreicht noch nie dagewesene Höhen und ist von vier kleineren an den Ecken umgeben. Die Fassade ist üppig verziert: Das übliche byzantinische Prinzip, Lagen von Ziegeln und Steinen zu kombinieren, ist die Basis, aber die Mauern sind außerdem mit großen Rosenfenstern über dem Westportal und karierten, halbrunden Feldern belebt. Zusätzlich sind die Fensterrahmen prächtig geschnitzt. Die großzügige Verzierung der Fassade war völlig neu und wurde später Standard in anderen Kirchen Nordserbiens und sogar im heutigen Rumänien, wo man in den folgenden Jahrhunderten diese Art zu bauen entdeckte.

Die Originalfresken, 1385-1387 waren ebenfalls einVorbild für spätere Maler, sowohl wegen ihrer ikonographischen Wahl, als auch wegen ihrer präzisen Ausarbeitung. Man findet hier einige neue Motive, die auch in späteren Morava-Kirchen auftauchen: Die heiligen Krieger, eine große Anzahl an Eremiten, Medallien, umrahmt von Streifen in Regenbogenfarben usw. Der Stil ist geprägt von einem neuen Sinn für Bewegung, individuellen Portraits und der Wichtigkeit der Farben. Links des Eingangs befindet sich ein Portrait, das Lazar mit seiner Frau Milica und den Söhnen

Die Odyssee des enthaupteten Fürsten

Nachdem Fürst Lazar in der Schlacht auf dem Kosovo Polje (1389) enthauptet worden war, wurde sein Körper zunächst in der Pfarrkirche in Priština aufbewahrt. Ein paar Jahre später wurde er heilig gesprochen und 1392 wurden seine Reliquien nach Ravanica gebracht, wo sich der Kult um die Märtyrerfürsten entwickelte. 1689 flüchteten die Mönche aus dem Kloster Ravanica vor den Massakern der Türken und nahmen ihre heiligsten Reliquien mit sich nach Szentendre, nördlich von Budapest, wo der serbische Patriarch und die Masse an Flüchtlingen schließlich blieben. Am Ende des habsburgisch-osmanischen Krieges wurden die Reliquien wieder näher an Serbien gebracht, in das Kloster Vrdnik im Fruška-Gora-Gebirge *(siehe S. ...)*. Hier wurden die Traditionen des alten Klosters so sorgfältig gepflegt, dass es sogar als Ravanica bekannt wurde. Während der brutalen Zerstörung serbischer Heiligtümer durch kroatische Nazis im Zweiten Weltkrieg mussten die heiligen Reliqien wieder fortgebracht werden: Sie wurden nach Belgrad gebracht und bekamen einen Platz in der Kathedrale. 1989, am 600. Jahrestag seines Todestages und dem 300. Jahrestag seit man seine Überreste aus Ravanica fortgebracht hatte, wurden selbige schließlich in seinen Tempel zurückgebracht.

Stefan und Vuk zeigt. Die berühmtesten Gemälde hier sind «Die Jungfrau mit dem Jesuskind» und der Zyklus von den Wundern Christi. Die Gemälde im Narthex stammen aus dem 18. und 19. Jahrhundert.

13 Kalenić

51 km Kragujevac
41 km Kruševac

Das Kloster Kalenić ist wohl das schönste und auch das umfassendste Beispiel für die Morava-Schule der Architektur. Ebenso schön wie sein aufwändiges Äußeres sind auch die Fresken mit ihrer zarten Anmut, die aus derselben Periode stammen.

ANREISE

Das berühmte Kloster liegt an einem idyllischen, aber abgeschiedenen Standort bei dem Dorf Kalenićki Prnjavor (Einwohnerzahl 145), abseits aller Hauptstraßen. Um es zu erreichen, müssen Sie auf die Schilder an den kleineren Straßen achten und – höchstwahrscheinlich – Ihre Sprachkenntnisse ausprobieren. Das dem Kloster im nächstgelegene Städtchen heißt **Rekovac** und das nächste Dorf, das ausgeschildert ist, ist **Oparić.** Von hier aus sollten Sie weitere 12km Richtung Westen fahren, durch das Dorf Prevešt, und dann geradeaus bis Sie das kleine Dorf Kalenićki Prnjavor gleich neben dem Kloster erreichen.

GESCHICHTE

Mit seiner harmonischen Architektur und den exquisiten Verzierungen gilt Kalenić als die beste Arbeit der Morava-Schule der Architktur. Die Kirche, die der Darstellung der Jungfrau Maria geweiht ist, wurde 1407 von dem Adligen Bogdan erbaut, der Schatzmeister am Hof des Despoten Stefan Lazarivić war. Das Kloster wurde 1690 von den Türken niedergebrannt und dann noch einmal 1789, weil es von Hauptmann Koča Andjelković, dem Kommandanten der serbischen Truppen im habsburgisch-osmanischen Krieg, als Militärbasis genutzt wurde. Von 1815 bis 1839 befanden sich in Kalenić die heiligen Reliquien des Königs Stefans des Erstgekrönten. Im 19. Jahrhundert wurde es mehrere Male renoviert und erlangte schließlich nach den sorgfältigen Renovierungsarbeiten von 1928-1939 wieder sein ursprüngliches Erscheinungsbild.

Das Kloster Kalenić, der Höhepunkt der Morava-Schule

Fresko "Hochzeit in Kanaa"

HIGHLIGHTS

Der Stil und die Veredlung der Kunstwerke im mittelalterlichen Serbien hing hauptsächlich von der Bildung und dem Reichtum des Gönners ab. Bogdan, ein hoher Hofbeamter, war, seiner Stiftung nach zu urteilen, offensichtlich sowohl gebildet, als auch reich. Die Architektur der Kirche erinnert an die Lazarica-Kirche in Kruševac, doch Kalenić übertrifft seine architektonische Vorgängerin sowohl was seine Proportionen,als auch was die raffinierten Verzierungen angeht. Bögen, Pfeiler und Säulengänge, die abwechselnd gelegten Reihen von Sandsteinen und Ziegeln, die hohe zentrale Kugel, all das trägt zu seiner unvergleichbaren Schönheit bei. Beachten Sie besonders die erstaunlichen Schnitzereien am Westportals, die verschiedenen Formen der Rosenfenster und die Reliefs über den Fenstern,

Von **Kragujevac** aus > Richtung Jagodina > nach Gornja Sabanta Richtung Rekovac > Belušić > Oparić
Von **Kruševac** > Richtung Kragujevac > in Donji Krcin, left Oparić
Von **Vrnjačka Banja** > in Trstenik Richtung Kragujevac > Prevešt, links nach Kalenićki Prnjavor

die biblische, allegorische und mythische Szenen darstellen.

Die Freskenverzierung des Inneren ist ein würdiges Gegenstück zum Äußeren der Kirche. Sie ist die Arbeit von einem der größten serbischen Künstler der ersten Hälfte des 15. Jahrhunderts, Meister Radoslav, und seiner Truppe. Die Gemälde sind bunt und scheinen diffuses Licht auszustrahlen, mit Figuren und Szenen eher intim als dekorativ. All das macht sie zu einem Meisterwerk der byzantinischen Malerei dieser Periode. Die berühmtesten unter ihnen sind die «Hochzeit in Kanaa», «Die Anbetung der Könige» und «Die Flucht nach Ägypten».

14 Ljubostinja

TO Trstenik, 037 715 263

GESCHICHTE

Dieses Kloster ist eine Stiftung der Fürstin Milica, der Frau des Fürsten Lazar. Es wurde unmittelbar vor der Kosovoschlacht (1389) erbaut, in der Lazar sein Ende fand. Ihr Sohn Stefan war noch ein Kind und so musste Milica den Staat führen, doch später entschied sie sich das klösterliche Gelübde abzulegen und sich in dieses Kloster zurückzuziehen. Um sie herum versammelte sich ein Kreis adliger Frauen, die in den vergangenen Kriegen zu Witwen geworden waren. Unter ihnen war auch Jefimija, die erste bekannte Poetin der serbischen Literatur, deren „Lobgesang auf Fürst Lazar" eins der besten literarischen Werke dieser Periode darstellt. In späteren Jahrhunderten war das Kloster relativ abgeschottet und wir wissen nur, dass es mindestens dreimal zerstört und wiederaufgebaut wurde.

Winter im Kloster Ljubostinja

ANREISE

Anders als viele andere Klöster ist Ljubostinja leicht zu finden, da es an einer Hauptstraße, 5km von Trstenik Richtung Kragujevac liegt.

HIGHLIGHTS

Ljubostinja ist eine der Perlen der Morava-Schule und besitzt als solches die charakteristische die Elemente dieses Stils: Einen Dreipassgrundriss, einen äußeren Narthex, der zur selben Zeit wie der Rest der Kirche gebaut wurde, üppig verzierte Fassaden aus Stein und Ziegel, Fensterrosen, wie auch Elemente, die nicht so häufig gefunden werden, wie die gedrehten Säulen. Zusätzlich zu all dem waren die Fassaden ursprünglich mit noch weiteren Motiven bemalt, von denen jedoch keines erhalten blieb.

Anhand der Inschrift, die auf der Schwelle zwischen den Narthex und dem Kirchenschiff gefunden wurde (gewählt als der bescheidenste Ort), wissen wir, dass Ljubostinja von Rade Borojević, der in Volksliedern weithin als Rade Neimar („Rade der Maurer") bekannt ist, gebaut wurde.

Das Innere der Kirche wurde bei zwei Gelegenheiten mit Fresken bemalt: Zuerst die Kuppel 1388/89 und später der Rest der Kirche in den Jahren 1402-1405. Die Gemälde in der Kuppel sind durch ungewöhnliche Lebendigkeit gekennzeichnet. Die Fresken der zweiten Phase sind von unterschiedlicher Qualität. Es ist interessant, dass sie von Makarije, dem Bruder des Metrolpoliten Jovan, der selbst ein begabter Maler, ausgeführt wurden. Links des Eingangs, an der Westmauer, befindet sich das Portrait der Patrone: Fürst Lazar, Fürstin Milica und ihrer Söhne Stefan und Vuk. In der Kirche befinden sich die Gräber von Milica selbst und von der Nonne Jefimija.

Die bäuerlich geprägte Landschaft der Šumadija

⑮ Vrnjačka Banja

10,000

Vrnjačka 6 (2 stock), 036 611 105

036 612 446

Vrnjci-Karneval, zweite Woche im Juli
Love Fest, erstes Wochenende im August

Es gibt viele Kurorte in Serbien, aber Vrnjačka Banja hebt sich von der Masse ab. Was es von den anderen unterscheidet, seit die ersten Touristen vor anderthalb Jahrhunderten hierher kamen, sind nicht nur die außergewöhnlichen Heilkräfte seines Wasser, sondern auch seine Lage am Fuße des Goč-Gebirges, das es ständig mit Frischluft versorgt. Seit Jahrzehnten ist dies die unbestrittene Hauptstadt des serbischen Kurtourismus, und man versucht nun seinen Ruf als der beste Ort für Wasserkuren und zum Entspannen, ohne sich zu Tode zu langweilen, zurückzugewinnen. Als beliebtester Ziel für einheimische Besucher bietet es alles vom Riesenhotel bis zu kleinen Pensionen, in den meisten davon stehen annehmbare Spa- und Wellnessbehandlungen zur Verfügung.

GESCHICHTE

Den Münzen, die neben einigen der Quellen ausgegraben wurden, nach zu urteilen, war der Kurort bereits den Römern bekannt. Es wurde 1835 wiederentdeckt, als Fürst Miloš den berühmten sächsischen Geologen Baron Herder aussandte, um nach potentiellen Minenstandorten zu suchen. Die Einheimischen genossen bereits die Vorzüge des Thermalwassers, als 1968 die „Gesellschaft für heilendes Thermalmineralwasser" gegründet wurde, was den Beginn des Kurtourismus einläutete. 1890 hatte Vrnjačka Banja einige Gästehäuser, einen Saisonmediziner, der die Gäste beriet, sowie den ersten Plan zur Regulierung des Aussehens des Zentrums. Seine Promenade wurde bald mit hübschen Villen gesäumt, 1912 kam die Eisenbahn und kurz darauf machte es das erste Kino zu einem der schönsten Rückzugsorte für wohlhabende Stadtbewohner. Im Ersten Weltkrieg wurde der Kurort zu einem großen Lazarett, doch schon 1935 war Vrnjačka Banja mit mehr als 28.000 Besuchern pro Jahr das Haupttouristenziel Jugoslawiens. Von da an war es im Tourismus wegweisend und erzielte einen neuen Rekord nach dem anderen. Nach dem Zweiten Weltkrieg wurden Villen und Hotels im Familienbesitz durch große Hotels ersetzt, und brachten es im Jahr 1985 zu neuen Spitzenzahlen mit 163.000 Besuchern. In den 1990ern folgten Verarmung und unkontrollierte Entwicklung, die dem Kurort hauptsächlich sein städtisches Aussehen verliehen. Nichtsdestotrotz konzentriert man sich in den vergangenen Jahren wieder mehr darauf, jene anzulocken, die vom Kurtourismus mehr als nur heißes Wasser und gute Speisen erwarten.

Die Mineralquellen in Vrnjačka Banja

SEHENSWÜRDIGKEITEN

Die Achse der Kurbads ist der Fluss, **Vrnjačka Reka**, der auf beiden Seiten mit Doppelreihen von Linden gesäumt ist. Auf der einen Flussseite erstreckt sich die **Promenade** mit Cafés, Restaurants und Pensionen, während sich auf der anderen der mittlere von mehreren Parks befindet. Das Zentrum des Parks bildet eine kleine, offene Fläche, in deren Mitte der sogenannte **Römische Brunnen** steht, der heute im Inneren einer Glaspyramide steht. Der Brunnen erhielt seinen Namen von den römischen Münzen, die 1924 darin gefunden wurden, als man ihn für die Öffentlichkeit herrichten

Der zentrale Park des Kurbads

Das Kulturschloss, ehemals das Belimarković-Herrenhaus

wollte. Hinter dem Brunnen befindet sich das schmucklose Kurbad und das fantasievolle **Gebäude der Thermalquelle Topli Izvor**, mit seiner runden Betonkappe.

Auf der anderen Seite des Flusses erhebt sich das Hügel **Crkveno Brdo**, auch bekannt als Čajkino Brdo. Auf seiner Spitze steht die bescheidene **Pfarrkirche** aus dem Jahr 1856. Direkt oberhalb der Promenade, neben dem Denkmal «Frau mit einem Vogel», befindet sich der **Aussichtspunkt,** von dem aus man den schönsten Blick über Vrnjačka Banja hat. Auf dem Crkveno Brdo finden Sie viele alte Ferienhäuser, die sich mit ihren Holzzäunen und Bögen sehr von ihren modernen Gegenstücken unterscheiden.

Hinter dem Park steht das Belimarković-Herrenhaus, heute bekannter als das **Kulturschloss** *(Zamak kulture)*. Es wurde 1886 als Sommerresidenz für General Jovan Belimarković im Stil der Landvillen Norditaliens erbaut. Dies war eine der ersten Oberklassevillen, die in dem Kurort gebaut wurden und General Belimarkovićs Anwesenheit war eine gute Werbung für den neuen Ferienort. Das Herrenhaus beherbergt nun das Stadtmuseum *(Tel.: 036 612 144, werktags 7-20 Uhr, Sa 8-15 Uhr, Eintritt frei)* mit kleinen archäologischen und ethnographischen Sammlungen, wie auch einem Raum mit Möbeln und Gegenständen aus der Zeit Belimarkovićs.

Ein anderer Ort hier, den man unbedingt besuchen muss, ist die sogenannte **Liebesbrücke** *(Most ljubavi)* über den Vrnjačka Reka, die schwer an der Last der Vorhängeschlösser zu tragen hat, die verliebte Paare an ihren Zäunen angebracht haben.

Auf der anderen Seite des Parks befindet sich der neu eröffnete **Japanische Garten** mit traditionellen Elementen der Gartenbaukunst aus dem Land der aufgehenden Sonne.

Dies schließt natürlich nicht die Liste der Villen und Parks ein, die um den Kurort herum verstreut sind. Sie in langen Spaziergängen zu erkunden, ist die schönste Beschäftigung, der Sie sich, während Ihres Aufenthalts hier hingeben können.

AKTIVITÄTEN

Die Hauptaktivität hier ist auf jeden Fall **Wasser trinken**. Da heißt es sich ein Glas mit einem Motiv des Kurortes zu kaufen, und aus jeder der sechs Quellen ein Glas Heilwasser zu trinken. Die bekanntesten darunter sind die heiße Quelle Topli Izvor (36,5°C), Jezero (25,7°C), die kalte Quelle Slatina (14°C) und Snežnik (17,5°C).

Die andere Sache, die man nicht verpassen sollte, wenn man sich in Vrnjačka Banja aufhält, ist eine der vielen **Wellnessbehandlungen** in AnsprucK zu nehmen, die in Cvetni konaci, Iwa, Merkur, Sunny Hill, Aleksandar oder Casablanca angeboten werden.

"Merkur", eins der größeren Hotels in Vrnjačka Banja

Vrnjačka Reka fließt durch den Kurort

Serbische Fichte auf dem Berg Goč

Im Winter begibt sich ein Großteil der Gäste zu **Goč-Gebirge** (11km), wo im Ort Dobre Vode (mit dem gleichnamigen Hotel) zwei leichte bis mittelschwere Skipisten zu finden sind, die während der Nacht auch beleuchtet sind (*Tagesskipass Erwachsene 400 Dinar, Kinder 150 Dinar, Nachtskipass 500/400 Dinar*). Die Blumenwiesen von Goč (1216m) sind gut markiert und daher perfekt zum Wandern im Sommer geeignet. Goč hat auch ein **Jagdgebiet**, das von Srbijašume (*Tel.: 036 39 29 63*) geführt wird, und wo man Rehe und Wildschweine jagen kann.

Wenn Sie während des Sommers kommen, ist eine andere schöne Aktivität, ein Besuch im Freibad (*20. Mai-20. August, 10-18 Uhr; Eintritt: Kinder 120 Dinar, Erwachsene 150 Dinar*).

Die Pension „Vuk" (*Olge Jovičić 10, Tel.: 036 618 370*) organisiert, unter anderem, Besuche bei dem lokalen **Pferdehof** und **Reitstunden** für Kinder und ihre Eltern.

Wer seine Zeit hier aktiver verbringen möchte, kann zum **Freeclimbing** auf dem künstlichen Felsen im zentralen Kurpark gehen oder sich ein **Fahrrad** im Hotel «Merkur» **mieten** (*100 Dinar/Std., 250 Dinar/Tag*) oder in einem Laden in der Nähe des Kreisverkehrs im Zentrums des Kurortes.

16 Kruševac

- 57,600
- Majke Jugovića 3, 037 440 332
- Jug Bogdanova bb, 037 421 706
- Železnička bb, 037 42 88 88
- Vidovdan-Feierlichkeiten, 28. Juni

Wenn man in Serbien über Moravianer (*Moravci*) spricht, denkt man als allererstes an Kruševac. Vielleicht liegt es daran, dass die Stadt nahe am Zusammenfluss der West- und der Südmorava liegt, vielleicht auch an seinem starken, charakteristischen Dialekt oder auch an dem bekannten Lied «Woher kommst du, Schwester?» (*Odakle si, sele?*), in dem ein junges Mädchen aufgrund ihrer emblematisch serbischen Tracht als aus Kruševac stammend erkannt wird. Die Čarapani («Sockenträger»), wie die Einheimischen wegen der mit schönen Ornamenten verzierten Socken, die fester Bestandteil der Tracht sind, genannt werden, haben viele Talente, aber das bemerkenswerteste ist sicherlich das Schauspielen: Seit den 1950ern hat Kruševac in beträchlichem Maße die Reihen der serbischen Schauspieler aufgefüllt. Heute ist Kruševac mit seiner Mischung aus unauffälligen alten Gebäuden und derben sozialistischen Häuserblocks eine zu typisch serbische Stadt, um schön genannt zu werden, aber es gibt einige Orte, die einen Besuch wert sind.

GESCHICHTEN

Nach 1371 wurde Fürst Lazar zum mächtigsten Adligen in Serbien und kontrollierte sowohl die meisten Täler der West- und Südmorava, als auch Nordserbien. Zu dieser Zeit entschied er, ein neues Kapitel für sein Land aufzuschlagen. Der ideale Ort für eine neue Stadt wurde in Kruševac gefunden, auf einem Hügel, nicht weit entfernt vom Zusammenfluss der beiden Moravas und dem Zentrum von Lazars Staat. Er baute hier eine starke Festung und kurz darauf eine Hofkirche. Nach Lazars Tod 1389 blieb Kruševac Hauptstadt, bis sein Sohn Stefan sie 1403 nach Belgrad verlegte. Die Stadt war eins der Hauptziele der Osmanen, die es zweimal einnahmen und wieder verloren, bis es die ungarische Armee 1437 in Brand setzte und damit sein Prestige für immer zerstörte. 1454 nahmen es die Osmanen dann entgültig ein und machten es zur Provinzhauptstadt. Sie nannten es *Alacahisar* oder „Gefleckte Stadt", wegen der Farbe ihrer Befestigung, die aus unterschiedlichen Steinsorten gemauert wurde. Die Stadt wurde 1833 befreit und behielt seine Bedeutung als Zentrum der Region. Da es

Doppelfenster der Lazarica-Kirche

im Zentrum des Staates lag, hatten mehrere militärische Institutionen hier ihren Sitz. Aus diesem Grund war Kruševac sehr stark von der Bombardierung im April 1941 betroffen.

SEHENSWÜRDIGKEITEN

Die Innenstadt von Kruševac gibt ein eher karges Bild ab, da sie nach dem Zweiten Weltkrieg fast vollständig neu aufgebaut wurde. Das **Denkmal für die Helden des Kosovos** aus schwarzen Marmor markiert das Stadtzentrum. Es wurde 1904 zum Anlass der Hundertjahrfeier des Ersten Serbischen Aufstandes in Auftrag gegeben und

Denkmal für die Kosovo-Krieger

nach dem Entwurf von Djordje Jovanović gebaut, der zu jener Zeit einer der führenden Bildhauer in Serbien war. Kruševac wurde als Standort für dieses Monument ausgewählt, weil sich hier Lazar und seine Armee versammelt hatten, bevor sie in den Kosovo aufgebrochen waren, um dort ihr glorreiches Ende zu finden. Das Denkmal ist beladen mit Symbolen: Nike von Samothrake krönt Jug Bogdan, den Fahnenträger von Lazars Armee, während an der Seite eine junge Frau sitzt – die Personifikation von Serbien – und ein *Guslar*, der traditionell Lieder über die Kosovo-Schlacht, einen essentiellen Teil des serbischen Zyklus der epischen Gedichte, sang.

Nur ein paar Schritte entfernt, hinter dem Denkmal steht das **Simić-Haus**, eines der besterhaltenen Monumente aus der osmanischen Zeit und Schauplatz einiger historischer Ereignisse. Das Haus wurde im späten 18. Jahrhundert von den Frenčevićs gebaut, osmanischen Beys, die über Kruševac regierten. 1833 entführten die arroganten Beys zwei serbische Mädchen, konvertierten sie zum Islam und nahmen sie mit in ihren Harem. Dieser Vorfall erregte den Ärger der einheimischen Serben und Fürst Miloš nutzte ihn für seine Kampagne, die schießlich zur Vertreibung der Osmanen aus Kruševac und fünf weiteren Gemeinden führte, die alle Teil des autonomen Fürstentums Serbien wurden. Die Frenčević-Beys mussten gehen und verkauften ihr Haus an Fürst Miloš, der es wiederum Stojan Simić gab, nach dem es heute benannt ist. Dass er ein enger Berater des Fürsten war, hinderte Simić nicht daran, gegen Miloš zu konspirieren: 1835 wurde hier eine Rebellion in Gang gebracht, die zur Verringerung von Milošs Macht und der Zuerkennung der ersten serbischen Verfassung führte. Heute ist das Simić-Haus ein Teil des **Stadtmuseums** und stellt Interieur aus der Zeit aus, als der Trend vom orientalischen zu europäischen Stil wechselte *(Tel.: 037 442 301, wochentags 8-20 Uhr, samstags 8-15 Uhr; Eintritt: 50 din)*

Die Hauptsehenswürdigkeit von Kruševac sind die Überreste von Lazars Festung und die Lazarica-Kirche darin, beides ist auf einem Hügel nördlich des Stadtzentrums zu finden. Auf dem Weg dorthin passieren Sie das **Stadthaus**, das nach den Plänen von Nikola Nestorović im Jahr 1900 für den Gemeindesitz gebaut wurde, und das eins der schönsten Gebäude seiner Art aus dieser Zeit ist.

Die Cara-Lazara-Straße liegt im Schatten des Festungshügels. Dies war die Hauptstraße des türkischen Kruševac, Stara Čaršija genannt, und man wird immer noch an einigen Stellen daran erinnert. Wie das **Postgebäude** aus dem 18. Jahrhundert, bei den Treppen, die den Hügel hinaufführen. Das Postamt hat sich in diesem Gebäude befunden, seit die Post in Kruševac eingeführt wurde, zur Zeit von Fürst Miloš.

Gegenüber befindet sich die **Galerie von Milić von Mačva** *(Cara Lazar 8, Tel.: 037 350 11 25, wochentags 9-16 Uhr, Sa 9-14 Uhr, Eintritt frei)*, einem der originellsten serbischen Maler des 20. Jahrhunderts, dessen nationale Themen und sein unkonventionelles Benehmen die kommunistische Obrigkeit provozierte. Im Jahr 2000 schenkte Milić der Stadt mehr als 120 Gemälde, die meisten stellen Themen der serbischen Geschichte dar, vorallem die Kosovo-Schlacht. Oben auf dem Festungsberg werden Sie als erstes die Überreste des massiven **Wohnturms** von Lazars Festung sehen, der heute den bei weitem am besten erhaltenen Teil der Festung ausmacht. Mit seinen vier Stockwerken und 18 m Höhe war dieser riesige Bau der letzte Zufluchtsort für die Angegriffenen.

Das wichtigste Denkmal von Kruševac ist mit Sicherheit die wunderschöne **Lazarica-Kirche**. Dieses Meisterwerk serbischer religiöser Architektur wurde um 1377 erbaut. Mit ihrer gewagten neuen Konzeption von Masse, den Bemühungen, neue Höhen zu erreichen und den eigenartigen Verzierungen

Kunstwerk von Milić von Mačva

steht sie für den Beginn der Morava-Schule für Architektur. Die Fassaden sind belebt durch den Wechsel von Stein und rotem Ziegel, durch die Reliefs um die Fenster, die Fensterrosen und das rot-weiße Schachbrettmuster, die alle zusammen ein harmonisches Ganzes bilden. Im Inneren gibt es keine Fresken mehr, aber eine archaisch wirkende Ikonostase aus dem Jahr 1844.

Hinter der Kirche steht das **Denkmal für Fürst Lazar**, das Nebojša Mitrić in seinem unverwechselbaren Stil anfertigte. Das Monument wurde 1971, zur 600-Jahrfeier der Stadtgründung enthüllt. Beachten Sie, wie die Festungsmauern sich von Lazars Schultern erheben und die Ausläufer der Lazarica-Kirche unter seinem rechten Arm.

Lazarica-Kirche

Das größte Gebäude auf dem Hügel ist das **Stadtmuseum** *(Tel.: 037 429 172, tägl.8-20 Uhr, Eintritt: 100 din)*, das sich im Grundschulgebäude von 1863 befindet. Unter den Ausstellungsstücken ist ein Kleidungsstück von Fürst Lazar besonders erwähnenswert, ein reich verziertes Kleid aus dem späten 14. Jahrhundert. Im ersten Stock finden Sie eine permanente Ausstellung von Kunstwerken des 20. Jahrhunderts, die sich hauptsächlich mit der Kosovo-Schlacht befassen. Das interessanteste Ausstellungsstück ist ein Modell des nie realisierten Vidovdan-Tempels, den Ivan Meštrović 1912, gleich nach der Befreiung des Kosovo, entworfen hat.

UMGEBUNG

Das Dorf Stalać (1.500 Einwohner) befindet sich 14 km Richtung Ćićevac und der Autobahn Belgrad-Niš. Die malerischen Ruinen einer Burg bekannt als **Todor von Stalać-Turm** *(Kula Todora od Stalaća)* stehen auf einem Hügel über dem Punkt, wo sich früher Süd- und Westmorava trafen (heute ist der Zusammenfluss etwas weiter nördlich). Außer einem großen Wohnturm und den Mauern um das Eingangstor steht nicht mehr viel. Konstantin der Philosoph, Biograph des Despoten Stefan, schrieb, dass der Kommandant der Festung 1413 „mit der Tapferkeit antiker Helden“ gegen die Türken kämpfte und am Ende im Feuer umkam. Nach lokaler Überlieferung war der Name des Kommandanten Todor, daher der Name des Turms.

Nach einer 10-km-Fahrt Richtung Süden von Kruševac aus über die Blace-Straße, erreichen sie das Dorf Gornji Stepoš. Biegen Sie links ab Richtung **Naupare** (560 Einwohner), wo Sie ein **Kloster** mit demselben Namen finden werden. Seine Kirche ist eine Stiftung des Mönchs Dorotej und dessen Sohn Danilo, ebenfalls Mönch, der später serbischer Patriarch wurde. Gebaut 1382, diente sie ursprünglich als Hofkirche für Dorotej, einen Adligen vom Hof des Fürsten Lazar, dem dieses Land gehörte. Die Kirche ist eine Kopie der Lazarica-Kirche, mit einem kleinen Narthex und einem Glockenturm darüber. Ihre interessantesten Details sind zwei große Rosenfenster über dem Westeingang und einige kleinere an den Seiten. Die Wandbemalung und die Ikonostase stammen aus dem 19. Jahrhundert.

17 Aleksandrovac

6,300
Trg Oslobodjenja bb, 037 751 297
Kruševačka bb, 037 751 207
Župa Weinlesefest, Ende September

Aleksandrovac ist das Zentrum der Župa, einer Gegend, die bekannt für ihre Weinberge und ihre Weine ist. In der Župa scheint jeder für Wein zu leben: Entweder sie trinken ihn, sie machen ihn oder sie werben dafür. Rot oder weiß, gut oder nicht so gut, preiswert oder teuer, der Wein macht Župa und Aleksandrovac aus und dafür sind sie in Serbien berühmt.

Der Begriff *župa* bezeichnet im Serbischen ein Flussbett, das, umschlossen von Hügeln oder Bergen, vor Wind und harten Wintern geschützt ist und sich deshalb für Landwirtschaft und besonders Weinbau eignet. Früher stand dieser Begriff für alle Gegenden mit diesen Bedingungen,

Der Turm von Todor von Stalać

heute bezeichnet Župa nur noch den Talkessel des Flusses Ravina mit dem Zentrum in Aleksandrovac. Obwohl es hier seit der Römerzeit Weinanbau gab, heißt es im Volk, dass der legendäre Fürst Lazar selbst hier Wein anpflanzte und nur Trauben von exzellenter Qualität für die Region nahe seiner Hauptstadt Kruševac auswählte. Der Legende nach trank Lazars Armee bei der Kommunion vor ihrem Auszug in die Kosovo-Schlacht Wein aus Župa. Es heißt, dass nicht einmal die Türken, obwohl ihr Glaube es untersagte, den einheimischen Weinen wiederstehen konnten, und dass sie die Weinberge stets unberührt ließen.

Das geographische und administrative Zentrum der Region ist Aleksandrovac. Die Stadt, die ursprünglich Kožetin hieß, wurde 1882 nach einem Besuch von Prinz Aleksandar Obrenović und seinem Vater Milan, der dem Ort bei dieser Gelegenheit die Stadtrechte verlieh, in Aleksandrovac umbenannt. Die verschlafene Gemeinde erwacht plötzlich zur Zeit der Weinlese, wenn Aleksandrovac das Fest « Župa Berba» (Župa Weinlese») ausrichtet, und die Winzer der Region ihre jahrelange Arbeit feiern, während eine Vielzahl an Gästen ihre Weine genießt.

Der Mittelpunkt der Festivitäten ist der **Weinbrunnen** auf dem Zentralplatz, wo jeder so viel Wein trinken darf, wie er kann.

In der Hauptstraße der Stadt findet man das bescheidene städtischen **Museum** *(Zavičajni muzej, Župana Nemanja 95, Tel.: 037 35 52 326, Öffnungszeiten: wochentags 8-14; Eintritt frei)* mit einigen interessanten archäologischen Funden. Alle Weinliebhaber sollten auch das kleine, aber interessante **Museum für Weinkunde und Weinanbau** *(Muzej vinarstva i vinogradarstva, Dr. Milana Mirkovića 7, Tel.:037 35 54 596, wochentags 7-15 Uhr, Eintritt: 150 Dinar)* besuchen, das sich im ehemaligen Gebäude der Landwirtschaftsschule befindet.

Die Ruinen der Festung Koznik

AKTIVITÄTEN

Die Hauptaktivität für alle, die nach Aleksandrovac kommen, sollte es sein die Weinproduzenten in der Stadt und der Umgebung zu besuchen. Die bekanntesten **Weinkeller** sind **Ivanović** *(10.Oktobra 18, Tel.: 037 555 033)* in der Stadt, sowie **Radenković** *(Tel.: 037 764 058)* in Trnavci, **Minić** *(Tel.: 037 751 612)* im Dorf Tržac oder der aufgehende Stern **Braća Rajković** in Gornje Zleginje *(Tel.: 064 29 09 741)*.

UMGEBUNG

In Župa haben viele Dörfer noch immer die *Poljane* (saisonale Siedlungen) bewahrt, die für das Leben in den Weinbergen während der Weinlese bestimmt sind. Die alten Häuser sind sowohl wegen ihrer Funktion, als auch wegen ihrer Architektur interessant.

Nördlich von Aleksandrovac liegt das Dor Drenča, in dem die **Dušmanica**-Kirche steht, deren Ruinen vor einigen Jahren wiederaufgebaut wurden. Sie ist eine Stiftung des Mönchs Dorotej und seines Sohnes Mönch Danilo, der später Patriarch Danilo III. wurde, und stammt aus der Mitte des 14. Jahrhunderts. Am interessantesten sind die fantasievollen bildhauerischen Verzierungen, die an den Morava-Stil erinnern, und am besten um die Fenster herum erhalten sind.

8 km westlich von Aleksandrovac am Fluss Rasina erhebt sich ein steiler, kegelförmiger Hügel, auf dem die Ruine der Koznik-Festung steht. Sie wurde auf den Grundmauer eines älteren römischen Forts errichtet. Die Geschichte besagt, dass sie ihren Namen von den Ziegen (koza) erhalten hat, die allein in der Lage waren, das Baumaterial den steilen Weg hinaufzuschaffen. Sie hat einen unregelmäßigen Grundriss und fünf Türme, die alle noch stehen. Sie ist bekannt als die Hauptfestung von Radič Postupović, einem der mächtigsten Adligen zu Beginn des 15. Jahrhunderts. Von der Spitze hat man einen fantastischen Ausblick über die ganze Umgebung.

Sicherung der zukünftigen Ernte

Arandjelovac

Aleksandar
täglich 10-24
Knjaza Miloša 171
034 725 617

Das beste Gourmetrestaurant von Arandjelovac, „Aleksandar", ist von oben bis unten königlich, angefangen bei seinem Namen, über die Portraits von den Karadjordjevićs (von denen einige hier zu Gast waren), bis zu dem Marmor, den Leuchtern und den schweren Stilmöbeln. Für manch einen mag es etwas zu viel sein, doch sollte die Dekoration Sie nicht davon ablenken, die köstliche Mischung aus europäischer und serbischer Küche zu genießen.

Karadjordjev vajat
täglich 12-24
Dorf Orašac
6709 501

Einfache und ein bisschen rohe, ländliche Küche, die zu dem Standort bei den alten Häusern passt. Die Spezialitäten des Hauses sind Spießbraten, wie auch Kartoffeln und Kalbfleisch ispod sača (siehe S. ....). Köstlich und geeignet, auch den anspruchsvollsten Appetit zufrieden zu stellen.

Lovački raj
täglich 08-23
Vrbica-Parlog
034 537 537

Dieses altmodische Restaurant in den Ausläufern der Stadt, am Fuß des Berges Bukulja gelegen, tischt mutige Spezialitäten auf, bei denen Ihnen das Wasser im Mund zusammenläuft, und die Sie im dunklen, rustikalen Interieur oder auf der grünen Terrasse genießen können.

Šumadijski dvori
täglich 08-22
Orašac Road
034 727 590

Dieses Restaurant befindet sich außerhalb der Stadt, auf der Straße in Richtung des historischen Dorfes Orašac, und verfügt über einen über und über mit Blumen bepflanzten Hof, eine schattige Terrasse und ein Interieur mit Folklorekunst an den Wänden. Die Auswahl an Speisen ist solide serbische Küche, ohne große Überraschungen.

Gornji Milanovac

Zapis
täglich 08-23
Dorf Takovo
032 736 197

Mit seiner praktischen Lage im Zentrum des Dorfes, nahe dem Denkmal für den Aufstand, bietet dieses Restaurant mit nationaler Küche eine Speisekarte, die alle üblichen Gerichte auflistet, die wohlschmeckend zubereitet und in großen Mengen serviert werden.

Jagodina

Potok
täglich 08-24
Aračlijski potok bb (Djurdjevo brdo)
035 241 400

Djrudjevo Brdo ist ein bewaldeter Hügel gleich hinter dem Zoo, der der beliebteste Park in Jagodina ist. Und wenn den Leuten, erschöpft vom Zoobesuch und vom Herumlaufen, nach Erholung ist, dann kommen sie an diesen beliebten Ort. Groß und mit zwei Terrassen serviert Potok die übliche Auswahl an köstlichen Fleischgerichten im serbische Stil.

Romansa
mon-fre 08-23, sam & son 08-01
Kneginje Milice 35
035 240 767

Ein kleines Lokal gegenüber der Brauerei, das etwas besser aussieht, als seine Konkurrenz , was es bei den Jüngeren zu einem beliebten Ort zum Abendessen macht. Eine schöne Auswahl an Hauptgerichten und mehr als nur ein paar Weine, um das Essen hinunter zu spülen.

Kragujevac

Balkan
täglich 07-24
Kralja Aleksandra 94
034 334 304

Eine Reise in die Vergangenheit – diese Kafana auf der Hauptstraße hat sich in Generationen nicht verändert. Ein Lokal, das alle kennen, mit vielen Stammgästen, von denen manche behaupten, dass die Hausmannskost hier und die Grillgerichte zu den besten der Stadt gehören. Darüber kann man streiten, aber es ist sicherlich der historischste Ort, um sein Essen zu genießen.

Dvorište
täglich 08-24
Save Kovačevića bb (Bubanj See)
0638674783

Der romantischste Ort im Stadtzentrum von Kragujevac ist sicherlich der Bubanj-See, einige Minuten Fußweg vom Rathaus entfernt. An dem See befindet sich Dvorište, ein Restaurant mit einer schönen, überdachten Terrasse, in rustikalem Holz und Eisen gehalten. Das Essen mit einer Speisekarte bekannt aus allen Restaurants in Serbien, wie auch die Gäste, die es genießen, werden Sie überzeugen, dass es bei diesem Lokal nicht allein auf das Äußere ankommt.

Gnezdo špijuna
täglich 10-01
Daničićeva 21
034 50 12 28

Ein Gebäude in einer ruhigen Seitenstraße im Zentrum versteckt das Restaurant, das bekannt für sein selbstgebrautes Bier ist. Die Aufmachung mit Backsteinen, Holz und Krügen an den Wänden schafft eine Atmosphäre wie in einer Wirtschaft, und das tut auch die Speisekarte, die eine Anzahl an „Bier"-Spezialitäten aus ganz Europa beinhaltet.

Koš
täglich 08-24
Veliki park bb
034 335 909

Ein elegantes Lokal im Stadtpark von Kragujevac. Alles in gelb und weiß, luftig und mit einer großen Terrasse. Die Küche passt zum Ambiente, mit einigen serbischen Gerichten und vielen internationalen Favoriten.

Lovac
mon-fre 08-23, sam & son 08-01
Svetozara Markovića 17
. 034 336 501

Ein authentischer gastronomischer Rückzugsort in einer Seitenstraße im Zentrum von Kragujevac, in einem anderthalb Jahrhunderte alten Haus mit einem schönen Garten und einer Terrasse. Abgesehen von den Klassikern der serbischen und der europäischen Küche, kann man hier auch einige mutige Gerichte finden. Angenehme, entspannte Atmosphäre und das bei Preisen, die Ihrem Geldbeutel nicht schaden.

Prestonica
täglich 08-24
Miloja Pavlovića 8
034 36 31 90

Von außen mag es schlimm aussehen und auch von innen macht es nicht viel her, doch man sollte diesem Lokal eine Chance geben, was das Essen angeht. Prestonica, eine der wenigen Familienbetriebe im alten Kafanastil mit einer entspannten Atmosphäre, ist der Ort, an dem Sie sich mit serbischen Spezialitäten verwöhnen lassen sollten. Suchen Sie nach mehr, doch Sie werden es nicht finden.

Kruševac

Laterna
mon-sam 12-24
Dragomira Gajića 86
037 35 38 107

Dunkle Gelb – und Brauntöne harmonieren schön mit einem offenen Kamin und versetzen Sie in eine Welt der gastronomischen Genüsse, die dieses respektable Restaurant für seine Gäste auftischt. Die Speisekarte setzt sich aus serbischen, italienischen, aber auch internationalen Spezialitäten zusammen, die alle nach einheitlichen Standards zubereitet werden.

Etno kuća
täglich 07-24
Ulica JNA 35
037 4 222 44

Das heute übliche Ethnothema ist hier besser als in den meisten Lokalen umgesetzt, nicht so sehr wegen der Dekoration oder der «Themenräume», sondern hauptsächlich wegen seiner Küche, die ihresgleichen sucht. Die Spezialität des Hauses (und der größte Gästemagnet) sind die Gerichte, die ispod sača zubereitet werden, aber Sie werden sicher noch einige mehr finden, die Sie bisher noch nicht gekostet haben.

Smederevo

Brvnara
täglich 10-23
Goranska 161
026 67 00 64

„Die Blockhütte" befindet sich im Zentrum von Jugovo, dem beliebtesten Ausflugsort von Smederevo, und zieht Gäste mit seinem gemütlichen, in Holz gehaltenen Interieur und dem guten Essen an. Es ist sehr schade, dass die Speisekarte nicht etwas mehr bietet, als Grillfleisch und internationale Standardgerichte.

Talismano
mon-sam 09-24
Kneza Mihaila 40
026 648 400

Ein verwirrendes und wenig ansprechendes Exterieur weicht einem hübschen Interieur in Holz und angenehmen Farben. Auf dem Schild steht „Café-Pizzeria", aber man serviert hier ausgezeichnetes (und große Mengen davon) Grillfleisch serbischer Art. Was auch immer Sie davon wählen, Sie werden das Lokal nicht mit leerem Magen verlassen.

Zamak
täglich 09-24
Kralja Petra I 19
026 613 406

Dieses idyllisch aussehende Restaurant gleich an der Stadtpromenade serviert Pasta, Pizza, Steaks und Fisch. Live-Musik mit Tamburica jeden Abend.

Topola

Vožd
mon-sam 08-24
son 11-23
Jovana Skerlića 1a
034 811 365

Ein angenehmes kleines Restaurant in einem Haus im Šumadija-Stil, etwas abseits der Straße. Die Auswahl an Speisen ist multidimensional mit gegrilltem Fleisch, internationalen Standardgerichten, wie auch etwas Fisch, alles abgerundet mit einer guten Auswahl an Weinen.

HOTELS

Aleksandrovac

Etno selo Latkovac
Selo Latkovac
037/ 751 381
www.ethno.co.rs

4/10 P €€

Nur fünf Kilometer von Zentrum von Aleksandrovac entfernt befindet sich der Komplex von Wohnhäusern, in denen nun Gäste empfangen werden. Der ordentliche Garten und die sauberen Zimmer, die neu eingerichtet und in lebendigen Farben gestaltet sind, sind ideal für Familien.

Diners Club, VISA, Maestro, MasterCard

Arandjelovac

Izvor ★★★★★
Mišarska bb
034/ 700 400
www.a-hotel-izvor.com

89/165 P €€€€€

Ein ausgezeichnetes Hotel mit Räumlichkeiten in der oberen Kategorie, die zum Entspannen und Genießen gemacht sind. Alles ist in glänzendem Marmor gehalten, um zu beeindrucken. Die hübschen, gut eingerichteten Zimmer werden von zuverlässigem Personal in Stand gehalten. Die exzellenten Buffetmahlzeiten, Innen- und Außenpools und ein voll ausgestattetes Spacenter gehören mit zum Repertoire. Eine besonders schöne Sache ist die Zeit zum Auschecken (17 Uhr), die Ihnen fast einen ganzen Tag Zeit lässt, den Ort zu genießen, zu dem Preis einer Übernachtung.

Diners Club, VISA, Maestro, MasterCard

Brestovi i vizija
Vojvode Stepe bb
034/ 726 999
www.brestovi-vizija.com

6/19 P €€

Obwohl der Akzent auf dem Restaurant mit nationaler Küche mit einem bekannten Küchenchef liegt, finden Sie hier auch drei idyllische Blockhütten. Die beiden Zimmer sind schön und gemütlich, die drei Apartments sind geräumig, wenn auch etwas dunkel. Vom gesamten Komplex aus hat man einen schönen Ausblick auf die Umgebung.

Diners Club, VISA, Maestro, MasterCard

Kruna ★★
Orašački put bb
034/ 711 102
www.hotelkruna.com

12/30 P €€€

Eine sehr schöne mittelklassige Frühstückspension am Stadtrand in Richtung Orašac. Sie hat sieht modern aus, ist einfach möbliert, aber luftig und sauber mit makellosen Badezimmern.

Diners Club, VISA, Maestro, MasterCard

Gornji Milanovac

Obradović

Stojka Obradović, Pranjani
032/ 844 073
W /

2/4 · €€

Ein kleines Gehöft mit einem wunderschönen Garten voller Blumen und schöner Details. Die Besitzer sind sehr alt, aber noch immer in der Lage einen großen Teil des Essen selbst vorzubereiten. Die Gäste werden warm, aber respektvoll in den kleinen, aber geschmackvollen Räumen aufgenommen. Hier spricht man Russisch.

Tri hrasta

Selo Klatičevo
032/ 701 287
W /

3/6 · €

Klatičevo ist ein kleines Dorf etwa 5 km westlich von Gornji Milanovac entfernt, wo Sie die Pension «Drei Eichen» finden. Sie werden sofort den gepflegten Hof und das Schwimmbad im Freien bemerken. Die Zimmer sind einfach, aber sehr angenehm und außerordentlich günstig.

Jagodina

Pikante

Čočetova 9
062/ 619 610
W pikantesmestaj.com

7/30 · €€

Die sieben Apartments mit Küchen sind eine wahrlich positive Überraschung. Sie haben nicht nur eine angenehme Lage, gleich neben dem Aquapark, sie sind auch gut ausgestattet und modern möbliert, mit einem Touch raffinierter Eleganz.

Kragujevac

Eurogaj ★★★

34240 Knić
034/ 591 140
W www.eurogaj.rs

26/50 · €€€

Renovierungsarbeiten haben aus diesem Motel auf halbem Weg zwischen Knić und Kragujevac eine der modernsten Unterkünfte in Serbien gemacht. Alles hier ist jetzt neu, trotzdem sind die Zimmer recht klein und sehen etwas unfertig aus. Ein großes Plus ist das Schwimmbad mit einem großen Fenster, das zum Garten hin zeigt.

Kragujevac ★★★

Kralja Petra 1 21
034/ 335 811
W www.hotelkragujevac.com

112/180 · €€€

Bei den kürzlichen Renovierungsarbeiten wurden die meisten der alten Zimmer in diesem erstklassigen Hotel in Kragujevac ausgemustert. Der große Block im Stadtzentrum verfügt nun über einfache, ordentliche Zimmer mit hübschen Badezimmern, wenn es auch überall ein bisschen zu viele goldene Details gibt für die Klasse dieses Hotels.

Stari grad

Karađorđeva 10
034/ 330 591
W www.hotelstarigrad.rs

25/39 · €€€€

Dieses klassische Hotel des alten Kragujevac, das kürzlich renoviert wurde, bietet nun moderne, praktische Zimmer mit viel Licht. Denken Sie daran, im Sommer ein Zimmer mit Klimaanlage zu verlangen. Ein guter Versuch, aber es fehlt das gewisse Etwas.

Vila Lama

Beogradska 75
034/ 372 817
W www.vilalama.com

9/26 · €€€€

Eine kleine Frühstückspension außerhalb des Stadtzentrums. In einer schönen, ruhigen Umgebung gelegen, mit einem großartigen Garten und einem kleinen Schwimmbad. Das Personal ist sehr hilfsbereit und wird oft vom Besitzer unterstützt, der ihm aber aus dem Weg gehen wird, damit Sie sich wohl fühlen. Die Zimmer sind klein, aber sauber und praktisch.

Zelengora ★★★★

34000 Kragujevac
034/ 336 254
W hotelzelengora.com

39/50 · €€€

Das eher kleine Hotel befindet sich mitten im Café-Bezirk der Stadt und wurde mehrmals renoviert. Seine Zimmer sind schön und annehmbar sauber, doch es gibt kleinere Mängel. In den Zimmern im ersten Stock, die Richtung Straße gelegen sind, kann es recht laut werden. Der Parkplatz bietet nur für wenige Autos Platz. Das Frühstück ist Standardverpflegung. Insgesamt nett, aber es ist ein wenig mehr Einsatz nötig, um diejenigen, die eine Mittelklasseunterkunft suchen, zufriedenzustellen.

Kruševac

Golf ★★★

Gavrila Principa 74
037/ 460 563
W /

46/71 · €€€

Ein neues Hotel am Stadtrand mit einwandfreien Räumlichkeiten und modern eingerichteten und sehr praktischen Zimmern. Im Untergeschoss finden Sie ein kleines Spacenter, ein Schwimmbad und einen Fitnessraum. Ein Restaurant, in dem man á la Carte speisen kann, steht ebenfalls zu Ihrer Verfügung. Ein sehr schönes Mittelklasseangebot.

Rubin ★★

Nemanjina 2
037/ 425 535
hotelrubinkrusevac.com

101/200 — €€

Der alte Riese, der den Hauptstadtplatz überragt, gilt noch immer als das prestigeträchtigste Hotel der Stadt. Die Zimmer sind elegant, alle in weiß und Pastelltönen gestrichen, die angenehm für das Auge sind. Die Auswahl an Räumlichkeiten ist weniger beeindruckend, aber das allgemeine Angebot ist trotzdem immer noch ausgezeichnet für den Preis.

Orašac

Villa Aleksandar ★★★★

Gajevački put bb
034/67 09 600
aleksandarwellness.rs

20/50 — €€€€€

Aleksandar, eher ein kleines Hotel als eine Villa, befindet sich an der Kurpromenade in einem alten Gebäude, das zu Beginn des 20. Jahrhunderts gebaut wurde. Man kann sein früheres Aussehen erahnen, doch das Interieur ist größtenteils neueren Datums. Die Zimmer sind von unterschiedlicher Größe und Qualität, werden aber alle von dem zuvorkommenden Personal gut in Stand gehalten. Die übrigen Räumlichkeiten sind nicht sehr eindrucksvoll, wenn man bedenkt, dass es sich um eine 4-Sterne-Unterkunft handelt.

Smederevo

Hamburg

Kovinska bb
026/ 618 887
www.hamburgrestoran.rs

10/29 — €€

Es ist schwer, ein Hotel am Straßenrand zu mögen, das sich auf Hochzeiten und sein Restaurant konzentriert. Doch die Preise, die Ihren Geldbeutel schonen, werden Sie in Betracht ziehen lassen, eins der einfachen, aber sauberen Zimmer zu nehmen. Eine andere Sache, die Sie hierher bringen könnte, ist die leicht zu findende Lage an der Straße nach Kovin, gleich neben der Donaubrücke.

Zlatno brdo

Gorička 23 ab
026/ 642 620
www.zlatnobrdo.com

10/20 — €€€€

Ein winziges, von einer Familie geführtes Hotel am Rand der Altstadt. Nichts Ungewöhnliches für diese Art von Hotel, doch mit sehr gut eingerichteten Zimmern und Apartments mit Küche, guten Hygienestandards und sehr zuvorkommendem Personal.

Vrnjačka banja

Vila Aleksandar

Čajkina 7
036/617 999
aleksandar.todorhoteli.rs

23/50 — €€€€€

Aleksandar, eher ein kleines Hotel als eine Villa, befindet sich an der Kurpromenade in einem alten Gebäude, das zu Beginn des 20. Jahrhunderts gebaut wurde. Man kann sein früheres Aussehen erahnen, doch das Interieur ist größtenteils neueren Datums. Die Zimmer sind von unterschiedlicher Größe und Qualität, werden aber alle von dem zuvorkommenden Personal gut in Stand gehalten. Die übrigen Räumlichkeiten sind nicht sehr eindrucksvoll, wenn man bedenkt, dass es sich um eine 4-Sterne-Unterkunft handelt.

Breza ★★★

Promenada bb
036/612 400
www.hotelbreza.rs

150/300 — €€

Breza gehört zu der Reihe von Grandhotels der sozialistischen Ära und es gelingt ihm, sich über Wasser zu halten, obwohl ihm eine Renovierung gut täte. Alles ist ein bisschen eingerostet, doch die Zimmer und Badezimmer sind sauber. Negativ ist, dass das Personal abweisend sein kann und für das Schwimmbad extra bezahlt werden muss. Alles in allem annehmbar komfortabel, aber nichts für Wählerische.

Cvetni konaci

Vrnjačka 42a
036/546 84 49
www.cvetnikonaci.com

11/23 — €€€€

Diese Hotel ist bekannt für seine guten und vielfältigen Wellnesseinrichtungen (wenn es auch leider kein Schwimmbad gibt). Es ist neu und hübsch eingerichtet und verfügt über gute, schön möblierte Zimmer. Das freundliche Personal und der kostenlose Parkplatz gehören ebenfalls zu seinen starken Seiten. Um jedoch bei dem bitteren Konkurrenzkampf des Kurortes mithalten zu können, müsste das Hotel mehr auf die Kleinigkeiten achten und die Preise der gebotenen Dienstleistungen (die oft etwas verwirrend sind) transparenter zu machen.

Devedžić

Proleterskih brigada 5
036/612 811
www.viladevedzic.com

9/21 — €€€

Die Pension befindet sich in einer Villa aus den 1920ern, nicht weit von Zentrum des Kurortes entfernt. Die Zimmer sind unterschiedlich groß, haben aber alle ein minimalistisches Design mit viel Holz und Eisen. Der Gesamteindruck ist einigermaßen verdorben durch den Versuch, so viel Raum wie möglich aus diesem alten Haus herauszuholen. Den Gästen stehen ein winziger Außenpool und einige Spa-Einrichtungen zur Verfügung. Die Pension hält außerdem kostenlose Fahrräder bereit und kann Jeeptouren in die Umgebung des Kurorts organisieren.

Merkur ★★★

Bulevar Srpskih ratnika 18
036/611 625
www.vrnjcispa.com

12/25 — €€

Der „neue" Teil des Hotels ist eigentlich der alte Riese aus den 1980ern, als dies eins der besten Hotel in der Umgebung war. Teilweise ist diese Qualität immer noch vorhanden; die Räume sind entweder neu renoviert, oder etwas älter. Das Tolle an diesem Hotel sind die sehr schönen Kureinrichtungen und das professionelle medizinische Personal, aber sind gleichzeitig auch sein Nachteil, denn es bewirtet hauptsächlich Leute, die von den staatlichen Krankenhäusern zur Kur hierher kommen. Wenn Sie also das Klientel, der gelegentliche Andrang am Schwimmbad und der manchmal launische Service nicht stören, werden Sie zufrieden mit dem sein, was Sie für Ihr Geld bekommen.

Passage

Proleterskih brigada 5
036/ 616 789
www.passageapartmani.rs

7/17 — €€€

Die kleine Pension liegt im Zentrum der Hauptkurpromenade und verfügt über funktionale und saubere Zimmer, wobei die Einrichtung etwas unter der 4-Sterne-Marke bleibt. Sein größtes Minus: Keine Parkmöglichkeit in der Nähe der Pension.

OSTSERBIEN

Bedenkt man die Schönheit der Natur und das interessante historische Erbe, so ist es höchst bedauerlich, dass der Osten Serbiens einer der am wenigsten erkundeten Teile des Landes ist. Die Landschaft wird von malerischen Gebirgsketten beherrscht, den südlichen Ausläufern der Karpaten. Auf der westlichen Seite befindet sich das Flachland um den Fluss Morava, das in der großen fruchtbaren Ebene von Stig endet, mit Požarevac, der größten Stadt der Region, als ihrem Zentrum. Westlich der Berge erstreckt sich das breite Tal des Flusses Timok, das, aufgrund seines milden Klimas, welches sich völlig von dem im Rest des Landes unterscheidet, bekannt für seine Weinberge ist. Es gibt hier viele Natursehenswürdigkeiten, aber die Hauptattraktion ist natürlich die Donau mit der berühmten Schlucht „Eisernes Tor" (Djerdapska Klisura), die die Nordgrenze der Region bildet. Der Fluss, der zweitgrößte in Europa, eingeengt zwischen den Karpaten, erkämpft sich seinen Weg durch einige enge Durchgänge. An den Berghängen, die sich darüber erheben, leben viele wilde Tiere, noch ein Grund in einer langen Liste von Gründen, warum die Region unter Naturschutz steht.

Am Ufer der mächtigen Donau, in der Nähe von Donji Milanovac, befindet sich Lepenski Vir, eine archäologische Ausgrabungsstätte, in der man 9000 Jahre alte kulturelle Hinterlassenschaften gefunden hat. Nicht weit entfernt ist die Tabula Traiana, einer der vielen Hinweise auf die Anwesenheit der Römer in diesem Gebiet. Gamzigrad, einstmals Romiliana Felix, das im Süden gelegen ist, ist eine außergewöhnliche, ehemals römische Ortschaft. Die Festung Golubac am Eingang zur Schlucht Eisernes Tor und Sokograd, über dem berühmten Kurort Sokobanja, ist ein atemberaubender Beweis für die Fähigkeiten der mittelalterlichen Baumeister.

Die meisten Menschen, die im zentralen Teil der Gebirgskette leben, sind Nachfahren der romanischsprachigen Wlachen, die von den Habsburgern während deren kurzer Regierung zu Beginn des 18. Jahrhunderts in diesem abgelegenen Gebiet angesiedelt worden waren. Abgesehen von der Sprache, die in manchen Dörfern noch immer gesprochen wird, sind die Wlachen bekannt für ihre weiße Tracht und die riesigen Wollmützen. Ihre Musik hat einen schnellen Rhythmus und wird unermüdlich von den einheimischen Musikgruppen gespielt. Am interessantesten von allen Bräuchen und Traditionen dieser Gegend, von denen viele noch aus grauer Vorzeit stammen, ist das Wahrsagen und andere Arten von bäuerlicher Magie, die bis zum heutigen Tag praktiziert werden.

Ostserbien hat die größte Emigranten-population des Landes. Dieser Trend begann in den 60er Jahren des 20. Jahrhunderts aufgrund der offenen Grenzen zum Westen und dauert noch immer an. In vielen

Das glasklare Wasser der Quelle der Mlava

lick auf die Schlucht Eisernes Tor vom Veliki Štrbac aus

Dörfern sieht man sinnlos große Häuser mit merkwürdiger, kitschiger Dekoration, die den finanziellen Status, den ihre Besitzer im Ausland errungen haben, demonstrieren sollen.

In den alten Geschichten heißt es, dass im Timok-Tal mit seinen üppigen Weinbergen die Menschen mehr Wein als Wasser tranken. In einigen Dörfern wie Rajac und Štubik sind die *Pivnice* erhalten geblieben, kleine Weinkeller, die in den letzten hundert und mehr Jahren kaum verändert wurden. Ihre Lage inmitten der Weinberge macht sie zum perfekten Ort, um die exzellenten hausgemachten Weine zu verkosten. Ganz in der Nähe dieser Dörfer liegt die hübsche Stadt Negotin. In der Umgebung gibt es eine Vielzahl an Natursehenswürdigkeiten, wie beispielsweise die überwältigenden Steintore von Vratna. Ein bisschen weiter Richtung Süden befindet sich Zaječar, das kulturelle und wirtschaftliche Zentrum des Timok-Beckens. Am Ende des Tals liegt die Stadt Knjaževac, deren Attraktivität in ihrer Isolation liegt.

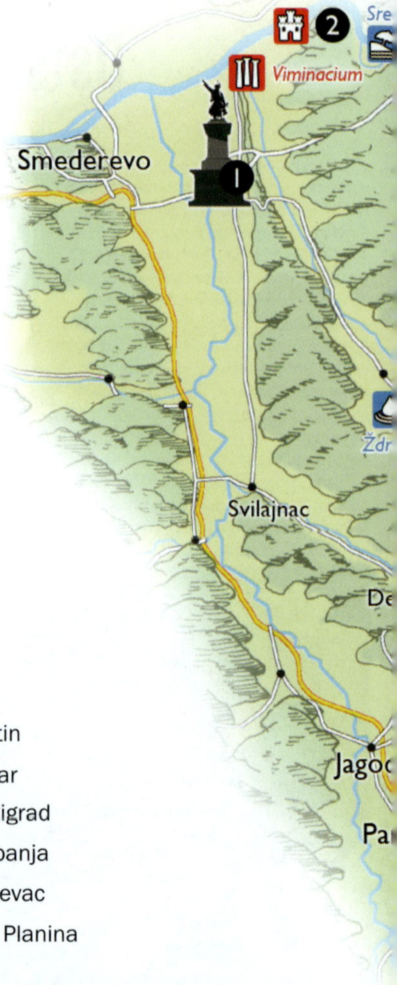

1 Požarevac
2 Ram
3 Veliko Gradište
4 Golubac
5 Djerdap
6 Lepenski Vir
7 Rajkova Pećina
8 Kladovo
9 Die Höhlen von Kučevo
10 Bor
11 Negotin
12 Zaječar
13 Gamzigrad
14 Sokobanja
15 Knjaževac
16 Stara Planina

Die Wildnis in der Schlucht des Svrljiški Timok

RO
Djerdap
Tekija
8
4
5
Kučevo
6
Tabula Traiana
9
Brza Palanka
7
Donji Milanovac
Majdanpek
Vratna
Vrelo
Mlave
Prahovo
Žagubica
ornjak
11
Mokranje
Stol
Rajac
Vidin
37 km
10
Brestovačka
banja
Rogljevo
Lazareva Reka
Vrška čuka
12
BG
Boljevac
13
Gamzigradska
banja
Rtanj
14
Bovansko
jezero
Soko-grad
Aleksinac
15
Gornja
Kamenica
Kalna
Svrljig
16
Niš
Bela Palanka

1 Požarevac

41,000

Drinska 1, 012 544 155

Moše Pijade bb, 012 33 11 58

Knez Milošev venac bb, 222 052

Ljubičevo Reiterspiele, erstes Wochenende im September

Požarevac ist wahrscheinlich wichtigste Stadt in Ostserbien und inmitten der fruchtbaren Stig-Ebene südlich der Donau gelegen. Im Bezug auf Sehenswürdigkeiten und Tourismus hat die Stadt nicht sehr viel zu bieten, doch die beiden Museen und das Stadtzentrum, in dem es mehrere wenig besuchte Denkmäler zu sehen gibt, sind einen Besuch wert. Ehemals unbedeutend, expandierte die Stadt im 17. Jahrhundert und wurde 1718 weltberühmt, als hier der Friedensvertrag von Passarowitz (so lautet der deutsche Name der Stadt) zwischen Österreich und der Türkei unterzeichnet wurde. Es spielte eine wichtige Rolle während der Serbischen Aufstände zu Beginn des 19. Jahrhunderts und war zeitweise der Hofsitz von Prinz Miloš. Während dieses Jahrhunderts erlangte die Stadt kommerzielle Wichtigkeit, vor allem durch den Rinderexport nach Österreich und war eine Zeitlang die zweitgrößte Stadt Serbiens. In der näheren Vergangenheit wurde sie als Heimatstadt von Slobodan Milošević, dessen Macht hier bis zu seinem Sturz im Jahr 2000 unübertroffen blieb. Nach seinem überraschenden Tod im Gefängnis von Sheveningen im Jahr 2006 wurden seine sterblichen Überreste hierher gebracht und im Garten seines Hauses bestattet. (seitdem???). Der schönste Ort im Zentrum von Požarevac ist der Park vor dem großräumigen **Gebäude des Verwaltungssitzes.** Gebaut wurde es 1888 und war zu diesem Zeitpunkt eins der größten Gebäude in Serbien. Es sieht noch immer imposant aus mit seiner langen akademischen Fassade. In der Mitte des Parks steht das **Denkmal für Prinz Miloš**, der wahrscheinlich der wichtigste Mann für die Entwicklung der Stadt war. Die Bronzestatue wurde 1898 von dem Bildhauer Djordje Jovanović angefertigt.
Das örtliche **Museum** *(Narodni muzej, Voje Dulića 10, Tel.:012 223 597, Öffnungszeiten: Mo-Fr 7.30-19 Uhr, Sa 7.30-14 Uhr; Eintritt: 100 Dinar)*, ist, abgesehen davon, dass es eins der ältesten in Serbien ist, bekannt geworden für seine Sammlung antiker römischer Funde aus der nahgelegenen römischen Stadt Viminacium *(siehe unten)*, wie beispielsweise dem großen Sarkophag eines römischen Legionärs oder ein gut erhaltenes Calamus Schreibrohr.
Die **Galerie der Malerin Milena Pavlović-Barilli** *(Tel.: 012 224 173; Öffnungszeiten :Mo-Fr 7-15 Uhr, Sa 9-14 Uhr; Eintritt: 100 Dinar)* befindet sich gleich neben dem Museum. Pavlović-Barilli (1909-1945) war eine herausragende Surrealistin, beeinflusst durch die Meister der frühen Renaissance und durch Zeitgenossen, wie Chirico. Den größten Teil ihres kurzen Lebens arbeitete sie in Rom, Paris und New York als renommierte Modedesignerin und Choreografin. In dem

Fürst-Miloš-Denkmal

Haus, in dem sie geboren wurde und lebte befindet sich nun eine umfangreiche Sammlung ihrer außergewöhnlichen Gemälde, Zeichungen, Skizzen, wie auch viele persönliche Dinge. Falls Sie das **Haus und Grab von Slobodan Milošević** besuchen möchten, gehen Sie vom Museum aus durch die Takovska und und dann Nemanjina Straße bis zur Nummer 41, in eine schmale Gasse weg von der Straße. Der Hausmeister «Čika Jova» ist üblicherweise den Tag über dort, aber nur um sicher zu gehen, können Sie Ihren Besuch unter 064 49 16 717 ankündigen. Jova wird Sie hineinlassen und Ihnen den gepflegten Innenhof und das einfache Grab der Schlüsselfigur der serbischen Geschichte der 1990er zeigen.
Ein kurzer Fußweg Richtung Nordosten vom Stadtzentrum aus wird Sie zu dem Hügel **Tulba** und seinem kleinen **Ethno-Park** mit acht Gebäuden führen, die aus nahgelegenen Dörfern hierher gebracht

Römische Antiquitäten im Hof des Museums von Požarevac

wurden. Leider ist der Park nicht sehr gepflegt und bedarf einiger Reparaturen.

UMGEBUNG

Drei Kilometer vom Zentrum in Richtung der Autobahn Belgrad-Niš liegt das Ljubičevo Gestüt (Ergela Ljubičevo). Es wurde 1858 von Prinz Miloš gegründet, und später durch seinen Sohn vergrößert, der Interesse daran hatte, die Reitkunst in Serbien zu fördern, um eine gute Kavallerie für den geplanten Krieg gegen die Türken aufzubauen. Er machte Ljubičevo (benannt nach seiner Mutter Ljubica) zu einem Staatsgut, wo die meisten der Pferde, die man für die Armee

Die Reiterspiele von Ljubičevo

oder andere Staatsdienste benötigte, gezüchtet wurden, aber auch zu dem Ort, wo prestigeträchtige Züchtungen und Rennpferde zum ersten Mal in Serbien auftauchten. An jedem ersten Wochenende im September richtet Požarevac seine Aufmerksamkeit auf Ljubičevo, wo die «Reiterspiele» mit Defiles, verschiedenen Rennen und Reitwettbewerbe und Wettkämpfe im Gebrauch von antiken Waffen auf Pferden stattfindet. An allen anderen Werktagen kann man das Gestüt von 7-15 Uhr bei vorhergehender Anmeldung unter der Nummer 012 515 174 besuchen. Die Eintrittskarte (150 Dinar) beinhaltet eine **Führung** (in gebrochenem Englisch) durch die Trophäenhalle, die

Nachstellung einer Szene aus römischer Zeit, Viminacium

Ställe und zum Denkmal von Ljubičevac, einem Hengst, der 1974 Rennen in allen drei Kategorien gewonnen hat. 15 km nördlich von Požarevac liegt die Bergarbeiterstadt Kostolac, jetzt besser bekannt für ihren großen Katftwerkskomplex. In seinem Schatten liegt die Stätte, wo sich in der Römerzeit die Stadt **Viminacium** befunden hat. Die Stadt wuchs im 1.Jahrhunder u.Z. um das Lager der VII.*Claudiae*-Legion, die zur Sicherung der kurz vorher eroberten Stadt Dacia nördlich der Donau hierher gekommen war. Viminacium wurde zum Zentrum der übergeordneten Provinz Moesia, hatte das Recht Münzen zu prägen und diente später auch als Bischofsitz. Die Hunnen machten es 441 dem Erdboden gleich. Heute ist es eine wertvolle Ausgra-bungsstätte mit großem Potential als einer von nur zwei Sitzen von römischen Legionen in ganz Europa, die außerhalb eines Stadtgebietes liegen. In den vergangenen Jahren wurde viel getan, um die Stätte touristenfreundlich zu machen, doch es ist noch immer am klügsten, mit dem Auto anzureisen. Die andere Möglichkeit ist, den Bus aus Požarevac zu nehmen, und den Fahrer zu bitten, Sie vor dem Kraftwerk Kostolac B abzusetzen, von wo aus es noch immer 1 km bis zur Aus-grabungsstätte ist. Um den Eingang der Stätte mit dem Auto aus Richtung Požarevac zu erreichen, folgen Sie dem Schild nach Stari Kostolac und dann zum Viminacium. Sparen Sie sich die Inspizierung des Andenkenladens und des Restaurants für nach der **Rundführung** *(Tel.: 062 669 013, Öffnungszeiten: 1.Mai bis 30.Sept. tägl. 9-19 Uhr, 1.Okt. bis 30.April tägl. 9-17 Uhr; Eintritt: Erwachsene 250 Dinar, Kinder 150 Dinar, Familien 500 Dinar).* Sie beginnt zu jeder vollen Stunde, auch auf Englisch, und Sie bekommen die archäologischen Überreste von öffentlichen Bädern, dem Nordtor und dem Mausoleum zu sehen; alle drei sind jetzt zu ihrem Schutz überdacht. Für den Fall, dass Sie Ihren Ausflug zehn Tage im Voraus planen können, können Sie einen Trip in die Welt der römischen Gastronomie buchen, nach Rezepten aus antiken Kochbüchern zubereitet *(römisches Frühstück 6.000 Dinar/Person, römisches Mittagessen für weniger als 10 Personen 10.000 Dinar, für mehr als 10 Personen 2.500 Dinar).*

Antikes Fresko aus Viminacium im National-museum Požarevac

2 Ram

290

Požarevac 32 km, Veliko Gradište 24km

Die Festung Ram befindet sich auf einem klobigen Hügel oberhalb der Donau, am Ende des Dorfes mit demselben Namen. Sie war immer ein strategisch wichtiger Punkt, schon seit den Tagen der Römer, die hier ihr *Castrum* Lederata bauten. Die Festung wird erstmals im 12. Jahrhundert erwähnt, als Ungarn und Byzanz sich hier bekämpften. Die heutige Befestigung wurde während der Herrschaft des türkischen Sultans Bayezid II. (1489-1512) in einer Technik konstruiert, die die Festung resistent gegen Angriffe durch Feuerwaffen machte. Im frühen 19. Jahrhundert wurde sie verlassen und ist seither eine Ruine.

Der beste Weg, die Festung zu erreichen, ist ein unscheinbarer Fußpfad oberhalb des Gasthauses an der Donau oder über die letzte Straße, die sich gabelt, bevor die Straße zum Fluss hinunterführt. Wandern Sie zur Klippe über dem Fluss, um den Eingang innerhalb der Mauern zu finden, aber auch einen herrlichen Ausblick über die Donau zu genießen. Ram hat vier gut erhaltene Ecktürme, während vom zentralen Bergfried nur ein Haufen Steine übrig geblieben ist.

In der Dorfstraße, die zur Festung führt, finden sie außerdem die Ruinen einer türkischen Karawanserei.

Es besteht die Möglichkeit, hier auf die andere Seite der Donau überzusetzen nach **Stara Palanka** *(im Sommer 4-5 mal tägl. zw. 7 und 18 Uhr, im Winter um 15 Uhr)*, von wo aus es nur eine kurze Fahrt nach Bela crkva ist *(siehe Foto)*. Stara Palanka ist auch ein merkwürdiger Ort, denn obwohl das Dorf, das von Transitaktivitäten lebt, nur 20 Einwohner hat, gibt es fünf *Kafanas*!

3 Veliko Gradište

5,600

TO: Vojvode Putnika 2, 012 66 31 79

Boška Vrebalova bb, 012 66 22 72

Carevčevi dani Violinfestival, Anfang Juli
Städtische Messe, 2. August
Bohnenfestival (Pasuljijada), September

Diese verschlafene kleine Stadt hat schon bessere Tage gesehen, doch man setzt große Hoffnungen in ihre Lage an der Donau und der Hauptstraße von Belgrad nach Požarevac (32 km) in Richtung der Schlucht Eisernes Tor. Obwohl es noch ein langer Weg zu einem bedeutenden Touristenstandpunkt ist, lockt Veliko Gradište eine große Zahl Touristen aus ganz Serbien an. Dies verdankt es zum Großteil dem Resort Srebrno Jezero, das einige der besten Voraussetzungen zum Schwimmen und Wassersport treiben in diesem Teil der Donau bietet.

Veliko Gradište begann seine Existenz als *Pincum*, eine römische Stadt am Fluss mit demselben Namen. Heute heißt der Fluss Pek, aber ist immer noch weithin bekannt für das Gold, das man in ihm finden kann (die besten Plätze sind allerdings flussaufwärts in den Bergen, nicht hier). Gradište florierte am meisten im 19. Jahrhundert, als Nutzvieh aus dem serbischen Binnenland hierher gebracht wurde, das an das Habsburgerreich auf der anderen Flussseite verkauft werden sollte. Aus dieser Periode stammen die meisten seiner beachtenswerten Gebäude, die um den zentralen Platz der Stadt gruppiert sind. **Die Kirche der heiligen Erzengel** (1856) erhielt ihre Freskenmalereien gleich nachdem sie gebaut worden war, während die Ikonostase erst 1902 erstellt wurde. Gleich daneben befindet sich das Gebäude der **Oberschule** aus dem Jahr 1929. Auf der anderen Seite der Kirche, näher beim Fluss, ist die überraschend große Gemeindevertretung, die um die Jahrhundertwende erbaut wurde. Im Park direkt davor stehen drei **Denkmäler,** zwei davon für die Soldaten, die in den beiden Weltkkriegen gefallen sind und eins in Erinnerung an Vlastimir Pavlović Carevac (1865-1965), einen Violinvirtuosen und Komponisten, bekannt für seine Bemühungen um Bewahrung des serbischen musikalischen Erbes.

Kirche in Veliko Gradište

Die meisten Besucher kommen nach Veliko Gradište, um das Resort **Srebrno Jezero** zu besuchen, das 2 km westlich der Stadt gelegen ist. Der «Silbersee», benannt nach seiner

Die alten Mauern der Festung Ram

Einer der schönsten Strände in Ostserbien - Srebrno Jezero

glitzernden Oberfläche an sonnigen Tagen, entstand 1971, als das Festland mit der Donauinsel verbunden wurde, um das Dorf Ostrovica vor der Überflutung zu retten. Der Donauarm wurde dadurch zu einem 13 km langen See, der exzellente Bedingungen zum Schwimmen und Fischen bietet (meist Karpfen, Seewolf, Hecht und Barsch, *siehe unten*). Ein schöner Kieselsteinstrand erstreckt sich an seinem Südufer, und dahinter befindet sich eine kurze Promenade mit einigen Cafés, Restaurants, privaten Pensionen und zwei kleinen Hotels, von denen eins an einen **Mini-Aquapark** mit dem Namen *Aqua Club* grenzt *(Öffnungszeiten: im Sommer 9-19 Uhr; Tageskarten für Erwachsene 350 Dinar, für Kinder bis 12 Jahre 250 Dinar)*.

(Wenn Sie mit Ihrem eigenen Boot kommen, können Sie es an der Ostseite des Sees festmachen *(Boote bis 8 m 1680 din, bis 12 m 3369 din; inkl. Strom und Wasser; Info-Tel.: 066 849 60 37)*. Hinter Veliko Gradište verläuft die Staatsgrenze zwischen Serbien und Rumänien mitten durch die Donau, sodass man sich bei der Zollpolizei an ihrem Dock im Stadtzentrum erkundigen sollte.)

AKTIVITÄTEN

Während der Sommersaison kann man **Fahrräder** oder **Tretboote** an der Seepromenade mieten. Vorausgesetzt es melden sich ausreichend Leute, dann fährt das Boot «Silver Star» auf eine dreistündige **Flusstour** nach Golubac und zurück , um 16 Uhr jeden Tag *(Tel.:064 84 96 752; Erwachsene 600 din, Kinder 400 din)*. Das örtliche Touristenbüro bietet **Ausflüge** zu den nahegelegenen Kirchen und Klöstern, nach Ram, Viminacium oder zum Bad Ždrelo an, doch müssen Sie, wenn Sie einen englischsprachigen Führer möchten, einige Tage im Voraus buchen. Um eine Tageserlaubnis zum **Angeln** auf dem Silbersee und in der Umgebung zu erwerben oder Ausrüstung zu leihen, kontaktieren Sie Zlatko Šulović, 012 76 61 161.

4 Golubac

1,800

Gorana Tošića Mačka 1, 012 638 614, 638 613

012 679 195

Golubac Kessel, letzter Samstag im Juli

Der bloße Anblick der imposanten Festung Golubac, die sich im Wasser der Donau spiegelt, hat schon viele Menschen dazu bewogen, Serbien zu besuchen.
Am Zusammenfluss des breitesten Teils der Donau und der Schlucht Eisernes Tor gelegen, ist Golubac wieder fleißig dabei, sein lange vernachlässigtes Touristenangebot anzukurbeln.

Die kleine **Stadt** Golubac liegt an der Stelle, an der sich früher die römische Siedlung *Cuppae* befand. Sie florierte im 19.Jahrhundert durch Handel auf der Donau, hörte aber dann auf zu wachsen. Als Folge des Baus des Djerdap-Staudamms und dem Anstieg des Wasserpegels überflutete die Donau die Insel vor der Stadt und der Fluss wurde an diesem Punkt etwa sieben Kilometer breit, was dem Ort eine fast maritime Atmosphäre verleiht. Die breite der Donau in Kombination mit ausreichend Wind macht ihn zu einem der besten Plätze zum Segeln und Windsurfen in Serbien und es findet eine große Zahl an Wettbewerben in diesen Disziplinen in Golubac statt.

Die Festung liegt vier Kilometer in östlicher Richtung vor der Stadt. Erbaut wurde sie wahrscheinlich im frühen 14.Jahrhundert von den Ungarn an dem strategisch bedeutenden Ort, der den Eingang zur Schlucht Eisernes Tor bewacht. Mit ihren mächtigen Schutzwällen galt sie als eine der bedeutendsten Befestigungsanlagen an der Donau, flussaufwärts und flussabwärts bekannt. Dies sieht man auch an ihren Namen in vielen Sprachen: Ungarisch (*Galambocz*), Deutsch (*Taubenburg*) und Türkisch (*Güvercinlik*), alle übersetzt nach dem serbischen Ursprungswort *golub* - Taube, von denen noch viele in den Felsen nisten. Die Türken eroberten die Festung zum ersten Mal nach der Schlacht im Kosovo 1389, aber in den folgenden Jahrzehnten wechselte sie öfter den Besitzer. Die Serben und Ungarn zettelten Schlachten, Belagerungen und Intrigen an, um die Tore zu öffnen. Nachdem sie die Osmanen 1458 eingenommen hatten, blieb sie für einige hundert Jahre unter ihrer Kontrolle. Mit der Entwicklung von Feuerwaffen verlor Golubac viel von seiner Wichtigkeit, und als die Türken im frühen 19.Jahrhundert entgültig abzogen, war die Festung bereits mehr ein romantischer Standort, als ein strategischer.

Die Art, wie die neun Festungstürme einer hinter

Die ikonischen Mauern der Festung Golubac

dem anderen den Hang hinunter angeordnet sind, gehört zu den malerischsten Anblicken entlang der Donau. Die Türme haben unterschiedliche Formen und Größen. Abgesehen von dem höchsten, dem Hut-Turm (*Šešir kula*), der zwei markante Teile hat, die an einen sehr großen Hut erinnern, hatten alle anderen Türme ursprünglich eine rechteckige Form. Diejenigen, die nach Westen zeigen, wurden zusätzlich mit runden Schutzwällen verstärkt, während der niedrigste, viereckige Turm, der in den Fluss hineinragt, von den Türken gebaut wurde, um dort die Kanonen zu lagern. In den Mauern, die dem Fluss am nächsten sind, kann man noch immer die Überreste des Palastes sehen. Die Festung hatte nur ein Tor auf der Westseite, während heute die Straße durch das Fort und den Felsen, auf dem es liegt, führt. Neben dem ersten Tor ist ein kleiner Brunnen mit einer Gedenktafel, die an Zawisza Czarny erinnert, einen legendären polnischen Ritter, der hier 1428 bei der Verteidigung des Rückzugs des ungarischen Königs Sigismund über den Fluss starb.

Abgesehen von den robusten Türmen und Mauern, gibt es hier nicht sehr viel zu bewundern. Sie können zum Wasserturm laufen oder den Berg hinaufklettern. Der Aufstieg zum Hut-Turm erfolgt über einen steilen Pfad, der beim ersten Tor beginnt, aber er ist nicht gesichert und daher ziemlich gefährlich. Und wo wir schon über Gefahr sprechen: Seien Sie vorsichtig auf der Straße, die durch die Festung führt, denn sie wird sowohl von Fahrzeugen, als auch von Fußgängern genutzt. Nichtsdestotrotz wird vielleicht bald die Zeit kommen, da man auf diese Abenteuer mit Nostalgie zurückblickt, denn es gibt Pläne für eine vollständige Rekonstruktion, um ein Touristenziel aus der Festung und ihrer Umgebung zu machen, wonach es eher aussehen wird wie in einem Abenteuerspielplatz als einem Relikt aus der Vergangenheit.

AKTIVITÄTEN

Der Knotenpunkt der aktiven Ferien in Golubac ist das lokale Touristenbüro, wo man eine eineinhalbstündige **Bootstour** zur Festung und zurück machen kann (*2500 Dinar für das ganze Boot, max.12 Personen*) oder man **mietet ein Fahrrad** (*100 Dinar pro Stunde*) und fährt zum Tumane-Kloster fünf Kilometer auf die Straße Richtung Kučevo oder den Strand in Vinci ein paar Kilometer flussaufwärts.

Es ist außerdem möglich, **Segelstunden** zu nehmen oder ein Segelboot vom serbischen Segelverein zu mieten, der sich am Westeingang der Stadt befindet. Um Details zu erfahren und Ihr Kommen anzukündigen, rufen Sie Hauptniederlassung des Vereins unter der Nummer 011 33 463 69 an.

Für diejenigen, die gerne die Hügel um die Stadt herum erkunden wollen, gibt es einen markierten **Wanderweg**, der von der Hauptstraße aus auf halbem Weg zur Festung beginnt. Die eineinhalbstündige Wanderung leitet Sie durch den Wald, vorbei an drei Aussichtspunkten und einigen alten Gehöften.

UMGEBUNG

Die attraktivste Natursehenswürdigkeit ist ganz sicher die **Schlucht des Flusses Brnjička Reka,** ein Ort mit wunderschöner Natur und perfekt zum Canyoning. Der Fluss erhielt seinen Namen von der Ortschaft Brnjica, die etwa 6 km stromabwärts von der Golubac-Festung liegt. Folgen Sie vom Dorf aus 4 km der örtlichen Asphaltsraße, die Sie direkt ins Herz der grünen Hügel führt. Ab hier beginnt das Abenteuer, denn die Straße setzt sich ab hier als unmarkierter Pfad fort, der sich seinen Weg durch unberührten Wald bahnt und dann durch zwei sehr enge Rinnen, von wo aus Sie den Weg durch den Fluss fortsetzen müssen. Wegen einiger kleiner Wasserfälle ist es sogar einfacher die Schlucht vom südlichen Ende aus anzugehen, bei dem Dörfchen Donja Radenka (neben dem Dorf Krivača). Um die Schlucht in ihrer gesamten Länge zu durchwandern, braucht man etwa 8 Stunden.

Spannende Legenden und die faszinierende Wahrheit

Zusammengenommen sind die Festung und die Donau ein fruchtbarer Boden für Legenden und Geschichten. Eine davon handelt von dem mutmaßlichen Golubac-Drachen, einem dreiköpfigen Wasserungeheuer, von dem man glaubt, dass es tief in den Wassern der Donau lebte. Der Legende nach weinten die Nachkommen des Drachen, nachdem erlegt worden war, Tränen, die zu Fliegen wurden. Im Gegensatz zum Drachen sind die Fliegen sehr real: *Simulium colombaschense* oder die Golubac-Fliege (Golubačka mušica) ist ein kleines Insekt, das Rinder attakiert und deren Larven in den schnellen Strömen um Golubac heranwachsen.

5 Djerdap

TO Donji Milanovac, Kralja Petra I bb (gegenüber der Bushaltestelle), 030 591 400
Nationalpark Djerdap, Donji Milanovac, Kralja Petra I 14a, 030 590 778, 064 85 69 231

Die Schlucht Eisernes Tor, auf Serbisch Djerdap, ist eine der Haupttouristenattraktionen des Landes. Der mächtige Strom der Donau hat sich hier seinen Weg durch die Karpaten gebahnt und dabei eine bemerkenswerte Schlucht geschaffen, den spektakulärsten Abschnitt auf seinem 2900 km langen Weg. Der gesamte serbische Teil des Eisernen Tores (das linke Ufer gehört zu Rumänien) liegt innerhalb des Djerdap Nationalparks, von der Festung Golubac bis zum Staudamm Djerdap 1 *(siehe S. 271)*. Bei einer Länge von etwa 100 km ist die Schlucht im Prinzip ein Flussbett, entstanden aus vier Schluchten: Gornja Klisura, Gospodjin Vir, Veliki und Mali Kazan und Sipska Klisura. Sie sind durch drei breitere Flussabschnitte voneinander getrennt, wo mehrere Dörfer und das Städtchen Donji Milanovac angesiedelt sind. Einen Teil der Großartigkeit der Schlucht kann man aus den Zahlen ersehen: Bei Gospodjin vir wurde eine Flusstiefe von 90 m gemessen, wir sprechen also von einem der tiefsten Flüsse der Welt. Die Klippen der Schlucht in Veliki Kazan sind etwa 300 m hoch, während sich das Flussbett bis auf 150 m verengt.

Wie auch immer, das Eiserne Tor ist nur noch die Hälfte von dem, was es einmal war. Mit der Fertigstellung des Staudamms Djerdap 1 im Jahr 1972 stieg der Wasserpegel um etwa 35m, und bildete so den größten Wasserspeicher sowohl in Serbien, als auch in Rumänien. Die gefährlichen Klippen, die die Schlucht bekannt gemacht hatten, aber auch schwer zu passieren waren verschwanden zusammen mit ganzen Städten, und ermöglichten so Schiffen mit bis zu 5000 Tonnen die Fahrt flussaufwärts. Die Donau wurde dadurch auch breiter und viel langsamer, weshalb dieser Teil des Flusses auch von manchen Djerdap-See genannt wird.

Die steil abfallenden Seiten der Schlucht sind meist dicht bewaldet und bieten so einen Lebensraum für viele bedrohte Pflanzen- und Tierarten. Wer sich in die Wälder der Schlucht wagt, wird die alten Standorte einheimischer Spezies wie der Türkischen Haselnuss, der Persischen Walnuss oder der Europäischen Nessel entdecken. Die bekannteste Blume der Schlucht ist die Djerdap-Tulpe, die durch das Ansteigen des Wasserpegels ernsthaft vom Aussterben bedroht war. In den Wäldern der Schlucht kann man Braunbären, Luchse, Wildschweine, Gämsen und viel Wild zu sehen bekommen. Auf den Klippen nisten drei verschiedene Adlerarten und im Wasser Schwarzstörche und eine Vielzahl an Graureihern, um nur einige der 170 Vogelarten zu nennen, die man hier beobachten kann.

Ein Lux in der Schlucht Eisernes Tor

Die archäologisch bedeutendste Lokalität in dieser äußerst geschichtsträchtigen Region ist **Lepenski Vir** *(siehe S. 269)*.

Bevor Sie nach Donji Milanovac kommen, sollten Sie einen kurzen Abstecher zum Berg **Kapetan Mišin Breg** und dem Hof mit demselben Namen machen. Seine Lage bietet eine fantastische Aussicht über die Stadt und den Fluss, aber

Die Schlucht Veliki Kazan, wo sich die engste Stelle der Donau befindet

der Hauptgrund für den Abstecher sollte eine Open-Air-Galerie mit erstaunlichen Holzfundstücken sein, die der Gastgeber Živorad Stefanović im Wald entdeckt hat, und das fantastische Essen, das seine Frau zubereitet, wiederum meist aus Produkten von deren Existenz Sie nicht einmal wussten. Um den Hof zu erreichen, achten sie auf das Schild, das Sie nach der Abzweigung nach Majdanpek 1,5 km bergauf führt. Das Essen wird nur bei Voranmeldung zubereitet (Tel.: 030 590 869).

Donji Milanovac (3.100 Einwohner) hat eine recht turbulente topographische Vergangenheit. Die Stadt Poreč lag auf einer Insel inmitten der Donau, was Vorteile sowohl für den Schutz der Stadt, als auch für den Flusshandel hatte. Doch die Bewohner hatten mit ständigen Überflutungen zu kämpfen und als die Türken schließlich 1832 die Gegend verließen, siedelten sie zum serbischen Ufer über. Die neue Siedlung bekam den Namen Donji Milanovac, in Erinnerung an den ältesten Sohn des Prinzen Miloš, der bei der Gründung geholfen hatte. Die Stadt lebte vom Flusshandel, der Produktion von kleinen Booten und erfahrenen Kapitänen, den einzigen Männern, die durch die gefährliche Schlucht navigieren konnten. 1970 musste die Stadt wieder umgesiedelt werden, diesmal aufgrund des Anstiegs des Wasserpegels. Sie wurde auf eine Erhöhung über der Donau verlegt, wo sie sich auch heute noch befindet.

Trajans Gedenktafel existiert seit neunzehn Jahrhunderten

Die gesamte frühere Stadt wurde überflutet, abgesehen von einigen bedeutenden Gebäuden, wie dem **Haus von Miša Anastasijević** (1803-1885), besser bekannt unter dem Spitznamen Kapitän Miša, einem Salzhändler und dem reichsten Serben seiner Zeit. Er stiftete Geld für die Errichtung der städtischen **Kirche** (1840), ein weiteres Monument, das vor der Überflutung bewahrt wurde. Das Haus, in dem sich das Touristen-Informationszentrum befindet, stammt ebenfalls aus dieser Periode, es gehörte Stefan „Tenka" Stefanović, der 1832 den Stadtplan entwarf und später Premierminister von Serbien wurde.

Das **Besucherzentrum** des Djerdap Nationalparks *(Öffnungszeiten: werktags 7-15 Uhr, sonst nach Anmeldung, Eintritt: 120 Dinar)* ist gleich nebenan. Dies ist der beste Ort, um etwas über die vielen verschiedenen Gesichter des Nationalparks zu erfahren und Aktivitäten dort zu planen. Vor dem Zentrum steht eine Nachbildung der Boljetinska stena, ein schulbuchmäßiges Beispiel für Gesteinsschichtung.

Schiffe passieren Donji Milanovac

Im Zentrum findet man die maßstabsgetreuen Nachbildungen von Trajans Gedenktafel, der Festung Golubac und der Siedlung Lepenski Vir, ein Herbarium, Räume mit ethnologischen und geologischen Ausstellungen, sowie einige ausgestopfte Tiere.

Tabula Traiana („Trajans Gedenktafel"), oder im Serbischen *Trajanova tabla*, wurde 103 v.u.Z. angeschlagen im Gedenken an das Ende der Konstruktionsarbeiten an der Straße, die der römische Herrscher Trajan begonnen hatte. Es war die erste Straße, die durch die Wildnis der Schlucht führte und war wahrlich eine Meisterleistung der Konstruktion. Zwei Jahre später führte Trajan seine Armeen über diesen Weg zu der Brücke, die seinen Namen trug und eroberte Dacia *(siehe S. 272)*, heute Rumänien. Dies blieb der einzige Weg durch die Schlucht für die nächsten 1800 Jahre bis Mitte des 19. Jahrhunderts der ungarische Graf Szeczenyi eine moderne Straße auf der anderen Seite des Flusses bauen ließ. Die Gedenktafel misst etwa 3,5 mal 1,5 m und ist verziert mit Genien, Delfinen und einem Reichsadler darüber. Die historische Straße und der ursprüngliche Platz der Tafel befinden sich nun unter Wasser, aber die Gedenktafel selbst wurde an einer erhöhten Stelle in der Nähe ihres ursprünglichen Platzes angebracht. Deshalb ist sie vom Ufer aus nicht zu sehen. Wenn man sie sehen möchte, kann man eine fünfstündige Bootsfahrt von Donji Milanovac dorthin

Erkundung des Djerdap-Nationalparks

unternehmen. *(Kontakt: Slobodan Popović, 064 665 64 80, max. 8 Personen, Preis: 100 Euro).*

AKTIVITÄTEN

Um Djerdap ausgiebig zu erkunden, werden Sie die Hilfe der Nationalparksaufsicht benötigen, die dort verschiedene Aktivitäten organisiert. Am besten ist es immer, Ihren Besuch mindestens einen Tag im Voraus anzumelden *(Telefonnummer siehe oben)*. Am beliebtesten sind Ausflüge zu den **Aussichtspunkten**. Das Ticket über 120 din. nach **Kovilovo** (6 km von Donji Milanovac entfernt) beinhaltet auch die Inanspruchnahme eines Führers; Sie können mit Ihrem eigenen Auto anreisen oder einen Jeep mieten *(5600 din pro 100 km)*. Für den spektakulärsten Ausblick fahren Sie zum **Veliki Štrbac** (786 m) dem Gipfel des Berges Miroč, der sich direkt über der Schlucht Veliki Kazan befindet. Um ihn zu erreichen, können Sie wieder entweder einen Jeep mieten oder ihn von der Hauptstraße aus in einem 75-minütigen Fußmarsch in Begleitung eines Führers *(pro Person 600 din)* erklimmen.

Eine weitere interessante Aktivität ist eine vierstündige Exkursion, bei der Vögel beobachtet werden können und die von den Ornithologen des Nationalparks geleitet wird *(2000 Dinar pro Person, bis zu 5 Personen).*

6 Lepenski Vir

i 030 501 389

Lepenski Vir ist eine weltberühmte Ausgrabungsstätte etwa 19 km westlich von Donji Milanovac, ein absolutes Muss für alle, die sich auch nur im Geringsten für die fernere Vergangenheit und verlorene Zivilisationen interessieren.

Wie viele andere Sehenswürdigkeiten wurde auch Lepenski Vir durch Zufall entdeckt. Während der archäologischen Forschungen von 1965 bis 1970, die in der Schlucht parallel zum Bau des Staudamms Djerdap 1 durchgeführt wurden, fand Professor Dragoslav Srejović Spuren der mesolithischen Kultur auf einer tiefliegenden Donauterrasse an dem Standort von Lepenski vir. Es wurde schnell klar, dass man eine völlig neue Kultur gefunden hatte, und man scheute keine Mühen, soviel wie möglich davon auszugraben. Die Bemühungen waren erfolgreich und weitere Ausgrabungen brachten ein Dutzend weitere Siedlungen derselben Kultur zutage.

"Praroditeljka"-Skulptur aus Lepenski Vir

Die zahlreichen Funde zeigten, dass hier von 8000 bis 4500 v.u.Z. eine sehr komplexe und einzigartige Steinzeitkultur florierte, wahrscheinlich die fortgeschrittenste im prähistorischen Europa zu dieser Zeit. Die Bewohner dieser Siedlung bauten ungewöhnliche trapezförmige Hütten mit rechteckigen Feuerstellen. Figuren, die hinter den Feuerstellen gefunden wurden, zeigen, dass die Mitglieder der Gemeinschaft kleine Gebetsplätze in ihren Heimen hatten. Am bekanntesten ist Lepenski Vir für seine Steinfiguren mit den großen Augen und fischartigen Mündern, wahrscheinlich Abbilder von Jägern und Fischern, die von der Donau abhängig waren. Abgesehen von den Figuren fanden die Archäologen Gräber, edlen Schmuck und Werkzeug aus Knochen und Stein, sowie Tafeln, auf denen buchstabenähnliche Symbole eingeritzt sind. Irgendwann um 5200 v.u.Z. begannen die Siedler von Lepenski Vir Haustiere zu züchten. Mit dem Beginn der neolithischen Zeit gab man die alte Lebensform auf, ebenso wie die Siedlung Lepenski vir.

Die erhaltene archäologische Ausgrabungsstätte von Lepenski Vir

Das Portrait des Königs Decebalus am rumänischen Flussufer

Die ursprüngliche Ausgrabungsstätte liegt nun unter Wasser, aber alle Funde wurden auf einen höheren Standort verlegt und überdacht. Das benachbarte Museum *(Tel.:030 501 501, Öffnungszeizen: tägl. 9-20 Uhr, Erwachsene 400 Dinar, Kinder 200 Dinar)* illustriert das Leben dieser fernen Kultur und stellt Kopien der wertvollsten Artefakte aus (die Originale befinden sich im Nationalmuseum in Belgrad).

Direkt beim Eingang werden Sie eine Gruppe von alten Häusern sehen, die schönsten Beispiele traditioneller Architektur, die man vor der Überflutung des Dorfes bewahrt hat. Der Aussichtspunkt direkt vor den Häusern ist wahrscheinlich der beste Ort, um das kolossale Portrait von Decebalus, das in die Felsen auf der anderen Seite der Donau eingemeißelt ist, zu bewundern. Decebalus war der letzte König der Dakier, einem Volk, das im heutigen Rumänien lebte. Er führte einige erfolgreiche Kriege gegen die Römer, wurde aber schließlich von Trajan besiegt; er wurde umzingelt und entschied sich dafür, lieber Selbstmord zu begehen, als sich zu ergeben. Die Rumänen betrachten die Dakier als ihre Vorfahren und der mutige Decebalus genießt den Status eines Nationalhelden am anderen Ufer der Donau.

7 Rajkova Pećina

TO Majdanpek,
Svetog Save bb,
030 584 204

Mitten in der am stärksten bewaldeten Region Serbiens liegt die Bergarbeiterstadt Majdanpek, umgeben von unansehnlichen Kupferflözen. Drei Kilometer nördlich von der Stadt, vorbei an dem hübschen Akkumulationssee, der schon Welten entfernt von Majdanpek zu sein scheint, erreicht man die Höhle Rajkova pećina *(Öffnungszeiten: tägl. 9-17 Uhr, Eintritt:150 Dinar)*. Die Höhle, ebenso wie der Fluss, der an ihr vorbeifließt und das Dorf, das vor ihm liegt, bekamen ihren Namen von dem Gesetzlosen *(hajduk)* Rajko, der den Schatz, den er von den Türken gestohlen hatte, hier versteckte und – so will es die Legende – vergrub.

Die Höhle hat eine Gesamtlänge von 2304 m, und ist somit die längste Höhle Serbiens, wobei für Touristen lediglich eine Länge von 1410 m erschlossen ist. Sie besteht aus zwei separaten Kavernen, einem unterirdischen

Im Inneren der Rajkova Pećina

Wasserkanal und einer Quellenhöhle, beides auf zwei Niveaus. Die Lufttemperatur ist konstant, 8°C, und die relative Luftfeuchtigkeit liegt bei fast 100%. Die Höhlenornamente in der Rajkova-Höhle sind von höchster Qualität; achten Sie auf die attraktivsten unter ihnen: „Die ägyptische Göttin“, „Die Schnecke“, „Den Stumpf mit Pilzen“ oder den „Schlafenden Bären“.

Alte Häuser in der Nähe von Lepenski Vir

8 Kladovo

9,100

Dunavska 16a,
019 801 690

Stefanije Mihajlović bb,
019 801 469

Ethno Fest,
später Juli

Kladovo ist eine kleine Stadt gegenüber der rumänischen Hafenstadt Drobeta Turnu Severin. Es ist die erste Stadt, der man gewahr wird, wenn man die Enge der Djerdap Schlucht verlässt und ein guter Ort zum Entspannen und die Schönheit der Natur zu genießen.

GESCHICHTE

Den größten Teil seiner Geschichte war Kladovo nur eine Stadt im Schatten der Festung Fetislam (siehe unten). Im frühen 20.Jahrhundert wurde es weltberühmt für seinen Kaviar, der zu einer der teuersten Sorten der Welt gehört. Der Damm veränderte Kladovo grundlegend: In den wenigen Jahren vor dessen Fertigstellung im Jahr 1972 verdreifachte sich die Einwohnerzahl der Stadt. Die Neuankömmlinge waren Bauarbeiter, Schiffsbauer, sowie Mitarbeiter des Dammpersonals, die noch immer die tragende Säule der städtischen Wirtschaft bilden.

SEHENSWÜRDIGKEITEN

Ihr erster Halt in Kladovo sollte die **Festung Fetislam** sein, die am Westrand der Stadt gelegen ist. Die quadratisch angelegten inneren Mauern mit vier Türmen wurden 1524 von den Osmanen erbaut, die die Form des römischen Castrums wiederaufnahmen, das vorher dort gestanden hatte. Nach der Übernahme der Habsburger 1718 wurde es vollständig nachgebaut. Nachdem die Festung wieder unter Osmanenherrschaft gekommen war, bekam sie den Namen *Feth ul Islam*-„Bollwerk des Glauben". An den drei Außentoren kann man arabische

Die Mauern der Festung Fetislam

Inschriften sehen, die an die Wiedereinnahme der Festung erinnern. Eine davon heißt: „Der Beschützer des Glaubens und des Landes ist zur Festung Fetislam zurückgekehrt. Dieser noble Schah, der Eroberer der ganzen Welt, Schah Mahmud, ist Alexander ebenbürtig." Fetislam blieb in türkischer Hand, bis es 1867 an Serbien übergeben wurde. Heute ist es in erbärmlichem Zustand und begeistert nur noch Abenteurer und Liebhaber der Kunstfotografie.

In der Stadt selbst werden im **Archäologie-Museum Djerdap** *(Trg kralja petra bb, Öffnungszeiten: Di-So 10 bis 17 Uhr)* die Artefakte, die bei den Ausgrabungen in der Schlucht Eisernes Tor geborgen wurden, ausgestellt. Sie stammen größtenteils aus prähistorischer und der römischen Zeit.

AKTIVITÄTEN

In der Sommerhitze strömen Alt und Jung zum schön arrangierten **Sandstrand** an der Donau, der – ausgestattet mit Sonnenschirmen aus Stroh, Duschen und Umkleidekabinen – ein perfekter Platz zum Entspannen mit einem kühlen Getränk ist.

UMGEBUNG

Einige Kilometer Richtung Westen, gleich beim Djerdap 1-Kraftwerk, befindet sich die Ausgrabungsstätte **Karataš** mit den Überresten eines Festungslagers mit dem Namen *Diana*, einem Teil der römischen Verteidigungslinie an der Donau.
Obwohl das Lager zu Beginn des zweiten Jahrhunderts n. u. Z. erbaut wurde, stammt das meiste dessen, was man hier sehen kann, aus dem sechsten Jahrhundert, als es vom byzantinischen Herrscher Justinian wiederaufgebaut wurde.

Gegenüber der Ausgrabungsstätte befindet sich das Karataš Jugendlager. An der Rezeption, das weiße Gebäude links vom Eingang, kann man den Besuch des **Djerdap 1-Staudamms** arrangieren, einer der beeindruckendsten industriellen Konstruktionen seiner Art in Europa. Für die 40-minütige Tour dorthin, zwischen 9 und 14 Uhr und von 15 bis 16.30 Uhr benötigt man seinen Pass und 1000

Der Stadtstrand von Kladovo

Der Blederija-Wasserfall

Dinar pro Gruppe plus 150 Dinar pro Person.

Das Dorf im Osten von Kladovo ist **Kostol**, das einstmalige *Pontes*. Nach Verlassen der Stadt nehmen Sie eine nicht ausgeschilderte, schmutzige Straße, die nach links zur Donau und den beiden verbleibenden Pfeilern der berühmten **Trajansbrücke** führt. Die Verwahrlosung des Ortes macht es schwer, sich eine Vorstellung von seiner Bedeutung zu machen. Im Jahr 105 u.Z. auf Befehl des Herrschers Trajan erbaut war dies die einzige römische Brücke über die Donau und die einzige stabile Verbindung zur neu eroberten Provinz Dakien auf der anderen Seite des Flusses. Die gigantische Konstruktion mit zwanzig 45m hohen Pfeilern stand nicht lange: Trajans Erbe Hadrian ließ sie niederbrennen, weil er glaubte, dass die Gefahr einer barbarischen Invasion von der Südseite größer sei, als der Nutzen der Brücke für das Imperium.

Fährt man von Kladovo nach Süden Richtung Negotin, erreicht man nach 26 km Brza Palanka. Von dort aus folgen Sie der Straße Richtung Westen durch das Dorf Reka in die Berge und nach etwa 10 km schlechter Straße erreichen Sie ein Schild, das Sie zum Strom **Blederija** und seinem **Wasserfall** *(водопад)* führt. Von hier aus geht man zu Fuß und folgt den Kaskaden flussaufwärts bis zu dem 10 m hohen Wasserfall. Der Ort ist nicht auf Besucher vorbereitet und im Frühling kann es wegen des wilderen Stroms schwierig sein, den Wasserfall zu erreichen.

9 Die Höhlen von Kučevo

i Svetog Save 114, 012 850 666

Ostserbien ist bekannt für seine Felsformationen und für seine zahlreichen Höhlen. Zwei davon, die für Touristen zugänglich gemacht wurden – Ceremošnja und Ravništarka – befinden sich auf der Nordseite der Homoljske Berge, in der Nähe des Städtchens Kučevo.

Die **Ceremošnja Höhle** *(Öffnungszeiten: 1.April-31.Okt. 10-19 Uhr, 1.Nov.-31. März 10-16 Uhr; Eintritt: 200 Dinar; Touren in Fremdsprachen nach vorheriger Vereinbarung auf der Nummer 012 855039)* befindet sich in der Nähe eines Dörfchens mit dem selben Namen, etwa 14 km entfernt von Kučevo. Kurz nach Verlassen von Kučevo gabelt sich die Straße von Petrovac Richtung Kučajna und führt dann über die Straßenkreuzung Richtung Bukovska; vor dem Dorf Ceremošnja steht ein Schild, dass Sie den Berg hinauf nach rechts führt. Vor der Höhle ist ein Restaurant, dass üblicherweise geöffnet ist, wenn auch die Höhle geöffnet ist.

Kladovo Kaviar

Für lange Zeit erfüllte der Name „Kladovo" Feinschmecker, die die Stadt für ihren erstklassigen Kaviar kannten, mit Ehrfurcht. Den gefragtesten Kaviar bekommt man von den Weibchen der Weißen Störe (serb. moruna), die das Kaspische und das Schwarze Meer bewohnen. Der gigantische Fisch, der in seinem hundertjährigen Leben bis zu 900kg schwer werden kann, schwimmt jedes Jahr stromaufwärts, um seine Eier abzulegen. Je länger die Eier im weiblichen Weißen Stör bleiben, desto besser. Deshalb sind die Eier derer, die bis zu 1000 km die Donau hinaufschwimmen (Kladovo liegt bei 929 km), besonders reif und von exzellenter Qualität. Jahrhundertelang wurde diese Delikatesse hauptsächlich von Einheimischen konsumiert, da die Konservierung der empfindlichen Kaviareier ein schwieriges Unterfangen war. Das goldene Zeitalter für die Produktion und den Export von Kaviar begann nach 1918, als ein Flüchtling der russischen Revolution die geheime Formel für die Produktion des Konservierungspuders nach Serbien brachte. Diese sogenannte „Trockenmethode" schloss die Verwendung von Wasser aus, da dieses den delikaten Geschmack des Kaviars mildert. In den folgenden Jahrzehnten wuchs Kladovos Ruhm und sein Kaviar erreichte zu einem Zeitpunkt einen höheren Preis als der der direkten Konkurrenz aus Persien. Natürlich wurde fast die gesamte Produktion ausländischen Märkten angeboten und war schon Jahre im Voraus verkauft, wobei der größte Teil nach New York ging, um dann an die Reichen und Berühmten überall auf der Welt weiterverkauft zu werden. Mit dem Bau von Djerdap 1 und den zwei Dämmen wurde die natürlich Migrationsroute der Weißen Störe abgeschnitten; als Konsequenz sank ihre Zahl drastisch und innerhalb nur weniger Jahre wurden sie zu einer bedrohten Art in der Donau. In den vergangenen Jahren wurde einige Farmen mit Weißen Stören eröffnet mit dem Ziel, das von Generation zu Generation weitergereichte Wissen auszunutzen. Dank ihnen findet man sowohl Kaviar, als auch Störfilet auf den Speisekarten vieler Restaurants in Kladovo.

Akkustiktest in der Ceremošnja-Höhle

Die Höhle wurde von dem Strom Strugarski potok gegraben, der durch sie hindaurch fließt. Von den 776m, die die Höhle lang ist, sind 431m für Besucher zugänglich. Wenn man dem unterirdischen Strom folgt, erreicht man die größte Halle, die sogenannte Arena, eine der schönsten in Serbien. Seine Decke hat eine Höhe von 20m und ist von weißen Kalzitkristallen durchzogen und mit vielen Stalaktiten, transparenten Vorhängen und Falten verziert. Von der Arena aus gibt es einen Zugang zu einer anderen Kaverne mit dem Spitznamen Dveri («Tore») und durch sie hindurch, vorbei am kleinen Wasserfall des Strugarski Stroms, gibt es einen kleinen Pfad Richtung Ausgang, der 100m entfernt vom Eingang liegt.

Neben Ceremošnja liegt das Dorf Plavčevo, durch das der malerische Sige Strom fließt, der mit einer Kaskade beginnt, die im Frühling und Herbst aktiv ist.

Um die ebenso schöne **Ravništarka** Höhle zu erreichen *(Öffnungszeiten: 1.April-31.Okt. tägl. 10-19 Uhr; Eintritt: 200 Dinar; Führungen nur in serbischer Sprache)* fahren sie von Ceremošnja wieder dieselbe Straße zurück und dann links in Richtung des Dorfes Ravište an der ersten Kreuzung. Vor der Höhle finden Sie ein Info-Zentrum, wo Sie auch Karten für die 45-minütige Tour durch die Höhle kaufen können.

Obwohl die Höhle mit 589m Kanallänge deutlich kürzer ist als Ceremošnja, hat Ravništarka einen längeren Besucherpfad. Der Hauptgrund dafür ist, dass der größte Teil ein langer Kanal ist, durch den der Ponorac Strom fließt. Entlang des Kanals finden Sie eine Verbreiterung, die den Namen Weißes Schloss trägt und mit fantastischen kristallenen weißen Dekorationen verziert ist, und der einzigen richtigen Halle , Schwarzes Schloss genannt.

10 Bor

39,300

Moše Pijade 19,
030 459 020

Nikole Pašića bb,
030 423 770

Die Bergarbeiterstadt Bor gehört sicherlich nicht zu den typischen Touristenzielen, doch die Rohheit seines industriellen Erscheinungsbildes und seine Lage inmitten wunderschöner Natur, die der Verschmutzung durch die rauchenden Schornsteine der Stadt entkommen konnte, machen es zu einem interessanten Abschnitt in den Reisetagebüchern seiner Besucher.

GESCHICHTE

Bor war ein Dorf wie jedes andere in diesem Teil Serbiens bis Untersuchungen zu Beginn des 20.Jahrhunderts ergaben, dass sich unter dem Dorf reiche Kupfer- und Goldvorkommen befinden. Die Mine wurde 1903 eröffnet, wuchs schnell und war um 1930 eine der größten Kupferminen Europas. Gleichzeitig wuchs auch die bescheidene Bergarbeiterstadt. Zu Zeiten des Sozialismus war Bor eines der Zentren der jugoslawischen Industrie und erfuhr als solches viel Aufmerksamkeit, womit man zeigen wollte, wie sehr sich das System um die Arbeiter sorgte. Der Krieg und die Wirtschaftssanktionen in den 1990ern fielen zusammen mit dem Erkenntnis, dass der Kupfergehalt im Erz nicht mehr ausreichend Profit brachte, was ein rapides Sinken des Standards der Stadt zur Folge hatte. Nach einigen erfolglosen Privatisierungsversuchen ist der Bergbaukomplex - heute nur noch ein Bruchteil dessen, was er einmal war - noch immer in Staatsbesitz.

SEHENSWÜRDIGKEITEN

Für das alte Bor vor dem Zweiten Weltkrieg waren ein- oder zweistöckige Bergarbeiterhäuser charakteristisch. Nach dem Krieg wuchsen diese zu übergroßen Blocks, die gegen jedes ästhetische Kriterium verstoßen. Die Hauptstraße endet am Abgrund von Bors atemberaubendster Sehenswürdigkeit – der riesigen offenen Grube, die an eine Schlucht erinnert und noch immer in Betrieb ist.

Um mehr über Bor zu erfahren, besuchen Sie das **Museum für Bergbau und**

Grube beim Stadtzentrum von Bor

Hüttentechnik, das sich in der Hauptstraße der Stadt befindet (*Muzej rudarstva i metalurgije, Moše Pijade 19, Tel.: 030 423 560; geöffnet Mon-Sam 7-20; Eintritt frei*). Die Vielzahl an Ausstellungsstücken, die von archäologischen Fundstücken aus Rudna Glava, einer der ältesten Minenstandorte in Europa (5000 v.u.Z.) bis zu den Maschinen aus dem 20. Jahrhundert reichen, werfen Licht auf diese beiden Prozesse und ihre Auswirkungen auf die Zivilisation in diesem Winkel der Erde.

Die Felsen des Stol-Gebirges

Im Stadtpark kann man eine skurrile Sammlung von ausgedienten Bergbaumaschinen bewundern, die zu Denkmälern avanciert sind. Die neueste Ergänzung zu dieser ungewöhnlichen Open-Air-Galerie ist ein gigantischer Minenlaster.

UMGEBUNG

Die Kurstadt Brestovačka banja, südlich von Bor, bietet ein überraschend anderes Bild. Im 19.Jahrhundert wurde das Bad von serbischen Prinzen und Königen besucht und scheint sich seitdem nicht verändert zu haben: Unterkunft findet man in kleinen Gasthäusern, das Mineralwasser kommt aus Rohren im Boden und die einzigen Aktivitäten, denen man sich widmet, sind spazieren gehen und in Cafés zu sitzen.

Die zweitgrößte (nach Djerdap), aber sicherlich die wildeste Schlucht Ostserbiens ist Lazareva klisura, 21 km östlich von Bor, bei dem Städtchen Zlot, einer der bedeutendsten Siedlungen der ethnischen Gruppe der Wlachen. Die Schlucht, an manchen Stellen bis zu 500 Meter tief, wurde von dem Fluss Lazareva reka gegraben, der die meiste Zeit des Jahres überraschend klein und trocken ist. Die Schlucht ist sehr schmal - an manchen Stellen liegen lediglich 3 bis 4 Meter zwischen den Kalksteinfelsen - und mit dichter Vegetation überzogen. Aus diesen Gründen gibt es dort viele wilde Tiere, einschließlich Gemsen, Braunbären und Sandvipern, und viele unter Naturschutz stehende Pflanzenarten.

Entlang der Seiten der Schlucht befinden sich Kavernen und sechs große Höhlen, von denen die Lazareva pećina (auch Zlotka pećina genannt) für Touristen zugänglich ist. (*Öffnungszeiten: 1.Mai bis 31.Okt., Di geschlossen; Eintritt: 200 Dinar*). Die Höhle liegt am Eingang zur Schlucht, vorbei an einem stillgelegten Motel und seinem künstlich angelegten See. Es wird angenommen, dass die Lazareva pećina mehr als 15 km lang ist, was sie zu der längsten Höhle in Serbien machen würde. Etwa die Hälfte der Länge wurde erforscht, während der Touristenpfad nur über 1,5km geht. Bereits in der Eingangshalle werden Sie vom Reichtum und der Vielfalt der Höhlenornamente erstaunt sein, gefolgt von der Konzerthalle, wo Sie die Kalzit-Skulpturen eines Dirigenten und seines Orchesters sehen werden, während die Halle, die am ehesten ihr ursprüngliches Aussehen behalten hat, die Fledermaushalle ist, benannt nach der Unzahl von nachtaktiven Kreaturen, die von ihrer Decke hängen. 24 verschiedene Fledermausarten leben in den Höhlen von Lazareva klisura.

Etwa 18 km nördlich von Bor befindet sich Stol, ein beliebtes Ausflugsziel, benannt nach dem 1156 m hohen Berg. Um ihn zu erreichen, fahren Sie aus Bor in Richtung Norden durch das Dorf Krivelj und nehmen dann die Straße nach Bučje; 500m nach der Abzweigung geht nach links eine unebene, nicht asphaltierte Straße ab, die Sie zur Berghütte (*Tel. 030 22 430*) 3km entfernt führt. Der bergige Gipfel, der sich aus der ruhig wirkenden Wiese erhebt, ist einer der meist erinnerungswürdigen Anblicke in dieser Gegend. Wegen seiner Form ist Stol auch fantastisch geeignet für viele Sportarten, wie Freeclimben, Bergsteigen und Paragliden, aber natürlich auch für einfaches Wandern. Genauso schön und faszinierend wie der Anblick der Bor-Minen ist der Gebirgskamm Veliki Krš, der sich auf der anderen Seite der Straße von der Stadt aus in Richtung Norden erstreckt.

Die undurchdringliche Lazareva-Schlucht

⓫ Negotin

17,700

Vojvode Mišića 25, 019 547 555

12. septembra bb, 019 542 999

12. septembra bb, 019 542 069

Wein und Honig-Messe, 12. Mai
Krajina-Bräuche, drittes Wochenende im Juni
Mokranjac-Tage, dritte Woche im September

Einzigartiges Detail des alten Negotin

Negotin ist nah an der rumänischen und der bulgarischen Grenze gelegen und bildet das Zentrum des unteren Timok-Tals. Seine Lage inmitten von fruchtbaren Feldern, die eingerahmt sind von Weinbergen, macht es nicht schwer, sich vorzustellen, wie idyllisch die Stadt vor hundert Jahren ausgesehen haben muss. Leider ist die Idylle längst vergangen: In den letzten zwei Jahrzehnten ist Negotin immer ärmer geworden, weil alle Firmen, bis auf einige wenige, pleite gegangen sind und die Stadt in einen wirtschaftlichen Schlummer gefallen ist. Nichtsdestotrotz behält es mit seinem malerischen Zentrum und seinem entspannten Lebensrhythmus einen reizenden provinziellen Charme. Fügt man eine gute Auswahl an Unterkünften hinzu und eine Vielzahl an interessanten Sehenswürdigkeiten, dann sieht man schnell, warum die Stadt immer mehr Touristen anzieht.

GESCHICHTE

Negotin entstand im 17. Jahrhundert und dank der Festung, die die Österreicher 1720 errichteten, erlangte es die Vorherrschaft über die benachbarten Dörfer. Da sie ein Außenposten des von den Habsburgern regierten Serbiens war, ist diese Region seither als Negotinska krajina (Negotiner Mark) bekannt. Im 18. Jahrhundert war die Stadt Sitz der Fürsten Karapandža, die die Gegend als semi-autonomen Teil des Osmanischen Reiches regierten. Der erste Serbische Aufstand bescherte dem Ort seine heldenhaftesten Momente und seinen größten Helden, den Hajduk Veljko Petrović, der blutige Kämpfe um Negotin führte und schließlich 1813 hier sein Ende fand, nachdem er sich die Ehre verdient hatte, dass man nicht nur Jagd- und Imkerverbände nach ihm benannte, sondern auch Straßen, Schulen usw. Als Sitz eines wohlhabenden Landkreises wuchs Negotin langsam aber stetig während des 19. Jahrhunderts, wobei es besonders stolz auf seine Schulen war, darunter eine Mädchenschule und eine für Landwirtschaftsingenieurwesen. Anders als die Mehrheit der serbischen Dörfer wurde Negiton nicht während der Weltkriege zerstört, musste aber dafür zwei erbarmungslose bulgarische Besatzungen durchstehen.

Die Neue Kirche von Negotin

SEHENSWÜRDIGKEITEN

Das Zentrum der Stadt kann man leicht an der **Neuen Kirche** erkennen, einer anmutigen Mischung aus unterschiedlichen europäischen Stilen, deren Bau 1876 beendet wurde. Die Ikonostase wurde von dem ausgezeichneten Kunstmaler Steva Todorović und seiner Frau Poleksija 1901 angefertigt. Die Kirche ist berühmt für ihre Akustik. In ihrem Hof steht ein kleines steinernes Schießpulverdepot, die einzigen Überreste der alten rechteckigen Festung, die einst den ganzen Platz vor der Kirche einnahm und das Herzstück der Stadt bildete. In der Mitte des Platzes steht das **Reitermonument für Hajduk Veljko,** der in der Festung lebte und schließlich starb, als er sie gegen türkische Angreifer verteidigte.

In dem Park, der den größten Teil des Platzes einnimmt, steht außerdem das **Denkmal für die Soldaten der Kriege von 1912 bis 1918.** Auf den Medaillons sind König Peter und der französische General Gambetta, der die Stadt mit seinen marokkanischen Kolonialtruppen befreite.

Ein kleines Museum, das dem abenteuerreichen Leben des Hajduk Veljko und den Zeiten der Serbischen Aufstände gewidmet ist *(Muzej Hajduk Veljka, Stanka Paunovića 17, Tel.:019 543 341, Öffnungszeiten: April-Juni und Sept.-Nov., werktags 8-18 Uhr, samstags 9-17 Uhr, sonntags 10-14 Uhr, sonst werktags 8-15 Uhr oder nach Vereinbarung; Eintritt:100*

Das Hajduk-Veljko-Museum in einem schönen Haus aus dem 19.Jahrhundert

Dinar oder ein kombiniertes Ticket für alle drei Museen der Stadt). Es befindet sich in einem hübschen Haus aus dem 19. Jahrhundert, das durch seine Arkadengänge und hohe Giebel heraussticht, gebaut für Fürst Todor, eine einflussreiche Persönlichkeit der Stadt. Der zentrale Raum mit einem Kamin ist mit für diese Zeit typischen Möbeln ausgestattet, was einen Eindruck vom damalige Leben in Negotin vermittelt.

Das Krajina-Museum *(Muzej Krajine, Vere radosavljević 1, Telefon, Öffnungszeiten und Eintrittspreise siehe oben)* zeigt eine anständige permanente Ausstellung über die Entwicklung der historischen Region, mit einem Bereich, der namhaften einheimischen Malern gewidmet ist, und eine sehr schöne ethnografische Ausstellung.

Ein kurzer Spaziergang vom zentralen Platz aus die Vojvode Mišića Straße entlang führt zum Mokranjac-Haus. *(Mokranjčeva kuća, Vojvode Mišića 8, Angaben siehe oben).* Benannt ist es nach Stevan Stojanović Mokranjac, dem berühmtesten serbischen Komponisten des 19. Jahrhunderts, der in Negotin geboren ist. Im Erdgeschoss erfährt man alles über das Werk des Komponisten, während man im Obergeschoss einige seiner persönlichen Gegenstände und Möbel dieser Zeit sehen kann.

Von der Rückseite des Hauses aus erreicht man die **Alte Kirche**. Gebaut wurde sie 1803 und ist ein bescheidenes Gebäude, wie auch viele andere Kirchen, die aus der Zeit der türkischen Besatzung stammen. Daneben befindet sich ein gelber Grabstein aus Marmor, der die Grabstätte des Hajduks

Mysteriöse Grabsteine auf dem Friedhof der Alten Kirche

Veljko markiert, die erst 1844 entdeckt wurde, da er heimlich beerdigt wurde, als die Türken auf dem Vormarsch waren. Bei der Kirche steht eine Gruppe von Grabsteinen aus dem 18. und 19.Jahrhundert, die faszinierenden, mysteriösen Formen haben.

AKTIVITÄTEN

Wenn Sie nicht die Zeit oder die Mittel haben, die Weinorte um Negotin herum zu besuchen, machen Sie sich keine Sorgen, dass Sie alle die Genüsse verpassen müssen, die Bacchus dieser Gegend geschenkt hat. Nach vorheriger Reservierung wird die Weinkellerei Matalj *(Kladovski put bb, Tel.:063 522 828, office@ mataljvinarija.rs)* Sie mit ihren Weinkellern und Weinen bekannt machen, abgerundet durch eine Probe und einen Snack.

Während der Sommerhitze strömen viele Negotiner zum **Strand Kusjak**, einer Wochenendsiedlung auf der Donau, bei dem Dorf Prahovo, etwa 10 km nördlich der Stadt. Er wurde erst vor kurzem in Stand gesetzt und ist einfach aber zufriedenstellend mit fließendem Wasser, Duschen und einem Volleyballplatz ausgestattet. Ein zusätzlicher Bonus ist der Blick auf das Kraftwerk Djerdap 2, das kleinere der beiden Kraftwerke, die gemeinsam von Serbien und Rumänien betrieben werden.

Die Gegend um Negotin bietet gute Bedingungen für die Jagd von Wild, Wilschweinen, Mufflons und Rebhühnern. Verwaltet wird sie vom Hajduk-Veljko-Jagdverein *(Stanka Paunivića 5, 019 541 646)*und Alija von Srbijašume *(siehe Foto)*.

UMGEBUNG

Ein angenehmes Ausflugsziel nur einen Fußmarsch entfernt südwestlich von der Stadt (3km) ist das **Kloster Bukovo** und der Wald darum herum. In der Klosterkirche sind einige der Freskenmalereien aus dem 17. Jahrhundert erhalten geblieben, aber der Rest des sorgsam in Stand gehaltenen Komplexes stammt aus dem 19. Jahrhundert. Seine Lage auf einem Hügel gewährt einen einmaligen Blick auf Negotin.

Fünf Kilometer nördlich von Negotin, am Ausgang des Dorfes Miloševo, befindet sich das **Kloster Koroglaš.** Nach seiner Architektur zu urteilen, könnte die kleine krumme Kirche aus dem 11. Jahrhundert stammen. Angeblich ist Koroglaš der Geburtsort von Marko Kraljević, dem größten Helden der serbischen Epen. Diese Annahme ist nicht ganz haltlos: Marko starb (oder wurde lebensgefährlich verletzt) in der Schlacht von Rovine, auf der anderen Seite der Donau. Er kämpfte dort als türkischer Vasall, aber sagte den Aufzeichungen zufolge:» Ich bete für den Triumph der Christen, auch wenn das bedeutet, dass ich zuerst sterben muss.»

Neben dem Dorf Mokranje, im Süden von Negotin, erreicht der langsam fließende Fluss Sikolska unerwartet die Felsen Mokranjske stene, von denen aus er in einigen Kaskaden hinunterstürzt. Leider findet dieses Spektakel nur im Frühling und Herbst statt, da der Fluss im Sommer austrocknet.

Negotins Umgebung ist am bekanntesten für seine vielen Weinberge und exquisiten Weine, die im späten 19. Jahrhundert als einziger würdiger Ersatz sogar nach Frankreich exportiert wurden. Viele Dörfer haben ihre Weinkeller, *Pimnice* genannt, die zu malerischen steinernen Weilern gruppiert sind. Sie werden nicht nur für die Weinlagerung genutzt, es gibt dort auch Räume, um die Familie während der Lese, die manchmal wochenlang dauert, unterzubringen. An Spätsommertagen sind die Pimnice belebter als die Dörfer, sehen aber ansonsten eher verlassen aus. Die besterhaltenen sind die in **Rajac** (25 km südlich von Negotin), dem benachbarten Rogljevo und dem fast übersehenen Štubik (20 km Richtung Westen).

Der Zustand der Pimnice ist ganz unterschiedlich: Viele dienen noch ihrem ursprünglichen Zweck, manche wurden in Tavernen umgewandelt, aber viele verfallen immer mehr. Die beste Zeit sie aufzusuchen ist an oder um St.Triphon (13. Februar) und während der Ernte Ende September. Außerhalb dieser Zeit ist es trostlos, die verlassenen Straßen der Pimnice entlang zu laufen. Es ist am klügsten, einen Besuch über das Touristenbüro in Negotin anzukündigen oder bei den Produzenten selbst. Falls Sie es versäumt haben, dies zu tun, und niemanden finden, besteht noch die Möglichkeit, zum Dorf zurückzukehren und jemanden zu fragen, ob er Sie

Eine Pimnica im Dorf Rajac

herumführen kann.

25 km nordwestlich von Negotin beginnt **die Schlucht des Flusses Vratna,** eine der spektakulärsten in Serbien. Nehmen Sie die Zaječar Straße, dann die Majdanpek Straße und fahren Sie von Štubik aus nach Jabukovac. Wenn Sie durch dieses Dorf gefahren sind, biegen Sie nach links ab. Wenn Sie aus Richtung Kladovo kommen, fahren Sie in Richtung der Dörfer Slatina und Urovica, bevor Sie rechts nach Vratna abbiegen. Zwei Kilometer hinter dem Dorf Vratna befindet sich ein bescheidenes Kloster mit demselben Namen. Der Fußweg, der am Kloster vorbeiführt, bringt Sie zu der ersten der drei erstaunlichen, gigantischen Toren (vrata), die von der Erosion in den Kalk geschliffen wurden. Das erste Tor ist 34 m hoch und das größte. Dicht dahinter folgt das zweite, kleiner als das erste, aber länger und man kann es erklettern. Um das dritte zu erreichen, muss man flussaufwärts durch den Wald und an beiden Seiten des kleinen Flusses noch 2 km entlangwandern. Die Wanderung wird belohnt mit dem Blick auf ein langes Tor und mit erstaunlicher Akustik.

Die ganze Region ist ein Naturschutzgebiet, bekannt für seine großen Mufflon- und Wildbestände. Wenn Sie leise sind, können Sie sie leicht entdecken, oder auch andere wilde Tiere, wie Hasen, Füchse oder sogar Wildschweine.

Die Steintore der Vratna-Schlucht

12 Zaječar

40,700

Svetozara Markovića 2, 019 421 521

Moravska bb, 019 425 500

Moravska bb, 019 440 830

Gitarijada Rock Festival, erstes Wochenende im August

Das Zentrum des Timok-Tals und seine größte Stadt,Zaječar, wird hauptsächlich wegen seiner Bedeutung als Knotenpunkt wichtiger Straßen besucht. Der andere, wichtigere, Grund für einen Besuch ist das Nationalmuseum, in dem die wichtigsten archäologischen Funde aus Gamzigrad ausgestellt werden.

GESCHICHTE

Obwohl es an einer strategischen Position direkt beim Zusammenfluss der Flüsse Crni (Schwarzer) und Beli (Weißer) Timok gelegen ist, ist Zaječar eine relativ junge Stadt. Es erlangte einige Wichtigkeit während des Ersten Serbischen Aufstandes, aber es begann erst, sich schneller zu entwickeln, als es 1833 Teil Serbiens wurde. Dank seiner fleißigen Einwohner und seiner Fülle an Früchten und Weinstöcken wurde es schnell als zweitreichste Stadt nach Belgrad angesehen. 1876 war es mit dem Reichtum vorbei, als die Gegend von den Türken eingenommen und von ihren barbarischen Cherkessk-Truppen geplündert wurde. Zaječar ist der Geburtsort von zwei einflussreichen Politikern der Radikalen Partei, der ersten massiven politischen Organisation in Serbien – Nikola Pašič und Ljuba Didić – und war eins der Zentren der Partei bei deren Aufruhr gegen König Milan 1883 *(siehe unten)*. In den 1990ern ging die Stadt durch eine schwierige Periode, als seine Industrie praktisch aufhörte zu existieren, aber in den vergangenen Jahren wurde viel dafür getan, dass die Stadt wiederauflebt, sowohl in industrieller, als auch in kultureller Hinsicht.

Kopf des Kaisers Galerius, Nationalmuseum Zaječar

SEHENSWÜRDIGKEITEN

Der Trg Oslobođenja ist der zentrale Platz der Stadt und fast alles, was für Touristen von Interesse ist, befindet sich auf diesem Platz oder um ihn herum. Das **Nationalmuseum** *(Moše Pijade 2, Tel.:019 422 930; Öffnungszeiten: 1.April-30.Okt., Mo 8-16 Uhr, Di-Fr 8-18 Uhr, Sa 8-10 und 10.30-16 Uhr;1.Nov.-30. März Mo 8-16 Uhr, Di-Fr 8-18 Uhr; Eintritt: Erwachsene 200 Dinar, Schulkinder 150 Dinar)* befindet sich in einem plumpen Gebäude mit schweren Säulen. Das Museum verdankt seine Berühmtheit der schönen Sammlung an **römischen Artefakten**, die von Gamzigrad hierher gebracht wurden. Darunter besonders erwähnenswert ist der marmorne Kopf des Galerius, der einzigen Darstellung dieses römischen Eroberers, und die schönsten der wunderbaren Mosaike, wie das mit dem Gott Dionysos und das mit dem Labyrinth. Abgesehen von der archäologischen hat das Museum auch eine ethnografische und eine historische Sammlung, die einige interessante Gegenstände, die Nikola Pašić, dem prominentesten serbischen Politiker von den 1880ern bis zu seinem Tod 1926, gehört haben, wie beispielsweise seine Bartbürste und ein Zigarettenetui, das ihm Mussolini geschenkt hat.

Vor dem Museum ist ein Trinkbrunnen, einer von vielen, die die Innenstadt schmücken. Sie wurden von prominenten Einzelpersonen und von Zünften als Allgemeingut angefertigt. Im Park bei dem Platz steht das **Denkmal für die Soldaten der Timok-Division, die in den Kriegen 1912-1918 gefallen sind**, das Werk des Bildhauers Frano Menegelo-Dinčić aus dem Jahr 1928.
Das Gebäude der Bezirksverwaltung von 1911 blickt auf den Park und ist heute der Sitz des Gemeindegerichts.

Wenn Sie das Nationalmuseum besucht haben, gilt ihre Eintrittskarte ebenfalls für **Radul-Begov-Konak** in der Ljube Nešića Straße gleich beim Platz Trg Oslobođenja. Die „Radul Bey Villa" ist ein Haus im typischen Balkanstil des frühen 19. Jahrhunderts, das einem einheimischen Türken gehörte, der es 1833 Radul Gligorijević, einem reichen Dorfbewohner aus der Nähe von Zaječar, verkaufte. Im Erdgeschoss befindet sich ein Andenkenladen und

Der Zentralplatz von Zaječar

In stolzer Haltung, Kraljevica-Hügel

eine Galerie, während im Obergeschoss eine permanente Ausstellung des alten Zaječar ist, die einige Räume zeigt, die im Stil der Jahrhundertwende möbliert sind *(Öffnungszeiten: 1.April-30.Okt. Di-Fr 8-19 Uhr, Sa 9.30-16 Uhr; 1. Nov.-31.März Mo 9.30-16 Uhr, Di-Fr 8-19.30 Uhr).*

Diejenigen, deren Neugier auf Nikola Pašić die wenigen Artefakte im Nationalmuseum noch nicht befriedigen, kann die Nikola-Pašić-Stiftung besuchen *(Zadužbina Nikole Pašića, Nikola Pašić Straße 126, Öffnungszeiten: werktags 12-16 Uhr)*, die über eine Ausstellung mit einer Vielzahl von Dokumenten aus seinem Leben und noch einige andere Besitztümer des bekanntesten Bürgers von Zaječar verfügt.

AKTIVITÄTEN

Die **Kraljevica-Anhöhe** ist ein schönes Ausflugziel südlich des Stadtzentrums. Sie ist dicht bewaldet und bietet einen tollen Ausblick über die Stadt. Das **Monument**, das an den Timok-Aufruhr erinnert, befindet sich auf halben Höhe den Hügel hinauf. Als König Milan und seine Konservativen 1883 anordneten, dass den Dorfbewohnern die Feuerwaffen weggenommen werden sollten, nutzte die Opposition, die Radikale Partei, den Unmut der Leute und rief sie zur Rebellion gegen die Tyrannei auf, und provozierte so den turbulenten Timok-Aufruhr. Die Meuterei wurde schnell niedergeschlagen und es wurden etwa hundert Menschen zum Tode verurteilt. Das Urteil wurde sofort auf der Kraljevica vollzogen. Das Monument wurde 1971 während der kommunistischen Herrschaft aufgestellt, zur selben Zeit wie das merkwürdig geformte Monument für die Opfer des faschistischen Terrors, „Galgen" genannt, ein kleines Stück weiter. Beide sind in schlechtem Zustand, mit Graffitis übersäht, die ihnen eine unerwartete bebilderte Dimension geben.

Neben dem Monument ist ein **Skihang**, der es zusammen mit einem Lift und Schneekanonen den Einheimischen und ihren Gästen erlaubt, ihre Skifahrkünste in den kälteren Jahreszeiten zu erweitern. Der Skiverleih befinden sich am Fuß des Abhanges.

Auf der gegenüberliegenden Seite der Stadt, hinter der Eisenbahnstrecke nördlich des Zentrums liegt der Strand **Popova Plaža**. Dieser Stadtstrand am Fluss Crni Timok wurde vor wenigen Jahren angelegt, und ist seither das Zentrum des sozialien Lebens während der langen Sommertage. Mehrere Cafés, Sportplätze und Kinderspielplätze machen das Schwimmen im seichten Flusswasser unnötig, um eine schöne Zeit zu haben. Um den Strand zu erreichen, nehmen Sie von der hinter Seite des Parks aus in der Trg Oslobođenja Straße die Generala Gambete Straße.

13 Gamzigrad

i 019 450 019

Elf Kilometer östlich von Zaječar, bei dem Dorf mit dem selben Namen befindet sich eines der wichtigsten spätrömischen Denkmäler in Europa. Nach Gamzigrad kommen jedes Jahr Tausende von Touristen, um die Ruinen zu sehen und ihre ungewöhnliche Geschichte zu hören. Zwischen dem 1. April und dem 30. Oktober ist die Stätte von 8 bis 20 Uhr für Besucher geöffnet, während man außerhalb dieser Zeit seinen Besuch mindestens einen Tag im Voraus beim Leiter des städtischen Museums, dem energischen Bora Dimitrijević, der die Gruppe persönlich führt, ankündigen muss. *(Tel.:064 280 9485).*

Die ersten Forscher glaubten, die alten Ruinen seien ein römisches Militärlager gewesen, wegen ihrer Größe und der Vielzahl an Türmen. Die archäologischen Ausgrabungen, die seit 1953 systematisch durchgeführten wurden, haben jedoch gezeigt, dass es sich um einen Kaiserpalast handelt. Es handelt sich um Projekt des Galerius, einem der Tetrarchen – die vier Herrscher, die das Reich im dritten Jahrhundert v.u.Z. beherrschten – der Adoptiv- und Schwiegersohn des großen Diokletian. Galerius begann mit dem Bau an seinem Geburtsort im Jahre 289 nach einem

Ein gut erhaltenes Fenster, Gamzigrad

Die Mauern des Palastes von Gamzigrad

Sieg über die Perser, der ihm große Bewunderung und Ruhm einbrachte. Der Palast erhielt den Namen *Felix Romuliana* im Gedenken an seine Königin Mutter Romula, einer heidnischen Priesterin. Diesen Komplex von Tempeln und Palästen errichtete er zur Verehrung seiner Mutter, als Monument für seine Taten als Herrscher und als luxuriöse Villa, in die sich Galerius nach seiner Abdankung zurückzog.

Romuliana erfüllte ihren Zweck, bis sie Mitte des 5.Jahrhunderts von den Hunnen geplündert wurde. Später wurde sie zu einer bescheiden Siedlung von Bauern und Handwerkern, und wurde schließlich zu Beginn des 7.Jahhunderts mit der Ankunft der Slawen verlassen. Wegen der Schlangen, die den verfallenen Komplex bewohnten, wurde der Ort von den Neuankömmlingen Gamzigrad oder «Schlängelstadt» genannt.

In die Mauern in Form von unregelmäßigen Vierecken sind 20 Türmen und zwei Toren eingefügt. Die verbliebenen Mauern und Säulen, sowie einige wunderschöne Mosaike kann man im Inneren sehen. Drei der Mosaike stellen die heidnischen Gottheiten Dionysos, Herkules und Asklepios dar, die genau wie Galerius, von einer sterblichen Mutter geboren worden waren. Die Reste der beiden Tempel kann man ebenfalls besichtigen, einer davon ist Jupiter gewidmet, Galerius´Schutzpatron. Die meisten der portablen Objekte wurde ins Museum nach Zaječar gebracht. Links vom Eingang befindet sich ein überdachter Teil mit einem Modell des Palastes und einigen Skulpturen.

Etwa einen Kilometer östlich des Haupteingangs, auf einem Hügel mit dem Namen Magura, stehen die Überreste von zwei Mausoleen, wo Romula und Galerius beerdigt sind.

Rekonstruktion des Romuliana-Felix-Palastes

UMGEBUNG

Im Dorf Gamzigrad gibt es ein Kurbad, **Gamzigradska Banja**, mit Warmwasserquellen in und um den Fluss Crni Timok. Die Einheimischen glauben voller Stolz daran, dass Galerius seinen Palast genau hier baute, um in den Thermalquellen seinen Rheumatismus zu heilen. Für Touristen ist der Kurort vor allem wegen seines **Schwimmbads** mit Thermalwasser, das das ganze Jahr über für Besucher geöffnet ist, *(8-19 Uhr, Eintritt: 180 Dinar pro Stunde)* attraktiv. Das Schwimmbad ist im Spezial-Rehabilitationszentrum gelegen (Specijalna bolnica za rehabilitaciju) und seine Halle ist mit wunderbaren Mosaiken des Malers Mladen Srbinović (1925-2009) verziert.

Ruinen eines Atriums aus römischer Zeit

14 Sokobanja

8,400

Trg Oslobodjenja 2, 018 833 988

Miladina Živanovića bb, 018 830 946

Akkordeonwettbewerb, Mitte August

Sokobanja ist einer der bekanntesten Kurorte in Serbien und sicherlich der mit der längsten Tradition. Durch seine Lage am Fluss Moravica auf einer Höhe von 400m über dem Meeresspiegel zwischen den bewaldeten Bergen Ozren und Rtanj herrscht in dem Bad ein vorteilhaftes Klima und es ist bekannt für seine frische Luft. Mit seinem provinziell anmutenden Stadtzentrum und seiner etwas heruntergekommenen Atmosphäre mag der Ort nicht gleich zu einem Besuch einladen, doch geben Sie Sokobanja (und besonders seiner Umgebung) eine Chance und sie werden es nicht bereuen.

GESCHICHTE

Sokobanjas Thermalquellen waren bereits den Römern bekannt, doch zu florieren begann es erst zu Zeiten der Türkenherrschaft. Evliya Celebi, der berühmte türkische Reisende aus dem 17. Jahrhundert, beschreibt das dortige Hamam (das türkische Bad) als schön gepflegt und extrem gut besucht, und berichtet, dass sogar Gäste aus Asien angereist waren, um die heißen Bäder zu genießen. Prinz Miloš kannte den Ort gut und ordnete nach dem Krieg mit den Türken die Renovierung des türkischen Bads und den Bau eines kleinen Krankenhauses an. Kurz danach baute er dort ein Sommerhaus. Organisierter Tourismus begann 1837, als Prinz Miloš einen seiner Männer zu einem Kurarzt schickte. Im späten 19. Jahrhundert wurde das Bad außerdem zu einer Art kulturellem Zentrum als beliebtester Sommerferienort der serbischen Bourgeoisie und vieler Intellektueller. Am besten blieb Branislav Nušić imGedächtnis wegen seines Reims «Soko Kurort, Soko Festung, du kommst alt dort an, du verlässt es jung» *(Soko banja, soko grad, dodješ star, odeš mlad)*, den der Ort noch immer als Werbeslogan verwendet. Nach dem Zweiten Weltkrieg wurden einige große Hotels gebaut, die mehr Touristen brachten an den Ort, gaben ihm aber auch die Atmosphäre eines Zufluchtsortes für die Elite.

SEHENSWÜRDIGKEITEN

Das Zentrum des Kurorts und die interessantesten Denkmäler der Stadt findet man um den Platz Trg Oslobodjenja herum. Unter den ältesten davon ist das wunderschöne **türkische Hamam,** das im späten 15. Jahrhundert auf römischen Grundmauern errichtet wurde. Das Bad ist immer noch in Gebrauch und man kann zwischen mehreren Bädern und Massagen wählen. Gegenüber des Bads befindet sich die **Residenz des Prinzen Miloš**, die dem Spa neues Leben einhauchte; der Ort hat wenig von seinem ursprünglichen Aussehen

Die Flöte ist eins der Nationalinstrumente Serbiens

behalten und beherbergt nun einige Läden und Cafés. Gleich daneben befindet sich die winzige Pfarrkirche aus dem Jahr 1884, deren Hauptstifter der serbische Metropolit Mihailo war, der aus Sokobanja stammte. Am Beginn der Promenade steht das **städtische Museum** *(Tel.: 018 833 988, Mai bis Okt. 8-20 Uhr, sonst 8-15 Uhr, Eintritt: 50 Dinar)*, das sich in einem für diese Gegend typischen Gebäude aus dem 19. Jahrhundert befindet. Das bescheidene Museum konzentriert sich auf das einheimische ethnographische Erbe.

AKTIVITÄTEN

Die tägliche Routine eines jeden Besuchers von Sokobanja beinhaltet einen **Spaziergang** zu den Ausflugspunkten des Ortes.

Der historischste, und vielleicht der schönste, ist der in den Ruinen der Sokograd-Festung. Der Spaziergang beginnt am östlichen Ende der Promenade, von wo aus sie Richtung Süden gehen und zuerst den **Vidikovac** (Aussichtspunkt) besuchen sollten, den

Alte türkische Bäder im Kurbad Sokobanja

Die Sokograd-Festung

einen schönen Blick über den Kurort ermöglicht; setzen Sie Ihren Weg Richtung **Lepterija** fort, einem angenehmen Picknickplatz, bekannt für seine immer kalten Quellen. Der Weg führt weiter bergauf durch den Wald und nach 15 Minuten erreichen Sie die Ruinen von **Sokograd** („Falkenfestung"), die sich auf einem schroffen Felsen oberhalb des Flusses Moravica befindet. Die Festung, deren Namen der Kurort übernahm, wurde im Mittelalter an der Stätte eines früheren römischen Forts gebaut. Es wurde in bei einem türkischen Angriff 1413 zerstört und nicht mehr aufgebaut. Um die schönsten Fotos sowohl von der Festung, als auch von der Schlucht, die die Moravica gegraben hat, zu schießen, müssen Sie auf die Spitze des angrenzenden Berges **Popovica** steigen; der beste Platz, um diese Wanderung zu beginnen ist das Hotel „Moravica"am östlichen Rand des Spas.

Südlich des Zentrums befindet sich der **Vrelo-Park**, der um die gleichnamige Quelle angeordnet ist. Ein anderer kurzer Spaziergang führt zu **Čuka Dva** («Čuka 2», auch Čuka II), einer Reihe von Feldern mit einem schönen Blick über die Umgebung.

Die schönste Ecke in Sokobanja liegt, überraschenderweise, in seinen westlichen Ausläufern. Hier kann man die 200 Jahre alten Mühlen Grudonjske Vodenice – **Golubovac Vodenica** – sehen, die neu in eine angenehme Umgebung, die an vergangene Zeiten erinnert, eingefügt wurde. Natürlich gibt es an einem solchen Ort ein kleines Restaurant, das längst vergessene Gerichte auftischt, von denen es in dieser Gegend sehr viele gibt. Die Mühlen befindet sich hinter dem Stadion und dem Friedhof.

Am südwestlichen Rand der Stadt erhebt sich der **Berg Ozren** und darauf liegt «Grudno», der verbreitete Name für das «Ozren»-Sanatorium für Menschen mit Lungenkrankheiten, die hier sowohl mit Medizin, als auch mit klarer Waldluft behandelt werden. Neben dem Sanatorium befindet sich der **Ripaljka-Wassrfall**, der in mehreren Kaskaden 40 m in die Tiefe fällt. Die Umgebung ist schön gepflegt. Man kann mit dem Auto bis zu dem Krankenhaus fahren (der Parkplatz ist gebührenpflichtig) oder man kann auf einem einstündigen Fußmarsch aus dem Zentrum des Kurortes hierherkommen.

Auf halbem Wege diese Straße entlang gibt es eine Abzweigung nach rechts, die Sie zu zwei weiteren Ausflugszielen führt – **Očno**, eine hübsche Wiese mit einem ziemlich großen Felsen in der Mitte, und **Kalinova,** bekannt für seine kalten Quellen. Weiter Richtung Süden sind die **Ozrenske Livade**, eine Gruppe von weiten Feldern, die von einigen hohen Bergen eingerahmt sind. Den Berg hinauf von hier aus befindet sich die **Šopur**-Quelle, von der aus ein markierter Weg zum Gipfel **Oštra Čuka** (1.075m) führt.

Wenn Sie im Sommer nach Sokobanja kommen, machen Sie es so wie die Einheimischen und besuchen Sie einen der **Strände** an der Moravica, am östlichen Ortsausgang, oder begeben Sie sich in den neu eröffneten **Aquapark** Podina mit mehreren Becken und Rutschen.

UMGEBUNG

Im Norden von Sokobanja erhebt sich **Rtanj,** eins der atemberaubendsten Gebirge in Serbien. Der Eindruck, den es hinterlässt, kommt nicht so sehr von seiner Größe, sondern viel mehr von seiner Form:

Der Ripaljka-Wasserfall, nahe Sokobanja

Blasen des Rikalo unterhalb des Rtanj-Gebirges

Der östliche Teil des Gebirges, mit Šiljak als dem höchsten Gipfel (1566m), erhebt sich aus der sanft hügeligen Landschaft und ähnelt einer Pyramide. Wissenschaftler haben vor langer Zeit erklärt, dass seine Form etwas mit seiner Vergangenheit als Vulkan zu tun hat, aber volkstümliche Legenden hüllen ihn in mysteriöse Geschichten von der, das UFOs ihn als Garage benutzen, bis zu der Behauptung, dass er eigentlich eine von Menschenhand gebaute Pyramide sei! Das Fantastischste an Rtanj sind die Heilkräuter, von denen es großen Mengen an seinen Hängen gibt. Der schmackhafte und gesunde Rtanjski-Tee ist der beliebteste Weg, das Beste aus ihnen herauszuholen.

Auf der Spitze des Šiljak stehen die **Ruinen einer Kapelle**, die 1932 von der Witwe eines einheimischen Minenbesitzers errichtet wurde. Zu Beginn der 1990er Jahre wurde die Kapelle von Leuten, die auf der Suche nach Gold waren, gesprengt. Die Legenden von versteckten Schätzen beschäftigen noch immer die Phantasie von einfachen Leuten hier und die skrupellosen Schatzjäger, die historische und archäologische Stätten mit Hacken und Dynamit durchstreifen, sind die größte Gefahr für die ungeschützten Denkmäler Serbiens.

Der beste Aufstieg auf den Rtanj ist von dem Dorf Šarbanovac, von woaus es noch einige Kilometer bis zum Fuß des Berges sind. Der Aufstieg von dieser Seite aus dauert drei Stunden bis zum Gipfel, ist aber sehr steil und daher anspruchsvoll.

⑮ Knjaževac

19,000

Miloša Obilića 1, 019 73 52 30

Branke Dinić bb, 019 733 027

Cara Dušana 1, 019 73 11 47

Jugendfestival, Anfang Juli

Die Wildnis und Verlassenheit, die man durchfährt, wenn man nach Knjaževac reist, kann einen leicht dazu verleiten zu glauben, man habe sich verirrt. Und doch wird man inmitten dieser stillen Isolation, in sanftes Rot und Gelb gekleidet, eine malerische kleine Stadt finden. Obwohl die Lage ihrer Industrie nicht zuträglich ist und die Population zurückgeht, zieht die „Ende-der-Welt"- Erfahrung viele Besucher in die Stadt und ihre Umgebung.

GESCHICHTE

Die Stadt liegt ganz in der Nähe der Stelle, wo die Flüsse Svrljiški Timok und Trgoviški Timok ineinandermünden und den Fluss Beli Timok bilden. Deshalb befand sich die römische Siedlung *Timacum Maius* hier. Die Stadt Gurgusovac, die heute an dieser Stelle gelegen ist, wurde zum ersten Mal im 17.Jahrhundert erwähnt. Im befreiten Serbien des 19.Jahrhunderts war es berüchtigt für seinen Turm, in den der Prinz Aleksandar Karađorđević politische Gefangene einzusperren pflegte. Als Prinz *(Knjaz)* Miloš 1859 den Thron wiedererlangte, befahl er die Niederbennung des Turmes. Die dankbaren Einwohner von Gurgusovac gedachten dieses Ereignisses, indem sie die Stadt in Knjaževac umbenannten. Die Stadt litt stark unter ihrer Lage an der Grenze: 1876 wurde sie von den Türken niedergebrannt und 1913 von den Bulgaren überfallen, unter deren verrufener Besatzung sie auch in beiden Weltkriegen war.

SEHENSWÜRDIGKEITEN

Das Stadtzentrum liegt an beiden Ufern des Svrljiški Timok. Die Ace Stanojevića Straße führt am Flussufer zwischen zwei Brücken entlang und besteht aus vielen kleineren Gebäuden in allen möglichen Farben und Formen - das beliebteste Fotomotiv für alle Besucher. Parallel dazu verläuft die Njegoševa Straße und in Nummer 6 befindet sich das Stadtmuseum *(Tel.:019 73 22 28, Öffnungszeiten: werktags 8-16 Uhr, am Wochenende nur nach Vereinbarung; Eintritt: 100 Dinar oder 150 Dinar für*

Die farbenfrohen Häuser am Ufer des Svrljiški Timok

zwei Museen, in Knjaževac und in Ravna, siehe unten). Das Museum befindet sich im Haus von Aca Stanojević, einem beliebten einheimischen Politiker und Erforscher des Timok-Aufstands von 1883 *(siehe S. 278)*. Im Obergeschoss kann man die bescheidene Sammlung von Dokumenten zur Geschichte der Stadt, Möbel aus hiesigen Häusern, wie auch einige persönliche Gegenstände von Aca Stanojević selbst sehen.

Das örtliche Museum ist auf der anderen Seite des Flusses *(Zavičajni muzej, Karadjordjeva 15, Tel.:019 731 407; Angaben siehe oben)*, im Haus der reichen Sibinović Famlie von 1906. Das Museum besteht aus zwei Teilen: Einer bietet einen Einblick in die Geschichte der Region, während der andere Wollsocken gewidmet ist! Die handgewebten Socken waren ein wichtiger Teil der serbischen Tracht und wurden in verschiedenen Designs hergestellt, was sie interessant machte für Vidosava und Svetozar Popović, die die größte Sammlung der Welt zusammentrugen, bevor sie sie dem Museum stifteten.

AKTIVITÄTEN

An einem schönen Tag werden Sie leicht Banjica finden, 5km östlich der Stadt gelegen, wo die Einheimischen das Freibad *(bazen)*aufsuchen. Das Schwimmbad ist gefüllt mit 28°C warmem Thermalwasser und somit auch an kühleren Tagen angenehm *(Öffnungszeiten: 15. Juni bis 1.Sept. 11-19 Uhr, Eintritt: werktags 100 Dinar, an Wochenenden 130 Dinar).*

Knjaževac und seine Umgebung waren schon seit der Römerzeit gekannt für ihren Wein. Leider wurde die örtliche Produktion nach dem Zusammenbruch der staatlichen Džervin Weinkellerei dezimiert. Der einzige kommerzielle Produzent ist heutzutage die bescheidene Weinkellerei Jović in Potrkanje, 5km nördlich der Stadt, die nach Vereinbarung offen ist für Besuche und Weinproben *(063 844 76 72 oder 019 732 770, freier Eintritt).*

UMGEBUNG

Wenn man Richtung Ravna fährt, einem Dorf 8km nördlich von Knjaževac, kurz nach der Überquerung des Timoks, erreicht man die Ausgrabungsstätte *Timacum Minus* (örtlich bekannt als Kupine), wo im 1.Jahrhundert u.Z. der Sitz einer römischen Kohorte war, die 500 Jahre lang in Funktion war.

Die alte Schule in Ravna wurde in ein Museum *(Angaben siehe oben)* umgewandelt, in dessen Hof man viele der römischen Grabsteine, Altäre, Büsten etc. sehen kann, die in der Umgebung ausgegraben wurden. Ihre Anzahl und Fülle bezeugen die Wichtigkeit der Region für die Römer. Der geordnete Schulhof beherrbergt außerdem einige schöne, alte Häuser, die aus der Umgebung hierher gebracht wurden, und einen kleinen Ethno-Park bilden. Das größte der Häuser dient als kleines, aber feines Weinmuseum, während die anderen mit Möbeln der Zeit ausgestattet sind.

Eine von vielen Variationen der handgewebten Socken aus dieser Region

15km südlich auf dem Weg zum Gebirge Stara planina und Pirot, liegt das Dorf Donja Kamenica. In ihrem Zentrum steht eine Kirche, die im 14.Jahrhundert von dem bulgarischen Edelmann Mihailo gebaut wurde. Das ungewöhnliche am Aussehen der Kirche sind die beiden Speyer über den westwärts gerichteten Türmen, die den Blick auf die Kuppel versperren. Die Kirche ist meistens verschlossen. Wenn Sie ihr Inneres sehen möchten, werden Sie um den Schlüssel bitten müssen *(ključ od crkve)*, der sich bei Mile befindet, dem Besitzer des ersten rötlichen Hauses in der Straße zu ihrer Rechten. Die Fresken in dem winzigen Innenraum wurden sofort nach der Fertigstellung gemalt und sind sehr wertvoll. Besonders schön sind die Portraits des Patrons und seines Bruders, sowie ein kurioses Gemälde der heiligen Krieger Theodore Tyron und Theodore Stratilatos, umarmt und zu Pferde.

Die Schlucht von Svrljiški Timok ist eine der verlassensten Gegenden Serbiens. Der Bau der Eisenbahnlinie zwischen Knjaževac und Svrljig zu Beginn des 20.Jahrhunderts

Römische Grabsteine in Ravna

Eine ungewöhnliche Kirche im Dorf Donja Kamenica

machte sie weniger abgeschieden, schwächte aber kaum ihre Wildheit ab. Der einfachste Weg sie zu genießen, ist der, einen der beiden Züge nach Niš zu nehmen (7.28 Uhr und 16.08 Uhr). Die Fahrt führt 45 Minuten durch die Schlucht, ihre 32 Tunnel und über ihre zahlreichen Brücken. Wer mehr das Abenteuer liebt, kann in einem der Dörfer aussteigen und auf die Felsen über dem sich windenden Fluss klettern, wobei man im Hinterkopf behalten sollte, dass die Wege nicht markiert sind und die Bahnlinie die einzige Verbindung ist, die diese Dörfer zu den benachbarten Städten haben.

Blick auf Stara Planina von Babin Zub aus

⓰ Stara planina

019 735 230

60 km
Knjaževac-Babin zub

Rau, wild, mit attraktiven, aber meist verlassenen Dörfern, ziehen die Ausdehnungen des Berges Stara Planina Liebhaber des Abenteuertourismus an. Mit dem neuen, großen Hotel, das Anfang 2011 eröffnet wurde, zielt das Gebirge darauf ab, eines der Skitourismuszentren des Landes zu werden.

Die Grenze zwischen Serbien und Bulgarien entspricht dem Gebirgskamm des Stara-Berges (der Alte Berg), der sich in einer leichten Kurve über eine von über 100 Kilometern von Zaječar nach Pirot erstreckt und sich dann in Bulgarien fortsetzt. Der andere Name für diese gigantische geologische Formation ist *Balkan* und ja, die gesamte Halbinsel wurde danach benannt. Das Gebirge ist bekannt für seine schöne Landschaft und die wundervolle Flora und Fauna, die nur sehr wenig von Menschen gestört werden. Deshalb ist der größte Teil zu einem Naturreservat geworden. In Stara planina kann man Wölfe, Bären, Luchse und Schneemäuse, die größte Vogelartenvielfalt im westlichen Balkan, sowie viele unberührte Wälder und seltene Pflanzen sehen.

Das Zentrum des Gebirgstourismus liegt um einen zerklüfteten Berg, der den lustigen Namen **Babin Zub** («Großmutters Zahn», 1780 m) trägt. Um dorthin zu gelangen, folgen Sie der kürzlich instandgesetzten 30 km langen Straße, die sich vom Dorf Kalna abzweigt. Entlang dieser Straße gibt es fünf Dörfer, die ausreichend Unterkunftsmöglichkeiten im Landtourismus, einigen Restaurants und Gaststätten gleich an der Straße bieten. Beachten Sie, dass die Straße an manchen Stellen sehr steil ist und man im Winter unbedingt Schneeketten benötigt.

Direkt unterhalb des Gipfels von Babin zub finden Sie ein bescheidenes, altes Hotel mit demselben Namen und eine Berghütte, während das neue 4-Sterne-Hotel in Jabučko ravnište befindet. Um diese beiden herum gibt es vier Skilifte, die den Zugang zu 2km sehr guter Piste ermöglichen.

Wenn sie im Sommer hierher kommen, müssen Sie unbedingt auf die beeindruckenden Felsen von Babin zub klettern, von wo aus Sie einen wundervollen Blick haben. Das Hotel unterhalb des Gipfels ist der Startpunkt in Richtung des klotzigen Midžor, dem höchsten Berg in dem Teil des Gebirges, der in Serbien liegt (2169 m, 6 Std. hin und zurück). Der Gipfel des Berges ist relativ flach und karg, was gute Bedingungen zum Mountainbike fahren bietet.

Abgesehen vom Naturschutzgebiet ist im übrigen Gebirge das Jagen mit Lizenz erlaubt.

Donji Milanovac

Zlatna ribica
mon-son 10-23

Kapetan Miše 38

030/ 596 304

Das Restaurant wird von Leuten geführt, die ein weiteres Restaurant mit demselben Namen in Golubac besitzen (siehe oben). Der «Goldfisch» ist der bescheidenere Zwilling, doch das Essen ist ebenso gut.

Groš
mon-sam 09-23

Kapetan Miše bb (Donji Milanovac)

030 590 181

Dieses bescheidene Restaurant liegt an der Hauptstraße, die durch die Stadt führt. Das Interieur ist unauffällig, doch das Essen wirft ein neues Licht darauf, mit einigen interessanten Spezialitäten und gut zubereiteten serbischen Grundnahrungsmitteln.

Golubac

Zlatna ribica
mon-son 10-23

Cara Dušana 28

062 805 6 407

Das elegant aussehende Lokal am Spazierweg am Flussufer gelegen, ist eine der angenehmsten Überraschungen, die Sie in Golubac erleben werden. Große Fenster zur Donau hin lassen seine hellen Farben leuchten und machen viele schöne Details sichtbar. Dass die Speisekarte sowohl in Englisch, als auch in Serbisch verfügbar ist, zeigt, wie viel Wichtigkeit hier dem Service und der Erfüllung der Ansprüche ausländischer Reisender (und ihrem Geschmack) beigemessen wird. Man kann auch an einem der Tische draußen speisen, nur ein paar Schritte vom Flussufer entfernt.

Viking In
mon-son 8.30-24

Braničevo Dorf, Golubački put bb

012 666 466

Das Essen, die Lage und der Service haben diesem Restaurant an der Straße auf halbem Weg zwischen Veliko Gradište und Golubac viele Stammgäste verschafft. Der hohe Standard – wie auch der Name – erklären sich daraus, dass der Besitzer in Schweden gelebt hat. Zum Glück ist die Speisekarte ausschließlich serbisch. Leider ist das auch das nachlässige Interieur, doch im Sommer können Sie auf der hübschen Terrasse sitzen, die von einem gepflegten Rasen umgeben ist.

Kladovo

Srbija
mon-sam 08-23

Kralja Aleksandra 30

019 80 83 83

Kladovos ältestes und bekanntestes Restaurant befindet sich in einer sehr guten Lage in einem alten Haus in der Hauptstraße. Im Inneren ist Altes und Neues gemischt, und die Terrasse besteht aus ein paar Tischen auf der Straße. Das Essen ist gut, mit einer typischen Speisekarte, die alle serbischen Gerichte aufführt.

Jet Set
mon-son 08-24

Kralja Aleksandra 19

019 808 117

Dieses kleine Lokal, viel bekannter unter seinem früheren Namen – „Jovče» - befindet sich in der Hauptstraße der Stadt. Die Spezialitäten hier sind die ziemlich gute Pizza, aber es gibt auch das unausweichliche Grillfleisch und noch einige gekochte Gerichte.

Alas
mon-son 08-24

Trg kralja Petra 1

019 801 036

„Der Fischer" ist ein schlichtes Restaurant mit einer großen Terrasse, wo man eine angenehme Atmosphäre und freundlichen Service, gepaart mit ausgezeichneten Fischspezialitäten vorfindet. Lassen Sie sich auf keinen Fall die Fischsuppe entgehen, selbst, wenn sie nicht sonderlich hungrig sein sollten!

Knjaževac

Mehana S
mon-fre 08-24
sam & son 08-01

Vase Čarapića 3

019 735 550

Dieses zentral gelegene Restaurant, bei den Einheimischen als „Kula" bekannt, hat ein überraschend schönes Interieur für ein Lokal, das mit der Bezeichnung mehana (Gasthaus am Straßenrand) beworben wird. Ein guter Ort, um lokale Spezialitäten zu genießen, gute Snacks und – natürlich - Grillfleisch.

Renesansa
täglich 08-24

Knjaza Miloša 163

019 731 999

Etwas außerhalb des Zentrums, an der Hauptstraße Richtung Zaječar gelegen, hat sich dieses Lokal mit seinem Lammspießbraten, der die Luft an jedem Tag der Woche mit seinem köstlichen Duft erfüllt, einen Namen gemacht. Es gibt aber auch weitere Lammfleischgerichte auf der Speisekarte, wie auch Suppen, Gegrilltes und andere gekochte Speisen.

Kučevo

Podrum
mon-sam 8-23.30

Svetog Save 80

063 740 22 02

Ein angenehmes, in Holz gehaltenes Lokal, das eine Atmosphäre längst vergangener Zeiten heraufbeschwört, wobei es die für Provinzrestaurants üblichen Speisen auftischt. Trotzdem ist das, was sie kochen, sehr gut.

Negotin

202 plus
mon-sam 08-23
son 13-23

Ljube Nešića 10

065 9999 202

Ein gewöhnlich aussehendes Restaurant in einer gewöhnlich aussehenden Seitenstraße im Zentrum von Negotin mit einer gewöhnlichen Speisekarte mit ungewöhnlichen Grillfleischgerichten und ausgezeichneten einheimischen Weinen zu günstigen Preisen.

Zlatno burence
täglich 09-23

Obilićeva 5

019 545 412

Dieses bescheidene Lokal nicht weit vom Zentralplatz entfernt, tischt sehr gutes Grillfleisch und einige Gerichte von Süßwasserfischen auf.

Petrovac na Mlavi

Zlatnik
mon-sam 09-24
Drageta Živkovića 9
012 327 664

Von den Einheimischen wird es als einer ihrer gastronomischen Rückzugsorte angesehen, denn dieses zentral gelegene Restaurant hat eine lang Speisekarte mit Spießbraten, Fleisch, das in Asche gebacken wird (ispod sača), Grillfleisch, Forelle und – als Krönung des Ganzen – ihr selbst gebackenens Brot.

Lovac
mon-fre 8-22
sam & son 8-01
8. Oktobra 18
012 326 101

„Der Jäger" liegt an der Straße Richtung Svilajnac und ist ein Lokal mit gutem Ruf, das seit 1928 existiert. Es hat einige Tische, die zur Straße hin gewandt sind und eine große, schattige Terrasse auf der Rückseite, wobei das Interieur bescheiden, aber angenehm ist. Die Speisekarte bietet einige Gerichte aus alten Zeiten, wie Kuttelsuppe (škembići u saftu) oder Sauerkraut mit Fleisch (podvarak) zusätzlich zu der Auswahl an Grillfleisch, und alles zu mehr als günstigen Preisen.

Požarevac

Ellite
mon-sam 10-23
son 11-23
Bratstva i jedinstva 18
012 222 229

Glänzend weißes Interieur und eine angenehme Terrasse geben wirklich ein Elite-Gefühl (zumindest in Požarevac). Die Speisekarte ist recht lang und listet alles von Grillfleisch bis Spießbraten, über Pizza und Süß-und Salzwasserfisch auf. Alle Gerichte werden gut vorbereitet und hübsch serviert und haben sehr bescheidene Preise.

Tulba
täglich 09-22
Koste Stamenkovića bb
012 75 15 390

Diese große, alte Kafana befindet sich unterhalb eines Hügels mit demselben Namen. Der große, schattige Garten verleiht einen viel besseren Eindruck als der düstere Innenraum. Wie alles andere hier, ist auch die Auswahl an Speisen altmodisch, überwiegend mit den üblichen Fleischgerichten. Ein sehr schöner Standort (besonders in der Sommerhitze) mit annehmbarem Essen.

Sokobanja

Župan
mon-sam 08-23
Jabukar 1
018 830 325

Das älteste und bekannteste Restaurant in Sokobanja liegt auf dem Weg zu den Banjica-Quellen. Das dunkle, rustikale Interieur und die kleine Terrasse sind gleichermaßen beliebt bei denen, die hierher kommen, um das gute Grillfleisch, die Forellen oder (während der Sommersaison) eine Auswahl an Gerichten nach Hausmannsart zu genießen.

Marko Polo
mon-sam 09-22
Lepterija
018 830 678

Dieses Restaurant ist allgemein als „Pećina» (Die Höhle) bekannt und hat eine wundervolle Lage: Zwischen einem abschüssigen Felsen und einem Flüsschen, umgeben von Wald, ist es der perfekte Ort, um sich in der sommerlichen Mittagshitze zu entspannen. Die gastronomische Seite sollte auch nicht unterschätzt werden, es werden gute traditionelle serbische Speisen serviert, einschließlich dem allgegenwärtigen (aber hier so passenden) Spießbraten.

Kokan i sin
may-oct 09-23
Nikole Pašića 16
018 83 31 38

Ein gemütlicher Familienbetrieb nicht weit von der Stadtpromenade. Das ganze Lokal ist eigentlich eine Terrasse, mit schweren Holzbänken und -tischen, dekoriert mit Details der Folklorekunst. Das Essen ist köstlich, mit einer beeindruckenden Auswahl an Grillfleisch, Gerichten ispod sača und sehr gutem Fisch.

Stara Planina

Srna
täglich 10-23
Inovo village
019 760 335

Dieses Restaurant mit „Ethno-Dorf" an der Hauptstraße von Kalna zum Skizentrum auf der Spitze des Stara-Planina-Gebirges ist wohl das beste in der Gegend. Angenehmer Standort, guter Service und eine ausgezeichnete Auswahl an lokalen und serbischen Spezialitäten unterscheiden es von der Konkurrenz. Wie auch in allen anderen Lokalen der Gegend sind die Portionen hier sehr groß und köstlich zubereitet.

Ždrma
täglich 07-24
Crni Vrh village
019 760 553

Der Grund, zu diesem kleinen Restaurant den halben Weg zur Spitze von Stara Planina hinaufzukommen, ist die frische Forelle, die gleich vor Ihren Augen gefischt und auf mehrere wohlschmeckende Arten zubereitet wird. Für diejenigen, die nicht so gerne Fisch essen, gibt es auch Grillfleisch, das ebenfalls ziemlich gut ist.

Veliko Gradište

Gurman
täglich 08-24
Bugalovo 1, Beli Bagrem, Srebrno jezero
062 851 61 77

Ein ordentliches Restaurant im Countrystil mit einem wunderschönen Garten, in dem das übliche Angebot an Grillfleisch und Fisch serviert wird.

Zaječar

Hajduk Veljkov konak
mon-sam 08-24
Ljube Nešića 37
019 424 254

Eine alte Kafana im Zentrum von Zaječar mit düsterem Interieur, ganz aus Holz, unter anderem mit einigen Fässern, die zu Sitzgelegenheiten umfunktioniert wurden. Angeboten werden einige gewöhnliche Gerichte, die jedoch gut zubereitet und mit einem Lächeln serviert werden.

Kod Mede
mon-sam 09-23
Svetozara Markovića 56
019 425 311

Ein kurzer Fußweg vom Stadtzentrum aus Richtung Westen bringt Sie zu dieser winzigen ćevapdžinica, mit rustikalem Interieur und einheimischem Klientel, das die entspannte Atmosphäre und das sehr ordentliche Essen genießt.

Bor

Albo ★★★
Nade Dimić bb
030/ 24 96 962
www.hotel-albo.rs

29/55 — €€€€

Dieses moderne Hotel ist der neue Stolz von Bor und hauptsächlich für Geschäftsreisende gedacht. Es bietet voll funktionstüchtige Zimmer mit hübschen Badezimmern. Zwar bietet es nichts, was über den üblichen Service von 3-Sterne-Hotels hinausgeht, ist jedoch angenehm und sein Geld wert.

Srpska kruna ★★
Brestovačka banja bb
030/ 477 078
brestovackabanja.co.rs

24/45 — €€

Eine kleine Pension an einem kleinen Rückzugsort in Brestovačka Banja mit Räumen mit Basiskomfort zu sehr guten Preisen.

Donji Milanovac

Lepenski vir ★★★
Donji Milanovac
030/ 590 210
www.hotellepenskivir.co.rs

286/491 — €€€€

Auf einem Hügel oberhalb des Dorfes mit einem wundervollen Blick über die Donau befindet sich dieses Hotel, das in den 1980ern eins der luxuriösesten des Landes war. Vor kurzem wurde es teilweise renoviert, was vor allem an den allgemein genutzten Räumen sichtbar ist, die Einrichtung der Zimmer ist irgendwo zwischen Alt und Neu geblieben.

Janković
Donji Milanovac
030/ 591 400
/

3/5 — €

Dieses alltäglich aussehende Haus an der Uferpromenade der Donau hat drei einfache, aber ordentliche Zimmer zu bieten.

Golubac

Golubački grad ★★
Golubački trg 4
012/ 638 507
www.golubackigrad.co.rs

49/120 — €€

Es befindet sich in der Mitte des Städtchens und doch gleich am Donauufer und hat eine hübsche Terrasse mit Blick auf den Fluss (vielleicht das beste Merkmal des Hotels). Einst war es der Stolz der Stadt, doch sein Alter wird langsam an den altmodischen Räumlichkeiten sichtbar. Zwar sind die Zimmer etwas düster, doch nichtsdestotrotz sind sie sauber und einigermaßen komfortabel.

Pilot
Cara Dušana 28
012/ 678 202
http://pilotcompany.com/

10/28 — €€€

Elegant und modern eingerichtete Zimmer im Zentrum von Golubac mit Blick über die Donau. Wohl die beste Unterkunft der Stadt.

Dunavski raj ★★★★
Vinci bb
012/679 616
www.viladunavskiraj.rs

8/30 — €

Diese Pension befindet sich in einem angenehmen Pinienwald in Vinci, einem Dorf an der Donau, nicht weit von Golubac. Die Zimmer sind groß und verfügen über die Grundausstattung, sind jedoch überraschend dunkel und haben kleine Badezimmer. Die übrigen Räumlichkeiten zielen darauf, luxuriös zu sein, erreichen dies jedoch nicht.

Stanojević
Selo Dobra
012/ 669 172
www.golubac.rs

4/10 — €

Am Ortseingang von Dobra, flussabwärts von Golubac aus, befindet sich dieses große Haus mit einem hübschen Blumengarten und schönen Zimmern, von denen einige mit Ethnoflair ausgestattet sind.

Romanović ★★
Čezave, Selo Dobra
012/ 673 333
www.golubac.rs

7/21 — €€

Unterkünfte in sieben kleinen Hütten an der Donau, nahe dem Dorf Dobra. Minimalistisch aber komfortabel mit unschlagbarer Lage.

Kladovo

Aquastar Danube ★★★★

Dunavski kej 1
019/ 810 810
www.hotelkladovo.rs

54/110 — €€€€

Die meisten Gäste sind angenehm überrascht, ein neues und komfortables Hotel in diesem Winkel des Landes zu finden. Die schön eingerichteten Zimmer mit den anständigen Badezimmern haben verschwindend kleine Fenster und keine Balkone. Es sind u.a. ein Spa-Center, ein kleiner Innen- und ein etwas größerer Außenpool vorhanden.

Djerdap ★★★

Dunavska 5
019/ 801 010
www.hotelsibila.rs

143/294 — €€€

Djerdap ist ein weiteres Hotel in der Reihe der großen Hotels aus der Zeit des Sozialismus und bewirtet hauptsächlich Sportler, die seine vielen Sportplätze nutzen. Die Zimmer sind einfach eingerichtet mit vielen Gegenständen im Retrolook. Die Vorteile des Hotels sind vor allem seine Lage am Donauufer und der Ausblick von den Zimmern in den höheren Stockwerken aus.

Negotin

Beograd ★★

Trg Stevana Mokranjca 2
019/ 547 000
www.hotelbeograd.rs

18/35 — €

Das alte Hotel in Negotins Stadtzentrum ist nun zu einer hübschen Frühstückspension geworden, die Qualitätsunterkünfte bietet. Es ist als 2-Sterne-Unterkunft geführt, doch Sie werden von der hohen Qualität der eleganten Zimmer überrascht sein.

Dunjin konak

Rogljevo
064/ 0023 726
www.pimnice.co.rs

6/18 — €€

Der Standort ist ein altes Haus in Rogljevo, einem Dorf, das bekannt für seine Pivnice ist, mit einfach ausgestatteten, aber romantischen Zimmern, die Sie in eine andere Zeit versetzen werden.

Požarevac

Dunav ★★★

Lenjinova 3
012/ 539 200
/

77/140 — €

Dieses Hotel aus der Zeit des Sozialismus befindet sich im Herzen von Požarevac und wurde etwas renoviert, sodass es nun drei Sterne trägt. Sein Standort und seine Größe bleiben jedoch seine Hauptvorzüge.

Hostel Požarevac

Bože Dimitrijevića 6
012/ 531 489
www.hostelpozarevac.com

8/18 — €

Es heißt zwar Jugendherberge, doch es gibt hier keine Schlafsäle, nur Einzel-, Doppel- und Drei-Bett-Zimmer. Wenn es Ihnen nichts ausmacht, dass die Atmosphäre und das Klientel einer Jugendherberge fehlen, wird es Ihnen hier gut gefallen: Die Zimmer sind sauber, das Aussehen ist sehr angenehm und die Lage im Zentrum von Požarevac.

Konak ★★★★

Prilepska 20
012/ 211 035
www.konakpozarevac.rs

19/36 — €

Konak befindet sich in einem sorgfältig renovieren alten Haus im Zentrum von Požarevac, verfügt über ein (ziemlich gutes) Restaurant und bietet makellos reine und funktionale Zimmer. Die Zimmer sind groß, nur die Badezimmer sind etwas eng bemessen.

Sokobanja

Moravica ★★★

Timočke bune 4
018/ 830 622
www.hotelmoravica.rs

101/120 — €

Eine weitere zweifelhafte Erfahrung in Sokobanja ist das große, alte Hotel mit den veralteten Räumlichkeiten ohne jeden Luxus. Anständig genug, dass man dort übernachtet, aber auch nicht mehr.

Banjica

Milutina Pejovića 40
018/ 830 622
www.banjica.co.rs

108/270 — €

Der Klassiker unter den therapeutischen Hotels in Sokobanja, Banjica, befindet sich an einer schönen Position oberhalb des Flusses Moravica. Es hätte dringend eine Renovierung nötig, ist aber sauber und das Personal ist sehr hilfsbereit. Nur für diejenigen geeignet, die das Zimmer ausschießlich zum Schlafen und Duschen nutzen.

Balašević ★★★

Magistralni put bb, Rtanj
030/ 63 316
www.balasevicrtanj.com

23/50 €€

An der Straße nach Paraćin-Zaječar, am Fuß des Rtanj-Gebirges befindet sich dieses «Ethno-Zentrum», das Unterkünfte in ihren unvergesslichen Bungalows im Ethnostil zu bieten hat. Gut ausgestattete Räume mit funktionalen Badezimmern, ein gutes Frühstück und all das zu vernünftigen Preisen.

Hotel "Balašević" unterhalb des Berges Rtanj

Sunce ★★★

Radnička 3
018/ 833 232
www.banjasoko.com

104/220 €€€

Der größte Teil des riesigen Hotels ist nun renoviert worden und hat anständig eingerichtete und ausgestattete Zimmer mit schönen Terrassen. Es gibt hier nichts über das Übliche hinaus, und man bewirtet meist Gäste mit schmalem Budget, die es nicht so genau nehmen.

Lazić

dorf Jošanica
018- 83 60 06
W /

3/4 €

Die Unterkunft, einfach, aber sauber, ist nicht das Wichtigste an diesem Gehöft im Dorf Jošanica. Stattdessen kommen die meisten Leute, um die Atmosphäre zu genießen, die diese alten Häuser erzeugen, die 120 Jahre alte Familien-Mühle, die noch immer in Funktion ist und – nicht zuletzt – die fantastische, preisgekrönte Kochkunst Ihrer Gastgeberin, Frau Zorica.

Stara Planina

Babin zub ★

Babin zub
019/ 731 780
www.babinzub.net

20/58 €

Sitting underneath the preciptious rocks of Babin zub, this very basic hotel is a budget option for visitors to this mountain (though the mountaineering club hut in front of it is even cheaper). Expect only the basics and you won't be dissapointed.

Srna

Selo Inovo
019/760 335
www.etnoselosrna.com

3/14 €€

A small ethno-themed resort at the foot of Stara planina. It has a good restaurant serving local specialties and three chalets which are basic but tidy. In the summer the guests are invited to use their open air pool or play with several does that give it its name.

Stara planina ★★★★

19353 Kalna
019/ 31 95 135
hotelstaraplanina.com

146/380 €€€

Dieses sehr einfache Hotel unter den steil abfallenden Felsen von Babin Zub ist eine preisgünstige Übernachtungsmöglichkeit für Besucher dieses Gebirges (obwohl die Hütte des Wandervereins davor sogar noch billiger ist). Erwarten Sie nur das Nötigste und Sie werden nicht enttäuscht sein.

Hotel „Babin zub" und Berghütte in Stara Planina

Veliko Gradište

Lago
Srebrno jezero
012 76 62 759
www.vilalago.net

15/41

Wie alle Unterkünfte der Stadt ist auch dieses kleine Hotel am See Srebrno Jezero gelegen. Das Design ist nicht ganz so glücklich gewählt, doch die Räumlichkeiten sind sauber und gut ausgestattet, mit Zimmern mit Basiskomfort. Der kleine Garten und die netten Besitzer lassen Sie die kleinen Unzulänglichkeiten schnell vergessen.

Vila Dinčić
Jezerska bb, Srebrno jezero
012/ 7654 026
vila-restorandincic.rs

18/50

Es trägt zwar den Namen Villa, ist aber eigentlich eine kleines, neugebautes, u-förmiges Hotel am Beginn der Uferpromenade gelegen. Für Ihr Geld erhalten Sie große, helle Räume mit sauberen Badezimmern und einer einigermaßen großen Terrasse. Das Personal ist immer verfügbar und die freundlichen Besitzer sind oft anwesend – das ist immer ein gutes Zeichen in Serbien.

Zaječar

Grinka M ★★★
Prote Mateje 15
019/ 423 330
www.hotelgrinkam.rs

12/30

Wenn man über die vielen kitschigen Details hinwegsehen kann, ist diese Frühstückspension eine anständige Unterkunft im mittleren Preisbereich. Ihr größtes Plus ist die Lage im Stadtzentrum, das größte Minus die veralteten Möbel.

Konj ★★
Zaječar
019/ 443 260
/

15/33

Basiskomfort ohne den leisesten Hauch von Ästhetik zu erschwinglichen Preisen. Gleich um die Ecke vom Zentralplatz gelegen.

Srbija ★★★
Nikole Pašića bb
019/ 432 546
www.srbijatis.co.rs

55/134

Dieser alte sozialistische Riese auf dem Hauptstadtplatz hat sich in den letzten Jahrzehnten sehr wenig verändert. Das Gute ist, dass die Zimmer noch immer gut aussehen, das Schlechte, dass es hier einige Dinge gibt, die nicht funktionieren. Trotzdem ist es mit den Preisen, die es verlangt und dem hilfsbereiten Personal an der Rezeption wahrscheinlich die beste Option in Zaječar.

Zeleni zec
Selo Krčeta
019/ 462 349
www.zelenizec.com

4/8

Hinter dem psychodelischen Namen «Grüner Hase» versteckt sich ein gastfreundliches ländliches Gehöft im Dorf Mali Izvor, auf halbem Weg zwischen Zaječar und Knjaževac. Das Erfolgsrezept hier sind die einfachen Zimmer mit meist neuen Möbeln, hilfsbereite Gastgeber und absolute Tiefstpreise.

RAŠKA UND IBARTAL

Der abgelegene Südwesten Serbiens hat zwei verschiedene Namen, die nebeneinander verwendet werden. Der erste ist *Raška*, der Name eines der wichtigsten Flüsse und des bedeutendsten mittelalterlichen Staates. Der andere ist *Sandžak*, das türkische Wort für Flagge und für eine administrative Einheit im Osmanenreich. Die beiden Namen reflektieren die beiden Seiten der Region, in der die orthodoxe und die muslimische Bevölkerung mit ihren unterschiedlichen Traditionen und Bräuchen nebeneinander leben.

Raška war das Herz des mittelalterlichen Serbiens. Das beste Zeugnis dafür sind die vielen Kirchen und Klöster aus dieser Zeit, wie die alte Kirche **St. Peter** in der Nähe von Novi Pazar, oder die Klöster **Mileševa** und **Sopoćani,** mit ihren fantastischen Fresken. Andererseits ist dies der Teil Serbiens, den die Türken am längsten besetzt hielten, fast 500 Jahre, und es gibt auch zahlreiche Moscheen, sowohl in den Städten, als auch in abgelegenen Dörfern. **Novi Pazar**, die frühere Hauptstadt der Region , ist noch immer die wichtigste Stadt hier und randvoll mit orientalischen Sehenswürdigkeiten, und riecht so, dass man leicht vergessen kann, dass man überhaupt in Serbien ist.

Eine grobe Geographie und ein rauhes Klima vereinen die Provinz und all ihre Bewohner. Raška liegt in den Dinarischen Alpen und es gibt hier einige Gipfel, die über 1600 m liegen. Der Fluss Lim im Norden und die Flüsse Raška oder Ibar im Süden strömen durch die gebirgige Landschaft und schneiden einige steile Schluchten hinein. Der kleinere **Fluss Uvac** schlängelt sich hindurch hinterlässt einen einzigartig geformten Lauf. Mehrere der größeren Städte sind in die Felder oder breiteren Bereiche der ansonsten beengten Flusstäler eingenistet. Die Hochebene **Pešter** dominiert den zentralen Teil von Raška/Sandžak. Ohne Wald und unfruchtbar bietet sie perfekte Bedingungen für die Rinderzucht, eins der Hauptgewerbe in dieser Provinz seit Jahrhunderten. Die Schafe und Kühe dieser Gegend werden für den köstlichen Käse, den man aus ihrer Milch herstellt, gelobt, der bekannteste Käse ist Sjenički. Die kleine Stadt Sjenica ist auch bekannt als der kälteste Ort in Serbien, mit einem beeindruckenden Minusgradrekord. Wegen seines rauhen Klimas sind viele Straßen der Region während der langen und schneereichen Winter oft für Wochen oder sogar Monate unpassierbar. Doch die angenehmen Sommer wiegen die kalten Winter mehr als auf.

Die rauhe Geographie und das Klima machen die Leute dort umso gastfreundlicher. Man wird in ihre naiv-modernen oder alten Holz-und Steinhäuser

Die Kuppeln des Klosters Mileševa mit der Burg Mileševac im Hintergrund

Im Dorf Tičje Polje steht die Zeit still

eingeladen und bekommt dann das Beste geboten, was man hier finden kann: Wacholderschnaps (*klekovača),* Käse, dicker Rahm (*kajmak)* oder köstliche Schinken und Kuchen. Die Zeit scheint in vielen der kleinen Weiler hoch oben in den Bergen stehen geblieben zu sein und so blieben viele alte Bräuche, Rituale oder Lieder erhalten.

Der **Fluss Ibar** entspringt in Montenegro, zieht sich durch das Südende von Raška und den Norden des Kosovo, und setzt dann seinen Weg nach Norden Richtung Kraljevo fort. Er war immer eine wichtige Verkehrsverbindung und dabei auch sehr schön; diese beiden Gründe waren ausreichend für die serbischen Könige, um hier viele bedeutende Kirchen und Klöster zu bauen, weshalb die Gegend manchmal „Tal der Könige" genannt wird. Die Mutter all dieser Klöster ist der wunderschöne **Studenica**-Komplex, eine Stiftung von Stefan Nemanja, dem Gründer der Nemanjić-Dynastie. Sein Sohn Stefan «der Erstgekrönte» baute das Kloster **Žiča**, in der Nähe von Kraljevo, während Königin Jelena aus der Anjou-Familie das Kloster **Gradac** bauen ließ. Das schnelle Wasser des Ibar ist sehr gut für Rafting geeignet und jedes Jahr im Juli bei der Veranstaltung «Veseli spust» («Fröhlich den Ibar hinunter») fahren hunderte selbstgebaute Flöße, begleitet von Musik und Gesang, den Fluss hinab.

Östlich des Ibar befindet sich **Kopaonik**, Serbiens bekanntestes Skigebiet. Dieses erstaunliche Gebirge bietet Spitzenklassehotels und gute Pisten für Skiläufer und Snowboarder. Doch Kopaonik ist im Sommer ebenso schön, wenn man die Pracht der Blumenwiesen genießen kann, die von Frischwasserströmen durchzogen sind, die dann in den dichten Wald hinunterstürzen.

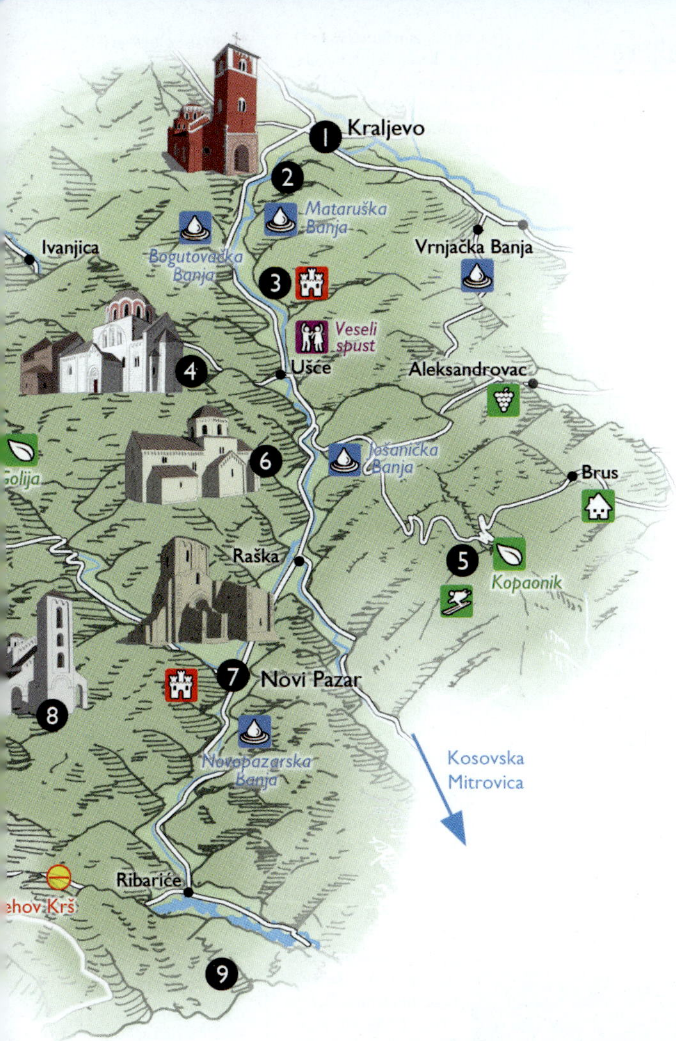

1. Kraljevo
2. Žiča
3. Maglić
4. Studenica
5. Kopaonik
6. Gradac
7. Novi Pazar
8. Sopoćani
9. Crna Reka
10. Sjenica
11. Prijepolje
12. Mileševa
13. Banja

Die Hänge des Skiortes Kopaonik

1 Kraljevo

63,000
Trg srpskih ratnika 25, 036 316 000
Dimitrija Tucovića bb, 036 313 444
Hajduk Veljkova 66, 036 313 555
Bohnensuppenfestival, letzter Samstag im September

Die Stadt nahe des Zusammenflusses des Ibar und der Westmorava ist sich darüber bewusst, dass sie nie ein richtiges Touristenziel war, noch jemals eins werden wird, und nutzt stattdessen seine Größe und seine Straßen, um Kraljevo als einen idealen Ausgangspunkt für die Erkundung der Umgebung oder um sich zu informieren, bevor man Richtung Süden das Ibartal entlang fährt, zu präsentieren. Es gibt viele sehr gute Unterkünfte hier, einige gute Restaurants und Cafés, sowie ausreichend Sehenswürdigkeiten, um Sie zu beschäftigen, bis Ihr Bus oder Zug abfährt.

GESCHICHTE

Die Stadt, die früher den Namen Karanovac trug, ist noch ziemlich jung: Sie erlangte während der Habsburger Regierung im frühen 18. Jahrhundert einen höheren Status als die nahe gelegenen Dörfer. Die Osmanen zerstörten sie 1739, und dasselbe passierte mit deren orientalischer Stadt beim Serbischen Aufstand 1805. Ihren heutigen Namen erhielt die Stadt 1882, als Milan Obrenović im nahe gelegenen Kloster Žiča zum König *(kralj)* gekrönt wurde *(siehe nächstes Kapitel)*. Das Ereignis im 20. Jahrhundert, das den tiefsten Eindruck in der Geschichte der Stadt hinterlassen hat, war als die Deutschen 2.190 Einheimische als Vergeltungs für Angriffe auf ihre Truppen erschossen.

Auf dem Weg zu Kraljevos Zentralplatz

SEHENSWÜRDIGKEITEN

Das Stadtzentrum bildet der breite, runde Platz **Trg srpskih ratnika** mit einem großen Monument für die Kämpfer der Kriege 1912-1918.

Die Fußgängerzone Omladinska Straße, die mit Cafés gesäumt ist, beginnt auf dem Platz und führt zum Platz Svetog Save. Auf der linken Seite steht das **Gospodar-Vasin-Konak**, ein Herrenhaus im Balkanstil mit einer großen Terrasse aus dem 19. Jahrhundert. Bis 1941 war hier der Sitz des orthodoxen Bischofs.

Gegenüber davon befindet sich das Gebäude des **Stadtmuseums** *(Tel.: 036 315 350, Mo 9-15 Uhr, Di-Fr 9-20 Uhr, am Wochenende 9-13 Uhr, Eintritt: Erwachsene 100 Dinar, Kinder 50 Dinar)*, das die Geschichte der Stadt durch viele archäologische, ethnographische und historische Gegenstände veranschaulicht. Das Museum hat auch eine Abteilung, die der modernen Kunst gewidmet ist.

Hinter dem Museum steht die **Alte Kirche**, die dank der Spende von Fürst Miloš 1823 erbaut wurde.

Auf der anderen Seite des Trg Srpskih Ratnika befindet sich die Straße Oktobarskih Žrtava, die zum Bahnhof und zum Busbahnhof führt. Vor dem Bahnhof steht eine faszinierende Figurengruppe in heroisch sozialistischem Stil, mit dem Namen **Monument für den Widerstand und den Sieg** (Lojze Dolinar, 1959).

2 Žiča

Kloster, 036 816 817 (10.30-13Uhr)
TO Kraljevo, 036 316 000

Das Kloster Žiča ist eins der wenigen alten serbischen Klöster, das sich in der Nähe einer Stadt befindet. Wegen der Wachstums von Kraljevo, ist Žiča heute fast umschlossen von den Vororten. Da man es leicht erreichen kann, wurde Žiča viele Male zerstört, aber die Restaurierungsarbeiten der vergangenen Jahrzehnte haben diesem Kloster, das eins der historisch wichtigsten Klöster des mittelalterlichen Serbiens ist, Ruhm gebracht.

ANREISE

Žiča liegt beinahe einen Fußmarsch vom Stadtzentrum von Karljevo entfernt (6 km).

GESCHICHTE

Žiča ist eine gemeinschaftliche Stiftung von König Stefan dem Erstgekrönten und seinem Bruder, dem Heiligen Sava, die 1208 gegründet wurde. 1216 wurde Stefan hier als erster König der Nemanjić-Dynastie gekrönt und drei Jahre später wurde das Kloster Sitz des ersten autonomen serbischen Erzbistums, dem Sava selbst vorsaß. Die nächsten sieben Könige der Nemanjć-Dynastie folgten Stefans Beispiel. Die Legende besagt, dass für jeden König eine neue Tür geöffnet, die dann nach der Krönung sofort zugemauert wurde. Obwohl der Sitz des Erzbischofs schon 1253 nach Peć im Kosovo

Die Hauptkirche des Klosters Žiča

verlegt wurde (siehe .S. 357), das näher am Zentrum des Staates lag, verlor Žiča nicht an Bedeutung: Staatsversammlungen wurden weiterhin hier abgehalten und das Kloster wurde für seine vielen Reliquien verehrt, darunter auch der Körper der Königs, der das Kloster gegründet hatte. Durch seine zu nahe Lage an wichtigen Straßen und der Nordgrenze des Staates, wurde Žiča viele Male Opfer von Plünderungen. Nachdem es am Ende des 13. Jahrhunderts bei einem Angriff des bulgarischen Prinzen Šišman geplündert und niedergebrannt worden war, baute es König Milutin von Serbien von 1309 bis 1316 wieder auf. Während der Osmanenherrschaft verfiel es und geriet in Vergessenheit. Sein Wiederaufstieg fiel mit der Erneuerung des serbischen Staates im 19. Jahrhundert zusammen, als es saniert und ins Leben zurückgebracht wurde. 1882 kam Fürst Milan Obrenović nach Žiča und wurde dort zum ersten serbischen König der neueren Zeit gekrönt. Zum letzten Mal wurde das Kloster im Zweiten Weltkrieg beschädigt, als es von den Deutschen bombardiert wurde.

SEHENSWÜRDIGKEITEN

Žiča ist vom Morgengrauen bis zum Sonnenuntergang geöffnet. Im Winter schließt seine Pforte um 17 Uhr, bedenken Sie jedoch, dass die Vesper um 16 Uhr beginnt, es ist also am besten, Sie planen Ihren Besuch früher.

Der Eingang zu dem gepflegten Klosterkomplex erfolgt durch den Torturm. Die Fresken aus dem 14. Jahrhundert an den Wänden seiner Passage sind erhalten geblieben, wie auch die Transkription der Gründungscharta des Klosters, ein sehr wichtiges historisches Dokument.

Der älteste, östliche Teil der **Hauptklosterkirche** Christi Himmelfahrt wurde fertiggestellt, bevor der Heilige Sava das Kloster zu seinem Sitz machen wollte. Die Veränderungen, die er vornahm, inspiriert von den Klöstern des Athos-Gebirges, gaben ihr den großräumigen äußeren Narthex und den vorne platzierten Glockenturm. Sava veranlasste außerdem, dass sie in einer hellroten Farbe gestrichen wurde, was symbolisieren soll, dass die Kirche aus dem Blut ihrer Märtyrer geschaffen wurde. Als sie fertiggestellt war, machte ihr Ansehen (zu dieser Zeit wurde sie „Große Kirche" oder „Mutter vieler Kirchen" genannt) sie zum Modell, das von allen im 13. Jahrhundert gebauten Klosterkirchen in Serbien kopiert wurde.

Die älteste Freskenschicht, bereits im 13. Jahrhundert gemalt, ist nur in einigen Fragmenten im Chorraum der Kirche erhalten, während die meisten der heute sichtbaren Fresken bei der Renovierung durch König Milutin entstanden. Obwohl sie stark beschädigt sind, sind sie doch sehr interessant, wegen ihrer künstlerischen Qualität. Die bekannteste Komposition ist die von Maria Entschlafung an der Westwand.

Hinter dem Altar in der großen Kirche steht das Taufbecken, das aus den wiedergefundenen

Fresko aus dem 14. Jhdt. in Žiča

Fragmenten des mittelalterlichen Beckens rekonstruiert wurde.

Die **kleine Kirche**, die den Heiligen Peter und Paul gewidmet ist, steht weiter hinten und wurde zur gleichen Zeit wie die Hauptkirche gebaut. In ihr sind nur wenige der Fresken aus dem 14. Jahrhundert erhalten geblieben.

Das ruhige Gebäude der **Bischofsresidenz**, links des Eingangs, ist die Arbeit des Architekten Aleksandar Deroko aus dem Jahre 1935. Die Hauptmotive hier sind die Spitzbögen, die von denen in der Kuppel der Hauptkirche inspiriert sind.

3 Maglič

TO Kraljevo
036 316 000

Fröhlich den Ibar hinunter, erstes Wochenende im Juli

Maglič ist eine der erstaunlichsten mittelalterlichen Festungen Serbiens. Sie liegt auf einem Berg oberhalb des Flusses Ibar, etwa 25 km von Kraljevo entfernt auf der Straße nach Raška. Die Festung ist gut erhalten und hat sich, seit sie erbaut wurde, nur sehr wenig verändert. Das Gleiche gilt auch für die Landschaft um sie herum, mit nur ein paar kleinen Häusern und einem Restaurant, die einen daran erinnert, dass man nicht im Mittelalter ist. Dieses Gefühl, in einer anderen Zeit zu sein, könnte sich jedoch bald verändern, denn die Stadtverwaltung von Kraljevo hat angekündigt, Maglič renovieren zu wollen, und ihm sein originales Aussehen zurückzugeben, um mehr Touristen anzuziehen.

Die Stromschnellen des Ibar

GESCHICHTE

Maglič wurde im 13. Jahrhundert auf einem Felsen erbaut, was die Kontrolle über das Ibartal ermöglichte. Es wurde von Erzbischof Danilo II. während König Milutins Regierungszeit verstärkt und erneuert. Danilo baute die St.-Georgskirche, die heute eine Ruine ist, die Paläste und die Mönchszellen. Maglič gelangte 1438 zum ersten Mal in türkische Hände und dann nochmal 1459. Es wurde zum Sitz einer recht großen Garnision und Zentrum eines türkischen Distrikts, der sich von Požega und Čačak bis zum Kopaonik erstreckte. Die Festung hatte zuletzt während des Zweiten Serbischen Aufstandes 1815 militärische Bedeutung.

Die Festung Maglič oberhalb des Ibartals

HIGHLIGHTS

Die Festung, die von drei Seiten vom Ibar geschützt wird, hat eine rechteckige Form und besitzt sieben Türme und einen großen Bergfried. Es gibt nur einen Eingang auf der Nordseite durch die zwei Meter dicken Mauern. Man erreicht ihn, indem man eine kleine gewundene Straße, die bei der Fußgängerbrücke beginnt, nimmt. Innerhalb der Festungsmauern stehen die Ruinen eines zweistöckigen Palastes mit hohen Giebeln und der St.-Georgskirche – einem einschiffigen Bau, bei dem der Einfluss des gotischen Stils sichtbar ist. Von den drei Türmen, die auf der Westseite nah beieinander stehen, hat man einen fantastischen Blick auf das zerklüftete Ibartal.

4 Studenica

TO Kraljevo
036 316 000

Kloster,
036 54 360 50

Studenica ist das meistverehrte serbische Kloster und von denen, die noch immer in Funktion sind, das älteste. Es gilt auch als eins der schönsten, ein Muss für alle Kunst- und Antiquitätenliebhaber.

ANREISE

Das Kloster ist im Studenica-Tal gelegen, etwa 11 km bevor sie bei dem Dörfchen Ušće mit dem Ibar zusammenfließt.

GESCHICHTE

Das Kloster wurde im späten 12. Jahrhundert von Stefan Nemanja gegründet, dies war seine Hauptstiftung im zentralen Teil des gerade erweiterten Staates. Nach Nemanjas Tod wurde sein Körper hier beigesetzt und sehr bald als wundertätig verehrt und er wurde schließlich als St. Simon Mirotočivi («Der, dessen Körper Myrrhe verströmt») heilig gesprochen. Sein Sohn Sava, der die Unabhängigkeit der serbischen Kirche erreichte, wurde der erste Prior und schrieb das «Typikon von Studenica». Dieses Werk wurde zum Eckstein der klösterlichen Regeln für serbische Mönche. Und so wurde und blieb

Studenica das wichtigste unter allen serbischen Klöstern. Am besten kann man seinen Status verstehen, wenn man weiß, dass der Prior dieses Klosters der wichtigste im Staat war, der oft auch zu einer bedeutenden politischen Figur wurde. Das Kloster genoss die dauernde Aufmerksamkeit der Nemanjićs und der nachfolgenden Dynastien, aber es wurde später im 15. Jahrhundert von den Türken geplündert und dann auch in den folgenden Jahrhunderten. Zum letzten Mal wurde es 1813 nach dem Scheitern des Ersten Serbischen Aufstands zerstört. Die enthusiastische, aber amateurhafte Sanierung im Jahr 1846 resultierte in einer neuen Freskenlage und erst 1951 wurde das alte Meisterwerk wieder zutage gebracht.

Die marmornen Mauern der Kirche der Jungfrau Maria, Studenica

HIGHLIGHTS

Der Klosterkomplex besteht aus drei Kirchen und den Wohnstätten und ist von einer kreisrunden Schutzmauer umgeben.

Der hohe **Turm** über dem Westeingang zum Komplex stammt aus der Periode, als das Kloster gegründet wurde. Im Inneren gibt es eine Kapelle, die der Verklärung des Herrn geweiht ist. Die interessanten Fresken, die Mitglieder der Nemanjić-Familie darstellt und eine gemalte Ahnentafel der Lazarevićs, die sie mit der Nemanjić-Dynastie verbindet, sind nur in Fragmenten erhalten.

Die älteste und bedeutendste unter den Kirchen ist die **Kirche der Jungfrau Maria**, die den Mittelpunkt des Komplexes bildet. Sie wurde zwischen 1183 und 1196 gebaut und ist ein Paradebeispiel für serbische Kirchenarchitektur und das Vorbild einer Grabeskirche, dem alle Herrscher der Nemanjić-Dynastie gefolgt sind. Durch die Kombination der byzantinischen Idee vom Kirchenraum und des romanischen Umgangs mit dem Kirchenäußeren, erweckte sie einen neuen, unabhängigen Stil, typisch für das mittelalterliche Serbien, zum Leben – die Raška-Schule. Der allgemeine Eindruck ist etwas verdorben durch den robusten äußeren Narthex, den Nemanjas Enkelsohn König Radoslav hinzufügte. Die Fassade und die Skulpturen auf Nemanjas Gebäude wurden in weißem Marmor aus dem benachbarten Radočelo-Gebirge von den besten Handwerken der maritimen Stadt Kotor gearbeitet. Die wichtigste der äußeren Verzierungen ist das **Dreilicht-Altarfenster**. Es illustriert ein Höllentier, das einen sündigen Mann und eine Basilika verschlingt, eingerahmt von symbolischen Darstellungen von fleischlicher Sünde und Trägheit, sowie Trost in der Gestalt eines dicken, bescheidenen Mönchs. Das Westportal (nun von Radoslavs äußerem Narthex überdacht) zeigt die Schutzpatronin der Kirche auf einem Thron mit dem Jesuskind in ihrem Schoß und den sich verbeugenden Erzengeln Michael und Gabriel. Die Weinreben mit Figuren, die aus Satans Mund herauskommen, sind die Inkarnationen von weltlichen Angelegenheiten.

Die ältesten **Fresken** in der Kirche datieren aus dem Jahr 1208/09 und markieren den Beginn eines neuen Kapitels, sowohl für die mittelalterliche serbische Malerei, als auch für die Freskenmalerei der gesamten byzantinischen Welt. Mit den breiten Pinselstrichen und der Einfachheit, Ruhe und Präzision der Figuren brachte der anonyme Künstler aus Konstantinopel eine neue und monumentale Stilistik hierher. Seine Fresken sind im Altarraum erhalten geblieben, unter der Kuppel, an der Westwand und in den unteren Bereichen der anderen Kirchenschiffwände. Das meist gelobte darunter ist die **Kreuzigung** an der Westwand. Auf der linken Seite befindet sich der Sarkophag von Nemanja Simeon. Sehr interessant

Westportal mit äußerem Narthex

sind auch die Inschriften, die, zum ersten Mal, nicht nur in griechischer, sondern auch in serbischer Sprache geschrieben, offensichtlich unter dem Einfluss des Heilige Sava, der die Unabhängigkeit der serbischen Kirche vorbereitete. Der innere Narthex wurde 1568 von Meister Longin bemalt, als die Kirche gründlich saniert wurde. Die Fresken in Radoslavs äußerem Narthex sind von geringerem künstlerischem Wert, aber von großer dokumentarischer Bedeutung, denn sie zeigen zeitgenössische historische Begebenheiten, was die Begründung des St. Simeonkult angeht. In der Kirche werden auch die Reliquien von Nemanjas Frau Anastasija und ihrem Sohn Stefan dem Erstgekrönten aufbewahrt.

Die Kreuzigung, berühmtes Freskos in Studenica

Die weiß gestrichene **Königskirche** mit der hellroten Kuppel sollte ihrer verehrten Nachbarin ähnlich sein. Sie wurde 1313/14 erbaut und nach ihrem Stifter, König Milutin benannt, der sie den Heiligen Joachim und Anna, den Eltern der Jungfrau Maria, weihte. Mit ihrer würdevollen und geschickt proportionierten Architektur, der Klarheit des Stil und der Konturen ist sie ein einfaches, aber beeindruckendes Kunstwerk. Noch wertvoller sind die Fresken, von Michael und Eutyches gemalt, Milutins Lieblingsmalern aus der Kunstschule seines Hofes. Sie wurden gleich nach der Fertigstellung der Kirche gemalt und ihre eleganten Linien und die warme Farbpalette dieser Fresken zählen zu den höchsten Errungenschaften der Wandmalerei in der byzantinischen Welt dieser Periode. Die bemerkenswertesten Kompositionen, von fast unübertroffener Exzellenz in der zeitgenössischen Malerei sind die Geburt Christ an der Südwand und die Darstellung der Jungfrau Maria gegenüber davon. Die Abbildung von König Milutin, seiner Frau Simonida, dem Heiligen Sava und dem Heiligen Simeon zählen zu den schönsten Portraits des Mittelalters.

König Milutin mit seiner Kirche

Die kleine einschiffige **St.-Nikolauskirche** wurde im frühen 13. Jahrhunderts errichtet. Darin sind nur wenige Fresken erhalten geblieben, aber diese sind von guter Qualität. Von der Ikonostase aus dem 17. Jahrhundert glaubt man, dass sie das Werk von Georgije Mitrofanović ist.

Von den klösterlichen Wohnstätten ist das interessanteste Gebäude das des alten, mittelalterlichen Refektoriums, neben dem Eingangsturm, mit aus Stein gehauenen Tischen und Stühlen.

Die **Schatzkammer** des Klosters *(riznica,; täglich 9-17 Uhr, Eintritt: 100 Dinar)* befindet sich links des Haupteingangs. Obwohl es nach all den Plünderungen der vergangenen Jahrhunderte nur noch einen Bruchteil seines früheren Reichtums zu zeigen hat, gehört die Schatzkammer noch immer zu den beeindruckendsten in Serbien. Die Hauptaustellungsstücke sind eine Altartuch aus dem Reliquienschrein von Stefan dem Erstgekrönten (15. Jahrhundert) und sein Ring (13. Jahrhundert), ein vergoldetes Weihrauchgefäß usw.

Wie alle anderen Klöster ist Studenica vom frühen Morgen bis zum Sonnenuntergang, die Vesper beginnt um 18 Uhr, für Gäste geöffnet. Neben dem Kloster steht eine Jugendherberge, die für die Verpflegung der Gäste sorgt (Tel.: 064 800 36 30; konak@manastirstudenica.org.rs).

UMGEBUNG

Die **Einsiedelei St.Sava** *(isposnica Svetog Save)* ist eine der bemerkenswertesten Sehenswürdigkeiten in Serbien, aber dank ihrer Isolation und der schlechten Beschilderung ist es auch eins der am wenigsten besuchten. Es gibt hier eigentlich zwei Einsiedeleien, aber nur die obere *(gornija)* ist für Touristen interessant. Da sie an einem schlecht zugänglichen Punkt, hoch in den Bergen befindet und ein Tor hat, ist es am besten, sich im Kloster Studenica zu erkundigen, ob sie geöffnet ist *(Da li je Gornja isposnica otključana?).*

Die Einsiedelei des St.Sava über dem Dorf Savovo

Nach sieben Kilometern auf der Straße vom Kloster Studenica Richtung Ivanjica, am Ausgang des Dörfchens Gušterići, wo Sie ein Geschäft und eine Bushaltestelle sehen, biegt eine Straße nach rechts ab und führt bergauf ins Čemerno-Gebirge. Die Straße ist leicht zu verpassen, aber wenn man sie einmal gefunden hat, ist sie leicht an der rot-weißen Wandermarkierung, der Sie folgen sollten, zu erkennen. Die Wanderung führt an der sogenannten Unteren Einsiedelei vorbei, die an ein einfaches Haus mit einem Drinkbrunnen erinnert, aber eigentlich eine kleine Kapelle beinhaltet. Gehen Sie durch – oder, falls er verschlossen ist, um – den Hof. Nach zwanzig Minuten Fußweg, die starke Beine erfordern, erreicht man die Obere Einsiedelei, einen Gebäudekomplex, mit mehreren Höhlen und einer Kapelle, die sich alle auf einer steilen Klippe in 1000 Höhenmetern befinden. Der Standort und das Aussehen der Einsiedelei sind atemberaubend, aber der Ausblick, der sich von hier eröffnet ist sogar noch fantastischer. Ebenso wie der Heilige Sava vor 800 und mehr Jahren, kommen auch die heute die Mönche von Studenica noch hierher, um zu beten und sich zu besinnen, seien Sie also leise und respektieren Sie den Frieden, der sowohl Sie auch die Mönche hierher geführt hat.

5 Kopaonik

i TO Brus,
037 825 185
Nationalpark,
036 471 229

Kopaonik ist am besten bekannt als Serbiens Hauptwintersportort, als *der* Ort für Skiläufer, Snowboarder und all diejenigen, die sich gut in Skikleidung gefallen. Wenn man seine atemberaubende Schönheit bedenkt, die es auf die Liste der Nationalparks gebracht hat, gute Straßen und eine Vielzahl an Unterkunftsmöglichkeiten, bleibt es ein Rätsel, warum das Gebirge in den Sommermonaten nicht mehr besucht wird.

Mit 70 km von Norden nach Süden und etwa 40 km Breite ist Kopaonik eins der größten Gebirgsmassive in Serbien. Sein attraktivster Teil ist das Nordende, der sogenannte Ravni („Flach") Kopaonik, ein Hochland auf einer Höhe von 1.600 m von dem aus sich mehrere Gipfel erheben, wie z.B. Gobelja (1.934 m) und der höchste Gipfel de Gebirges Pančićev Vrh (2.017 m). Hier liegt auch das Skigebiet, wobei sich gleich unterhalb davon die schönsten Teile des Nationalparks befinden, mit den mysteriösen Fichten- und Birkenwäldern und ihrem Reichtum an Wildtieren.

Kopaonik hat auch eine bewegte Geschichte, vor allem wegen seiner reichen Erzvorkommen. Diese wurden bereits vor der römischen Zeit abgebaut, die Glanzzeit kam jedoch erst im Mittelalter, als der Bergbau ihm den Namen gab (serb. *kopati* = graben) und als es bei den venezianischen Händlern als *Montagna dell´Argento*, «Silberberg» bekannt war. Die Minenarbeiten kamen während der Osmanenzeit größtenteils zum Erliegen, wurden aber im 20. Jahrhundert wieder aufgenommen und sind bis heute im Gange – wobei Trepča die größte Mine der Provinz Kosovo ist.

Das Klima hier ist sehr günstig für den Tourismus. Im Winter gibt es auf dem Kopaonik sehr viel Schnee, doch er ist auch bekannt als eins der sonnigsten Gebirge in Serbien, mit über 200 wolkenlosen Tagen im Jahr. Außerdem halten sich Wolken und Nebel auf dem Ravni Kopaonik nie lange.

Zwei Straßen führen zum Zentrum des Resorts, das Sunčana Dolina («Sonniges Tal») genannt wird. Eine Straße von der Westseite und Jošanička Banja (1.100

Der Hotelkomplex "Konaci" im Ferienort Kopaonik

Einwohner), die andere von Brus (4.570 Einwohner) im Westen, über Brzeće, das Dorf, das zum zweiten Zentrum des Gebirges geworden ist. Brzeće bietet eine gute Auswahl an kleinen Hotels und Pensionen und ist mit dem Rest des Resorts durch Skilifte und -pisten verbunden.

Die Felsen von Bele Stene

An **Sunčana Dolina** denken die Leute, wenn man "Kopaonik" sagt. Das touristische Herz des Gebirges besteht aus mehreren größeren Hotels, unter denen man den Komplex Konaci „Sunčani Vrhovi» hervorheben muss, dessen rustikale Architektur mit Schindeldächern den Standard für die anderen, die nach ihm kamen, setzte. Hier befindet sich auch die Mehrzahl der Geschäfte, Cafés, Restaurants, wie auch die lebendigen Nachtklubs, die Kopaonik von den meisten anderen Ferienorten abheben.

SEHENSWÜRDIGKEITEN UND AKTIVITÄTEN

Das Resort verfügt über 22 Skilifte, die zu 23 Skipisten führen: Vier davon sind für Kinder, elf sind einfach, fünf mittelschwer und zwei sind schwierige Pisten. Die Gesamtlänge der Skibahnen beträgt 44 km, mit zusätzlichen 22 km Langlaufloipen. Diejenigen, die es mögen, können auf der Malo-Jezero-Piste auch am Abend Ski laufen. Außerdem kann man im Winter auch Schlittschuh laufen, Eishockey spielen, eine Tour auf dem Motorschlitten *(6.000 Dinar pro Stunde)* oder eine Bergtour mit Führer in Schneeschuhen machen *(1.000 Dinar pro Person)*.

Der höchste Gipfel de Kopaonik – **Pančićev Vrh** – liegt direkt oberhalb des Touristenkomplexes in Sunčana Dolina. Sie können ihn auf einem markierten Weg besteigen oder den Skilift hinauf nehmen. Von oben eröffnet sich ein herrlicher Ausblick, der– bei gutem Wetter - hunderte von Kilometern weit reicht. Der Gipfel ist nach den berühmten serbischen Biologen Josif Pančić (1814-1888), der Kopaonik regelmäßig besuchte und sein größter Förderer war. Sein letzter Wunsch, hier begraben zu werden, wurde 1951 erfüllt, als seine sterblichen Überreste zum Berggipfel gebracht und in einem kleinen Mausoleum beigesetzt wurden. Wenn Sie den Weg den Bergkamm entlang fortsetzen, erreichen Sie

Die Fahrt zum Gipfel

Crkvine (auch Nebeske Stolice genannt, 5 km vom Zentrum des Ferienorts entfernt) mit einer archäologischen Ausgrabungsstätte aus der Spätantike, die im 5. Jahrhundert ein christliches Gotteshaus wurde, allerdings

Wilde Erdbeeren, im Kopaonik gepflückt

wurde sie zwei Jahrhunderte später bei den slawischen Angriffen zerstört.

Ein anderer schöner Spaziergang führt nordwärts in die dramatische Landschaft **Markov Kamen**, eine Gruppe von Granitfelsen, die in steilen Felswänden enden (4 km vom Zentrum des Resorts entfernt). Mit Marko ist in diesem Fall Marko Kraljević gemeint, der berühmte Held aus den epischen Lieder, ein Mann von übernatürlicher Kraft, der – der Legende nach – diese Felsen hierher gebracht hat, um sich auf die Schlacht gegen den Türken Musa Kesedžija vorzubereiten.

Eine der meistbesuchten Orte im Kopaonik-Gebirge

ist Metodije, ein Wald, der einen ganz besonderen Schutzstatus genießt. Der schnellste Weg, um dorthin zu gelangen, ist Richtung Brzeće zu fahren, und nach 14 km von Sunčana Dolina aus rechts abzubiegen, dort muss man sein Auto stehen lassen. Der schönste Weg ist ein Spaziergang über den Gipfel Veliki Karaman und den Jaram-Pass – die Abzweigung auf den Waldweg folgt nach 200 m. Nach etwa 3 km bergab durch den Wald, dem Fluss Brzećka Reka folgend, erreichen Sie einen fantastischen kleinen Geysir, aus dem ständig Wasser etwa 5 m in die Luft schießt. Die meisten Besucher setzen ihren Weg zu den **Quelle** Metodje fort, einer Pilgerstätte mit Wasser, das angeblich heilende Kräfte besitzt. Die Geschichte besagt, dass die Türken am 3. Juli 1504 serbische Bergleute zwangen, in der Mine zu arbeiten, obwohl es St.-Method-Tag war; sobald die widerwilligen Bergleute den Schacht betraten, begann ein großer Sturm, ein Blitz traf die Felsen davor und die Leute kamen unter der Erde um. Der Weg hierher und zurück nach Sunčana Dolina ist etwa 13 km lang und von mittlerer Schwierigkeit.

Diejenigen, die mit dem Auto hierher kommen oder gut in Form sind, können auch den Aussichtspunkt Kukavica, den Wasserfall Jelovarnik (24km) oder den Semeteško-See (20 km) besuchen.

Abgesehen vom Wandern kann man sich in Kopaonik auch noch auf andere Weise die saubere Luft genießen. Es gibt mehrere **Fahrradverleihe** (versuchen Sie es beim Hotel Club A), doch bedenken Sie, dass eine schnelle Fahrt den Berg hinunter ihnen Stunden des Aufstiegs bescheren kann. Hinter dem Grand Hotel steht ein künstlicher **Kletterfelsen**, und überall findet man Tennis-, Basketball- und Sportplätze.

6 Gradac

TO Kraljevo, 036 316 000

Dem Kloster Gradac fehlt die Pracht und die historische Bedeutung seiner Nachbarn, doch seine harmonische Steinkirche zieht noch immer viele Besucher tief in das Herz des Berges Radočelo. Das Kloster liegt in einem Dorf mit demselben Namen, 12 km von Brvenik entfernt, an der Straße Kraljevo-Raška.

Das Kloster Gradac, eine Mischung aus byzantinischem und gotischem Stil

GESCHICHTE

Gradac ist eine Stiftung der Ehefrau von König Uroš I., Königin Jelena (Helena) aus dem illustren französischen Haus Anjou. Die Arbeiten an dem Gebäude, das auf den Ruinen einer älteren Kirche errichtet wurde, dauerten von1276 bis 1279. Königin Jelena lag das Kloster besonders am Herzen und sie eröffnete hier auch eine Schule für Töchter aus adligen Familien. Nach ihrem Tod wurde sie hier bestattet. Nachdem das Kloster im 15. Jahrhundert geplündert worden war, wurde es im 16. Jahrhundert wiedereröffnet, nur um hundert Jahre später wieder zerstört zu werden. Es blieb eine Ruine bis zu seiner Sanierung 1948. Seit 1990 ist es eine Nonnenkloster.

GESCHICHTE

Bei der Gestaltung ihrer Kirche folgte die Königin Jelena eher dem Beispiel der bedeutendsten serbischen Klöster wie Studenica oder Žiča, als sich nur an der innovativen Lösungen ihres Mannes beim Kloster Sopoćani (siehe S. 307) zu orientieren. Aus unbekannten Gründen wurde der Bau eine Zeitlang unterbrochen, dann aber schließlich von serbischen, maritimen Baumeistern, die besser mit der westlichen als der byzantinischen Architektur vertraut waren, fertiggestellt. Das Resultat ist eine spezifische, gotische Gestaltung der Fassade, sichtbar an den überhöhten Spitzbögen der Fenster und Arkaden oder dem Strebewerk, das gegen die Apsiswand gebaut ist. Die Fresken im Inneren sind fast vollständig zerstört, aber die wenigen verbliebenen Szenen zeigen eine klare Verbindung mit den Wandmalereien im Kloster Sopoćani. Das Stifterportrait ist noch immer sichtbar, doch das attraktivste der verbliebenen Gemälde ist „Die Flucht nach Ägypten".

Hinter der Hauptkirche ist eine kleinere, die dem Heiligen Nikolaus geweiht ist und in der während der Sanierungsarbeiten die Messen abgehalten wurden. Ihre Fresken aus dem 14. Jahrhundert sind nur in Fragmenten erhalten geblieben.

7 Novi Pazar

60,600

28. novembra nr. 27, 020 33 80 30

Omladinska bb, 030 318 354

Novi Pazar ist die orientalischste Stadt im inneren Serbien, sowohl was ihre Erscheinung, als auch ihren Geist angeht. Die alte Handelsstraße, die Kebabläden und die Kaffeehäuser, die verschleierten Frauen, das Fehlen von Alkohol und türkische Musik, alles das passt zur allgemeinen Atmosphäre. Abgesehen davon, dass sie der kulturelle und politische Mittelpunkt der serbischen Moslems im Land ist, ist die Stadt außerdem für ihren Schmuckhandel bekannt und für ihre Jeans- und Bekleidungsindustrie, die sich in den 1990ern entwickelte, als die staatseigenen Fabriken Bankrott gingen.

GESCHICHTE

Nach der Eroberung dieses Teils von Serbien um1460, gründete der Adlige Ishak-beg Ishaković die Stadt Novi Pazar *(wörtlich: Neuer Markt,* türk. *Yeni Bazaar)* als wichtigen Halt auf der Handelsroute von Istanbul über Skopje nach Bosnien und Dubrovnik. Diese Hauptstraße brachte im 16. und 17. Jahrhundert Wohlstand in die Stadt, als sie im Bezug auf Größe und kommerzielle Macht gleich hinter Belgrad und Sarajevo kam. Mit diesem Wohlstand ging es zuende, als die Österreicher Novi Pazar 1689 und 1737 plünderten und es büßte viel von seiner Wichtigkeit ein. 1809 griffen die serbischen Aufständischen, geführt von Karadjordje, die Stadt an, konnten die Festung aber nicht erobern. Mit Karadjordjes Rückzug nach Norden, floh auch der größte Teil der orthodoxen Bevölkerung. Obwohl die Stadt im Verlauf des 19. Jahrhundert verkam, behielt es seine Bedeutung als Zentrum des *Sandschak* (serb. *sandžak*), einer Verwaltungseinheit des Osmanischen Reiches. Als «Sandschak Novi Pazar» war es ein Stück Land, das die beiden serbischen Staaten Serbien und Montenegro voneinander trennte, und war daher von großer Bedeutung für die Osmanen, wie auch für die Habsburger. Außerdem gab es der Region ihren Namen, die heute einfach nur Sandschak heißt.

SEHENSWÜRDIGKEITEN

Das Stadtzentrum um den Platz Trg Isa bega Isakovića ist fast vollständig dem Handel gewidmet. Neben einigen großen „Einkaufszentren" und unzähligen kleinen Läden sind nur einige wenige alte Häuser erhalten geblieben. Eins davon ist der Amir-Agin-Han, eine verwitterte Karawanserei aus dem 18. Jahrhundert, wo die Reisenden Zimmer im ersten Stock mieten konnten, während sie ihre Pferde und Waren im Erdgeschoss unterbringen konnten. Eigentlich ist dies ein Komplex aus vier Gebäuden mit einem großen, gepflasterten Innenhof, ein typisches Merkmal von Hans und Karawansereien. Heute befinden sich in dem Gebäude mehrere Geschäfte, ein Restaurant und eine Pension.

Hinter der ersten Gebäudelinie auf den Platz, gleich beim Fluss Raška befindet sich das **Hotel Vrbak** gebaut in einer merkwürdigen Mischung aus modernem und neo-orientalischem Stil (Tomislav Milovanović, 1976). Das Schönste, was dieses einst prestigeträchtige Hotel zu bieten hat, ist seine Brücke über den Fluss.

Der Alte Wachturm von Novi Pazar

Am anderen Ufer der Raška steht ein kleines Fort (*tvrdjava*), das zur Zeit der Stadtgründung gebaut wurde. Es wurde im 18. und 19. Jahrhundert, als die Gefahr von Österreich und Serbien näher rückte, erheblich verstärkt und umgebaut. Heute dient das Fort als Park. Abgesehen von einigen Teilen der Befestigungsmauern ist der besterhaltene Teil der hohe achteckige Turm **Stara Izvidnica** („Alter Aussichtsturm"), der mit Schießscharten versehen ist. Der Turm ist, genau wie der größte Teil des Parks, verwahrlost.

Unterhalb des Forts beginnt der interessanteste Teil der Altstadt, die Prvog-Maja-Straße (auch 1.maja geschrieben). In dieser alten Kaufmannsstraße *(čaršija)* gibt es noch immer viele Schmuckgeschäfte, Bäckereien und Kaffeehäuser, die nur Männer besuchen

Das Hotel "Vrbak" mit seiner Brücke über den Raška

und dort den frisch gerösteten und zubereiteten Kaffee genießen. Obwohl heute viele alte Häuser hinter modernen Schaufenstern und Reklamen versteckt sind, sind der Geist, die Gerüche und Geräusche des alten Novi Pazar noch immer anwesend.

Am Beginn der Straße steht die kleine **Arap Džamija** («Arabische Moschee»), die von kleinen Geschäften umgeben ist. Das alte Türkische Bad, das **Gazi Iza-beg Hammam,** ist gleich dahinter. Es wurde 1470 vom Stadtgründer Ishak-beg gebaut und war mit seinen elf Kuppeln und den separaten Abteilungen für Männer und Frauen das größte in Serbien, doch nun ist nur noch eine verfallene Ruine davon übrig.

Ein Stück weiter die Straße hinunter erreichen Sie die **Altum-Alem-Moschee**, das schönste Monument islamischer Kunst in der Stadt. Diese «Goldener-Edelstein-Moschee» wurde im frühen 16. Jahrhundert Muslihedin Abdul Gani gebaut, einem reichen, gebildeten Mäzenen. Die schön proportionierte Moschee hat eine quadratischen Basis mit einer größeren Kuppel über dem Mittelteil und ein Vestibül mit zwei kleineren Kuppeln. Im Inneren findet man einen schön geformten *Mihrab* (Gebetsnische, die nach Mekka ausgerichtet ist). Um die Kirche herum gibt es einen alten Friedhof und die *Mekteb* (Koranschule) aus derselben Periode, sie ist eine der ältesten in der Region.

Auf der gegenüberliegenden Seite des Trg Iza bega Isakovića gibt es eine kleine Grünfläche, die Žitni Trg genannt wird, und darauf steht ein altes Haus mit einer hohen Mauer – das städtische **Museum** *(Zavičajni muzej «Ras», Stevana Nemanje 20, Tel.: 020 33331 681, Mo-Fr 8-15 Uhr, Sa 9-15 Uhr, Eintritt: 200 Dinar)*. Trotz seiner Größe verfügt das Museum über einige interessante Ausstellungsstücke, u.a. zwei möblierte Räume, die

Eine ältere muslimische Frau in Novi Pazar

einen Einblick in das Leben einer christlichen und einer muslimischen Familie in Novi Pazar geben. Viele Waffen, reich bestickte Trachten und natürlich Schmuck. Sehen Sie sich auch die alten muslimischen und römischen Grabsteine im Hof des Museums an.

Weiter die Stefana-Nemanje-Straße entlang steht ein weiteres schönes Denkmal aus der Zeit der Osmanenherrschaft, die **Lejlek (Storch) Moschee**. Das Gebäude wurde nach einer Legende benannt, die besagt, dass ein Storch auf dem Dach einer Kirche landete und sich zu verbeugen begann, wie ein Moslem bei Beten, was man als Zeichen dafür deutete, dass die Kirche in eine Moschee umgewandelt werden sollte. Dies ist jedoch nur eine Legende, denn dieses kleine Gebäude wurde im 15. Jahrhundert errichtet und ist somit so alt wie die Stadt selbst. Es wurde mehrere Male zerstört und zum letzten Mal 1891 renoviert. Es gibt Grund zu der Annahme, dass Mahomet der Eroberer hier während seines Feldzugs auf Bosnien im Jahr 1463 betete.

UMGEBUNG

Das Feld, auf dem Novi Pazar liegt, war über mehrere Jahrhunderte hinweg das Herz des serbischen Staates und die Umgebung der Stadt ist voller wichtiger mittelalterlicher Monumente.

In den Ausläufern der Stadt, nur 2 km vom Zentrum entfernt, an der Straße auf dem Weg nach Raška, steht eine der ältesten Kirchen Serbiens – die **Peterskirche** *(Petrova crkva)* in Ras. Die Kirche befindet sich oberhalb der Straße, an einem sehr malerischen Fleck, umrahmt von massiven, altertümlichen Grabsteinen. Man hat dort das Gefühl,um viele Jahrhunderte zurückversetzt zu sein, weit weg vom Trubel der nahe gelegenen Stadt.

Dieses alte Bauwerk wurde 9. oder 10. Jahrhundert, ursprünglich zu Ehren der beiden Apostel Peter und Paul errichtet, war der Sitz des Bischofs von Raška, einem der mittelalterlichen serbischen Staaten. Es blieb Bischofssitz bis 1807. Die Tradition schreibt die Gründung dem Apostel Titus, einem Jünger des Hl. Pauls, zu.Wir wissen, dass der Ort, an dem die Kirche steht, schon viel früher ein heiliger Ort war: Während archäologischer Arbeiten wurden unter der Kirche das Grab eines illyrischen Adligen aus dem 5. Jahrhundert v.u.Z., ein römischer Altar und das Fundament einer Kirche aus dem 7. Jahrhundert entdeckt.

Die alte St.-Peter-Kirche in Ras

Der älteste Teil der Kirche ist wegen der später hinzugefügten Anbauten kaum sichtbar. Die Originalstruktur, die man im Inneren sehen kann, ist eine kreisförmige Konstruktion mit einer zentralen Kuppel und drei strahlenförmigen Apsiden. Diese ungewöhnliche Form hat ihre Wurzeln in Armenien und Georgien und kam durch den Einfluss der byzantinischen Herrschaft hierher. Das dunkle Innere zeigt drei Lagen von Fresken, die meisten davon in den hellroten Tönen, die aus dem Jahr 1250 datieren, als die Kirche zuletzt bemalt wurde. Noch interessanter ist die enge Galerie, die durch den mittleren Teil der Kirche führt, ein weiteres architektonisches Detail, vorallem, da es von außen nichts gibt, das auf eine solche Konstruktion hinweist.

Die Kirche St. Peter ist untrennbar mit dem Leben von Stefan Nemanja, dem Gründer der Nemanjić-Dynastie verbunden. Nachdem er wegen Streitigkeiten in der Dynstie nach Zeta (heute Montengro) geflohen war, ließ sein Vater Zavida ihn nach römisch-katholischem Brauch taufen, da keine orthodoxen Priester zur Stelle waren; bei seiner Rückkehr ließ er den jungen Nemanja hier noch einmal von einem nach orthodoxem Brauch taufen. Später in seinem Leben, als Herrscher von Serbien, berief Nemanja hier einige Reichsve-rsammlungen ein, und überließ hier schließlich 1196 seinem Sohn Stefan den Thron.

Sollten die Kirchentüren verschlossen sein, fragen Sie bei einer Frau im nahe gelegenen Haus nach dem Schlüssel *(ključ)*. Der Schlüssel selbst ist schon sehenswert, denn er ist so groß wie das Gebäude, das er öffnet, bedeutend ist.

Auf einem bewaldeten Hügel nordöstlich des Zentrums von Novi Pazar stehen die Ruinen der Klosters Djurdjevi Stupovi. Von der Stadtmitte bis zu dem Kloster sind es 5 km oder ein einstündiger Spaziergang bergauf. Beginnen Sie den Marsch am Ende der Straße des 28. Novembers und halten Sie Ausschau nach der Kolubarska-Straße, die Sie zu dem Weg führen wird, der Sie zum Kloster bringt.

Als Stefan Nemanja von seinen Brüdern ins Gefängnis geschickt wurde, schwor er dem Heiligen Georg, er würde eine Kirche zu seinen Ehren bauen, wenn er ihm helfe auszubrechen. Er entkam nicht nur und bezwang seine Brüder, er besiegte auch die intervenierende byzantinische Armee, und glaubte, er habe all dies dem Heiligen Georg zu verdanken. Kurz darauf, 1170-71 machte er sein Versprechen wahr und baute eine Klosterkirche. Die allgemeine Gestaltung ist byzantinisch, aber wegen der Krieges mit dem Reich, mussten die Baumeister aus den maritimen Regionen Serbiens hierher gebracht werden, daher die romanischen Details. Der Standort bestimmt die Länge der Kirche. Zwei Glockentürme (*stupovi* in veraltetem Serbisch) wurden beim Westeingang hinzugefügt, was der Kirche ein ungewöhnliches Aussehen verleiht und dem Kloster den Namen «Georgs Türme» einbrachte. Der zweite Stifter des Klosters war Nemanjas Urenkel König Dragutin, der den Eingangsturm der Bestigungsmauern zu einer Kapelle umbauen ließ, in der er 1316 begraben wurde.

Das Kloster wurde 1690 nach dem Serbischen Aufstand und nachdem die Mönche es verlassen hatten, zerstört. Als die Kirchenobrichkeiten es schafften, dies zu stoppen, war die Kirche schon halb niedergerissen, und das meiste Material für den Bau der Festung in Novi Pazar verwendet worden. Zu zusätzlicher Zerstörung kam es während der Befreiung der Region 1912, als serbisches Artilleriefeuer auf türkische Truppen zielte, die sich auf dem Hügel verschanzt hatten. Später, im Zweiten Weltkrieg, richteten die Nazis noch größeren Schaden an. Die Restaurations- und Rekonstruktionsarbeiten begannen 1960.

Die meisten der Fresken aus dem 12. Jahrhundert sind zerstört, abgesehen von den Prophetendarstellungen in der Kuppel und einigen Szenen darunter. Andererseits sind die Fresken in der Kapelle über dem Eingang noch in recht gutem Zustand. Auf Befehl von König Dragutin stellen die Szenen unter anderem alle drei Generationen seiner Vorfahren dar und enden mit der Königin Mutter Jelena, der Stifterkomposition und dem Thema der serbischen Staatsratsversammlungen (an der Decke). Unter diesen Versammlungen befindet sich auch die im nahe gelegenen Deževa 1282, bei der Dragutin den Thron an seinen jüngeren Bruder Milutin übergab. Die wichtige Entscheidung wurde getroffen, nachdem Dragutin bei einem Jagdunfall schwer verwundet worden war – daher die Medaillen der heiligen Heiler Panteleimon, Cosmas und Damian. Das Bild von Christi Leichentuch mit einer Atmosphäre von innerer Erleuchtung und die schön integrierten Engel in der Szene von Abrahams Gastfreundschaft zeichnen sich ebenfalls durch exzellente Qualität aus.

Das Kloster Djurdjevi Stupovi wird ständig renoviert

8 Sopoćani

TO Novi Pazar,
020 33 80 30

Das Kloster Sopoćani ist weltweit für seine wunderschönen Fresken bekannt, die als der Gipfel der mittelalterlichen Freskenmalerei gelten. Wegen dieser Tatsache wurde es von der UNESCO zum Weltkulturerbe erklärt.

Das Kloster Sopoćani

ANREISE

Das Kloster liegt 16 km westlich von Novi Pazar, unterhalb des Berghangs, aus dem der Fluss Raška entspringt.

GESCHICHTE

Das Kloster Sopoćani ist die größte Stiftung des serbischen Königs Uroš I. (1243-76). Der einzig erhaltene Teil der ursprünglichen Klosterkomplexes ist die Dreifaltigkeitskirche, die in den 1260ern erbaut wurde. Der äußere Narthex mit dem hohen Glockenturm wurde in der ersten Hälfte des 14. Jahrhunderts hinzugefügt. Das Prestige dieses Heiligtums wurde dadurch gesichert, dass der Gründer selbst, die Königin Mutter Ana Dandolo, sein Vater, Stefan der Erstgekröhnte, und der Großherzog Djordje, Urošs Onkel hier beigesetzt wurden. Kurz nach der Schlacht gegen die Türken auf dem Kosovo Polje (1389), wurde Sopoćani stark beschädigt und musste von Despot Stefan, der besonderen Wert auf die Befestigung legte, wiederaufgebaut werden. Im 16. Jahrhundert zwang die Gewalt der Türken die Mönche zur Flucht in das abgeschiedene Kloster Crna Reka *(siehe das folgende Kapitel)*. Das Kloster wurde am Ende desselben Jahrhundertes wieder zum Leben erweckt und schließlich 1689 erneut verlassen, als es die vorrückenden Türken, die die rebellierenden Serben Richtung Norden trieben, zerstörten und niederbrannten. Für die nächsten zweieinhalb Jahrhunderte war das Kloster in erbärmlichem Zustand, bis es schließlich 1929 renoviert wurde.

HIGHLIGHTS

Obwohl es von außen wie eine dreischiffige Basilika aussieht, ist die Klosterkirche eigentlich ein einschiffiges Gebäude, dessen Seitenkapellen, bei der Vergrößerung im 14. Jahrhundert zu einer einzigen Linie verbunden wurden. Die hohe Kirche, die mit einer relativ kleinen Kuppel gekrönt ist, mit riesigen Wandoberflächen, die nur von romanischen Steinfenstern und Bögen verziert sind, sorgte für eine Erhabenheit und Größe, die beispielgebend war für nachfolgende königliche Stiftungen.

Der äußere offene Narthex, vor dem ein Turm plaziert ist, wurde zur Zeit König (später Kaiser) Dušans gebaut. Seit es vor nur einigen Jahrzehnten restauriert wurde, gibt es nur ein paar Freskospuren.

Wenn man in den **inneren** Narthex tritt, kann man das prachtvolle Sopoćani Freskenensemble bewundern. An der Nordwand befindet sich eine historischen Komposition, die den Tod der Königin Mutter Ana Dandolo darstellt: Auf einem Katafalk liegend ist sie umringt von ihrem Sohn König Uroš und ihren Enkelkindern, den Prinzen Dragutin und Milutin, während man Urošs Frau Jelena im Vordergrund knien sieht; Christus und die Jungfrau Maria nehmen die Seele der Königin entgegen. Portraits von König Uroš und seiner Familie gibt es ebenfalls an der Ost- und an der Südwand entlang zu sehen.

Die **Seitenkapellen** sind St. Stefan, dem Behüter des Hauses Nemanjić, und St. Stefan Mirotočivi (d.h. Stefan Nemanja), dem Gründer der Dynastie, gewidmet. In der letzteren kann man Szenen aus seinem Leben sehen.

Die ältesten Fresken (aus dem Jahr 1273/74) befinden sich im **Kirchenschiff** und gelten nicht nur als der Höhepunkt der serbischen, sondern der gesamten europäischen Malerei dieser Zeit. Ihre expressionistische Strenge und Erhabenheit, die leuchtenden Farben und mutigen Kompositionen

Die Fresken von Sopoćani, die dem Kloster Weltruhm einbrachten

erhalten alle den Geist der antiken Klassik am Leben und greifen den Werken der italienischen Renaissance vor. Obwohl mit der Zeit fast die Hälfte dieser Werke ausgelöscht wurden und der ursprünglich goldene Hintergrund völlig verschwunden ist, ist die Vorzüglichkeit dieses Ensembles noch immer zu bewundern. Die Kompositionen sind ungewöhnlich groß und deshalb gibt es verhältnismäßig wenige. Die eindrucksvollste Szene ist die von Mariä Entschlafung, die absichtlich der Komposition des Todes der König Ana ähnelt. Die zentrale Position ist für Christus reserviert, der

Das Pferd ist eins der Transportmittel

Marias Seele in den Händen hält. Im unteren Bereich befinden sich die großen Figuren der Propheten, die den Eindruck vermitteln, sowohl stark, als auch weise zu sein. In der Apsis kann man die Anbetung des Lamms mit einer Reihe von Erzbischöfen sehen, die sich zu den restlichen christlichen Heiligen gesellen. Die übliche Stifterkomposition befindet sich an der Südwand.

UMGEBUNG

Einen leichter halbstündigen Spaziergang vom Kloster entfernt kommt man zur Quelle des Flusses Raška *(vrelo reke Raške)*. Das Wasser, das sich auf den Feldern oberhalb des Kloster sammelt, aus der Höhle sprudelt, etwa 8m in die Tiefe fällt und dann einige Kaskaden hinunter stürzt.

9 Crna Reka

i 020 33 80 30

Crna Reka ist wahrscheinlich von allen Klöstern in Serbien in der spektakulärsten Kulisse errichtet. Es wurde in eine Höhle in einem Felsen oberhalb des ausgetrockneten Flussbetts der Sovara (auch Crna Reka, „Schwarzer Fluss") gebaut, im tiefen Wald, am Ende einer Straße, was eine malerische und isolierte Szenerie schafft.

ANREISE

Von dem Dorf Ribariće (1.050 Einwohner) aus, 30 km südlich von Novi Pazar, überqueren Sie den Akkumulationssee und setzen Ihren Weg zuerst über die Asphaltstraße und dann über die Schotterpiste, die zum Kloster führt, fort (4 km).

GESCHICHTE UND HIGHLIGHTS

Es ist nicht bekannt, wer das Kloster gegründet hat. Wahrscheinlich begann es als einfache Einsiedelei und wurde dann mit der Zeit vergrößert, als mehr Mönche dazu kamen. Wir wissen, das Crna Reka im 16. Jahrhundert unter der Schirmherrschaft des Grundbesitzers Nikola (hier als Stifter portraitiert) renoviert und vergrößert wurde. Das Kloster diente den Mönchen aus der Region und ihren Relikten in schweren Zeiten als Zufluchtsstätte. Und so wurden die sterblichen Überreste des Ereminten St.Petar von Koriša hierher gebracht, nachdem seine heilige Stätte oberhalb von Prizren zerstört worden war. Die Relikte des St. Stefan des Erstgekrönten wurden hier versteckt, als für das Kloster Studenica schwierige Zeiten anbrachen. Diese Relikte brachten dem Kloster, das der kulturelle und spirituelle Mittelpunkt der serbischen Gemeinschaft während der Türkenherrschaft war, hohes Ansehen. Im 18. Jahrhundert gab es hier eine Schule, ähnlich dem theologischen Seminar, und an demselben Ort wurde zu Beginn des 20. Jahrhunderts die erste serbische Grundschule in der Gegend eröffnet.

HIGHLIGHTS

Das Kloster ist vom Rest der Welt durch den Abgrund des Sorava-Flusses getrennt. Interessanterweise ist dort nur das trockene Flussbett, während der Fluss ein paar Dutzend Meter unter die Erde sinkt, bevor er das Kloster erreicht, und kommt kurz nachdem es ihn passiert hat, wieder zum Vorschein. Der Legende nach ist es dazu gekommen, nachdem ein betender Mönch den Fluss verflucht hatte, weil er seine Gedanken störte. Über dem Abgrund gibt es eine malerischen Holzbrücke. Die Fresken in der Kavernenkirche stammen aus der Zeit der Wiederherstellung im 16. Jahrhundert. Sie wurden von dem talentierten Longin aus Peć gemalt und zählen zu den schönsten dieser Ära. Der Mittelpunkt des Klosterlebens sind die Relikte der Heiligen Petar von Koriš, denen man heilende Kräfte nachsagt, sodass viele Besucher in das Kloster kommen, die nach einem Heilmittel für ihre Probleme suchen.

Das abgeschiedene Kloster Crna Reka

⑩ Sjenica

13,000

Trg Svetozara Markovića bb, 020 744 843

Milorada Jovanovića bb, 020 710 20

Diese heruntergekommene kleine Stadt ist das Zentrum des Pešter, einem Hochland, das bekannt für harte Wetterbedingungen und Viehzucht ist. Während ein Besuch in Sjenica vielleicht nicht so interessant klingt, ist seine wunderschöne Umgebung vom Tourismus noch fast unberührt - oder besser gesagt von den Phänomenen der modernen Welt – und ist für jeden Besucher eine fantastische Erfahrung.

GESCHICHTE

Sjenica wurde 1253 zum ersten Mal erwähnt, als Zwischenhalt für Karawanen aus Dubrovnik, die tiefer nach Serbien hinein weiterzogen. Die Einheimischen handelten mit Vieh, Fellen, Wolle und anderen Viehzuchtprodukten, genau wie heute. Sogar der Name der Stadt steht mit Viehzucht in Verbindung: Die weiten Felder um Sjenica wurden dreimal im Jahr gemäht, was den Stadtbewohnern erlaubte, große Mengen von Heu zu lagern (serb. *sjeno*). Während ihrer Reisen haben serbische Könige und mehrere osmanische Sultane die Stadt besucht. Im 18. Jahrhundert wurde das Zentrum dieses Handelspostens befestigt, aber das kleine türkische Bollwerk konnte den rebellierenden Serben nicht trotzen; sie nahmen es ein und brannten es 1809 nieder. In den letzten zwei Jahrhunderten kamen Ereignisse und Neuheiten immer als letztes nach Sjenica, sodass es heute dafür bekannt ist, der kälteste Ort in Serbien zu sein und für sein exzellentes Fleisch und die Milchprodukte.

Die Valide-Sultan-Moschee in Sjenica

SEHENSWÜRDIGKEITEN

Abgesehen von einigen alten Häusern mit hohen Schindeldächern ist das einzige, was sich in Sjenica zu sehen lohnt die **Valide Sultan Džamija** («Moschee der Mutter des Sultans»), ein globiges weißes Gebäude mit einer tiefe Kuppel, die die Mutter des Sultans Abdul Hamid II. (Regierungszeit 1876-1909) bauen ließ.

UMGEBUNG

Das ausgedehnte **Pešter-Plateau** ist eine Sehenswürdigkeit für sich. Das ganze Jahr über grün, mit nur ein paar Wäldern an den Seiten und Ströme, die mäandern und seine unteren Bereiche befeuchten, ist das Plateau ein Ort wie kein anderer in Serbien. Es gibt nur wenige, weit voneinander entfernt liegende Dörfer, und ein Besuch bei einigen von ihnen, die weiter von der Straße entfernt sind, ist wie eine Zeitreise. Die Autofahrt von Novi Pazar nach Nova Varoš oder Prijepolje durch den gesamten Pešter hindurch wird ihnen zeigen, dass seine Schönheit nicht überbewertet wird.

Die Hauptsehenswürdigkeit in der Umgebung von Sjenica ist der **Fluss Uvac,** der nordöstlich von der Stadt entlang fließt. Auf seinem Weg durch das raue Terrain dreht und windet sich der Fluss und kreiert einen außerordentlichen Zickzacklauf; seit ein paar Kilometer flussabwärts ein Damm gebaut wurde, ist der Fluss größer geworden und ist zu einem Ort mit magischer Anziehungskraft für Fotografen geworden. Um die attraktivsten Aussichtspunkte zu erreichen, die Felsen von **Molitva** oder den auf **Devojačka Stena**, müssen Sie die Straße Richtung Ivanjica nehmen; nach ein paar Kilometern überqueren Sie eine Brücke über den

Ein unvergesslicher Blick auf den Uvac

DER PRACHTVOLLE AASFRESSER

Uvac ist auch die Heimat des Weißkopfgeiers, den Sie ohne Zweifel hoch oben in den Lüften kreisen sehen werden, wenn Sie diese Gegend besuchen. Mit einer Flügelspannweite von drei Metern ist er der größte Vogel in Serbien. Geier fressen schon immer tote Tiere, aber die Verringerung der Viehstückzahl, vergiftete Kadaver und Jäger haben ihre Zahl in den frühen 1990ern auf sieben sinken lassen. Zu diesem kritischen Zeitpunkt wurde ein Verein zu ihrem Schutz gegründet, der sich um Futter für die Vögel kümmerte und die Einheimischen aufklärte. Heute ist die Population bei etwa 400 Tieren, die zum Symbol für den Tierschutz im Land geworden sind.

aufgewühlten Fluss; direkt dahinter biegen Sie links ab auf eine Schotterstraße, die Sie zum **Lager** am Uvac (4 km entfernt) führt; von hier aus geht ein Pfad am Fluss entlang stromabwärts zu den Aussichtspunkten.

Zwischen Sjenica und Nova Varoš steht der Berg Zlatar, ein Ort von außergewöhnlicher Schönheit, in vielerlei Hinsicht mit Zlatibor zu vergleichen *(siehe S. 204)*, nur, dass es hier noch immer keinen Massentourismus gibt. Nichtsdestotrotz ist es der beste Ort, um nach einem Platz zum Übernachten zu suchen, da es über ein gutes Netzwerk von Bauernhäusern verfügt, die Zimmer vermieten.

Die ungezähmte Landschaft von Pešter

AKTIVITÄTEN

Im Lager am Uvac ist es möglich eine vierstündige **Bootsfahrt** zu organisieren *(1.500 Dinar pro Person)*.

Flach oder mit sanften Erhebungen ist Pešter wie gemacht zum **Fahrrad fahren**. Leider ist es bis jetzt noch niemandem eingefallen, Fahrräder zu vermieten, sodass Sie ihr eigenes mitbringen müssen.

Pešter verfügt über mehrere Flüsse, die zum **Angeln** geeignet sind. Angler kommen von weit her, um hier Forellen, Kaulbarsche, Gründlinge und andere seltene Fischarten zu fangen. Angelgenehmigungen und weitere Informationen können Sie beim Angelverein von Sjenica „Vapa" erhalten *(Kralja Petra I bb, Tel.: 020 744 026)*.

Um Sjenica herum gibt es drei **Jagd**gebiete. Caričin Grad wird aufgesucht wegen der Rehe, Wildschweine, Hasen und – manchmal – auch Gämsen, die Dubočica-Schlucht wegen Wildenten, Rebhühnern und Wachteln, aber es gibt dort auch Wölfe und Füchse, und auf der Südseite des Golija-Gebirges schließlich kann man Bären, Wildschweine, Rehe, Raufußhühner, Wölfe, Füchse und Marder jagen. Ihre lokale Kontaktstelle ist der Jagdverein «Vrhovi» in Sjenica *(12.decembra bb, Tel.: 020 741 552)*.

11 Prijepolje

13,000

Trg bratstva i jedinstva 1, 033 710 140

033 714 085

033 712 094

Die verschlafene Provinzstadt Prijepolje liegt eingenistet zwischen bewaldeten Hügeln und dem kalten Wasser des Flusses Lim. Wären nicht der Fluss und das Gebirge, müsste man sich hier nicht länger als eine oder zwei Stunden aufhalten. So aber ist der Ort eine gute Basis, um sich auf Wander- oder Raftingtouren oder ein paar Tage in einem abgelegenen Dorf vorzubereiten.

GESCHICHTE

Während des 13. Jahrhunderts wuchs das Kloster Mileševa zu einem wichtigen Halt der Handelskarawanen, die durch dieses Gebiet zogen. Der lautstarke Handel und alles, was damit einhergeht, störte die Mönche und sie entschieden, den Markt vom Kloster weg zu verlegen, um seine Ruhe zu bewahren. Daher wurde der Markt zu Beginn des 14. Jahrhunderts auf ein schmales Feld beim Zusammenfluss der Mileševka und des Lim verlegt, die Position auf der Prijepolje noch heute liegt. Der Handel ging auch zur Zeit der Osmanenherrschaft lebhaft weiter, als Prijepolje eine Stadt von ansehnlicher Größe mit einigen Moscheen, einer großen Karawanserei und türkischen Bädern war. Als das Osmanische Reich zu schwinden begann und die Handelswege unsicher wurden, verkam die Stadt. Die neuen Straßen, die im 20. Jahrhundert gebaut wurden und die Eisenbahnlinie Belgrad-Bar machten Prijepolje wieder zu einem wichtigen Verkehrszentrum.

Der Fluss Lim auf seinem Weg durch Prijepolje

SEHENSWÜRDIGKEITEN

Gleich beim Zusammenfluss der beiden Flüsse Mileševka und Lim befindet sich ein großer Park. Vor dem Kulturzentrum steht ein **weißes Marmordenkmal für den Heiligen Sava**, ein Werk der Bildhauerin Drinka Radovanović. Spazieren Sie am Ufer der Mileševka, dem kleineren der beiden Flüsse entlang, bis zur Brücke. Auf der anderen Seite finden Sie das auffälligste Merkmal der Stadt, den **Uhrenturm** *(Sahat-kula)*, der im 17. Jahrhundert gebaut wurde und noch immer in Funktion ist. Der Turm hat ein gedecktes Steildach, wie sie bis zum Beginn des 20. Jahrhunderts für diese Gegend typisch waren.

Bei der Brücke beginnt die Hauptstraße der Stadt. Neben dem grauen Gebäude der Stadtverwaltung steht das **Stadtmuseum** *(Valterova 5, Tel.: 033 715 185, Mo-Sa 9-16.30 Uhr, Eintritt frei)*, das in einem Gebäude von 1845 untergebracht ist, in dem sich das erste städtische Gymnasium befunden hat. Das Museum stellt Artefakte von der nahe gelegenen römischen Ausgrabungsstätte Kolovrat (3 km südwestlich der Stadt), sowie einheimische Trachten und rekonstruierte Zimmer von der Wende zum 20. Jahrhundert aus. Das Museum hat auch einen Bereich, der dem bekanntesten Sohn der Stadt, dem Basketballstar Vlade, Divac gewidmet ist, der die meisten ausgestellten Gegenstände gestiftet hat.

Weiter diese Straße hinunter steht die orthodoxe Kirche, die nach den Plänen des einheimischen Baumeisters Pero Ninčić zwischen 1881 und 1894 erbaut wurde. Der Bau eines so schönen Tempels in feindseliger muslimischer Umgebung war nur wegen der ständigen Spenden der serbischen Kaufleute und der Bestechung der osmanischen Obrigkeit möglich. Der Entwurf der Kirche orientiert sich stark am Modell der Mileševa und anderen Kirchen der Raška-Architekturschule.

Nicht weit Richtung Süden steht die **Ibrahim -Pascha -Moschee**, die schönste der drei Moscheen der Stadt. Ursprünglich wurde sie 1572 erbaut, wurde aber von den Habsburgern Ende des 17. Jahrhunderts zerstört und musste vollständig wiederaufgebaut werden. In ihrem Hof befinden sich viele schöne muslimische Grabsteine.

Auf der gegenüberliegenden Seite des Flusses Lim steht eine kleine katholische Kapelle, eine Erinnerung an die austro-ungarische Militärgarnison, die hier 1878 bis 1909 stationiert war. Ganz in der Nähe befinden sich die Ruinen eines österreich-ungarischen Militärkrankenhauses mit einem großen sozialrealistischen Monument von dem slowenischen Bildhauer Lojze Dolinar. Beide erinnern an den deutschen Angriff 1943, als 400 Partisanenkämpfer getötet wurden.

AKTIVITÄTEN

Prijepolje ist ein guter Ausgangspunkt für viele Extremsportarten. Es ist bekannt für seine **Rafting**touren auf dem Lim. Die meisten Leute gehen auf eine eintägige Tour, die von Kumanica an der montenegrinischen Grenze ausgeht, aber längere Touren können leicht nach ihren Wünschen zusammengestellt werden. Es gibt zwei ansässige Führer – Simo *(Tel.: 064 15 697 63)* und Lim-Lučice *(033 72 125)*.

Die Hänge der umliegenden Berge sind perfekt zum Paragliden, organisiert vom Beli-Andjeli-Club *(Tel.: 064 15 88 377)*.

UMGEBUNG

Kamena Gora ist ein winziges Bergdorf (170 Einwohner, 1.200 Höhenmeter) mit großem Touristenpotential. Es liegt südwestlich der Stadt und

Die idyllische Landschaft von Kamena Gora

Im Schatten der uralten Wälder

kann über die Straße, die von Velika Župa abzweigt, erreicht werden. Die Hauptsehenswürdigkeit in Kamena Gora ist eine 500 Jahre alte Pinie mit dem Namen Svetibor («Heilige Pinie»), eins der Fotos, die Sie auf Touristenbroschüren über Serbien nicht übersehen können, aber die Schönheit ist hier allgegenwärtig. Fantastische Aussicht, klare Luft, unberührte Wälder, Quellen und Ströme sorgen dafür, dass die Einheimischen gesund sind und lange leben, sodass man nicht selten einen 90- oder 100-jährigen sieht, der noch arbeitet. Es gibt hier eine kleine Jugendherberge und viele Häuser, die Zimmer vermieten, und markierte Wege, die ideal sind zum Wandern oder Fahrrad fahren, führen kreuz und quer durch die umliegenden Berge.

Ähnliches kann man über das Dorf **Sobotnica** (140 Einwohner, 1.000 Höhenmeter), auf der anderen, östlichen Seite des Lim-Tals gelegen, sagen. Das Dorf, das aus verstreuten Gehöften an den steilen Hängen besteht, verdankt seinen Namen einem kleinen Fluss, der mehrere größere Wasserfälle und eine Vielzahl an Kaskaden hinunterstürzt. Vor der größten stehen zwei Mühlen, perfekt zum Fotografieren, das bekannteste Symbol der Stadt. Hier kann man wandern (alle Wege sind gut markiert), Fahrrad fahren, freeclimben oder sich einfach nur entspannen und den berühmten einheimischen Käse, das Lamm, den Kuchen aus Buchweizen und den Birnenschnaps probieren. Die dortige Berghütte wird vom Bergwanderclub «Kamenica Gora» aus Prijepolje geführt *(033 72 226)*, doch der Großteil der Unterkünfte sind Zimmer, die die Einheimischen vermieten. Um hierher zu kommen biegen Sie bei den Dörfern Ivanje oder Divci von der Hauptstraße ab, oder ein paar Kilometer später bei Lučice.

Die Mühlen und Wasserfälle von Sopotnica

Wenn Sie weiter nach Süden Richtung Novi Sad fahren, machen Sie einen Zwischenstopp und sehen Sie sich die Kirche von **Davidovica** an. Sie erhielt ihren Namen von einem Mönch namens David, früher in seinem Leben *Župan* Dmitar, Enkel von Stefan Nemanja. Aus dem Originalvertrag, dem einzig erhaltenen aus dem Mittelalter in Serbien, ist ersichtlich, dass sie im Jahre 1281 von Baumeistern aus Dubrovnik errichtet wurde. Bis vor kurzem war die Kirche nur eine Ruine. Sie hat eine zentrale Kuppel und zwei kleinere über den Seitenkapellen, wobei die bescheidenen Verzierungen die Einflüsse der romanischen und gotischen Kunst reflektieren, die von den Baumeistern vom Meer hierher gebracht wurden.

12 Mileševa

i TO Prijepolje, 033 710 140

Das zweitbedeutendste Kloster nach Studenica, Mileševa, war die letzte Ruhestätte des größten serbischen Heiligen – St. Sava. Seine sterblichen Überreste lagen hier für dreieinhalb Jahrhunderte und zogen königliche Vermächtnisse und Pilger an, doch auch auch nachdem sie fort waren, blieb das Kloster eng mit dem Kult verbunden. Ein zusätzlicher Grund, diesen Ort zu besuchen, ist sein atemberaubender Standort, in einem Tal am Ende der Schlucht des Flusses Mileševka.

ANREISE

Das Kloster liegt nur sechs Kilometer östlich von Prijepolje und die Straße, die dorthin führt, ist gut ausgeschildert.

GESCHICHTE

Das Kloster am Ufer der Mileševka ist eine Stiftung des Königs Vladislav (1234-1243), dem Enkelsohn von Stefan Nemanja und dem vierten König in der Linie der Nemanjić-Dynastie. Es wurde zum zweitwichtigsten Kloster des serbischen Königreichs, als es 1236 die Gebeine der heiligen Sava, Vladislavs Onkel, der während seiner

Das berühmteste Fresko des Heiligen Sava

Regierungszeit starb, erhielt. Auf diese Weise sicherte der König die Bedeutung und den Wohlstand seiner Stiftung. 1377 wurde der bosnische Ban Tvrtko hier über dem Grab des Heiligen zum König gekrönt. Später 1466 nahm der bosnische Adlige Stjepan Vukčić Kosača, in dessen Besitz das Kloster war, den Titel des «Herzogs von St.Sava» an. Von diesem Zeitpunkt an bekam die Provinz den Namen Herzegowina, «Herzogsland». Im 15. Jahrhundert war Mileševa der Sitz des orthodoxen Bischofs von Bosnien. Der zukünftige Großvisier des Osmanenreiches Mehmed Pascha Sokolović (1505-1579) war hier Schüler, bevor er von seiner Familie fortgenommen wurde und zum Militärdienst bei den Osmanen eingezogen wurde. Sein Verwandter Makarije, der 1577 neuer serbischer Patriarch wurde, studierte hier ebenfalls zu dieser Zeit. Im selben Jahrhundert wurde hier die Druckerei eröffnet, deren liturgische Bücher überallhin nach Serbien und darüber hinaus gelangten. In den folgenden Jahrhunderten wendete sich das Schicksal: 1595 nahmen die Türken Savas Gebeine mit nach Belgrad und verbrannten sie als Vergeltung für die Serbischen Aufstände, 1688 bei einem weiteren Vergeltungsanschlag wurde das Kloster in Brand gesetzt und es blieb nur eine Ruine. Den größten Teil des 19. Jahrhunderts war es verlassen. Die Einwohner von Prijepolje renovierten es 1863 und so erhielt es sein heutiges Erscheinungsbild.

HIGHLIGHTS

Die Klosterkirche Christi Himmelfahrt wurde um 1225 errichtet, wobei der äußere Narthex 1236 hinzugefügt wurde, um die Gebeine des heiligen Sava unterzubringen. Die Westkuppel wurde im 19. Jahrhundert ergänzt, eine detailgetreue Kopie der älteren. Der architektonische Stil ist der der Raška-Schule und basiert auf den Plänen des Klosters Žiča (der Stiftung von Vladislavs Vater Stefan der Erstgekrönten, (*siehe S. 296*), wurde aber von weniger fähigen Baumeistern ausgeführt.

Die Fresken in Mileševa stellen einen der Höhepunkte der europäischen Malerei des 13. Jahrhunderts dar. Die griechischen Meister, die sie malten, adaptierten ihr Programm, sodass es zur Disposition der Raška-Schule passte. An der Nordwand des Narthex sind die Nemanjić-Herrscher bis zu König Vladislav dargestellt. Er steht zuletzt, auf der linken Seite, und hält ein Modell seiner Stiftung in den Händen. Neben ihm ist sein älterer Bruder Radoslav zu sehen, gefolgt von Stefan dem Erstgekrönten mit einem Zepter in der Hand; an der Ostwand sind die Heiligenfiguren von Vladislavs Onkel Sava und seinem Großvater Nemanja zu sehen. Das Portrait des letzteren wurde bei den Renovierungssarbeiten in der Hälfte durchgeschnitten, was die Frömmigkeit seines Ausdrucks noch verstärkt. Da diese zeitgenössischen Portraits von Malern stammen, die großes Interesse am Realismus hatten, gelten sie als die wirklichkeitsnahesten Abbildungen der Herrscher. Zudem besteht eine klare Neigung zur psychologischen Charakterisierung bei jedem

Das Kloster Mileševa

Das weltberühmte Fresko "Weißer Engel"

war, die mit dem ersten europäischen Weltall-Satellitensignal gesendet wurden. Hier, wie auch auf den anderen Portraits, sehen wir große, bemerkenswerte Augen und sanfte, weiche Gesichtsausdrücke der ansonsten imposanten und klar erleuchteten Figuren mit ausbalancierten Körperhaltungen. Die Fresken mit dem goldenen Hintergrund ahmen der Portraits. Dies ist die erste Darstellung der Linie der Nemanjić-Dynastie, später wurden sie obligatorisch für die Stiftungen aller folgenden Herrscher. Gegenüber dieses Freskos befindet sich ein Portrait des Stifters – die Jungfrau Maria führt König Vladislav, der ein Modell von Mileševa hält, zu Christus. Darüber befindet sich das gefeierte Fresko «Die heiligen Chrisamträger am Grab» mit einer Darstellung des sogenannten Weißen Engels, der eins der Symbole Serbiens wurde und von dem Sie sicher schon an verschiedenen Orten Nachbildungen gesehen haben. Es ist interessant, dass dieses Bild unter denen

Mosaike nach, die für das rauhe Klima in Serbien ungeeignet waren.

Die Fresken des **äußeren Narthex**, die das letzte Abendmahl darstellen, sind kaum noch sichtbar, da sie bei der Besatzung im Zweiten Weltkrieg stark beschädigt wurden, als die Kirche als Stall benutzt wurde.

Die älteste der erhaltenen **Wohnstätten**, auf der Nordseite, ist ein schönes Beispiel für balkanische Architektur im 19. Jahrhundert.

UMGEBUNG

Zwei Kilometer weiter östlich des Klosters, auf einem hohen Felsen am Eingang zur Schlucht des Flusses Mileševka steht die **Festung Mileševac**, auch bekannt unter dem türkischen Namen Hisardžik. Sie war der Sitz der Region Crna Stena («Schwarzer Felsen»), aber noch wichtiger ist, dass sie gleichzeitig sowohl das Kloster, als auch die wichtigsten mittelalterlichen Straßen, die von Prijepolje nach Skopje führten, bewachte. Die Festung hat einen unregelmäßigen Grundriss, der in einen oberen und einen unteren Bereich geteilt ist. Es stehen noch immer drei Türme und einige massive Mauern, während der Rest zu Ruinen verfallen ist.

Schöne Aussicht, Festung Mileševa

Die oben erwähnte mittelalterliche Straße folgte dem Verlauf der Mileševka in ihre malerische Schlucht, wo man den Wollkopfgeier (*siehe S. 310*) und die seltene serbische Fichte (*S. 199*) sehen kann. Ein halber Tagesmarsch führt Sie flussaufwärts zu dem Dorf Medjani auf dem Berg Jadovnik.

⓭ Banja

i TO Priboj, 033 451 599

Der ältere Name des Klosters lautet St. Nikolaus in Dabar, wobei *Dabar* der Name der Region des unteren Limtals ist, das einst von dichtem Wald bedeckt war (auf Altslawisch hieß *deb´r* Wald). Es erhielt den Namen Banja („Kurbad") wegen der Thermalquellen, die ganz in der Nähe entspringen. Die Quellen ermöglichten das Projekt Bad Priboj (3.300 Einwohner), das aus einem Außenpool mit Thermalwasser und einer kleinen Jugendherberge besteht. Das Kurbad wurde nach der Stadt Priboj (14.000 Einwohner) benannt, 2 km nördlich, die am besten bekannt ist für die FAP, die Autofabrik von Priboj, den bei weitem größten Arbeitgeber in dieser bergigen Gegend.

GESCHICHTE

Das Kloster wurde im 12. Jahrhundert errichtet und 1219 wurde es der Sitz des orthodoxen Bistums Dabar. Der alte Klosterkomplex wurde 1329 während der Invasion des bosnischen *Banus* Stjepan zerstört. Der Angriff wurde hier gestoppt, als der serbische

Das Kloster Banja

Kronprinz Dušan in der Nähe des Klosters auf Stjepans Armee traf und ihn deutlich besiegte, wobei er jedoch gerade so mit dem Leben davonkam, da sein Pferd unter ihm getötet wurde. Sofort nach der Schlacht baute Dušans Vater den ältesten Teil der heute existierenden Kirche. Nach dem Einfall der Osmanen versank das Kloster in der Bedeutungslosigkeit, bis es 1575 von Makarije, dem Vorsitzenden der neugegründeten serbischen Patriarchie, renoviert wurde. In den folgenden Jahrhunderten diente Banja nicht nur als religiöses und kulturelles Zentrum der einheimischen orthodoxen Serben, sondern erlangte auch Bedeutung wegen der Karawanenroute, die an ihm vorbei verlief. Seine letzte Prüfung musste das Kloster durchstehen, als es 1875 während des Aufstandes in der Herzegowina von den Türken geplündert und niedergebrannt wurde.

HIGHLIGHTS

Die Kirche hat einen Kreuzgrundriss und zwei atypische Kuppeln, beide über dem Kirchenschiff und dem Narthex. Die spitzen Bögen der Fenster geben einige Rätsel auf, da sie erst etwa hundert Jahre später häufig als Ornamente angewendet wurden. Die Freskenmalereien aus dem 14. Jahrhundert sind von exzellenter Qualität, sind aber nur in der Apsis erhalten geblieben. Der anonyme Künstler legte besonderen Wert auf die detaillierte Darstellung der lebendigen Bewegungen der Figuren. Die restlichen Wandmalereien stammen aus dem 16. Jahrhundert, als die Kirche renoviert wurde; jene im Kirchenschiff wiederholen jedoch die Gestaltung der Ensembles unter ihnen. Besonders interessant sind die Gemälde, die die Übergabe des patriarchalischen Throns von Makarije Sokolović an seinen Neffen Antonije darstellen, ein Ereignis, das in diesem Kloster stattgefunden hat, «Der Triumph der Kaisers Konstantin des Großen auf der Milvian Brücke“ über dem Eingang, und die Darstellungen des Jüngsten Gerichts.

In der Kapelle an der Südwand der Kirche kann man die schönsten Gegenstände aus der opulenten **Schatzkammer** des Klosters sehen, größtenteils spätgotische goldene und silberne Kessel, Teller und Reliquarien. Die Schatzkammer war 1697 tief unter dem Fußboden der Kapelle versteckt worden, kurz bevor die Türken das Kloster zerstörten. Keiner der Mönche überlebte oder kehrte hierher zurück, sodass der Schatz erst bei Rekonstruktionsarbeiten im Jahr 1974 entdeckt wurde.

Goldene Relikte in der Schatzkammer des Klosters Banja

Eine kraftvolle Darstellung der Kreuzigung

Maglič

Jerinin grad
täglich 06-23

Maglič

036 5826 009

Es mag wie eine gewöhnliche Kafana am Straßenrand aussehen, doch dieses Lokal serviert einige überraschend gute Gerichte. Kosten Sie die Forelle oder das Lamm ispod sača.

Kod Mira
täglich 07-23

Bogutovac

036 5826 002

Diese Kafana, einige hundert Meter von der Straße Kraljevo-Raška entfernt, steht hier seit über anderthalb Jahrhunderten. Die neuen Besitzer haben das Erscheinungsbild geändert, indem sie das Beste von Alt und Neu vereinten. Nach den sehr guten traditionellen Vorspeisen sollten Sie mit dem Grillfleisch fortfahren, das zum Fingerlecken ist und in großen Mengen serviert wird. Das einzige Problem oder eher ein Versäumnis ist, dass es außer Grillfleisch und Fisch nicht viel mehr auf der Karte zu finden ist.

Žiča

Ribnjak kod Neda
täglich 08-23

Žiča bb

036 5816 469

Wie der Name schon andeutet liegt der Fokus dieses Restaurant auf dem Fisch, der direkt aus ihrem eigene Fischteich kommt, wobei auch hier das unausweichliche Grillfleisch für Wählerische angeboten wird. Das eher düstere Interieur steht im Kontrast zu der hübschen Terrasse.

Kraljevo

Lepi Boro
täglich 07-24

Oktobarskih žrtava 15

036 328 328

Dieses kleine Lokal ist wohl das bekannteste Restaurant in Kraljevo und befindet sich in einer der zentralen Straßen der Stadt. «Der schöne Boro» ist äußerlich nichts Besonderes, tischt aber ausgezeichnetes serbisches Essen auf, vor allem Grillgut und Fleisch und vegetarische Erfindungen. Die entspannte Atmosphäre, das effiziente Personal und ein Besitzer, der oft anwesend ist.

Kraljica Ibra
mon-sam 09-23

Ibarski kej bb

036 31 29 02

«Die Königin des Ibar» ist ein Hausboot in der Form einhes Holzschiffs, das am Ufer des Ibar festgemacht ist. Eine attraktive Lage, besonders im Sommer, mit annehmbarem Essen.

Novi Pazar

Koliba
mon-sam 08-24

Relje Krilatice 59

069 0124 111

«Die Hütte» befindet sich in einer Seitenstraße wenige Minuten Fußweg vom zentralen Stadtplatz entfernt und versteckt sein holzlastiges Interieur hinter einem unauffälligen Exterieur. Gutes Essen und eine warme Atmosphäre.

Šadrvan
mon-sam 08-24

Stefana Nemanje St

Das bekannteste und wohl beste Lokal, um die einheimischen Ćevapi zu probieren, allgemein als „Kod Jonuza" bekannt. Das Resturant ist klein und unauffällig, aber das Essen ist so gut, dass wiederkommen wollen.

Kopaonik

Alo-alo
mon-sam 10-23

Sunčani vrhovi, konak "Koznik"

036 471 977

Dieses idyllische, kleine Restaurant liegt in «Sunčani vrhovi», dem Knotenpunkt des sozialen Lebens auf dem Kopaonik und hat eine Speisekarte, die sich hauptsächlich auf serbische Küche konzentriert, mit vielen Snacks und Appetitanregern, auf köstliche Weise zubereitet und zu vernünftigen Preisen.

Koliba
mon-sat ????

Malo jezero

064 247 85 46

Eins der besser aussehenden Restaurants in Kopaonik, mit holzverkleidetem Interieur und offenem Feuerofen. Eine angenehme Atmosphäre, die Ihren Appetit auf ispod sača gebackenes Rind- und Lammfleisch oder Blaubeerkuchen wecken wird.

Schiffrestaurant "Kraljica Ibra" in Kraljevo

Kopaonik

Dobrodolac

37220 Brus

037/ 823 014

www.dobrodolac.com

8/40 €€

Eine größere Pension in Brezeće, auf halbem Weg nach Kopaonik, doch nicht weit entfernt von dem ersten Skilift, der Sie mit dem Rest des Ferienortes verbindet. Es gibt hier ein kleines Spacenter. Einfacher Komfort zu niedrigen Preisen.

Grand ★★★★

36354, Kopaonik

036/ 471 977

grand-kopaonik.com

165/322 €€€€€

Dieses Hotel hat zwei Gesichter. Auf der einen Seite hat es renovierte, luxuriöse Zimmer und Räumlichkeiten, die in Kopaonik ihresgleichen suchen (Außen- und Innenpool, großer Fitnessraum, Sporthalle usw.), auf der anderen Seite gibt es veraltete nicht renovierte Zimmer und einige Mängel, die ein 4-Sterne-Hotel sich nicht erlauben dürfte.

VISA Maestro MasterCard

Nebeske stolice 5★

36354, Kopaonik

036/ 471 247

www.nebeskestolice.com

35/210 €€€

An einem ausgezeichneten Standort in der Nähe der Skipisten und dem Zentrum des sozialen Lebens im Ferienort, und doch angenehm ruhig. Der Service und die Räumlichkeiten sind auf dem höchsten Niveau, obwohl wir sagen müssen, dass das Aussehen weit von dem entfernt ist, was man von einem 5-Sterne-Hotel erwarten würde. Die Zimmer haben ihre eigenen Küchen, aber es gibt unten auch ein gutes Restaurant. Alles in allem hübsch, aber nicht sensationell.

Diners Club VISA Maestro MasterCard

"Nebeske stolice" im Kopaonik

Ozon ★★★★

36354, Kopaonik

036/ 823 133

www.hotelozon.rs

19/54 €€€€

Ein schönes Hotel in Brzeće in der Nähe des Skilifts zum Zentrum des Ferienortes. Schicke Zimmer und moderne Räumlichkeiten mit einer gewissen Eckigkeit.

Diners Club VISA Maestro MasterCard

Putnik Club A ★★★★

36354, Kopaonik

036/ 471 600

www.putnik.com

98/210 €€€€

Es liegt etwa einen Kilometer vom Zentrum aller Aktivitäten auf dem Berg entfernt, aber mit einer guten Verbindung durch einen kleinen Skibus. Gut ausgestattete, wenn auch nicht luxuriöse Zimmer mit großen Fenstern sorgen für viel Tageslicht und einen schönen Ausblick. Man kann im Hotel Ski leihen und einen Skipass erwerben.

Diners Club VISA Maestro MasterCard

Radigost
37220 Brus
037/ 823 314
W /
8/28 — €€
Eine hübsche kleine Pension in Brzeće mit großen Zimmern, alles aus Holz mit vielen schönen Details. Zusätzlich gibt es hier ein Restaurant, das ausgezeichnetes serbisches Essen auftischt, und eine einfache Sauna.

Tomić
Selo Kriva Reka
062/ 678 756
W /
4/9 — €
Ein Haushalt im Dorf Kriva Reka, etwa 10 km vom Zentrum des Ski-Orts Kopaonik entfernt. Die liebevollen und heiteren Besitzer werden Ihnen sofort ein Gefühl geben, als seien Sie zu Hause, und sind immer für Sie da. Gute Räumlichkeiten und ausgezeichnetes hausgemachtes Essen, das hauptsächlich von ihren eigenen Produkten zubereitet wird. Der Ort für einen anderen Blick auf dieses Touristengebiet.

Vila Jana ★★★★
36354, Kopaonik
063/ 77 43 869
W apartmanikopaonik.com
5/19 — €€€€€
Eine von drei „Villen" (die anderen beiden, Jelena und Valentina sind ebenso gut), die einfache, modern eingerichtete Apartments bieten und gut ausgestattete Küchen. Freundliches Personal und eine gute Lage, eine kurze Fahrt von Zentrum des Ferienorts entfernt. Exzellente Leistungen für Ihr Geld.

Zoned ★★★★
36354, Kopaonik
036/ 427 666
W www.hotel-apart-zoned.rs
54/301 — €€€€€
Ein ganz neues Hotel, etwas außerhalb des Zentrums des Ferienortes. Die Zimmer sind gut ausgestattet in einem zeitgemäßen Stil, alles in milden, hölzernen Tönen. Sehr gutes Essen und ein schönes Spacenter sind ein angenehmes Extra. Was den Aufenthalt hier aber wirklich exzellent macht, ist das zuvorkommende Personal, das alles stehen und liegen lässt, um Ihnen zu helfen. Man kann nur hoffen, dass sie so weitermachen.

Kraljevo

Crystal ★★★★
Kovanlučka 1
036/ 329 140
W www.hotelcrystal.rs
26/50 — €€€€€
Ein neues Hotel, nur ein paar Straßen vom zentralen Stadtplatz entfernt. Das Interieur passt zum Namen: Glänzend, farbenfroh – und am wichtigsten – makellos sauber. Die Zimmer sind groß und komfortabel, mit einer eleganten Designernote, wenn manche der Badezimmer auch unangemessen klein sind. Die große Tiefgarage und ein schönes Spacenter sind die großen Pluspunkte. Erwarten Sie nicht viel vom Frühstücksbuffet oder dem Restaurant der Hotels.

Tehnograd ★★★★
Kovanlučka 1
036/ 373 300
W www.hoteltehnograd.com
21/45 — €€€
Eine respektable 3-Sterne-Unterkunft an der Hauptstraße Richtung Vrnjačka Banja. Nicht Besonderes, was das Design angeht, doch die Zimmer sind groß und sauber mit vielen Annehmlichkeiten. Das Personal ist zuvorkommend und das Frühstück anständig.

Nova Varoš

Panorama ★★
Babića brdo, 31320 Zlatar
033/ 61 772
W /
117/248 — €€€
Dieses alte Hotel etwa 5 km von Nova Varoš entfernt im Zlatar-Gebirge schreit förmlich nach einer Renovierung. In über zwanzig Jahren hat sich hier nicht viel verändert, angefangen bei den Möbeln bis zum ungeordneten Service. Andererseits ist es so günstig wie ein Hotel nur sein kann und die Natur ist so schön, dass Sie nicht viel Zeit in Ihrem Zimmer verbringen werden.

Vraneša
Selo Vraneša, 31320 Zlatar
033/ 674 234
W www.etnopoint.rs
7/26 — €€€
Diese «Ethno-Öko-Hütte» nicht weit vom See Kokin Brod und Nova Varoš entfernt, wurde erst kürzlich eröffnet und besteht aus mehreren Bungalows und Zimmern, die alle an Blockhäuser erinnern. Gepflegte Möbel mit Andeutungen von lokalen Folkloremotiven in sehr funktionalen Zimmern.

Novi Pazar

Denis ★★★
Dojevice bb
020/ 360 120
W www.hoteldenis.rs
7/16 — €€€
Ein Motel in den Ausläufern der Stadt, an der Hauptstraße Richtung Sjenica. Chaotisches Design, aber mit großen und sauberen Zimmern und Badezimmern. Das größte Plus (abgesehen von der Lage, die günstig sowohl für einen Besuch der Stadt, als auch der Umgebung ist) ist der Garten mit dem Kinderspielplatz.

Sopoćani

Sopoćani, 36300 Novi Pazar
020/ 313 663
W /

22/50 — €€

Ein kleines Hotel, das zwar nur Basiskomfort, aber eine ideale Lage bietet: Gleich neben dem gleichnamigen Kloster, abseits des Trubels von Novi Pazar, und doch nicht weit entfernt.

Tadž ★★★★

Rifata Burdževića79
020/ 311 904
W /

22/50 — €€€€€

Mitten im Zentrum von Novi Pazar gelegen ist dies bei weitem die beste Unterkunft in der Stadt. Modern, wenn auch mit für eine 4-Sterne-Unterkunft recht bescheidenem Design, mit sauberen, praktischen Zimmern. Das Hotel verfügt über einen großen, sehr gefragten Konferenzraum.

Vrbak ★★★★

Maršala Tita bb
020/ 314 548
W /

50/150 — €€

Dieses große Hotel aus der Ära des Sozialismus ist zu so etwas wie dem Symbol der Stadt geworden, Liebhaber der 1980er müssen es sehen (oder dort absteigen). Kürzlich wurde es renoviert, bleibt aber eine gemischte Angelegenheit mit einigen aufpolierten Zimmern, während die meisten irgendwo zwischen der Vergangenheit und der Gegenwart zurückbleiben.

Priboj

Etno selo Gaj

Pribojska Banja
033/ 448 750
W etnoselo.pribojskabanja.rs

4/8 — €€

Ein Restaurant mit vier winzigen Bungalows, alle in Holz gehalten, nahe dem Kloster Banja. Bescheiden, aber neu, sauber und gastfreundlich.

Lim

Veljka Vlahovića 16
033/ 454 722
W www.hotellim.co.rs

63/144 — €€

Ein weiteres in der Reihe der Hotels der Region, die aus vergangenen Zeiten stammen, „Lim", hält sich für sein Alter und seine Lage erstaunlich gut. Wenn Sie die Augen vor der fragwürdigen Hygiene und der veralteten Ausstattung verschließen können. Es schaffte es auf unsere Liste, weil es Ihre einzige Option in der Stadt ist.

Prijepolje

Ljuljić Branko

Sopotnica
033/ 711 095
W /

10/20 — €€

Die Unterkünfte in den Haushalten in Sopotnica unterscheiden sich nur geringfügig. Abgesehen von dem ungewöhnlichen, großen Haus ist der der Ljuljić-Familie keine Ausnahme, mit seinen sauberen aber einfachen Zimmern und der gastfreundlichen Atmosphäre.

Sjenica

Bor ★★

Milovana Jovanovića bb
022/ 741 242
W /

40/100 — €€

Gleich außerhalb der Stadt befindlich ist dieses veraltete Hotel Ihre einzige Möglichkeit über Nacht in Sjenica zu bleiben. Erträglich gepflegt und einigermaßen sauber, zu günstigen Preisen.

Studenica

Studenica ★★

36343 Studenica
036/ 836 222
W /

25/50 — €

Dieses winzige Hotel neben dem Kloster bietet Basiskomfort zu guten Preisen. Die Räumlichkeiten sind sehr einfach, das zuvorkommende Personal lässt Sie die Defizite vergessen.

Žiča

Djerdan

Žiča bb
036/ 58 17 417
W www.djerdan.co.rs

9/19 — €€

Ein kleines Billighotel in der Nähe des Klosters Žiča. Basisannehmlichkeiten und nackte Zimmer, doch anständig genug für einen Reisenden in Not.

SÜDSERBIEN

Die Region Südserbien verläuft entlang zwei ihrer wichtigsten Flüsse: Južna Morava (Südmorava) und Nišava. Beide Flüsse ziehen sich durch die wechselnde Szenerie von weiten, fruchtbaren Feldern und fast unpassierbaren Schluchten. Mit hohen Gebirgen an drei Seiten kontrolliert dieses Gebiet die Straßen nach Süden und Osten hin, also nach Bulgarien und Griechenland, diese uralten Wege, die über die Jahrhunderte sowohl Gutes, als auch Schlechtes nach Serbien gebracht haben. Die Bedeutung der Position der Region lässt sich am besten Aufzeichnungen entnehmen, die besagen, dass der Berg Kunovica, der die **Sićevo-Schlucht** *(Sićevačka klisura)* abschließt, in der klassischen Zeit und im Mittelalter als *Catena Mundi* , die „Kette der Welt", die die Welt zusammenhielt, bekannt war. Alle südserbischen Städte befinden sich in Tälen, jedes von einem Berg dominiert, der höchste und schönste davon ist **Suva Planina** (1713 m) in der Nähe von Niš. Die malerische Gegend um den Vlasina-See *(Vlasinsko jezero)* auf über 1200 m Höhe ist besonders interessant wegen seiner Natur und seines spezifischen Klimas.

In der spätrömischen Zeit waren in dieser Gegend die Geburtsorte zweier großer Kaiser, die den Verlauf der europäischen Geschichte änderten – Konstantin der Große wurde im Jahre 274 in Naisus (Niš) geboren, während der Kaiser Justinian aus der Umgebung von Lebane stammte, dem Ort, wo er die Stadt *Justiniana Prima* (heute **Caričin Grad**) baute. Im Mittelalter war diese Gegend das Grenzland zwischen Serbien, Byzanz und Bulgarien; später, Mitte des 15. Jahrhunderts, marschierten die Türken ein, die hier bis 1878 herrschten. Die türkische Besatzung hat eine tiefe Spur im alltäglichen Leben hinterlassen, vor allem in den Städten, wo die ältesten Häuser in rein orientalischem Stil gebaut wurden. Nach der Befreiung wurde Niš wieder zu einer wichtigen Stadt. Dank seiner tüchtigen Einwohner haben sich auch die Städte Pirot, Leskovac und Vranje schnell weiterentwickelt, und tauschten ihre orientalischen Bräuche gegen europäische ein. Die Konsequenzen der bulgarischen Besatzung in den beiden Weltkriegen waren schwerwiegend. Alles Serbische war in Gefahr, zerstört zu werden und jeder, der nicht seine Identität wechseln und Bulgare werden wollte, wurde terrorisiert. Dies war die Zeit der Aufstände, die in dieser sonst so friedlichen Gegend ihren Ursprung fanden: Der lange und blutige Toplica-Aufstand 1916 war der einzige, den es in den besetzen Territorien im Ersten Weltkrieg gab. Der Kampf gegen die deutschen und bulgarischen Besatzer zwischen 1941 und 1944 war ebenso brutal. Die englisch-amerikanische Bombardierung 1944 traf besonders die Städte entlang der

Frühnebel über Vlasina

Die kaum bereisten Straßen der Südseite des Stara-Planina-Gebirges

Haupteisenbahnlinie und Leskovac, das größte und am besten entwickeltste Zentrum der Textilindustrie in Serbien, wurde in Schutt und Asche gelegt.

In den letzten zwei Jahrzehnten hatte der Süden sehr zu leiden. Der Zusammenbruch großer staatlicher Fabriken in den 1990ern wurde vom Kosovo-Krieg gekrönt, als diese Region erbarmunglos bombardiert wurde. Trotz alledem leben auch weiterhin Albaner im Südwesten und Bulgaren im Osten der Region neben Serben. Das größte Problem Südserbiens ist in jedem Fall seine Wirtschaft: Obwohl es auch Ausnahmen gibt, ist dies bei weitem die ärmste Gegend des Landes und der Staat unternimmt wenig, um dies zu ändern.

Die Lebendigkeit der Landschaft wird im feurigen Temperament der Südserben und ihrem scharfen Essen reflektiert. Die Gegend ist berühmt für das Grillfleisch aus Leskovac *(Leskovački roštilj)*, den Höhepunkt alles Gegrillten auf dem Balkan und darüber hinaus. Ebenso bekannt sind die Paprikas, die es in allen Formen und Größen gibt, und die jedes Essen aufpeppen. Der Tabak, der in Niš und Vranje produziert wird, ist von exzellenter Qualität, und ist dabei seinen Platz in der lokalen Wirtschaft zurückzuerobern. Ebenso wie der Hartkäse *kačkavalj*, der heute meist industriell hergestellt wird, aber in vielen Dörfern auf dem Berg Stara Planina wird er noch auf traditionelle Weise gemacht.

Ein hervorstechendes lokales Merkmal der Südserben ist ihre schnelle und dynamische Art zu sprechen, die den benachbarten bulgarischen und mazedonischen Dialekten ähnelt. Mit seinen vielen einzigartigen Wörtern und seinen farbenfrohen Ausdrücken, die man sonst nirgendwo findet, wurde der Dialekt von Schriftstellern wie Bora Stanković und Stevan Sremac celebriert. Die Filme, die auf ihren Büchern basieren, einige wurden in den letzten zehn Jahren gedreht, machten sich die Lebendigkeit der einheimischen Art zu sprechen und den einzigartigen Humor der Südserben zunutze.

Paprikaernte im Dorf Lokošnica

1 Niš
2 Pirot
3 Poganovo
4 Kuršumlija
5 Djavolja Varoš
6 Caričin Grad
7 Vlasina
8 Vranje

1 Niš

258,000

Vožda Karadjordja 5, 018 521 321

Vazduhoplovaca 24, 018 58 00 23

Bulevar 12. februara bb, 018 255 177

Dimitrija Tucovića bb, 018 29 13 20

Nišville Jazzfestival, 2.Woche im August
Nisomnia Musikfestival, früher September

Wenn Sie den Balkan bereisen, ist es schwierig Niš bei Ihrer Reiseroute auszulassen. Das hat vor allem mit seiner Lage zu tun. Die Stadt liegt in einem weiten Talkessel am Fluss Nišava, in der Nähe von dessen Mündung in die Südmorava. Zwei Hauptverkehrswege des Balkans – einer nach Sofia und Istanbul, der andere nach Skopje und Thessaloniki – verlaufen seit langer Zeit entlang dieser beiden Flüsse, wie sie es auch heute noch tun. Doch Niš ist kein trister Verkehrknotenpunkt oder ein langweiliger Zwischenstopp, wo man nur die Züge wechselt. Serbiens drittwichtigste Stadt ist voller historischer Monumente, brummt vor Leben, guter Stimmung und positivem Geist und – nicht zuletzt – gibt es hier viele Restaurants, deren Essen Sie sprachlos machen wird. Mit einer Auswahl an guten Hotels und Überna-chtungsmöglichkeiten in der Umgebung gibt es keinen Grund, nicht aus dem Zug oder Bus zu steigen, und die Stadt für ein paar Tage zu erkunden.

GESCHICHTE

Niš ist eine Stadt mit außergewöhnlich reicher und bewegter Geschichte, die seiner Lage würdig ist.

Der Name wurde der Siedlung schon von den keltischen Skordiskerstämmen gegeben, den ersten Bewohnern von Niš, deren Name bekannt ist und die um Christi Geburt herum den **Römern** unterlagen. Unter römischer Herrschaft wurde Naissus zum ersten Mal schriftlich erwähnt. Ursprünglich war es ein kleines Militärlager am rechten Flussufer (etwa die Gegend, wo heute die Festung steht). Naissus entwicklete sich nach und nach in eine Stadt mit dem Status eine *Municipiums*. 269 verzeichnete der Kaiser Claudius einen entscheidenden Sieg über

Der Kopf Konstantins des Großen im Nationalmuseum Belgrad

die Goten vor der Stadt und nahm daher den Titel *Gothicus* an. Niš/Naissus ist weltweit bekannt als Geburtsort des Kaisers Konstantin des Großen *(siehe Kasten)*. Konstantin steckte große Bemühungen in die Weiterentwicklung der Stadt, brachte neue Kolonisten hierher und baute stärkere Mauern um sie herum. Die gefeierte goldene Ära der Stadt kam 441 zu einem Ende, als die Hunen sie plünderten. Die Stadt stieg wieder auf in der Zeit der Erneuerung unter dem byzantinischen Kaiser

Konstantin der Große

Der römische Kaiser (306-337) Flavius Valerius Constantinius, besser bekannt als Konstantin der Große (serb. Konstantin Veliki), einer der berühmtesten Persönlichkeiten der europäischen Geschichte, wurde 272 in der antiken Stadt *Naissus* (modern Niš) geboren. Konstantins Vater Constantinius Chlorus, war ein römischer General, der 293 einer der vier Herrscher der Tetrarchie wurde. Konstantins Mutter Helena war die Tochter eines Wirts und Constantinius Konkubine. Obwohl höchstwahrscheinlich unehelich, war Konstantin Constantinius Lieblingssohn. Als Constantinius 306 in York starb, wurde Konstantin von Constaninius Armee als neuer Augustus ausgerufen. 312 wurde er dank seines unermüdlichen Ehrgeizes und seiner militärischen Fähigkeiten zum Herrscher des westlichen Teils des römischen Reiches. Vor der entscheidenden Schlacht an der Milvian-Brücke (312) behauptete Konstantin, er habe ein Kreuz am Himmel über der Sonne gesehen, auf dem die Worte «mit diesem Zeichen wirst du siegreich sein» erschienen seien. Nach dieser mystischen Erfahrung konvertierte der Kaiser offen zum Christentum, das zu dieser Zeit die Religion einer verfolgten Minderheit war. Im darauf folgenenden Jahr veröffentlichte er das Edikt von Mailand, das die religiöse Gleichheit für die Christen des Imperiums brachte. 324 hatte Konstantin auch die letzten seiner Feinde eliminiert und wurde der erste Alleinherrscher Roms nach fast vier Jahrzehnten. Während dieser Zeit gründete er das «Neue Rom», Konstantinopel (heute Istanbul), verschönerte aber auch seine Geburtsstadt Naissus und deren Umgebung, wo er , in Mediana, seinen Palast baute. Nach seinem Tod imJahr 337 wurde der erste christliche Kaiser zum Vorbild für die zukünftigen Herrscher des mittelalterlichen Europa. In der orthodoxen Kirche gilt er als Heiliger und wird als 13. Apostel verehrt, der den Feiertag mit seiner Mutter, St. Helena (21.Mai) teilt, welcher auch der Feiertag der Stadt Niš ist.

Das historische Erbe von Konstantin ist immens und man erinnert sich mit Stolz an den Kaiser. 2013, am 1700. Jahrestag des Edikts von Mailand, werden die christlichen Oberhäupter in der Stadt zusammentreffen. Es ist auch ein Monument in Planung, sowie ein großer Komplex im Gedenken an den Ruhm des Kaisers.

Justinian, doch sie endete 615, als die Stadt von den Slawen geplündert wurde, die danach in der Gegend siedelten und bis heute den größten Teil der Bevölkerung stellen.

Im **Mittelalter** wechselte Niš die Besitzer zwischen den Staaten, die versuchten, die Kontrolle über die Straße Belgrad-Konstantinopel zu erlangen, doch keiner von ihnen (Byzanz, Bulgarien, Ungarn, Serbien) war stark genug, sie für längere Zeit zu halten. Angeführt von Stefan Nemanja nahmen die Serben die Stadt 1183 ein, und hielten sie bis zum 14. Jahrhundert. Die Türken eroberten Niš 1386, aber mussten mehrere Male erbittert darum kämpfen, bis sie es schließlich 1428 entgültig für sich beanspruchen konnten.

Für die nächsten zweieinhalb Jahrhunderte entwickelte sich Niš stetig unter den **Osmanen,** wuchs aus den Stadtmauern heraus und breitete sich zum ersten Mal auf der linken Flussseite der Nišava aus. Doch mit den ersten Veränderungen wurde Niš zerstört: 1689 nahm die Habsburger Armee mit Hilfe der Serben die Stadt ein, konnte sie aber nicht halten. Die Türken bereiteten nun eine hartnäckige Verteidigung vor, indem sie die alten mittelalterlichen Mauern niederrissen und die Festung bauten, wie wir sie heute kennen und die den modernsten Prinzipien der Zeit entsprach. Die Habsburger Truppen nahmen die Stadt noch einmal 1739 ein, es gelang ihnen aber wieder nicht, sie zu halten.

1809 wurde die serbische aufständische Armee vor den Toren von Niš besiegt und so war die türkische Herrschaft über die Stadt gesichert und der serbische Staat wurde nach Norden zurückgedrängt. Die untragbaren Bedingungen unter den Türken führten zu mehreren Aufständen der einheimischen Serben (1885, 1841). Schließlich

Niš zu Beginn des 20. Jahrhunderts

eroberte die serbische Armee die Stadt **1879**, das Jahr, das eine neue Ära für die Stadt einleitete. In den folgenden Jahrzehnten ging die Stadt mit großen Schritten der Modernisierung entgegen, entwickelte sich schnell zum Zentrum des Handwerks und der Industrie, besonders nachdem die Eisenbahnlinie sie 1884 erreicht hatte. Die königliche Residenz in Niš war das Lieblingsdomizil von König Milan und seinem Sohn Aleksandar Obrenović und hier wurden auch einige Parlamentssitzungen abgehalten, da die politische Situation hier viel ruhiger war als in Belgrad.

Während der austro-ungarischen Angriffe auf Belgrad 1914 diente Niš als provisorische Hauptstadt Serbiens und hier wurde die bekannte «Niš-Deklaration», das erste offizielle Dokument über die Planung der Formation Jugoslawiens erarbeitet. 1915 wurde die Stadt von den Bulgaren besetzt und 1918 befreit, nachdem der letzte deutsche Wiederstand vor ihren Toren gebrochen wurde, was der serbischen Armee ermöglichte, in das sich auflösende Österreich-Ungarn einzumarschieren.

Während des **Zweiten Weltkriegs** wurde die Stadt erneut von Bulgarien besetzt und war berüchtigt wegen des Konzentrationslagers «Crveni Krst», wo tausende Patrioten getötet wurden. 1944 zerstörte heftiges Bombardement der Alliierten einen großen Teil des Stadtzentrums und forderte Verluste unter der Zivilbevölkerung.

Nach dem Krieg wuchs die Stadt schnell zu einem wichtigen industriellen Zentrum und zu einer Universitätsstadt. In den 1990ern stoppte der Fortschritt abrupt, und 1999 bei der NATO-Bombardierung wurden einige Fabriken zerstört und es gab viele Opfer unter der Zivilbevölkerung.

Niš hat die Jahre der Transition schlecht gemeistert und viele industrielle

Die neuen und die alten Seiten von Niš

Unternehmen wurden geschlossen. Dennoch waren seine Großstadtlichter hell genug, um neue Einwohner anzulocken und es über Wasser zu halten, sodass es in den vergangenen Jahren einen Hoffnungsschimmer für eine bessere Zukunft gab.

SEHENSWÜRDIGKEITEN

1. Die Festung

Tvrdjava

Die Festung wurde an dem Standort erbaut, der das Herz des römischen, des byzantinischen und des mittelalterlichen Niš bildete. Als 1717 die Habsburger Belgrad, das wichtigste Bollwerk auf der Konstantinopel-Straße, einnahmen, brauchten die Osmanen eine starke Festung, um die Hauptstraße, die zu ihrer Hauptstadt führte, zu beschützen. Die mittelalterlichen Mauern wurden niedergerissen, um Platz zu schaffen und Baumaterial für die neue Befestigung zu erhalten. Die Arbeiten wurde 1719 eilig begonnen und bereits 1723 beendet. Die Festung hat einen polygonalen Grundriss mit sieben Seiten und acht Bastionen, mit mehr als 2 km Festungsmauer von 8 m Höhe und 3 m Dicke. Von den ursprünglichen vier, liegen zwei heute in Ruinen.

Das Haupttor, das **Istanbul-Tor** *(serb. Stambol-kapija)* steht auf der Südseite, der Nišava und dem Hauptstadtplatz zugewandt. Das Istanbultor mit seinen Nischen, seinen pyramidenförmigen Geländern und den arabischen Inschriften ist ein Meisterwerk osmanischer Handwerkskunst. Die

- ❶ Die Festung
- ❷ Der Banovina-Palast
- ❸ Der Kralja-Milana-Platz
- ❹ Die Obrenovićeva-Straße
- ❺ Die Vožda Karadjordje-Straße
- ❻ Die orthodoxe Kathedrale

HOTELS (S. 350)

- ① My Place
- ② Regent Club

RESTAURANTS (S. 348)

- ③ Elite
- ④ Galija
- ⑤ Kod Rajka
- ⑥ Mamma
- ⑦ Nišlijska mehana
- ⑧ Pleasure
- ⑨ Stara Srbija
- ⑩ Vicolo

Das Istanbul-Tor, der Haupteingang in die Festung von Niš

Festung wurde zum Symbol der Stadt und befindet sich auf dem Stadtwappen.

Durch das Tor und dann zur Linken sind die **Türkischen** Bäder. Sie wurden im 15. Jahrhundert gebaut und sind eine Stiftung des Mehmet-Beg, dem ersten Verwalter des Smederevo-Sandschak (heute Zentralserbien); es ist das älteste Gebäude der Stadt. Die Bäder sind ein elegantes, symmetrisches Bauwerk mit abwechselnden Reihen von Steinen und Ziegeln und mit Mauern, die bis zu einem Meter dick sind. Da sich dort heute ein Restaurant befindet, ist von dem Originalinterieur fast nichts übrig geblieben.

Auf der rechten Seite steht das alte türkische **Arsenal**, in dem die Waffen, die für die Verteidigung der Festung benötigt wurden, angefertigt und repariert wurden. Es wurde 1857 gebaut und hat mehrere breite Bögen auf der Seite der Promenade. Im Inneren finden Sie eine Galerie, die eine große Vielfalt an Souvenirs anbietet. Ein kleines Stück dahinter befindet sich die «Sommerbühne» *(Letnja pozornica)*, ein Open-Air-Amphitheater, wo die meisten der Sommerfestivals stattfinden.

Neben den türkischen Bädern sind an der Mauer entlang eine Reihe von Cafés zu finden, an deren Ende das massive **Belgrad-Tor** steht, das – leider – fast immer geschlossen ist. Weiter den zentralen Spazierweg entlang erreicht man das provisorische **Denkmal** für Fürst Milan Obrenović und die Befreier von Niš im Jahr 1878, das ein riesiges Geschoss darstellen soll. Weiter auf der linken

Die frühere Bali-beg-Moschee

Seite befindet sich ein schmaler Weg, der zu den **Festungsmauern** führt, die den ganzen Weg zurück zum Stambol-Tor folgen.

Wenn wir den Hügel mit dem Bergsteigerheim mit seiner schattigen Terrasse hinter uns lassen, erreichen wir den zentralen Teil der Festung und die einmalige **Bali-Beg-Moschee.** Sie wurde im 16. Jahrhundert erbaut und ist ein exzellentes Beispiel für religiöse osmanische Architektur: Eine flache Hauptkuppel ruht auf einer mächtigen quadratischen Grundfläche, während zwei kleinere Kuppeln über dem Vorbau auf eleganten Säulen stehen, die in Lanzettbögen enden. Das einzige, was fehlt, ist das Minarett, das nach der Befreiung niedergerissen wurde. Neben der Moschee stehen die ausgegrabenen Überreste des römischen und des byzantischen Niš.

Ein Stück weiter ist eine schöne Open-Air-Ausstellung von **römischen Grabsteinen** und anderen Grabmählern, die in Niš und seiner Umgebung gefunden wurden.

2. Der Banovina-Palast

Links des Istanbul-Tors gibt es ein kleine Grünfläche, die von einem Gebäude namens Banovina dominiert wird. Es gibt drei interessante Denkmäler auf diesem offenen Gelände, von denen das bemerkenswerteste das verdeckte Monument für die Einheimischen, die in den Kriegen von 1991-1999 ums Leben kamen,

Das Plateau vor dem Banovina-Palast

ist. Es ist im klassischen Stil ausgeführt, besteht aber aus modernen Materialien. Gleich daneben steht die Büste des «Nationalhelden» Djuka Dinić und am Flussufer steht ein Denkmal, das an die Zusammenkunft Stefan Nemanjas mit Friedrich Barbarossa 1183 erinnert.

Der älteste Teil des Banovina-Palastes ist der dem Fluss zugewandte, der 1889 für die Bedürfnisse der örtlichen Verwaltung erbaut wurde. Zu der Zeit war es das größte europäisch aussehende Gebäude in der noch immer hauptsächlich orientalischen Stadt. 1914 und 1915, als österreich-ungarische Kanonen Belgrad drohten, wurde dieser Ort als vorübergehender Sitz der serbischen Regierung genutzt. Als Niš 1930 der Verwaltungssitz der Morava-Region (*banovina*, daher der Name) wurde, einer der zehn administrativen Einheiten des Königreichs Jugoslawien, wurde das alte Gebäude auf den ganzen Block erweitert. Die neue, repräsentative, zur Festung gewandte Fassade wurde nach den Entwürfen des Architekten Petar Gačić fertiggestellt. Seit 1966 beherbergt das Gebäude den Sitz des Kanzlers der Universität Niš.

3. Der Kralja-Milana-Platz

Trg kralja Milana

Hier war einst ein Knotenpunkt, an dem sich fünf Straßen trafen, an denen entlang sich die Stadt ab dem 16. Jahrhundert am linken Flussufer entwickelte. Ende des Jahrhunderts wurde am Standort des heutigen Reiterdenkmals die erste Moschee auf dieser Seite des Flusses gebaut. Nach der Befreiung wurden die Moscheen niedergerissen und 1879 beseitigte ein Feuer auch den Rest der Gebäude von dem zukünftigen Platz, einige kleine, orientalische Läden. So entstand ein freier Raum, den man zum Hauptstadtplatz machte und nach dem herrschenden König benannte. Heute ist der Kralja-Milana-Platz ein beliebter Treffpunkt, eine immer belebte Promenade, aber auch der Ort, an dem alle großen Veranstaltungen und politischen Großkundgebungen abgehaltn werden.

Auf der Westseite des Platzes können Sie eine Reihe malerischer Häusern sehen, von denen alle zwischen 1882 und 1930 gebaut wurden, während andere ihr altes Aussehen 1959/60 verloren, als die alten Häuser abgerissen wurden, um Platz für das neue **Hotel «Ambasador»** zu machen.

In der Mitte des Platzes steht das **Denkmal für die Befreier von Niš**, eins der Wahrzeichen der Stadt. Angefertigt wurde die Skulptur von Antun Augustinčić und 1938, am 60. Jahrestag der Befreiung von den Türken und dem 20. der Befreiung von der bulgarischen Besatzung im Ersten Weltkrieg, enthüllt. Es zeigt Szenen aus Schlachten gegen die Türken, wie auch

Ein alter Trinkbrunnen auf dem Kralja-Milana-Platz

solche aus dem Ersten Weltkrieg, und obendrauf steht eine Reiterstatue, die «Bote des Friedens» genannt wird.

Nahe der Brücke steht ein kleines, aber hübsch gearbeitetes **Denkmal** für die fünf serbischen Patrioten aus Niš, die 1821 an diesem Ort von den Türken mit dem Beschuldigung, eine Verschwörung zu planen, gehängt wurden. Das Monument wurde 1913 enthüllt, am 35. Jahrestag der Befreiung und dem 1600. Jahrestag des Edikts on Mailand.

Am Beginn der Straße des 7.Juli, die zum Fluss gewandt ist, befindet sich das **Bürgermeisteramt**. Das stattliche Gebäude wurde 1924 im aufwenigen französischen neoklassizistischen Stil für die Filiale der Nationalbank errichtet. Bevor sie 1917 in Flammen aufging, stand hier die Sommerresidenz von König Milan, das schönste und größte Haus aus der Osmanenherrschaft. Ein weiteres Gebäude, das auf dem Platz auftauchte, nachdem der Platz frei geworden war, ist das **Hotel «Park»,** das erste wirklich moderne Hotel in Niš, 1936-38 nach den Entwürfen von Aleksandar Sekulić erbaut. Während der Besatzung durch die Nazis war das Hotel das Domizil der deutschen Offiziere. Am 3.Juli 1941 warf der Student

Das Denkmal "Der Friedensbote"

Aleksandar Vojinović eine Bombe hinein und tötete einige Deutsche. Dieses Ereignis war der Beginn des bewaffneten Widerstandes gegen die Besatzer in dieser Region.

4. Die Obrenovićeva-Straße

Diese Straße beginnt am Kralja-Milan–Platz und führt südwärts mitten durch die Stadt. Einst war hier die Markthalle und später die Haupteinkaufsstraße, die verlängert wurde, als die Stadt sich entwickelte und größer wurde. Heute ist sie zu einer Fußgängerzone mit zahlreichen Geschäften und mehreren Einkaufszentren geworden.

Eine Mischung aus alten und neuen Architekturstilen, Obrenovićeva-Straße

Vom Trg Kralja Milana ausgehend auf der linken Seite befindet sich ein Einkaufszentrum, das eine moderne Glasfassade besitzt, die in viel ältere Gebäude eingefügt ist. Das Interessanteste ist das zweistöckige **Gebäude von Aleksandar Mihajlović,** eine Kopie von Milorad Ruvidićs Smederevo Kreditbank in Belgrad. Bei der **Nr.41** steht einer der sehr opulenten und authentischen Bauten der Kaufleute von Niš. Er wurde 1930 für Andon Andonović von dem Architekten Milutin Borisavljević im Stil der französischen Neorenaissance errichtet, der zu dieser Zeit überall in Serbien sehr beliebt war.

Über die Kreuzung mit der Nikole-Pašića-Straße, gabelt sich nach links die Kazandžijsko-Sokače («Kupferschmiedgasse», die offiziell den Namen Kopitareva-Straße trägt). Die Gasse erinnert an das alte, orientalische Niš und wurde leider mit der Zeit vernachlässigt. Heute ist sie vollständig renoviert, wobei man den größten Teil des Jahres über die kleinen Häuser hinter der Vielzahl an Cafés mit ihren riesigen Sonnenschirmen kaum sehen kann. Am Beginn der Gasse steht ein **Denkmal**, das den Schriftsteller Stefan Sremac zeigt, wie er mit seiner fiktionalen Figur Kalča (und seinem Hund!), einem Jäger, der immer voller erstaunlicher – aber nicht unbedingt wahrer – Geschichten ist, an einem Kafana-Tisch sitzt.

Gleich rechts der gerade genannten Kreuzung, bei der Nikole-Pašića-Straße 36, steht das **Stambolijski Herrenhaus**, das attraktivste Exemplar orientalischer Architektur in Niš. Mit dem Bau des Herrenhauses wurde 1875 von einem gewissen Memetović, einem einheimischen Moslem, der es nach der Befreiung halb fertig an den gutsituierten Kaufmann Todor Stanković verkaufte, dessen Spitzname

Eine Terrasse in der Gasse Kazandžijsko Sokače

Stambolijski war, wegen seiner geschäftlichen Beziehungen nach Istanbul (serb. *Stambol).* Das Haus hat alle Merkmale des spätorientalischen Stils: Es ist aus Holz und Lehm gebaut und hat eine symmetrische Fassade mit einem Erker in der Mitte, während es im Inneren eine zentrale Holztreppe und geschnitzte Rosetten an den Decken gibt. Der Originalbau war in so schlechtem Zustand, dass er 1981 abgerissen und neu aufgebaut werden musste. Heute beherbergt es das Restaurant «Sindjelić».

Gleich über die Straße befindet sich die **archäologische Sammlung des Nationalmuseums** *(Nikole Pašića 59; Tel.: 018 51 15 31; 1. April bis 31. Okt. Di-So 10-20 Uhr, 1. Nov. Bis 31. März Di-Fr 10-17 Uhr, am Wochenende 10-14 Uhr; Eintritt: Erwachsene 120 Dinar, Kinder 100 Dinar, kombiniertes Ticket für alle Ausstellungen des Nationalmuseums 150 bzw.*

Das Stambolijski-Herrenhaus

Eine archäologische Sammlung im Nationalmuseum Niš

120 Dinar), das Fundstücke von der Prähistorie bis zum Mittelalter ausstellt. Das Museum ist stolz auf seine schöne Sammlung antiker Objekte, einschließlich eines besonderen metallenen Lettners mit Figuren des Gottes Asclepius und der Mondgöttin Luna, den Köpfen Konstantin des großen und seiner Mutter Helena (wobei diese nur Kopien sind, die Originale befinden sich in Belgrad), und zahlreiche Figurinen und andere interessante Fundstücke, hauptsächlich von der Ausgrabungsstätte Medijana *(siehe unten)*.

5. Die Vožda Karadjordje-Straße

Diese Straße war schon immer eine Hauptdurchgangsstraße, da sie eigentlich der erste Teil der Straße war, die Richtung Pirot führte und dann weiter nach Sofia und Istanbul.

An der Ecke mit der Orlovića-Straße ist das **Hauptpostamt**, das sich in einem für die staatliche Hypothekenbank vorgesehenen Gebäude aus dem Jahr 1931 befindet. Der Eckeingang ist durch robuste Säulen, allegorische Reliefs und Statuen betont, während der Rest der Fassade völlig ohne Verzierungen auskommt.

Eine Ecke weiter, auf dem Sindjelić-Platz, steht das modernistische **Nationaltheater**, dessen runder Eingang sich Richtung Platz öffnet. Es wurde zwischen 1937 und 1939 nach den Entwürfen von Vsevolod Tatarinov, einem jungen russischen Emigranten, der in Niš lebte, erbaut. Diagonal gegenüber dem Theater steht der Bau des **Bezirksgerichts**. Mit seinem Eckturm mit der Uhr und seinen üppigen Verzierungen gilt es als eins der interessantesten Gebäude in Niš.

Noch ein Stück weiter befindet sich die **Grundschule „Stevan Sremac"**. Sie war die erste in der Stadt und wurde 1878 eröffnet, weniger als ein Jahr nachdem die Türken abgezogen waren. Sie wurde schnell eine der wichtigsten Institutionen für den Modernisierungsprozess der Stadt. Viele berühmte Persönlichkeiten aus Südserbien waren hier Schüler oder Lehrer: Die Schriftsteller Stevan Sremac, Vladislav Petković-Dis, Bora Stanković und der Komponist Stanislav Binički, um nur einige wenige zu nennen. Das heutige Gebäude wurde 1912 begonnen, doch wegen der Kriege, in einem von denen auch der Architekt Ruvidić sein Leben verlor, wurde es erst 1922 vollendet.

6. Die orthodoxe Kathedrale

Saborna crkva

Das größte Gotteshaus in der Stadt, die orthodoxe Kathedrale, liegt am Südende der Altstadt, im Zentrum des alten Christenviertels. Dies war einst der schönste Teil von Niš mit vielen Häusern im üppigen orientalischen Stil, doch fast alle wurden während der englisch-amerikanischen Bombardierung 1944 zerstört.

Als die europäischen Mächte den Sultan 1856 zwangen, Religionsfreiheit für die Christen in seinem Reich zu garantieren, entschieden die Serben von Niš, eine Kirche zu bauen. Es wurden Verträge mit dem Baumeister Andrija Damjanov von Veles gemacht und die Arbeiten begannen 1857. Die großen Proportionen des Bauwerks provozierten jedoch die ansässigen Türken, die den Bau einige Male unterbrachen und sogar den orthodoxen Bischof vertrieben. Die Türken waren vor allem wütend, weil die Kuppeln hoch über die Stadtsilhouette, die Moscheen und deren Minarette hinausragten. Als die Kuppeln 1872 endlich fertiggestellt waren, verweigerte die Obrigkeit die Erteilung einer Erlaubnis zur Abhaltung von Gottesdiensten hier, sodass die Kirche erst 1878 eingesegnet werden konnte. Der erste Gottesdienst, dem auch Fürst Milan Obrenović beiwohnte, wurde von dem serbischen Erzbischof Mihailo abgehalten.

Die Kathedrale ist das erste

Die orthodoxe Kathedrale

große kirchliche Bauwerk, das im Süden Serbiens während der Türkenherrschaft gebaut wurde und auch das erste, das von alten byzantinischen Traditionen inspiriert wurde und Schluss machte mit den kleinen, einfachen Kirchen, die in den vorangegangenen Jahrhunderten der türkischen Regierung gebaut worden waren. Die Kathedrale ist eine dreischiffige Basilika mit Galerien im Inneren und Arkaden außen, und sie ist gekrönt von fünf Kuppeln. Der Glockenturm mit der Uhr wurde im modernen Stil 1937 hinzugefügt.

Leider zerstörte das Feuer, das 2003 ausbrach einen Großteil des Interieurs der Kirche, einschließlich ihrer kostbaren Ikonostase (Djordje Krstić und andere 1880-1985). Seitdem wurde die Kathedrale von Grund auf renoviert.

Rechts neben der neuen Kirche steht die Kleine oder **Alte Kathedrale** von Niš. Sie ist in die Erde eingegraben und ist ein Zeugnis für die schweren Zeiten, die die Christen unter der Türkenherrschaft durchlebten. Das Bauwerk enstand 1814 und wurde dem renomiertesten Heiligen in Südserbien, dem Erzengel Michael, geweiht, der im Volksmund «Dušovadnik» («Der Seelenentnehmer») genannt wird. 1837 wurde die Kirche mit einer Veranda, die sich über drei ihrer Seiten erstreckt, erweitert. Im Inneren gibt es eine hölzerne Galerie mit attraktiv geschnitzten Säulenkapitellen. Die schöne Ikonostase zeigt Ikonen aus verschiedenen Perioden und von unterschiedlicher Qualität.

Der Schädelturm

7. Der Schädelturm

Dieses grausige Monument (*Ćele kula; Tel.: 018 22 22 28; Di-So 9-20 Uhr; Eintritt: Erwachsene 120 Dinar, Kinder 100 Dinar oder 150 bzw.120 Dinar für ein kombiniertes Ticket*) ist wahrscheinlich die bekannteste Sehenswürdigkeit von Niš, ein einzigartiger Beleg für den langen, blutigen Kampf, den die Serben für ihre Freiheit fochten. Er ist etwa 2km vom Zentrum, auf dem Bulevar Zorana Djindjića gelegen, gleich neben dem Militärkrankenhaus. Wenn Ihnen ein halbstündiger Fußmarsch vom Stadtzentrum aus zu viel ist, nehmen Sie die Busse Nr. 10 oder 13 bis zur Endstation oder Nr 1 und 3, und fragen Sie jemanden, wann Sie aussteigen sollen.

Gleich nach der blutigen Schlacht mit den serbischen Aufständischen auf dem Čegar-Berg 1809 befahl Huršid-Pascha, der türkische Kommandant in Niš, dass die getöteten Serben enthauptet, die Köpfe ausgestopft und dem Sultan geschickt werden sollten. Die übriggebliebenen Schädel sollten in Form eines Turms an der Istanbul-Straße aufgebaut werden, als Warnung für den Rest der Bevölkerung.

7 Der Schädelturm
8 Das Crveni-Krst-Museum
9 Bubanj
10 Mediana

HOTELS (S. 350)
15 Aleksandar
16 Panorama Lux
17 Tami Residence

RESTAURANTS (S. 348)
18 Olio

Der Turm stand bis zum Ende der 1870er ungeschützt da, wodurch er deutlich verfiel. 1892 wurde mit Hilfe von Spenden aus ganz Serbien von Dimitrije T. Leko eine elegante Kapelle gebaut, um das, was von dem Turm übrig war, zu umschließen. Von den ursprünglich 952 Schädeln sind nurmehr 58 geblieben, doch ihr Anblick ist noch immer eine schaurige Erinnerung an die Leben, die die Befreiungskriege gefordert hatten. Ein Bericht über diesen Ort gelangte zum ersten Mal durch den französischen Schriftsteller Alphonse de Lamartine nach Europa, der ihn auf seinem Weg nach Istanbul sah. Eine Tafel mit Lamartines Worten, in denen er den Serben rät, den Turm zu bewahren, befindet sich im Inneren der Kapelle.

Vor der Kapelle befinden sich ein Denkmal für den serbischen Kommandanten der Čegar-Schlacht, den legendären Stevan Sindjelić, und ein Relief, das die Schlacht darstellt, beide stammen aus dem Jahr 1937.

8. Das Crveni-Krst-Museum

Niš hatte nicht nur das Unglück, eine der Städte zu sein, in denen die **Nazis** ein **Konzentrationslager** errichteten, es befand sich auch gleich vor dem Stadtzentrum. Das Lager in der Crveni-Krst-Gegend entstand 1941 und wurde 1944 von den Deutschen verlassen; in dieser Zeit gingen über 35.000 serbische Patrioten, gefangen genommene Partisanen, Juden und Zigeuner durch das Lager. Viele wurden auf dem nahe gelegenen Bubanj-Berg *(siehe unten)* erschossen, andere wurden in Lager nach Deutschland und Polen geschickt. Am 12. Februar 1942 kam es zu einer Massenflucht, bei der 147 Gefangene die Wachen angriffen; 105 gelang die Flucht – eins von nur sehr wenigen solcher Beispiele im Zweiten Weltkrieg. Als Vergeltung für die getöteten Wachen erschossen die Deutschen 1.100 Häftlinge und bauten eine hohe Mauer um das Lager herum.

Heute ist die Stätte, wo sich das Konzentrationslager befunden hat, das **Museum „12.Februar“** *(Bulevar 12.februara bb, 018 256 78, Di-So 9-16 Uhr, Eintritt: siehe oben)*. Es befindet sich in den Originalörtlichkeiten und zeigt die Geschichte des Lagers und die Religionen der Häftlinge, erlaubt einen Einblick in ihre Lebensbedingungen und stellt ihre persönlichen Gegenstände aus. Der Eingang zum Lager liegt gleich gegenüber dem Bahnhof Crveni Krst.

Das Crveni-Krst-Museum, einst ein Konzentrationslager

9. Bubanj

Der Berg oberhalb des gleichnamigen Dorfes ist der Ort, an dem die Nazis 12.000 Menschen erschossen, die aus dem Konzentrationslager Crveni Krst *(siehe oben)* hierher gebracht wurden. Die genaue Zahl der Opfer ist nicht bekannt, da die Deutschen versuchten die Beweise zu vernichten, indem sie die Knochen in den Tagen vor ihrem Abzug verbrannten. Der Ort erhielt 1963 ein eindrucksvolles Denkmal – drei gigantischen Betonfäuste, die in die Luft ragen, eine Arbeit des Bildhauers Ivan Sabolić. Dieser grüne Hügel ist einen leichten halbstündigen Marsch vom Zentrum entfernt, man kann ihn aber auch erreichen, indem man mit dem Bus Nr.4 bis zur Endstation fährt, dann weiter den Pfad zur Linken nimmt, der einen durch den Wald zu dem Monument führt.

Die riesigen Fäuste des Denkmals auf dem Bubanj-Hügel

10. Mediana

An den östlichen Ausläufern von Niš, wo der Bulevar Zorana Djindjića zu der Straße nach Niška Banja wird, liegt die archäologische Ausgrabungsstätte Mediana, auch bekannt als Brzi Brod, denn das gleichnamige Dorf gleich daneben wäre schon längst mit Niš verschmolzen, wäre nicht der Bau auf einer Fläche von etwa 200 Hektar Land verboten, weil es sich dabei um potentiellen archäologisch wertvollen Boden handelt.

Mediana wurde von

Römische Überbleibsel in Mediana

Konstantin dem Großen als seine Sommerresidenz gebaut, irgendwann zwischen 317 und 330. Die berühmte Einigung der Teilung des Römischen Reiches in einen West- und einen Ostteil, ein Meilenstein in der europäischen Gecshichte, wurde hier in Mediana im Jahr 364 zwischen den Brüdern Valentinian I. und Valens erzielt. Kurz darauf zerstörten die barbarischen Goten den Palastkomplex. Mediana wurde schnell wiederaufgebaut, nur dieses Mal als einfaches Dorf, das nach dem Einfall von Attilas Hunnen 441 endgültig verlassen wurde.

Archäologische Ausgrabungen brachten die Überreste des königlichen Palastes, die Taufkapelle, einen Getreidespeicher, einen Wasserturm, Bäder und eine Kirche zutage. Am interessantesten für Besucher sind die Mosaikböden, wie der, der das mythologische Monster Medusa und eine Wassergottheit darstellt, wie auch die Mosaike mit Blumen- oder geometrischen Mustern. Obwohl die meisten Gegenstände, die gefunden wurden, heute im Nationalmuseum in Niš aufbewahrt werden, stellt ein kleines **Museum** (*Tel.: 018 550 443; Arbeitszeit und Eintritt wie oben*) auf dem Gelände Teile von Skulpturen (meist Götter), eine Auswahl an Schalen, Krügen und Lampen aus, wie auch die Überreste von Wasserleitungen, durch die heißes Wasser von der Niška Banja hierher geleitete wurde.

AKTIVITÄTEN

Diejenigen, die auf der Suche nach Abenteuer sind, haben vielfältige Möglichkeiten in der Umgebung von Niš. Berge, Flüsse, Schluchten und Höhlen – all da ist hier in Reichweite. Dass sie wenig besucht sind, liegt an ihrer relativen Unübersichtlichkeit, besonders außerhalb der Region und an der unterentwickelten touristischen Infrastruktur. Daher können organisierte Touren ihnen viele Anstrengungen ersparen.

Das **Ace Adventure Center** (*Branka Krsmanovića 51/8; Tel.:018 247 287; www. ace-adventurecenter.com*) organisiert verschiedene Wander- und Fahrradtouren in den Gebirgen Suva Planina, Stara Planina und Svrljiške Planine (nordöstlich von Niš).

Da es von drei Seiten von Bergen umschlossen ist, herrschen in Niš besonders vorteilhafte Bedingungen zum **Paragliding**, das der Klub **Dinamik** (*Jelke Radulović 15; Tel.: 063 414 807; www.dinamik.rs*) organisiert.

Der **Safari Club** (*Sremska 13; Tel.: 018 531 009; www. safari.rs*) bietet eine Vielzahl an Geländefahrtouren in der Umgebung von Niš, wie auch verschiedene Rafting-, Freeclimbing- und Höhlentouren an.

DIE UMGEBUNG VON NIŠ

Čegar & Kamenički Vis

Čegar ist der Name des Berges, wo die serbischen Aufständischen am 31. Mai 1809 ihre größte Niederlage erlitten. Die Uneinigkeit unter den Kommandanten gab den Türken mehr Zeit, um sich zu reformieren und viel stärkere Truppen zusammenzustellen. Die türkischen Angriffe auf serbische Gräben endeten mit der Heldentat eines der serbischen Kommandaten, des legendären Stevan Sindjelić, der auf sein Schießpulverdepot feuerte, weil er es nicht den Türken überlassen wollte, und tötete dabei sich selbst, den Rest seiner Männer und die vordringenden Türken. Der Ort seiner heroischen Tat wurde 1927 durch ein großes **Denkmal** in Form eines Turms markiert, auf dessen Spitze man steigen kann, um einen besseren Überblick über die Stadt zu haben. Der untere Teil ist aus Steinen der Festung gebaut, ein Symbol dafür, dass das Opfer, das hier gebracht wurde nicht umsonst war. In einer Nische unterhalb des Turms steht die Büste von Sindjelić.

Denkmal an der Stätte der Čegar-Schlacht

Die Latinska-Kirche in Gornji Matejevac

Das Denkmal steht südlich des Dorfes Kamenica an der Straße nach Matejevac. Der einfachste Weg Kamenica zu erreichen ist aus Richtung Jagodin Mala *(siehe Karte auf S. 331)*.

Passieren Sie Kamenica, setzen Sie Ihren Weg auf der Hauptstraße fort und biegen Sie bei der ersten Gelegenheit rechts ab, um **Kamenički Vis** (14 km von Niš entfernt) zu erreichen, einen 825 m hohen, dicht bewaldeten Berg. Dies ist einer der beliebtesten Ausflugsorte von Niš, vor allem wegen der frischen Luft und der schönen Aussicht.

Latinska Crkva

Acht Kilometer nordöstlich von Niš, neben Kamenica, liegt das Dorf Gornji Matijevac. Um es zu erreichen fahren Sie Richtung Norden auf dem Mediana-Boulevard und so gelangen Sie direkt zu dem Dorf. Auf einem Hügel oberhalb des Dorfes, links von der Hauptstraße steht die sogenannte Latinska Crkva («Lateinische Kirche»). Sie wurde im 12. Jahrhundert erbaut, als Niš unter der Herrschaft des byzantinischenKaisers Manuel I. Comnenus aufblühte. Sie ist die älteste erhaltene Kirche in Niš und Umgebung. Im 16. Jahrhundert wurde sie der Kolonie der Kaufleute aus Dubrovnik zugewiesen und diente als die einzige katholische («lateinische») Kirche in Niš. Danach wurde sie bis zum Bau ihrer neuen Kirche 1838 von den Dorfbewohnern genutzt. Während des 19. Jahrhunderts versammelten sich hier Anti-Türken-Briganten. Es ist ein bescheidenes Gebäude im byzantinischen Architekturstil, charakterisiert durch eine kleine Kuppel und die Mauern, die aus abwechselnden Reihen von Steinen und Ziegeln bestehen. Die Kirche wurde im 19. Jahrhundert von einheimischen Malern mit bescheidenen Fähigkeiten bemalt. Ebenso schön wie die Kirche selbst sind ihre breiten Öffnungen an allen Seiten.

Das Kurbad Niška Banja

Niška Banja ist eine angenehme Oase, grün und ruhig, nur 10 km vom Stadtzentrum entfernt und mit einer guten Busverbindung (Linie 1). Das Kurbad hat zwei heiße und eine kalte Quelle, alle mit einer leicht radioaktiven Komponente. Der Ort ist auch bekannt für sein angenehmes Klima, es ist fühlbar wärmer als in Niš und es gibt deutlich weniger Niederschläge.

Das Kurbad wurde bereits von den Römern genutzt, die hier über mehrere große Bäder verfügten. Einige der Ruinen aus dem 4. Jahrhundert kann man im Hotel «Radon» sehen. Die renovierten Ruinen wurden später auch von den Türken genutzt. Der Kurort änderte zwischen den beiden Weltkriegen sein Erscheinungsbild, als reiche Kaufleute aus Niš und Belgrad von den vermeintlich heilenden Quellen angezogen wurden und viele beeindruckende Villen hier bauten. Ein beliebter städtischer Mythos besagt, dass König Aleksandar jeden Tag eine Kutsche aus Belgrad hierher schickte, um frisches Wasser von der Quelle holen zu lassen.

Heute ist der Kurort ziemlich schäbig und die alten Villen sind schwer zu finden und zu erkennen. Es gibt ein paar attraktive Promenaden, einige Cafés und ein Restaurant, wie auch einen Weg zu der Quelle höher oben im Wald. Das **Wellness-Center «Sense»**, das sich im Hotel Radon befindet, bietet eine Auswahl an Entspannungsprogrammen *(Srpskih junaka 2; 018 502 170)*.

Die Schlucht Sićevačka Klisura

Dieses Naturspektakel aus hohen Felsen findet man 15km östlich von Niš an der Haupstraße nach Pirot und Sofia. Durch die Schlucht führen die Straße, Bahnschienen und der Fluss

Dächer von Sićevo

Das Massiv von Suva Planina

Nišava, die an zwei Stellen von malerischen Dämmen vom Beginn des 20.Jahrhunderts gestaut wird. Die Schlucht mit ihren steil abfallenden Felsen, dem spezifischen Klima und seltenen Pflanzen (einschließlich des einzigen natürlichen Lebensraums von Salbei in Serbien) wurde zum Naturschutzgebiet erklärt. Wenn Sie nur durchreisen, fahren Sie langsam und halten Sie Ausschau nach einer der Erweiterungen an den Seiten. Wenn Sie aus Richtung Pirot kommen, seien Sie noch aufmerksamer, denn es gibt nur einige wenige auf der rechten Seite.

Die beste Position, um die Schlucht zu bewundern, ist von dem **Dorf Sićevo** aus, das ihr den Namen gab. Um es zu erreichen, nehmen Sie die steile Straße, die gleich nach dem verlassenen Weindepot der einst berühmten Sićevo Weingütergenossenschaft links abbiegt. Das Dorf ist sehr malerisch, was der Hauptgrund dafür war, dass man hier 1905 die älteste Kunstkolonie gründete. Den besten Blick auf die Schlucht hat man vom Sportplatz des Dorfes aus.

Suva Planina

Wenn Sie lange Spaziergänge und Berge mögen, werden Sie das Massiv der Gebirges Suva Planina («Trockener Berg») gleich bei Ihrer Ankunft in Niš bemerken. Es erhebt sich im Südosten der Stadt und erstreckt sich weiter Richtung Süden mit einer Gesamtlänge von 35 km. Seine beiden Gesichter sind sehr unterschiedlich: Von Westen her erhebt es sich langsam in einer Reihe von Wiesen, auf denen es fast immer windig ist; die Ostseite ist sehr steil mit vielen Felsen und von dichtem Wald bedeckt. Die beeindruckendsten Gipfel auf seinem langen Bergkamm sind Sokolov Kamen (1623m) im Norden und Trem (1810m) auf der Südseite des Gebirges.

Die örtliche Straße verlässt die Autobahn Niš-Pirot in Richtung des Dorfes Jelašnica auf der Ostseites von Suva Planina. Am Ende des Dorfes befindet sich die kleine (2km), aber sehr malerische **Schlucht Jelašnička Klisura** mit ihren hohen Felsen, die bei Freeclimbern sehr beliebt sind. Am Ausgang der Schlucht liegt das Dorf Studena, wo die Asphaltstraße und auch die Buslinie aus Niš enden.

Übernachtungsmöglichkeiten im Suva-Planina-Gebirge bieten nicht weniger als vier Berghütten: «Donja Studena» im gleichnamigen Dorf, «Ploče» an der Straße nach Bela Palanka, „Studenac“ und „Niš» liegen nah beieinander unterhalb des Gipfels Sokolov Kamen, an einem Ort, bekannt unter dem Namen **Bojanine Vode** (25 km von Niš entfernt).

Von den beiden letztgenannten startet die beliebteste Wanderroute hier, die zum höchsten Gipfel, dem Trem, führt. Der Pfad führt zu Beginn durch den Wald, bevor er den Bergkamm Devojački Grob erreicht, von wo aus man den Gipfel sehen kann, man aber noch mit einer guten Stunde Fußmarsch rechnen muss. Vom Trem aus können sie die gesamte Länge dieses mächtigen Gebirges und auch die Gebirge in der Umgebung sehen. Andere beliebte Wanderungen führen zu Sokolov Kamen und zum Moser (984m), die letztgenannte beginnt im Dorf Donja Studena. Das Gebirge bekam seinen Namen wegen der Wasserlosigkeit in den höheren Bereichen, nehmen sie also genug zum Trinken mit.

In Bojanine Vode gibt es auch drei Skipisten, zwei für Anfänger und «Sokolov Kamen», einen Kilometer lang, für geübtere Skiläufer.

Der Berg Trem im Suva-Planina-Gebirge

Praktische Informationen

ANKUNFT

Mit dem Flugzeug: Nach Niš zu fliegen, wird immer üblicher. Den größten Teil Verkehr machen noch immer die Charterflüge aus, aber es gibt auch ein paar reguläre Fluggesellschaften (meist via Podgorica, Montenegro), wie auch Billigflieger. Der Flughafen «Konstantin Veliki» befindet sich nur 3km vom Stadtzentrum entfernt. Um in die Stadt zu gelangen, können Sie die öffentliche Buslinie benutzen, Nr. 34 (alle 15 Minuten, der letzte um Mitternacht) oder ein Taxi nehmen, das sie ungefähr 3-4€ kosten wird.
Mit dem Zug: Dies ist wahrscheinlich der beliebteste Weg, nach Niš zu kommen. Der Bahnhof befindet sich am Rand des alten Teils der Stadt, etwa 15-20 Minuten Fußweg entfernt. Am Bahnhof finden Sie ein Restaurant, eine Wechselstube und eine Garderobe (110 Dinar für 24 Std.)
Mit dem Bus: Der Busbahnhof von Niš liegt mitten im Zentrum, gleich neben der Festung. Es gibt viele Busse, die in die größeren Städte der Region, wie auch nach Mittel- und Westeuropa fahren. Hier finden Sie auch einen Bankautomaten, eine Wechselstube und eine Garderobe.
Mit dem Auto: Die Autobahnen nach Belgrad Skopje und Sofia (die letztere wird voraussichtlich bald fertiggestellt) machen es leicht, mit dem Auto nach Niš zu reisen, aber es ist nicht so einfach, einen Parkplatz zu finden. In der Innenstadt muss man montags bis freitags von 7 bis 21 Uhr und samstags von 7 bis 14 Uhr **Parkgebühren** bezahlen; in der roten Zone ist die Parkzeit auf zwei Stunden und die in der grünen auf drei Stunden begrenzt. Sie können ein Parkticket an einem Kiosk kaufen, es ausfüllen und hinter der Windschutzscheibe platzieren oder – und die einfachere Variante – eine SMS mit Ihrem Autokennzeichen an die 9181 (rote Zone) oder die 9182 (grüne Zone) senden. Zum Glück sind sowohl Niš, als auch die Parkzonen recht klein, sodass es kein Problem sein sollte, einen Platz außerhalb zu finden, wo Sie das Auto für längere Zeit parken können.

HERUMKOMMEN

Busse sind die einzigen öffentlichen Transportmittel in Niš. Sie fahren regelmäßig und sind günstig. Die Fahrkarten kosten zwischen 30 und 60 Dinar - in Abhängigkeit von der Zone – und werden von einem Kondukteur verkauft, der im Bus auf Sie zukommen wird.

Es gibt viele **Taxis** überall und sie sind alle recht billig: Man kann fast jedes Ziel in der Stadt für 300-400 Dinar erreichen. Damit Sie nicht übervorteilt werden, sollten Sie nur Taxis nehmen, die zu einem Unternehmen gehören, deren Namen sich gut sichtbar auf dem Autodächern befinden.

❷ Pirot

40,700

Srpskih vladara 82, 010 320 839

Trg Republike, 010 332 548

Nikole Pašića bb, 010 322 528

Jagnjijada (Lammfleisch-Festival), letzter Samstag im April

Die wichigste Stadt zwischen Niš und Sofia mag seine Existenz und seinen Wohlstand der wichtigen Straße verdanken, aber es scheint, dass die Neuheiten hier nicht ohne Zweifel akzeptiert werden. Die Einheimischen sind stolz auf ihre schönen Häuser aus vergangenen Zeiten, alte Kafanas mit gutem Essen wie *kačkavalj*, hartem Käse, oder *peglana kobasica*, Wurst, wie auch ihrer ausgeprägt archaischen Art zu sprechen. In den Witzen über die Leute aus Pirot heißt es, sie seien so geizig, dass ein Landsmann, der verbannt wurde, weil er zu großzügig war, nach Schottland ausgewandert ist. Dieser und andere Witze mögen im Rest von Serbien lustig sein, aber hier findet man überhaupt keine Grundlage dafür – essen, trinken und Spaß haben sind wichtige Bestandteile des lokalen Lebens. Pirot ist auch ein guter Ausgangspunkt für Ausflüge zu den Schluchten und Wasserfällen in den isolierten Dörfern auf der Südseite des Gebirges Stara planina.

Die Türme der Burg Momčilov Grad

Ein Beispiel für die berühmten Wandteppiche von Pirot

GESCHICHTE

Mit seiner vorteilhaften Lage auf einem breiten begrasten Feld bei der Straße Konstantinopel-Belgrad, bestand die Stadt schon zur Römerzeit unter dem Namen *Turres* (lat. für „Türme“). Im 6. Jahrhundert wurde es als *Quimedava*-Festung erwähnt. Unter dem Namen *Pirot* taucht die Stadt zum ersten Mal im 14. Jahrhundert auf, als es vom Osmanischen Reich und Serbien umkämpft wurde. 1415 fiel es schließlich in die Hände der Türken, die *Şehirköy* nannten, was man in etwa mit „Stadt-Dorf“ übersetzen kann. Die schweren Lebensbedingungen unter den Türken führten zu zwei Aufständen, doch Pirot blieb bis 1878 unter türkischer Herrschaft. Die bulgarischen Besatzer in beiden Weltkriegen versuchten mit allen Mitteln, die serbische Identität auszulöschen, durch die Ermordung von Intellektuellen, Vertreibungen, das Verbrennen von serbischen Büchern, die Bulgarisierung aller Namen usw. Pirot hatte Glück, dass der größte Teil der Industrie, die während des Sozialismus aufgebaut wurde - einschließlich dem Zugpferd, der Reifenfabrik „Tigar“- die Transition überlebt hat und die Stadt über Wasser hält.

SEHENSWÜRDIGKEITEN

Auf einem breiten Hügel, der das Stadtzentrum überblickt, steht die Burg Pirot, besser bekannt als **Momčilos Burg** *(Momčilov grad)*, nach *Vojvoda* Momčilo, einem Helden aus epischen Volksliedern, der angeblich hier wohnte. Die meisten ihrer Befestigungen gehen auf das 14. Jahrhundert zurück und sind gut erhalten. Sie besteht aus dem oberen Teil mit dem Wohnturm, dem mittleren mit zwei Türmen und dem unteren Teil, vom Burggraben umgeben, der mit Wasser gefüllt wurde. Überraschenderweise wurde die Burg bis nach dem Zweiten Weltkrieg von der Armee genutzt.

Der Fluss Nišava teilt Pirot in zwei Teile; der

Die Promenade entlang der Nišava

Die orthodoxe Kirche im Pazar-Viertel

Teil am linken, westlichen Flussufer heißt Pazar und wurde von Türken und Serben besiedelt, während das rechte – Tijabara – nur von Serben bewohnt wurde. Beide Viertel haben aalte orthodoxe Kirchen, die aus der türkischen Zeit stammen.

Die **Kirche in Pazar** wurde 1834 auf dem Fundament eines früheren Tempels erbaut. Ihr Bau nahm weniger als ein Jahr in Anspruch, eine Tatsache, die für den Reichtum der hiesigen christlichen Kaufleute und die Fähigkeiten der Baumeister spricht. Wie viele andere Kirche im Osmanischen Reich zu dieser Zeit, musste auch diese in den Boden gegraben werden, damit sie augenscheinlich kleiner war, als die nahegelegene Moschee. Die Kirche grenzt an den **Trg slobode**, den Hauptstadtplatz, der von Gebäuden aus der sozialistischen Zeit umrahmt ist, und auf dem es einen Brunnen mit einer Libellenskulptur gibt.

Die **Ufer von Nišava** sind gepflegt und mit ihren schattenspendenden Bäumen bei den Einheimischen im Sommer ein beliebtes Ziel für Spaziergänge.

Die Kirche in Tijabara ist die **Kathedrale** *(Saborna crkva)*, die Arbeit des berühmten Baumeisters Andreja Damjanov aus dem Jahr 1868. das große Gebäude hat den Grundriss einer Basilika, eine repräsentative Westfassade, einen Giebel und drei kleine Kuppeln. Die geschickt ausgearbeitete Ikonostase ist ein Werk des Meisters Stojčko aus der Samakov Schule aus dem Jahr 1872.

Um die Ecke finden Sie den Platz **Trg Republike** mit der Busstation, einem Markt und einen Park mit einem Monument, das an die Befreiung der Stadt von den Türken erinnert. Dahinter verläuft die Nikole-Pašića-Straße mit den schönsten Beispielen für orientalischen Architektur in der Stadt, wie z.B. das Gasthaus „Ladna voda" (Kaltes Wasser), das „Bela mačka»(Weiße Katze)-Haus – ebenfalls nach einem Gasthaus benannt, und hinter ihnen das Hristić-Haus. Gebaut wurde es 1848 von Rista Jovanović, einem reichen Kaufmann, der viel für den türkischen Pascha arbeitete; das Haus ist eines der attraktivsten Beispiele für ein Stadthaus im Balkantil des 19. Jahrhunderts. Heute gehört das Hristić-Haus zum **Museum von Ponišavlje** *(Nikole Pašića 49, Öffnungszeiten Mo-Fr 17-15 Uhr, am Wochenende 10-14 Uhr)*. Interieur und Einrichtung geben Ihnen einen Einblick in das Leben gut situierter Familien im Pirot des 19. Jahrhunderts. Achten Sie auf die Holzschnitzereien und die allgegenwärtigen, von beiden Seiten gewebten Teppiche, für die die Stadt um die Wende zum 20. Jahrhundert weltberühmt war.

Es gibt einige interessante Beispiele in der Srpskih-vladara-Straße in Pazar, eigentlich ein teil der alten Straße nach Konstantinopel, die durch die Stadt führte, aus der Zeit der serbischen Befreiung von den Türken. Das Gebäude des **Amtsgerichts** aus dem Jahr 1910 und das neoklassizistische **Grundschul-Gebäude** (Milorad Ruvidić, 1907) habe auch weiterhin ursprüngliche Funktion behalten, befinden sich an der Ecke zur Dragoljuba-Milenkovića-Straße.

Das Ristić-Haus dient als Museum von Ponišavlje

UMGEBUNG

Pirot ist eine der Städte, die am nächsten am Gebirge Stara planina liegen. Die Südhänge dieses Gebirges zusammen mit Visok, der Region, die den Fluss Visočica umgibt, besitzt Naturphänomene im Überfluss, besonders Schluchten und Wasserfälle. Merken Sie sich aber, dass die meisten der Wasserfälle nach Juni austrocknen und erst mit den Regenfällen im Herbst wieder erscheinen.

Um Visok von Pirot aus zu erreichen, müssen Sie die Straße finden, die nordöstlich der Stadt in die Richtung von Visočka Ržana führt.

Nur etwa 25 km von

Die Wohnstätten des Klosters Temska

der Stadt liegt das Dorf **Rsovci**, bekannt für seine Höhlenkirche mit einem Fresko des kindlichen Jesus. Der einzige Weg, die Höhle zu besuchen, ist, sich bei den Einheimischen nach dem Schlüssel zu erkundigen und sich von jemandem dorthin führen zu lassen. Der Fluss Visočica fließt durch das Dorf; 2,5 km flussabwärts schneidet der Fluß eine beeindruckende Schlucht mit dem Namen **Vladikine ploče**. Der einzige Wege dorthin ist ein nicht markierter Fußweg.

Vrelo, 8 km die selbe Straße entlang, die Sie nach Rsovci gebracht hat, ist das beliebteste Ausflugziel der Gegend. Die Idylle des Ortes auf 730 m Höhe um die Quelle herum, die ihm den Namen gegeben hat, wird etwas gestört durch die Vielzahl an Wochenendhäusern.

"Die Kehle", Schlucht des Flusses Rosomačka Reka

Die Straße zur Linken führt Sie in ein malerisches Tal, durch das der **Dojkinačka Reka** mit vielen kleinen Kaskaden fließt. Am attraktivsten ist der Fluss im oberen Teil, hinter dem Dorf Dojkinci, aber dort endet die Straße. Wer gewillt ist, die 7 km flussaufwärts zu laufen, wird mit dem Anblick zweier Wasserfälle – Arbinj und Jarišor – im Herzen des Naturreservats belohnt. Zurück Richtung Visočka Ržana fahren Sie links, bevor Sie zum Dorf kommen in Richtung Slavinje, das an der Stelle liegt, wo sich die Flüsse Rosomačka reka und Visočica. Ein 15-minütiger Spaziergang Rosomačka Reka hinauf führt Sie zum Ende der Grlo (Kehle)-Schlucht, deren Name sie gut beschreibt.

Temska ist ein größeres Dorf an der Straße von Pirot nach Knjaževac. Biegen sie recht ab in die Dorfmitte, und Sie werden schnell das **Kloster Temska** erreichen. Im Mittelpunkt dieses ordentlich geführten Geländes mit vielen Blumen steht die Kirche St.Georg, deren Entstehung im Mittelalter im Dunkeln liegt. Die erste sichere geschichtliche Angabe ist, dass ihre Freskenmalereien 1576 angefertigt wurden. Nach der serbischen Rebellion gegen die Türken wurde das Kloster 1690 zerstört, daraufhin renoviert und bekam 1735 eine neue Ikonostase. Mitte des 19. Jahrhunderts war Temska der Sitz der ersten Schule in der Region. Die Klosterwohnungen sind ebenso schön; das kleine unter den Gebäuden, mit dunklen Steinplatten bedeckt, ist eine alte Küche, die ihr Aussehen in ihrer langen Existenz sehr wenig verändert hat.

Weiter dieselbe Straße hinunter kommen Sie zur **Schlucht des Flusses Temštica**, mit ihren roten Steinen und der roten Erde, die auch das Wasser rot aussehen lassen. Am Ende dieser ??? km langen Straße befindet sich das Dorf Topli Do («Warmes Tal»), eins der isoliertesten Dörfer der Region. Abgesehen von der Verschlechterung hat sich hier in Jahrzehnten fast nichts verändert, gute Bedingungen für außergewöhnliche Fotos wie aus einer anderen Zeit. Abenteuerliebende können die schmutzige Straße rechts von der Brücke in der Dorfmitte zu einem 4 km entfernten Hof nehmen, von dort aus folgen Sie dem Fluss Richtung Berg, um die Piljski vodopadi, zwei eindrucksvolle Wasserfälle zu erreichen.

Die Piljski-Wasserfälle gehören zu den schönsten in Serbien

3 Poganovo

TO Dimitrovgrad, 010 360 873

Manche Klöster rühmen sich wegen ihrer guten Lage, andere wegen ihrer großartigen Architektur oder wertvollen Freskomalerein, manche sind stolz auf ihre Wohnstätte, aber es gibt nur sehr wenige, die all dies in sich vereinen. Das Kloster Poganovo ist einer dieser raren Orte.

ANFAHRT

Das Kloster befindet sich in einer eindrucksvollen Schlucht, die der Fluss Jerma geschaffen hat, indem er sich seinen Weg zwischen den vertikalen Felsen der Berge Vlaška und Greben hindurch gebahnt hat. Die dem Fluss folgende Asphaltstraße biegt bei Sukovo nach Süden von der Autobahn Niš-Sofia ab. Das Kloster liegt gleich an der Straße, südlich des Dorfes Vlasi.

SEHENSWÜRDIGKEITEN

Das Kloster Poganovo wurde um 1390 erbaut, gestiftet von dem mächtigen Adligen Konstantin und seiner Tochter Jelena, die später den byzantinischen Herrscher heiratete und die Mutter der letzten beiden byzantischen Kaiser Johannes VIII. und Konstantin XII. wurde. Konstantin, der zu dieser zeit die region Osteuropa und Mazedonien regierte, war kurz darauf gezwungen seine Vasallenpflicht gegenüber den zu tun und starb 1395 auf dem Schlachtfeld auf der Seite der Türken im Kampf gegen den ungarischen König zusammen mit dem legendären Marko Kraljević *(siehe S. 276)*. Wegen des daruf folgenden Durcheinanders und der türkischen Übernahme von Konstantins Land, blieb der Tempel bis 1499 ohne Bemalung.

Kirche auf dem Land des Klosters Poganovo

Die Klosterkirche ist dem Hl.Johannes dem Theologen geweiht. Es ist ein bescheidenes bauwerk, das einigen der Innovationen der zeitgenössischen Morava-Schule folgt, sodass ein großer Glockenturm über dem Narthex hochgezogen wurde. Die Veranda vor dem Eingang stammt aus dem 19. Jahrhundert, wie auch alle Wohnquartiere des Klosters und enige darunter sind exzellente Beispiele für die einheimische volkstümliche Architektur. Besonders interessant sind die Freskomalereien, die von Meistern aus Nordgriechenland angefertigt wurden. Sie werden als wahre Meisterwerke dieser Periode eingestuft. Die abgebildeten Personen sind durch große Individualität gekennzeichnet, was man auf den Einfluss der spätgotischen Malerei zurückführen kann.

Blick über den Kurort Zvonačka Banja

UMGEBUNG

Auf der anderen Seite der Schlucht des Flusses Jerma liegt das Kurbad Zvonačka Banja, das um das große Hotel «Mir» herum angelegt ist. Zur Zeit in der Renovierungsphase, betreibt das Hotel im Sommer immer noch sein Freibad. Weit entfernt von allen größeren Straßen und zwischen die Berge und die bulgarischen Grenze gequetscht, befindet

Eingang zur Schlucht des Flusses Jerma

es sich inmitten unberührter, wilder Natur. Das Kurbad ist ein guter Ausgangspunkt für Wanderungen durch die umliegenden Wälder, um kleine Höhlen und merkwürdig geformte Felsen zu erkunden und um in Dörfer zu gelangen, die kaum mit der Außenwelt in Kontakt zu sein scheinen.

4 Kuršumlija

12,900

Kosovska 17, 027 380 963

Nemanjina 1, 027 381 038

Kosovska 45, 027 381 158

Goldene Flöte, (Kurort Prolom Banja), Juli

Klein, arm und – seit dem Kosovo-Krieg 1999 - an der Grenze. Kuršumlija wäre auf keiner Touristenkarte verzeichnet, wären da nicht die zwei mittelalterlichen Kirchen, die drei Kurbäder in der näheren Umgebung und die Straße nach Djavolja Varoš *(siehe nćchstes Kapitel)*.

Die St.-Nikolaus-Kirche auf dem Hügel über Kuršumlija

GESCHICHTE

In römischer Zeit war die Stadt unter dem Namen *Ad Fines* bekannt, und im mittelalterlichen Serbien unter Toplica, nach dem Fluss, an dem es liegt. Das Ereignis, das seinen Namen und seine Geschichte änderte, geschah im 12. Jahrhundert. Stefan Nemanja, der spätere Herrscher von Serbien, regierte die Region Toplica, stand aber noch immer im Schatten seiner älteren Brüder. 1168 baute er hier ein Kloster, das dem Hl Nikolaus gewidmet war, während seine Frau Ana ein Nonnenkloster zu Ehren der Mutter Gottes gründete. Nemanjas Brüder waren besorgt wegen seines wachsenden Einflusses und entschieden unter dem Vorwand, er habe nicht die Erlaubnis des Herrschers Tihomir für den Bau der Kirche eingeholt, ihn in den Kerker werfen zu lassen. Dieses Ereignis markiert den beginn des Komfliktes zwischen den Brüdern und Nemanjas Aufstieg zur Macht. Da sowohl Nemanjas, als auch die Kirche seiner Faru mit glänzendem Blei überzogen waren, änderte die nahegelegene Siedlung ihrer Namen in Bele Crkve («Weiße Kirchen»). Später im 15. Jahrhundert, als die Türken die Stadt einnahmen, nannten sie sie *kurşunlu* , «aus Blei».

SEHENSWÜRDIGKEITEN

Die **St. Nikolaus-Kirche** *(crkva Svetog Nikole)* steht auf einem Hügel nördlich des Stadtzentrums, wahrscheinlich dem schönsten Platz, dic Aussicht auf Kuršumlija zu genießen. St.Nikolaus ist ein einschiffiges Gebäude im byzantinischen stil gebaut mit einem niedrigen achtseitigen Kuppelgewölbe. Als die Kirche 1219 Bischofssitz wurde, bekam sie noch einen Narthex mit zwei Türmen. Im 14. Jahrhundert wurde auf der Südseite eine kleine Kapelle hinzugefügt. Leider sind die Wandgemälde mit den Jahrhunderten verloren gegangen.

Von der **Mutter-Gottes-Kirche** *(Bogorodičina crkva)*, der Stiftung von Nemanjas Frau Ana, steht heute nur noch eine malerische Ruine, leicht östlich die Toplica hinunter.

UMGEBUNG

Das meistbesuchte der drei Kurbäder in der Nähe der Stadt ist Prolom Banja, 26 km südlich davon. Um das Bad zu erreichen, müssen sie die Straße nach Priština nehmen und dann bei Rudare rechts abbiegen. Umgeben von den bewaldeten Hügeln des Berges Radan, ist dieses Bad ebenso für sein Wasser, als auch für seine saubere Luft bekannt. Das Wasser aus Prolom ist bekannt dafür, Wunder für Rheumatismus, Verdauung und vor allem für die Nieren zu wirken, weshalb es abgefüllt und überall in Serbien verkauft wird. Das Hotel «Radan», das zentrale Objekt des Kurbades verfügt über ein Hallen- und ein Freibad, beide mit Thermalwasser gefüllt und bietet eine Schönhe-itsbehandlung an. Verschiedene «Gesundheitspfade» führen sie auf Spaziergänge von unterschiedlicher Länge, einer davon sogar den ganzen Weg nach Djavolja Varoš, 8 km vom Kurort entfernt.

Etwa 10 km nördlich von Kuršumlija, auf der Blace-Straße, befindet sich das Dorf **Spance** und darin das **Milanović-Haus** *(Zavičajna etno kuća)*. Der derzeitige Eigentümer hat dieses exzellent ausgestattete Urgroßvaterhaus in ein Museum umgewandelt, das den Besuchern einen vortrefflichen Einblick in das Leben eines gutbetuchten Bauernhaushalts zur Wende zum 20. Jahrhundert *(geöffnet nach Vereinbarung mit Zvezdan Milanović 064 66 182 67)*.

5 Djavolja Varoš

TO Kuršumlija,
027 360 963
Planinka company,
027 381 344

Die Begeisterung, die hervorgerufen wurde, als es Djavolja Varoš 2010 auf die Liste der Kandidatn für die sieben neuen Naturweltwunder schaffte, wertete den Ort in der Vorstellung des Durchschnittsserben zu einem weltweit einzigartigen Phänomen auf. Das ist allerdings stark übertrieben und man sollte nicht zu viel erwarten. Andererseits ist Djavolja Varoš ein außergewöhnliches Naturphänomen mit einer gespenstischen Atmosphäre. Und dass auch vor kurzem eine sehr gute touristische Infrastruktur angelegt wurde, macht es zu einer Sehenswürdigkeit, die Sie nicht verpassen sollten, wenn Sie nach Serbien kommen.

ANFAHRT

Um dieses außergewöhnliche Naturphänomen zu erreichen, sollten Sie die Straße von Kuršumlija nach Priština nehmen. Passieren Sie die Abzweigung nach Prolom Banja und setzen Sie die Fahrt noch etwa 8 km fort und nehmen Sie dann, hinter Rača, die Abzweigung nach Dobri Do. Das nächste Dorf ist Zebice, wo Sie wieder rechts abbiegen sollten,

Am Eingang zu Djavolja Varoš werden Kräutertees verkauft

und nach weiteren 3 km erreichen sie die Grenze des Nationalparks Djavolja Varoš. So weit kann man mit dem Auto oder dem Bus fahren, und von hier aus geht es dann zu Fuß weiter durch den Wald. Davor muss man allerdings eine Eintrittskarte für den Park kaufen *(100 Dinar)*.

Es fahren täglich mehrere Busse von größeren Städten nach Prolom Banja. Von dort aus gibt es einen markierten Wanderweg von 9 km Länge. Mehr Busse fahren aber nach Kuršumlija, wo man einen Preis für diese 30-km-Fahrt aushandeln kann, der aber 15 Euro nicht überschreiten sollte.

SEHENSWÜRDIGKEITEN

Vom Parkplatz aus gibt es einen Wald weg mit vielen kleinen Holzbrücken, die den Bach **Djački Potok** überspannen, in dessen rötlichem Wasser es aufgrund des hohen Eisen- und Schwefelgehalts keine Leben gibt. Auf dem selben Weg passiert man eine Holzkirche, die auf Grundmauern aus dem 13. Jahrhundert gebaut hat. Die Bäume um die Kirche herum sind voller zu Knoten gebundener Stofffetzen, da dies dem Glauben nach Krankheit und Schmerz an diesen Ort bindet.

Der Weg führt zu einer Aussichtsplattform, von der aus man Djavolja Varoš, das aus zweihundert Erdsäulen und -pyramiden besteht, die mit Steinkappen bedeckt sind, bewundern kann. Die Säulen sind zwischen 2 und 20 m hoch 0,5 bis 3 m breit, groupert oder in einer Reihe stehend. Zu diesem Phänomen kam es durch den konstanten Erosionsprozess: Die Kappen auf den Spitzen schützen die Säulen, während der Rest des Erdbodens beständig weggewaschen wird. Die Säulen verändert ständig ihre Form, genau wie ihre Anzahl – die alten zerbröckeln und die neuen bauen sich auf.

Der Ort verdankt seinen

Die ungewöhnlichen Erdformationen von Djavolja Varoš

Namen seinem unnatürlichen und gespenstischen Aussehen, was noch verstärkt wird, wenn der Wind zwischen den Säulen hindurchweht und unheimliche Geräusche macht. Es gibt zwei Volkslegenden, die erklären, wie Djavolja Varoš entstanden sein soll. Die erste besagt, dass die Säulen eigentlich Kinder sind, die von Teufeln, die sie überlistet hatten, in Stein verwandelt wurden. Die zweite erzählt, dass die Teufel einen Bruder und eine Schwester miteinander verheiraten wollten, doch Gott reagierte im letzten Moment und verwandelte die ganze unheilige Hochzeitgesellschaft in Stein.

Grillfleisch im Djavolja-Varoš-Stil

Daneben befindet sich die hochmineralisierte Quelle **Crveno Vrelo**, benannt nach der roten *(crveno)* Farbe ihres stark eisenhaltigen Wassers. Die Konzentration dieses Metalls macht das Wasser untrinkbar, aber die Einheimischen glauben, dass es gut für die Haut ist und füllen ihre Plastikflaschen damit. Sie sollten außerdem einen Blick auf den **Minenschacht** der mittelalterlichen Mine werfen.

Schließlich gibt es noch ein Restaurant in Djavolja Varoš, das Heilwasser aus Kurort Prolom Banja anbietet. Die Spezialität des Hauses, *Djavolji ražnjić*, gegrilltes Fleisch, das so an einem Spieß arrangiert ist, dass es (ziemlich gut!) die Erdsäulen mit ihren Kappen nachahmt.

6 Caričin Grad

TO Leskovac,
016 233 361

Unter den zahlreichen archäologischen Ausgrabungsstätten in Serbien, die Bauwerke des römischen reiches zutage gebracht haben, ist Caričin Grad, das einstige Justiniana Prima, wahrscheinlich das bedeutendste. Obwohl nur eine unzureichende touristische Infrastruktur vorhanden ist, machen allein seine Größe und einige der Mosaike, die an ihrern Originalplätzen erhalten sind, einen Besuch absolut lohnenswert.

Um Caričin Grad zu erreichen, müssen Sie die Straße von Leskovac nach Lebane nehmen. Am westlichen Ortsausgang von Lebane biegen Sie rechts ab Richtung Prekopčelica und setzen Sie die Fahrt noch etwa 8 km fort. Seien Sie aufmerksam, denn die Stelle, wo Sie die Straße verlassen müssen, ist nicht gut gekennzeichnet.

GESCHICHTE

Caričin Grad (die «Stadt der Kaiserin») ist der moderne Name für die Überreste der spätantiken Stadt Justiniana Prima. Die Stadt wurde von dem oströmischen (byzantinischen) Kaiser Justinian I. um das Jahr 535 in der Nähe seines Geburtsortes *Tauresium* gegründet. Justinian wollte eine große Stadt bauen, die einen Schatten über seine niedere Herkunft werfen und seine Heimatregion verschönern sollte. Der Kaiser machte die neu gegründete Stadt zu einem administrativen und kirchlichen Zentrum des gesamten westlichen Illyricums (Zentralbalkan). Kurz nach Justinians Tod 565 wurde die Stadt von zahlreichen slawischen Stämmen überfallen und im frühen 17. Jahrhundert wurde verwüstet, woraufhin sie bis zum Beginn des 20. Jahrhunderts vergessen blieb.

SEHENSWÜRDIGKEITEN

Es ist schwer, ohne Führer einen Weg durch die Ruinen zu finden. Wenn Sie Glück haben, läuft Ihnen ein Wachmann oder ein einer der Archäologe, die üblicherweise für ein par Monate den Sommer über hier arbeiten, über den Weg und erhalten einige Erklärungen.

Die Stätte Caričin grad erstreckt sich über mehrere Morgen Land, einschließlich einer Akropolis (Zitadelle) und einer befestigten Ober- und Unterstadt. Die Akropolis, die sich am höchsten Punkt der Stadt befindet, beinhaltet auch die Ruinen der **Kathedrale**, in der Form einer dreischiffigen Basilika gebaut, mit einem Taufbecken und einem Atrium auf der Südseite.

Die Querstraße hinunter, wo einst das Forum stand, vorbei an den kaum sichtbaren Überresten der Säulenstraße Richtung Süden durch die Oberstadt werden Sie die Reste eines beeindruckenden Tores sehen, das zur Unterstadt führt, und des Wasserturms auf der rechten Seite. Interessant ist hier auch die **Basilika**, deren **Mosaikböden** größtenteils erhalten sind. Die schön gearbeiteten Mosaike stellen einen Schäfer mit seinen Schafen, einen Jäger, der einen Löwen aufspießt, die Amazonen und die Zentauren und eine Jagd auf einen verwundeten Bären dar.

Die archäologische Ausgrabungsstätte von Caričin Grad

7 Vlasina

TO Surdulica, 017 813 712

Vlasina Sommer, zweites Wochenende im Juli

Vlasina ist der Name einer Hochebene um den gleichnamigen See herum, auf einer Höhe von 1.200 m in der Nähe der bulgarischen Grenze. Seine außergewöhnliche Schönheit machte Vlasina beliebt bei Besuchern aus der Region, während ihm die Besonderheiten seiner Natur den Rang eines Naturschutzgebiets verschafften.

Die größte Attraktion des Gebietes ist der See Vlasina, der größte und längste in Serbien. Der See ist halbkünstlich und entstand 1949, als ein Damm das Wasser auf der Höhe eines großen Sumpfes namens Vlasinsko Blato staute. Der See hat zwei feste Inseln, ist jedoch wesentlich bekannter für seine **schwimmenden Inseln**. Dieses seltene Phänomen tritt auf, wenn die Fluten bei Hochwasser Torfstücke aus dem Ufer herausbrechen. Die Inseln sind 2-3 m dick, variieren jedoch in ihrer Größe von einigen Metern im Durchmesser bis zu einer 3,5 Hektar großen, die von den Einheimischen „Moby Dick" genannt wird. Diese und andere größere Inseln sind dicht bewachsen, sogar mit kleineren Bäumen. Die meisten

Die alte Kirche in Palja

Inseln, besonders die größten, treffen immer wieder schnell auf Land, doch mit ein bisschen Glück könnten Sie eine sehen, die von Wind und Strömung über den See getrieben wird. Wenn eine unterwegs ist, möchten Sie sie vielleicht besuchen; die beste Möglichkeit ist einen der Angler, die hier regelmäßig anzutreffen sind, zu fragen, ob er Sie hinbringt.

Am attraktivsten ist es hier, wenn im Frühling die ersten Blumen blühen und die Torfinseln zu treiben beginnen, aber die meisten Besucher kommen im Sommer, wenn die drei Hotels, ein Wohnwagenplatz und die zahlreichen Ferienhäuser voll besetzt sind, doch im Winter ist Vlasina ebenso schön, aber weniger besucht. Zu dieser Jahreszeit ist der See mit einer bis zu 2m dicken Eisschicht bedeckt und es gibt sehr viel Schnee.

Das nasse und sehr kalte Klima (die Durchschnittstemperatur beträgt lediglich 6°C), wie auch der Vulkanboden bieten spezielle Bedingungen für die Tiere und Pflanzen der Region. Hier können Sie den einblättrigen Sonnentau sehen, die einzige Karnivore in Serbien, oder die Moorbirke, die sich an das Leben auf den schwimmenden Inseln angepasst hat.

Die Gegend bietet viele Möglichkeiten für **Spaziergänge.** Über dem See erheben sich die Berge Vardenik (südwestlich des Sees 1.876m) und Čemernik (nordwestlich, 1.638m), beide sind über Wanderwege zugänglich. Die interessantesten historischen Sehenswürdigkeiten der Region sind die beiden alten **Dorfkirchen**. Die eine in Palja dient nun als Kloster. Bevor Sie den Grenzübergang bei Strezimirovci erreichen, biegen Sie nach rechts ab in Richtung des Dorfes Kostreševci, von wo aus es auf einer nicht asphaltierten Straße weitergeht. Die Kirche St. Nikolaus befindet sich im Dorf Božica, an der Hauptstraße Richtung Bosilegrad.

Das saubere Wasser des Vlasina-Sees

8 Vranje

- 54,450
- 29. novembra 2, 017 417 545
- Trg bratstva i jedinstva bb, 017 421 201
- Niš-Skopje highway, 017 424 516
- Stari Dani Folklorefest, Ende August

Die südlichste Stadt Serbiens, Vranje, ist nur 35 km von der mazedonischen Grenze entfernt. Es liegt in einem weiten Feld, durch die benachbarten Hügel vom Wind geschützt, herrscht in der Stadt ein mildes Klima. Die Stadt ist bekannt für ihre orientalischen Denkmäler und ihren ziemlich gut bewahrten Geist vergangener Tage.

GESCHICHTE

Zum ersten Mal erwähnt wurde Vranje 1093, als es nur ein Dorf unterhalb einer Burg war. Damals wurde das byzantinische Besitztum von dem serbischen Herrscher Vukan geplündert. Ein Teil Serbiens wurde es nach den Eroberungen durch Stefan den Erstgekröhnten zu Beginn des 13. Jahrhunderts. Als die Macht des Herrschers gegen Ende des 14. Jahrhunderts schwand, fiel die Vranje-Region in die Hände der adligen Vlatković-Familie, die es bis 1423 hielt, als ihr letztes Mitglied es dem Land der serbischen Despoten anschloss. Obwohl es 1412 schrecklich geplündert wurde, eroberten die Osmanen es erst 1455. Ihre lange Herrschaft hinterließ einen permanenten Eindruck auf dem Land und im Geist von Vranje. 1557 wurde Vranje Sitz des orthodoxen Bischofs, dessen Anwesenheit die Bedeutung der Gemeinde steigerte. Im 18. Jahrhundert wurde die Stadt von ethnischen Albanern terrorisiert, die sogar den ansässigen Pascha kontrollierten. Die Christen fürchteten um Leben und Besitz, denn sie mussten alle Rechte von den neuen Usurpatoren kaufen. Die stadt wurde 1878 befreit und begann daraufhi aufzublühen und zu wachsen. Während der bulgarischen Besatzung im Ersten und Zweiten Weltkrieg litt die Bevölkerung von Vranje als sie sich gegen die Versuche der ethnischen Assimilation wehrte; der Preis für ihre Identität und ihre Freiheit waren hunderte von erschossnen Zivilisten und tausende Eingekerkerte. Wie viele andere mittelgroße Städt in Serbien, wuchs Vranje schnell während der Zeit des Sozialismus, aber es ist ihm auch gelungen viel von seinem historischen Erbe zu bewahren. Viele der staatlichen Betrieb sind Bankrott gegangen, aber die Stadt konnte dem Schlimmsten entkommen, weil sein einziger größter Arbeitgeber, die Möbelfirma «Simpo» alle ökonomischen Schwierigkeiten ohne größere Probleme überstanden hat.

Die Tänze von Vranje sind bekannt für ihren orientalischen Flair

SEHENSWÜRDIGKEITEN

Das Stadtzentrum wird von der großen **Kathedrale** markiert, die der Hl.Dreifaltigkeit geweiht ist. Als sie 1841 gebaut wurde, provozierte ihre Größe die ansässigen Türken und Albaner, die sie kurz darauf niederbrannten. Als man eine neue Genehmigung erhielt wurde die Kirche 1858 von Kosta Damjanov, dem Bruder des noch berühmteren Andrija neu gebaut. Sie ist ein typisches Beispiel für christliche Architektur auf dem osmanischen balkan des 19. Jahrhunderts: Ohne Glockenturm und mit niedrigen, blinden Kuppeln wurde sie zwischen den anderen, normalen Häusern versteckt; darüber hinaus wurde sie sogar in den Boden eingegraben, um noch unscheinbarer zu wirken. Teile der Kirchenwand sind im naiven Stil bemalt und die Ikonostase, von einem einheimischen volkstümlichen Kunsthandwerker gefertigt, ist reich an Formen

Die berühmten Ikonen der Kathedrale von Vranje

und Ornamenten. Die interessantesten Artefakte hier sind die **Ikonen** auf der Ikonostase, die 1859/60 von Dimitar Krstević, genannt Dičo Zograf («Dičo der Ikonenmaler») geschaffen wurden. Er malte die Ikonen im ersten Teilbereich, die Ikonen in den stellen zwischen den Säulen, wie auch die im zweiten und dritten Teil der Kirche. Die Ikonen auf der Brüstung, den königlichen Türen und dem Kreuz auf der spitze wurden von zwei weit weniger geschickten Künstlern gefertigt. Krstević gilt als der wichtigste und produktivste Meister der spätbyzantinischen Malerei in der Region. Seine Werke sind beeinflusst von der italienisch-kretischen Schule und von barocker Verzierung, was besonders an den Blumenmotiven erkennbar ist. Die Farben, die Krtsević für die Ikonen verwendete, sind lebendig und leuchtend, immer in starkem Kontrast zueinander. Obwohl er bei der Darstellung kirchlicher Motive hauptsächlich am Stil des traditionellen Idealismus festhält, erhält er seine Individualität durch seine unverfälschte Inspiration.

Vor der Kirche steht ein bescheidener Obelisk aus dem Jahr 1922, der den Opfern des bulgarischen Terrors während des Ersten Weltkrieges gewidmet ist. Er wurde zerstört, als die bulgarischen Truppe 1941 zurückkehrten, und dann 1951 durch lokale Spenden wieder aufgebaut.

Die Straße Kralja Petra Prvovenčanog hinunter erreicht man die Baba-Zlatina-Straße auf der linken Seite. Diese alte Wohnstraße des christlichen Viertels, mit Mauern gesäumt, die Höfe im echten türkischen Stil umschließen, ist nach der Großmutter (*baba*) des bekanntesten Schriftstellers aus Vranje, Bora Stanković, benannt. Ihr Haus, die Nr. 7, ist heute das Museum **Bora Stanković** *(Tel.: 017 423 073; Öffnungszeiten: Di-Fr 8-20 Uhr, Wochenende 9-13 Uhr; Eintritt: Erwachsene 80 Dinar, Kinder 50 Dinar)*. In

Das Innere von Bora Stankovićs Haus

dem angenehmen Hof mit Begrünung charakteristisch für Balkanstädte während der türkischen Besatzung, steht das Haus, in dem Stanković 1875 geboren ist. Das Gebäude, typisch für Familien der Mittelklasse in Vranje, wurde etwa 20 Jahre zuvor im Stil der Südmorava-Region, mit einer offenen Veranda und einer kleinen Terrasse, gebaut. Im Haus befinden sich ist Möbel und Gegenstände aus dem 19. Jahrhundert, sowie eine kleine Ausstellung, die Stankovićs Arbeit gewidmet ist.

Auf der anderen Seite dee orthodoxen Kathedrale erstreckt sich die zentrale Fußgängerzone mit Geschäften und Cafés, die zu den **Pascha-Residenzen** *(Pašini konaci)*führt. Die beiden benachbarten Gebäude wurden 1765 von Raif- beg Džinić im osmanischen Stil errichtet. Die Tochter des letzten Paschas verkaufte es an den serbischen Bischof, der es dann 1881 zu Bildungszwecken stiftete, es wurde zu Vranjes erster Grundschule. Das Frongebäude, *selamluk* genannt, wurde vom Pascha und anderen Männern genutzt, während das hintere Gebäude *(haremluk)* von seinen Frauen bewohnt wurde. Heute ist das Frontgebäude das städtischen **Museum** *(Narodni muzej, Tel.:017 424 018, Öffnungszeiten: Mo 8-15 Uhr, Di-Fr 8-20 Uhr, Eintritt: 80 Din)*, in dem archäologische Fundstücke, keltische und romanische Gegenstände, mittelalterliche Münzen, volkstümliche Trachten und Werkzeuge ausgestellt werden. Das Haremluk-Gebäude wurde zum Business-Club der Firmo «Simpo» umgewandelt, mit mehreren Speisesälen und Salons.

Die Fußgängerzone endet am Platz der Republik. In der Mitte des Platzes steht das **Denkmal für die Befreier von Vranje 1878**, eine Arbeit des Bildhauers Simeon Roksandić aus dem Jahr 1903. Das Denkmal teilt das Unglück der Stadt während der beiden bulgarischen Besatzungen. Er wurde zwei Mal umgestürzt, der Figur des serbischen Soldaten fehlt eine Hand und einige Teile sind zerbrochen, aber es hat einen besonderen Platz im

Die Front von Pascha-Residenz

Herzen der Einwohner von Vranje, und sie gaben ihm den Spitznamen *Čika Mitke* («Onkel Mitke»). Hinter dem Denkmal befindet sich das große Gebäude **Staro Načelstvo** (Altes Gemeindeamt). Es stammt aus dem jahr 1908 und ist das namhafteste Werk des Architekten Petar Popović, in dem er die Einflüsse der byzantinischen und der Morava-Schule der Architektur vereinte, was sichtbar ist an den üppigen Verzierungen an den Fassaden.

Die Petog-kongresa-Straße führt weiter nördlich zum **Alten Hammam** *(Stari amam)*. Diese kleine Gebäude aus Stein und Ziegeln wurde des 17. Jahrhunderts erbaut, mit nur einem Bad, das abwechselnd von Männern und Frauen genutzt wurde. Leider ist es heute nicht mehr in Gebrauch.

Das Gebäude Staro Načelstvo

Vor 1878 bewohnten die Türken zeitweise den größten Teil der Oberstadt, heute sind hauptsächlich Roma, was ihr ein charakteristisches, lebendiges Erscheinungsbild verleiht. Das Zentrum dieses Stadtteils ist der Trg Slobode, der kürzlich mit dem Denkmal für **Bakija Bakić** (1913-1989), einen bekannten Trompeter und Leiter einer Blaskapelle, der sein Leben in diesem Viertel verbracht hat, verschönert wurde. Heute gibt es hier einige Kapellen, die Bakićs Weg zum Ruhm folgen.

Roma-Orchester in den Straßen von Vranje

Die Niška-Straße zur Linken geht in die Crnogorska-Straße über, die einen zur Weißen Brücke *(Beli most)* führt. Diese kleine anmutige Brücke über den Gradska-Fluss wurde 1844 von Frau Ajša konstruiert, „Buße zu tun für ihre Sünden und die ihrer Eltern", wie es auf der Gedenktafel in arabischer Schrift heißt. Die Legende besagt aber etwas anderes: Das türkische Mädchen Ajša verliebte sich in den serbischen Jungen Stojan, und wurde irrtümlicherweise von ihrem Vater getötet, der dann entschied, eine Brücke zu ihrem Gedenken zu errichten. Wie auch immer, die malerische Brücke wurde zu einem Symbol der Stadt Vranje.

Gleich bei der Brücke steht die **St.-Nikolaus-Kirche**, die älteste der Stadt. Sie wurde wahrscheinlich von der adligen Bagaš-Familie Mitte des 14. Jahrhunderts gebaut. Etwas später schenkte Nikola Bagaš die Stadt Vranje und diese Kirche dem serbischen Kloster Hilandar auf dem Berg Athos. Nachdem sie während der türkischen Herrschaft zerstört worden war, wurde sie 1894 wiederaufgebaut. Kürzlich wurde sie renoviert und dann zu einem Teil des Klosters.

Um die Ecke, vor der Sinđelićeva-Straße Nr 13 befindet sich ein weiteres Denkmal aus türkischer Zeit, der Trinkbrunnen **Djerenka**. Wie in allen osmanischen Städten, gab es auch in Vranje in jeder Straße einen Trinkbrunnen. Die Brunnen dienten nicht nur zur Wasserversorgung, sondern waren auch das Zentrum des sozialen Lebens in der Nachbarschaft.

UMGEBUNG

Nach etwa 4 km über die kurvenreiche Straße durch Pržar, einen malerischen Vorort von Vranje, erreicht man die Ruinen von **Markovo Kale** («Markos Burg»). Der Name bezzieht sich auf Marko Kraljević, die bedeutendste Figur in der serbischen Volkspoesie, obwohl weder er noch seine Familie jemals so weit nördlich herrschten. Die Festung wurde weit vor Markos Zeit erbaut, wahrscheinlich im 11. Jahrhundert, und Name Vranje verbreitete sich später auf die Siedlung und auf die ganze Gegend. Von der dreieckigen Festung stehen noch immer zwei Türme und einige Mauerteile. Von hier aus hat man einen guten Blick über die Stadt und das Binačka-Morava-Tal.

Die anmutige Weiße Brücke

RESTAURANTS

Kuršumlija

Vožd Karadjordje
täglich 09-23
Palih boraca 38
027 383 608

Dieses kleine Lokal, eins der klassischen Restaurants in Kuršumlija, liegt nicht weit vom Zentralplatz entfernt und repräsentiert die Küche Südserbiens auf angemessene Weise, mit gegrilltem Fleisch, das in großen Mengen serviert wird. Für diejenigen, die etwas anderes bevorzugen, gibt es Forelle, die jedoch ebenfalls gegrillt wird.

Dva ambara
täglich 08-24
Prolom banja
063 1308 443

Von dem scheinbar nicht enden wollenden Strom an «Ethnogasthäusern» bleiben die meisten an der Oberfläche, dass heißt ihr Interieur ist aus Holz. «Die zwei Scheunen» gehört nicht dazu. Es ist ein gemütlicher Familienbetrieb ein paar Kilometer von Djavolja Varoš entfernt und stolz auf seinen selbst produzierten Honig und den Rakija aus wilden Birnen, das frisch gebackene Brot, den Spießbraten, wie auch die Zubereitung anderer köstlicher serbischer Gerichte.

Stara vrba
täglich 06-24
Dorf Pepeljevac
027 38 15 38

Sie finden dieses Hotel in der Nähe des ersten Dorfes an der Straße Richtung Prokuplje und Niš. Am besten schmecken hier die frisch zubereiteten Spießbraten, die zur Mittagszeit und später zubereitet werden, doch die restlichen Gerichte sind ebenfalls empfehlenswert.

Leskovac

Groš
mon-sam 09-24
son 11-19
Svetozara Miletića bb
016 22 80 11

In dieser „Ethno-Hütte" am Stadtrand besteht absolut alles aus Holz, Folklore-Utensilien und -kunst an den Wänden, was nach Ihrem Geschmack sein mag oder auch nicht, aber es sollte Sie sicherlich nicht vom Essen ablenken. Die Belegschaft von Groš bemüht sich sehr, besser als die Konkurrenz zu sein, sowohl was die Auswahl, als auch was die Qualität angeht. Alles, von interessanten Vorspeisen, wie dem eingelegten Käse, bis zu den gegrillten, gekochten, gebackenen und gebratenen deftigen Hauptgerichten, erwartet Sie hier und alles in der besten Tradition, die Leskovac weltberühmt gemacht hat.

Koliba
mon-sam 08-23
Tekstilna bb
016 214 898

Eine Oase im Industriegebiet der Stadt, nicht weit von der Hauptstraße entfernt. Die wichtigsten Pluspunkte dieses Restaurants sind die große Terrasse und das ausgezeichnete Grillfleisch.

Park-ABC
mon-sam 12-24
son 13-24
Bulevar oslobodjenja 162
016 236070

Ein modernes, schön eingerichtetes Restaurant, das nicht nur vom Aussehen her anders ist, sondern auch was seine Speisekarte angeht, auf der Sie ausgezeichnete Pizzas und sehr empfehlenswerte Süßspeisen finden. Natürlich gibt es auch hier Grillfleisch im Leskovac-Stil und es ist sehr gut.

Niš

Nišlijska mehana
mon-sam 09-24
Prvomajska 49
018 51 11 11

Die Wände dieses Lokals sind mit Folklorekunst bedeckt, die Kellner tragen nationale Trachten und das Essen wird in alten Kermiktöpfen serviert, doch all das ist nur die Bühne für die eigentliche Essenz des Restaurants – das Essen. Die recht umfangreiche Speisekarte führt einige Vorspeisen auf, Grillfleisch und exzellent gekochte Gerichte wie jagnjeće sarmice. Die gut gelaunten Kellner sind immer bereit, Ihnen durch die Speisekarte zu helfen, obwohl man hier eigentlich nichts falsch machen kann.

Amerikanac
mon-son 10-24
Kovanlučka 10
018 511 117

„Der Amerikaner" wurde durch seinen Besitzer bekannt, der einige Zeit im Westen verbrachte und sich dann entschied, seine Erfahrungen mit traditioneller südserbischer Küche zusammenzubringen. Das Resultat ist ausgezeichnet und das Lokal hat schon alle bewirtet, von Mitgliedern des Königshauses bis zu einheimischen Musikstars. Obwohl es nicht mit der neueren Konkurrenz mithalten kann, ist der „Amerikaner" immer noch sehr beliebt, sowohl wegen des Essens, als auch wegen des Ambientes, bei dem die Zeit stehen geblieben zu sein scheint, und des schönen Gartens.

Kod Rajka
täglich 07-23
Kopitareva St
018 24 17 21

Es ist extrem schwer, den Ruf als bestes Grillrestaurant in Niš zu erlangen. Mit der zahlreichen Konkurrenz ist der Titel natürlich niemals sicher, aber die meisten Einheimischen sind sich einig, dass Kod Rajka das zentralste, bekannteste Lokal mit großartigem Grillfleisch ist, wo es schwierig ist, zu entscheiden, ob man die Qualität oder die Quantität loben soll. Auch die Lage in der kleinen Fußgängerzone ist sehr hübsch.

Stara Srbija
mon-don 09-24, fre & sam 09-01
son 12-24
Trg Republike 12
018 521 902

Eine Kafana mit einer 120-jährigen Tradition, die kürzlich umfassend zu einem hübschen Restaurant umgebaut wurde. Zwar gibt es einige, die seinen alten Kafana-Charme vermissen, doch die meisten scheint das nicht zu stören und das Lokal ist wieder sehr beliebt, vielleicht wegen seines Angebotes, das nun Gegrilltes und einheimische Küche übersteigt, aber trotzdem nichts an Qualität verloren hat. Ein anderer Magnet ist die Live-Musik, die die Atmosphäre jeden Abend belebt.

Galija
mon-don 09-23, fre & sam 07-24
son 12-22
Nikole Pašića 35
018 51 56 26

Es gibt zwei Gründe, warum Sie herkommen sollten (und warum die Leute überhaupt hierher kommen). Der erste ist das alte Interieur mit dem weiß gestrichenen Holz und der Atmosphäre, die völlig unbeeinflusst von den Neuheiten der letzten paar Jahrzehnte ist. Zweitens das Essen und die Getränke, genauer gesagt ihr ausgezeichnetes Grillfleisch und ihre Schnäpse.

Olio
täglich 09-22
Mihaila Pupina 18
018 533 513

Dieses ruhige Lokal, das wie eine echte Kafana aussieht und wo der Besitzer der Chefkoch ist, ist bei den einheimischen Feinschmeckern bekannt für seine immer frischen Spießbraten aus Hammel- und Lammfleisch. Andere Lammfleischspezialitäten sind ebenso gut, wie auch ihre dicken Suppen. Probieren Sie auch die panierte Polenta (pohovani kačamak). Die kleine Terrasse nach hinten hinaus blickt auf die Eisenbahngleise, was eine spezielle Atmosphäre schafft.

Mrak
mon-sam 10-22:30
Bulevar 12 februara bb
018 58 1234

Die Tatsache, dass es weit vom Stadtzentrum entfernt liegt, dass es klein und zweifelhaft aussiegt, hat die Stammkunden nie gestört, die es jeden Tag füllen, um die Gourmetspezialitäten, vor allem die Grillgerichte aus Hammelfleisch, zu genießen. Eine andere tolle Sache hier, ist die gute Auswahl an serbischen Weinen.

Riblja konoba
Kralja Stefana Prvovenčanog 5
018 25 77 28
mon-sam 08-24
son 08-22

Es sieht vielleicht nicht nach viel aus, aber dieses altmodische Lokal ist in der ganzen Stadt bekannt. Wie der Name und die nautischen Einzelheiten andeuten, werden hier köstliche Fischspezialitäten, sowohl Meer-, als auch Flussfisch, angeboten. Die Speisekarte empfiehlt das „Gericht des Hauses"- geräucherten Karpfen mit geschmortem Kohl und Reis (podvarak), doch auch alle anderen Fischgerichte, die hier serviert werden, sind ebenfalls ausgezeichnet.

Elit
Prijezdina 5a
018 514 514
mon-sam 07-02
son 16-02

Die Speisekarte des Elit, einem der gemütlichsten Lokal der Stadt, strebt in ganz verschiedenen Richtungen, es gibt sogar einen Abschnitt mit vegetarischen Gerichten, etwas, was man in Niš sonst nicht findet. Was sie aber am besten machen, sind die Pizzas und Pasta.

Pleasure
Kopitareva 7
018 51 77 01
täglich 07-23

Ein sehr elegantes Restaurant mit internationaler Küche an einem ungewöhnlichen Standpunkt – in der beliebten Kupferschmiedgasse, wo Grillfleisch uneingeschränkt herrscht. Die Frontterrasse ist ein ausgezeichneter Platz für ein leichtes Mittagessen, während man die vorbeigehenden Passanten begutachtet. Die Speisekarte führt einige Gerichte auf, deren einfallsreiche Namen die Fusion der Küchen reflektieren und – für das Ende – einige köstliche Desserts.

Vicolo
Milentijeva 2
018 288 218
mon-sam 10-24
son 14-22

Die Besitzer haben sich viel Mühe gegeben, eine intime Atmosphäre mit vielen süßen Details zu schaffen. Die Speisekarte ist hauptsächlich von italienischer Küche bestimmt, und auch wenn es nichts sonderlich Aufregendes hier zu finden gibt, ist doch alles, was Sie bestellen, sehr empfehlenswert.

Mamma
Nade Tomić 10
018 24 50 44
mon-sam 10-24
sun 12-23

Mit seiner eigenartigen, innovativen Dekoration und dem guten Essen zu annehmbaren Preisen ist es keine Überraschung, dass dies eins der beliebtesten Restaurants der Stadt ist. Die mediterranen Klassiker sind so gut wie immer, doch Sie können hier auch einheimische Spezialitäten kosten oder sogar etwas von der Liste der vegetarischen Gerichte.

Pirot

Nova 9 mezeta
Hajduk Veljka 4
010 32 11 27
täglich 08-23

Eins der Lokale, die keiner speziellen Vorstellung bedürfen, eine neue Inkarnation eines klassischen Gourmettreffs. Dieses Restaurant bietet eine Auswahl an kulinarischen Gaumenfreuden aus Südserbien, die Sie begeistern werden. Das Schwierigste hier ist, etwas auszuwählen.

Mali Pevac
Nikole Pašića 35
010 335 975
täglich 08-23

Das bekannteste Restaurant/Kafana in Pirot, „Der kleine Hahn", wird zurecht als Feinschmeckertreff angesehen. Sein größter Nachteil ist, dass es so bekannt ist, dass seine Preise etwas über denen der Konkurrenz liegen, aber wenn es ums Essen geht, ist es noch immer makellos. Es ist unnötig zu sagen, das Essen Südserbiens mit all seinen Gewürzen, Paprikas und Fleisch soviel das Herz begehrt.

Ladna voda
Nikole Pašića bb
010/ 323422
mon-sam 13-23

Das Restaurant befindet sich in einem Haus aus dem 19. Jahrhundert und wird Sie auf eine Reise zurück in die Vergangenheit, mit seiner warmen Atmosphäre und seinem Essen, das einen Besuch auch jeden Fall wert ist. Manche der Köche und die meisten der Kellner sind eigentlich in der praktischen Ausbildung, was es sogar noch besser macht. Im Sommer kann auch der Garten genutzt werden, der sich im Hof des Museums nebenan befindet.

Kafana "Ladna voda" in Pirot

Vranje

Dvor
Save Kovačevića 46
017 420 505
mon-sam 08-00
son 11-00

Wenn Sie der vereinzelte (und eigentlich recht unsinnige) Pomp im „Hof" nicht stört, werden Sie sehen, dass er der Küche nicht geschadet hat, in der eine vielseitige Mischung von Gerichten, wie ihrer Spezialität, der Polenta mit Speck und Käse oder den Gerichten die ispod sača zubereitet wird. Grillfleisch gibt es hier natürlich auch, ebenso wie einige Fischgerichte.

Morava
Stefana Prvovenčanog 166
017 41 44 44
mon-sam 08-23
son 09-23

Dieses Restaurant mit einer mehr als fünfzigjährigen Tradition wurde kürzlich gründlich renoviert und zu etwas gemacht, was sein Besitzer für stilvoll hält. Achten Sie nicht auf das Aussehen, die köstlichen Grillfleischgerichte, die sogar den anspruchsvollsten Appetit zufrieden stellen, gibt es noch, wie auch einige andere Gerichte für diejenigen, die von diesen Delikatessen genug haben.

Niš

Aleksandar ★★★
Njegoševa 81a
018/ 562 076
www.hotel-aleksandar.com

24/48 — €€€€

Das Hotel befindet sich im hügeligen Vorort der Stadt und macht das Beste aus seiner Position mit dem wundervollen Ausblick über ganz Niš von allen Zimmer, den Balkonen, dem Außenpool und sogar dem Fahrstuhl aus! Sehr moderenes Design, luftige und gut ausgestattete Zimmer, freundliche Atmosphäre. Zu Fuß benötigt man genau 20 Minuten bis in die Innenstadt oder drei Minuten mit dem Taxi, was in Niš zu mehr als erschwinglichen Preisen möglich ist.

Evropa
Leskovačka bb
018/ 565 156
www.hostelevropa.rs

19/72 — €

Wenn Sie mit dem Zug in Niš angekommen sind und vergessen haben, eine Jugendherberge ausfindig zu machen, ist das Hotel Evropa mit seinen 72 Betten in unmittelbarer Nähe des Bahnhofs eine ideale Unterkunft. Es hat, was Charakter und Stil angeht, nicht viel zu bieten, ist aber sauber und verlässlich.

Svetlost Plus ★★★
Selo Donje Vlase
018/ 42 84 222
www.svetlostnis.rs

16/38 — €€€

Ein anständiges Mittelklassehotel in dem Dorf Donje Vlase, etwa 7 km vom Stadtzentrum von Niš entfernt. Angenehme und ruhige Umgebung, ein kleiner Außenpool auf der Plusseite, billig eingerichtete Zimmer und sonderbares Design auf der Minusseite.

Majesty Accommodation
Cvijićeva 27
018/ 519 755
majestyapartments.com

13/33 — €€€€

In einer kleinen Seitenstraße am Rand des Stadtzentrums befindet sich dieses gepflegte Hotel mit Mittelklasseanspruch, großen, bunt eingerichteten Zimmern, einem bewachten Parkplatz und immer hilfsbereitem Personal.

My Place ★★★★
Kej 29. Decembar bb
018/ 525 111
www.hotelmyplace.com

30/56 — €€€€

Als Teil der Best-Western-Hotelkette ist dieses Hotel eine der exklusiveren Optionen in der Stadt, doch jeden Cent/Dinar wert. Es befindet sich in einer Seitenstraße in der Nähe des Flusses und einen kurzen Spaziergang vom Stadtzentrum entfernt. Die Standardzimmer verfügen über hochmoderne Badezimmer mit Jacuzzi, einen riesigen Plasmafernseher und eine kleine Küche. Zusätzlich finden Sie im Haus einen sehr gut ausgestatteten Fitnessraum und eine Sauna und vor dem Hotel befindet sich ein Parkplatz, der für die Gäste reserviert ist.

Niški cvet ★★★
Kej 29. Decembar 2
018/ 297 700
www.niskicvet.com

28/41 — €€€€

Mit seiner wundervollen Lage mit Blick über die Nišava und die Festung bietet dieses moderne Hotel alles, was ein moderner Reisender benötigt: Saubere, einfach eingerichtete Zimmer, funktionale (wenn auch recht kleine!) Badezimmer, einen schönen Speisesaal. Nichts, was das Gewöhnliche übersteigt, doch sein Geld wert.

Panorama Lux ★★★
Svetolika Rankovića 51
018/ 560 213
www.panoramalux.co.rs

8/16 — €€€€€

Eine alte Villa wurde zu einem kleinen, von einer Familie geführten Hotel umgebaut. Den Namen bekam es wegen des Panoramablicks auf Niš, den es bietet. Geräumige, komfortable Zimmer, ruhige Lage und Personal, das Sie verwöhnen wird, machen das Hotel zu einem der empfehlenswertesten Bleiben in der Stadt. Das einzige Minus ist, dass es etwas außerhalb des Zentrum gelegen ist, doch dieses Problem lässt sich leicht mit einer spottbilligen Taxifahrt lösen.

Regent Club ★★★
Njegoševa 81a
018/ 524 924
www.regentclub.com

15/30 — €€€€€

Dieses kleine Hotel ist ein wenig verwirrend, denn es hat zwei Gesichter. Auf der einen Seite zeigt es auf die Obrenovića, eine Fußgängerzone und die Hauptstraße von Niš, doch auf der anderen auf den Innenhof eines Häuserblocks. Dasselbe gilt für das Interieur: Die für alle zugänglichen Räume sind entsprechend dem Namen des Hotels eingerichtet – hoheitsvoll prätentiös, während die Zimmer sehr einfach dekoriert sind, fast in minimalistischem Stil. Wenn Ihnen diese Dualität nichts ausmacht, werden Sie eine gute Erfahrung machen, denn der allgemeine Eindruck ist, dass dies ein sauberes und gut geführtes Hotel ist.

Sweet
Milorada Veljkovića Špaje 11/4
062/ 894 20 85
www.sweet-hostel.com

6/28 — €

Diese neue Jugendherberge befindet sich in einem Gebäude ein paar Ecken vom Zentralplatz der Stadt entfernt und hat gut eingerichtete und modern designte Zimmer – eine wahrhaft süße Überraschung für einen erschöpften Reisenden. Den schönen Blick über Niš verdankt es seiner Lage auf der obersten Etage.

Tami Residence ★★★★
Durmitorska bb
018/ 505 800
www.tamiresidence.com

70/150 — €€€€

Dieses etwas größere Hotel in einer ruhigen Wohngegend südlich des Stadtzentrums ist stolz auf seine gut eingerichteten Zimmer (beachten Sie, dass sie unterschiedliche Größen und Aussichten haben!), die Sauna, das Schwimmbad, den Fitnessraum und die guten Konferenzräumlichkeiten. Der Service ist schnell und freundlich und das Frühstück ist eine Erfahrung, die Sie sich nicht entgehen lassen sollten.

Pirot

Lovac ★

Selo Poljska Ržana
010/ 318 777
www.hotellovac.rs

6/12 — €€€

Eine Frühstückspension in Poljska Ržana, dem ersten Dorf außerhalb von Pirot auf der Straße Richtung Sofia. Sie befindet sich in einer großen Villa mit einem großen Hof und einem schönen Schwimmbad im Freien. Das Interieur ist nicht sonderlich ansprechend, hat aber einige schöne Details zu bieten, wie einheimischen kleinen Teppiche. Die Zugabe von einigen Stilmöbelstücken konnte die minimalen Annehmlichkeiten der Zimmer nicht verbessern.

Sin-Kom ★★★

Nikole Pašića bb
010/ 322 505
www.hotel-sinkom.com

19/38 — €€€

Eine neu gebaute Frühstückspension im malerischsten Teil von Pirot. Sie bietet kleine, einfach eingerichtete Zimmer. Keinerlei Luxus, aber Basiskomfort zu annehmbaren Preisen.

Star A (Tigar) ★★★

Nikole Pašića 213
010/ 311 212
www.tigar.com

14/29 — €€

Das Hotel liegt etwa 12 km die Straße Richtung Norden von der Stadt aus und kann prima als Ausgangspunkt genutzt werden, um die faszinierende Südseite des Stara-Planina-Gebirges zu erkunden. Das sehr einfache Landhotel gehört Pirots erfolgreichstem und größtem Unternehmen und ist ein bescheidener, aber sauberer Ort, um abzuschalten.

Topalović ★★★

Selo Vojnegovac
064/ 11 78 407
vojnegovac.wordpress.com

3/7 — €

Dieser einwandfrei geführte Haushalt im Dorf Vojnegovac, nicht weit von Pirot entfernt wird alles dafür tun, dass Sie sich wohl fühlen. Die Unterkunft verfügt über einen großen Garten, eine recht große Terrasse und schön eingerichtete Zimmer.

Prolom Banja

Radan ★★

18433 Prolom Banja
027/ 88 111
www.prolombanja.com

210/440 — €€€

Ihre beste Möglichkeit, im Kurort Prolom unterzukommen, ist dieses Hotel mit den drei wohlverdienten Sternen. Wenn möglich, nehmen Sie eins der frisch renovierten Zimmer; wenn nicht, machen Sie sich keine Sorgen, die alten sind ebenfalls sehr ordentlich und sauber. Das größte Plus sind die therapeutischen und Wellness-Einrichtungen des Hotels, aber auch das exzellente Buffet ist nicht zu verachten.

Vlasina

Narcis ★

17 522, Vlasinsko jezero
017/ 409 790
www.vlasina.info

36/100 — €€

Ein kleines, einfaches Hotel mit kleinen, aber sauberen Zimmern, meist mit neuen Möbeln und aufmerksamem Personal.

Vlasina ★★

17 522, Vlasinsko jezero
017/ 815 400
/

75/200 — €€

Das älteste und bekannteste Hotel des Ferienortes, „Vlasina", befindet sich am unteren Ende der Messlatte für Mittelklassehotels. Ohne jeglichen Luxus oder Anzeichen von Design, bleibt alles, was man dort zu bieten hat, einfache und funktionale Zimmer mit sauberen Badezimmern.

Vranje

Simpo Pržar ★★★

Pržanska bb
017/ 423 900
www.simpo.rs

20/34 — €€€€

Vranjes bestes Hotel befindet sich auf einem Hügel gleich nördlich der Stadt. Eine ruhige Umgebung und schöne Aussicht sind das Erste, was Sie hier bemerken werden. Manche der Räumlichkeiten sind ein bisschen veraltet, aber im Ganzen ist es noch immer hübsch und elegant, mit Zimmern, in denen man sich wohl fühlt.

Vranje ★★

Radnicka 10
017/ 421 720
www.hotelnovipalas.com

60/100 — €€

Zunächst einmal, beachten Sie, dass dies das Motel Vranje ist, denn es gibt auch ein Hotel mit demselben Namen im Stadtzentrum. Es stammt aus Vranjes goldener sozialistischer Zeit und hat sich in den letzten Jahrzehnten kaum verändert. Sein Hauptvorteil ist seine Lage an der Autobahn und die relativ ruhige Umgebung. Die Zimmer sehen anständig aus, aber die meisten der Räumlichkeiten sind schon seit längerem renovierungsbedürftig.

Kosovo und Metochien

Im Jahr 2008 erklärte die von ethnischen Albanern dominierte serbische Provinz Kosovo ihre unilaterale Unabhängigkeit. Seitdem haben 86 von 193 UN-Mitgliedstaaten und 22 von 27 EU-Ländern sie anerkannt. Der Rest, Serbien eingeschlossen, sind der Ansicht, dass eine Verschiebung von Grenzen ohne die Zustimmung beider Interessensparteien, besonders nach einem blutigen Konflikt und Veränderungen in der ethnischen Zusammensetzung ein gefährlicher Präzidenzfall ist. Der Druck der EU und der Amerikaner auf Serbien, seine frühere Provinz als unabhängig anzuerkennen, hat in den letzten Jahren zu Brüchen in der politischen Szene und der Verstärkung serbisch-albanischer Spannungen geführt.

Um alles noch komplizierter zu machen, weigerte sich die Bevölkerung des äußeren Nordens des Kosovo, die aus einer großen und kompakten serbischen Mehrheit besteht und wo sich ethnisch-albanisch dominierte Institutionen nie etablieren konnten, dagegen, Teil eines anderen Landes zu werden, was nicht überraschend ist. Das Recht, sich abzuspalten, das man dem Kosovo gegeben hat, könnte ebenso seinem nördlichen Teil eingeräumt werden, mit der Entschuldigung der Destabilisierung der Region.

Der Rest der serbischen Bevölkerung im Kosovo, auf gerade mal 4 % der Gesamtbevölkerung gesunken, lebt in belagerten Enklaven und geschützten Ghettos in den Städten. Die Serben im Kosovo sind heute die einzigen Menschen in Europa, die kein einziges Grundrecht haben, obwohl sie unter den Augen von Dutzenden von internationalen und nichtstaatlichen Organisationen leben. Sie haben keine Sicherheit für ihr Leben außerhalb der von KFOR und UN geschützten Enklaven. Weder das Recht umzuziehen, noch das Recht zu arbeiten.

Im größten Teil der Provinz ist alles, was von den Serben hier geblieben ist, die Namen der Orte und Ruinen ihrer Kirchen: Mehr als 93 % der Ortsnamen und mehr als tausend mittelalterliche Denkmäler sind Zeugen für ihre lebhafte ethnische und kulturelle Anwesenheit.

Bunte Kreuze entlang der Straße im Nordkosovo

Der Kosovo ist definitiv kein Teil von Serbien mehr, im wahrsten Sinn des Wortes. Üblicherweise löst eine solche oder ähnliche Äußerung zu diesem Thema heftige Reaktionen aus. Außerdem erntet man im besten Fall unfreundliche Blicke, wenn man auf der Straße Serbisch spricht. Wenn man all das oben gesagte bedenkt, möchte dieser Reiseführer keine umfassende Befragung zum touristischen Potential des Kosovo durchführen. Wir werden uns hauptsächlich auf Orte konzentrieren, wo die eindrucksvollsten Beispiele für das stark gefährdete serbische Kulturerbe zu finden sind.

ie rauhe Schönheit des Šar-Gebirges

Die beiden Namen der Provinz stammen von den zwei Ebenen, die die Geographie des Kosovo definieren. Im Osten liegt der Kosovo mit den Flüssen Ibar/Ibër, Lab/Llap und Sitnica/Sitnicë. Im Westen liegt Metochien, dessen Hauptwasserwege Beli Drim/Drini und Bardhë sind. Die beiden sind durch die hügelige Gegend Drenica getrennt und von allen Seiten von hohen Bergen umgeben. Richtung Albanien ist die **Prokletije/ Bjeshkët e Namuna-Bergkette**, deren Gipfel Djeravica/Gjeravica (2.656 m) der höchste in Serbien ist. Im Norden liegt Mokra Gora, im Osten Kopaonik, während der Süden von dem imposanten Gebirge **Šara/Sharr** und den Bergen von Crna Gora/Mali i Zi nördlich von Skopje umgeben ist.

Die Ebene des Kosovo („Amselfeld") nördlich der regionalen Hauptstadt Priština/ Prishtina, gab der ganzen Region ihren Namen. Hier fand 1389 die berühmte Schlacht statt, die den Eckstein der serbischen Heldendichtung bildet. Die Berge, die es umschließen, sind reich an Erz: **Novo Brdo** war die größte Silbermine in Europa, bis sie 1455 an die Türken fiel. Heute sind nur Ruinen, wenn auch beeindruckende, über dem kleinen Dorf mit demselben Namen geblieben. Bei **Kosovska Mitrovica**, einer Stadt, die in einen serbischen und einen albanischen Teil gespalten ist, befinden sich die berühmten Minen von Trepča/Trepça. Die meisten Touristen besuchen Priština, wo eine starke internationale Gemeinschaft und Regierungsinstitutionen das chaotische Wachstum der Stadt antreiben. Auf der Schattenseite sollte man beachten, dass vor 1999 mehr als 30.000 Serben in Priština lebten, heute gibt es hier keine mehr.

Metochien bekam seinen Namen von den großen klösterlichen Besitztümern (metoh), die von den Nemanjić-Herrschern in dieser fruchtbaren Region vergeben wurden. Die Albaner verwendeten den Namen Dukagjin, abgeleitet von einer Region in den nordalbanischen Bergen, von wo die Albaner ab dem 16. Jahrhundert herunterkamen. Die beiden Namen sagen viel über die gespaltene Identität der Region aus. Obwohl es in den Jahrhunderten der türkischen Dominanz verfolgt und zerstört wurde, ist das mittelalterliche serbische Erbe in den Klöstern der **Peć-Patriarchie**, dem traditionellen Sitz des serbischen Patriarchen, und **Visoki Dečani,** dem größten erhaltenen mittelalterlichen Monument Serbiens, noch immer lebendig. Da die Klöster Wein benötigten, zieren zahlreiche Weinberge die Landschaft und die einheimischen Weine waren vor dem Krieg bekannt für ihre exzellente Qualität. An der Südgrenze liegt Prizren mit seinen vielen mittelalterlichen Kirchen, imposanten Moscheen und der attraktiven Stadtstruktur.

1 Gračanica
2 Pećka Patrijaršija
3 Visoki Dečani
4 Prizren
5 Šar Planina

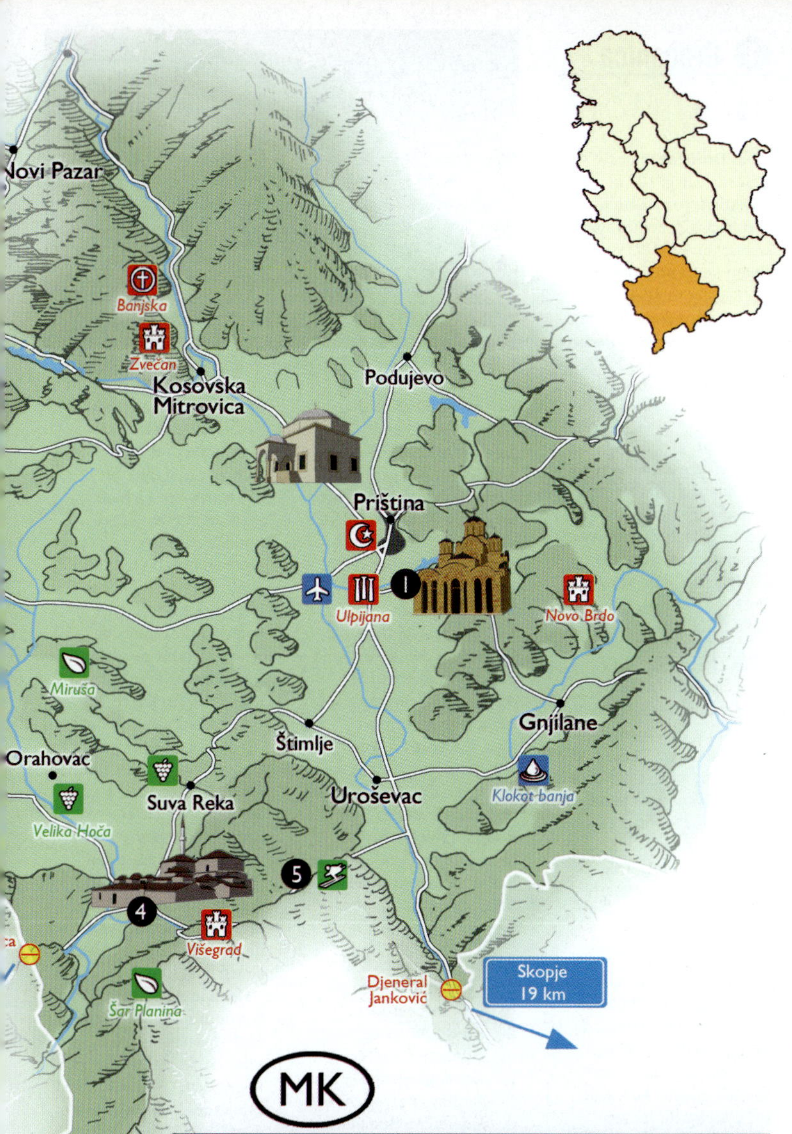

Die Zvečan-Festung oberhalb von Kosovska Mitrovica

❶ Gračanica

4,500

Das Dorf Gračanica / Graçanicë liegt 10 km südöstlich von Priština und ist das Zentrum einer serbischen Enklave von einem Dutzend Dörfern. Ein Kloster mit demselben Namen, eins der schönsten Beispiele für byzantinische Architektur auf der Welt, befindet sich in diesem Dorf.

Christus krönt Königin Simonida und König Milutin

ANREISE

Der einfachste Weg von Priština nach Gračanica zu kommen ist die E65 Richtung Ferizaj/Uroševac zu nehmen und dann bei Llapllasale/Laplje Selo, dem Dorf vor Gračanica nach links abzubiegen.

GESCHICHTE

Die heutige Kirche des Klosterkomplexes wurde von König Milutin (1284-1321) an dieser Stelle, an der zuvor eine andere gestanden hatte, gebaut. Sie war die letzte große Stiftung des Königs, der etwa 42 Kirchen und Klöster in Auftrag gab und rekonstruieren ließ. Gračanica ist der Höhepunkt seiner Bauarbeiten und eigentlich der gesamten byzantinischen Schule der serbischen Architektur, die König Milutin in seiner «Byzantinisierung» von Serbien pflegte. Es wurde 1321 nach acht Jahren Arbeit fertiggestellt und gleich zum Bischofssitz. Die Kirche ist der einzig erhaltene Teil des Klosterkomplexes, da der Rest türkischen Übergriffen im späten 14. Jahrhundert zum Opfer fiel. Der offene Narthex, der die Harmonie des gesamten Bauwerks stört, wurde 1383 hinzugefügt, um die Fresken an der Außenwand zu schützen. Er wurde dann im 16. Jahrhundert zugemauert, um mehr Platz für neue Fresken zu schaffen. Gračanica ist auch bekannt dafür, dass sich hier die erste Druckerei Serbiens befand: 1539 kauften die Mönche eine Druckerpresse und druckten wertvolle Inkunablen.

HIGHLIGHTS

Obwohl der Architekt der Kirche unbekannt ist, ist sein Werk bei allen, die den Reichtum der byzantinischen Kultur kennen, angesehen. Der Bau ist allerdings untypisch; wie die anderen Merkmale von Gračanica bricht sein Bau mit vielen Konventionen der Zeit. Der Kreuz-im-Kreis-Plan und die fünf Kuppeln sind übliche Elemente, wie auch die ausgearbeiteten Ziegel- und Steinarrangements in den Mauern. Bis hierher gehen die Ähnlichkeiten: Die mutige Lösung des anonymen Architekten strebt nach für diese Zeit ungesehener Vertikalität, ein Effekt, der durch pyramidische Anordnung der Masse erreicht wird, die einen auffordert, nach oben zu sehen. Beachten Sie die verlängerten Kuppeln, die hier zum ersten Mal zu sehen sind und die Spitzbögen unter der Hauptkuppel – ein visueller Effekt, der von den gotischen Kathedralen abgeschaut ist.

Der **äußere Narthex** wurde aus minderwertigem Material gefertigt, aber seine weiten Doppelbögen folgen dem Originalmuster. Einige der Fresken aus dem Jahr 1570 wurden von der Wand genommen und in die Schatzkammer des Klosters verlegt, um der Kirche ihr ursprüngliches Aussehen wiederzugeben. Die, die geblieben sind, schließen eine Reihe ein, die Patriarchen der serbischen Kirche portraitiert, vom heiligen Sava bis zu Makarije Sokolović (1557-1571), und eine, die

Die Kirche des Klosters Gračanica

den Tod des einheimischen Metropoliten Dionisija darstellt.

Im **Kirchenschiff** befindet sich ein exquisites und fast vollständig erhaltenes Ensemble der Wandmalereien aus dem 14. Jahrhundert. Diese waren von Milutins Vertrautem, dem Erzbischof Danilo, der das Arrangement des Interieurs nach Milutins Tod 1321-1322, zuende führte, in Auftrag gegeben worden. Die Künstler, wahrscheinlich die Hofmaler Michaelos und Eutichios, waren sicherlich die größten Meister ihrer Zeit und beachteten die neuesten Trends aus Konstantinopel. Die Genialität der Fresken von Gračanica liegt in der Tatsache, dass Danilos ikonographisches Konzept einige traditionelle Regeln missachtete und die Maler nahmen dieses Konzept und malten in einer Manier, die jenseits der Konventionen der Zeit war.

An der Ostwand des inneren Narthex befindet sich ein Gemälde des Jüngsten Gerichts, das reich an aufregenden Details, wie etwa Darstellungen von Land- und Wasserkreaturen, ist. Auf dem Eingangsbogen sieht man die Abbildung der alten Königs Milutin, der ein Modell der Kirche hält, und seiner jungen byzantinischen Frau Simonida, beide werden von Engeln gekrönt, die von Christus geschickt wurden. Es gibt noch zwei weitere Portraits von Milutin und seiner Kirche. Auf dem einen ist er mit seiner Mutter Jelena zu sehen, hier ist er als Mönch dargestellt, was er nie war. Dies war nötig für seine Heiligsprechung, die drei Jahre nach seinem Tod erfolgte. Milutin war weit davon entfernt, ein Heiliger zu sein, wenn wegen nichts anderem, dann zumindest wegen seiner fünf politisch motivierten Ehen, aber er tat viel für die Kirche, nicht zuletzt mit seinen Stiftungen. Historisch gesehen ist das wichtigste Fresko das, welches den Nemanjić-Stammbaum zeigt, eine Komposition, die hier zum ersten Mal mit der Absicht angefertigt wurde, Milutins Vorranstellung gegenüber der Abstammungslinie seines älteren Bruders Dragutin zu demonstrieren. Die Ikonographie des Stammbaums imitiert den Stammbaum Jesu, nur dass hier Stefan Nemanja an der Wurzel und Milutin an der Spitze steht. An der Nordwand steht die Gründungscharta des Klosters, die alle seine Besitztümer auflistet. In anderen Teilen der Kirche sind die Gemälde in drei Niveaus angeordnet: Heilige (über 80 Figuren und 150 Büsten), Geschichten aus dem Leben Christi und Kirchenfeste. Der Platz in der Hauptkuppel gehört dem monumentalen Fresko „Christus der Allmächtige" und die Apsis der „Anbetung des Lamms" und der „Kommunion der Apostel". In der Prothesis (der Raum links des Altars) ist das Leben des heilige Nikolaus dargestellt; ein exzellentes Portrait von Johannes dem Täufer kann man im Diakonikon (rechts des Altars) bewundern. Das letzte interessante Merkmal des Klosters Gračanica ist eine schmale Treppe, die in den Südpfeiler beim Eingang eingehauen ist und zur Katihumena führt, einer königlichen Loge im oberen Stockwerk.

Die klösterliche Schatzkammer verfügt über eine wertvolle Sammlung von Ikonen aus dem 16.-19.Jahrhundert, ist aber heutzutage selten für die Öffentlichkeit zugänglich.

Der Garten Eden, Fresko in Gračanica

2 Pećka Patrijaršija

367 km Belgrad
96 km Novi Pazar
82 km Priština

Das Patriarchat von Peć ist eins der bedeutendsten serbischen Klöster. Jahrhundertelang war dies der Sitz des serbisch-orthodoxen Patriarchen und als solcher hat es noch immer einen besonderes Platz in der hierarchischen Ordnung der serbisch-orthodoxen Kirche als ihr zeremonieller Sitz. So ist es Brauch, dass jeder serbische Patriarch hier zeremoniell gethront wird. Der Klosterkomplex ist kunstvoll ausgearbeitet und verfügt über wunderschöne Kunstwerke.

ANREISE

Das Kloster liegt an einem fantastischen Standort am Eingang zur Rugovo-Schlucht vor dem Hintergrund des Gebirges Prikletije/Bjeshët e Namuna, des ein Naturschutzgebiet ist. Die Höhlen (*pećina* auf Serbisch), gaben dem Ort und dem Kloster den Namen. Die benachbarte Stadt Peć/Pejë, entwickelte sich aus dem Markt des Klosters.

Das Patriarchat liegt am Westausgang von Peć/Pejë, an der Hauptstraße.

Das Patriarchat des Klosters Peć

Ihre hellrot gestrichenen Kirchen kann man nicht übersehen.

Der Komplex wird rund um die Uhr von italienischen KFOR-Truppen bewacht. Die Türen des Klosters sind für Besucher nur nach vorheriger Absprache über infosluzba@eparhija-prizren.com geöffnet. Wenn Sie unangemeldet kommen, müssen Sie die Nonnen bitten, Sie einzulassen, doch dies wird nicht immer gewährt.

GESCHICHTE

Das Patriarchat von Peć ist ein Komplex von drei Kirchen und einer Kapelle, die durch einen äußeren Narthex verbunden sind. Die älteste der drei ist die mittlere, die den heiligen Aposteln geweiht ist. Sie wurde in der ersten Hälfte des 13. Jahrhunderts auf Grundbesitz des Sitzes der Serbischen Kirche, des Klosters Žiča *(siehe S. 296)* gebaut, und war als Grabstätte für die serbischen Erzbischöfe gedacht. Als jedoch ein Angriff der Bulgaren die Verletzlichkeit von Žiča zeigte, wurde der Sitz des Erzbischofs hierher verlegt, tiefer ins Inland. Peć wurde das bedeutendste Kloster des Landes und erhielt sein heutiges Erscheinungsbild während der ersten Hälfte des 14. Jahrhunderts. 1346 erhob Kaiser Dušan dieses Erzbistum auf die Stufe eines Patriarchats, das den Sitz in Peć behielt. Während des osmanischen Angriffs floh der Patriarch nach Norden und verschwand, und mit ihm die ruhmreichen Tage von Peć. Als 1557 das serbische Patriarchat wiederaufgenommen wurde, wählte man als Sitz wieder Peć aus und der Klosterkomplex wurde einer umfassenden Renovierung unterzogen. Von hier aus leiteten die Patriarchen die Kirche und praktisch die Angelegenheiten der ganzen serbischen Nation. Während der Kriege zwischen den Habsburgern und den Osmanen flohen zwei der Patriarchen in von Habsburg regierte Länder und beide Male wurde Peć niedergebrannt und seine üppige Schatzkammer geplündert. Schließlich verboten die Türken das Patriarchat 1766. Im 19. Jahrhundert war es Zeuge weiterer Greueltaten, die entweder von den Türken oder den Albanern ausgeführt wurden. Auch das 20. Jahrhundert war nicht friedlicher: 1981 setzten albanische Extremisten den Großteil der klösterlichen Wohnstätten in Brand.

Gemälde des Erzbischofs Danilo II., geführt vom Propheten Daniel

HIGHLIGHTS

Um alle drei Kirchen sehen zu können, muss man auf die Rückseite des Komplexes gehen. Von der ältesten Kirche der heiligen Apostel ist nur das Querschiff, drei Apsiden und eine einfache Kuppel zu sehen. Rechts von den Heiligen Aposteln steht die St.-Demetrios-Kirche, die um 1320 erbaut wurde und links die der Jungfrau Hodegetria («Die, die den Weg weist»), mit der kleinen St.-Nikolaus-Kirche auf ihrer Linken, beide etwa zehn Jahre jünger. Das Äußere beider Kirchen ist recht uninteressant, abgesehen von den Kuppeln und einigen gotischen Doppelfenstern.

Christus, Fresko aus dem 13. Jahrhundert

Entlang der Stirnseiten der benachbarten Kirchen, fügte der Erzbischof Danilo II. einen monumentalen Narthex hinzu, der einst auch einen hohen Glockenturm besaß. Der Narthex wurde viel wegen seiner Feinheit gelobt, die aber bei späteren Umbauten verloren ging, besonders im 16. Jahrhundert, als seine Arkaden eingemauert wurde, um ihn vor dem Einstürzen zu bewahren und Platz für neue Wandmalereien zu schaffen.

Der lange, **äußere Narthex**

Besucher zünden Kerzen an

ist von den Stützpfeilern in zwei Schiffe geteilt. Von den Originalfresken aus dem 14. Jahrhundert, sind nur einige wenige erhalten, wie der Stammbaum der Nemanjić-Dynastie und die Jungfrau Maria an der Südmauer. Andere Fresken hier sind bei der Sanierung 1560 entanden, von dem neuen Patriarchen Makarije Sokolović in Auftrag gegeben: Eine prachtvolle Szene des Jüngsten Gerichts und eine Präsentation des Kirchenkalenders mit einem Gemälde für jeden der 365 Tage des Jahres. Von hier aus kann man alle drei Kirchen betreten.

In der Kirche der Heiligen Aposteln erblickt man als erstes die Szenen der Passion und Portraits der Nemanjić-Herrscher, die im 14. Jahrhundert gemalt und zwei Jahrhunderte später leicht retuschiert wurden. Darauf folgt eine Gruppe von Gemälden, die komplexe theologische Inhalte darstellen. Die Fresken in der Kuppel und auf den Stützpfeilern stammen aus der Mitte des 13. Jahrhunderts, sind somit die ältesten des Komplexes und haben Ähnlichkeit mit denen im Kloster Studenica. Das schönste darunter ist die Figur der Jungfrau Maria mit ausgespreizten Armen. Drei Erzbischöfe sind in dieser Kirche bestattet; über dem Grab von Joanikije befindet sich eine Darstellung seiner Himmelfahrt. An der Nordwand, malte der Künstler Georgije Mitrofanivić ein Portrait des Patriarchen Jovan (1620). Die Ikonostase stammt aus dem Jahr 1722. Der Eingang zur **St.-Demetrios-Kirche** erfolgt durch ein attraktives Steinportal. Die Originalfresken hier aus dem 14. Jahrhundert wurden im 17. Jahrhundert stark retuschiert. Sie schließen das Leben des Schutzpatrons, Portraits des Kaisers Dušan mit seinem Sohn Uroš und dem ersten Patriarchen, Joanikije, und des Ökumenischen Konzils, wie auch der beiden Konzilien der serbisch-orthodoxen Kirche ein. Bei der Geburt Jesu kann man die realistische Darstellung von Schäfern aus dieser Zeit sehen. Die klösterliche Schatzkammer dieser Kirche ist ebenfalls ausgestellt, mit einigen großartige Manuskripten, Ikonen, liturgischen Objekten und Gewändern, wie auch der «Rodors-Glocke» aus dem Jahr 1432. Hier befinden sich die Gräber der Patriarchen Jefrem und Sava IV.

Die **Kirche der Jungfrau Maria** besitzt einige der meistverehrten Fresken aus dem 14. Jahrhundert in Serbien. Das Portrait des Erzbischofs Danilo II., der die Kirche in Auftrag gegeben hatte, ist links des Eingangs zu sehen. Er wird vom Propheten Daniel geleitet und trägt ein Modell des Klosterkomplexes (bei dem auch der Originalturms gut sichtbar ist). Das Grab des Erzbischofs befindet sich ebenfalls hier. Neben anderen Fresken gibt es hier Gemälde der 23 Mitglieder der Nemanjić-Dynastie; die interessante «Säugende Jungfrau» und Maria Himmelfahrt befinden sich über dem Eingang. Die Gemälde des Kalenders und des Jüngsten Gerichts stammen aus dem 16. Jahrhundert. In der Prothesis findet man das Leben des Heiligen Arsenius und im Diakonikon das Leben von Johannes dem Täufer.

Die kleine **St.-Nikolaus-Kirche** an der Südmauer der Marienkirche besitzt Wandmalereien aus dem 17.Jahrhundert, die das Leben ihres Schutzheiligen und, im unteren Bereich, Darstellungen berühmter serbischer Heiliger zeigen. An der Südmauer ist St. Nikolaus abgebildet, wie er den Patriarchen Makarije Sokolović zu Christus führt.

Nahe dem Eingang des Klosterkomplexes werden Sie einen fantastisch gewundenen Schwarzen Maulbeerbaum sehen, der mehr als 700 Jahre alt ist. Angeblich wurde der Baum von Erzbischof Sava II im 13. Jahrhundert gepflanzt, der den Samen von seiner Pilgerfahrt nach Syrien mitgebracht hatte.

Der jahrhundertealte Maulbeerbaum

❸ Visoki Dečani

367 km Belgrad
98 km Priština

Das prächtige Kloster Visoki Dečani ist das größte und am besten erhaltene Kloster in Serbien. Seine einzigartige, erstaunliche Architektur und ein exzellent erhaltenes Freskenensemble waren ausschlaggebend dafür, das es auf die Liste des UNESCO-Weltkulturerbes gesetzt wurde. Die Umgebung der Klosters ist ebenso beeindruckend: Es liegt in dem kleinen Tal des Flusses Bistrica, das mit Kastanienbäumen und Weingärten bepflanzt ist. Einige hundert Meter weiter beginnen die steil abfallenden Hügel, die sich einer auf den anderen gesetzt zu Djeraviva/Gjeravica erheben, mit 2.656 m der höchste Gipfel im Kosovo und in ganz Serbien.

ANREISE

Das Dorf Visoki Dečani/Deçan liegt 15 km südlich von Peć/Pejë an der Hauptstraße Richtung Prizren. Aus Richtung Peć/Pejë nehmen Sie die rechte Abzweigung an der Hauptkreuzung. Nach einer kurzen Fahrt (1,5 km) werden Sie das Kloster am Eingang zu der Schlucht des Flusses Dečanska Bistrica sehen, die nahe der Straße liegt. Die Hauptkreuzung ist auch der Ort, wo die Busse aus Priština und Peć halten.

Das Kloster wird ständig von italienischen KFOR-Truppen bewacht, die Sie nach Ihrem Ausweis fragen werden, bevor sie Sie den Klosterkomplex betreten lassen. Die jungen und gebildeten Mönche sind sehr gastfreundlich, obwohl sie ständig um ihr Leben und das Klostereigentum fürchten müssen. Sie leben fast ausschließlich von der Landwirtschaft, wie auch von Rotwein, Honig und handgemalten Ikonen, die sie verkaufen.

König Stefan Dečanski mit seiner Stiftung

GESCHICHTE

Das Kloster wurde von König Stefan Uroš III.(1321-1331) gegründet, der später allseits als Stefan Dečanksi bekannt wurde, nach seinem grandiosen Bauwerk, in dem er auch bestattet ist. Der Bau der Kirche des Allmächtigen begann 1327 unter der Aufsicht des Franziskanermönches Vito aus der Stadt Kotor (heute Montenegro). König Dušan führte die Arbeiten, obwohl er seinen Vater vom Thron stieß und ihn vermutlich ermorden ließ, fort, beendete sie 1335 und beerdigte seinen Vater dort seinen Wünschen entsprechend. Die Bemalung des Innenraums dauerte für die nächsten 13 Jahre an. Die dritte und entscheidende Person, die Anerkennung für den Bau verdient, ist Erzbischof Danilo II., der aller Wahrscheinlichkeit nach die Künstler auswählte und ihnen Anweisungen bezüglich des Programms gab. Während der Osmanenzeit kam das Kloster ohne größere Zerstörung davon und wurde nur einmal geplündert, was daran lag, dass es sich relativ weit von den Hauptstraßen entfernt befindet, aber auch daran, dass die Einheimischen Albaner es, obwohl sie Moslems waren, als heilig ansahen und es bis weit ins 20. Jahrhundert hinein vor den Angriffen ihrer Landsleute schützten. Die Serben verehrten es immer und unterstützten es ab dem 17.Jahrhundert mit Geschenkgaben und indem sie die Mönchsklausen erneuerten. Den Kosovo-Krieg und die späteren Angriffen auf die Serben entging das Kloster – wie durch ein Wunder-unversehrt.

HIGHLIGHTS

Der Klosterkomplex ist von einer starken Mauer umschlossen und wird durch ein eindrucksvolles mittelalterliches Tor betreten. Die Kirche von Dečani mit ihrer Länge von 36m und einer Höhe von 29m, die ihr den Namen «Hoch» *(Visoki)* verschafften, war einer der höchsten Bauten im mittelalterlichen Serbien. Es handelt sich um ein fünfschiffiges Gebäude (dreischiffig im Narthexbereich), mit drei Apsiden und einer schmalen Kuppel. Der Stil, der angewendet wurde, war

Das Kloster Visoki Dečani strahlt mit seinem blasssem Marmor Ruhe aus

Der Haupteingang zur Kirche

viel bewundert: Obwohl der Grundriss byzantinisch und für den orthodoxen Gottesdient adaptiert ist, sind die Verzierungen romanisch mit einem Hauch Gotik, und zeigen direkte Einflüsse der Province Apulia auf der anderen Seite der Adria. Die Fassade ist mit Reihen aus weißem, grauem und rosa Marmor bedeckt, dessen harmonischer Fluss nur durch die drei Portale, zwei Dreilichtfenster, 21 Doppelfenster und einige Erkerfenster unterbrochen wird. Die blinden Arkaden, mit wunderschönen mensch- und tierähnlichen Köpfen geschmückt, verzieren den oberen Teil der Fassaden. In vielen Aspekten imitieren die Verzierungen hier die Verzierungen im Kloster Studenica *(siehe S.298)*, dem Mausoleum des Gründers der Dynastie, Stefan Nemanja. Dies kann man am besten an den großen Dreilichtfenstern der zentralen Apsis sehen, die die exakte Kopie der Apsis im Kloster Studenica ist. Am Haupteingang auf derWestseite sieht man Figuren von Christus auf dem Thron mit zwei Engeln, die von Tierkreiszeichen und zwei sie bewachenden Löwen auf Säulen eingerahmt sind. Am Südeingang steht eine Skulptur der Taufe Christi. Darunter sieht man eine kyrillische Inschrift in serbischer Sprache über den Bau der Kirche. Das Nordportal ist mit einer Darstellung des blühenden Kreuzes verziert.

Das Innere der Kirche ist vollständig mit Fresken bedeckt, mehr als tausend, die es zur größten erhaltenen Oberfläche mittellaterlicher Freskenmalerei auf derWelt machen. Es sind etwa 20 Zyklen dargestellt, ein perfektes Beispiel für den narrativen Stil, der in der Zeit der byzantinischen Paleologue-Dynstie vorherrschte. Der Chefarchitekt und die Maler kamen aus Kotor und brachten erkennbar die Einflüsse des gotischen Stils mit sich. Charakteristisch für ihre Gemälde sind die leuchtenden Farben, die lebendige Gestaltung und die Liebe zum Detail. Im **Narthex** sind Szenen aus demLeben des heiligen Georg, Kaiser Dušan mit seiner Familie und Darstellungen der 365 Tage des Kirchenkalenders zu sehen. Der prachtvolle Stammbaum der Nemanjić-Familie verdient ebenfalls genauer betrachtet zu werden.

Man betritt das **Kirchenschiff** durch ein anderes wunderschön geformtes Portal, das Löwen zeigt, die Menschenköpfe halten, eine Illustration des Glaubens, dass ein Löwe um den Kopf des Mannes ,den er getötet hat, weint. An den Wänden des Kirchenschiffs sind zahlreiche liturgische, dogmatische und biblische Themen dargestellt (von dem Buch Genesis bis zum Jüngsten Gericht), sowie solche der Geschichte der Christenheit, die alle die Exzellenz der theologischen Bildung des Stifters zeigen. Die niedrige steinerne Ikonostase ist die einzige erhaltene, aus dem Mittelalter stammende in Serbien. Seitlich davon steht der Sarkophag des Gründers, der exakt geschnitzt und ausdrucksvoll bemalt ist. Ihm werden heilende Kräfte zugeschrieben. Unter den Szenen um den Altar herum befindet sich eine Darstellung von Dečanski, der Christus das Kloster reicht. Dieses Fresko gilt als das zutreffendste Portrait des Königs.

Eins von vielen gut erhaltenen Fresken

Hunderte von Szenen sind aus den Wänden der Kirche dargestellt

4 Prizren

121,000

Rruga Remzi Ademi (Town Hall), 029 63 28 43

Rruga De Rada, +377 44 67 91 60

Trotz der allgemeinen Vernachlässigung seines äußerst reichen historischen Erbes und der Zerstörung, die den serbischen Vierteln und Kirchen zugefügt wurden, bleibt Prizren eine der schönsten und bemerkenswertesten Städte des Balkans. Byzantinisches, serbisches, osmanisches und albanisches Erbe gehen hier Hand in Hand, zusammengeführt in einem Gewirr aus Straßen unter dem befestigten Berg, an den Ufern des schnellen Flusses Bistrica/Lumbardhi. Obwohl es die zweitgrößte Stadt im Kosovo ist, hat man hier ein gemäßigtes Tempo und Traditionen viel mehr beibehalten als in Priština.

GESCHICHTE

An den Hängen des imposanten Šara-Gebirges gelegen, wo die Flüsse Bistrica und Beli Drim, der warme Luft vom Mittelmeer mit sich führt, zusammenfließen, wurde Prizren schon in der Antike besiedelt. Während es von den beiden illyrischen Stämmem der Dardanen und der Autariaten umkämpft war, nutzten die Römer die Gelegenheit, annektierten die Stadt und nannten sie Theranda. Die Serben, die hier im frühen 7. Jahrhundert siedelten gaben ihm dann seinen heutigen Namen. In den folgenden Jahrhunderten blieb es in byzantinischer Hand, aber da es sich nah am Mittelpunkt des serbischen Staates befand, wurden viele Verbindungen hergestellt, nicht zuletzt durch das örtliche orthodoxe Bistum. 1073 wurde der serbische Prinz Konstantin Bodin hier zum Kaiser von Bulgarien erklärt und von hier aus führte er einen kurzlebigen Aufstand gegen die Byzantiner. Nach mehreren kurzen Perioden unter serbischer Herrschaft, fiel Prizren schließlich 1220 an Serbien und wurde sofort eine seiner wichtigsten Städte. In der folgenden 150 Jahren war es die Lieblingsresidenz der wandernden Nemanjić-Herrscher. Im 14. Jahrhundert war es eine prächtige Stadt, voller alter und neuer Kirchen, Heimat vieler Handwerker und Kaufleute, einschließlich einiger Finanziers der Staates.

Die Osmanen nahmen die Stadt 1455 ein und eine neue Ära, ihre Entwicklung und ihr Erscheinungsbild betreffend, begann: Hohe Mauern wurden um die Häuser, die sich inmitten grüner Gärten befanden, gebaut, während Kanäle mit klarem Wasser mitten durch die Straßen und in jeden Hof führten, was ihm ein besonders attraktives Aussehen verlieh. Im 17. Jahrhundert war es wieder eine der größten Städte des Balkans, litt aber dann stark 1689, als es kurzzeitig von vordringenden Habsburger Truppen besetzt war, einschließlich einiger Serben und katholischer Albaner. Seine letzte Glanzzeit kam im 18. Jahrhundert, als es wieder bekannt war für seine Handwerker, die Gold-und Silberschmuck, Waffen und Stickereinen herstellten. Im nächsten Jahrhundert verfiel es nach und nach, wie der Rest des Osmanischenreiches. 1878 trafen sich hier die Vertreter der Albaner aus verschiedenen Regionen und forderten die Autonomie der Regionen, die sie bewohnten. Dieses Ereignis ist als „Liga von Prizren“ bekannt, und markiert den Beginn der albanisch nationalen Bewegung. Prizren wurde 1912 wieder Teil von Serbien. Seitdem entwickelte es lange moderne Linien, behielt aber trotzdem viel seines Charmes aus längst vergangenen Tagen.

SEHENSWÜRDIGKEITEN

Die **Festung**, die die Stadt krönt, ist unter ihrem türkischen Namen Kaljaja bekannt. Frühere Befestigungen befanden sich an derselben strategischen

Panoramablick über Prizren von der Festung Kaljaja aus

Die Erlöserkirche

Position, doch die ältesten erhaltenen Teile des Festung stammen aus dem 11. Jahrhundert und bilden das Obere Fort. Es folgt den Umrissen des Berges und hat die Form einer Ellipse. Das Untere Fort wurde im 18. Jahrhundert erbaut und die Glocke in seinem Glocketurm stammt aus einer Kirche in Smederevo. Die Festung ist in sehr schlechtem Zustand und müsste dringend rekonstruiert werden. Auf einem Plateau den halben Weg den Berg hinauf steht die **Erlöserkirche**, die der Adlige Mladen Vladojević 1348 erbaute und später noch zweimal erweiterte. Die Kirche wurde bei einem Progrom 2004 stark beschädigt.

Am Hang unterhalb des Forts befinden sich die Viertel **Podkaljaja** und **Pantelej**, einst der malerischste Teil von Prizren. Hier hat jedes Haus einen Blick über die Stadt und die kleinen Straßen werden nach und nach zu Treppen. Da sie größtenteils serbisch waren, wurden beide Viertel 2004 niedergebrannt.

Auf der anderen Seite der Festung, von den Felsen an den Fluss Bistrica/Lumbardhi gedrückt, befindet sich das aus nur einer Straße bestehende **Maraš-Viertel**, das mit seiner Begrünung, einer Mühle und einer gigantischen Platane wohl der malerischste Ort in Prizren ist und als solcher ein beliebter Ausflugsort in die alten Zeiten.

Sinan-Paschas Moschee ist der größte muslimische Tempel der Stadt. Er wurde 1615 von dem Albaner Sofi Sinan-Pascha gebaut, teilweise aus Material des niedergerissenen Klosters der heiligen Erzengel, einer Stiftung von Kaiser Dušan (die Bistrica hinauf, etwa3 km östlich von Prizren). Es ist ein quadratisches Gebäude (14x14 m) mit einer großen Kuppel, die sich harmonisch in das Bauwerk einfügt. Die Moschee dominiert die Umgebung nicht nur wegen ihrer Größe von 22 m, sondern auch wegen ihrer Robustheit. Das 49 m hohe Minarett, eins der höchsten in der Region, ist meisterhaft gebaut, sodass es starken Winden trotzen kann, indem es sich leicht zur Seite neigt. In den Mauern kann man noch immer die eingearbeiteten Ornamente der Erzengel-Kirche sehen. Im Inneren befindet sich ein üppig dekoriertes *mimbar* (eine Kanzel) und ein *mihrab* (eine nach Mekka gerichtete Gebetsnische) aus der Zeit, als die Moschee errichtet wurde. Im *mihrab* kann man Gemälde der Moschee sehen, mit der Inschrift «himmelsgleich», die ihrer Schönheit gerecht wird.

Alte türkische Brücke über die Bistrica

Einige Meter weiter liegt der **Šadrvan/Shadërvan-Platz**, der Mittelpunkt des alten Prizren mit seinen kleinen Häusern im europäischen Stil, die gegeneinander gepresst sind. Nicht weit von hier erstreckt sich eine **alte Steinbrücke** über den Fluss Bistrica/Lumbardhi;sie war im 16. Jahrhundert die erste Steinbrücke über den Fluss, wurde dann bei einer Flut 1979 fortgespühlt und ein Jahrzehnt später wiederaufgebaut.

Im Zentrum der malerischen Geschäftsstraße steht die Ruine der **serbisch-orthodoxen Kathedrale,**

Die Sinan-Paša-Moschee vom Šadrvan-Platz aus gesehen

Mehmet Paschas türkisches Bad

die im 19. Jahrhundert erbaut, im Progrom 2004 zerstört und nun wiederaufgebaut wurde. Gleich neben ihr steht die kleinere **St-Georgskirche** aus dem 14. Jahrhundert, gebaut und besessen von den Runović-Brüdern; sie erlitt dasselbe Schicksal wie die Kathedrale. Auf der anderen Straßenseite befindet sich die winzige **St-Nikolauskirche** aus dem Jahr 1331, eine Stiftung des Adligen Dragoslav Tutić und seiner Frau Bela. Nicht weit entfernt, diese Straße entlang steht die **katholische Kirche** mit ihrem hohen Glockenturm, der sein heutiges Erscheinungsbild 1870 erhielt.

Gleich über den Fluss Bistrica von der Sinan-Pascha-Moschee steht das Hotel „Theranda". Es entstand 1963 an dem Standort der alten Arasta-Moschee, deren einziger erhaltener Teil das Minarett ist. Über die Straße befindet sich das Mehmet-Pascha-Hammam (türkisches Bad), ein harmonisches Gebäude mit einer kleinen Kuppel und viele Bögen, 1575 vom örtlichen Gouverneur, dessen Namen es trägt, aus Stein und Ziegeln gebaut. Das Innere war in Bereiche für Männer und Frauen eingeteilt. Heute ist das verfallende Bauwerk nur noch gelegentlich für Konzerte geöffnet.

Neben der **Bajrakli-Moschee** aus dem Jahr 1561 mit der sechseckigen Grabstätte ihres Gründers Gazi Mehmet Pascha in ihrem Hof, bewahrt über 2.000 wertvolle orientalische Manuskripte. Hinter der Moschee steht das **Museum der Liga von Prizren** (*Tel.: +377 44 19 14 27; Di-So 12-19 Uhr, Eintritt: 1 €*), das sich in mehreren schön hergerichteten, alten Häusern

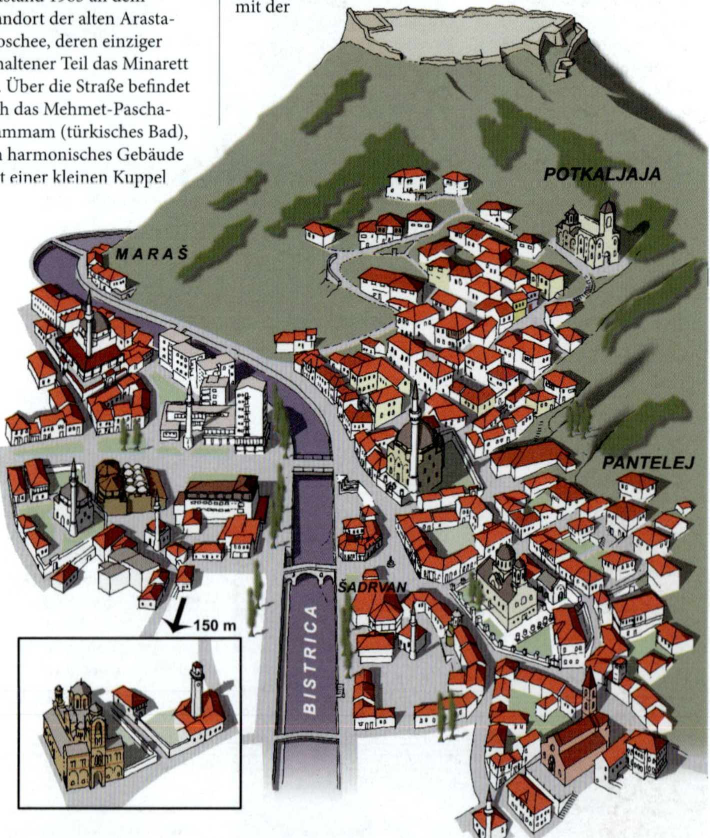

befindet. Das Treffen der Ältesten der ethnischen Albaner im Juni 1878, um eine Petition an den Berliner Kongress zu schicken, mit der Forderung nach Autonomie der von Albanern bewohnten Regionen des Osmanenreiches legte den Grundstein für das nationale Erwachen der Albaner. Das Museum zeigt einige alte Trachten, Dokumente und Fotos, die sich auf das Ereignis und seiner Protagonisten bezieht.

Die Sarači/Saraçët-Straße, die parallel mit der Bitrica/ dem Lumbardhi verläuft, führt Sie zu einem weiteren türkischen Bad.

Die Stein- und Ziegelmauern der Bogorodica Ljeviška-Kirche

Prizren ist bekannt für seine Kupferschmiede

Es stammt aus dem Jahr 1498 und beherbergt heute das **Archäologiemuseum** *(Tel.: +377 44 21 78 42; werktags 8-16 Uhr nach Voranmeldung; Eintritt: 1€)*. Das Museum wurde 1975 eröffnet und stellt eine Sammlung von Fundstücken aus Prizren und den umliegenden Gemeinden aus. Der benachbarte **Glockenturm** aus dem Jahr 1870 gehört ebenfalls zu dem Museum und kann bestiegen werden.

Um die Ecke steht eins der schönsten christlichen Monumente der Stadt, die **Kirche der Heiligen Jungfrau von Ljeviš** *(Bogorodica Ljeviška)*, die zum UNESCO-Weltkulturerbe gehört. Sie wurde zum ersten Mal im 11. Jahrhundert als Sitz des ansässigen orthodoxen Bischofs erwähnt. Der originale innere Teil der Kirche, eine dreischiffige Basilika mit fünf Kuppeln, stammt aus dieser Periode. 1307 ergänzte König Milutin zwei weitere Kirchenschiffe mit Apsiden an den Seiten und einem Narthex mit einem Glockenturm, alles im byzantinischen Stil. Im Osten der Kirche befindet sich eine interessante Inschrift in einem langen, horizontalen Streifen aus Ziegeln gefertigt, mit dem Ziel, die Harmonie der Fassade nicht zu stören, die den König und seinen Bischof Sava erwähnt. Die Kirche wurde, als die Stadt 1455 eingenommen wurde, zu einer Moschee gemacht, und so blieb es bis zum 20. Jahrhundert. Das Innere der Kirche wurde verputzt, und damit der Verputz besser hielt, hämmerten die Türken die Fresken, beschädigten sie und gaben ihnen ein spezifisches Aussehen.

Es gibt etwa 650 m² Wandgemälde, die noch immer erhalten sind und die der griechische Künstler Astrapas anfertigte, einer der besten byzantinischen Maler des 14. Jahrhundert. Im äußeren Narthex kann man das Gemälde des Jüngsten Gerichts sehen. Im Narthex und dem Kirchenschiff kann man berühmte Portraits von König Milutin und anderen Mitgliedern der Nemanjić-Dynastie, der Bischöfe von Prizren und der Erzbischöfe Serbiens bewundern. Im ersten Stock des Narthex gibt es zwei kleine Kapellen. Besonders schön ist die Darstellung von Stefan Nemanja mit seinen Söhnen Sava und Stefan über dem Durchgang zum Schiff. Gegenüber von ihnen befindet sich ein Portrait von König Milutin, auf roten Hintergrund, an dessen Längsseite eine lange Inschrift zu sehen ist. Interessant sind auch die Darstellungen der weiblichen Heiligen auf dem ersten Säulenpaar, die zeitgenössische, serbische Hofkleidung tragen.

Ein Fresko von Stefan Nemanja

Die ungewöhnliche Namazgah-Moschee

Andere Fresken zeigen die Leben von St. Georg, St. Demetrios, St. Nicholas usw. Die Kirche wurde im März 2004 in Brand gesetzt und die Fresken wurden schwer beschädigt, sowohl durch das Feuer, als auch durch die Zerstörung, die der ethnisch-albanische Mob hervorgerufen hat. Einer der größten Verluste ist die Zerstörung des anmutigen Freskos der „Jungfrau von Eleusina" aus dem 14. Jahrhundert, das versteckt hinter einem Pilaster von 1307 gewesen war und erst 1952 entdeckt worden war.

Ein fünfminütiger Spaziergang von hier aus die Xhemil-Fluku-Straße entlang führt zu dem rot gestrichenen Krankenhaus und dahinter steht der ungewöhnliche Bau der Freiluftmoschee Namazgah (auch als Kerek-Moschee bekannt). Die „Moschee" ist eigentlich ein kleines Steinpodium mit einem *mimber* (Kanzel), einer *mihrab*- Nische und einem kleinen Minaret, und wurde gleich nach Einnahme der Stadt 1455 als erster Gebetsplatz der Stadt gebaut.

AKTIVITÄTEN

Auf dem belebten Šadrvan/Shadërvan-Platz finden Sie Herrn Kadri Palla mit seiner **Pferdekutsche**, der Touristenrundfahrten durch das Stadtzentrum anbietet *(5€ für 20 Minuten, in der Kutsche ist Platz für fünf Personen).*

Die interessanteste Aktivität in Prizren ist ein Besuch bei einer der **Derwischlogen** *(tekke)*. Prizren ist die Heimat mehrerer Derwisch-Gemeinschaften, Anhänger der mystischen Sufi-Traditionen. Die **Kaderi-Kurila-Loge** (*Rruga-Kurila-Straße*) gehört zum Quadriyyah-Orden und wurde im 16. Jahrhundert gegründet. Besucher sind zu einem zweistündigen *ziker* (gemeinsamen Gebet) mit religiöser Musik und Tänzen, jeden Freitag um 17 Uhr willkommen. Die **Saraçhane-Loge** *(Rr. Farkatarëve 36)*, das Heim der Halveti-Derwische, ist ein schönes Gebäude aus dem Jahr 1713, inmitten eines noch reizenderen Gartens im orientalischen Stil. Besuche sind nach 16 Uhr möglich und der *ziker* findet jeden Donnerstag um 19 Uhr statt (im Winter um 10.30 Uhr).

5 Šar-Planina

Prizren-Brezovica 38 km

Šar Planina (Malet e Sharrit auf Albanisch) oder einfach Šara, ist ein riesiges Gebirge im äußersten Südwesten von Kosovo und Metochien. Dank seiner Länge von über 80 km mit 17 Gipfeln höher als 2.500 m wird es oft als separater Teil der Pind-Šara-Bergkette betrachtet. Es ist nicht verwunderlich, dass wir auch seinen antiken Namen kennen – *Scardus* – niedergeschrieben von Polibios und Ptolemäus. Šara ist die Grenze zwischen Serbien und Mazedonien, wie auch die Grenze zwischen den Einzugsgebieten der Adria, des Schwarzen Meeres und der Ägäis. Das Gebirge ist außergewöhnlich reich an Wasser, mit unzähligen Quellen und Flüssen, abgerundet mit zwölf Gletscherseen, die den Spitznamen «Bergaugen» *(gorske oči)* tragen.
Der höchste Gipfel im serbischen Teil von Šara ist Peskovi mit 2.651m, während der höchste in Mazedonien Titov Vrv («Titos Gipfel») mit 2.747m ist.

Dank seiner außergewöhnlichen natürlichen Schönheit ist ein Teil des Massivs in Serbien zum Nationalpark erklärt worden. Hier kann man mehr als 200 Vogelarten

Sempervivum kosanini, eine der fantastischen Pflanzen des Šara

finden, einschließlich Bartgeiern, hier befindet sich ihr einziger Nistplatz in Serbien, Grauhaargeier, graue Adler und Raufußhühnern. Der Bergzug ist ebenso bekannt für seine außerordentlich schönen Schmetterlinge, von denen es hier 147 verschiedene Arten gibt. Es gibt auch viele interessante Säugetiere hier, wie Otter, Fichtenmarder, Steinmarder, Dinarische Erdmäuse, Balkanische Wildkatzen, aber auch Gämsen und Bären.

Der Skiort Brezovica

Am bekanntesten ist Šara für die einheimische Hunderasse mit dem Namen *Šar-Planinac* oder Illyrischer Schäferhund – die bekannt ist für ihren Mut, ihre Kraft und ihre Verlässlichkeit, die diese Hunde fähig machen, Wölfe und sogar Bären abzuwehren.

Die Flora ist nicht minder erstaunlich mit ganzen Wäldern von Bosnischen und Mazedonischen Pinien, wie auch exzellente Vertreter der Mazedonischen Eiche und der Europäischen Eibe. Was Blumen angeht, so ist besonders der Serbische Felsenteller *(Ramonda serbica)* zu nennen, der seinen Namen wegen seiner Fähigkeit erhalten hat, völlig auszutrocknen und sobald er Wasser erhält, wieder neu zum Leben zu erwachen.

Am Nordrand des Gebirges, nahe bei Štrpce/Shtërpcë liegt das Skigebiet **Brezovica**. Es verfügt über mehrere mittelgroße Hotels und viele Pensionen und ist somit einer der am meisten auf Touristen ausgerichtetste Orte in der Provinz. Die Mehrheit der Besucher sind passionierte Skiläufer, die die zehn Skilifte nutzen, um die insgesamt 16 km Skipisten hinunterzufahren, die für ihre Schwierigkeit bekannt sind. Ein anderer großer Vorteil ist, dass der Schnee an diesen Nordhängen lange liegen bleibt. Da dies das einzige Skigebiet im Kosovo ist, seien Sie gewarnt, dass es an Wochenenden hier sehr voll werden kann. Im Sommer organisieren die meisten Hotels Ausflüge höher in die Berge, einschließlich eines Mittagessens in der freien Natur.

Der Livadičko-See, hoch oben in der Wildnis des Šar-Planina-Gebirges

PRAKTISCHE HILFE

Visumsanforderungen
Zollformalitäten
Reiseinformationen
Geld und Bankwesen
Kommunikation
Gesundheit
Sicherheit
Essen und Trinken
Sitten & Bräuche
Ortsverzeichnis

Visumsanforderungen

EU-Bürger, wie auch Bürger der benachbarten Länder Bosnien-Herzegowina, Montenegro und Mazedonien können mit ihrem Personalausweis einreisen. Bürger der USA, Kanadas, Australiens, der Schweiz, Kroatien, Japan und vieler anderer Länder benötigen kein Visum, um einreisen und bis zu 90 Tagen in Serbien bleiben zu können, nur einen gültige Pass; sehen Sie die ganze Liste auf *www.mfa.gov.rs/Consularaffairs.htm* oder fragen Sie bei der nächsten serbischen Botschaft oder dem nächsten serbischen Konsulat.

Besucher, die ein Visum benötigen:
1. Einen gültigen Pass (er muss mindestens noch 90 Tage ab, dem Ausstellungsdatum des Visums gültig sein
2. Ein ausgefülltes Antragsformular
3. Ein Foto (Größe 3,5 x 4,5 cm)
4. Einen Einladungsbrief (von einer dazu ermächtigten serbischen Behörde beglaubigt)
5. Ein Rückflug/-fahrtticket oder einen Reiseplan
6. Einen Nachweis über ausreichend vorhandene harte Währung
7. 65 €

Zollformalitäten

Wenn Sie nach Serbien einreisen, achten Sie darauf, dass Sie von der Grenzpolizei einen **Eintrittsstempel** in Ihren Pass bekommen. Keinen Stempel zu haben, kann zu Problemen mit der Polizei oder der Grenzpolizei führen.

Beachten Sie, dass die serbische Obrigkeit offiziell die Grenze zum Kosovo nicht anerkennt. Das bedeutet, dass Sie, wenn Sie in den Kosovo von Montenegro, Albanien oder Mazedonien aus einreisen, nicht nach Serbien einreisen können, da Sie keinen Eintrittsstempel von der serbischen Grenze haben. Ähnlich ist es, wenn Sie das Land durch den Kosovo verlassen, dann laufen Sie Gefahr, dass Ihre Einreiseerlaubnis abläuft. Sie müssen also, wenn Sie in den Kosovo von Serbien aus eingereist sind, wieder nach Serbien zurückkehren.

Ausländische **Währungen** können ohne Einschränkung ins Land gebracht werden, doch Besucher müssen ihr Geld (auch Reiseschecks) im Wert von über 10.000€ (oder dem Äquivalent in anderen Währungen) beim Zoll anmelden, die dann einen Beleg ausstellen, der sie berechtigt, es beim Verlassen des Landes wieder mitzunehmen. Ausländer dürfen jeden Betrag unter 10.000€ ohne Nachweise aus Serbien hinaus mitnehmen. Für eine größere Summe benötigt man einen Beleg von einer Bank über eine Abhebung von einem ausländischen Wechsel- oder Sparkonto. Ausländische Staatsbürger dürfen einen Höchstbetrag von 120.000 Dinar in 1.000 Dinarscheinen oder kleineren Einheiten pro Person bei der Ein- oder Ausreise mit sich führen.

Wildtiertrophäen können exportiert werden, wenn man folgendes vorlegt: Eine Genehmigung des Umweltministeriums für das Mitführen von ausgestopften Tieren ODER ein Wildjagd-Zertifikat im Fall anderer Trophäen.

Haustiere benötigen eine Bescheinigung des Tierarztes, dass sie gesund sind. Die tierärztliche Bescheinung muss von ihrem Herkunftsort stammen oder woher sie kommen und ins Serbische übersetzt werden.

Reiseinformationen

Ankunft mit dem Flugzeug

Es gibt zwei internationale Flughäfen in Serbien. Einer befindet sich in Belgrad, der andere in Niš. Der **Belgrader Flughafen «Nikola Tesla»** (oder einfach «Aerodrom Beograd) wird üblicherweise als Surčin bezeichnet, wegen des nahe gelegenen gleichnamigen Dorfes. Für weitere Informationen siehe S. 88.

Am **Flughafen Niš «Konstantin Veliki»** werden vor allem Inlandsflüge abgewickelt, aber während der Wintersaison wird er von Reiseveranstaltern genutzt, weil er am nächsten am Skizentrum Kopaonik liegt. Es gibt, wenn auch nur gelegentlich, Flüge von Jat Airlines und Montenegro Airlines von London und Zürich aus. Für mehr Informationen siehe S. 336.

Helle Lichter in Richtung der großen Stadt

Mit dem Zug reisen

Der inländische Bahnverkehr wird von der staatseignen Serbischen Bahn *(Železnice Srbije)* organisiert. Sowohl lokale, als auch Expresszüge *(brzi*

Die Schmalspureisenbahn von Mokra Gora

voz) sind meist schmutzig, überfüllt und verspäten sich oft fürchterlich. Die Intercity-Züge sind in besserem Zustand, aber ebenso langsam und unzuverlässig. Die meisten Schattenseiten der Bahn resultieren aus der Tatsache, dass dies die billigste Transportmöglichkeit ist und manchmal die einzige, die die Leute sich leisten können (eine Fahrkarte in eine Richtung nach Novi Sad kostet etwa 2 €, nach Subotica 5 €, nach Niš 6,50 €, nach Užice 5 €). Wenn Sie vermuten, dass der Zug überfüllt sein könnte, was selten passiert, aber in den Sommermonaten zwischen den größeren Städten möglich ist, sollten Sie einen Platz reserieren *(rezervacija)*. Schlafwagenplätze sind in manchen Nachtzügen erhältlich. Beachten Sie, dass es hier eine übliche Prozedur ist, dass der Schaffner Ihre Fahrkarte nimmt, um zu wissen, wann er Sie am Morgen wecken muss, und dann gibt er sie Ihnen zurück.

Fahrkarten kann man am Bahnhofsschalter kaufen oder alternativ im Zug, jedoch mit einem Zuschlag von 100 Dinar.

Hier sind Preisbeispiele für ein Ticket in eine Richtung/hin und zurück von Belgrad aus: nach Novi Sad 216/346 Dinar, nach Subotica 480/786 Dinar.

Die Fahrpläne sind an den Aushängen in den Bahnhöfen zu finden und nicht in Papierform zu erhalten. Auf der Internetseite der Serbischen Bahn *(www.serbianrailway.com)* gibt es einen Abschnitt mit den Fahrplänen für alle Züge.

Die Besitzer einer ETC oder Euro-26-Card erhalten einen Nachlass von 50 %, diejenigen mit einer ISIC oder ITC-Karte 30 %. Für Gruppen von 3-8 Personen ist es möglich einen Nachlass von 20 % zu erhalten.

Ankunft mit dem Bus

Serbien ist gut mit ganz West- und Nordeuropa durch direkte Buslinien verbunden. Die größte Auswahl an Ausgangspunkten bietet Lasta *(www.lasta.rs; Callcenter: 0800 334 334)*, als Teil des Eurolines-Netzwerks. Ein anderes Unternehmen mit regelmäßigen Verbindungen von überall her in Europa ist Fudeks *(www.fudeks.rs; Hauptsitz Balkanska 47, Tel.: 011 76 202 55)*.

Mit dem Bus reisen

Der Bus ist bei weitem das am häufigsten gewählte Transportmittel in Serbien, vor allem wegen der guten Verbindungen und des ziemlich zuverlässigen Service. Auf fast allen längeren Strecken fahren bequeme und moderne Busse. Der Stadtverkehr wird jedoch hauptsächlich von alten, recht heruntergekommenen Bussen abgewickelt, wobei es auch Ausnahmen gibt.

Bustickets werden an den Busbahnhöfen gekauft. In kleineren Städten ist der Bahnhof nur eine Wartehalle mit zweifelhaften Toiletten. Wenn Sie keinen Fahrplan finden, könnte es sein, dass es keinen gibt, doch die Einheimischen an der Station sollten ihn gut kennen. Wenn der Kartenschalter geschlossen ist (oder es gar keinen gibt), kauft man die Fahrkarte im Bus; auf diese Weise ist es sogar billiger, weil man keine Busbahnhofsgebühr zahlen muss. Wenn der Schalter jedoch geöffnet ist, kaufen Sie dort die Karte, da der Bus überfüllt sein könnte. Sitzplatzreservierungen werden separat verkauft; Sie können nach einem Ticket ohne Reservierung fragen, doch dann könnte es sein, dass Sie keinen Sitzplatz bekommen oder auf den nächsten Bus warten müssen. An manchen Busbahnhöfen (z. B. dem in Belgrad) erhält man einen Chip, der den Zugang zu den Gleisen ermöglicht. Wenn Sie ein Hin- und Rückfahrticket haben, ist es am besten, die Sitzplatzreservierung für die Rückfahrt sofort nach der Ankunft zu kaufen. Wenn Sie Ihre Fahrkarte bis fünf Minuten vor der Fahrt zurückgeben, können Ihnen bis zu 90% zurückerstattet werden, einschließlich der Stationsgebühr und der Reservierung.

Große Gepäckstücke werden extra berechnet (die Gebühr variiert, beträgt aber um 1€) und werden unten im Gebäckraum verstaut (behalten Sie den Beleg, den Sie von dem Personal erhalten haben).

Auf längeren Touren wird der Busfahrer alle 2-3 Stunden 20-30 Minuten Pause machen, meist an größeren Tankstellen oder Motels mit Restaurant.

In allen lokalen, wie auch interstädtischen Bussen ist es üblich den Fahrer über Ihr Reiseziel zu benachrichtigen, das wo auch immer sein kann (ein Platz in einer Stadt, in einem Gebirge, in einem Dorf…) vorausgesetzt, der Bus kann dort anhalten.

Ankunft mit dem Boot

Internationale Schiffsverbindungen auf den Flüssen sind:

- auf der Tisa - Kanjiža
- auf der Donau (von Ungarn aus) - Bezdan
- auf der Donau (Von Rumänin/Bulgarien aus - Prahovo

Internationale Zollstellen befinden sich nur an der Donau in Apatin, Novi Sad und Belgrad.

Flüsse, die für kleinere Schiffe befahrbar sind, sind Donau, Save und Tisa, an der entlang Sie eine beträchtliche Zahl an Häfen finden, wobei die meisten davon nur einen Anlegeplatz bieten.

Mit dem Auto reisen

Um legal in Serbien fahren zu dürfen, benötigen Sie einen gültigen internationalen Führerschein. Wenn Ihr Fahrzeug in der EU registriert und versichert ist, benötigen Sie keine Grüne Karte. Ansonsten sollten Sie immer die Autopapiere/den Fahrzeugschein und eine Grüne Karte bei sich führen. Falls Sie keine Grüne Karte haben sollten und Ihre Versicherung in Serbien nicht gültig ist, müssen Sie eine befristete Versicherung an der Grenze zum Preis von 80€ kaufen.

Das Gesetz schreibt das Verwenden eines Sicherheitsgurtes vor. Es ist ein maximaler Blutalkoholgehalt von 0,3 Promille gestattet – was etwa einem Glas Wein oder einem Glas Bier entspricht. Am Steuer mit dem Handy zu telefonieren ist – zumindest in der Theorie – strafbar. Die Autoscheinwerfer müssen immer eingeschaltet sein. An unbeschilderten Kreuzungen lassen Sie Fahrzeugen von rechts die Vorfahrt. Wenn Ihnen entgegenkommende Fahrzeuge aufblenden, ist dies fast immer eine Warnung vor einer nahenden Polizeikontrolle, kann aber genauso eine Warnung vor irgendeiner anderen Gefahr sein.

Der generelle Zustand der Straßen ist mittelmäßig bis schlecht, wobei die Bedingungen in ländlichen Gegenden schlechter werden, besonders bei und nach schlechtem Wetter. Die Ibarska-Magistrala-Straße (von Belgrad nach Čačak) ist besonders berüchtigt für ihren schlechten Zustand und wegen des starken Verkehrs, der sie sehr gefährlich machen kann.

Tankstellen befinden sich normalerweise an Ortsausgängen. Die meisten öffenen um 7 Uhr und schließen um 20 oder 21 Uhr. Alle Tankstellen bieten Premium Super, Bleifrei *(bezolovni)*, Diesel D-2 und Evro dizel («Eurodiesel») an, wobei Autogas *(plin* oder *TNG)* noch immer nicht weit verbreitet ist. Die Preise liegen leicht unter denen in den EU-Ländern.

Die **Autobahngebühren** hängen von der Größe des Fahrzeugs ab. Die Gebühren können in Dinar, Euro oder mit allen führenden Kreditkarten bezahlt werden. Damit Sie eine Vorstellung der Preise haben, zu Beginn des Jahres 2012 betrug die Gebühr von Belgrad bis nach Novi Sad 240 Dinar (2,50 €), von Begrad nach Niš 730 Dinar (7€).

Man sollte auch beachten, dass manche Teile der Autobahn zwischen Novi Sad und Subotica noch immer nicht vollständig fertiggestellt und eigentlich eine zweispurige Straße mit einem Seitenstreifen an nur einer Seite sind. Hier ist mehr als Vorsicht geboten.

Verkehrszeichen folgen dem europäischen Muster. Die Straßen sind ausreichend markiert, um Sie über die Fahrbedingungen und Ihre Position auf dem laufenden zu halten, sind aber noch Lichtjahre von der Masse an Informationen entfernt, die man auf westeuropäischen Straßen gewohnt ist. Auf kleineren Straßen sind Schilder eine Seltenheit und sollten nicht vorausgesetzt werden, nicht einmal solche, die einen Ortseingang anzeigen. In den letzten Jahren wurden Versuche unternommen, die **Beschilderung für Touristen** zu verbessern, doch die meisten dieser Schildern weisen nur auf Offensichtliches und Unnötiges hin und zeigen Ihnen im besten Fall nur die erste Abzweigung an, die Sie nehmen müssen, und überlassen Sie dann sich selbst. Um Ihren Weg fortzusetzen, müssen Sie Ihre Landkarte studieren oder Einheimische fragen, was oft die einzige Möglichkeit ist, den richtigen Weg zu finden.

Wenn Sie Pannenhilfe benötigen, rufen Sie den **AMSS** (Automobil- und Motorradverband Serbien) unter der Notrufnummer **987** an. Die Nummer der **Verkehrspolizei** ist dieselbe wie die der Polizei – **092.**

Per Anhalter fahren ist nicht sehr verbreitet, aber auch nicht so ganz unüblich und die meisten, die den Daumen in Serbien raushalten, müssen nicht lange warten, bis sie jemand mitnimmt. Als Regel gilt, dass die Zahl derer, die gewillt sind, anzuhalten proportional das Gegenteil zu der Zahl der vorbeifahrenden Autos ist, sodass die Wahrscheinlichkeit auf einer Straße mitten im Nirgendwo mitgenommen zu werden größer ist, als an einer vielbefahrenen Straße. An solchen Orten sollten Sie nicht überrascht sein, wenn man Ihnen ein Mitfahrgelegenheit anbietet, ohne dass Sie darum gebeten haben. Der Serbische Reiseklub *(www.serbiatravelers.org)* hat einen guten Reiseführer über die besten Plätze zum Trampen in größeren Städten zusammengestellt. Der übliche Weg, seine Dankbarkeit auszudrücken, ist, dem Fahrer während der Pause ein Getränk zu spendieren.

Mit dem Fahrrad reisen

Fahrrad fahren wird immer beliebter in Serbien, doch man nutzt es noch immer selten zum Reisen. D.h. es gibt keine Fahrradwege oder zusätzlichen Raum für Fahrradfahrer auf den Straßen, und dass Autofahrer unachtsam gegenüber Fahrradfahrern sind. Kleinere Straßen bieten sichere Bedingungen, sind aber voller Schlaglöcher.

Radfahrer auf der Eurovelo-Route 6 in Kladovo

Die Euroveloroute Nr 6, die der Donau folgt, ist nur geringfügig besser als eine normale Straße, vor allem deshalb, weil sie gut ausgeschildert ist und zweitens weil es hier eine große Zahl an Spezialwerkstätten gibt. Die beste Quelle für die Planung einer solchen Tour ist die Internetseite *www.donau-info.org,* wobei das wichtigste Utensil die Landkarten von Kartographie Huber sind.

Fahrräder kann man mit in den Zug nehmen, vorausgesetzt, er ist nicht zu voll und dass Sie einen Platz finden, an dem sie nicht stören (meist am Eingang, gegenüber der Toilette). Die Schaffner sind diesbezüglich meist tolerant, aber in gewissen Situationen könnten sie es für ein Problem halten, wir raten Ihnen, so zu tun, als verstünden sie nicht oder ihm– als letzten Ausweg – einen oder zwei Euro zuzustecken, um das „Problem“ zu lösen.

GELD UND BANKWESEN

Die serbische **Währung** ist Dinar (din oder RSD). Ein Dinar ist, auf dem Papier, in 100 Para geteilt, aber diese sind so gering an Wert, dass sie nicht benutzt werden und die Preise, die Para anzeigen, werden aufgerundet. Dinar kann man gelegentlich im Ausland kaufen. Doch es sei Ihnen geraten, die Dinar wieder in Ihre eigene Währung zurückzutauschen, bevor Sie Serbien verlassen. Obwohl man im täglichen Leben alles in Euro ausrechnet, sollten Sie beachten, das Dinar die einzige legale Währung ist. Bei manchen (informellen) Gelegenheiten werden Euros jedoch manchmal akzeptiert.

Die offizielle Währung im Kosovo ist der Euro und Dinar werden außerhalb der serbischen Enklaven nicht akzeptiert.

Internationale **Kreditkarten** werden an immer mehr Orten angenommen, besonders in großen Hotels, besseren Restaurants und Geschäften, doch im Großen und Ganzen herrscht in Serbien noch immer die

Bargeldwirtschaft. Es ist daher ratsam, für den täglichen Einkauf, Bars und günstigere Restaurants Dinar bei sich zu haben. Es ist am sichersten, Geld in verschiedenen Formen mitzubringen. Wenn Sie Bargeld mitbringen, empfehlen wir Ihnen Euros, US Dollars oder Schweizer Franken, da diese drei Währungen am einfachsten zu wechseln sind. Was Kreditkarten angeht, so werden am ehesten Visa, Diners Club und Mastercard/Eurocard akzeptiert. **Reiseschecks** werden in Serbien nicht sehr häufig verwendet. Die am ehesten verwendeten sind American Express, Thomas Cook, Visa und Euroschecks, die in den meisten Banken in Belgrad umgewechselt werden können, Sie können Sie jedoch nicht in Geschäften nutzen. Sollten Sie Schwierigkeiten haben, einen Ort zu finden, an dem Sie die Schecks wechseln können, halten Sie sich an Filialen der Komercijalna Banka oder der Raiffeisenbank. Für Euroschecks empfehlen wir die ProCredit Bank. Bedenken Sie, dass Sie für jeden eingelösten Scheck eine Gebühr entrichten müssen.

E-Banking wird immer verbreiteter in Serbien und es werden mehr und mehr **Geldautomaten** (*bankomat)* aufgestellt. Ihr Menü bietet verschiedene Sprachen zu Auswahl an. Für jede Abhebung müssen Sie eine Gebühr zahlen. Alle lizenzierten **Wechselstuben** sind entsprechend beschildert („Menjačnica/Exchange»). Es wird keine Provision für diesen Service berechnet. Der Wechselkurs ist nicht fix, aber variiert nur unbedeutend. Verlangen Sie immer einen Beleg und zählen Sie immer das Geld, das man Ihnen gibt. Sie können etwas Geld gleich nach Ihrer Ankunft wechseln: In der Ankunftshalle des Belgrader Flughafens sind mehrere Wechselstuben und mindestens eine finden Sie an jedem größeren Bahnhof oder an allen Hauptgrenzübergängen. Wechseln Sie besser keine größeren Geldbeträge an Autobahnmautstellen, denn dort wird man eine Provision einbehalten.

In Belgrad (einschließlich Belgrad-Flughafen – Abflughalle) und anderen größeren Städten sind rund um die Uhr **Geldwechselautomaten** verfügbar. Schieben Sie Geld ein und folgen Sie den Anweisungen auf dem Bildschirm. Diese Apparate können bis zu 200 € auf einmal wechseln, und man kann sie für das Wechseln von Euros, US Dollars und Britische Pfund verwenden.

Für schnellen **Bargeldtransfer aus dem Ausland** ist der Service der Western Union am ehesten verfügbar, denn man kann ihn in verschiedenen Geschäftsbanken und in Postfilialen finden. Moneygram bietet seinen Service in Filialen der Alphabank, der Volksbank und der Agrobank an. Man wird immer Euros erhalten, gleichgültig in welcher Währung das Geld geschickt wurde. Die Provisionen für einen solchen Transfer sind beträchtlich und variieren zwischen 30 und 40 Euro für 1000 transferierte Euro.

Wenn man nicht dringend Geld braucht, kann man mit einem gültigen Pass leicht ein **Bankkonto** eröffnen und das Geld von überall auf der Welt darauf überweisen lassen, da alle serbischen Banken Mitglieder des SWIFT und IBAN sind. Die Provisionen sind hier viel geringer – von 0,1 bis 1,8 % der Summe, die gesendet wurde. Abhängig von der Bank dauert ein SWIFT/IBAN-Transfer etwa drei Arbeitstage.

Die Banken sind von 8-19 Uhr an Werktagen und von 8-13 Uhr an Samstagen geöffnet.

KOMMUNIKATION

Einen Telefonanruf zu tätigen, ist ziemlich unkompliziert, da man nur die Teilnehmernummer wählen muss. Bei Ferngesprächen muss man zuerst die Vorwahl wählen (z.B. für Belgrad die 011, für Novi Sad die 021 usw.). Für Auslandsgespräche wählt man zuerst die 00 und dann die Landesvorwahl, danach die Ortsvorwahl und am Ende die Nummer (z.B. 00 30 210 55555555, 30 für Griechenland, 210 für Athen).

Die Landesvorwahl von Serbien ist die **381**.

Internetcafés gibt es nicht mehr so häufig wie früher, aber man kann sie immer noch in Stadtzentren und Touristengebieten finden. Ist keine in der Nähe, können Sie Ihre E-Mails auch in den Spielhäusern (*igraonica)* checken. **Drahtloses** Internet ist in den meisten Hotels, in manchen Jugendherbergen und in größeren Cafés zugänglich.

Es gibt drei **Mobilfunkanbieter**: Telekom MTS, Telenor und VIP. Prepaid-SIM-Karten mit etwas Guthaben gibt es an Kiosks oder Filialen der Unternehmen zu kaufen, ohne dass man sich ausweisen muss und für nur ein paar hundert Dinar. An Kiosks kann man auch Guthaben auf die Karten einzahlen; verwenden Sie den Satz *Želeo bih da uplatim kredit za mobilni* («Ich möchte gerne Guthaben auf mein Handy einzahlen»), woraufhin der Verkäufer Sie nach der Summe, die Sie einzahlen wollen, und nach der Telefonnummer fragen wird. Alle drei Anbieter geben an, das ganze Land abzudecken, doch man sollte sich in entlegenen Bergregionen nicht auf das

Serbische Geldscheine

Handy verlassen.

In zentralen Gebieten in allen Städten werden sie **Telefonzellen** an den Straßenecken finden. Sie funktionieren nur mit Telefonkarten («Halo kartica»), die man in Postämtern oder manchen Kiosks kaufen kann. Wenn Sie Ortsgespräche führen, reicht die billigste für einige Tage.

Billige **Ferngespräche** kann man in Postämtern *(pošta)* führen, wo man in einer Zelle telefoniert und am Ende die Rechnung begleicht. Die Postämter sind werktags von 8 bis 19 Uhr geöffnet, an Samstagen bis 15 Uhr.

Viele Hotels haben eine Direktwahleinrichtung. Prüfen Sie die Gebühren, die sehr stark variieren.

Briefmarken kann man in Postämtern kaufen. Es gibt nun auch Briefkästen an den Wänden der Postgebäude. Sie können Ihren Brief oder ein Paket am Schalter mit der Aufschrift *prijem pošiljki* abgeben. Der Postdienst ist verlässlich, kann aber etwas langsam sein, sodass Briefe und Postkarten in europäische Länder fünf bis sieben Tage unterwegs sind. Wenn Sie die Sendung beschleunigen wollen, fragen Sie nach Luftpost *(avionska pošiljka)*. Wenn Sie ganz sicher sein wollen, dass Ihre Sendung sicher ankommt, können Sie einen der internationalen Kurierdienste in Anspruch nehmen.

Gesundheit

Wasser aus der Leitung zu trinken, ist in den meisten Gegenden sicher. Vorsichtig sollte man in den Regionen um den Fluss Ibar (z.B. in Kraljevo) sein und in einigen Städten in der Vojvodina (z. B. Kikinda und Zrenjanin), wo die Epidemien von Hepatitis A und Meningitis mit der Wasserqualität in Verbindung gebracht wurden. Beachten Sie auch, dass das Wasser aus einigen Brunnen nicht sicher ist, diese sind dann mit dem Warnhinweis *Voda nije za piće* versehen. In Flaschen abgefülltes Wasser ist in größeren Märkten erhältlich und denjenigen zu empfehlen, die häufiger Magenprobleme haben. Milch ist pasteursiert und Milchprodukte sind sicher für den Verzehr. Einheimisches Fleisch, Geflügel, Fisch und Gemüse sind ebenfalls sicher.

Die Hygienestandards in den meisten Hotel und Restaurants sind recht hoch, außer in den billigeren. Es gibt viele gut ausgestattete Apotheken in allen Städten.

Das medizinische Personal ist gut ausgebildet, aber das Gesundheitssystem ist überlastet und die medizinische Ausstattung oft veraltet. Normalerweise muss man eine Behandlung in bar bezahlen und man sollte umfassend versichert sein, falls eine medizinische Evakuierung notwendig sein sollte. Im Notfall kann man in allen Städten

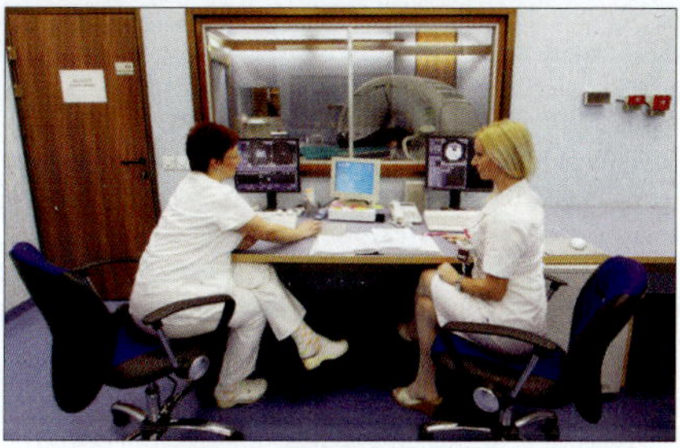

In einem serbischen Krankenhaus

private Kliniken finden. Es gibt eine große Zahl an privaten Zahnärzten *(zubar)*, die modern ausgestattet und gut ausgebildet sind. Die lokalen Krankenhäuser haben 24 Stunden am Tag einen Zahnarzt in Bereitschaft.

Hepatitis A kann auftauchen. Tularämie wurde im Kosovo gemeldet. Tollwut kommt vor und dafür sollte man über eine Risikoimpfung nachdenken. Hämorragisches Krim-Kongo-Fieber kursiert im Kosovo. Es wird durch Zeckenbisse oder durch Kontakt mit infiziertem Blut übertragen. Jeder, der den Kosovo besucht und Fieber bekommt – Kopfschmerzen, Schüttelfrost, Muskelschmerzen, Übergeben, roter Ausschlag, Gaumenbluten – oder andere unerklärliche Symptome, sollte unverzüglich einen Arzt aufsuchen.

Sicherheit

Serbien ist ein erstaunlich sicheres Land. Es sind immer Leute auf der Straße, sogar spät nachts oder im Winter und man wird sich wohl fühlen, wenn man herumläuft, wohin und wann man auch unterwegs ist, wobei es doch klug ist, abgelegene Orte bei Nacht zu meiden.

Frauen, die allein reisen, sind in Serbien völlig sicher, so sicher wie jeder männliche Reisende. Es ist unwahrscheinlich, dass sie physisch bedroht werden, obwohl sie vielleicht ungewollte Aufmerksamkeit in Bar und an ähnlichen Orten abwehren müssen, sehr selten auf der Straße.

Es gibt keine Gesetze gegen **homosexuelle** Aktivitäten, doch von öffentlicher Zuneigungsbezeugung gegenüber demselben Geschlecht oder zu offenem schwulen Verhalten ist absolut abzuraten. Homophobie ist eine der Grundhaltungen von Fußballfans und Rechten, daher raten wir Ihnen, Orte, an denen Sie diese Gruppen antreffen könnten, zu meiden. Ziemlich viele Jugendliche haben diese Einstellung ebenfalls angenommen, während die Reaktion eines Durchschnittsserben von Verwirrung bis Ekel reichen kann. In größeren Städten gibt es Bars und Clubs, die von Schwulen aufgesucht werden, aber sie stellen es selten offen dar, um das wenigste zu sagen.

Manche der Orte, die bei Touristen beliebt sind, werden auch von **Taschendieben** frequentiert, weshalb es ratsam wäre, nur soviel Geld bei sich zu tragen, wie man für den Tag benötigt. Lassen Sie den Rest des Geldes und Ihre Tickets in Ihrem Zimmer oder im Safe an der Rezeption Ihres Hotel. **Luxusautos** könnten ein Ziel von Dieben sein und sollten auf bewachten Parkplätzen gelassen werden oder zumindest auf gut beleuchteten Plätzen. Lassen Sie niemals Taschen und ähnliche Gegenstände an sichtbaren Stellen in Ihrem Auto zurück.

Nehmen Sie Ihren Pass immer mit, aber behalten Sie ein Fotokopie an einem sicheren Ort. Das wird Ihnen helfen einen Ersatz zu besorgen, für den Fall, dass Sie ihn verlieren oder er Ihnen gestohlen wird.

Formell schreibt das Gesetz vor, dass man sich innerhalb von 24 Stunden nach seiner Ankunft polizeilich **registrieren** lassen muss. Wenn Sie in einem Hotel, in einer Jugendherberge oder einer Pension absteigen geschieht dies automatisch, wenn Sie einchecken, aber wenn Sie bei einem Freund wohnen, wird er es mit Ihnen zusammen tun müssen. Er benötigt ein Dokument, das bestätigt, dass er der Eigentümer der Räumlichkeiten ist, in denen Sie unterkommen, und seinen Personalausweis, Sie müssen Ihren Pass mitbringen. In Belgrad müssen Sie zur Polizeiwache in der Savska 35 gehen, die sich nahe dem Hauptbahnhof befindet, in Novi Sad zur Wache in der Kralja Petra 11, in anderen Städten zur Hauptpolizeiwache. Da dies alles ziemlich kompliziert ist, könnte sich Ihr Gastgeber auch entscheiden, Ihnen dies zu ersparen, vor allem wenn Sie nur wenige Tage bleiben oder auf der Durchreise sind. Um sicher zu gehen, raten wir Ihnen jedoch, sich registrieren zu lassen.

Berittene Polizei im Kalemegdan-Park

Es ist besser, nicht über **Politik** zu streiten, da viele Leute dazu tendieren, ihre politischen Einstellungen mit Emotionen zu vermischen. Meiden Sie Demonstrationen und gewalttätig aussehende öffentliche Versammlungen.

Es gibt eine Reihe von **illegalen Substanzen**, die auf den Straßen serbischer Städte erhältlich sind. Der Besitz (egal wie klein die Menge ist, was auch die winzigste Menge an Marihuana betrifft) oder der Handel mit Drogen wird mit strikten Strafen, einschließlich Gefängnisaufenthalten geahndet.

Alkoholkonsum ist ab 18 Jahren legal. Es wird jedoch nicht so strikt kontrolliert wie in westlichen Ländern, doch sollten Sie jünger aussehen, als Sie wirklich sind, sollten Sie irgendeine Form von Ausweis bei sich führen, wenn Sie Alkohol kaufen oder ihn in einer bar trinken wollen.

Straßenhunde sind in großen Städten ein echtes Problem, weshalb Sie Spaziergänge in abgeschiedene Gegenden vermeiden sollten, besonders allein. Wenn Sie ein Gruppe von Hunden sehen, verhalten Sie sich normal, denn Angriffe auf Menschen sind selten.

ESSEN UND TRINKEN

Eins der besten Dinge, wenn man Serbien kennen lernt, ist der Genuss der einheimischen Küche. Erstens, weil es sie überhaupt gibt, und zweitens, weil sie auch jenen mit einem bescheidenen Budget zugänglich ist. Die Serben sind sehr stolz auf ihre Küche und obwohl die meisten Spezialitäten überall auf dem Balkan zubereitet werden, bekommen sie hier noch den speziellen Touch, der ihnen das besondere einheimische Aroma verleiht. Seit man in den letzten Jahren begonnen hat, auf gesunde Nahrung zu achten, wurde die serbische Küche dafür kritisiert, dass sie so viel Fett und Fleisch beinhaltet. Es ist sicherlich richtig, dass man sie grob mit gut, einfach und reichlich beschreiben kann. Doch wenn man einige der Spezialitäten versucht hat, wird jeder, der keine Vorurteile hat, die Kritiken und die Ernährungsberater vergessen oder das Thema wenigstens mehr vom Standpunkt eines Gourmets aus betrachten.

Die serbische Küche reflektiert die geographischen und historischen Einflüsse der Region. Man könnte sagen, dass die Serben alles von deutschen Würsten, über ungarisches Gulasch und italienische Pasta bis zu verschiedenen türkischen Gerichten gekostet und dann ausgesucht haben, was ihnen am besten gefiel. Die fleischhaltige Seite der Kultur ist am bekanntesten für ihre Grillgerichte bekannt (*roštilj*). Der besondere Geschmack des serbischen **Grillfleisches**, das weltweit anerkannt ist, kommt aus dem Süden Serbiens und man spricht deshalb manchmal von *Leskovači roštilj* («Grillfleisch aus Leskovac»). Von hier kam es in den 1880ern nach Belgrad und gewann die Herzen und Mägen der Einheimischen für sich und verbreiterte sich in den 1920ern rasch über ganz Jugoslawien aus. Es ist fast unmöglich, sich heute ein Restaurant mit nationaler Küche vorzustellen, dessen Speisekarte keine *ćevapčići* (kleine Hackfleischröllchen), *pleskavica* (Hamburger aus Kalb- und Schweinefleisch) *ražnjići* (gegrillte Kalb- und Schweinefleischstückchen),

Serbisches Grillfleisch

vešlica (Streifen von Schweinelenden) usw. zu bieten hat. Diese sind immer eine gute Wahl – lecker und günstig. Alle Gerichte haben als Beilage klein geschnittene Zwiebeln und oft Pommes frites, aber man kann nach Wunsch auch einen Salat dazu bestellen. Wer Füllungen mit Käse und scharfen Gewürzen mag, sollte die *gurmanska*-Variante wählen. Viele sind auch *rolovani* – in Speck eingerollt, oder *na kajmaku* – auf dem Grill mit Kajmak-Rahm zubereitet *(siehe unten)*. Die Würste *(kobasica)* sind alle ziemlich weit von der deutschen Art entfernt und sind fast immer würzig oder scharf. Ein köstliches Gericht, ähnlich dem Wiener Schnitzel, ist Karadjordjeva Šnicla, ein Schweineschnitzel, das mit Speck, Kajmak-Rahm und Schinken gefüllt, panniert und frittiert, mit Bratkartoffeln und Remouladensoße serviert wird. Ein anderes Gericht, das Sie probieren sollten ist *mućkalica*, ein Auflauf von halbgegrilltem geschmischtem Fleisch, Paprikas und Tomaten. Wahre Kenner probieren auch *beli bubrezi* (Niere) oder *škembići* (Innereien), die eine ungewohnte Textur haben, aber sehr wohlschmeckend zubereitet sind.

Serbische Gourmets lieben Spießbraten *(pečenje)*. Er wird meistens vom Spanferkel *(praseće)* oder vom Lamm *(jagnjeće)* gemacht, wobei das letztere eher für seinen Geschmack gelobt wird. Man bestellt den Braten üblicherweise kiloweise und isst ihn mit Meerrettich *(ren)* oder frischem geriebenem Krautsalat *(kupus salata)*. Spießbraten gibt es bei jeder großen Feier, was wahrscheinlich teilweise seine Beliebtheit erklärt. Bestellungen mit dem Zusatz *pod sačom* sind auch einheimische Spezialitäten, die in einem Tontopf auf heißen Kohlen gekocht werden und ein Gericht ergeben, das alle Aromen aufnimmt und Ihnen im Mund zergeht.

Jahrhunderte lang basierte die serbische Küche auf Mais, Kohl, Paprika und Kartoffeln. Zusammen ergeben sie einige der bekanntesten serbischen Spezialitäten. *Sarme* sind Kohlrouladen, die mit einer Mischung aus Hackfleisch und Reis gefüllt sind; *punjene paprike* sind Paprika, die mit Hackfleisch, Reis und Tomaten gefüllt sind, und *djuveč* ist ein Eintopf aus Fleisch, Reis und Gemüse. Wahrscheinlich das bekannteste unter all diesen Gerichten ist *pasulj* – serbische Bohnensuppe. *Prebranac* heißen mit Zwiebeln geröstete Bohnen – das muss man einfach probieren. Eine sehr wohlschmeckende Spezialität ist auch der „Hochzeitskohl" *(svadbarski kupus)*, der nach der Gelegenheit benannt ist, zu der er meist zubereitet wird: Kohl und Dörrfleisch werden in Lagen in einem riesigen Tontopf gelegt und mehrere Stunden gekocht. Wenn Sie Kohl mögen, versuchen Sie auch *podvarak*, eine Mischung aus Sauerkraut und Reis, die im Ofen gebacken und mit Schweinefleisch serviert wird. Klassische serbische Gerichte, die aus dem Orient kommen sind *musaka* (Moussaka) und *kapama* (Lammfleisch, das mit Spinat, Schalotten und Joghurt gegart wird). *Gulaš* und *paprikaš* sind Eintöpfe ähnlich derer mit demselben Namen aus Ungarn, aber mit ihrer eigenen lokalen Note.

Vergessen Sie nicht die **Appetitanreger**, die manchmal allein als Snacks zu starken Getränken gegessen werden. *Čvarci* sind Krusten, während *duvan-čvarci* Krusten sind, die in eine tabackartige Form gebracht wurden. *Pršuta* ist getrockneter (und manchmal geräucherter) Schinken, die bekanntesten Varianten gibt es in der Region um Užice. Eine ungewöhnliche Spezialität, die etwas gewöhnungsbedürftig ist, sind *pihtije*, ein geleeartiges Gericht aus Schweinefleisch. Obwohl er Salat genannt wird, ist *urnebes salata* eigentlich Käse, der stark mit Paprika gewürzt wird.

Es gibt einige Arten von **Brei**, die sehr lecker sein können, wenn sie gut zubereitet sind: *Kačamak* ist eine Art Polenta aus Maismehl, mit Rahm serviert, *popara* ist ganz einfach geschmortes Brot mit weißem Käse. Wenn man ihre Mengen und die schweren Füllungen bedenkt, können herzhafte Kuchen auch als Mahlzeit für sich gegessen werden. Die bekanntesten sind *gibanica* (mit Eier und Käse) und *zeljanica* (mit Spinat).

Die Bandbreite an **Milchprodukten** ist sehr groß. Rahm kann leicht und sauer sein, so wie *kiselo mleko*, im Vergleich zum fetteren und süßeren *pavlaka*. Das, was alle Serben vermissen, wenn sie weg von zu Hause sind, ist *jogurt*, der, obwohl er ähnlich wie Joghurt aus dem Westen ist, überhaupt nicht süß ist.

Ein zeljanica-Kuchen

Eine echte serbische Spezialität ist *kajmak*, ein fetter Rahm mit einem einzigartigen Geschmack, den man als Beilage zu vielen Gerichten isst. Käse wird frisch bevorzugt, vom milden *švapski* («deutschen») bis zum etwas älteren und salzigeren *sjenički*. Von den älteren Sorten ist der *kačkavalj* der bekannste (wie italienischer Caciocavallo), besonders die Varianten aus dem Gebirge Stara Planina oder der Krivi-Vir-Region.

Traditionelle **Salate** für den Sommer werden aus frischem Gemüse hergestellt. Die beliebtesten Kombinationen sind *srpska* («Serbischer Salat» - Tomaten, Gurken, grüne Paprika und Zwiebeln) und *šopska salata* (ähnlich, aber mit geriebenem weißen Käse gedeckt). Im Winter essen die meisten Leute gebackene Paprika in Knoblauch und Öl *(pečene paprike)*, *turšija* (Gemüse in Essig und Salz), *ajvar* (eine sehr wohlschmeckende Würze, die im Prinzip aus roten PaprikasAuberginen, Knoblauch und Chillis besteht) oder Sauerkraut *(kiseli kupus)* mit dem unausweichlichen Paprikagewürz,

Eingelegtes Gemüse

das darüber gestreut wird.

Jedes gute Essen beginnt mit einer **Suppe**. Obwohl leichtere Suppen üblich sind, sind die lokalen Favoriten dicke Suppen *(čorba)* mit viel Gemüse und Fleischstücken darin. Ein sehr beliebter Appetitanreger ist eine leckere *teleća čorba*, eine Zusammenstellung aus Kalbfleisch und Gemüse, dicht gefolgt von der starken *jagnjeća* (Lammsuppe).

Fisch ist wird nicht so häufig gegessen, außer während der langen Fastenzeiten, die die orthodoxe Kirche vorschreibt, die manche Leute mehr oder weniger strikt befolgen. Es ist besser, ihn in speziellen Fischrestaurants zu bestellen, obwohl man den meisten Restaurants, die Fisch auf der Karte haben, trauen kann. Süß- und Salzwasserfische sind gleichermaßen erhältlich, wobei die beliebtesten Sorten Forelle *(pastrmka)* in den Bergregionen, Karpfen *(šaran)* und leckerer Barsch *(smudj)* an den Flüssen sind. Ein sehr beliebtes Gericht ist auch *riblja čorba*, eine Fischsuppe mit großen Mengen an Paprika darin. Ein beliebter Snack sind *girice* – knusprig frittierte kleine Barsche, die meist auf den Straßen verkauft werden, und dann die Luft mit ihrem beißendem Geruch erfüllen.

Es ist durchaus üblich, eine Mahlzeit

Strudel mit Mohn und mit Walnüssen

mit etwas **Süßem** abzurunden, aber kann natürlich auch einfach so eine der vielen Konditoreien *(poslastičarnica)* aufsuchen, die eine exzellente Auswahl an Kuchen und Gebäck anzubieten haben. Serbiens Süßigkeiten sind hauptsächlich von der türkischen Tradition auf der einen Seite und von der österreichischen auf der anderen Seite beeinflusst, sie sind eine Mischung der beiden mit vielen eigenen Noten und modernen Zusätzen. Wenn Sie etwas Einheimisches kosten möchten, versuchen Sie *baklava* (ein Gebäck mit Nüssen und karamellisiertem Zucker), *suva pita* (ein Kuchen mit Walnüsssen und Rosinen) oder *orasnica* (ein Walnussgebäck). Es gibt auch Strudel *(štrudla)* mit Mohn*(sa makom)*, Walnüssen *(sa orasima)*, oder Äpfeln *(sa jabukama)*. *Žito* oder *koljivo* wird zeremoniell für das *slava*-Festessen vorbereitet, aber man kann es auch in Konditoreien probieren. Es ist eine Art Brei aus Weizen, Nüssen und Rosinen, manchmal mit Sahne obendrauf serviert. Etwas, das man selten zum Verkauf findet, wenn man Glück hat jedoch von den Gastgebern angeboten wird, ist *slatko*, eine Art Eingemachtes, das aus verschiedenen Fruchtsorten gemacht wird, von Aprikose bis Walderdbeere, meistens mit ein, zwei Walnüssen oder manchmal sogar mit Rosenblättern gemacht. Dies ist aber kein Gericht für sich; es ist üblich, einen oder zwei Löffel davon zu nehmen, wenn man es angeboten bekommt. Marmeladen *(pekmez* oder *džem)* sind dicker, als die, die man im Westen kennt.

Besuchen Sie auf jeden Fall eine serbische **Bäckerei** *(pekara)*. Hier erhält man hauptsächlich salzige Backwaren, doch es ist auch durchaus Süßes zu finden. Es gibt eine große Auswahl: Vom traditionellen *burek* (einer Art Kuchen mit Fleisch, Käse, Pilzen oder ohne Füllung), von dem man sagt, dass zu ihm am besten Joghurt passt, das Sie am selben Ort finden, *pogačice* (ganz einfache oder solche mit würziger Kruste), *pita* (Kuchen mit Kartoffeln, Spinat, Fleisch und Pilzen), *proja* (Maisbrot mit Käse), *djevrek* (ein Teigring mit Sesam bestreut), sowie als neuere Erscheinungen Croissants, heiße Sandwichs oder Pizzastücke.

Den Sommer über wird an vielen Straßenständen gekochter Mais *(kuvani kukuruz)* verkauft. Abgesehen von Popcorn bevor Sie ins Kino gehen, ist es üblich Erdnüsse *(kikiriki)* oder Kerne *(semenke)* zu kaufen – von Sonnenblumen oder Kürbissen, aber es wird vor den Kinos auch andere «Beschäftigung für die Zähne» verkauft.

Es kann kein Gespräch begonnen und keine Mahlzeit beendet werden, ohne den fast rituell getrunkenen **Kaffee**, der daher in großen Mengen konsumiert wird. Schwarzer Kaffee *(crna, turska* oder *domaća kafa)* ist die viel gepriesene serbische Art, dieses Getränk zu kochen. Die fein gemahlenen Kaffcebohnen werden in kleinenTöpfchen zu einem starken Getränk gekocht (weshalb es oft von einem Glas kalten Wassers begleitet wird). Es ist üblich den Süßegrad festzulegen, den man wünscht – *sladja* (süß) oder *gorča* (ohne Zucker). In alten Cafés hat man manchmal Glück und erhält Kaffee in Begleitung eines Stücks Türkischen Honigs *(ratluk)*. Bis vor kurzem der König der Caféhäuser, hat der schwarze Kaffee nun Konkurrenz von anderen Variationen erhalten: Espresso, Cappuccino, Nescafé *(nes)* und anderen, die bis in die kleinsten Läden durchgedrungen sind. Bestellt man einen **Tee**, erhält man einen Kräutertee (meist Hibiskus oder Kamille). Englischer Tee ist oft nicht zu bekommen, man könnte aber versuchen, nach *indijski čaj* (Indischem Tee) oder *crni čaj sa mlekom* zu fragen.

Etwas, das gleichbedeutend mit Serbien ist, ist der Schnaps, der den Namen **rakija** trägt. Dieses Getränk hat das Temperament des Landes über Jahrhunderte angeregt und wurde in fast jedem Haushalt produziert. Kein hausgemachter Schaps ist wie der andere, was nicht heißen soll, dass sie alle gut sind. Wenn sie ein wenig zeit mir einem Schnapskenner verbringen, werden Sie Eindruck dessen erhalten, worauf man bei einem guten Rakija achten muss. Es gibt mehrere Variationen. Der grundsätzliche ist Slivovitz *(šljivovica)*, der aus Pflaumen gemacht ist und *lozovača* aus Trauben (ähnlich wie italienischer Grappa), aber er kann auch aus jeder anderen Frucht hergestellt werden: Die starken *jabukovača* (Apfel) und *kruškovača/viljamovka* (Birne), waren früher beliebter, während heute die süßeren, «mädchenhafteren» *kajsijevača* (Aprikose) und *dunjevača* (Quitte) führend sind. Viele sind mit aromatischen Kräuter verfeinert, wie z.B. *lincura* mit der Wurzel von gelbem Enzian und *klekovača* mit Wacholder. Die Spirituosen haben einen Alkoholgehalt von 40 %, was als am besten für den Geschmack gilt, wobei man auch viel stärkere finden kann. Komischerweise ist es schwer guten industriell hergestellten Slivovitz zu finden. Die wirklich guten wie «Sokolava» oder «Žuta osa» sind zu teuer für den Normalbürger, doch jeden Cent wert. *Vinjak*, die serbische Variante von Cognac, ist ein sehr beliebtes Getränk und der bekannteste ist der von der Firma «Rubin» produzierte. *Pelinkovac* und *stomaklija* sind mit Wermut aromatisiert. Erster ist milder und erfrischender als der zweite, die bekanntesten Markennamen sind «Gorki list» und «Gorka tajna». Während des langen Winters wird neben Glühwein *(kuvano vino)* auch Glühschnaps *(kuvana rakija)* getrunken, den man manchmal auch scherzhaft «Šumadija-Tee» nennt.

Die **Wein**produktion in Serbien ging in den 1990ern zurück, ist aber nun auf dem Weg der Besserung, wobei die Kultur des Weintrinkens noch einen weiten Weg vor sich hat. Das größte Problem, das Weinliebhaber in Serbien haben ist das Fehlen von Weinmarken in der mittleren Preisklasse, sodass man, wenn man wählt, vorsichtig sein muss, weder seinem Geldbeutel, noch seinen Geschmacknerven zu schaden. Mehr über Weine finden Sie im Kapitel «Weinrouten».

Im Gegensatz zu Wein, stieg die Beliebtheit von **Bier** in den vergangenen Jahrzehnten stetig an. Harte Konkurrenz auf dem recht kleinen Markt reduzierte die Zahl an großen serbischen Biermarken auf sieben, nur die Hälfte von dem, was es noch vor einem Jahrzehnt war. Mehrere gehören auch noch denselben multinationalen Unternehmen, sodass die Auswahl sogar noch enger ist. Das Bier ist fast ausschließlich Pilsener Lager mit der gelegentlichen dunklen *(tamno)* und Weißbier *(belo)*-Variante. Zumeist wird es in Flaschen zu 0,5 und 0,3 l-Flaschen und Dosen getrunken, wobei es auch Plastikflaschen (von 1-2,5 l) gibt, die billiger und daher beliebt bei der Jugend sind. Gezapftes Bier *(točeno)* kann man in allen größeren Lokalen finden. Alle Biersorten haben einen Alkoholgehalt um die 5 %. Die beliebtesten Sorten sind „Jelen" („Hirsch") aus Apatin, und „Lav" („Löwe") und sie machen zusammen ¾ des einheimischen Konsums aus. Die Qualität dieser Bier ist sehr gut; die anderen, weniger bekannten Sorten belegen knapp den zweiten Platz. Internationale Sorten sind fast überhall erhältlich, besonders Tuborg, Becks, Stella Artois, Löwenbräu, die nun in Serbien gebraut werden.

Es ist offensichtlich, dass Serbien nicht für Vegetarier gemacht ist. Die meisten Restaurants haben keine Vegetariermenüs, aber das muss bei einer waisen Auswahl von Beilagen und Salaten kein Problem sein.

Eine Auswahl serbischer Biersorten

SITTEN & BRAUCHE

Es wird immer schwieriger, die Serben als Nation zu definieren. Serbien ist eine recht moderne Gesellschaft, die aus Menschen mit unterschiedlichen Volkszugehörigkeiten, Religionen, Glaubensvorstellungen, Berufungen und Weltanschauungen besteht. Die Sitten hier sind sehr ähnlich denen in anderen europäischen Ländern, nur mit ein paar Merkwürdigkeiten. Man muss bedenken, dass die Serben sehr locker und nachsichtig sind – besonders bei Ausländern – sind die Chancen, dass Sie einen ernsthaften Fauxpas begehen, sehr gering.

Im allgemeinen sind die Menschen in Serbien sehr warmherzig und gastfreundlich. Gastfreundlichkeit ist die liebste Verpflichtung eines jeden Gastgebers, sei die Person, bei der Sie wohnen, ein guter Freund oder nur eine Bekanntschaft; seien Sie nicht überrascht, wenn Ihnen ein völlig Fremder einen Kaffee oder Schnaps ausgibt, denn viele sehen es als Ehre an, einen Besucher in dieser entfernten Ecke der Welt zu haben. Gastfreundlichkeit wird besonders in ländlichen Gegenden hochgehalten, wo sie mit Ernsthaftigkeit betrieben wird und manchmal zu viel werden kann, besonders was das Essen und Trinken angeht.

Eine Süßigkeit als Willkommensgruß, slatko und kaltes Wasser

Wenn Sie jemanden zum ersten Mal treffen, schütteln Sie ihm kräftig die Hand, nennen Sie Ihren Vornamen oder wenn Sie von jemand anderem vorgestellt werden, fügen Sie die Phrase „Drago mi je" (Freut mich, Sie kennen zu lernen) hinzu. Formale Begrüßungen sind „Dobro jutro!" (Guten Morgen), „Dobar dan!" (Guten Tag) und „Dobro veče!» (Guten Abend). Bei formalen Gelegenheiten fügt man den Nach- und Vornamen Titel hinzu, wie «gospodin» für Herr, «gospodja» für Frau und «gospodjica» für Fräulein. Stehen Sie auf, wenn Sie ältere Menschen treffen, aber versuchen Sie nicht zu formal zu sein. Wenn Sie Leute treffen, die Sie bereits kennen, schütteln Sie ihnen die Hand und sagen entweder «Zdravo!» (Hallo) oder noch lockerer «Gde si?» (Was läuft). Jüngere Frauen küssen Freunde auf die Wangen, entweder anstatt oder zusätzlich zum Händeschütteln, aber nur mit denjenigen, die Sie gut kennen. Trifft man alte Freunde nach langer Zeit wieder oder bei jeder Art von Feierlichkeit, ist es üblich, sich zwei-oder dreimal abwechselnd auf beiden Wangen zu küssen und herzlich zu umarmen. Ein angemessener Körperkontakt (Schulterklopfen, jemanden bei der Hand nehmen o.ä.) ist üblich und sollte als ein Akt der Verbundenheit aufgefasst werden. Denselben Ablauf mit Küssen und Umarmen gibt es auch bei herzlichen Verabschiedungen. Die üblichen Formeln sind «Dovidjenja!» (Auf Wiedersehen) oder familiärer «Zdravo!» oder «Ćao!» (Ciao).

Obwohl die Serben nach dem Kennenlernen mit Ihnen im ersten Moment vielleicht ein bisschen reserviert wirken können, wird sich das höchstwahrscheinlich nach wenigen Minuten legen. Jeder, den sie mehrere Male getroffen haben, wird als Freund gezählt; entsprechend werden sie Interesse an Ihrem Leben, politischen Ansichten, Vorlieben und Abneigungen oder anderen Themen, die Sie ungewöhnlich finden könnten, zeigen. Fühlen Sie sich nicht angegriffen, man sieht das hier als normale Basis einer Konversation an.

Geschichte und Politik sind eine verzwickte Angelegenheit in Serbien: Da sie in den vergangenen Jahren durch turbulente Zeiten gegangen sind, haben viele Serben eine große Menge an unkonventionellen Standpunkten gegen über Themen angenommen, die für Sie selbstverständlich sein könnten. Obwohl sowohl Geschichte, als auch Politik oft diskutiert werden, sind sie oft mit Emotionen beladen, die sehr ernst zu nehmen sind. Der beste Rat ist, aufmerksam zuzuhören und nur dann etwas zu dem Thema zu sagen, wenn Sie sicher sind, dass Sie niemanden beleidigen werden. Wie in vielen anderen Ländern ist es auch hier so, dass die Einheimischen durchaus bereit sind, ihr eigenes Land zu kritisieren, doch sie möchten nicht so gerne hören, dass Sie es tun.

Die Serben sind die größte ethnische Gruppe, die in Serbien lebt, aber es gibt auch viele andere und es ist ziemlich sicher, dass Sie auf Ihrer Reise viele Menschen mit ganz unterschiedlichen ethnischen Hintergründen treffen werden. Daher könnte ein Gedanke, eine Geste, ein Lied oder ein Sprichwort, das Sie an einem Ort gelernt haben, an einem anderen nicht so gut ankommt.

Wenn Sie jemandes Haus betreten, wird man Ihnen Kaffee (fast immer schwarzen, starken), Rakija oder Saft anbieten, in ländlichen Gegenden sogar hausgemachten. Wenn es Ihnen angeboten wird probieren Sie auf jeden Fall *slatko*, das in kleinen Töpfchen serviert wird, aus denen Sie einen oder zwei Teelöffel nehmen sollten. Wenn Sie das erste Mal in einen Haushalt kommen, ist es üblich, ein kleines, symbolisches Geschenk mitzubringen – eine

Flasche Wein, Kaffee, Schokolade, Blumen o.ä. Wenn man sich zuprostet, sagt man „Živeli!» („Mögen wir gesund sein"); es ist hierbei sehr wichtig, dass sich die Gläser berühren und dass man der Person, mit der man anstößt, in die Augen sieht. Seien Sie gewarnt, dass Ihr Glas, sobald es leer ist, nachgefüllt wird; der beste Schutz davor ist, einen Schluck oder zwei im Glas zu lassen, bis Sie aufbrechen. Es passiert öfter, dass man zum Mittag- oder Abendessen eingeladen wird, und Sie sollten nicht zögern, anzunehmen, denn dies nicht nur eine Geste aus Höflichkeit.

Während einer Mahlzeit gibt es nicht viele Regeln, die befolgt werden müssen. Sich selbst noch Essen nachzunehmen ist nicht unüblich und verhindert, dass Ihre Gastgeber Ihnen noch viel größere Massen von Essen auf den Teller laden. Versuchen Sie alles zu kosten, was man Ihnen anbietet, damit Sie die Gastgeber nicht beleidigen. Die Gänge (Appetitanreger, Suppe, Hauptgericht und Dessert) werden begleitet von den Worten „Prijatno!" (Guten Appetit) und „Hvala, takodje!" (Danke, gleichfalls).

Die größte Ehre für jeden Gast ist es, zu einer *slava*, dem Schutzpatronenfest, eingeladen zu werden. Die am meisten gefeierten sind Sveti Nikola oder Nikoljdan (St. Nikolaus, 19. Dezember), Arandjelovdan (St. Michael, 21. Novenber), Sveti Jovan oder Jovanjdan (St. Johann, 20. Januar) und Djurdjevdan (St. Georg, 6. Mai), dann sind die meisten Leute unterwegs und besuchen ihre Freunde und Verwandten. Viele Privatbetriebe schließen früher an diesen Feiertagen. Sie können ein symbolisches Geschenk mitbringen, aber es macht auch keinen Unterschied, wenn Sie das nicht tun. In früherer Zeit war dieses Geschenk meist ein Apfel, doch heute bringt man üblicherweise eine schön eingepackte Flasche guten Weins mit, woran man auf der Straße in der Stadt die Leute, die zu einer Slava gehen, erkennen kann. Die konventionellste Begrüßung zu dieser Gelegenheit ist „Srećna slava!», gefolgt von Küssen auf die Wangen. Nach Betreten des Hauses wird man Ihnen *žito* anbieten – eine Art Brei aus Weizen, Nüssen und Honig von dem man einen oder zwei Löffel nimmt und sich daraufhin bekreuzigt (natürlich wenn man Christ ist). Danach sollten Sie sich nur noch amüsieren und bei jedem Toast trinken.

Die Fremdsprachenkenntnisse der Einheimischen hängen von ihrem Alter und ihrer Bildung ab. Die meisten der jüngeren Leute werden zumindest Englisch verstehen und einige Phrasen sagen können. Die am zweithäufigsten gesprochene Sprache ist Italienisch, gefolgt von Russisch und etwas seltener Deutsch. Die Kenntnis irgendeiner anderen slawischen Sprache kann durchaus hilfreich sein, da viele Wörter und Phrasen gleich oder ähnlich sind. *Govorite li engleski/ ruski/ italijanski/ nemački?* – Sprechen Sie Englisch / Russisch/ Italienisch / Deutsch?

Wenn Sie auf ein Getränk in ein Café eingeladen werden, ist es sehr gut möglich, dass Ihr Gastgeber darauf besteht, die Rechung zu bezahlen. Da es sich nicht lohnt zu streiten, bezahlen Sie einfach eine Runde, wenn er/ sie nicht anwesend ist, aber sehen sie zu, nicht denselben Betrag zu zahlen, das könnte als Beleidigung aufgefasst werden. Die Kosten zu teilen wird als ungesellig betrachtet. Fragen Sie, ob Sie etwas Geld dazugeben dürfen, aber seien sie nicht zu präzise, den das Verhandeln über ein paar Dinar gilt als zu materialistisch und daher als unhöflich.

Obwohl viel zu trinken als männlich gilt und mit Sympathie betrachtet wird, erwarten die Serben, dass Sie sich unter Kontrolle haben. Auf die Straße zu fallen, auf dem Boden herumzurollen oder auch jede andere exzessive Transformation im Vergleich zu Ihrem vorherigen Verhalten gilt als beschämend.

Die Gesten in Serbien sind in etwa die gleichen wie in anderen Ländern. Eine Sache, die Sie sicher bald bemerken werden, sind die drei in die Luft gestreckten Finger. Diese Geste bedeutet „Serbien" und kann bei fast jeder Gelegenheit eingesetzt werden, die in irgendeiner Weise mit Serbien in Verbindung gebracht werden kann. Manche finden die Geste nur leicht nationalistisch, andere finden sie furchtbar.

Eine slava im Dorf

Serben sind, was ihre Kleidung betrifft, nicht im mindesten formell. Die meisten tendieren dazu, overdressed zu sein, doch es gibt nur wenige Gelegenheiten im Privatleben, abgesehen von Hochzeiten und Beerdigungen, die eine Kleiderordnung vorschreiben.

Obwohl serbische Mädchen sich provokativ kleiden und ziemlich offen sind, sollten Sie sich nicht zu viel von ersten paar „Dates" versprechen, da die meisten nicht als „leicht zu haben" gelten möchten. Natürlich sind One-Night-Stands möglich, aber sicher nicht üblich.

Wenn Sie höflich um etwas bitten, verwenden Sie die Phrase „molim Vas" (bitte). Verwenden Sie dies am Ende jedes Satzes, wird das als zu formell angesehen, versuchen Sie es also nur anzuwenden, wenn Sie etwas sehr Wichtiges benötigen.

Ortsverzeichnis

Hinweis:

Die Buchstaben "ć" und "č" folgen auf "c", "dj" folgt auf "d", "lj" folgt auf "l", "š« folgt auf "s" und "ž" auf "z".
Bezeichungen in Großbuchstaben beziehen sich auf Orte, die in Kapitel aufgeteilt sind.

Ada Ciganlija, See 82
Arača 124
Aleksandrovac 252
Arandjelovac 228
Arilje 213

Babin Zub, Berg 285
Bač 122
Bački Monoštor 118
Bajina Bašta 197
Banja, Kloster 314
Bečej 120
Bela Crkva Karanska *siehe* Karan
BELGRAD 35
Belo Blato 129
Beograd *siehe* Belgrad
Blagoveštenje, Kloster 210
Bodjani, Kloster 124
Bor 273
Borač 237
Brankovina 192
Brestovačka Banja, Kurbad 274
Brezovica, Skigebiet 367
Bukovička Banja *siehe* Arandjelovac
Bukovo, Kloster 276

Caričin Grad, Ausgrabungsstätte 343
Carska Bara, Sumpfgebiet 128
Ceremošnja, Höhle 272
Crna Reka, Kloster 308

Čačak 208
Čegar 333

Davidovica, Kirche 312
Dečani *siehe* Visoki Dečani
Divčibare 195
Dobri Potok, Kirche 195
Dobroselica 207
Donja Kamenica, Kirche 284
Donji Milanovac 268
Dušmanica, Kirche 253

Djavolja Varoš, Naturphänomen 342
Djerdap, Nationalpark 267
Djerdap Eins, Staudamm 271
Djurdjevi Stupovi, Kloster 306

Ečka 129
Eisernes Tor *siehe* Djerdap

Fantast, Schloss 121

Gamzigrad 279
Goč, Gebirge 249
Golija, Gebirge 215
Golubac 265
Gornje Podunavlje, Naturpark 118
Gornji Matejevac *siehe* Latinska crkva
Gornji Milanovac 234
Gostilje, Wasserfal 207
Gračanica, Kloster 356
Gradac, Kloster 303
Guča 211
Gudurica 171

Hopovo *siehe* Novo Hopovo

Irig 153
Iriški Venac 154
Ivanjica 214

Jagodina 241
Jazak 156
Jerma, Schlucht 340
Ježevica, Kloster 209

Kadinjača, Denkmal 204
Kalemegdan, Park 44
Kalenić, Kloster 246
Kamena Gora 311
Kanjiža 114
Karan 204
Karataš, Ausgrabungsstätte 271
Kikinda 118
Kladovo 271
Klisura, Kloster 214
Knjaževac 283
Kopaonik, Nationalpark 301
Koroglaš, Kloster 276
Kostolac 263
Koštunići 196
Kovačica 166
Koznik, Burg 253
Krupanj 189
Kuršumlija 341
Kušići 215
KRAGUJEVAC 238
Kraljevo 296
Kremna 200
Krušedol, Kloster 152
Kruševac 250

Latinska Crkva, Kirche 334
Lazareva Pećina, Höhle 274
Lazareva Reka, Schlucht 274
Lepenski Vir, Ausgrabungsstätte 269
Lisine , Wasserfall 244
Ludaško, See 113

Ljubičevo, Pferdehof 263
Ljubostinja, Kloster 247

Mačkov Kamen, Denkmal 190
Maglič, Burg 298
Mala Remeta, Kloster 157
Manasija, Kloster 242
Mediana 332
Mesić, Kloster 171
Mileševa, Kloster 312
Mileševac, Festung 314
Mileševka, Fluss 314
Mokra Gora 200
Mokrin 119
Morović 158

Naupare, Kloster 252
Negotin 275
Nikolje, Kloster 210
NIŠ 324
Novi Pazar 304
NOVI SAD 130
Novo Hopovo, Kloster 154
Novo Miloševo 122

Obedska Bara, Sumpfgebiet 162
Oplenac, Kirche 232
Orašac 229
Ovčar Banja, Kurbad 209
Ovčar-Kablar, Schlucht 209

Palić 112
Pančevo 163
Pećka Patrijaršija, Kloster 357
Perućac, See 197
Petnica, Höhle 193
Petrovaradin 140
Pirot 337
Poganovo, Kloster 340
Potpeć, Höhle 203
Požarevac 262
Prijepolje 310

Privina Glava, Kloster 158
Prizren 362
Pustinja, Kloster 193

Rača, Kloster 198
Rajac, Berg 194
Rajac, Dorf 277
Rajkova, Höhle 270
Ram, Burg 264
Ravanica, Kloster 245
Ravna 284
Ravna Gora 194
Ravništarka, Höhle 273
Resavska Pećina, Höhle 244
Rogljevo 277
Romuliana Felix *siehe* Gamzigrad
Risovača, Höhle 229
Rtanj, Berg 282

Sićevo, Schlucht 334
Sirogojno 206
Sjenica 309
Smederevo 226
Sokobanja 281
Sombor 114
Sopoćani, Kloster 307
Sopotnica 312
Srebrno Jezero, See 264
Sremska Kamenica 144
Sremska Mitrovica 159
Sremski Karlovci 147
Sretenje, Kloster 210
Stalać 252
Stara Planina, Gebirge 285, 338-39
Stari Jazak, Ruine von 156
Staro Hopovo, Ruine von 155
Stol, Berg 274
Stopića Pećina, Höhle 206
Struganik 195
Studenica, Kloster 298
SUBOTICA 106
Suva Planina, Gebirge 335
Suvobor, Berg 194
Sveti Petar u Rasu, Kirche 305
Svrljiški Timo, Schlucht 284-85

Šabac 188
Šalinački Lug 288
Šargan Eight *siehe* Mokra Gora
Šar Planina, Nationalpark 366
Šid 157
Štubik 277

Tabula Traiana 268
Takovo 234
Tara, Nationalpark 198
Temska, Kloster 339
Topčider, Park 82
Topola 231

Uvac, Fluss 309
Užice 201

Valjevo 190
Veliko Gradište 264
Viminacium 263
Visoki Dečani, Kloster 360
Vlasina, See 344
Vojlovica, Kloster 165
Vraćevšnica, Kloster 236
Vranje 345
Vratna, Schlucht 277
Vrdnik 155
Vrdnik, Kloster 162
Vrnjačka Banja, Kurbad 248
VRŠAC 167
Vrujci, Kurbad 195

Zaječar 278
Zaovinsko Jezero, See 199
Zasavica, Sumpfgebiet 161
Zemun, Stadtteil 73
Zlatar, Gebirge 310
Zlatibor, Gebirge 204
Zlot, Höhlen von *siehe* Lazareva Pećina
ZRENJANIN 125
Zvonačka Banja, Kurbad 340

Žiča, Kloster 296

CIP - Каталогизација у публикацији
Народна библиотека Србије, Београд

338.48(497.11)(036)

DULOVIĆ, Vladimir, 1977-
Serbien auf der Hand : Reiseführer / [Vladimir Dulović ; fotos Dragan Bosnić, Alessandro Gori, Aleksandar Tijanić ; karten Aleksandar Stanojlović, Dušan Broćić, Petar Dikić ; überszetzung Julia Popović]. - 3. Ausg. - Beograd : Komshe, 2012 (Beograd : Publikum). - 355 str. : ilustr. ; 21 cm

Izv. stv. nasl.: Србија на длану. - Podatak o autoru preuzet iz kolofona. - Tiraž 4.000.

ISBN 978-86-86245-13-7

a) Србија - Водичи
COBISS.SR-ID 190209548

TRAVEL COMPANY
Magelan
Incoming
The leading incoming touroperator for Serbia and Balkan countries
IncomingSerbia.com

Serbian
ADVENTURES
Book online your tour, excursion or sigthseeing in Serbia
SerbianAdventures.co

Birdwatch Serbia
Great birds! Beautifull reserve! Warm welcome!
BirdwatchSerbia.rs

SERBIA
WINE PASSPORT
Discover the wine roads in Serbia with wine passport and proffesional support.
SerbiaWinePassport.r